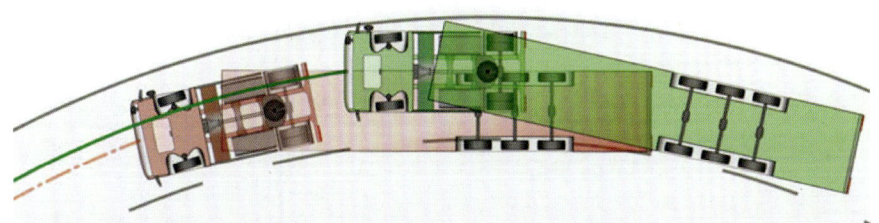

图 6.3 驾驶情况：中车道引导（链点线）和适应车道引导（实线）的左转驾驶

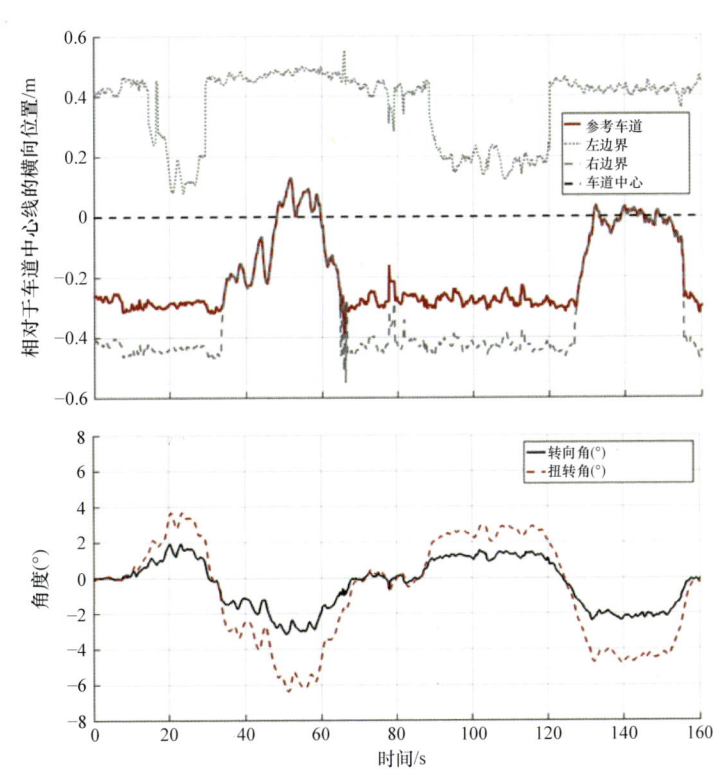

图 6.9 模拟输出参考车道计算模块和角度输入信号

Level	Name	Narrative definition	Execution of steering and acceleration/deceleration	Monitoring of driving environment	Fallback performance of *dynamic driving task*	System capability (*driving modes*)	BASt level	NHTSA level
***Human driver* monitors the driving environment**								
0	No Automation	the full-time performance by the *human driver* of all aspects of the *dynamic driving task*, even when enhanced by warning or intervention systems	Human driver	Human driver	Human driver	n/a	Driver only	0
1	Driver Assistance	the *driving mode*-specific execution by a driver assistance system of either steering or acceleration/deceleration using information about the driving environment and with the expectation that the *human driver* perform all remaining aspects of the *dynamic driving task*	Human driver and system	Human driver	Human driver	Some driving modes	Assisted	1
2	Partial Automation	the *driving mode*-specific execution by one or more driver assistance systems of both steering and acceleration/deceleration using information about the driving environment and with the expectation that the *human driver* perform all remaining aspects of the *dynamic driving task*	**System**	Human driver	Human driver	Some driving modes	Partially automated	2
***Automated driving system* ("system") monitors the driving environment**								
3	Conditional Automation	the *driving mode*-specific performance by an *automated driving system* of all aspects of the *dynamic driving task* with the expectation that the *human driver* will respond appropriately to a *request to intervene*	System	**System**	Human driver	Some driving modes	Highly automated	3
4	High Automation	the *driving mode*-specific performance by an *automated driving system* of all aspects of the *dynamic driving task*, even if a *human driver* does not respond appropriately to a *request to intervene*	System	System	**System**	Some driving modes	Fully automated	3/4
5	Full Automation	the full-time performance by an *automated driving system* of all aspects of the *dynamic driving task* under all roadway and environmental conditions that can be managed by a *human driver*	System	System	System	**All driving modes**	-	

图 16.2

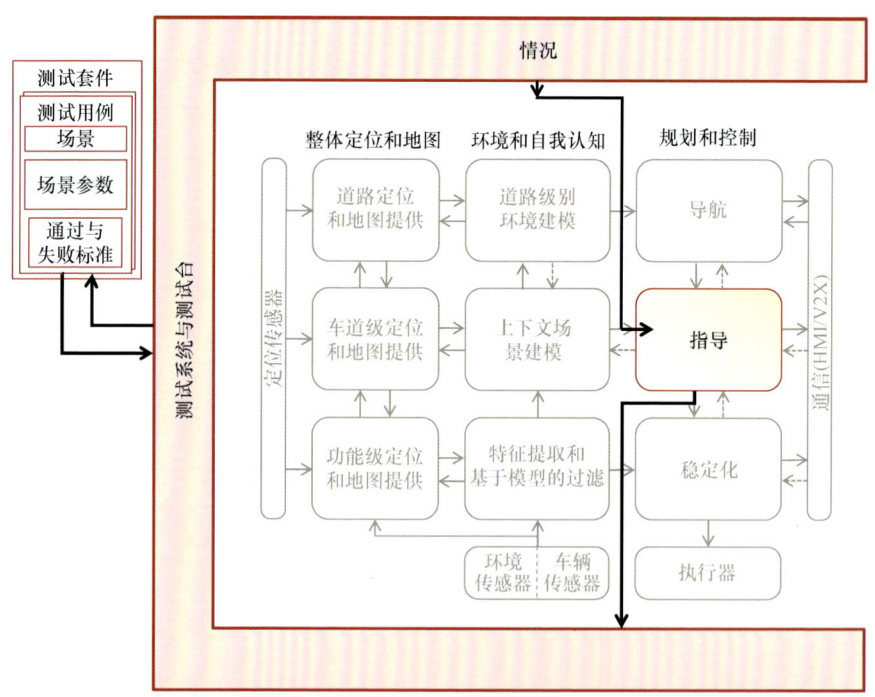

图 19.7　由于动态效益、纵向间隙调整、车道变换权限和从高速公路到出口匝道退出，因此测试车道变换的高速公路模拟情景图示自动驾驶汽车（蓝色）

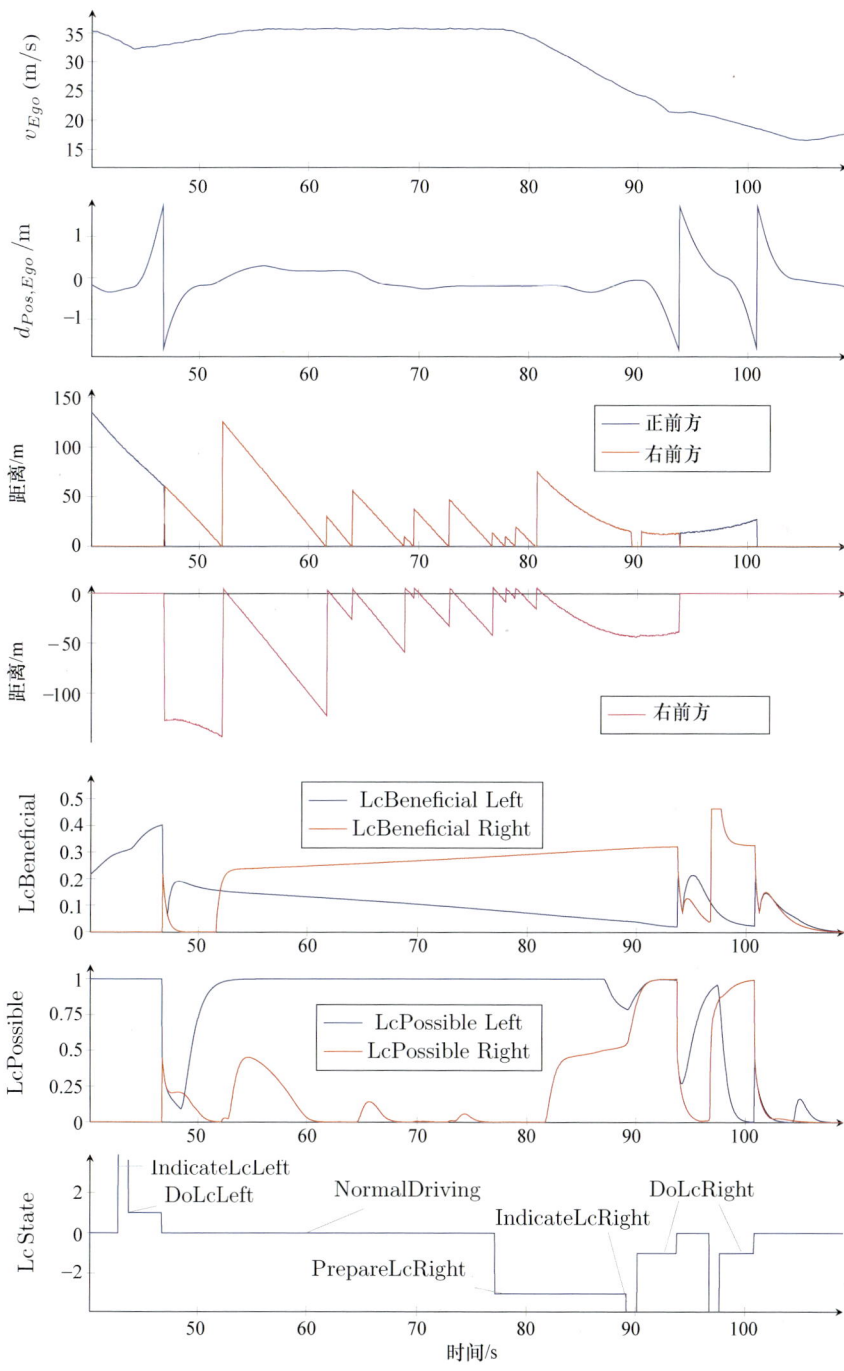

图 19.13 公路上基于场景的闭环测试场景的测量数据

汽车先进技术译丛　智能网联汽车系列

自动驾驶
—— 未来更安全、更高效的汽车技术解决方案

[奥]　丹尼尔·瓦茨尼克（Daniel Watzenig）　主编
　　　马丁·霍恩（Martin Horn）

吉林大学汽车仿真与控制国家重点实验室　组译
　　高振海　胡宏宇　沈传亮　高菲　译

机械工业出版社

本书的主要主题包括自动驾驶汽车的高级控制、认知数据处理、高性能计算、功能安全和全面验证。这些主题被视为推动自动驾驶技术前进的基石。本书调研了自动驾驶汽车研究、开发和创新的最新动态，并阐述了重大新技术进步的行业驱动路线图，以及支持自动驾驶发展的欧洲合作计划。本书中给出的各种示例突出了自动驾驶的发展状况以及前进的方向，适合工程学界的学者和研究人员、汽车及相关专业研究生、OEM 和供应商的汽车工程师、ICT 和软件工程师、汽车技术管理人员及汽车企业决策人员阅读使用。

序

工艺和产品的自动化是我们迈向下一代经济的关键一步。由于交通运输行业尤其是汽车行业的巨大经济影响力，自动驾驶及其相关要素是许多应用领域的强大技术推动力。因此，本书对相关要素进行了全面的阐述，这对领域本身的发展非常有帮助，也有助于将技术和要点传播到其他应用领域中。

车辆的自动化通过数字化实现，这意味着互联的数字技术已广泛渗透到我们的产品和系统中。这使我们能够提供更好的集成，实现更高的性能，并为环境（尤其是人类用户）提供所需的智能和通信系统。

在航空系统中，高度自动化已经存在并具有确切的轨迹记录，从许多辅助系统到全自动飞机，包括从滑行到起飞、巡航、降落的所有操作阶段，感知和回避功能已经实现，但它们只是基于完善的程序规则和安全准则。参与者（飞行员）受过良好的训练，并受到定期检查。汽车自动化可以从中汲取很多经验，但是它必须适应自己的要求和操作条件，例如距离短得多，反应时间很短，环境状况的分析要复杂得多。

新技术将在自动驾驶汽车中获得相关性，这其中软件将发挥关键作用，尤其是在嵌入式实时系统中。智能组件和子系统将在车辆上应用并与基础设施交换大量数据，我们将需要具有高可用性和高抗干扰能力的通信链接，以防止来自外部的干扰。因此，安全和保障系统将需要高性能的计算能力来处理传入的信息并做出决策，以安全的方式控制车辆。尽管拥有这些高科技，人类用户仍将始终了解发生了什么，并有机会作为最终的决定者来控制系统。

掌握这一新技术链将成为许多领域产品系列的关键推动力。本书将为读者提供有关如何实现不同步骤的注意事项和关键见解，同时我们非常感谢编辑和作者的全面工作！

Heinrich Daembkes
空中客车防务与航天公司副总裁
戴姆勒高频电子研究中心前副总裁
ARTEMIS 行业协会主席
乌尔姆大学教授

前　言

自动驾驶技术有可能改变道路通行规则和我们如今的驾驶方式。它会带来许多好处，包括改善安全性，减少交通拥堵，减轻乘客的压力，促进社会包容，减少排放以及由于私人和公共交通的最佳结合而改善道路利用率。

在过去的十年中，车辆自动化吸引了公众、政府、科学界和全世界各行各业相当大的关注，这主要是由驾驶员辅助和主动安全技术的发展推动的。今天售出的许多汽车已经具有一定程度的自动化能力，而更高自动化的原型车在公共道路上不断进行测试，尤其是在美国、欧洲和日本。自动驾驶技术已迅速进入市场，预计未来几年内，其部署将加速增长。实际上，全自动驾驶（SAE L5）所需的大多数核心技术现在都已可用，许多已经成熟，有些已经在商用车中使用。

在过去的三年中，许多国家提出了行动和创新计划，以促进自动化车辆的开发和逐步引入。这些计划涵盖了需要考虑的许多技术和非技术方面的行动。特别是由于超过90%的碰撞都涉及人为错误，因此道路安全有望通过车辆自动化得到实质性改善。但是，在大多数情况下驾驶自动驾驶车辆都不会发生碰撞。自动驾驶车辆的最终安全性测试必须确保它们能够很好地达到人类驾驶员的无碰撞性能，尤其是在局部的和有条件的自动化混合交通中。

为了向自动驾驶汽车的重要市场渗透迈进，必须考虑不同的技术配置。大多数状态良好的车辆及其原型都依赖于车载传感器平台，几乎不需要数字基础设施通信，而车辆与基础设施之间更多的连接被认为是有益的。这需要开发通用的通信协议和加密的安全标准，并投资于新型基础架构或升级现有基础架构。尽管如此，这两种模型在任何时间、任何天气条件下以及任何交通情况下，都需要准确的数字信号表示环境。

除技术问题外，政府还必须延迟几个加快自动驾驶汽车引进的行动项目，以确保完全符合公众对法律责任、安全和隐私的期望，必须建立法律框架，以消除责任陷阱，鼓励测试区域，审查长期的基础设施投资，提供开放通道，最终建立汽车间通信的法律框架。

富有挑战性的技术问题仍然有待解决，世界各地为推动这项令人兴奋的技术不断发展而做出的不懈努力激发了本书的创作。为了对发展状况有一个全面的看法，编辑邀请了来自不同利益相关方的作者，这些利益相关方包括公共机构、汽车制造商、供应商和研究型组织。本书对自动驾驶的实践状态和技术水平进行了广泛的回顾，并展望了未来的趋势。本书涵盖了控制工程的重要性，环境感测和感知的最新进展，车载架构和可靠的功率计算以及自动驾驶中的主动和功能安全性。此外，我们非常重视自动驾驶功能的验证和测试。本书还总结了相关的工业驱动研究项目和工业计划。

我们坚信，本书概述了该领域目前出现的技术挑战，并对工业需求提供了深刻的见解。我们希望读者能从技术文章、精选的项目摘要以及关于各国/欧洲计划的介绍中获得启发。

最后，我们要对所有使本书得以出版的作者和合著者表示衷心的感谢。我们感谢 Springer 的 Silvia Schilgerius 的专业精神和支持。

Martin Horn
Daniel Watzenig
于奥地利格拉茨

目 录

序
前言

第一部分 综述

第1章 自动驾驶简介 ………… 3
1.1 简介 ………… 3
1.2 自动驾驶级别 ………… 3
1.3 自动驾驶的构建模块：关键技术 ………… 5
1.4 实现自动驾驶：研究的挑战 ………… 7
 1.4.1 论证安全性、可靠性和鲁棒性 ………… 9
 1.4.2 安全与隐私论述 ………… 10
 1.4.3 功耗计算可靠度 ………… 10
 1.4.4 人为因素（SAE 等级 L3/4） ………… 10
 1.4.5 环境建模与感知 ………… 11
 1.4.6 车辆控制与驱动 ………… 11
 1.4.7 数字基础设施 ………… 12
1.5 结论 ………… 12
参考文献 ………… 13

第2章 自动驾驶汽车的隐私和安全 ………… 14
2.1 专业术语的介绍和定义 ………… 14

2.2 自动驾驶原则 ………… 15
 2.2.1 技术原则 ………… 15
 2.2.2 数据原则 ………… 16
2.3 当前的现状 ………… 16
2.4 未来对自动驾驶的期望 ………… 17
2.5 建立社会信任 ………… 18
2.6 对行业的影响 ………… 19
2.7 下一步 ………… 20
2.8 结论 ………… 21

第3章 从技术标准的角度进行自动驾驶 ………… 22
3.1 介绍 ………… 22
3.2 标准制定组织 ………… 22
3.3 不同标准的自动化水平 ………… 23
3.4 车辆系统和环境标准化 ………… 24
 3.4.1 车辆相关标准 ………… 24
 3.4.2 通信相关标准 ………… 25
3.5 自动化和未来标准化的路线图 ………… 29
参考文献 ………… 29

第二部分 自动驾驶控制的重要性

第4章 高速公路自动驾驶控制方案综述 ………… 33
4.1 引言 ………… 33

 4.1.1 问题陈述 ………… 34
 4.1.2 轨迹生成 ………… 35
 4.1.3 控制概念 ………… 37

4.1.4	划分问题 ……………… 40	
4.2	模糊控制 …………………… 41	
4.3	线性状态反馈控制 ………… 42	
4.4	滑模控制 …………………… 42	
4.5	模型预测控制 ……………… 43	
4.6	其他概念 …………………… 44	
4.7	无人车辆的控制方案 ……… 46	
4.8	控制方法的比较 …………… 47	
4.9	展望 ………………………… 49	
参考文献 ……………………………… 50		

第 5 章　自动驾驶的路径跟踪：关于控制系统规划和正在进行的研究的指导 …………… 55

5.1	引言 ………………………… 62
5.2	基于几何和运动学关系的方法 … 63
5.2.1	纯跟随方法 ……………… 63
5.2.2	斯坦利方法 ……………… 63
5.2.3	基于车辆运动学的链式控制器 ……………………… 64
5.3	基于常规反馈控制器和简化车辆动力学模型的方法 …………… 66
5.3.1	简单反馈公式 …………… 66
5.3.2	线性二次型调节器 ……… 74
5.4	用于路径跟踪和注释的其他控制结构 …………………… 79
5.4.1	滑模控制器 ……………… 79
5.4.2	其他控制结构 …………… 83
5.4.3	综述 ……………………… 84
5.5	路径跟踪控制的最新进展 … 85
5.5.1	用于极限转弯的高级前馈和反馈控制器 ……………… 85
5.5.2	模型预测控制 …………… 91
5.6	结论 ………………………… 104
参考文献 ……………………………… 106

第 6 章　车辆自主驾驶控制中车辆参考车道的计算 …………… 110

6.1	引言 ………………………… 110
6.2	车辆车道保持边界和要求 … 111
6.3	车辆驾驶状况分析 ………… 113
6.4	基于模型的参考车道计算方法 … 115
6.5	功能体系结构概述 ………… 119
6.6	驾驶情况和模块性能示例 … 121
6.7	结论 ………………………… 122
参考文献 ……………………………… 123

第三部分　环境感知、传感器融合和感知的进展

第 7 章　多传感器环境感知在自动驾驶中的作用 …………… 127

7.1	简介 ………………………… 127
7.2	实践状况 …………………… 129
7.2.1	动态环境 ………………… 129
7.2.2	占用网格映射的静态环境 … 134
7.3	数据融合的挑战 …………… 134
7.3.1	传感器表征 ……………… 134
7.3.2	扩展对象 ………………… 136
7.3.3	跟踪初始化 ……………… 137
7.3.4	异步传感器和无序处理 … 137
7.4	实现工作流程和感知范例 … 138
7.4.1	感知软件的设计范例 …… 138
7.4.2	用于测试和验证的软件环境 …………………… 140
7.5	结论 ………………………… 141
参考文献 ……………………………… 142

第 8 章　基于伽利略的高级驾驶辅助系统：关键部件和开发 … 143

8.1	简介 ………………………… 143
8.2	测试环境：Aldenhoven 测试中心和 automotiveGATE …………… 143

VII

8.3 基于伽利略的传感器融合 …… 144
　8.3.1 GNSS 特性 …… 145
　8.3.2 传感器融合 …… 145
　8.3.3 卡尔曼滤波器及扩展卡尔曼滤波器 …… 146
　8.3.4 示例：简单的 2D 案例 …… 147
　8.3.5 示例：3D 案例 …… 149
8.4 应用实例 …… 150
　8.4.1 应用 1：协同自适应巡航控制 …… 150
　8.4.2 两辆车之间距离的确定 …… 150
　8.4.3 距离控制器的设计 …… 152
　8.4.4 实验结果 …… 152
　8.4.5 应用 2：碰撞避免系统 …… 153
8.5 结论 …… 155
致谢 …… 155
参考文献 …… 156

第 9 章 驾驶辅助系统和自动驾驶的数字地图 …… 157
9.1 简介 …… 157
9.2 基于本体的情境理解 …… 159
　9.2.1 本体 …… 159
　9.2.2 情境理解 …… 160
　9.2.3 基于本体的情境理解框架 …… 163
　9.2.4 实施和实验评估 …… 169
　9.2.5 讨论 …… 175
9.3 地图错误检测 …… 176
　9.3.1 定义 …… 176
　9.3.2 问题 …… 177
　9.3.3 趋势测试 …… 180
　9.3.4 讨论 …… 187
9.4 结论 …… 188
参考文献 …… 189

第 10 章 车载雷达 …… 191
10.1 简介 …… 191
10.2 前向雷达（FLR） …… 193
10.3 盲点探测雷达 …… 195
10.4 早期系统和实验结果 …… 198
10.5 发展趋势 …… 201
10.6 未来方向 …… 202
参考文献 …… 204

第四部分　车载架构和可靠的电力计算

第 11 章 自动驾驶的系统架构和安全要求 …… 207
11.1 面向自动驾驶 …… 207
　11.1.1 交通堵塞辅助 …… 208
　11.1.2 高速公路辅助 …… 208
11.2 系统结构 …… 208
　11.2.1 环绕传感器 …… 209
　11.2.2 感知 …… 210
　11.2.3 定位 …… 211
　11.2.4 决策 …… 211
11.3 功能安全的概念 …… 212
11.4 技术安全的概念 …… 215
11.5 自动驾驶功能对车载网络的要求 …… 215
　11.5.1 电源要求 …… 215
　11.5.2 通信网络的要求 …… 216
11.6 要求的意义 …… 216
11.7 安全架构解决方案 …… 218
11.8 结论 …… 219
参考文献 …… 220

第 12 章 先进自动驾驶系统设计 …… 222
12.1 目的 …… 222
12.2 最先进的技术 …… 222

12.2.1 当前嵌入式系统设计概述 …………………… 222
12.2.2 自动驾驶的硬件/软件协同设计面临的挑战：案例研究 … 225
12.2.3 有效实现自动驾驶的障碍 ………………… 227
12.3 有效的未来自动驾驶的概念 … 229
12.3.1 弥合异质性的性能差距 … 229
12.3.2 缩小利用差距 ………… 230
12.3.3 使用虚拟原型弥合开发差距 ………………… 233
12.3.4 弥合未来平台的可扩展性差距 ……………… 234
12.4 基于现代平台的汽车系统设计 …………………………… 236
12.4.1 工具框架 ……………… 236
12.4.2 评估 ………………… 238
12.5 结论 ………………………… 240
致谢 …………………………… 240
参考文献 ……………………… 240

第13章 智能自动系统的系统工程及系统 …………………… 244
13.1 本章重点关注的领域 ……… 245
13.2 研究方法 ………………… 246
13.3 基本术语和概念 …………… 247
13.4 机器意识的语境 …………… 248
13.5 自动驾驶系统 …………… 251
13.5.1 主要系统组件 ………… 251
13.5.2 参考系 ……………… 253
13.6 系统工程 ………………… 257
13.7 技术实施 ………………… 261
13.8 讨论 ……………………… 264
13.8.1 整体观点 …………… 264
13.8.2 自动系统的影响 ……… 267
13.8.3 结束语和展望 ………… 269
参考文献 ……………………… 270

第14章 开放可靠的动力计算平台，实现自动驾驶 … 274
14.1 简介 ……………………… 274
14.2 开放可靠的电力计算平台的要求 ……………………… 276
14.3 为何应用合格的开源 ……… 278
14.4 平台系统的注意事项 ……… 280
14.5 迈向开放可靠计算平台的步骤 ……………………… 281
14.6 开源软件开发过程 ………… 282
14.7 总结 ……………………… 283
参考文献 ……………………… 284

第五部分　自动驾驶中的主动安全和功能安全

第15章 主动安全迈向高度自动驾驶 ………………… 287
15.1 引言 ……………………… 287
15.1.1 自动驾驶的动机 ……… 287
15.1.2 自动驾驶功能的发展 … 288
15.1.3 高度自动驾驶简介：高速公路 ………………… 288
15.1.4 直接安全效益 ………… 289
15.1.5 间接安全效益 ………… 290
15.2 主动安全系统的发展前景 … 291
15.2.1 所需技术：高度自动驾驶 ………………… 291
15.2.2 高度自动驾驶和辅助驾驶的区别 ………………… 292
15.2.3 主动安全系统的优势 … 293
15.2.4 主动安全系统的开发过程 ………………… 293
15.2.5 未来需求和展望 ……… 294

15.3 对主动安全系统和 HAD 系统
有效性的前瞻性评估 ………… 295
　15.3.1 挑战 ………………………… 295
　15.3.2 模型设计的可变性 ………… 296
　15.3.3 效果评价 …………………… 296
15.4 结论 ………………………………… 297
参考文献 …………………………………… 297

第 16 章 自动驾驶系统的功能安全：ISO 26262 会面临挑战吗？ ……………… 299

16.1 引言 ………………………………… 299
　16.1.1 从驾驶员辅助到高度自动化驾驶系统 …………………… 300
　16.1.2 根据 ISO 26262 的功能安全 …………………………… 302
16.2 ADS 的大挑战 ……………………… 303
　16.2.1 增加 ADS 的复杂性 ………… 304
　16.2.2 关于 ADS 可用性和可靠性的严格要求 …………………… 305
16.3 有关 ADS 功能安全的挑战 ……… 306
　16.3.1 用于基本驾驶功能的车辆平台 …………………… 306
　16.3.2 从 ADAS 到 ADS 功能 …… 307
　16.3.3 传感器和执行器的共享 …… 307
　16.3.4 从单核 ECU 到多核 ECU …………………………… 307
16.4 概念阶段的重要性 ………………… 308
　16.4.1 项目定义 …………………… 308
　16.4.2 危害分析与风险评估 ……… 308
　16.4.3 ASIL 测定及安全目标 …… 309
　16.4.4 功能安全概念 ……………… 310
16.5 处理 ADS 复杂性的支持方法 …… 312
　16.5.1 基于模型的系统工程 ……… 313
　16.5.2 基于合同设计的形式化验证 …………………… 314
　16.5.3 仿真与协同仿真 …………… 315
16.6 安全相关主题 ……………………… 316
　16.6.1 安全功能对安全性的影响 …………………………… 316
　16.6.2 ADS 的责任 ………………… 317
　16.6.3 ADS 的功能验证 …………… 318
16.7 结论 ………………………………… 318
致谢 ………………………………………… 319
参考文献 …………………………………… 319

第六部分　自动驾驶功能的验证与测试

第 17 章 道路测试在自动驾驶汽车安全验证中的新作用 …… 323

17.1 介绍 ………………………………… 323
17.2 安全性验证的目标 ………………… 323
17.3 基于道路试验的自动驾驶汽车安全验证面临的挑战 ………… 324
17.4 安全验证新方法面临的挑战 …… 326
　17.4.1 安全验证的新方法 ………… 326
　17.4.2 通过道路试验验证替代方法 …………………… 327
17.5 关于首次引入自动驾驶汽车的遗憾 ………………………… 328
17.6 统计推动自动系统引入的论证 ……………………………… 328
　17.6.1 自动系统的普遍理论 …… 329
　17.6.2 示例：在德国高速公路上引入高度自动驾驶 ………… 332
17.7 结论 ………………………………… 333
致谢 ………………………………………… 334
参考文献 …………………………………… 334

第18章　高度自动化安全和安全系统的验证 ……… 335

- 18.1　简介 ……… 335
- 18.2　自动化车辆的复杂性 ……… 336
- 18.3　确认挑战 ……… 338
- 18.4　验证概念 ……… 340
- 18.5　虚拟验证环境 ……… 343
- 18.6　结论 ……… 346
- 参考文献 ……… 346

第19章　测试和验证自动驾驶的战术车道变化行为规划 ……… 347

- 19.1　介绍 ……… 347
  - 19.1.1　动机 ……… 347
  - 19.1.2　大纲 ……… 348
- 19.2　术语——情境和场景 ……… 348
- 19.3　背景 ……… 350
- 19.4　将单元测试基于情境的开环测试和基于场景的闭环测试集成到V模型中 ……… 351
  - 19.4.1　单元测试 ……… 352
  - 19.4.2　基于情境的开环测试 ……… 353
  - 19.4.3　基于场景的闭环测试 ……… 354
  - 19.4.4　真实世界驾驶考试 ……… 355
- 19.5　案例研究：测试和验证战术车道变更行为规划 ……… 356
  - 19.5.1　测试项目：车道变更的行为计划 ……… 356
  - 19.5.2　基于情境的开环测试 ……… 357
  - 19.5.3　基于场景的闭环测试 ……… 358
- 19.6　结论 ……… 362
- 参考文献 ……… 362

第20章　辅助驾驶和自动驾驶的安全性能评价：知识综合模拟 ……… 364

- 20.1　引言 ……… 364
  - 20.1.1　辅助驾驶和自动驾驶 ……… 364
  - 20.1.2　开发中的关键过程：ADAS和ADF的评价和优化 ……… 365
- 20.2　总体安全评价 ……… 366
  - 20.2.1　安全性与经济性 ……… 366
  - 20.2.2　车辆和交通安全性目标的冲突 ……… 366
- 20.3　基于虚拟实验的ADAS设计与优化 ……… 368
  - 20.3.1　虚拟实验设计范例 ……… 368
  - 20.3.2　模拟中与安全相关过程的表示 ……… 368
  - 20.3.3　知识合成与其他测试领域的整合 ……… 369
  - 20.3.4　评价行人保护的过程描述 ……… 371
  - 20.3.5　ADAS有效性的仿真 ……… 372
  - 20.3.6　对ADAS有效性的解释 ……… 373
- 20.4　自动驾驶功能虚拟评价的新挑战 ……… 374
  - 20.4.1　自动驾驶功能对交通安全性相关过程的影响 ……… 374
  - 20.4.2　对现有风险场景中安全性的影响 ……… 374
  - 20.4.3　扩大与安全性相关的场景的范围 ……… 375
  - 20.4.4　自动化验证和评价的理念和程序方法 ……… 376
- 20.5　结论和展望 ……… 378
- 参考文献 ……… 379

第21章　从可控性到安全性：驾驶员辅助系统的安全性评估 ……… 382

- 21.1　简介 ……… 382
- 21.2　驾驶员辅助系统的可控性 ……… 382
- 21.3　安全使用：驾驶员、车辆和环境的整体考虑 ……… 384

21.3.1 安全使用的系统分析 …… 385
21.3.2 安全使用参考值 ………… 388
21.4 创建安全使用分析的信息
　　 来源 ……………………… 390
　　 21.4.1 数据收集：文献综述 … 391
　　 21.4.2 数据收集：问卷调查 … 392
　　 21.4.3 数据采集：驾驶模拟器或实车
　　　　　 的研究 ……………… 393
　　 21.4.4 数据采集：交通的观测 … 394
　　 21.4.5 现场操作试验 ………… 396
21.5 结论 ……………………… 399
参考文献 …………………………… 399

第22章 测试自动化和高度可配置
　　　 系统：挑战与可行的解决
　　　 方案 ……………………… 401
22.1 引言 ……………………… 401
22.2 相关研究 ………………… 403
22.3 问题定义 ………………… 404
22.4 自适应系统的组合测试 … 406
　　 22.4.1 组合测试 ……………… 406
　　 22.4.2 测试数据反馈 ………… 408
　　 22.4.3 自动测试法 …………… 409
22.5 结论 ……………………… 410
参考文献 …………………………… 411

第七部分　自动驾驶研究项目与倡议节录

第23章 AdaptIVe：智能汽车的自
　　　 动驾驶技术及其应用 … 415
23.1 项目概述 ………………… 415
23.2 AdaptIVe 的技术领域 ……… 415
　　 23.2.1 法律层面 ……………… 416
　　 23.2.2 人机交互 ……………… 416
　　 23.2.3 近距离状况 …………… 416
　　 23.2.4 城市内状况 …………… 417
　　 23.2.5 高速公路状况 ………… 417
　　 23.2.6 评估 …………………… 417
23.3 前景 ……………………… 418
第24章 道路交通系统更大规模
　　　 引入自动驾驶车辆进行时：
　　　 Drive Me 项目 …………… 419
24.1 简介 ……………………… 419
24.2 问题定义 ………………… 419
24.3 测试样本：自动驾驶车辆 … 420
24.4 安全 ……………………… 421
24.5 交通流动性 ……………… 421
24.6 能量效率 ………………… 422

24.7 结论 ……………………… 422
参考文献 …………………………… 423
第25章 自动化的功能安全性和
　　　 可进化结构 ……………… 424
25.1 简介 ……………………… 424
25.2 为什么自动驾驶车辆表现出功能
　　 安全性更为困难 …………… 425
　　 25.2.1 条款确定 ……………… 426
　　 25.2.2 驾驶员的作用 ………… 426
25.3 如何进行危险分析和风险
　　 测评 ……………………… 427
　　 25.3.1 基本特征描述 ………… 427
　　 25.3.2 情景分析与危险判定 … 429
　　 25.3.3 找出我们需要的危险
　　　　　 状况 ………………… 430
　　 25.3.4 功能改良 ……………… 430
　　 25.3.5 条款项确定 …………… 431
　　 25.3.6 安全目标、功能安全概念以
　　　　　 及技术安全概念 …… 431
　　 25.3.7 安全案例及评估结果 … 431

25.4 如何改良安全要求 …… 432
25.5 什么样的功能结构适用于自动驾驶 …… 433
25.6 结论 …… 434
参考文献 …… 434

第 26 章 合作式自动驾驶的挑战：AutoNet2030 方法 …… 435
26.1 介绍 …… 435
26.2 用例 …… 436
26.3 人机界面 …… 436
26.4 合作控制 …… 437
 26.4.1 基于分布式的车队控制 …… 437
 26.4.2 合作式交叉口管理 …… 438
26.5 协同传感感知层 …… 438
 26.5.1 可配置感知层 …… 438
 26.5.2 用于自动驾驶的 V2X 通信 …… 439
 26.5.3 道路数据融合模块 …… 440
26.6 结论与展望 …… 440
参考文献 …… 441

第 27 章 自动重型车辆的结构和安全性：ARCHER …… 442
27.1 项目总结 …… 442
27.2 背景 …… 442
27.3 工艺水平 …… 443
27.4 项目内容 …… 446
27.5 项目目标 …… 447
参考文献 …… 448

第 28 章 价格合理、安全可靠的移动进化 …… 450
28.1 移动系统进化 …… 450
28.2 目标 …… 451
28.3 预期成果 …… 452
参考文献 …… 454

第 29 章 UFO：Ultraflat Overrunable 机器人，用于 ADAS 的实验测试 …… 455
29.1 介绍 …… 455
29.2 UFO 平台结构 …… 455
29.3 通信基础设施 …… 457
29.4 测试场景的定义 …… 458
29.5 总结 …… 459
参考文献 …… 459

第 30 章 智能交通系统：让智能交通成为现实的试验 …… 460
30.1 ITS 走廊：奥地利、德国和荷兰 …… 460
30.2 赫尔蒙德市 …… 461

第 31 章 自动驾驶研究项目和举措的采样 …… 464
31.1 简介 …… 464
31.2 ARTEMIS 行业协会的使命 …… 464
31.3 ARTEMIS 行业协会的结构 …… 465
31.4 自动驾驶和 ARTEMIS 行业协会 …… 465
参考文献 …… 468

第 32 章 欧洲道路交通研究咨询委员会 …… 469
32.1 简介 …… 469
32.2 欧洲道路交通研究咨询委员会的使命 …… 470
32.3 欧洲道路交通研究咨询委员会的结构 …… 470
32.4 ERTRAC 自动驾驶路线图 …… 471
参考文献 …… 471

第 33 章 SafeTRANS：交通运输系统的安全性 …… 472
33.1 简介 …… 472
33.2 研发战略和路线 …… 473
33.3 高度自动化系统工作组：安全、

　　　　测试和开发过程 ………… 473
33.4　可持续性和标准化 ………… 474
33.5　结论 ……………………… 475
　　参考文献 ……………………… 475
第 34 章　A3PS：奥地利先进推进系统协会 ……………… 476

34.1　A3PS 的目标和任务 ………… 476
34.2　ADAS 在 A3PS 的技术路线图 ……………………… 477

第一部分 综述

第1章 自动驾驶简介

1.1 简介

全球公共机构发布一系列创新举措及计划（参见 www.gov.uk）旨在为逐步引入自动化车辆扫清道路。这些计划包括许多方面，如标准化、测试、安全或车内技术。预计自动驾驶将起到以下作用。

- 通过减少人为驾驶错误来提高安全性。
- 对交通流量优化做出重要贡献。
- 帮助减少燃料消耗和二氧化碳排放。
- 增强老年人和不自信驾驶员的驾驶能力。

许多展望都预估到 2020 年自动驾驶功能可在一定条件下实现（部分自动化和有条件自动化），并且到 2040 年广泛普及高度自动化和完全自动化；如自动巡航控制（ACC）、车道偏离预警（LDW）或行人检测（PD）等先进的驾驶员辅助系统（ADAS）将成为未来行驶能力的支柱。车辆将实现相互通信，并与基础设施进行通信。车与车（V2V）通信允许车辆交互信息，包括当地交通数据（如附近的交通事故）和他们的驾驶意图。车辆对基础设施（V2I）通信将用于优化路网使用，从而有助于减少环境污染。在这个场景中，有人驾驶系统和自动驾驶系统之间的分配由六个自动驾驶级别确定（参见www.sae.org）。

本章结构如下：1.2 节简要介绍 SAE J3016 定义的不同自动驾驶级别；1.3 节概述了自动驾驶车辆的三层关键技术；1.4 节总结了为实现自动驾驶而必须面对的研究挑战；1.5 节总结了这一章，并概述了书中所涵盖的主题。

1.2 自动驾驶级别

根据 SAE J3016 的定义简要总结了自动驾驶级别，如图 1.1 所示，从非自动化到完全自动化。图中的文字简要描述了各个级别以及职责（操纵、感知、可靠方案）的定义，并指定了最低需求。此处的"系统"是指相应的驾驶员辅助或自动驾驶系统。需要注意的是，警告和瞬时干预系统被排除在外，因为它们对驾驶员执行驶驶任务没有影响。此外，图中还显示了德国联邦公路研究所（BASt）与美国国家公路交通安全管理局（NHTSA）在 2013 年《关于自动化车辆的初步政策声明》中的对应水平。第 2 级（L2，"部分自动化"）和第 3 级（L3，"有条件自动化"）有一个关键的区别。在后者中，系统执行整个动态驱动任务（执行转向、加速、减速和环境感知）。

自动驾驶分级		名称(SAE00)	SAE定义	主体			
SAE	NHTSA			驾驶操作	周边监控	支援	系统作用域
0	0	无自动驾驶	由驾驶员全权操作汽车，在行驶过程中可以得到警告和保护系统的辅助	驾驶员	驾驶员	驾驶员	无
1	1	驾驶支援	通过驾驶环境对转向和车速加减中的一项操作提供驾驶支援，其他的驾驶动作都由驾驶员进行操作	驾驶员/系统	驾驶员	驾驶员	部分
2	2	部分自动驾驶	通过驾驶环境对转向盘和加减速中的多项操作提供驾驶支援，其他的驾驶动作都由驾驶员进行操作	系统	驾驶员	驾驶员	部分
3	3	有条件自动驾驶	由自动驾驶系统完成多数驾驶操作，根据系统请求，驾驶员提供适当操作应答	系统	系统	驾驶员	部分
4	4	高度自动驾驶	由自动驾驶系统在限定道路和环境条件下完成所有的驾驶操作，根据系统请求，驾驶员不一定需要对所有的系统请求做出应答	系统	系统	系统	部分
5		完全自动驾驶	由自动驾驶系统在所有的道路和环境条件下完成所有的驾驶操作，驾驶员在可能的情况下接管	系统	系统	系统	全部区域

图 1.1 道路车辆驾驶自动化水平总结

与 L4（"高度自动化"）相比，在 L3 中，驾驶员应该随时准备接管控制权（在预定义的时间段内）。

表 1.1 简要概述了已引进的驾驶员辅助系统（用于客运和商用车辆）和即将进入市场的系统。为了深入讨论和分析表中列出的不同的驾驶员辅助系统和自动驾驶功能，建议阅读文献 [8-12] 以了解相关知识。

表 1.1 目前和未来车辆自动化系统/功能

自动驾驶分级	目前及未来的车辆自动化系统和功能	市场导入期
0	变车道辅助系统（LCA）	已实现
0	车道偏离预警系统（LDW）	已实现
0	前向碰撞预警系统（FCW）	已实现
0	泊车距离监控系统（PDC）	已实现
1	自适应巡航控制系统（ACC）	已实现
1	泊车辅助系统（PA）	2016

(续)

自动驾驶分级	目前及未来的车辆自动化系统和功能	市场导入期
1	车道保持辅助系统（LKA）	已实现
2	泊车辅助驾驶系统	已实现
2	交通拥挤辅助系统	2016
3	交通拥挤驾驶系统	2017
3	高速公路驾驶系统（MWC）	2019
4	高速自动驾驶系统	2020+
4	自动泊车系统	2020+
5	无人驾驶出租车（全自动私人车辆）	2030+

根据文献［7］描述的自动驾驶级别 L2~L5 的场景和影响如下：

(1) L2：部分自动化
- 提高驾驶舒适性（驾驶员积极参与）。
- 增加安全预期。
- 提高能源效率和交通吞吐量（如果合作的话）。
- 场景：限制通行的高速公路，交通堵塞。

(2) L3：有条件自动化
- 提高舒适性和方便性。
- 对安全的影响很大程度上取决于在紧急情况下重新控制的能力条件。
- 提高能源效率和交通吞吐量（如果合作的话）。
- 场景：交通堵塞，高速公路驾驶。

(3) L4：高度自动化
- 大幅提高驾驶舒适性。
- 由于自动过渡到最小风险，增加了安全改进条件。
- 由于紧密耦合，进一步提高能源效率和交通吞吐量（合作）。
- 场景：专用车道上行驶的货车，自动泊车，高速公路驾驶。

(4) L5：完全自动化
- 顶级舒适和便利。
- 能源和路网使用效率提高。
- 场景：电子专车服务、无人驾驶城市货物接送服务。

1.3 自动驾驶的构建模块：关键技术

自动驾驶的构建模块如图 1.2 所示。这三层包括车辆控制（第 1 层）、感知（第 2 层）和处理与决策（第 3 层）。

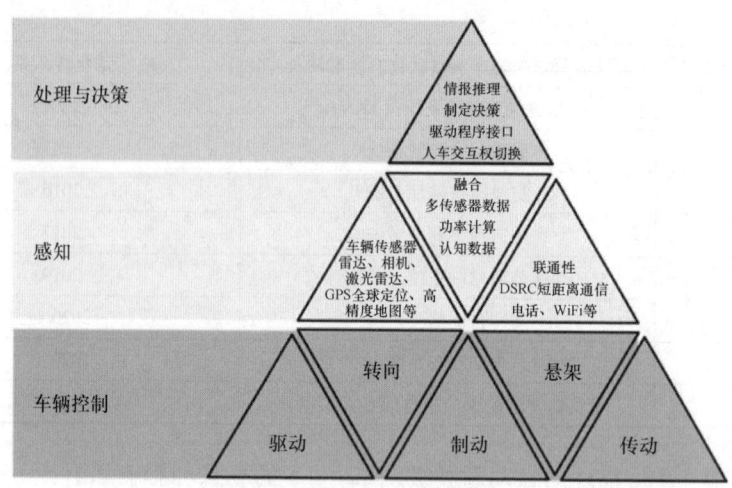

图1.2 自动驾驶的构建模块

能够实现（高度）自动驾驶的车辆是集成环境感知和建模、定位及地图生成、路径规划与决策的受控体；"环境感知和建模"模块提供了一个周围环境的实时模型（图1.3）。所需的数据来自环境传感器，如相机、雷达、激光雷达或超声波传感器。从获得的数据中提取原始数据特征，如车道边缘、车道标记、交通标志和车辆类型。使用分类器识别语义对象，可以计算场景、驾驶环境和车辆位置。

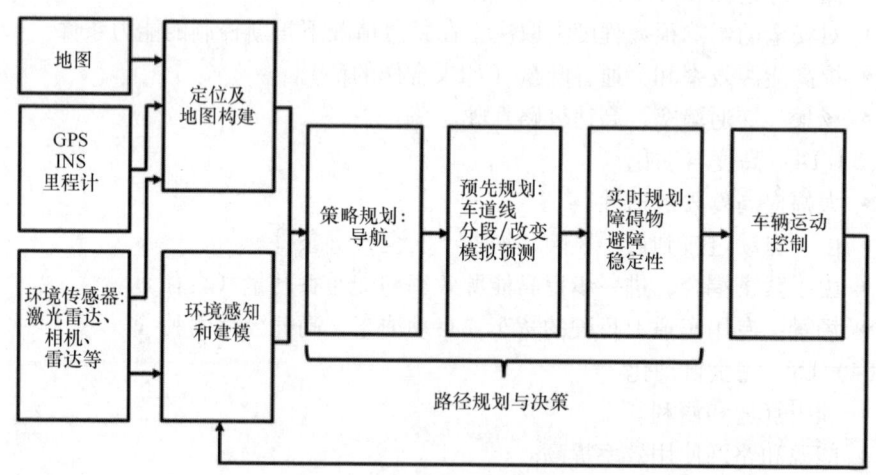

图1.3 基于多传感器融合的环境感知和建模

"定位及地图构建"模块体现了车辆通过结合本地地图、全球信息和环境模型数据生成全球地图的能力。在自动驾驶方面，"定位"一词指的是在已知或未知地图中对道路几何形状或车辆位置的估计。

"路径规划与决策"模块保证车辆的运行符合安全、法律等方面的要求。构成

"路径规划与决策"的三个模块的目标是在避免碰撞的同时，在道路空间中获取从初始位置到理想目的地的最优路径（在安全、速度、距离、节能等方面）。图 1.4 说明了这三个模块的主要结构。它包括策略规划模块（全局路径规划，例如导航）、决策规划模块（例如车道选择）和动态反馈模块（本地路径规划，例如避障）。决策包括行为推理和通过合并新障碍物与生成实施新规则的自适应任务规划。

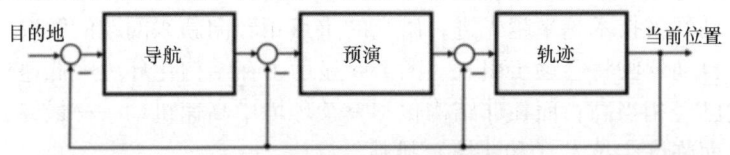

图 1.4　路径规划与决策控制结构

最后，车辆自动化要求根据所需目标和约束进行横向和纵向运动控制。这个任务通过图 1.3 中标记为"车辆运动控制"的模块来体现。

综上所述，图 1.5 所示的是实现自动驾驶的整个车辆体系结构，其中包括其他控制模块、新的传感器和高级人机交互（HMI）。蓝色的盒子代表与传统驾驶相比的新技术和新兴技术，也代表那些迫切需要和期待技术进步的领域。

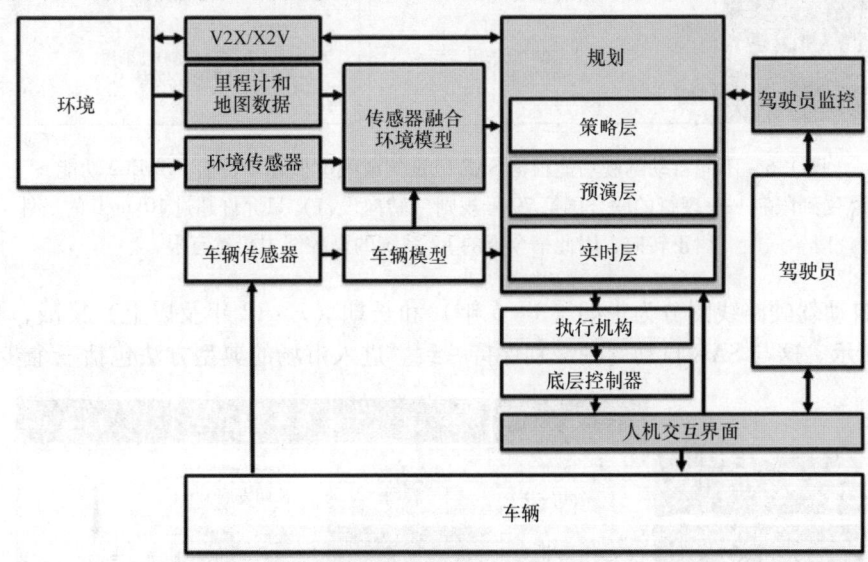

图 1.5　表示环境、车辆与驾驶员间的自动驾驶构建模块（尤其是 SAE L3、L4）

1.4　实现自动驾驶：研究的挑战

近二十年来，自动驾驶一直是一个具有挑战性的研究课题。尽管传感器技术、模式识别技术、信号处理、控制系统设计、计算能力（多核和多核心技术）、通信带宽、V2X，以及其他技术领域都取得了巨大进步，然而，向市场引入一个可以在非结构化环境中无人监督驾驶的完全自动驾驶的汽车仍然是一个长期的目标。即使对于结构化环境,也需要进一步的研究来充分挖掘道路运输自动化的潜力。为了使驾驶员和其他利益相关者接受,自动驾驶汽车必须比今天的驾驶基准更加可靠和安全。过去两年,不同的利益攸关方发布了多份自动道路运输路线图,全面介绍了拟议的未来发展方向。

随着自动驾驶技术越来越先进,研究的重点正转向新兴问题的解决。从工业的角度来看,自动驾驶将会逐步引入。图 1.6 显示了在结构化环境中低速自动驾驶功能的成熟度已经相当高,而在非结构化和复杂环境中高速机动——最终完全自动驾驶——仍然面临许多技术(和法律)挑战。

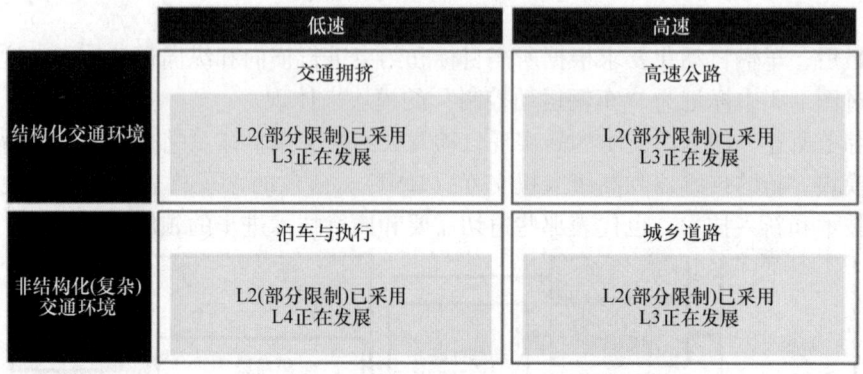

图 1.6 不同自动驾驶功能根据 SAE 级别的成熟度概述。目前,SAEL2 功能仍然受到限制——现行的联合国第 79 号规则(转向设备)只允许超过 10km/h 的条件下纠正转向,因此,今天的 L2 系统的操控能力仍然有限

自动驾驶路线图分为中期(3~6 年)和长期(7~12 年及以上)挑战,如图 1.7 所示。这与 SAE 自动驾驶级别保持一致。进入市场的典型方法包括三个步骤:

	L2	L3	L4	L5
城乡道路	已采用 (部分限制)	研究方向 长期发展	研究方向 长期发展	
高速公路	已采用 (部分限制)		研究方向 长期发展	未来研究方向 长期发展
交通拥挤	已采用 (部分限制)	中期 相关场景	研究方向 长期发展	
泊车与执行	已采用			

图 1.7 中期(发展和工业研究)和长期(应用和基础研究)挑战的分类概述

技术研究（长期相关）；然后是试点、实地操作测试和大规模示范（中期方案）；最后是工业化（市场引入）。值得一提的是，商用车遵循不同的路线图，因为其他应用场景具有优先权（例如排队）。

在以下内容中，我们概述了为了在技术准备和公众接受方面取得成功而必须采取的行动领域。

1.4.1 论证安全性、可靠性和鲁棒性

自动驾驶车辆本质上依赖于传感、规划、推理和行动（或重新行动）。一套基于不同传感模式（雷达、激光雷达、相机、超声波、GPS 等）的车辆传感器，以及外部源（V2X）和详细的数字地图，收集了车辆环境、驾驶状况和环境条件的原始数据，利用复杂的算法解码数据、处理数据、并将其转换为执行机构的命令（转向、制动）。在这个复杂的感知-处理-控制-采取动作的流程中，应避免以下可能发生的几种类型的故障：

- 传感器不能识别和响应危险（假阴性），例如，车辆应该制动，但它没有（就紧急制动系统而言）。
- 传感器检测并响应不存在的事件（假阳性），例如，车辆没有任何理由制动。
- 由于传感器无法操作或车辆完全无法操作，系统性能下降。

因此，迫切需要对自动驾驶车辆进行独立的、可重复的验证。如果没有可追溯的成熟度（技术就绪程度）、可靠性和安全性的证明，社会就无法接受。足够可靠和安全意味着足够小，故障率应小于 $10^{-n}/h$。如果以某种方式证明样本量为 n（目前情况并非如此），那么适当的安全性和可靠性可以通过 $10^n h$ 的驾驶测试时长来证明。对于 $n>5$，这实际上是不可行的，因为工作量和相关成本大幅增加。

基于目前的故障安全和容错体系结构，自动驾驶需要进一步的探索，以确保安全，在出现故障时仍可操作驾驶（冗余度概念）。为此，我们需要：

- 评估失效模式及其影响。
- 调查提高自我检测、自我适应、自学能力，以及在不断变化的交通场景中预测故障/情况的潜在能力。
- 探索在软件、硬件、V2X 通信、高级 HMI 等方面，故障下可操作性可能需要哪些附加要求。
- 确定所需的安全级别（更新关于故障下可操作系统的 ISO 26262）。
- 开发测试方法来证明安全性和可靠性（混合交通应该具有中期优先级）。如文献［18］中指出，大约需要 1 亿千米的道路行驶里程才能证明自动驾驶车辆和手动驾驶汽车一样安全。
- 在任何环境条件下（交通和天气），为故障下操作车辆提供标准化和认证的测试程序和测试环境。

此外，为了增加相关场景的数量和动态扩展需求列表，自动驾驶必须考虑一个基于现场操作测试的自学习适应系统。这种真实世界数据的反馈循环将支持快速开发和自动驾驶功能的快速验证，并提高安全性和可靠性。每个层次的一系列自动驾驶基本场景和相关参数应该根据不同国家的认证机构来定义。

1.4.2 安全与隐私论述

消费者希望他们的汽车能有隐私和安全。因此，数据的收集、处理和链接必须符合隐私法规。目前，许多个性化数据已经通过导航系统、智能手机或车辆维护过程收集。自动驾驶车辆能够记录和提供大量数据，这些数据可能有助于事故调查和事故情景重现。这些数据对于改进主动安全系统和系统可靠性以及解决责任问题都具有重要意义。现有的事故数据库，如 GIDAS 项目（德国深度事故研究）应该通过自动驾驶信息（涉及车辆的 SAE 级别分类、驾驶/自动模式等）不断更新和扩展。

此外，必须考虑网络安全（易受黑客攻击），以避免车辆或驾驶员因黑客攻击而失去控制。汽车制造商及其供应商同意 V2I 和 V2V 通信，即在整个开发阶段（典型的汽车开发流程），通信协议必须与安全嵌入一起开发。最近的调查显示，几乎所有现代车辆都有某种无线连接，黑客可能会利用这种连接远程访问其关键系统。除了安全漏洞之外，许多汽车公司还经常使用不安全的传输路径从汽车上收集详细的位置数据。

1.4.3 功耗计算可靠度

为了充分利用下一代 ADAS 技术的机遇，迫切需要基于多核技术的更强大的车载计算能力。在车辆的实时操作系统中，大约每秒需要处理 1GB 的数据。这些认知数据需要被足够快地分析和挖掘，以便做出决策和执行车辆行动。车辆必须对环境的变化做出反应，根据速度、道路和天气状况等一系列变量，在不到 1s 的时间内，让自身适应不断变化的场景。此外，车辆需要考虑易受伤害的道路使用者和其他车辆在城市中不可预测的行为，并测算交通流量，尤其是应用于高速公路时。目前主要为车辆控制功能开发的汽车电子控制单元软件体系结构（AUTOSAR）在实时认知数据处理方面存在着局限性。AUTOSAR 开发合作组织深知这一点，已经采取了行动。AUTOSAR 自适应平台（可配置和自适应运行时环境层）目前正在开发中，主要由宝马、戴姆勒、雷诺、大陆和博世推动，中期可投入使用。边缘计算（网络计算和分布式计算）也将在未来扮演重要角色。尽管如此，仍然强烈需要硬件标准化（即插即用）和面向服务的体系结构。

1.4.4 人为因素（SAE 等级 L3/4）

驾驶员需要多少时间才能重新融入驾驶，这仍然是一个悬而未决的问题。目前，依据车辆的速度确定 5~10s 的范围。作为一项主要要求，收回控制权必须安全、无缝地进行，这对车辆使用者和道路使用者的风险最低。为了确保在自动驾驶模式和非自动驾驶模式之间的安全过渡，还需要对车辆 – 驾驶员接口和相关通信方法进行研究。这包括最高优先级，即驾驶员总能超越自动驾驶模式，重新获得控制权。驾驶员意识也起着重要的作用，驾驶员任务和经验的减少、驾驶员注意力分散以及驾驶技能逐渐丧失，因此，驾驶员培训，特别是 SAE 级别中 L3 和 L4 的车辆，将不得不考虑这个因素。在此背景下，开发用于测试和评估不同 SAE 级别的驾驶员和车辆性能的人为因素软件工具将是至关重要的。

1.4.5 环境建模与感知

实时地、非常准确和可靠地感知车辆环境以及适应不断变化的场景被视为自动驾驶的关键促成因素之一。随着传感器鲁棒性的提高，显现出一些新的研究领域，包括：

- 可靠的图像处理和决策（对象识别、跟踪、分类、语义表达）。
- 精确的道路表达和定位（强烈依赖高分辨率数字地图）。
- 先进的传感器融合技术。
- 通用和标准化体系结构。
- 质量评估，包括（嵌入式）软件和硬件的功能安全性。
- 可信检查、监控、车载诊断和传感器故障检测。

此外，由于汽车智能（特别是 SAE L3~L5 所要求的可追踪决策）在很大程度上依赖于环境建模和虚拟化，有几个研究问题需要快速解决：

- 捕获车辆环境（交通状况）的伪像和所需的置信度水平。
- 预测情况（交通）演变。
- 此类模型的完整性。
- 处理不确定信息。

1.4.6 车辆控制与驱动

车辆自动化直接关系到故障下的操作控制和驱动（软硬件的冗余度）。车载计算的进展使得在实时和车载环境中运行更复杂的基于模型和鲁棒性的控制算法成为可能。自动驾驶车辆的核心是其智能（路径规划、路径跟踪、预测、规划、决策和控制）嵌入到一个灵活且可重新配置的体系结构中。虽然控制理论和算法已经得到了很好的发展，但是仍然需要进一步的改进，包括：

- 随时执行计划机动的可控性，并始终保持车辆的故障下可运行行为。
- 不确定性的集成和管理（例如，基于地图的不确定性）。
- 处理传感器不足及相关误读（传感器假阳性）。
- 在传感器数据不可靠的情况下处理稀疏数据。

- 实时处理大数据。
- 合作控制与规划（与其他道路使用者互动）。
- 与数字基础设施的交互。
- 驾驶员-车辆交互。

1.4.7 数字基础设施

目前，全球几乎所有汽车制造商都发布了不同 SAE 级别的研究原型。尽管人们已经很好地理解并同意在车辆中嵌入数字基础设施（V2X 和 X2V 通信），但是仍然没有一个共同的开发路线图存在。车辆研究和基础设施研究遵循平行路径，应联合起来推动创新。从基础设施的角度来看，必须解决以下几个问题：

- 城市环境中的交通管理（信息系统与影响系统）。
- 数字基础设施（例如，到 2018 年德国的标准是 50Mbit/s）。
- 数据主干、云数据和云计算（雾计算，即根据行车路线有几朵带交叉的云）。
- 智能道路标准。
- 车辆及其基础设施的交互。包括：用于地理和移动数据的开源数据云和数字广播板（德国：DABC 实时检索详细和本地精确的数据）；群体智慧；高精度数字地图（从基础设施角度）；智能交通信号灯、交通标志、信号。
- IT 安全标准化。
- 隐私（数据收集、处理、链接），应遵循数据隐私法。
- 法律约束（国际和国家框架、车辆审批、技术维护和监控、驾驶员培训）。

上述所有活动领域都需要进一步调查，以挖掘其潜力和益处，确保安全、可靠、可接受和可理解（对驾驶员和其他利益相关者），以及始终嵌入智能环境中的自动驾驶车辆的安全行为。随着技术的进步，迫切需要进一步立法，以及强制推行责任和保险制度。

1.5 结论

本章节根据 SAE J3016 自动化水平和最近发布的不同路线图简要概述了当前自动驾驶的最新技术。我们同时讨论及列出了有关的中期及长期发展步骤及创新领域，以及有关的研究挑战，以促进社会对自动化道路运输的接受。本章列出的参考文献从业界的角度和知名研究机构的角度，深入分析了当前最相关的技术课题，涵盖了环境传感、传感器融合、感知、决策路径规划和跟踪的预测控制方法的最新进展。此外，本章还讨论了车载架构和嵌入式功耗计算的重要性。本书的一个主要部分是致力于演示和评估自动化车辆的可靠性、功能安全性以及安全性要求。一项正在进行的欧洲合作研究项目和欧洲倡议的抽样调查反映了欧洲向自动驾驶迈进的剧烈变革。

参 考 文 献

1. Tech.AD, in *Annual Conference on Automated Driving, Conference Proceedings*, Berlin, Feb 2015
2. Automated Driving Roadmap, European Road Transport Research Advisory Council (ERTRAC) (2015)
3. Roadmap on Smart Systems For Automated Driving, European Technology Platform on Smart Systems Integration (EPoSS) (2015)
4. iMobility Forum, Automation in Road Transport, version 1.0, May 2013
5. NHTSA and US Department of Transportation, US Department of Transportation Announces Decision to Move Forward with Vehicle-to-Vehicle Communication Technology for Light Vehicles (2014)
6. SAE, Taxonomy and Definitions for Terms Related to On-Road Motor Vehicle Automated Driving Systems, J3016, SAE International Standard (2014)
7. S.E. Shladover, Road Vehicle Automation: Reality, Hype And Policy Implications, California PATH Program, University of California, Berkeley, 9 Apr 2015
8. M. Maurer, J.C. Gerdes, B. Lenz, H. Winner, *Autonomes Fahren—Technische, Rechtliche und Gesellschaftliche Aspekte* (Springer Vieweg, Heidelberg, 2015) (German) (Open Access)
9. N. Bizon, L. Dascalescu, N.M. Tabatabaei, *Autonomous Vehicles* (Nova Science Publishers, New York, 2014)
10. H. Cheng, *Autonomous Intelligent Vehicles—Theory, Algorithms, and Implementation* (Springer, Heidelberg, 2011)
11. U. Oezguener, T. Acarman, K. Redmill, *Autonomous Ground Vehicles* (Artech House, Boston, 2011)
12. H. Winner, S. Hakuli, G. Wolf, *Handbuch Fahrerassistenzsysteme*, 2nd edn (Vieweg-Teubner, Wiesbaden, 2012) (German)
13. J. Becker, Driver Assistance and Automated Driving, Lecture, ME302, Stanford University, USA
14. 2020 Roadmap, European New Car Assessment Programme (EURO NCAP) Jun 2014
15. J. Carlson, ADAS Evolving: New Developments in Hardware and Software on the Road to Autonomous Driving, HIS Automotive, Spring Media Briefing, Detroit, 19 Mar 2015
16. German Federal Government, Strategie Automatisiertes und Vernetztes Fahren, Strategic Paper, Jun 2015
17. International Organization of Motor Vehicle Manufacturers, ITS/AD-04-14, Berlin, Jun 2015
18. H. Winner, W. Wachenfeld, Absicherung Automatischen Fahrens, 6. FAS Tagung, Munich, Nov 2013
19. A. Greenberg, Markey Car Security Report, Feb 2015
20. R.K. Jurgen, *Autonomous Vehicles for Safer Driving* (SAE International, Warrendale, 2013)
21. G. Meyer, S. Beiker, *Road Vehicle Automation*. Lecture Notes in Mobility (Springer, Heidelberg, 2014)
22. G. Meyer, S. Beiker, *Road Vehicle Automation 2*. Lecture Notes in Mobility (Springer, Heidelberg, 2015)

第 2 章　自动驾驶汽车的隐私和安全

2.1　专业术语的介绍和定义

从 20 世纪 20 年代早期开始，人们就开始设想汽车自己就能上路，不需要人工干预。现在，技术的发展使之成为现实。在不到 10 年的时间里，我们可以期待在道路上看到自动驾驶汽车，从根本上改变驾驶的含义。虽然让一辆汽车自己驾驶的技术挑战已经得到了很大程度的解决，但这并不是成功的唯一标准。

除非围绕隐私、数据安全和车辆安全性的诸多问题得到解决，否则任何自动驾驶程序都不会走出试验阶段。在本章中，我们使用"车辆安全性"一词来描述汽车正确的系统功能和对车内人员的保护，主要是为了避免交通事故的发生。"隐私"一词是关于保护一个人和他/她的行为，意思是他/她能够控制由相关数据的处理而产生的他/她的隐私权、自由或平等的风险。术语"数据安全"定义了保证数据完整性、机密性和可用性的情况。这里的安全特别服务，指的是为确保数据安全和隐私而采取的一系列措施。因此，对于车辆安全、数据安全和隐私的整体开发观点是必需的，因为它们都是相互作用的，并且不能被视为完全独立的。

消费者、政府和企业需要得到保证，自动驾驶汽车不会受到黑客攻击、病毒和其他可能造成广泛破坏的恶意因素的伤害。一辆汽车发生的严重事故就足以导致无人驾驶汽车永远不会出现在我们的道路上，因此技术人员必须确保他们创造的东西是安全的。

对于消费者来说，隐私也是他们最关心的问题。人们普遍关心的是收集了哪些个人数据以及如何使用这些数据，特别是与新技术有关的数据。未来的自动驾驶汽车必须考虑到这些严重问题，并以一种有效但不损害个人利益的方式使用数据。对于原始设备制造商来说，要想在未来的共享经济中获得竞争优势，隐私保护将是一个分水岭。

2.2 自动驾驶原则

2.2.1 技术原则

从技术角度看，无人驾驶汽车将通过信息互通实现，从而提高车辆安全性，以及数据安全、隐私保护和交通效率方面的性能和可靠性。

这将通过设计和开发下一代汽车零部件、子系统和交互平台体系结构来实现。所有这些都必须基于以下关键信任原则：

- 以保护隐私的方式进行安全、舒适和移动服务的安全维护。
- 良好运行管理（监控和升级）。
- 开放的平台原则和架构，利用可信的组件以及可信的内部和外部车辆网络，包括不同通信制式的无缝合作和高数据速率传感器网络，如使用汽车以太网。
- 可信的云服务，用于诊断、预测，以及安全、功能和可靠性的监视和升级。
- 所有这些都强调了数据安全、隐私框架和实现的需求，这基于设计的安全性和隐私保护，以及"知情"原则。

如图 2.1 所示，对物联网集成下的车辆来说，安全性被看作一个系统属性，从模块到云解决方案。需要指出的是，对于某些模块来说，物理安全是必不可少的，因为完全基础设施解决方案所提供的服务和信息的可靠性可能受到威胁。例如，V2X 通信子系统基于公钥安全基础设施。

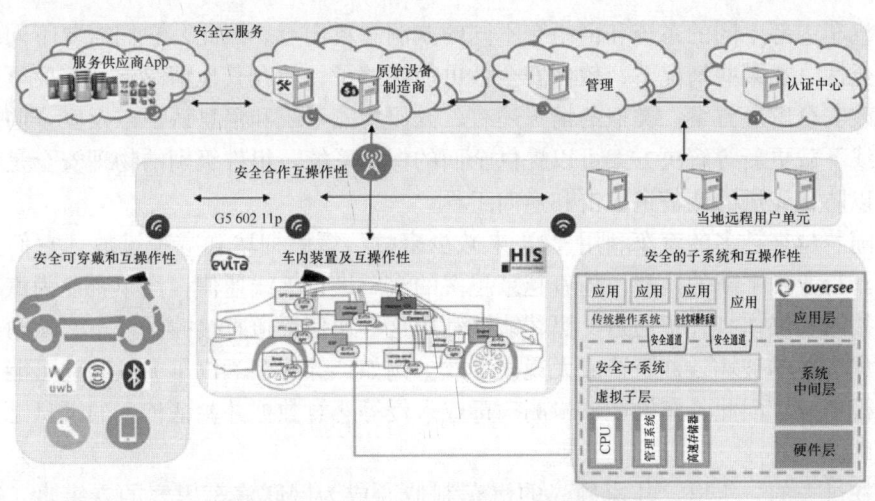

图 2.1　考虑安全要求下的物联网中车辆及其部件集成

2.2.2 数据原则

目前，在安全和隐私方面的法律不确定性使欧洲在智能、互联网或自动驾驶解决方案方面处于劣势。因此，欧洲应在制定和实施该项战略方面发挥积极作用，为尊重物联网的安全和隐私创造动力，并以领先的最先进的技术解决方案支持这一点。其目的是促进汽车物联网组件和子系统在各种标准下无缝协作，并编制其操作的大数据，包括：车辆-互联网连接（V2X）/802.11 p 无线、雷达、广播和卫星广播、车载远程信息技术。

这也适用于数据治理的概念，指的是私营公司对于保护知识产权和商业秘密的需求，以及公民对隐私和安全的需求，提供了访问数据的最佳规则。在此过程中，我们必须关注三个数据原则：

- 安全设计——所有连接到物联网的设备都应确保设备和通信本质上是安全的，通过 a.o. 结合安全编码和加密通信来实现。
- 隐私设计——隐私不仅受到法律等规范预期的保护，而且已经在基础设施技术层面得到了保护。
- "知情"原则——每个连接的实体只能将数据与它的核心应用程序绝对相关的物联网进行通信。根据设计隐私原则，访问权限由实体授予，无论是个人还是公司，都有相应的访问权限。

2.3 当前的现状

汽车内部不同的系统和网络有不同的漏洞和攻击点。因此，它们需要不同级别的安全性。在某些情况下，软件安全性可能足够了，但在其他情况下，需要更强的防篡改安全解决方案。类似的情况还有，入侵检测系统和消息认证以及安全固件通过无线下载更新等解决方案可以提供全面的保护系统。组件级别的物理安全是必要的，以防止先进的侧信道攻击和逆向工程。

随着越来越多的汽车利用 V2X 来减少事故、缓解拥堵和减少排放，它们正在给汽车行业带来新的挑战。随着越来越多的汽车进行无线通信，汽车企业为汽车系统的接入和操作打开了通道。黑客能够利用这些通信渠道直接控制汽车，从而对道路造成潜在的破坏，甚至造成大规模事故。例如，导致多辆汽车突然制动可能导致大规模事故。因此，车辆能够检测病毒或入侵等恶意数据并验证传入的消息是至关重要的。

在过去的一年里，几家领先的汽车制造商成为网联汽车黑客的受害者。2015年夏天，两名安全专家通过其互联网娱乐系统入侵了一辆吉普切诺基。结果，他们在舒适的沙发上切断了汽车的传动装置，使它在繁忙的美国高速公路上缓缓地停了下来。一个月后，Usenix 安全会议上的研究人员展示了他们如何通过一种无线连接的设备来访问一辆雪佛兰克尔维特的关键功能。

尽管存在这些风险，但在主要的汽车行业标准中，对黑客攻击的危害性并没有得到充分的覆盖。例如，ISO 26262 只能通过减少人为失误造成的系统故障和老化或热损耗等因素造成的随机故障来确定乘用车和轻型多用途车的系统安全完整性水平。

目前，福特、通用、日产、马自达、本田、大众、奥迪、戴姆勒、现代和起亚等主要汽车制造商正在合作推行共同的安全措施和标准。例如，美国的 CAMP 联盟（Crash Avoidance Metrics Partnership consortium）与美国交通部合作建立了一个安全系统。CAMP 已经花了几年时间研究和测试各种安全解决方案。类似的举措包括车车联合交互（C2CC）和 C-ITS 欧洲咨询小组以及在日本的信息交互提升联盟。关于隐私要求，也有类似的倡议。例如，德国汽车工业联盟（VDA）的成员规定了网联汽车的数据保护原则。这些设计保密原则应确保安全、透明地处理个人资料，以满足法律责任和客户的信任。

虽然网联汽车离大众普及还有很长的路要走，但最近的黑客事件对汽车行业是一个重要的教训。他们强调，要充分利用智能网联和自动驾驶汽车的创新，需要有安全、隐私和信任的坚实基础。这在很大程度上依赖于整个生态系统的整合，包括制造商、技术供应商、监管机构等，以确保驾驶员的身体和数字安全得到优先考虑，这样车辆就会足够强大，能够抵御黑客攻击和任何进一步的数据滥用。

2.4 未来对自动驾驶的期望

由于自动驾驶的几个特性（自适应巡航控制、车道预警等）已经得到应用，未来向自动驾驶的转变已经很顺利。在接下来的几年里，我们所知道的汽车将从简单的交通方式转变为个性化的移动信息中心——完全连接到外部世界。

创新技术为消费者创造了一种更愉快、更个性化的驾驶体验，并使驾驶更安全、更愉快。但这仅仅是开始。让我们来看看未来的驾驶是什么样的，以及在自动驾驶汽车时代隐私和安全将如何发挥作用。

自动驾驶带来的最大变化之一，将是从汽车所有权向共享/租赁模式的转变。像 DriveNow、Car2Go 或 ZipCar 这样的汽车共享计划已经在改变城市的驾驶习惯，使之成为一种"付费使用"的模式。随着自动驾驶越来越普遍，这种趋势将会加速。汽车可以从供应商那里提前预订，也可以通过智能手机（或可穿戴设备）应用程序随时预订。自动驾驶汽车将直接开到顾客家，在外面等候。可以把这种模式理解为没有驾驶员的"网约出租车"。重要的是要确保只有经过批准的用户才能使用自动驾驶汽车。目前可行的解决方案，例如 RFID 标签，将能够通过智能手机安全地识别用户。

随着共享汽车的出现，用户之间错误共享数据的风险也随之增加。未来的自动驾驶汽车共享计划将利用收集到的用户数据来提高用户体验。这些数据将包括：最近或最喜欢的目的地；使用者的个人资料，包括付款资料；与座位、温度、音乐等有关的偏好。

这些数据也关联了许多其他方面的利益，例如保险公司或商业产品和服务提供商。例如，保险公司能够根据驾驶员的个人驾驶行为调整保单；商业产品和服务提供商将越来越多地根据驾驶员的位置和个人喜好为他们的服务打广告。

确保和保护这些个人数据对维护消费者的信任至关重要，几起引人注目的数据泄露事件就证明了这一点。例如，英国互联网提供商 TalkTalk 在一次客户个人信息被窃取的网络攻击中遭受了巨大的名誉和经济损失。自动驾驶汽车将使用复杂的雷达系统和 V2X 技术在道路上行驶，这些技术可以收集周围环境的信息，为车载计算机提供无人驾驶系统必须避开的障碍或危险的图像。

未来汽车会知道路线，并自动进入高速公路"列队"——连接到另一组相同方向的汽车。安全的速度和距离通过机载 V2X 技术得以实现。除了与周围的车辆通信，该设备还与其他连接的基础设施进行通信。这些"通信"是通过 V2X 实现的，从而实现了车辆和环境之间的临时数据交换网络——换句话说，就是独立的、自组织的移动用户网络。

与任何其他无线网络一样，通信面临着必须防范的安全风险，以防止黑客和其他潜在威胁的访问。要做到这一点，首先必须确保数据的质量和完整性。智能车辆在收集或传输数据时，必须能够检测数据是否曾因任何原因被篡改和伪造。错误或有缺陷的数据可能会阻塞应用程序，或者使其失效——在最坏的情况下，会成为真正的安全风险。

例如，如果不准确的数据误导了车辆，使其错误地识别前面车辆的速度，这可能会导致致命的后果。因此，需要集成一些机制来检测坏数据，将其从通信线路中移除，或者完全销毁。解决方案是在芯片级别加密、认证和保护数据。通过使用一组安全密钥，汽车可以确定数据是否来自于特定的、值得信赖的车辆。

同样的原则适用于车辆可能与之交互的其他设备和服务。例如，自动驾驶汽车可以在行驶途中与咖啡馆互动，提前下订单和付款。安全的连接对于维护供应商和汽车制造商的声誉至关重要。服务提供商和消费者购买一个系统的前提条件是，他们要确信这个系统的安全和隐私保护方面没有任何问题。

2.5 建立社会信任

我们已经提到了消费者信任的重要性，这值得深入研究，因为它对自动驾驶汽车的未来至关重要。世界正变得越来越网络化。从广告牌到公交车站，从路灯柱到汽车和道路，基础设施变得越来越智能化，连接也越来越紧密。许多人对后果感到害怕或至少没有安全感。技术可靠吗？我的数据会怎样？企业和立法者必须正视这些担忧。

根据最新的调查，一半的互联网用户不认为他们的数据在互联网上是安全的。对于企业来说，客户信任和信任的撤销是商业模式的重要组成部分。

无论这项技术如何运作，没有消费者的信任，它永远不会得到广泛的应用。对于自动驾驶汽车来说尤其如此。驾驶技术上的挑战最终会得到解决，但说服驾驶员让位于自动驾驶系统的难度要大得多，这项任务将需要更长的时间。没有信任，市场就不会或非常缓慢地接受。

为了建立信任，客户需要积极的态度。他们必须能够了解汽车的潜在安全漏洞，并了解如何建立保护。这种方法也有利于汽车企业，因为强大的安全性是一个真正的成本因素。如果人们不知道安全保障对他们有什么好处，他们就不愿意为良好的安全保障买单。但是，如果这种意识得到提高，他们就会乐于接受以更高的成本确保安全。

建立信任的另一个重要因素是，要确保个人和公司对个人数据处理带来的风险拥有完全的自主权。网联汽车和整个物联网只有在将所涉及的数据完全用于以最透明的方式向消费者提供的增值目的时，才会受到信任。此外，应用数据最小化，即只收集应用程序真正需要的数据，而不收集其他数据，这有助于增加人们的信任。

这需要绝对的确定性，以了解哪些设备能够访问数据，以及它们使用数据的目的是什么。他们还需要确信，只有在必要时才会访问数据。例如，在发生事故时，健康记录可以保存在自动驾驶汽车中，但只有紧急服务机构才能使用这些记录，而不是任何其他非医疗方。

在共享经济中，消费者扮演最终的角色，需要自己提供移动服务，拥有更大的影响力和权力。因此，企业很快就会认识到，只有通过一种基于合作的新交易方式，它们才能取得成功。最终，消费者将更自由、更不稳定地决定把钱交给哪个值得信赖的公司。最终，只有具备道德和安全的公司才能生存。

在提高安全性方面，跨行业和国际合作至关重要，所有参与者都能获得一流的解决方案。通过遵守上述自动驾驶原则，许多问题可以被克服，也可以建立和维护信任。

2.6 对行业的影响

维护自动驾驶汽车的隐私和安全是一个复杂的问题，需要从半导体公司到编码器公司和原始设备制造商等整个价值链的多个行业的支持与合作。考虑到车载连接的影响、对安全的需求以及汽车自动驾驶的可能性，需要多方展开合作，包括价值链、大学和研究机构的产业。NXP 半导体公司和 Alexander von Humboldt 研究所已经开始在这一领域采取行动，并正在与其他合作伙伴合作，努力实现完整的解决方案。此外，其他利益集团也需要积极参与，如政府、保险公司和消费者团体（如

ADAC、ANWB、tours 等）。

目前，政府和科技公司之间存在分歧。这源于他们传统运作方式的根本不同。政府习惯于与公众分享信息，在涉及可能影响城市居民生活的新项目时，他们会进行合作和公开。对政府来说，透明度至关重要，而且他们非常习惯于被追究责任。

另一方面，科技公司对工作的态度要谨慎得多。他们的背景是，保密对于保护高风险的研发投资、有价值的技术和敏感的知识产权至关重要。他们只有在准备上市时才会公布自己的解决方案，甚至只会公布部分方案。而政府项目从一开始就普遍透明，需要积极参与和反馈。

这些系统性和文化差异可能会导致双方产生摩擦，这就会减慢自动驾驶汽车等潜在的联合创新项目的发展，这依赖于双方的共同努力。最终，如果没有政府的合作，自动驾驶汽车就无法获准在道路上使用，因此需要建立一种适合双方的新工作方式。双方必须经过一个深思熟虑的过程，实现战略合作，对于自动驾驶的技术和社会方面的问题形成共识。

自动驾驶汽车也将对保险业产生重大影响。今天，汽车保险的设立是为了在事故中保护驾驶员的经济利益，弥补他们自己或他人的错误。自动驾驶的出现彻底改变了这种模式。首先，道路交通事故应该几乎完全消除，这样驾驶员和乘客的风险几乎会消失。不过，责任问题依然存在。

保险公司可能不得不将责任从消费者身上转移到制造商身上。人们已经看到，沃尔沃考虑对无人驾驶汽车碰撞承担全部责任。他们还必须进一步研究汽车保险的盈利模式。最终，保险公司需要改变他们的商业模式，为了做到这一点，他们需要与政府和制造商合作，制定最佳方案。如果没有足够的保险措施，自动驾驶将会步履蹒跚。

政府、科技公司和保险公司需要改变思维方式，采取新的协调方式。如果三方合作，共同制定包含技术和社会方面的战略，自动驾驶汽车就能在几年之内上市。

2.7 下一步

安全、隐私和消费者信任问题是困扰自主驾驶的最大障碍。最终，消费者需要相信这项技术不仅关乎他们的生命，也关乎他们家庭的幸福。

为了建立这种信任，整个生态系统必须联合起来，制造商、技术供应商、政府和保险公司必须采取以下措施。

（1）多方利益相关者对话

建立一个连贯的多方利益相关者对话，包括终端用户利益的代表（例如，数据保护机构和/或消费者保护组织），以开发出尊重社会需求和符合获取数据期望的解决方案。

通过设计相应措施，获得对隐私和安全问题的广泛接受，这些措施充分解决了个人和组织对数据和资产的隐私和安全的关注。

（2）建立全球原则和标准

第二步是在对话的基础上建立一套紧凑的、可执行的安全与隐私设计原则和标准。

它们需要应用于所有领域，包括设计、组织结构和国际立法要求。还需要就可靠的认证过程和提供隐私政策的信任达成全球共识。

（3）开发模块化系统解决方案

建立系统内系统解决方案的体系结构和原型，解决关键安全和隐私设计，具有以下特性：

① 用户可选择的配置模式。

② 基于可互操作的模块化原则（软件/硬件）和标准接口。

③ 汽车认证，内置隐私保护功能，限制对数据的访问。

④ 允许系统分离，以实现高成本效益的多供应商组件采购。

系统分离还可以防止针对不同的、不太重要的区域的黑客攻击，以保护更重要的组件。以数字无线电为目标，建立高度安全的关键制动系统。

（4）下一代安全组件

与当前的组件标准相比，开发具有固有隐私保护和安全认证的下一代组件。

这些安全组件将结合高性能和最新的安全原则，在其生命周期中持续保护，减轻软件攻击、错误攻击、中断通道攻击和物理攻击（包括物理逆向工程）的影响。组件和软件在一定程度上是灵活和开放的，以确保它们易于更新和升级。

（5）有效的应用

对于整个过程来说，重要的是通过一系列社会和业务实例，通过设计解决方案策略来演示和沟通系统解决方案的功能以及安全性和隐私性。

通过这个过程，可以使经过认证的安全解决方案获得"质量和信任"标志。

2.8 结论

基于最近的汽车黑客事件，汽车行业的所有利益相关者都意识到，安全和隐私保护在汽车中变得越来越重要，这类汽车集中在物联网和/或自主驾驶中。这需要将安全元素和隐私保护功能贯彻至从组件到电子系统和完整的汽车架构中。此外，必须通过多方利益相关者对话，加强涉及价值链的所有利益相关者之间的密切合作，包括与公众的互动。最后，在从"可交互汽车"到完全自动驾驶汽车的发展过程中，各方共同努力建立社会信任模型也至关重要。

第 3 章 从技术标准的角度进行自动驾驶

3.1 介绍

目前，像自适应巡航控制（ACC）这样的辅助驾驶系统已经是最先进的了。在驾驶员的激励下，这些系统支持驾驶员在特定的驾驶情况下，控制车辆的纵向或横向运动。在系统不稳定的情况下，需要一个高可用性的驱动程序来接管控制。自动驾驶系统允许驾驶员在一定的时间内不执行主动驾驶任务。这些系统同时控制着车辆的纵向和横向运动。驾驶功能的自动化程度从部分自动化和驾驶员的一直监视到完全自动化，驾驶员完全不监视活动。

首批部分自动化功能在 2016 年引入日常交通中。这些功能需要来自车辆外部的数据，以对于自动化车辆来改善每个交通参与者获取的交通信息，实时的车辆对车辆（V2V）通信和车辆对基础设施（V2I）通信是强制性的。

进一步发展的自动驾驶和网联驾驶对车辆提出了新的要求，包括一个安全的系统、利于技术实现的车辆子系统，以及适当的数据源和通信。这导致需要采用或建立与车辆或通信有关的技术标准。配备高质量数据通信组件的基础设施和车辆，以及汽车行业、研究人员和政府之间的积极合作，将为自主驾驶汽车的创新、开发和使用提供有竞争力的背景。

本章概述了与汽车领域和自动驾驶相关的不同标准制定组织（SDO）；介绍了不同标准的自动化水平；最后总结了今后车辆系统和环境标准化的步骤和要求。

3.2 标准制定组织

SDO 由文献［4］的定义为："SDO 包括在其专业领域内制定标准的专业协会、行业协会和会员组织。它们可以与自己的成员或与其他 SDO 和有关方面合作制定标准。"与自动驾驶系统有关的 SDO 主要有以下几个：

1）国际标准化组织（ISO）由各国代表 ISO 的国家标准机构组成。秘书处设

在瑞士日内瓦。关于自动驾驶,有两个技术委员会与之相关:

① ISO/TC204(WG1、wg3、WG9、WG14、WG16、WG18)。

② ISO/TC22(SC03、SC32、SC33、SC39)。

2)欧洲电信标准协会(ETSI)是欧盟认可的欧洲标准组织,制定全球适用的信息和通信技术(ICT)。

3)美国汽车工程师学会(SAE)是一个专业协会和标准组织,专注于汽车、航空航天和商用车辆等各种运输行业。

4)欧洲标准化委员会(CEN)是汇集了 33 个欧洲国家的国家标准化机构。

5)电气与电子工程师协会(IEEE)是位于美国的世界上最大的技术专业协会。

有关道路安全的主要国际立法基于两项条约:《维也纳道路交通公约》和《维也纳道路标志和信号公约》。1968 年,73 个国家代表在维也纳签署了这两份条约。

3.3 不同标准的自动化水平

根据不同的标准,道路车辆自动化水平存在不同的尺度。自动化功能将逐步增加,需要在实践中进行测试。

在图 3.1 中,根据 SAE J3016 标准,给出了所有级别的自动化水平说明。SAE 级别的等级范围从 0 级(L0,表示驾驶员的全职工作表现)到 5 级(L5,表示自动驾驶系统的全职工作表现)。在较低级别(如 L0~L2),驾驶员是主要参与者,负

SAE 级别	名称	阐述定义	转向机驱动/制动的操作执行	驾驶环境监控	动态驾驶任务的应变方式	系统扩展能力(驾驶模式)
驾驶员监控驾驶环境						
0	无自动驾驶	由驾驶员执行各个方面的动态驾驶任务,即使在受到警告或系统干预时也是如此	驾驶员	驾驶员	驾驶员	—
1	辅助驾驶	由驾驶员辅助系统执行特定驾驶模式的操作,辅助系统使用有关驾驶环境的信息并期望驾驶员执行动态驾驶任务的所有其余方向	驾驶员及系统	驾驶员	驾驶员	部分驾驶模式
2	部分自动驾驶	由一个或多个驾驶员辅助系统(包括转向系统和加速/减速系统)执行特定驾驶模式的操作,该系统使用有关驾驶环境的信息,并期望执行驾驶任务的所有其余方面	系统	驾驶员	驾驶员	部分驾驶模式
无人驾驶系统监控驾驶环境						
3	有条件的自动驾驶	由自动驾驶系统执行特定驾驶模式的动态驾驶任务的所有方面,期望驾驶员将对干预请求做出适当的响应	系统	系统	驾驶员	部分驾驶模式
4	高度自动驾驶	由自动驾驶系统执行特定驾驶方式的各个方面的动态驾驶任务,即使驾驶员没有对适当地对请求做出响应	系统	系统	系统	部分驾驶模式
5	完全自动驾驶	自动驾驶系统在所有道路环境条件下都可以完成各方面的动态驾驶任务,也可以由驾驶员来管理	系统	系统	系统	全部驾驶模式

图 3.1 根据 SAE J3016 描述的不同水平的自动驾驶

责在驾驶过程中做出决策和监控系统。在 L2，驾驶员负责在发生故障时移交对车辆的控制。随着自动化水平的提高，系统所采用的功能和决策过程的数量也在不断增加。

对于 L0~L2，驾驶员的注意力完全集中在驾驶任务上。如果发生故障，驾驶员必须在 1s 内做出反应。在 L3，驾驶员的反应时间增加到几秒钟。最后，对于 L4 和 L5，车辆在驾驶任务中独立反应，驾驶员的反应时间延长到几分钟。在自动驾驶的国际标准中，J3016 是主要标准。

图 3.2 显示了德国联邦公路研究所（BASt）和美国国家公路交通安全管理局（NHTSA）所描述的自动化水平与 SAE 水平之间的对应关系。NHTSA 标准将 SAE 标准的高度自动化集成在一个级别上，而 BASt 标准定义了五个级别，最后一个级别相当于 SAE 标准的 L4。

级别	0	1	2	3	4	5
SAE	无自动驾驶	驾驶辅助	部分自动驾驶	有条件下自动驾驶	高度自动驾驶	完全自动驾驶
NHTSA	无自动驾驶	个别功能自动驾驶	合并功能自动驾驶	有条件下自动驾驶	完全自动驾驶	
BASt	驾驶员	驾驶辅助	部分自动驾驶	高度自动驾驶	完全自动驾驶	

图 3.2 根据 SAE J3016、BASt 工作组"车辆自动化增加的法律后果"和 NHTSA 不同标准定义的自动化水平

3.4 车辆系统和环境标准化

引入辅助驾驶功能和提高自动化水平需要一套规范和要求，这取决于车辆系统和/或车辆与其他车辆之间的通信或基础设施是否受到影响。目前，这些规定还没有标准化。因此，需要制定所有相关的技术标准，可将其区分为两类：①与车辆有关的；②与通信有关的。

3.4.1 车辆相关标准

文献［1］对德国市场引入高度自动化的功能进行了展望。交通堵塞驾驶系统预计将首先部署到市场，紧随其后的是高速公路驾驶系统。在交通拥挤的情况下，驾驶系统将提供自动车辆引导。高速公路驾驶系统将是交通堵塞驾驶系统的延伸。一开始，这两类系统都将被限制在类似高速公路的环境中。在一个更复杂的环境中，比如在城市地区，对感知、情景识别和决策制定的要求要比在一个定义明确的

环境中自动驾驶更高。因此，无论是城市场景还是高速公路场景，通过新的需求来适应或扩展车辆系统的结构会危及车辆的安全。如果发生意外事件或达到系统边界，系统将负责切换到安全状态并处理该情况。这个场景将增加额外的软件需求。

此外，如果出现硬件故障，系统必须保证安全运行，而功能将有所减少。因此，也会出现对车辆系统硬件组件的新要求。自动化功能必须涵盖不同的使用条件，例如，特殊天气条件（如降雪），会导致传感器的视觉功能受限，从而影响基于环境的系统的运行决策。

2011年发布的功能安全标准ISO 26262为E/E系统的开发提供了一种通用方法。前面提到的使用案例是关于自动驾驶的，而现在则被功能安全标准ISO 26262所覆盖。该标准的新版本于2018年发布。目前，正在讨论将自动驾驶主题纳入标准。关于道路车辆自动化功能的安全性，本节中的案例表明需要新的规范和体系结构标准。

3.4.2 通信相关标准

多年来，一系列的智能交通系统（ITS）用于支持驾驶员和系统执行驾驶任务。它涵盖了先进的驾驶员辅助系统（ADAS）、车内信息系统和路边远程信息系统。它的基础是三种主要技术：信息技术、通信技术和卫星技术。

自动驾驶车辆与其他车辆隔离运行，仅使用卫星数据、内部传感器和雷达来引导车辆，如图3.3所示。如果没有任何无线V2C或V2I（也称为V2X）通信技术，自动驾驶车辆的功能将是有限的。这种汽车需要以自身为基础制定标准。另一方面，网联汽车提供uchdata通信，但不提供任何自动化功能。如果依据车辆的传感器数据和从外部提供的数据做出自动引导的决定，则该系统称为连接或协同自动车辆。

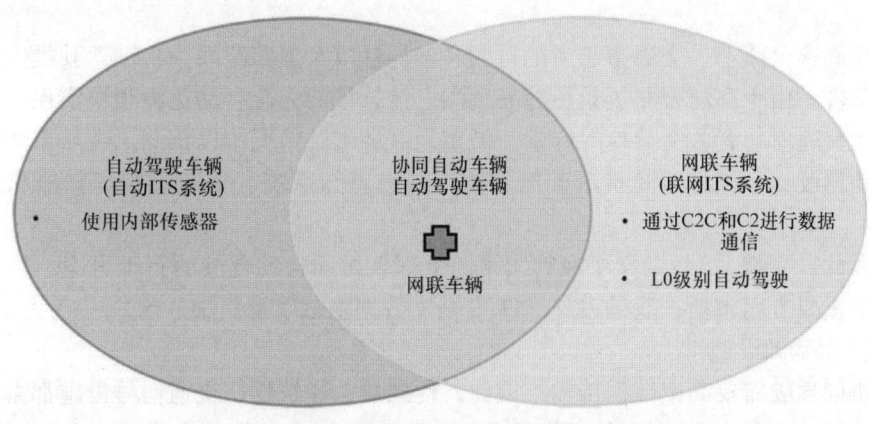

图3.3 网联、自动、合作自动车辆关系示意图

V2V 数据通信大大提高了每个交通参与者获取信息的能力。例如，前面的车辆能够实时告知后面的车辆交通堵塞情况。如果自动功能被激活，汽车就能精确地适应速度。此外，由于 V2I 数据交换，自动驾驶系统能够根据周围信息提供的数据，如速度限制或照明信号，使车辆的导航系统同步。协同系统具有提高交通效率、提高交通安全、减少排放的潜力。

从 2014 年开始，从图 3.4 可以看出，到 2030 年，城市将逐步从互联型向协作型、从低自动化水平汽车向全协同型自动化汽车发展。正在进行的 ADAS 部署，如自动泊车或自适应巡航控制，将提高自动化程度。

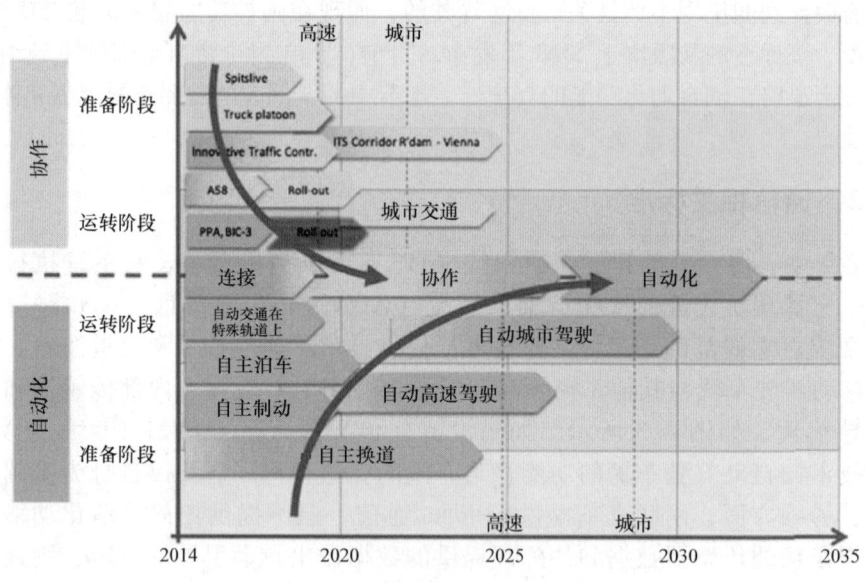

图 3.4　自动化和协作系统的未来发展

在高速公路上，交通参与者的行为和多样性以及道路路线为自动驾驶提供了良好的条件。由于高速公路场景更容易预测，该领域的完全自动化将很快实现。由于不同的交通参与者、交叉口等因素，城市地区的驾驶情况难以预测。在城市地区部署自动驾驶，系统将需要扩展，例如使用高级感知系统、交通规则解释器和决策系统。

因此，文献 [3] 定义了在德国道路上部署协同自动驾驶的行动方案。标准化的几个重要方面包括：基础设施、IT 安全、数据隐私以及立法。

(1) 基础设施

协同驾驶需要高速数据传输，因此，传感器、建筑物、交通信号设施都需要更新。德国政府要求到 2018 年提供至少 50Mbit/s 的综合宽带基本供应。此外，还需要制定联邦公路网数字化的新标准。

在文献 [2] 中，作者讨论了在荷兰道路上部署自动驾驶以及对基础设施的新需求。他将需求分为两类：物理要素和数字数据。

1）现有道路基础设施的物理要素必须加以修改或扩展。

① 道路和道路标记：每种道路类型，例如公路和城市道路，都需要明确定义和标记。

② 信号和交通管理系统：由于自动车辆可能的加速、减速和最大速度的确定，所有的信号和交通信号灯都是在线的。

③ 依据自动化水平、设计选择的实际情况，需要额外的基础设施。包括：单独的车道，（停车）区域；支持系统、路标、标志、交通灯、障碍物、速度控制和车道保持的磁性标志等；不同的结构要求（不同程度的磨损）。

2）数字数据：目前可用的基础设施系统用于交通监测和管理，如摄像头和雷达。目前，主要的 V2I 应用是基于 GPS 和手机信号。在未来几年，基础设施和车辆上的传感器将成为数据源。因此，数字信息被分为静态数据和动态数据。

① 静态数据是指在很长一段时间内保持不变的数据，比如关于街道和十字路口的信息。

② 动态数据在很短的时间内变化，比如交通数据。发送方和接收方之间必须进行有效的实时数据传输。

(2) IT 安全

车辆的自动化和连接设备的增加是数据量增加的原因之一。不受保护的数据访问可能会对车辆安全产生不良影响。例如，网络攻击中产生的虚假信息可能会对车辆造成严重损害，因此数据编码很重要。汽车制造商和一级供应商必须确保安全的数据加密和通信，必须考虑外部组织的验证和系统的某种认证。目前，已经存在的汽车网络安全倡议包括：

① ETSI TS 102 941 – 2012 – ITS：信任与隐私管理。

② SAE J3061：网络物理汽车系统网络安全指南。

③ 信息技术推广机构（IPA），日本：汽车信息安全途径。

然而，这些标准并不考虑自动驾驶。此外，也没有考虑 IT 安全性如何影响功能安全性。由于自动化和网联车辆的数字数据增加，有必要对 ISO 26262 进行扩展。此外，IT 安全和加密标准的改进和具体化需要长期协调。

(3) 数据隐私

在数据处理、数据生成和数据链接技术方面，匿名化越来越普遍。必须始终遵循数据隐私政策。

(4) 立法

关于国际立法，《维也纳公约》指出，只有人能够作为驾驶员。这个概念必须加以扩展，将系统驾驶视为人类驾驶的对等物。此外，必须将自动驾驶的最大速度提高到 130km/h。此外，在国家立法中，交通法规需要被修改以使自动驾驶成为可能。

从政府的角度来看,这四个行动范畴大致概述了未来在数据传输和立法方面的工作。从技术的角度来看,首先需要确定通信系统。

ITS 系统主要用于车辆通信。ITS 基站的参考体系结构由 ISO 21217:2014 支持(图 3.5)。

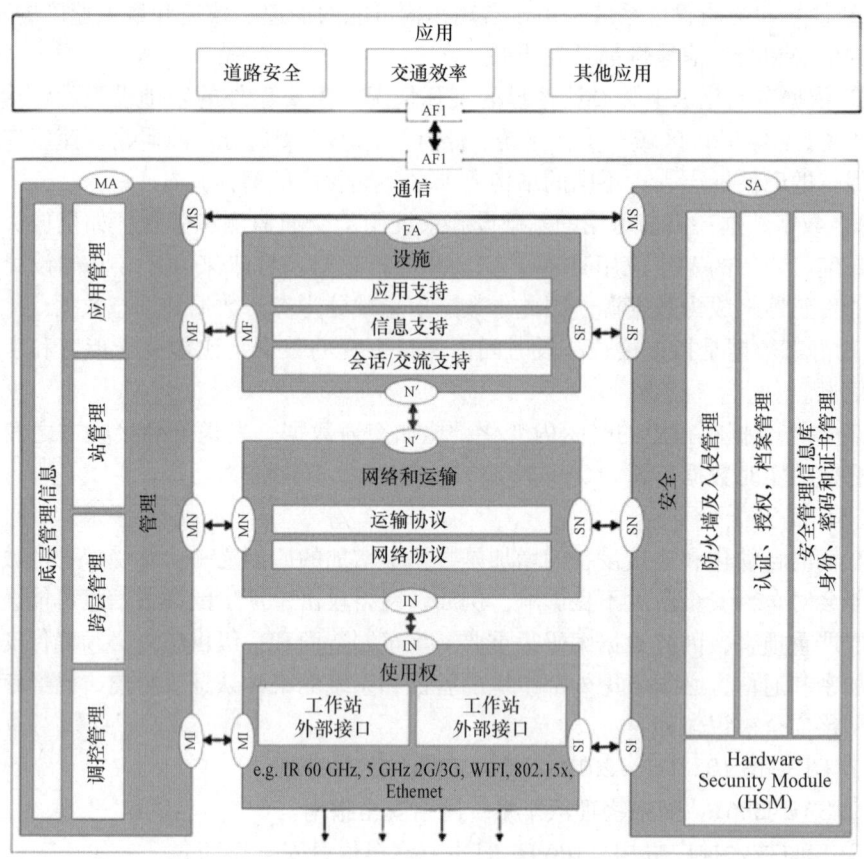

图 3.5 ITS 基站参考架构

文献[19]针对车辆通信进行了不同的标准化比较。相关标准在美国和欧洲平行发展。它们在欧洲通常被称为 C-ITS,在美国被称为专用短程通信(DSRC),两者都依赖于 WiFi 标准 IEEE 802.11。两者之间有显著的相似之处,而日本的 ITS 通信以不同的频率(700MHz)进行。在 C-ITS 领域,在欧洲,ETSI 和 CEN 及 TCs ITS 和 278,与 ISO tc204 紧密合作,是主要的 SDOs。在美国,主要的 SDOs 是 IEEE 和 SAE 及其工作组 IEEE 802.11 Wireless LAN 和 SAE 1609 DSRC。DSRC 结合了 IEEE 802.11 和 1609 标准,也被称为车辆环境无线接入(WAVE)。DSRC 的核心标准是 SAE J2736、IEEE 1609 和 802.11。C-ITS 的核心标准分别为 ETSI TS 103 175、102 687、102 724、102 941、103 097、102 539、EN 302 663 和 302 636 以及

CEN/ISO TS 19 321 和 19091。车辆通信标准发布于 2014 年。

在自动驾驶方面，C–ITS 和 DSRC 都需要扩展。关于 V2X 通信，版本 1 支持部分自动化，高聚合信息被传输。对于更高级别的自动化，还必须考虑关注延迟、数据速率和可靠性的传感器数据。此外，数据被发送到所有附近的参与者。未来的系统，如 5G 蜂窝系统，需要在未来的标准中考虑。

关于道路管理，ISO 14825 为其应用程序指定了地理数据库的数据模型。下一个版本 GDF5.1 将支持自动驾驶系统。

3.5 自动化和未来标准化的路线图

ISO/TC204 WG14 负责 ITS–车辆/道路报警和控制系统。最新成果于 2015 年 4 月在杭州发布。不同地区自动驾驶的特定步骤的接受情况在文献 [23] 中有详细介绍，对 ITS 自动驾驶技术在美国、欧洲和日本的应用进行了展望。

相比于已经启动了监管程序的美国，欧洲和日本预计在这一领域的发展将更多地由汽车制造商和一级供应商推动。

关于欧盟，需要认真部署 V2I 通信作为高速公路试点的基础。自动化水平为 L3 的系统预计将在 2020 年投入市场，完全自动驾驶功能将在 2025 年投入市场。相比之下，美国只给出了 L2 系统的预测，通用汽车计划在 2017 年初推出 L2 系统，整个 V2X 通信系统在 2019 年投入使用。欧洲也是如此。日本希望在 2019 年之前在有交叉路口的道路上部署 L3 自动化。

ISO TC204/WG14 预计将在国际市场上引入自动驾驶功能和相关 V2X 通信。根据该计划，L3 功能将在 2017 年部署，高速公路试点将在 2019 年部署。因此，这些期望对于 ISO/TC204 和其他 SDO 的未来标准化是强制性的。它说明了制定标准要在高级系统被真正部署之前。

参 考 文 献

1. O. Pink et al., Automated driving on public roads: Experiences in real traffic, in it – Information Technology 2015, 57(4), 223–230, (De Gruyter Oldenbourg, 2015). doi:10.1515/itit-2015-0010
2. T. Alkim, Infrastructure Requirements for Automated Driving Systems. Presentation presented at the ISO/TC204, Hangzhou, 23 Apr 2015
3. Bundesministerium für Verkehr und digitale Infrastruktur, Strategie automatisiertes und vernetztes Fahren: Leitanbieter bleiben, Leitmarkt werden, Regelbetrieb einleiten (2015), https://www.bmvi.de/SharedDocs/DE/Publikationen/StB/broschuere-strategie-automatisiertes-vernetztes-fahren.pdf?__blob=publicationFile. Accessed 9 Nov 2015
4. ANSI American National Standards Institute, www.StandardsPortal.org a resource for global trade (2015), http://www.standardsportal.org/usa_en/resources/glossary.aspx. Accessed 24 Aug 2015
5. SAE International On-Road Automated Vehicle Standards Committee, Standard J3016: Taxonomy and Definitions for Terms Related to On-Road Motor Vehicle Automated Driving Systems (2014)

6. J. Dokic et al., European Roadmap Smart Systems for Automated Driving. EPoSS: European Technology Platform on Smart Systems Integration (2015), http://www.smart-systems-integration.org/public/documents/publications/EPoSSRoadmap_Smart Systems for Automated Driving_V2_April 2015.pdf . Accessed 9 Nov 2015
7. T.M. Gasser et al., Legal Consequences of an Increase in Vehicle Automation (2012), http://bast.opus.hbz-nrw.de/volltexte/2013/723/pdf/Legal_consequences_of_an_increase_in_vehicle_automation.pdf. Accessed 20 Nov 2015
8. National Highway Traffic Safety Administration, National Highway Traffic Safety Administration (2013), http://www.nhtsa.gov/staticfiles/rulemaking/pdf/Automated_Vehicles_Policy.pdf. Accessed 20 Nov 2015
9. M. Helmle et al., Transient System Safety and Architectural Requirement for Partly Highly Automated Driving Functions, in *Electric & Electronic Systems in Hybrid and Electric Vehicles and Electrical Energy Management* (2014)
10. J. Becker, M. Helmle, Architecture and system safety requirements for automated driving, in *Road Vehicle Automation 2*, ed. by G. Meyer, S. Beiker. Lecture Notes in Mobility, vol. 2 (Springer, Cham, 2015), pp. 37–48
11. International Organization for Standardization, Road Vehicles—Functional Safety. ISO 26262, 2011 (2011)
12. T. Vaa, Modelling Driver Behaviour on Basis of Emotions and Feelings: Intelligent Transport Systems And Behavioural Adaptations, in *Modelling Driver Behaviour in Automotive Environments*, ed. by P.C. Cacciabue (Springer, London, 2007), pp. 208–232
13. M. Campbell et al., Autonomous driving in urban environments: Approaches, lessons and challenges. Philos. Trans. R. Soc. Math. Phys. Eng. Sci. **1928**, 4649–4672 (2010). doi:10.1098/rsta.2010.0110
14. J. Levinson et al., Towards Fully Autonomous Driving: Systems and Algorithms, in *Intelligent Vehicles Symposium (IV)*, KIT Germany, Baden-Baden, 5–9 Jun 2011
15. M. Czubenko, Z. Kowalczuk, A. Ordys, Autonomous Driver Based on an Intelligent System of Decision-Making, in *Cognitive Computation* [Online]. Accessed 26 Aug 2015
16. M. Van Schijndel-deNooij et al., Definition of Necessary Vehicle and Infrastructure Systems for Automated Driving, Study Report (2011), http://vra-net.eu/wp-content/uploads/2014/12/SMART_2010-0064-study-report-final_V1-2.pdf. Accessed 27 Aug 2015
17. E. Schoitsch, Approaches Towards Safe and Secure Mixed-Criticality Systems, in *Functional Safety Community*, Graz, 15 June 2015
18. International Organization for Standardization, Intelligent Transport Systems—Communications Access for Land Mobiles (CALM)—Architecture. ISO 21217, 2014 (2014)
19. A. Festag, Standards for vehicular communication—From IEEE 802.11p to 5G. Elektrotechnik Informationstechnik **132**(7), 409–416 (2015). doi:10.1007/s00502-015-0343-0
20. A. Festag, Cooperative intelligent transport systems (C-ITS) standards in Europe. IEEE Commun. Mag. **12**(52), 166–172 (2014)
21. J.B. Kenney, Dedicated short-range communications (DSRC) standards in the United States. Proc. IEEE **99**(7), 1162–1182 (2011)
22. International Organization for Standardization, Intelligent Transport Systems—Geographic Data Files (GDF)—GDF5.0. ISO 14825, 2011 (2011)
23. M. Misumi, *ISO TC204/WG14 Near Term Standardization Items*. Presentation presented at the ISO/TC204 WG14 Meeting, Hangzhou, Apr 2015
24. United Nations, 19. Convention on Road Traffic, in United Treaty Collection. United Nations Conference on Road Traffic—Chapter XI. Transport and Communications B. Road Traffic, Vienna (1968), https://treaties.un.org/doc/Treaties/1977/05/19770524%2000-13%20AM/Ch_XI_B_19.pdf. Accessed 9 Nov 2015
25. United Nations, 20. Convention on road signs and traffic, in United Treaty Collection. United Nations Conference on Road Traffic—Chapter XI. Transport and Communications B. Road Traffic, Vienna (1968), https://treaties.un.org/doc/Treaties/1978/06/19780606%2000-35%20AM/Ch_XI_B_20.pdf. Accessed 9 Nov 2015

第二部分　自动驾驶控制的重要性

第 4 章 高速公路自动驾驶控制方案综述

4.1 引言

在过去的二十年里,自动驾驶是备受关注的研究课题。自动化或自主车辆控制设计的主要目标是通过减少事故来提高安全性。此外,交通利用和能源效率被视为额外的控制目标。文献[34]是关于自动化高速公路系统控制问题的研究。目前许多车辆都配备了自动驾驶辅助功能。自适应巡航控制(ACC)广泛用于普通汽车中,它控制相对于目标车辆的纵向车速或期望速度。车道保持辅助(LKA)和车道偏离警告是目前投入使用的横向辅助功能。这种辅助是通过主动转向和制动来实现的。相反,警告功能仅通过触觉或声音信号来提醒驾驶员。近年来的一个主要话题是车道变换辅助(LCA)功能。该功能必须计算并跟踪变换车道行驶的安全舒适轨迹。上述功能的组合产生了用于高速公路驾驶的高级辅助功能,例如,ACC和 LKA 的组合允许车辆在其自己的车道上高度自动驾驶。添加能够改变车道的功能相当于配备了高速公路驾驶系统或城镇公路驾驶系统。另一个负责高效安全驾驶的高度自动化的辅助功能是车辆编队。一个编队由几辆车组成,行驶的距离更近,以缓解交通拥堵。第一辆车是先导车,可能由驾驶员控制,后面的车会自动跟踪先导车。

高度自动化车辆的控制任务是安全有效地从一点移动到另一点,同时避开障碍物和不可行驶的区域。

这项任务通常分为三个子任务:第一层是任务规划,计算从 A 点到 B 点的最短或最佳路径;第二层是进行路径规划,它是车辆的决策单元,该部分负责处理环境数据,并计算出可能的车道和目标点;第三层也是最低层是运动规划,它根据行为规划者提供的信息计算最佳轨迹,跟踪控制器负责跟踪这个轨迹,是这项工作的重点。

4.1.1 问题陈述

为了降低高速公路行驶过程中控制任务的复杂性,高度自动化车辆的动力学通常分为纵向和横向运动。纵向行为通常由简单的一阶系统建模,而横向行为则更复杂。横向动力学有两种常见的模型:运动学自行车模型和动力学自行车模型。本节将简要介绍这两类模型,详情请参考文献 [74] 或文献 [83]。

简单的运动学自行车模型假设左右车轮在前轴和后轴的中心折叠成单个车轮。假设车轮没有侧滑,只有前轮是可转向的。这些假设适用于低行驶速度,该模型可用于零速情况。图 4.1 显示了运动学自行车模型。

这个单轨道模型可以写成:

$$\begin{bmatrix} \dot{x} \\ \dot{y} \\ \dot{\theta} \end{bmatrix} = \begin{bmatrix} \cos(\theta) \\ \sin(\theta) \\ L^{-1}\tan(\delta) \end{bmatrix} v \quad (4.1)$$

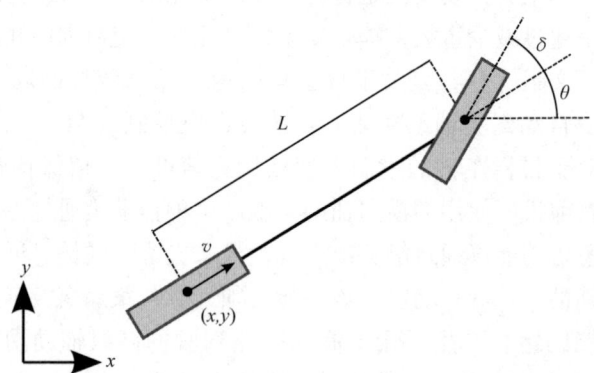

图 4.1 运动学自行车模型,带有方向角 θ、转向角 δ 和后轮的全局坐标 x、y;车轮通过长度为 L 的轴连接,后轮中心的速度矢量为 v

其中输入变量 v 和 δ 是后轮的纵向速度和转向角。符号 x、y 是全局坐标系的两个轴,θ 是汽车相对于 x 轴的航向。

动力学自行车模型包括由于车辆上的侧向力而产生的车轮打滑效应(图 4.2)。由关系式给出了非线性动力学自行车模型:

$$\dot{u}_y = \frac{-c_f \alpha_f \cos(\delta) - c_r \alpha_r}{m} - v_x r, \dot{r} = \frac{-l_f c_f \alpha_f \cos(\delta) + l_r c_r \alpha_r}{I_z} \quad (4.2)$$

在重心处,v_x 和 v_y 是车辆局部坐标系中纵向和横向的速度。符号 r 表示横摆角速度。系数 c_i 对应于转弯刚度,α_i 对应于车轮的滑移角,$i \epsilon \{f,r\}$。m 表示车辆质量,I_z 表示其侧偏刚度。l_f 和 l_r 是从车轮到重心的距离。应用小角度假设,线性化状态空间描述可以表述为:

第4章 高速公路自动驾驶控制方案综述

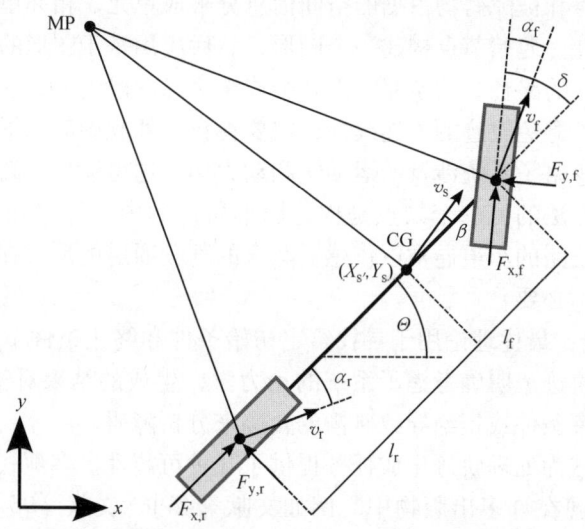

图4.2 动力学自行车模型考虑作用在车轮上的力：$F_{x,f}$和$F_{y,f}$是前轮的纵向力和横向力；$F_{x,r}$和$F_{y,r}$描述作用在后轮上的力。重心（CG）和车轮的滑移角用β、α_r和α_f表示

$$\begin{bmatrix} \dot{y} \\ \ddot{y} \\ \dot{\theta} \\ \ddot{\theta} \end{bmatrix} = \begin{bmatrix} 0 & 1 & 0 & 0 \\ 0 & -\dfrac{c_f + c_r}{mv_x} & 0 & -v_x - \dfrac{c_f l_f - c_r l_r}{mv_x} \\ 0 & 0 & 0 & 1 \\ 0 & -\dfrac{c_f - c_r l_r}{I_z v_x} & 0 & -\dfrac{c_f l_f^2 - c_r l_r^2}{I_z v_x} \end{bmatrix} \begin{bmatrix} y \\ \dot{y} \\ \theta \\ \dot{\theta} \end{bmatrix} + \begin{bmatrix} 0 \\ \dfrac{c_f}{m} \\ 0 \\ \dfrac{c_f l_f}{I_z} \end{bmatrix} \quad (4.3)$$

其对于恒速v_x是线性形式的，$\dot{z} = Az + Bu$。对于许多跟踪任务来说，重新定义路径和/或误差坐标是有利的。更多细节可参考文献［74］和文献［83］。

这些跟踪任务的一个重要先决条件是轨迹生成。下一小节将探讨一种生成参考轨迹的方法。

4.1.2 轨迹生成

对于自动驾驶来说，轨迹生成对于在高速公路或城市场景中安全有效地操纵至关重要。ACC和LKA等基本辅助功能可以在没有参考轨迹的情况下执行（它们有其他参考，即目标车辆或目标车道），相比之下，LCA需要平滑的路径轨迹以保证安全地变更车道。

关于轨迹生成的研究可以在文献［28］中找到。可以区分产生轨迹的两个主要领域。

1）机器人学：在已知或未知环境下机器人的导航任务中，网格通常用于将传感器数据与无障碍和被障碍物占据的空间信息分解成单元。相邻单元通过加权边连接，并以初始条件为起始节点构建一个图形，然后应用基于图形的算法来寻找从起点到终点成本最低的路径。这条路径由几个连续跟踪的段组成，这产生了不平滑的行为。因此，为了避免轨迹的不连续性，需要在自主驾驶中应用平滑算法。

大多数算法忽略了系统涉及的运动学和动力学，这可能导致高速公路行驶的不可行结果。这些方法的另一个缺点是构建图形所需的内存存储和平滑处理的必要性。此外，高速公路的车道通常以传感器融合的驾驶通道的形式存在，这使得寻找可能的路径变得不必要。

2）控制理论：最优理论用于寻找给定初始条件和终止条件下最小化给定成本函数的动力系统轨迹。明确考虑了系统的动力学，生成的结果对于模型是可行的。可以通过制定约束条件或拒绝导致碰撞的轨迹来分析障碍。

控制理论领域为处理轨迹生成任务提供了几种可能性。多项式方法或模型预测控制（MPC）出现在许多出版物中，例如文献［46］、文献［96］和文献［18］。由于多项式方法简单且非常流行，其要点将在下面简要描述。

变道轨迹的一种常见的直接方法是计算五阶多项式，因为它们可以在车辆的实际和期望的最终位置之间建立平滑过渡。在大多数情况下，横向行为由多项式定义，纵向轨迹是基于更简单的方法选择的。

为了简单起见，假设纵向速度恒定，横向轨迹生成过程包括三个主要步骤。

① 终点定义：为了避开障碍物并允许高效驾驶，道路上的一组终点位置被定义为局部轨迹的目标，例如，像文献［91］中描述的那样。这些终点通常包括可能的车道中心，此外，出于安全目的，也可以考虑其他终点，例如，如果货车稍微与车道标志重叠，则车辆应该保持安全距离，并且更喜欢在车道的外侧行驶（但仍然在车道上）。这种非中心驾驶模式对于大型交通参与者来说也类似于人类驾驶策略。

② 轨迹生成：给定位置、速度和加速度的初始和结束条件，可以选择五阶多项式，以最小化由横向加速度组成的成本函数，横向加速度是位置的三次导数。初始条件由传感器数据或观察者提供，而最终条件则根据需要选择。正如在文献［41］所描述的，多项式的系数可以基于这个问题公式来计算，并且生成从起点到每个终点的轨迹。改变成本函数会导致多项式系数的不同计算。因为每个生成的轨迹都是由另一个成本函数来评估的，所以在最后一步中可以考虑安全性和效率等几个方面。

③ 轨迹评估：从生成的轨迹集合中选择关于特定成本函数的最佳选择。成本函数通常包括避障、车道选择和期望车道中的横向位置等。避障当然是这一步的关键任务。如果轨迹导致碰撞，则通过将成本设置为无穷大来拒绝。因此，需要预测自身车辆和所有障碍。如果没有检测到碰撞，成本可以基于距离来计算，例如在文献［41］中，由障碍物周围的椭球体给出。对于其他成本组成部分，轨迹在特定

的时间标记相对于特定的方面被评估,包括:
- 期望车道(由驾驶员定义,在欧洲默认为最右边的车道)。
- 当前车道的横向位置。
- 急加速和/或正常加速度。
- 期望纵向速度。
- 平稳性。

最后,综合所有成本成分,选择成本最低的轨迹。然而,如果在每个时间步骤执行计算,这可能会导致高频切换。可以添加过滤器以确保平滑和有效的行为。

在许多轨迹生成方法中,纵向行为不是恒定的,而是由所谓的速度分布定义的。该曲线允许考虑恒定速度、加速或减速或其他固定时间函数的组合。然后基于该速度执行评估过程,可参阅文献[56]。其他方法考虑同时产生纵向和横向行为,可参阅文献[100]。

轨迹规划算法的输出参考 $x(t), y(t), \theta(t), k(t)$,其中 $t \in \{t_0, t_f\}$;并且,k 表示路径的曲率。跟踪这些参考轨迹是一个控制目标,将在下一节中描述。

4.1.3 控制概念

控制车辆的运动是高级驾驶辅助功能的关键任务。在高度自动化车辆的应用背景下,需要考虑许多控制任务,例如,横向稳定性控制和避免碰撞的极限驾驶。然而,这项研究的重点在于仅在高速公路上舒适驾驶。为了集中精力于控制方法,还假设有一条平滑可行的参考轨迹可用,并且车辆能够根据动态约束(例如最大转向角和最大转向速率)跟踪该轨迹。

接下来将对不同方法进行比较,从实现的角度介绍重要的需求。在随后的讨论中,要特别注意以下控制器属性。
- 实时能力:控制规则必须在规定和保证的计算时间内在嵌入式控制单元上执行。
- 参数化:参数的调整应该很简单。
- 结构:控制器应该在不同的车辆上工作。
- 鲁棒性:由于存在未知载荷或路面等参数不确定性,以及侧向风力和道路倾斜等外部干扰,必须确保鲁棒性能。
- 非线性/对车速的依赖性:控制器必须从0(在交通堵塞的情况下)工作到至少130km/h。

满足这些要求通常需要两自由度控制器,由基于参考轨迹的前馈项和负责干扰抑制的反馈控制器组成。并非所有方法都能满足上述要求,有些方法只能用于模拟目的。

在一些控制概念中,引入了所谓的超前距离(LAD),以提高控制器性能。它不是相对于参考的实际位置,而是前方一定距离的位置被考虑用于控制任务。选择这个距离并不是一件小事：若选择过大的值，车辆倾向于转弯，这是不可取的。然而，对于更大的 LAD 鲁棒性值，可以实现更平滑的轨迹。

有许多不同的控制方案应用于跟踪任务。在这次研究中，需要强调这些计划的优点和缺点。在列出之前的工作之前，先简要介绍一下不同的控制器。

4.1.3.1　PID 控制

PID 控制器是一种简单的控制规律，它考虑了误差变量（P 为比例）、积分（I 为积分）和误差变量的导数（D 为导数），可参见文献 [2]。对于这种控制器的参数存在各种调整规则，可参见文献 [69]。时域控制规则由下式给出：

$$u(t) = k_p e(t) + k_i \int_{t_0}^{t} e(\tau) \mathrm{d}\tau + k_d \frac{\mathrm{d}}{\mathrm{d}t} e(t) \tag{4.4}$$

参数 k_p、k_i、k_d 可以是固定的，也可以通过称为增益调度的方案来计算，该方案基于速度或其他调度变量来更新参数。理想的 PID 控制器在现实中无法实现，因此在实践中导数部分被 DT1 传递函数代替。这种控制器的主要优点是其通用性，即不需要知道具体的数学模型。然而，整体部分可能很麻烦，控制器的 D 部分可能对测量中的噪声敏感。在许多情况下，这种简单的控制器可以被其他控制方法超越。

4.1.3.2　模糊控制

这种启发式方案已在文献 [35] 中引入，它也采用误差、积分和导数，因此类似于 PID 控制器。模糊控制通常应用于不知道数学模型或模型难以获得的系统中。因此，可以将控制器用于非线性动力学和多输入多输出系统。使用隶属函数将输入变量转换成语言变量。控制器的输出是基于模糊规则来选择的，这些规则采取了一种类似于 if–then 的形式。这种规则可以设计为：如果横向位置误差向左，那么转向向右。

在这种情况下，横向位置误差是语言输入变量，并控制输出变量。这些变量的隶属函数的调整是在驾驶测试期间手动完成的。由于类似人类的规则，控制器以类似人类行为的方式工作。然而，调节并不简单，没有数学模型，稳定性分析几乎不可能。此外，根据变量的数量变化，规则可能变得不可管理。

4.1.3.3　神经网络

在文献 [73] 中，人工神经网络首次被研究用于车辆动态控制。它们通常由一个相互连接的神经元系统来表示，其中每个连接都被分配了一定的权重，该权重是基于训练数据或在线调整的。这个过程产生了一个能够学习的自适应网络。如果驾驶员考虑到特定的训练阶段，网络可以被训练为模仿驾驶员的反应。基于该模型设计了一个控制器，可以从该模型中显现出来。这种方法的主要缺点是需要训练数据，并且不能解释失败的原因。

4.1.3.4 线性二次调节器

线性二次调节器（LQR）使用线性对象模型和最优控制理论来获得最优状态反馈控制器，对此在文献［50］中有所阐述。控制输入 u 通过关系 $u(t) = -k^T x(t)$，其中 $x \in R^n$ 是系统的状态，$k \in R^n$ 以如下方式计算成本函数：

$$J[u] = \int_0^\infty (x^T Q x + u^T R u) \mathrm{d}t \qquad (4.5)$$

相对于无限时间范围最小化，与已经提到的控制结构相反，这种方法需要预先获得模型的信息和运行期间所有状态的实际信号。这不是默认情况下给出的，因此需要有一个状态观察器。

4.1.3.5 反馈线性化

反馈线性化是利用非线性补偿，将闭环系统线性化的一种常用技术，可参见文献［33］和文献［49］。基于平面的方法与这种线性化密切相关，有关详细信息，请参阅文献［53］。

4.1.3.6 滑模控制

滑模控制（SMC）方法依赖于一个可变结构控制器，并且对于一类特定的建模不确定性和外部干扰是符合鲁棒性的。它由两个主要的设计步骤组成：在第一步，通过所谓的滑动变量，例如 $s = \dot{e} + \lambda e$ 来定义期望的动力学系统，这确保了对于 $s = 0$，误差 e 在有限的时间内收敛到 0，并带有加权因子。在第二步中，定义一个控制器，以便获得这个期望的动态特性，例如，具有控制参数 k 的 $\dot{s} = -k\mathrm{sign}(s)$。这个切换定律可能会在控制输入中产生抖振，这可以通过使用高阶 SMC 来防止。众所周知的二阶滑模控制器是"超扭曲算法"。这种方法的缺点是它是在连续时间中导出的，但是它的离散时间行为强烈依赖于采样频率。

4.1.3.7 模型预测控制

在每个时间步骤，内部模型被用来预测预定范围内的系统行为，其中产生最佳控制输入序列来最小化某个成本函数。这种方法允许对状态和输入考虑不同类型的约束，这是 MPC 的一个主要优势。其主要缺点是计算复杂度高，这是它在实时应用中很少使用的原因。此外，需要一个明确的预测模型，对于整个预测范围来说，需要事先准确地知道外部输入和干扰。类似于文献［14］中推导出的简化 MPC 公式可由下式表示：

$$\min_{u_{0|t}, \cdots, u_{N_c-1|t}} \sum_{k=0}^{N_p-1} x_{k|t}^T Q X_{k|t} + \sum_{k=0}^{N_c-1} u_{k|t}^T R u_{x|t}$$

$$\text{subject to } x_{k+|t} = A x_{k+1|t} = A x_{k|t} + B u_{k|t}, k = 0,1 \cdots, N_p - 1$$

$$x_{k+|t}^{\min} \leqslant x_{k+1|t} \leqslant x_{k+|t}^{\max}, k = 0,1 \cdots, N_p - 1$$

$$u^{\min} \leqslant u_{k|t} \leqslant u^{\max}, k = 0,1 \cdots, N_c - 1$$

$$u^k = 0 \qquad (4.6)$$

其中 N_c 是控制范围，N_p 是预测范围，$N_c \leq N_p$，$x_{k+1|t}^{\min}$，$x_{k+1|t}^{\max}$，$u^{\min}$，$u^{\max}$ 分别是状态和输入的约束。下标 $k+1|t$ 表示比当前时间 t 提前 $k+1$ 步的变量的值。

4.1.3.8 H_∞ 控制

这种稳健的方法试图控制受建模不确定性和参数变化影响的控制器。一个优化问题需要解决一次，以最小化控制系统特定传递函数 T 的所谓 H_∞-范数。传递函数 T 由控制目标（噪声抑制、跟踪等）定义。控制器附加的不确定度、加权传递函数以及反馈控制矩阵，这些是优化参数。对于稳定的单输入单输出系统，H_∞-范数是频率响应的最大值。对于稳定的多输入多输出系统，它是所有频率 ω 上最大的奇异值 $\bar{\sigma}$。

$$\|T\|_\infty := \sup_{\omega \in \mathbf{R}} \bar{\sigma}[T(j\omega)] \tag{4.7}$$

其优点是具有良好的鲁棒性和稳定性。根据这种方法（加权/成形传递函数的选择），这种设计可能导致在高阶动态控制器中实现起来很复杂。

4.1.4 划分问题

自动驾驶车辆的控制设计可以划分为以下任务：

1）纵向控制：控制纵向行为的一种常见方法是将控制器级别划分为用于节气门和制动控制的内环和用于速度或加速度控制的外环。这种方法在许多文献中都有介绍，详见文献 [74]。

通常有两个研究领域：第一个领域涉及 ACC 功能，即保持期望的速度或者在安全距离跟踪目标。在文献 [43] 中，讨论了现实世界中的安全问题以及 2003 年配备 ACC 的车辆。由于 ACC 的控制任务或多或少已经完成，我们参考了文献 [8] 中对 ACC 早期工作的回顾。

第二个领域涉及队列，在队列中，领头车辆后面跟着其他车辆。在文献 [6] 中可以找到关于队列的研究。随着车队中车辆之间通信的假设，出现了合作的 ACC（CACC），正如在文献 [81] 中所描述的那样。

2）横向控制：在舒适的自动驾驶过程中，横向控制的任务是车道保持和车道变换。从控制的角度来看，这两种功能的主要区别在于 LKA 试图将车辆保持在车道的中间，即稳定任务，而 LCA 试图遵循由另一个实体计算的参考轨迹（轨迹规划），这对应于跟踪任务。在 20 世纪 90 年代后期的文献中介绍，磁条可应用于车辆定位。在加州道路项目中，横向传感系统由沿道路中心线嵌入的磁性标记和安装在车辆前后保险杠下方的两套磁力计组成，详情可参见文献 [40]。目前，这些算法要么是基于视觉的要么是基于 GPS 的。然而，横向控制的控制任务保持不变：最小化相对于参考轨迹的横向位移和角度误差（车道中心或多项式）。

3）合并控制：纵向和横向运动的辅助功能通常比迄今讨论的控制策略更复

杂。转向角的独立设计主要发生在速度恒定的假设下。然而，情况并非总是如此，这可能会导致一些问题。例如，在较高的速度下，对于确定 LAD 的相同横向位移，需要较小的转向角。然而，许多文献中介绍了采用横向控制设计中车辆的当前速度，分别处理转向和速度输入。

以下各节中涉及的控制技术问题将根据以上任务进行分别描述。

4.2 模糊控制

在文献［63］中，针对 ACC 和 Stop & Go 的组合，提出了一种用于节气门和制动控制的模糊控制器。文献［101］和文献［90］也讨论了基于模糊控制的汽车跟踪行为，后者基于线性矩阵不等式（LMI）条件证明了稳定性。

纵向控制器由神经模糊控制器实现。输出层通过梯度算法在线更新，这种方法的一个吸引人的特点是它不需要训练数据或车辆纵向动力学模型。仿真表明，与 PID 控制器相比，神经模糊控制器表现出更平滑的性能，从而为乘客提供更舒适的感觉。在文献［11］中，可以找到关于这种方法的更多细节。

文献［72］的作者为 CACC 引入了一种模糊控制策略，以便在合作环境中实现类似人类的驾驶行为，并产生令人满意的结果。

在文献［12］中，横向控制是通过模糊 PD 控制进行的，使用一种通用算法来优化模糊控制器的参数。

文献［58］描述了模糊控制器和通过使用具有李雅普诺夫函数的非线性运动学模型导出的控制规则的比较，模糊控制器显示了有效的性能。

在文献［64］中提出了一种简单的具有四个规则的车道变换模糊控制器，其中设计了两种不同的控制策略：一种用于直道驾驶，另一种用于车道变换机动。仿真表明，控制策略之间的切换是平滑的，可以用类似于人类的行为来执行。

在文献［71］中，提出了一种横向控制的分级结构，低级由离散 PID 控制器控制，高层通过模糊逻辑控制，模糊逻辑为 PID 控制器计算期望的转向和角速度。对于不同的车速和曲线，这种控制结构给出了良好的结果。高级输出信号由低级 PID 控制器进行平滑处理，这避免了不希望出现的方向盘振荡。

在文献［70］中，遗传算法被用于自动调节模糊控制器，这克服了模糊控制方案的调节问题。

在文献［93］中，基于模糊逻辑的两个控制器分别被设计用于横向偏移和角度误差。考虑车辆的速度，最后对两个输出进行加权和求和，以获得正确的转向盘角度。

4.3 线性状态反馈控制

在文献［74］中，通过使用状态反馈控制器的 LQR 设计来控制横向动力学。考虑道路曲率计算前馈项。类似的 LQR 方法结合了转向角的限制，在文献［48］中已经讨论过。

在文献［40］中，当只有位置反馈可用时，通过 LQR 方法推导出输出反馈控制器，保留了某些鲁棒性特性，如相位裕度和增益裕度。

在文献［87］中，通过在状态反馈控制器中加入横向偏移误差的积分，改善了弯道上的车道保持性能。作者将多速率卡尔曼滤波器用于状态估计，以允许 LQR 控制器以微处理器的快速更新速率运行。这种多速率控制方案可以减少偏航速率中的样本间波动。

双线性矩阵不等式（BMI）优化在文献［7］中提出，用于计算状态反馈控制器，该控制器既能保持车道，又能辅助避障。

4.4 滑模控制

在文献［75］中，采用时变 LAD，提出了一种基于滑模的纵向控制设计。在文献［74］中展示了一种用于无线通信的滑模控制器。实验表明，其保持间隔性能和乘坐质量优于人类驾驶技术。

文献［24］和文献［25］考虑了车辆的巡航和纵向跟踪控制。前者利用了适合 SMC 设计的观察器，后者提供了额外的避免碰撞功能。

混合动力电动汽车的 SMC 已经被应用于文献［27］描述的巡航控制。作者声称这种方法产生了良好的性能，尤其是与 PID 控制器相比。

由于滑模控制器对参数不确定性和外部干扰的鲁棒性，文献［98］的作者将注意力集中在滑模控制器上。

在文献［1］中，描述了第一个用于驾驶城市公共汽车的滑模控制器。作者介绍了被广泛使用的汽车转向阿克曼模型。滑模方法在文献［38］中扩展到自动化高速公路系统的无颤振性能。在文献［39］中，比较了牵引车半挂车横向运动的环路成形、H_∞ 控制和 SMC。结果表明，控制器的性能很大程度上取决于 LAD 的选择。Hatipoglu 等人也提到了滑模控制器的鲁棒性。在文献［31］中描述了变道和保持车道机动作为不同的模式实施。用于轨迹跟踪或路径跟踪的滑模控制器也可以在文献［84-86］中找到。在这些文献中，车辆的横向位移和航向误差被结合在滑动歧管中作为转向输入。这种组合要求这两个变量收敛，并且已经使用运动学自行车模型和四轮转向车辆来实现。在文献［32］中，主动前轮转向和动态稳定性控制是协调的。对于转向功能,采用了用于横摆率跟踪的滑动表面。动态稳定性控制是为紧急机动独立开发的。使用模糊隶属函数的基于规则的集成方案在两个子系统之间进行选择。作者指出,这种综合方法提高了车辆稳定性。

在文献[88]中,横向动力学由超扭转控制器控制,该控制器对时变速度、曲率和参数不确定性具有鲁棒性,同时避免了抖振。在文献[99]中提出了一种基于前瞻方案的终端滑模方法,使用自适应算法来调整控制器参数。

在文献[16]中,将滑模控制器与基于驾驶员模型的控制器进行了比较,后者由带有 LAD 的 PI 控制器组成。它设计了两个滑动面:一个用于横向位移,一个用于航向误差。因为只有一个控制输入可用,所以这两个滑动面被组合成一个滑动变量。SMC 实现了更高的路径跟踪精度,但需要更大的转向输入。在转向角饱和的情况下,两个控制器产生相似的性能。这证明了使用预览控制的 SMC 并不比传统的 SMC 表现更好。

在文献[30]中,一个滑模控制器通过超扭曲算法来实现,用于一个名为"Robuscar"的汽车系统的跟踪问题。推导出的控制规则是不连续的,实际上可能导致不连续的速度。通过考虑执行器动态特性,克服了这一困难。这种方法对机器人很有效,但对于自动驾驶车辆还值得研究。

在文献[21]中,介绍了纵向和横向动力学的综合高级控制。选择高维滑动表面来计算低级控制器的参考值。在较高层,纵向和横向控制动力学耦合,而低层控制则分别处理动力学系统。反馈回路中使用简单的 PI 控制器,前馈模块负责补偿估计的干扰。

在文献[19]中研究了四轮机器人上的离散时间和连续时间滑模控制器。研究指出,离散时间控制器具有较低的纵向误差,而连续时间控制器具有较低的横向误差。

文献[97]的作者在自主车辆"Kuafu-II"上测试了一种基于滑动模式的控制方法,其中驾驶控制系统集成了纵向和横向控制器。纵向控制器被设计成主速度控制器和用于避障的空间控制器。速度控制器的参数由自适应规则计算,而空间控制器被实现为具有增益调度的 PI 控制器。对于低速,横向控制器将使用第 4.7 节中讨论的斯坦利方法,详见文献[89]。在较高的速度范围内,控制器切换到滑模控制器,以提高跟踪精度。

4.5 模型预测控制

MPC 方法的主要优点是可以显式处理约束。此外,非线性模型或组合动力学的控制设计比多输入多输出控制方案更容易。MPC 能够考虑高度动态系统,许多横向控制器也与纵向控制相结合,因此,来自横向控制的控制器被移到合并控制。长期以来,其主要的缺点是计算复杂,这就是为什么许多文献中规定了计算时间。

然而，存在高效的解决方案，可以在实时应用中使用 MPC。多一点计算时间并不重要，尤其是在舒适的场景中。由于约束处理，许多文献中也讨论了避撞策略。在这些策略中，出现极限驾驶，约束变得有效，这导致计算时间更长。然而，避撞策略实际上是"内置的"，这是这个控制方案的一个非常好的特性。

文献［5］和文献［17］介绍了使用 MPC 执行 ACC 控制任务的早期工作。在文献［55］中，MPC 的控制策略运用到了 ACC 中。低级控制器补偿车辆动态并跟踪期望的轨迹。高级 MPC 最小化了二次成本函数，该函数由最小跟踪误差、低油耗和符合驾驶员动态车辆跟踪特性组成。驾驶员纵向乘坐舒适性、驾驶员允许的跟踪范围和后端安全性被表述为线性约束，这些约束被弱化以避免计算不可行。

在文献［79］中，仅使用一个控制回路（而不是内外控制回路）来研究非线性 MPC 方法。为了将距离和速度跟踪控制结合起来，对整个模型进行了扩充。

在文献［9］中，描述了一种非线性模型预测方法（NLMPC），并对该方法的性能进行了检查，以确定是否在雪地上进行了双车道改变机动。性能取决于控制方案的范围和车速。使用 NPSOL 软件包研究了计算时间，给出了 0.1~0.3s 的非活动约束，以及 0.1~1.6s 的活动约束。这项研究侧风干扰的工作成果发表在文献［47］中，平均 NPSOL 计算时间为 0.13s，最差情况下为 0.38s。

在文献［23］中，另一个扩展被提出用于联合制动和转向，其中线性时变（LTV）MPC 被重新用于二次规划。与仅控制转向相比，系统性能得到增强。

NLMPC 也已在文献［3］中提到，巡航速度曲线发生器负责调整横向机动时的巡航速度。所提出的控制规则允许在横向机动中考虑可变纵向速度和滑动。同一作者在文献［4］中提出了一种考虑动力系统动力学的非线性纵向控制策略，介绍了一种控制结构，它将转向和纵向控制器结合起来，以确保同时控制纵向和横向运动。

在文献［51］中，作者旨在降低 MPC 方法的计算复杂度，演示了一种近似的 MPC 方案。其使用次优控制，计算时间大大减少，精度显著提高。作者利用网格点来构建状态空间中的节点状态参数向量，对于这些向量，最优解将离线计算。节点状态参数向量构造多面体，对于这些多面体，离线计算等效次优反馈控制增益。

自动变道的功能已经在文献［67］中得到解决，纵向和横向控制由两个松散耦合的低复杂度二次规划来处理。

在文献［57］中，实现了一种使用基于稀疏回旋线路径描述的 LTV - MPC。它仅计算几个航路点来表示道路，这使得成本函数最小化更有效，因为允许更大的预测距离。

4.6 其他概念

所谓的车道保持 H_2 控制设计已在文献［80］中提出。Eom 等人已经研究了 LQG 和 H_∞，详见文献［22］，其中已经显示 H_∞ 更具有鲁棒性，并且产生更低的控制输入。

在文献［42］中的 H_2 控制实现了低能耗。此外，可采用 H_∞ 控制器来抑制干扰。这两个子系统的切换控制旨在进一步提高系统性能。

在文献［66］中，展示了一种称为"自校正调节器"的自适应输出反馈控制器，并阐述了具有所谓参数减少的适应规律。所有车辆参数都被认为是未知的，因此这种方法可以在各种各样的车辆上实现。它对曲率和侧风的变化也具有鲁棒性。这种方法的主要缺点是计算复杂度很高，正如文献［83］所指出的那样。

在文献［15］中，对自校正调节器与 H_∞ 控制、模糊控制和 P 控制器进行了比较。为了研究该方法的鲁棒性，模拟了三种不同的情况：首先，道路摩擦系数是变化的。P 控制器产生最大误差，而自校正调节器具有最佳响应。第二，纵向速度改变，观察到与第一种情况类似的性能。第三，引入侧风作为扰动。P 控制器比其他控制器受风力影响更小。作者指出，自校正调节器是性能最好的调节器，至少从模拟的角度来看是这样。然而，这也是最复杂的实现方式。

文献［59］的作者提出了一种基于横摆率跟踪误差的主动前轮转向控制。他们使用两个 PID 控制回路，其中一个回路跟踪另一个回路产生的横摆角速度参考信号。必须选择七个控制增益和 LAD，通过数值优化来调整设计参数。

在文献［44］中，已经提出了一种不依赖于车辆参数的转向控制算法。以这样的方式计算转向角，可以跟踪期望的横摆角速度并调整相应的增益以补偿横摆角速度误差。这个控制方式可以适用于没有任何车辆参数信息的车辆。然而，作者并没有进行自动驾驶的实时实验。

在早期关于自动驾驶的文献［68］中，研究了一种 H_∞ 型车道保持控制器，它在不知道道路曲率半径的情况下适用于曲线和直线公路路段。另一个早期的方法是在主动安全系统应用增益调度 P 控制器，详见文献［10］。

文献［45］的作者提出了一种基于有限预览最优控制的转向控制器，基本上是 LQR 控制器加上前馈项。速度控制器被设计为简单的比例控制，并且期望的速度被设定为使得横向加速度保持在预定值以下。与恒速相比，该控制器与转向控制器相结合，显著降低了横向加速度变化。

在文献［37］中介绍了通过 PID 控制器的纵向控制和通过 H_∞ 环路成形的横向控制。作者使用了曲率相关性的前馈项，并注意了这涉及的高计算负担。同一研究团队在文献［36］中介绍了一种自适应反演方法，使用偏航率作为虚拟输入。控制器对于动力学自行车模型矩阵 A 中的参数变化是具有鲁棒性的。然而，还没有研究输入向量 b 的变化。

文献［29］中提到了反步法，其中提出了一种简单的变道机动轨迹规划算法，跟踪控制器产生了令人满意的性能。文献［65］讨论了纵向和横向反推控制与控制鲁棒性的耦合。

另一种基于反步的方法在文献［95］中进行了研究，作者考虑了向前和向后驾驶。已经研究了一种带有定向控制的反馈定律，主要用于后向驱动，因为当使用没有这种定向控制的反馈定律时，前向驱动得到了改进。同一作者还在文献［94］中描述了精确的输入输出线性化，其中非线性变换产生了两个线性解耦系统，它们由简单的状态反馈控制器稳定。精确线性化在较高速度下显示出良好的性能，而基于反步法的方法在起动和停止过程中也具有平滑的性能，因为静止时的奇异性是通过与速度无关的反馈增益来避免的。

文献［77］提出了模块化方法，使用具有状态反馈控制器和预滤波器的系统模型计算动态前馈项。一个简单的横向位移和角度误差 P 控制器与一个扰动观测器相结合，提供稳态精度。它还提出了基于速度的控制器参数增益调度，通过所谓的 γ 和 β 稳定性，使用参数空间方法获得查找表，如文献［92］中所述。

文献［26］提出了基于平坦度的非线性车辆动力学控制。使用非线性自行车模型，并导出平面输出。给定平面输出的期望轨迹，跟踪控制器计算非线性状态反馈控制模块的控制输入。然后，该模块生成车辆的转向和速度，这显示了车道变换机动的性能。

在文献［60］和文献［61］中，横向和纵向控制器被结合执行一些耦合的机动，例如带有避障和变道机动的走停控制。基于平坦度的控制器计算非线性自行车模型的转向和速度。在这些计算中需要参考和测量车辆信号的导数，因此引入了代数非线性估计来对信号进行数值微分。结果表明，即使在突然和剧烈的机动情况下，它也有良好的性能。

文献［76］的作者比较了一种简单的运动控制器和一种基于平坦度的控制方法，前者由前馈项加 P 控制器组成。这种方法结合了基于平坦度的前馈控制和 LQR 反馈控制。在这两种情况下，扰动都可以被排除，但是简单的方法有更明显的过冲现象，基于平面度的方法更快。基于平坦度的策略的主要缺点是它需要来自车辆的附加信息，特别是侧滑角和横摆角速度。

4.7 无人车辆的控制方案

本节简要列出了无人车辆原型上展示的控制结构。控制方案主要是标准方法，因为重点是环境感知或轨迹规划。

文献［89］中提到的斯坦福团队在 DARPA 挑战赛中为其车辆"Stanley"分别实施了速度控制器和转向控制器。速度控制通过 PI 控制器实现，而转向角是由交叉轨迹误差的非线性反馈函数计算的，这被称为"斯坦利方法"。这种控制器的性能在更高的速度下严重下降，文献［83］中也提到了这一点。

"初级"控制器包括一个带有 PID 块的 MPC 策略。前馈项必须专门针对车辆进行调整。文献［78］中介绍了"Leonie"的纵向控制。这项工作引入了抓地力值，这是道路状况潜在变化的指示器，可作为控制器的附加输入。

在文献［103］中介绍了关于自主车辆"伯莎"的研究情况。吕恩贝格观测器被用来估计横向位移及其相对于时间的导数。横向控制包括一个用于期望横摆角速度的前馈部分和一个由 PI 控制器实现的反馈部分，该前馈部分基于超前点处的道路曲率。然后，使用反向单轨模型来计算期望的转向角。另外一个观测器负责转向角的偏移补偿，以获得稳态精度。

4.8 控制方法的比较

在文献［83］中进行了控制方法的比较，对不同的驾驶路线以 20m/s 的最大速度进行了模拟。斯坦利方法已通过测试，作者观察到，它对于用于避免碰撞的快速变道行为并不具备鲁棒性。然而，它非常适合于标准驾驶机动。使用 LQR、带有前馈项的 LQR 和预览控制来提出最优控制，仅 LQR 一项就无法以更高的速度完成快速换道机动，因为不包括有关路径的信息。具有前馈项的最优控制考虑了曲率和速度，因此提高了性能。最佳预览控制将最佳控制与道路信息相结合，在几乎恒定速度下为高速公路的控制提供最佳性能。调查显示，根据机动和车速，控制器表现出不同的性能。除了文献中的比较之外，还模拟了一个简单的高速公路超车动作的例子，使用不同的控制器来保持车道。

模拟在弯曲的道路上执行超车动作（道路半径 $R=1930\text{m}$）。车辆的纵向速度 $v_x=120\text{km/h}$，而另一辆车的速度为 75km/h。轨迹如图 4.3 所示，将车标记为红色，将超车轨迹标记为黑色。为了控制和模拟，使用了一个动力学自行车模型，其参数如下：$m=1564\text{kg}$，$c_r=c_f=140000\text{N}\cdot\text{m/rad}$，$l_f=1.268\text{m}$，$l_r=1.620\text{m}$，$I_z=2230\text{kg}\cdot\text{m}^2$。

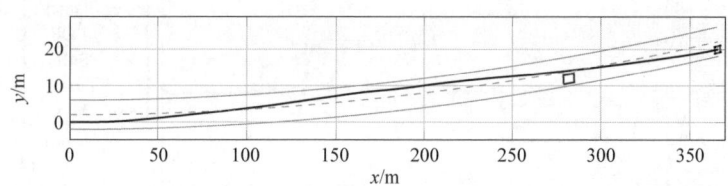

图 4.3 高速（$v_x=120\text{km/h}$）弯道超车动作（汽车的行驶轨迹用粗黑线描绘）

在模拟运行中，控制器的调整已经完成，标称设备导致大致相同的最大转向角。

不同控制器的参数选择如下：

Stanley 方法的增益是 $k=5$，LQR 矩阵是 $Q=\text{diag}(1,0)$，$R=1$。滑模控制器的超扭曲算法具有增益 $k_1=0.2$，$k_2=0.0005$。滑动变量由 $S_i=\dot{e}_i+\lambda_i e_i$ 定义，$i\in$

$\{y, \theta\}$,同时还满足 $\lambda_y = 5$ 和 $\lambda_\theta = 1$。组合滑动变量 $S = S_y + \lambda S_\theta$ 的权重为 $\lambda = 0.1$。模糊控制器的隶属函数如图 4.4 所示。这四条规则是根据文献[64]定义的。请注意,成员函数是通过反复试验找到的,而且调整非常耗时。

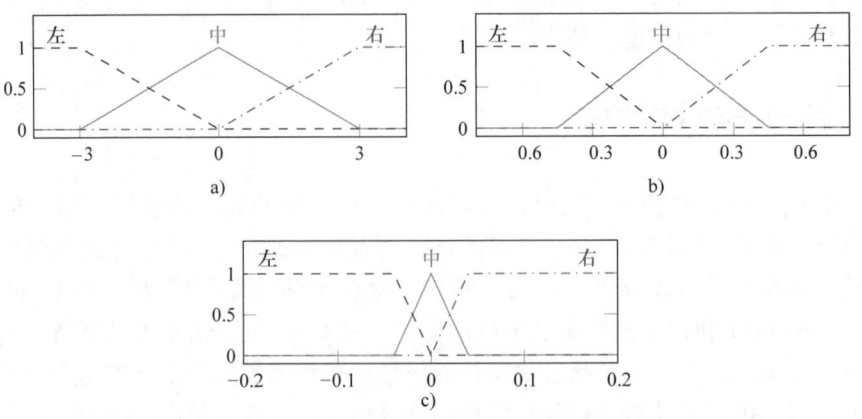

图 4.4 模糊控制器输入和输出变量的隶属函数
a) 输入横向误差 b) 输入角度误差 c) 输出转向

对于 MPC 控制器,矩阵 Q 和输入权重 R 与 LQR 成本函数中的相同。输入约束设置为 $\delta_{max} = 0.03 \text{rad}$,控制水平设置为 $N_c = 30$,采样率 $T_c = 0.01\text{s}$。

不同控制器的横向误差如图 4.5 所示。SMC 在跟踪轨迹的动态部分时表现出最平滑的横向误差,LQR 方法具有最大误差。然而,如图 4.6 所示,LQR 方法的角度误差没有过脉冲。

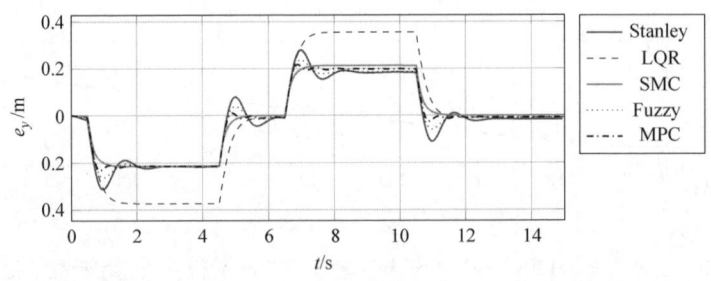

图 4.5 弯道超车过程中不同控制方案的横向误差

计算的转向角如图 4.7 所示。正如所料,SMC 应用了更高的输入值,这在文献[16]中也提到了。Stanley 方法表现出最平滑的性能。

总而言之,Stanley 方法的显著特点是它在标准驾驶场景中的简单性和平稳性。LQR 显示出低计算复杂度、鲁棒性和简单的参数调整。SMC 是一个非常稳定的控制器,但是,它的离散时间性能有待考察。MPC 具有很高的计算复杂度,而且性

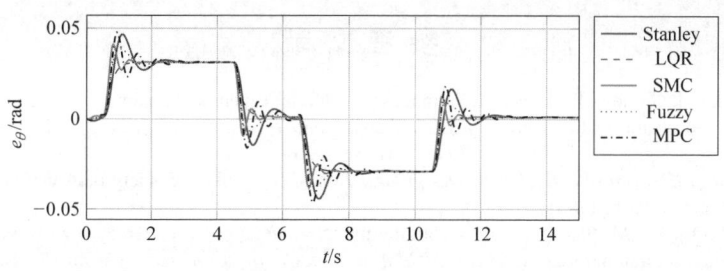

图 4.6　弯道超车过程中不同控制方案的角度误差

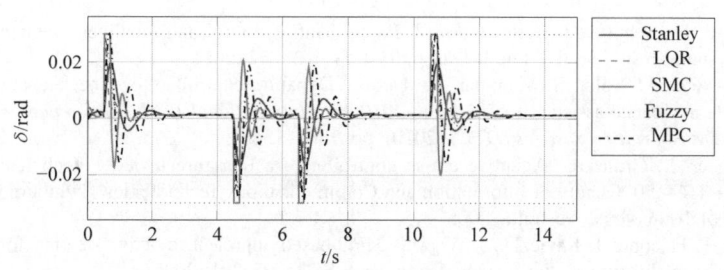

图 4.7　弯道超车过程中不同控制方案的转向角

能良好，并且能够处理约束和避免冲突，这使得这种方法非常有吸引力。出于这个原因，基于 MPC 算法来高效解决自动驾驶辅助任务的应用仍然值得深入研究。

4.9　展望

自动驾驶控制的最新研究趋势可分为两个主要研究领域：

• MPC 和高效解算器，详见文献［14］和文献［57］，主要针对其动态和约束考虑能力。

• 利用来自其他交通合作者的 CACC，如文献［81］和文献［92］描述的信息的协调机动，包括正在进行的车内通信研究。

当将通信用于交通合作者之间的信息交换时，可以利用网络控制策略来提高整体交通性能，详见文献［6］。此外，城市地区的自动驾驶带来了新的挑战：需要考虑十字路口和其他交通参与者，如自行车，并且必须确保行人安全。这些话题已经被研究，将来会引起人们更大的兴趣，期待这些领域的改进，迎接新挑战。

参 考 文 献

1. J. Ackermann, J. Guldner, W. Sienel, R. Steinhauser, V. Utkin, Linear and nonlinear controller design for robust automatic steering. IEEE Trans. Control Syst. Technol. **3**(1), 132–143 (1995)
2. K.J. Astrom, *PID Controllers: Theory, Design and Tuning* (Instrument Society of America, Research Triangle Park, 1995)
3. R. Attia, R. Orjuela, M. Basset, Coupled longitudinal and lateral control strategy improving lateral stability for autonomous vehicle, in *2012 American Control Conference (ACC)* (2012), pp. 6509–6514
4. R. Attia, R. Orjuela, M. Basset, Combined longitudinal and lateral control for automated vehicle guidance. Veh. Syst. Dyn. **52**(2), 261–279 (2014)
5. V.L. Bageshwar, W.L. Garrard, R. Rajamani, Model predictive control of transitional maneuvers for adaptive cruise control vehicles. IEEE Trans. Veh. Technol. **53**(5), 1573–1585 (2004)
6. L. Baskar, B. De Schutter, J. Hellendoorn, Z. Papp, Traffic control and intelligent vehicle highway systems: a survey. IET Intell. Transp. Syst. **5**(1), 38–52 (2011)
7. A. Benine-Neto, S. Scalzi, S. Mammar, M. Netto, Dynamic controller for lane keeping and obstacle avoidance assistance system, in *2010 13th International IEEE Conference on Intelligent Transportation Systems (ITSC)* (2010), pp. 1363–1368
8. S. Björnander, L. Grunske, Adaptive cruise controllers - a literature review. Technical Rep. C4-01 TR M50, Faculty of Information and Communications Technologies, Swinburne University of Technology, Australia, 2008
9. F. Borrelli, P. Falcone, T. Keviczky, J. Asgari, MPC-based approach to active steering for autonomous vehicle systems. Int. J. Veh. Auton. Syst. **3**(2), 265–291 (2005)
10. A. Broggi, M. Bertozzi, A. Fascioli, C.G.L. Bianco, A. Piazzi, The ARGO autonomous vehicle's vision and control systems. Int. J. Intell. Control Syst. **3**(4), 409–441 (1999)
11. L. Cai, Novel algorithms for longitudinal and lateral control for application in autonomous vehicles. PhD thesis, The Hong Kong Polytechnic University, 2003
12. L. Cai, A.B. Rad, W. Chan, K. Cai, A robust fuzzy PD controller for automatic steering control of autonomous vehicles, in *The 12th IEEE International Conference on Fuzzy Systems (FUZZ)*, vol. 1 (IEEE, 2003), pp. 549–554
13. L. Cai, A.B. Rad, W. Chan, An intelligent longitudinal controller for application in semiautonomous vehicles. IEEE Trans. Ind. Electron. **57**(4), 1487–1497 (2010)
14. A. Carvalho, S. Lefévre, G. Schildbach, J. Kong, F. Borrelli, Automated driving: the role of forecasts and uncertainty - a control perspective. Eur. J. Control **24**, 14–32 (2015); SI: {ECC15European} Control Conference
15. S. Chaib, M.S. Netto, S. Mammar, H_∞, adaptive PID and fuzzy control: a comparison of controllers for vehicle lane keeping, in *2004 IEEE Intelligent Vehicles Symposium* (2004), pp. 139–144
16. J.M. Choi, S. Lui, J.K. Hedrick, Human driver model and sliding mode control - road tracking capability of the vehicle model, in *Proceedings of the 2015 European Control Conference (ECC)* (2015), pp. 2137–2142
17. D. Corona, M. Lazar, B. De Schutter, M. Heemels, A hybrid MPC approach to the design of a smart adaptive cruise controller, in *2006 IEEE Computer Aided Control System Design, 2006 IEEE International Symposium on Intelligent Control* (2006), pp. 231–236
18. A. Dotlinger, F. Larcher, R.M. Kennel, Robust receding horizon based trajectory planning, in *2014 IEEE/ASME International Conference on Advanced Intelligent Mechatronics (AIM)* (IEEE, 2014), pp. 845–851
19. B. Dumitrascu, A. Filipescu, V. Minzu, A. Voda, E. Minca, Discrete-time sliding-mode control of four driving-steering wheels autonomous vehicle, in *Proceedings of the 30th Chinese Control Conference* (2011), pp. 3620–3625
20. C. Edwards, S. Spurgeon, *Sliding Mode Control: Theory and Applications* (CRC Press, Boca Raton, 1998)

21. T. Eigel, Integrierte Längs- und Querführung von Personenkraftwagen mittels Sliding-Mode-Regelung. Ph.D. thesis, Technische Universität Carolo-Wilhelmina zu Braunschweig, 2010
22. S. Eom, E. Kim, T. Shin, M. Lee, F. Harashima, The robust controller design for lateral control of vehicles, in *2003 IEEE/ASME International Conference on Advanced Intelligent Mechatronics (AIM)*, vol. 1 (IEEE, 2003), pp. 570–573
23. P. Falcone, F. Borrelli, J. Asgari, H.E. Tseng, D. Hrovat, A model predictive control approach for combined braking and steering in autonomous vehicles, in *Mediterranean Conference on Control & Automation (MED)* (IEEE, 2007), pp. 1–6
24. A. Ferrara, P. Pisu, Minimum sensor second-order sliding mode longitudinal control of passenger vehicles. IEEE Trans. Intell. Transp. Syst. **5**(1), 20–32 (2004)
25. A. Ferrara, C. Vecchio, Second order sliding mode control of vehicles with distributed collision avoidance capabilities. Mechatronics **19**(4), 471–477 (2009)
26. S. Fuchshumer, K. Schlacher, T. Rittenschober, Nonlinear vehicle dynamics control - a flatness based approach, in *44th IEEE Conference on Decision and Control, 2005 and 2005 European Control Conference. CDC-ECC'05* (IEEE, 2005), pp. 6492–6497
27. B. Ganji, A.Z. Kouzani, S.Y. Khoo, M. Shams-Zahraei, Adaptive cruise control of a HEV using sliding mode control. Expert Syst. Appl. **41**(2), 607–615 (2014)
28. C. Goerzen, Z. Kong, B. Mettler, A survey of motion planning algorithms from the perspective of autonomous UAV guidance. J. Intell. Robot. Syst. **57**(1–4), 65–100 (2010)
29. L. Guo, P. Ge, M. Yue, Y. Zhao, Lane changing trajectory planning and tracking controller design for intelligent vehicle running on curved road. Math. Probl. Eng. **2014**, 1–9 (2014)
30. F. Hamerlain, K. Achour, T. Floquet, W. Perruquetti, Trajectory tracking of a car-like robot using second order sliding mode control, in *European Control Conference (ECC)* (IEEE, 2007), pp. 4932–4936
31. C. Hatipoglu, U. Ozguner, K.A. Redmill, Automated lane change controller design. IEEE Trans. Intell. Transp. Syst. **4**(1), 13–22 (2003)
32. J. He, D.A. Crolla, M.C. Levesley, W.J. Manning, Coordination of active steering, driveline, and braking for integrated vehicle dynamics control. Proc. Inst. Mech. Eng. D J. Automob. Eng. **220**(10), 1401–1420 (2006)
33. J.K. Hedrick, A. Girard, Controllability and observability of nonlinear systems, in *Control of Nonlinear Dynamic Systems: Theory and Applications* (University of California, Berkeley, 2005)
34. J.K. Hedrick, M. Tomizuka, P. Varaiya, Control issues in automated highway systems. IEEE Control Syst. **14**(6), 21–32 (1994)
35. T. Hessburg, M. Tomizuka, Fuzzy logic control for lateral vehicle guidance. IEEE Control Syst. **14**(4), 55–63 (1994)
36. S. Hima, S. Glaser, A. Chaibet, B. Vanholme, Controller design for trajectory tracking of autonomous passenger vehicles, in *2011 14th International IEEE Conference on Intelligent Transportation Systems (ITSC)* (IEEE, 2011), pp. 1459–1464
37. S. Hima, B. Lusseti, B. Vanholme, S. Glaser, S. Mammar, Trajectory tracking for highly automated passenger vehicles, in *International Federation of Automatic Control (IFAC) World Congress* (2011), pp. 12958–12963
38. P. Hingwe, M. Tomizuka, Experimental evaluation of a chatter free sliding mode control for lateral control in AHS, in *Proceedings of the 1997 American Control Conference (ACC)*, vol. 5 (1997), pp. 3365–3369
39. P. Hingwe, J. Wang, M. Tai, M. Tomizuka, *Lateral Control of Heavy Duty Vehicles for Automated Highway System: Experimental Study on a Tractor Semi-Trailer* (California Partners for Advanced Transit and Highways (PATH), Berkeley, 2000)
40. T. Hsiao, M. Tomizuka, Design of position feedback controllers for vehicle lateral motion, in *American Control Conference (ACC)* (IEEE, 2006), pp. 6
41. R. Hult, Tabar, R.S., Path planning for highly automated vehicles. Master's thesis, Chalmers University of Technology, Gothenburg, 2013
42. C. Hwang, S. Han, L. Chang, Trajectory tracking of car-like mobile robots using mixed h_2/h_∞ decentralized variable structure control, in *IEEE International Conference on Mechatronics* (IEEE, 2005), pp. 520–525

43. H.M. Jagtman, E. Wiersma, Driving with adaptive cruise control in the real world, in *Improving Safety by Linking Research with Safety Policy and Management, Proceedings of the 16th ICTCT Workshop* (2003)
44. C. Jung, H. Kim, Y. Son, K. Lee, K. Yi, Parameter adaptive steering control for autonomous driving, in *2014 IEEE 17th International Conference on Intelligent Transportation Systems (ITSC)* (2014), pp. 1462–1467
45. J. Kang, R. Hindiyeh, S. Moon, J.C. Gerdes, K. Yi, Design and testing of a controller for autonomous vehicle path tracking using GPS/INS sensors, in *Proceedings of the 17th IFAC World Congress* (2008), pp. 6–11
46. A. Kelly, B. Nagy, Reactive nonholonomic trajectory generation via parametric optimal control. Int. J. Robot. Res. **22**(7–8), 583–601 (2003)
47. T. Keviczky, P. Falcone, F. Borrelli, J. Asgari, D. Hrovat, Predictive control approach to autonomous vehicle steering, in *American Control Conference (ACC)* (IEEE, 2006), pp. 4670–4675
48. D. Kim, J. Kang, K. Yi, Control strategy for high-speed autonomous driving in structured road, in *2011 14th International IEEE Conference on Intelligent Transportation Systems (ITSC)* (IEEE, 2011), pp. 186–191
49. J. Kosecka, R. Blasi, C.J. Taylor, J. Malik, A comparative study of vision-based lateral control strategies for autonomous highway driving. Int. J. Robot. Res. **18**(5), 442–453 (1999)
50. E. Lavretsky, K.A. Wise, Optimal control and the linear quadratic regulator, in *Robust and Adaptive Control*. Advanced Textbooks in Control and Signal Processing (Springer, London, 2013), pp. 27–50
51. S. Lee, C. Chung, Multilevel approximate model predictive control and its application to autonomous vehicle active steering, in *2013 IEEE 52nd Annual Conference on Decision and Control (CDC)* (2013), pp. 5746–5751
52. A. Levant, Sliding order and sliding accuracy in sliding mode control. Int. J. Control. **58**(6), 1247–1263 (1993)
53. J. Levine, *Analysis and Control of Nonlinear Systems: A Flatness-based Approach* (Springer Science and Business Media, Berlin, 2009)
54. J. Levinson, J. Askeland, J. Becker, J. Dolson, D. Held, S. Kammel, J.Z. Kolter, D. Langer, O. Pink, V. Pratt, M. Sokolsky, G. Stanek, D. Stavens, A. Teichman, M. Werling, S. Thrun, Towards fully autonomous driving: systems and algorithms, in *2011 IEEE Intelligent Vehicles Symposium (IV)* (2011), pp. 163–168
55. S. Li, K. Li, R. Rajamani, J. Wang, Model predictive multi-objective vehicular adaptive cruise control. IEEE Trans. Control Syst. Technol. **19**(3), 556–566 (2011)
56. X. Li, Z. Sun, Q. Zhu, D. Liu, A unified approach to local trajectory planning and control for autonomous driving along a reference path, in *2014 IEEE International Conference on Mechatronics and Automation (ICMA)* (2014), pp. 1716–1721
57. P.F. Lima, M. Trincavelli, J. Mårtensson, B. Wahlberg, Clothoid-based model predictive control for autonomous driving, in *Proceedings of the 2015 European Control Conference (ECC)* (2015), pp. 2988–2995
58. E. Maalouf, M. Saad, H. Saliah, A higher level path tracking controller for a four-wheel differentially steered mobile robot. Robot. Auton. Syst. **54**(1), 23–33 (2006)
59. R. Marino, S. Scalzi, M. Netto, Nested PID steering control for lane keeping in autonomous vehicles. Control Eng. Pract. **19**(12), 1459–1467 (2011)
60. L. Menhour, B. D'Andréa-Novel, C. Boussard, M. Fliess, H. Mounier, Algebraic nonlinear estimation and flatness-based lateral/longitudinal control for automotive vehicles, in *2011 14th International IEEE Conference on Intelligent Transportation Systems (ITSC)* (IEEE, 2011), pp. 463–468
61. L. Menhour, B. d'Andréa Novel, M. Fliess, H. Mounier, Coupled nonlinear vehicle control: flatness-based setting with algebraic estimation techniques. Control Eng. Pract. **22**, 135–146 (2014)
62. G. Monsees, Discrete-time sliding mode control. TU Delft, Delft University of Technology, 2002
63. J. Naranjo, J. Reviejo, C. González, R. Garca Rosa, T. de Pedro, A throttle and brake fuzzy controller: towards the automatic car, in *EUROCAST*, ed. by R. Moreno-Daz, F. Pichler.

Lecture Notes in Computer Science, vol. 2809 (Springer, New York, 2003), pp. 291–301
64. J. Naranjo, C. Gonzalez, R. Garca, T. de Pedro, Lane-change fuzzy control in autonomous vehicles for the overtaking maneuver. IEEE Trans. Intell. Transp. Syst. **9**(3), 438–450 (2008)
65. L. Nehaoua, L. Nouveliere, Backstepping based approach for the combined longitudinal-lateral vehicle control, in *2012 IEEE Intelligent Vehicles Symposium (IV)* (2012), pp. 395–400
66. M.S. Netto, S. Chaib, S. Mammar, Lateral adaptive control for vehicle lane keeping, in *Proceedings of the 2004 American Control Conference (ACC)*, vol. 3 (2004), pp. 2693–2698
67. J. Nilsson, M. Brunnström, E. Coelingh, J. Fredriksson, Longitudinal and lateral control for automated lane change maneuvers, in *Proceedings of the 2015 American Control Conference (ACC)* (2015), pp. 1399–1404
68. R.T. O'Brien, P.A. Iglesias, T.J. Urban, Vehicle lateral control for automated highway systems. IEEE Trans. Control Syst. Technol. **4**(3), 266–273 (1996)
69. A. O'Dwyer, *Handbook Of PI And PID Controller Tuning Rules*, 3rd edn. (Imperial College Press, London, 2009)
70. E. Onieva, J.E. Naranjo, V. Milanés, J. Alonso, R. García, J. Pérez, Automatic lateral control for unmanned vehicles via genetic algorithms. Appl. Soft Comput. **11**(1), 1303–1309 (2011)
71. J. Pérez, V. Milanés, E. Onieva, Cascade architecture for lateral control in autonomous vehicles. IEEE Trans. Intell. Transp. Syst. **12**(1), 73–82 (2011)
72. J. Pérez, V. Milanés, J. Godoy, J. Villagra, E. Onieva, Cooperative controllers for highways based on human experience. Expert Syst. Appl. **40**(4), 1024–1033 (2013)
73. D.A. Pomerleau, Neural networks for intelligent vehicles, in *Proceedings of IEEE Conference on Intelligent Vehicles* (1993), pp. 19–24
74. R. Rajamani, *Vehicle Dynamics and Control*. Mechanical Engineering Series (Springer Science, New York, 2006)
75. R. Rajamani, H. Tan, B.K. Law, W. Zhang, Demonstration of integrated longitudinal and lateral control for the operation of automated vehicles in platoons. IEEE Trans. Control Syst. Technol. **8**(4), 695–708 (2000)
76. T. Raste, S. Lüke, A. Eckert, Automated driving, technical approach with motion control architecture. at-Automatisierungstechnik **63**(5), 191–201 (2015)
77. Ch. Rathgeber, F. Winkler, D. Odenthal, S. Muller, Lateral trajectory tracking control for autonomous vehicles, in *2014 European Control Conference (ECC)* (IEEE, 2014), pp. 1024–1029
78. A. Reschka, J. Bohmer, F. Saust, B. Lichte, M. Maurer, Safe, dynamic and comfortable longitudinal control for an autonomous vehicle, in *2012 IEEE Intelligent Vehicles Symposium (IV)* (IEEE, 2012), pp. 346–351
79. P. Shakouri, A. Ordys, M.R. Askari, Adaptive cruise control with stop and go function using the state-dependent nonlinear model predictive control approach. {ISA} Trans. **51**(5), 622–631 (2012)
80. M. Shimakage, S. Satoh, K. Uenuma, H. Mouri, Design of lane-keeping control with steering torque input. JSAE Rev. **23**(3), 317–323 (2002)
81. S.E. Shladover, Recent international activity in cooperative vehicle-highway automation systems. Technical Report FHWA-HRT-12-033, Federal Highway Administration, 2012
82. S. Skogestad, I. Postlethwaite, *Multivariable Feedback Control: Analysis and Design*, vol. 2 (Wiley, New York, 2007)
83. J.M. Snider, Automatic steering methods for autonomous automobile path tracking. Technical Report CMU-RITR-09-08, Robotics Institute, Pittsburgh, 2009
84. R. Solea, U. Nunes, Trajectory planning with velocity planner for fully-automated passenger vehicles, in *2006 IEEE Intelligent Transportation Systems Conference (ITSC)* (2006), pp. 474–480
85. R. Solea, U. Nunes, Trajectory planning and sliding-mode control based trajectory-tracking for cybercars. Integr. Comput. Aided Eng. **14**(1), 33–47 (2007)
86. R. Solea, A. Filipescu, V. Minzu, S. Filipescu, Sliding-mode trajectory-tracking control for a four-wheel-steering vehicle, in *2010 8th IEEE International Conference on Control and Automation (ICCA)* (IEEE, 2010), pp. 382–387
87. Y.S. Son, W. Kim, S.-H. Lee, C.C. Chung, Robust multi-rate control scheme with predictive virtual lanes for lane-keeping system of autonomous highway driving. IEEE Trans. Veh.

Technol. **64**(8), 3378–3391 (2015)
88. G. Tagne, R. Talj, A. Charara, Higher-order sliding mode control for lateral dynamics of autonomous vehicles, with experimental validation, in *2013 IEEE Intelligent Vehicles Symposium (IV)* (IEEE, 2013), pp. 678–683
89. S. Thrun, M. Montemerlo, H. Dahlkamp, D. Stavens, A. Aron, J. Diebel, P. Fong, J. Gale, M. Halpenny, G. Hoffmann, K. Lau, C. Oakley, M. Palatucci, V. Pratt, P. Stang, S. Strohband, C. Dupont, L. Jendrossek, C. Koelen, C. Markey, C. Rummel, J. van Niekerk, E. Jensen, P. Alessandrini, G. Bradski, B. Davies, S. Ettinger, A. Kaehler, A. Nefian, P. Mahoney, Stanley: the robot that won the DARPA grand challenge: research articles. J. Intell. Robot. Syst. **23**(9), 661–692 (2006)
90. P.F. Toulotte, S. Delprat, T.M. Guerra, Longitudinal and lateral control for automatic vehicle following, in *Vehicle Power and Propulsion Conference* (2006), pp. 1–6
91. C. Urmson, J. Anhalt, H. Bae, J.A. Bagnell, C.R. Baker, R.E. Bittner, T. Brown, M. N. Clark, M. Darms, D. Demitrish, J.M. Dolan, D. Duggins, D. Ferguson, T. Galatali, C.M. Geyer, M. Gittleman, S. Harbaugh, M. Hebert, T. Howard, S. Kolski, M. Likhachev, B. Litkouhi, A. Kelly, M. McNaughton, N. Miller, J. Nickolaou, K. Peterson, B. Pilnick, R. Rajkumar, P. Rybski, V. Sadekar, B. Salesky, Y. Seo, S. Singh, J.M. Snider, J.C. Struble, A. Stentz, M. Taylor, W. Whittaker, Z. Wolkowicki, W. Zhang, and J. Ziglar, Autonomous driving in urban environments: boss and the urban challenge. J. Field Robot. **25**(8), 425–466 (2008); Special Issue on the 2007 DARPA Urban Challenge, Part I
92. M. Walter, N. Nitzsche, D. Odenthal, S. Muller, Lateral vehicle guidance control for autonomous and cooperative driving, in *2014 European Control Conference (ECC)* (IEEE, 2014), pp. 2667–2672
93. X. Wang, M. Fu, Y. Yang, H. Ma, Lateral control of autonomous vehicles based on fuzzy logic, in *2013 25th Chinese Control and Decision Conference (CCDC)* (2013), pp. 237–242
94. M. Werling, Ein neues Konzept für die Trajektoriengenerierung und -stabilisierung in zeitkritischen Verkehrsszenarien. Ph.D. thesis, Karlsruher Institut für Technologie, Germany, 2011
95. M. Werling, L. Gröll, G. Bretthauer, Invariant trajectory tracking with a full-size autonomous road vehicle. IEEE Trans. Robot. **26**(4), 758–765 (2010)
96. W. Xu, J. Dolan, A real-time motion planner with trajectory optimization for autonomous vehicles, in *Proceedings of the International Conference on Robotics and Automation* (2012), pp. 2061–2067
97. L. Xu, Y. Wang, H. Sun, J. Xin, N. Zheng, Design and implementation of driving control system for autonomous vehicle, in *2014 IEEE 17th International Conference on Intelligent Transportation Systems (ITSC)* (2014), pp. 22–28
98. Y. Ying, T. Mei, Y. Song, Y. Liu, A sliding mode control approach to longitudinal control of vehicles in a platoon, in *2014 IEEE International Conference on Mechatronics and Automation (ICMA)* (2014), pp. 1509–1514
99. J. Zhang, D. Ren, Lateral control of vehicle for lane keeping in intelligent transportation systems, in *International Conference on Intelligent Human-Machine Systems and Cybernetics (IHMSC)*, vol. 1 (IEEE, 2009), pp. 446–450
100. S. Zhang, W. Deng, Q. Zhao, H. Sun, B. Litkouhi, Dynamic trajectory planning for vehicle autonomous driving, in *2013 IEEE International Conference on Systems, Man, and Cybernetics (SMC)* (IEEE, 2013), pp. 4161–4166
101. P. Zheng, M. McDonald, Application of fuzzy systems in the car-following behaviour analysis, in *Fuzzy Systems and Knowledge Discovery*, ed. by L. Wang, Y. Jin. Lecture Notes in Computer Science, vol. 3613 (Springer, Berlin Heidelberg, 2005), pp. 782–791
102. K. Zhou, J.C. Doyle, K. Glover, *Robust and Optimal Control* (Feher/Prentice Hall Digital/Prentice Hall, Upper Saddle River, 1996)
103. J. Ziegler, P. Bender, M. Schreiber, H. Lategahn, T. Strauss, C. Stiller, T. Dang, U. Franke, N. Appenrodt, C.G. Keller, E. Kaus, R.G. Herrtwich, C. Rabe, D. Pfeiffer, F. Lindner, F. Stein, F. Erbs, M. Enzweiler, C. Knöppel, J. Hipp, M. Haueis, M. Trepte, C. Brenk, A. Tamke, M. Ghanaat, M. Braun, A. Joos, H. Fritz, H. Mock, M. Hein, E. Zeeb, Making Bertha drive - an autonomous journey on a historic route. IEEE Intell. Transp. Syst. Mag. **6**(2), 8–20 (2014)

第5章 自动驾驶的路径跟踪：关于控制系统规划和正在进行的研究的指导

本章内容中涉及的一些符号释义见表5.1，上标"*"用于表示复共轭转置。

表5.1 本章涉及符号及含义

符　号	含　义
a	前半轴距
$\bar{a}$	重心和车辆前端之间的纵向距离
a_x，$a_{x,\max}$	纵向加速度，最大纵向加速度
a_y	侧向加速度
A，B，C，D，E	通用状态方程矩阵公式
A_r，B_r，C_r	路径轮廓建模的状态空间矩阵
A_v，B_v，C_v，D_v	用于车辆建模的状态空间矩阵
A'，B'	用于模拟撞击中心的跟踪动力学的状态空间矩阵
b	后半轴距
$\bar{b}$	重心和车辆后端之间的纵向距离
b_δ	用于反推控制设计的偏航加速度误差公式中转向角的乘法因子
B_1，B_2，B_3	状态空间单轨模型公式的矩阵
B	基于管构想的箱形模型预测控制器
$\bar{c}$	车辆宽度的一半
$c_{\mathrm{COP,f}}$，$c_{\mathrm{COP,r}}$	用于定义碰撞前后中心滑动变量的系数
c	滑模控制器的恒定增益
C_f，C_r	前后转弯刚度
$C_{f,\mu c0}$，$C_{f,\mu c0}$	标称轮胎-路面摩擦系数的前后转弯刚度$\mu_{c0}=1$
C_β，C_ψ，$C_{\Delta\Psi}$，C_k	用于反推控制器设计的系数
C_1，C_2	控制器规则1和2
d	距离弯道顶端的距离

(续)

符　号	含　义
$d_{\min_{k,t}}$	车辆和障碍物点之间的最小距离在时间 t 计算，并与跟踪地平线内的时间 k 相关联
$d_{k,t,j}$	车辆和障碍物点 j 之间的距离在时间 t 计算，并且与跟踪地平线内的时间 k 相关联
d_1, d_2	控制器 C_1 和 C_2 的分母
e, e_k	误差，离散误差
D_r	阻尼比
D_{S_L}	传递函数的分母
f_a	表示系统动力学的函数
$f_{s_k,t,\mu_{c_k,t}}^{dt}$	坐标 $S_{k,t}$ 和轮胎路面摩擦系数 $\mu_{C_k,t}$ 的系统模型函数；在时间 t 计算并与跟踪视界内的时间 k 相关联度
$F_{b,1}$, $F_{b,r}$	车辆左侧和右侧的制动力
$F_{y,f}$, $F_{y,r}$	前轴和后轴处的侧向力
$F_{y,f}^{FB}$, $F_{y,r}^{FB}$	反馈对前轴和后轴上参考横向力的贡献
$F_{y,f}^{FFW}$, $F_{y,r}^{FFW}$	前轴和后轴上横向力的前馈贡献
$F_{y,f}^{TOT}$	前轴上横向力的前馈和反馈贡献之和
g	重力
$g_{x,PP}$, $g_{y,PP}$, $g_{x,S}$, $g_{y,S}$	根据纯追踪和斯坦利路径跟踪方法，目标点的纵向和横向坐标
$g(\xi)$	鲁棒管式控制器设计模型公式中的非线性项
G_c	执行机构动力学补偿器
G_H, $\widetilde{M}_H$, $\widetilde{N}_H$	H_∞ 控制器设计中用于标称对象互质分解的矩阵
$G_{H\Delta}$, Δ_{MH}, Δ_{NH}	H_∞ 控制器设计中用于扰动对象互质分解的矩阵
G_{ld}	虚拟传感器前瞻滤波器
h	用于从输入获得输出的功能
h_p	参数空间方法中考虑的一般参数
h'	用于建模扰动的矩阵
$\mathfrak{H}$, $\wp$	Pontryagin 差，Minkowski 和定义中使用的多面体
H_C, H_p	控制层位、预测层位
$\mathcal{H}$	参数空间方法中的参数集
i	虚数单位
I_z	偏航惯性矩
J	最优控制的成本函数
$J_{obs_{k,t}}$	时间 t 的成本函数，并且与时间 k 相关联到车辆和障碍物之间的预测距离

第5章 自动驾驶的路径跟踪：关于控制系统规划和正在进行的研究的指导

(续)

符 号	含 义
J_1, J_2	跟踪性能标准
k	离散步骤数或步骤时间
k_e, k_{int}	控制器增益和积分器保持稳态跟踪误差较小
k_{ch}	用于计算 k_{1CC}、k_{2CC} 和 k_{3CC} 的链式控制器的控制增益
k_d	不连续控制中状态向量的乘法因子
k_D	导数增益
k_{DD}	用于 $PIDD^2$ 控制器的增益
k_I	积分增益
k_{LK}	控制后桥反馈力 $F_{y,l}^{FB}$ 贡献的增益
k_P	比例增益
k_{PP}	纯追踪算法的调谐增益
k_S	斯坦利方法的调谐增益
k_{w1}, k_{w2}, k_{ξ_e}	最佳预瞄转向控制器中使用的增益
k_U	转向不足梯度
$k_{\dot\psi}$	$\dot\psi$ 的乘法因子
$k_{\Delta y_{CG}}$	Δy_{CC} 的乘法因子
$k_{\Delta y_{ld}}$	Δy_{ld} 的乘法因子
$k_{\Delta\psi}$, $k_{\Delta\dot\psi}$	航向误差的乘法因子，偏航率误差的乘法因子
$k_{\Delta\psi,w}$, $k_{\Delta\dot\psi,w}$, $k_{\Delta y,w}$	带预览的线性二次型调节器标量误差 $\Delta\psi_w$、$\Delta\dot\psi_w$、Δy_w 的乘法因子
$k_{\Delta\psi,w}$, $k_{\Delta\dot\psi,w}$, $k_{\Delta y,w}$	预览控制器的增益，乘以航向角误差、横摆角速度误差和横向位移误差的加权值
k_{1CC}, k_{2CC}, k_{3CC}	链式控制器的增益
k_{1LC}, k_{2LC}, k_{3LC}, k_{4LC}	极限转向控制器的增益
k_{1LQ}, k_{2LQ}, k_{3LQ}, k_{4LQ}	线性二次型控制器的增益
K	Δy_{ld} 衰变速率
K_d	Δy_{ld} 乘法增益
K_{LC}	极限转向控制器的线性二次矩阵增益
K_{LQ}	线性二次型调节器的矩阵增益
K_{LQp}	带预览的线性二次型调节器的矩阵增益
K_{OBS}	碰撞重量
l	轴距
l_d	前方距离
L	车辆轴距
$L_{Lipschitz}$	李普希茨常数
$L_{Lyapunov}$	李雅普诺夫函数
m	车辆质量
M	不在车辆视线内的足够大可以忽略的障碍物

(续)

符号	含义
$M_{COP,f}$, $M_{COP,r}$	提供抵抗转向刚度变化鲁棒性的增益
M_u	滑模控制器的调谐参数
M	偏航力矩
n	计数器
n_1, n_2	控制器规则 C_1 和 C_2 的记数器
N	线性二次型调节器设计的黎卡提方程矩阵
p	特征多项式
$p_{xk,t,j}$, $p_{yk,t,j}$	框架中障碍物的第 j 点坐标,在时间 t 计算,与跟踪地平线内的时间 k 相关联
$p_{X_{t,j}}$, $p_{Y_{t,j}}$	时间 t 时惯性框架中障碍物第 j 点的坐标
P_L	李雅普诺夫矩阵
$P_{t,j}$	时间 t 时惯性框架中障碍物的第 j 点
P_1, P_2	传递函数由系统的线性单重态模型计算,用于前馈贡献 $\delta_{FFW,1}$
$\hat{q}$	观测器输出
$q_{\Delta a_y}$, $q_{\Delta y_{ld}}$, $q_{\Delta\Psi}$, q_i	频率型线性二次控制器滤波器的参数
q_1, q_2, q_3, q_4	Γ 稳定性控制器的极限工作点
Q, R	成本函数公式的加权矩阵
$Reach_f (S, W)$	从给定的状态集 (S) 一步鲁棒可达集。
r	通过缩放期望轨迹生成器的输入获得的模型参考系统的输入
R_{uf}	轨迹半径
s, $\dot{s}$	轨迹坐标及其时间导数
s_L	低量算符
S	线性二次型调节器设计的黎卡提方程矩阵
t	时间
t_{l_d}	对应于前瞻距离的时间(以当前车速)
t_r	由于驾驶员的反应造成的时间延迟
t_d	时间延迟
t_1, t_2	初始和最终时间值
T	描述考虑碰撞中心的系统动力学的矩阵
$T_{b,1f}$, $T_{b,rf}$, $T_{b,lr}$, $T_{b,rr}$	左前轮、右前车轮、左后轮和右后轮的制动力矩
T_i	PID 控制器导数项中一阶滤波器的时间常数并且删除现有行
T_S	采样时间
u	状态空间公式中的输入向量
$\bar{u}$	前后转向角矢量
u_k, $\bar{u}_k$, $\hat{u}_k$, (e_k)	鲁棒管状模型预测控制器中使用的控制律、标称控制器和状态反馈控制动作

第5章 自动驾驶的路径跟踪：关于控制系统规划和正在进行的研究的指导

(续)

符 号	含 义
u_1，u_2	链式控制器的控制输出
U，$\overline{U}$	多面体在基于管的模型预测控制约束中的应用
v，v_x，v_y，v_{max}	车速，车速的纵向和横向分量，最大速度
$v_{k,t}$	在时间 t 预测的时间 k 的车辆速度
$\dot{v}_{y,path,CG}$	路径横向速度的时间导数
v_0	四轮转向控制器改变后桥转向角符号的速度（从前转向角的相反符号过渡到前后转向角的相同符号）
V_1，V_2	车辆动力学传递函数
w	系统扰动
$\overline{w}$	$\tilde{w}$ 的元素
W_d，$W_{\dot{\psi}}$	反推转向控制规则中采用的权函数
$\mathcal{W}$	多面体在基于鲁棒管的模型预测控制约束中的应用
$\tilde{\mathcal{W}}$	两个多面体 W 与 B 的 Minkowski 和
x，h	Pontryagin 差与 Minkowski 和定义中使用的多面体元素
x_{COP_f}，x_{COP_r}	碰撞前后中心的坐标
x_P	车辆参考系统中通用点 P 的纵向位置
$\dot{x}_{ref}$	参考纵向速度
x_V，y_V	跟踪坐标中的车辆位置
X，Y	惯性参考系统中的坐标
X_r，Y_r，$\dot{X}_f$，$\dot{Y}_r$	根据惯性参考系统确定后轮的位置和速度
y，y_k	状态空间公式的输出和离散输出
y_{ri}	带有预览的线性二次型调节器中白噪声形式的扰动
$\ddot{y}_{l_d}$	超前距离 l_d 处的横向加速度
$\ddot{y}_{ref}$	参考横向加速度
Y_{ref}	惯性框架中的参考横向位置
z	z 变换表中使用的复数
z_1，z_2，z_3，z_4	用于滤波器动力学建模的增强状态
z_{MPC}，z_{MPCref}	模型预测控制器中的系统输出和参考
$\mathcal{Z}$，$\mathcal{Z}_\infty$	Ξ 的极小鲁棒正不变子集
α	纯追踪算法定义的圆弧角延伸的一半
α_r	后桥的滑动角度
$\alpha_{ref,f}$	前轴的参考滑移角
α_f^{FFW}，α_r^{FFW}	前馈对前后滑移角的贡献的参考值
α_1，α_2	链式控制器中状态、参考路径和方向盘输入的功能

(续)

符 号	含 义
$\alpha_{1,ST}$, $\alpha_{2,ST}$	超扭曲控制器的调谐常数
β, β_{SS}	车辆侧滑角,稳态车辆侧滑角
$\beta_{x,f}$, $\beta_{y,f}$, β_r	前轴上的标准化纵向力、前轴上的标准化横向力、后轴上的标准化纵向力
γ	线性二次型设计的灵敏度参数
Γ, $\partial\Gamma$	用于定位闭环系统极点的期望区域,具有相应的边界
δ, $\dot{\delta}$	转向角及其时间导数。在没有下标的情况下,这个符号是指前轴。对于四轮转向车辆,下标"f"用于表示前转向角,下标"r"用于表示后转向角。附加下标"ss"用于表示稳态条件
δ_{eq}	超扭转滑模公式中的等效转向角
$\delta_{FB,LC,1}$, $\delta_{FB,LC,2}$, $\delta_{FB,LC,3}$	根据用于极限转弯的路径跟踪控制器的不同公式反馈转向角贡献
$\delta_{FFW,LC}$	根据用于极限转弯的路径跟踪控制器的前馈转向角贡献
$\delta_{FFW,1}$, $\delta_{FFW,2}$, $\delta_{FFW,3}$	根据不同的公式,前馈对参考转向角的贡献
δ_{min}, δ_{max}; δ_{ST}, $\delta_{ST,1}$, $\delta_{ST,2}$	最小转向角,最大转向角; 超扭曲控制器的转向角贡献,由贡献$\delta_{ST,1}$和$\delta_{ST,2}$组成
$\dot{\delta}_{yf}$	转向率贡献取决于车辆前端的横向偏差误差
$\dot{\delta}_{\psi}$	转向率贡献取决于车辆横摆角速度
Δa_y	参考加速度和实际横向加速度之间的差异
Δu	控制输入变化
ΔU_t	时间t的优化向量
Δy	横向位置误差及其一次和二次导数。它们可以在前轴(下标"f")、后轴(下标"r")、车辆重心(下标"CG")或沿车辆参考系统纵轴的任何其他点(例如,碰撞中心或向前距离)计算
$\Delta y_{CG,SS}$	Δy_{CG}的稳态值
ΔY_{ms}, ΔY_{max}	车辆横向位置的均方根误差,车辆横向位置的最大误差
$\Delta\delta_{min}$, $\Delta\delta_{max}$	转向角的最小和最大变化
$\Delta\psi$, $\Delta\dot{\psi}$, $\Delta\ddot{\psi}$	偏航角(即航向)误差及其一次和二次导数。它们可以相对于前轴(下标"f")、后轴(下标"r")、车辆重心(下标"CG")或车辆参考系统纵轴上的任何其他点(例如撞击中心)的参考路径来计算
$\Delta\psi_{CG,SS}$	偏航角误差的稳态值
$\Delta\psi_{rms}$, $\Delta\psi_{max}$	偏航角均方根误差,偏航角最大误差
$\Delta\psi_w$, $\Delta\dot{\psi}_w$, Δy_w	航向误差和横向位置误差沿预览距离的加权平均值的标量值
ε	极小数
$\mathcal{E}$	包含{0}的Ξ的子集
ϵ, ϵ_{max}	H_∞控制器设计中的稳定裕度和最大稳定裕度

第5章 自动驾驶的路径跟踪：关于控制系统规划和正在进行的研究的指导

(续)

符　号	含　义
ξ, ξ_{ref} $\xi_{augm.}$	状态向量，参考状态向量 频率型线性二次控制器的增广状态向量
$\xi_k, \bar{\xi}_k$ ξ_{vk}	离散状态向量和预测状态向量 用于在跟踪坐标中描述车辆系统的离散状态向量
$\Xi, \bar{\Xi}$	多面体在基于管的模型预测控制约束中的应用
η_r	后桥侧偏刚度的校正系数
$\kappa, \hat{\kappa}$	路径曲率及其估计值。它们可以在前轴（下标"f"）、后轴（下标"r"）或沿车辆参考系纵轴的任何其他点（例如，撞击的前后中心）计算
κ^*	路径曲率相对于轨迹坐标的导数
λ	滑动模式横向位置增益
$\lambda_{\Delta a_y}, \lambda_{\Delta y_{ld}}, \lambda_{\Delta \psi}$	频率型线性二次控制器滤波器的参数
μ_c	轮胎-路面摩擦系数
μ_f, μ_r	滑模控制器中避免抖振的参数
$\sigma, \sigma_f, \sigma_r$	滑动变量、前滑动变量和后滑动变量
σ_L σ_{L0} τ φ_f	s_L平面中双曲线的实部 s_L平面上双曲线的参数 积分变量 路拱角
$\psi, \dot{\psi}, \ddot{\psi}$ $\psi_{path}, \dot{\psi}_{path}$	车辆偏航角及其时间导数 对应于参考路径的偏航角及其时间导数。它们可以在对应于车辆重心的参考轨迹点上计算（比如$\psi_{path,CG}$和$\dot{\psi}_{path,CG}$），前轴（比如$\psi_{path,f}$和$\dot{\psi}_{path,f}$）、后轴（比如$\psi_{path,r}$和$\dot{\psi}_{path,r}$）或车辆参考系纵轴上的任何其他位置（例如，前保险杠处）
$\psi_{ref}, \dot{\psi}_{ref}, \ddot{\psi}_{ref}$	参考偏航角及其一次和二次导数
ω_C ω_f, ω_r $\omega_{lf} \omega_{rf} \omega_{lr} \omega_{rr}$	转动惯量 前轮和后轮的角速度 左前轮、右前轮、左后轮和右后轮的角速度
ω_L ω_{L0}	s_L平面上双曲线的虚部 s_L平面上双曲线的参数
$\ominus$	两个多面体的Pontryagin差
$\oplus$	两个多面体的Minkowski和

5.1 引言

在自动驾驶系统体系结构中,通常可以参照文献[2]分为三个层次:

1) 感知层:旨在检测车辆周围的环境条件,例如识别适当的车道和轨道上障碍物的存在。

2) 参考生成层:基于来自感知层的输入,例如以车辆将遵循的参考轨迹的形式提供参考信号。

3) 控制层:定义确保参考轨迹跟踪性能所需的命令。这些指令通常用参考转向角(通常仅在前轴上)和牵引/制动力矩来表示。

本章重点介绍控制层,特别是自主驾驶的转向控制,也称为路径跟踪控制。自主驾驶路径跟踪控制的基础可以追溯到众所周知的机器人系统和驾驶员建模的理论和实验研究,在一些论文和教科书中有详细描述(可参见文献[3-9]中的驾驶员模型描述)。此外,自20世纪50年代和60年代以来,通过使用嵌入在道路中的感应电缆或磁性标记来指示参考路径,正如文献[10,11]所述,已经进行了不同控制器的自动驾驶实验。

这份报告概述了为确保自动驾驶车辆遵循参考轨迹而采用的主要控制技术和规范,包括极端机动条件的分析。讨论将基于不同控制结构的选择,复杂性和性能不断提高。重点是复杂的操纵控制器是否真正有利于自主驾驶。这一点很重要,因为在DARPA挑战赛(2004-2005)中获得前两名的车辆"斯坦利"和"沙漠风暴"使用了基于运动学车辆模型的非常简单的转向控制法则。与此相反,赢得DARPA城市挑战赛(2007)冠军的自动驾驶汽车"Boss",其特点是采用了先进的模型预测控制策略。

不同转向控制结构的主要公式将作为控制系统实现的教程简明地提供,以便读者能够真正理解每个公式的特点,并在感兴趣的情况下查阅参考文献。此外,将报告和批判性分析通过实施每个控制结构获得的主要仿真和实验结果。

本章组织如下:

• 第5.2节介绍了基于简单几何关系的路径跟踪方法,以及依靠车辆运动学模型的链式控制器,即在前后轮胎上的零滑移角近似下开发的控制器。

• 第5.3节涉及用车辆系统的简化动力学模型设计的常规反馈控制器,即众所周知的线性单轨车辆模型。

• 第5.4节讨论了几个滑模公式,其中一个基于碰撞中心的重要概念,并简要提到了路径跟踪控制器的其他例子,例如基于H_∞控制和反推控制。

• 第5.5节通过展示一些高级控制器(如路径跟踪控制器、模型预测控制器等)以及包括批判性分析类的最新文献,从而展示主题领域的最新发展。

• 第5.6节对本主题的未来研究提出了总结性的意见和建议。

5.2 基于几何和运动学关系的方法

5.2.1 纯跟随方法

最基本的路径跟踪方法由纯跟随公式来表示，该公式是通过几何计算得出的。将后桥位置与参考轨迹上的目标点连接起来，计算其圆弧曲率（在系统的单轨模型的俯视图中描述角度为 2α，见图 5.1）并应用众所周知的阿克曼转向公式 $1/(R_{tr}\delta) = 1/L$。目标点坐标为 $(g_{x,pp}, g_{y,pp})$，并且参考点位于参考轨迹上从后桥测量的前方距离 l_d 处。这使得参考转向角等于：

$$\delta(t) = \arctan\left(\frac{2L\sin}{l_d}\right) = \arctan\left(\frac{2L\sin\alpha}{k_{PP}v_x(t)}\right) \tag{5.1}$$

可以看出，计算得到的曲率是 $\kappa = 1/R_{tr} = (2\Delta y_{l_d})/l_d^2$，即该控制器像比例控制器一样工作，误差 y_{l_d} 被定义为车辆参考系统的 x 轴和图 5.1 中的目标点（$g_{x,PP}, g_{y,PP}$）之间的横向距离，如式（5.1）的右项所示。增益为 $2/l_d^2$，前视距离 l_d 通常作为车速 $v_x(t)$ 的函数，即 $l_d = k_{PP}v_x(t)$。通常，较低的 l_d 值会有高跟踪精度和低稳定性。如等式（5.1）基于车辆运动学，由于没有考虑车辆侧滑，它会产生明显的跟踪误差。

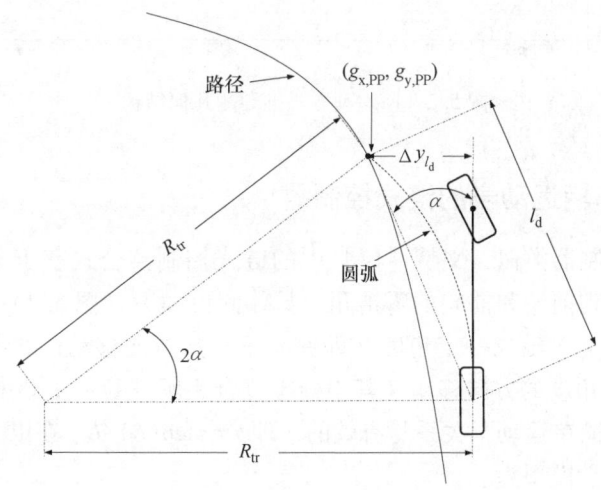

图 5.1 纯跟随方法的推导的几何图解

5.2.2 斯坦利方法

另一种基于几何的路径跟踪方法是斯坦利方法，通常它更适合于中等高速的跟随情况。这种方法被斯坦福大学的 DARPA 挑战项目（称为斯坦利）采用。根据该方法（图5.2），转向角由航向误差，$\Delta\psi_f = \psi - \psi_{path,f}$，其中path，f 定义为航向角在参考路径目标点（$g_{x,S}$, $g_{y,S}$）处测量；前轴横向距离误差Δy_f，确保预期轨迹与目标路径在距前轴近似距离$v_x(t)/k_s$处相交，其中k_s是控制器的调谐参数：

$$\delta(t) = \Delta\psi_f(t) + \arctan\left(\frac{k_s \Delta y_f(t)}{v_x(t)}\right) \quad (5.2)$$

几何路径跟踪方法的许多其他变体可以在参考文献中找到。例如，Wit 提出了一种矢量追踪路径跟踪方法，具体细节可参阅文献［18］。

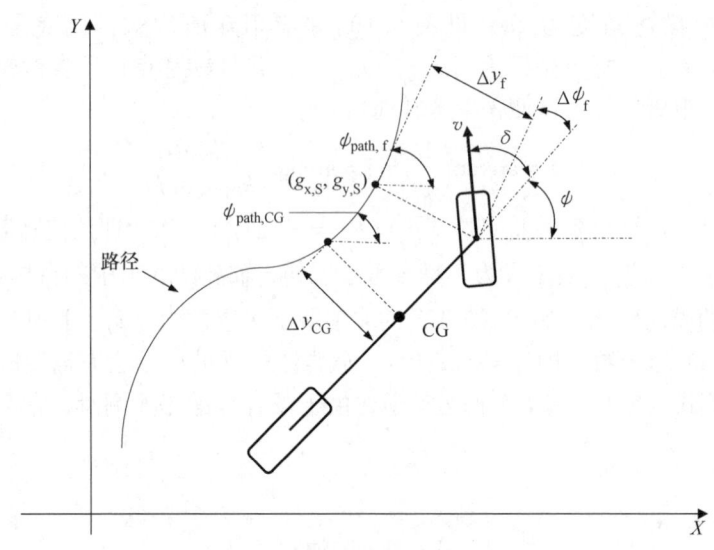

图5.2 斯坦利方法推导的几何结构

5.2.3 基于车辆运动学的链式控制器

与之前的控制器类似，文献［17］中的链式控制器公式基于车辆运动学的单轨模型，即考虑到前轮和前轮的零滑角。具体假设如下（图5.2）：①后轮沿着相对于惯性参考系统X轴成一定角度（即偏航角）的方向移动；②前轮沿着相对于同一X轴成一定角度的方向移动（其中标志符合文献［17］）；③横摆角速度和方向盘角度之间的简单运动学关系是有效的，即$\dot{\psi} = v\tan(\delta)/L$。在以上假设中，车辆的矩阵形式运动学模型为

$$\begin{bmatrix} \dot{X}_r \\ \dot{Y}_r \\ \dot{\psi} \\ \dot{\delta} \end{bmatrix} = \begin{bmatrix} \cos(\psi) \\ \sin(\psi) \\ \frac{\tan(\delta)}{L} \\ 0 \end{bmatrix} v + \begin{bmatrix} 0 \\ 0 \\ 0 \\ 1 \end{bmatrix} \dot{\delta} \quad (5.3)$$

通过用路径坐标表示运动学模型，s是轨迹坐标，κ是其曲率，模型公式变成：

$$\begin{bmatrix} \dot{s} \\ \Delta \dot{y}_r \\ \Delta \dot{\psi}_r \\ \dot{\delta} \end{bmatrix} = \begin{bmatrix} \dfrac{\cos(\Delta\psi_r)}{1-\Delta y_r \kappa(s)} \\ \sin(\Delta\psi_r) \\ \dfrac{\tan(\delta)}{L} - \dfrac{\kappa(s)\cos(\Delta\psi_f)}{1-\Delta y_f \kappa(s)} \\ 0 \end{bmatrix} v + \begin{bmatrix} 0 \\ 0 \\ 0 \\ 1 \end{bmatrix} \dot{\delta} \tag{5.4}$$

通过对系统坐标的适当转换 $\Delta\psi_f = \psi - \psi_{\text{path},f}$（文献 [17] 和文献 [19, 20] 中的通用公式和理论），将该系统表达为具有以下结构的典型双输入链式形式：

$$\begin{cases} \dot{\xi}_1 = u_1 \\ \dot{\xi}_2 = \xi_3 u_1 \\ \dot{\xi}_3 = \xi_4 u_1 \\ \dot{\xi}_4 = u_2 \end{cases} \tag{5.5}$$

其中坐标的变化是：

$$\begin{cases} \xi_1 = s \\ \xi_2 = \Delta y_r \\ \xi_3 = (1-\Delta y_r \kappa(s))\tan(\Delta\psi_r) \\ \xi_4 = -\kappa'(s)\Delta y_r \tan(\Delta\psi_r) + \\ \quad -\kappa(s)(1-\Delta y_r \kappa(s))\dfrac{1+\sin^2(\Delta\psi_r)}{\cos^2(\Delta\psi_r)} + \\ \quad +\dfrac{(1-\Delta y_r \kappa(s))^2 \tan(\delta)}{L\cos^3(\Delta\psi_r)} \end{cases} \tag{5.6}$$

输入转换是：

$$\begin{cases} v = \dfrac{1-\Delta y_r \kappa(s)}{\cos(\Delta\psi_r)} u_1 \\ \dot{\delta} = \alpha_2(u_2 - \alpha_1 u_1) \end{cases} \tag{5.7}$$

链式系统中的控制器设计分两个阶段进行。根据文献 [16]，第一阶段假设给出一个控制输入，而附加输入用于稳定系统状态的剩余子向量。第二阶段只需将第一个控制输入指定为保证收敛性，同时保持不变。在实际情况下，给出车速 v，通过式（5.7）可以计算 u_1，然后转向输入是 u_1 和 u_2 的函数，其中 u_2 取决于 u_1。在所提出的用于路径跟踪的双输入链式结构中，两个控制器被设计成用于分段连续、有界的系统。u_1，u_2 表示为：

$$u_2(\xi_2,\xi_3,\xi_4,t) = -k_{1CC}|u_1(t)|\xi_2 - k_{2CC}u_1(t)\xi_3 - k_{3CC}|u_1(t)|\xi_4 \tag{5.8}$$

德卢卡等人建议采用 $k_{1CC} = k_{ch}^3$，$k_{2CC} = 3k_{ch}^2$，$k_{3CC} = 3\,k_{ch}$，以便控制系统的调

谐包括单个增益。这种复杂的控制公式的主要（也可能是唯一的）好处是简单地扩展了车辆的自动控制，包括带协同的车辆系统。

5.3 基于常规反馈控制器和简化车辆动力学模型的方法

5.3.1 简单反馈公式

大量文献采用简单的反馈控制结构，如比例积分微分（PID）控制器，来解决自主车辆的转向控制问题。这些反馈控制器通常从简化的系统动力学模型开始设计，考虑到实际车辆行为不同于几何模型预测的行为，因为前后轮胎上的滑移角不同，所以车辆在稳态条件下的转向不足有差异；根据车辆惯性不灵敏条件和二阶偏航动力学，车辆具有可变的等效刚度和阻尼特性。

一方面，基本反馈公式和用于控制系统设计的相应线性化动态模型之间的相对薄弱的联系，以及模型近似的不可忽略的程度，并不能自动保证所有驾驶条件下的性能相对于仅基于系统几何的算法能够有所提高，如第5.2节所述。另一方面，尽管存在专注于先进控制技术的多种最新技术，例如基于模型预测控制，但是如果仔细调整，用于路径跟踪的相对简单的反馈控制器可以为各种操作条件提供良好的性能。例如，帕尔马大学Broggi教授的团队开发的ARGO自主车辆原型的特征在于用于转向控制的比例（P）控制器。在欧盟FP7 V-Charge项目的研究人员最近撰写的文献［26］中，路径跟踪控制器也是基于简单的比例控制器，采用先进的参考路径生成算法，考虑到当前车辆相对于预计轨迹的位置进行优化。以下概述了通过线性单轨车辆模型设计的一些相对简单的控制结构。

早在20世纪60年代，日本就在基于比例微分（PD）结构的路径跟踪控制器上进行了实验，该控制器位于车辆的侧向位移误差控制上，P控制器位于偏航角误差控制上。偏航角误差增益允许相对于路径偏差反馈而单独提高跟踪性能。文献［28］进一步证实了这一点。在这篇论文中，基于横向位置误差的PD控制器是通过极点配置设计的，但由偏航率和偏航角的影响引起了诸多问题，位置误差控制器没有将其解决。

更系统地说，文献［29］严格检查了纯输出反馈对前保险杠测量的横向车辆位移误差的限制：$\Delta y_{ld} = \frac{1}{s_L^2}(\ddot{y}_{l_d} - \ddot{y}_{\text{ref}})$，如图5.3所示。这是在初始的低速自动驾驶系统中，基于道路上安装的设备而不是基于车辆上实现的视觉系统的系统实现，本质上允许前视路径跟踪控制。

文献［29］的分析基于方向盘输入的横向加速度和横摆角速度频率响应特性，该特性是从线性单轨车辆模型的方程中获得的，横向加速度考虑在车辆前方距离l_d处。在文献［29］中，l_d用于指示侧向位移传感器的安装位置和虚拟前方距离。

第 5 章　自动驾驶的路径跟踪：关于控制系统规划和正在进行的研究的指导

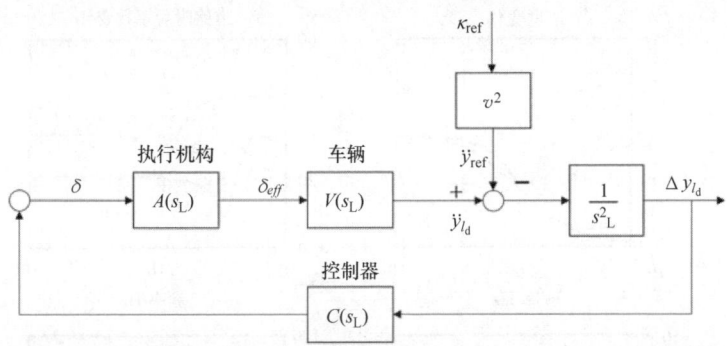

图 5.3　基于前保险杠测量的横向位移误差的输出反馈路径跟踪控制系统

车辆响应的传递函数，如 $V_1(s_L) = \dot{\psi}(s_L)/\delta(s_L)$ 和 $V_2(s_L) = \ddot{y}_{ld}(s_L)/\delta(s_L)$ 以相同的二阶分母为特征，$D(s_L) = I_z mv^2 s_L^2 + v\{I_z(C_f + C_r) + m(C_f a^2 + C_r b^2)\}s_L + mv^2(C_r b - C_f a) + C_f C_r l^2$，相应的阻尼系数是车速的递减函数。在文献 [29] 中，轮胎-路面摩擦系数的影响是通过 $C_f = C_{f,\mu_{C0}}\mu_C$，$C_r = C_{r,\mu_{C0}}\mu_C$ 计算而来。根据作者的说法，这将是讨论的对象。横向加速度传递函数具有二阶分子，而横摆角速度传递函数具有一阶分子。公式中：

$$V_1(s_L) = \frac{\dot{\psi}(s_L)}{\delta(s_L)} = \frac{C_f amv^2 s_L + C_f C_r Lv}{D(s_L)} \tag{5.9}$$

$$V_2(s_L) = \frac{\ddot{y}_{ld}(s_L)}{\delta(s_L)} = \frac{C_f v^2(mal_d + I_z)s_L^2 + C_f C_r Lv(l_d + b)s_L + C_f C_r Lv^2}{D(s_L)} \tag{5.10}$$

式（5.9）和式（5.10）是在频域中进行线性路径跟踪控制设计时需要考虑的基本设备传递函数。本章作者还建议，对于任何路径跟踪控制信号活动，都应包括特定转向执行器的传递函数，这与实际的参考文献一致，其中一些参考文献的典型驱动带宽为 5~10Hz。

图 5.4 显示了不同车速和轮胎摩擦条件下的 Bode 图。特别要注意以下要点：①对于低速，车辆动力学的自然模式可以忽略不计，但对于高速却有重要意义；②固有模式的频率几乎与速度无关，但随着摩擦系数的变化而降低；③稳态增益取决于 v 和 c（后者在高速时尤其重要）；④高频增益取决于 c，但不取决于 v；⑤横摆运动对横向加速度的影响随着车速的倒数而减小。

根据文献 [29]，现实的控制系统应该是在任何车速下，且横向位移误差为最大和 $0.5 \leq \mu_c \leq 1$ 的条件下拥有鲁棒性，μ_c 的变化会很快。因此，相同的控制器对于指定的调节条件来说，具有提供鲁棒性的能力。对于非常低的摩擦值，即对于 $\mu_c \leq 0.5$，预计纵向控制器施加的车速值比正常摩擦条件下低得多。文献 [29] 分析的重要结论是对于相对较高的车速，向下看控制器不足以满足预期的性能要求。

因此，文献 [29] 提出：①基于参考路径曲率的前馈导向增益；②车辆绝对

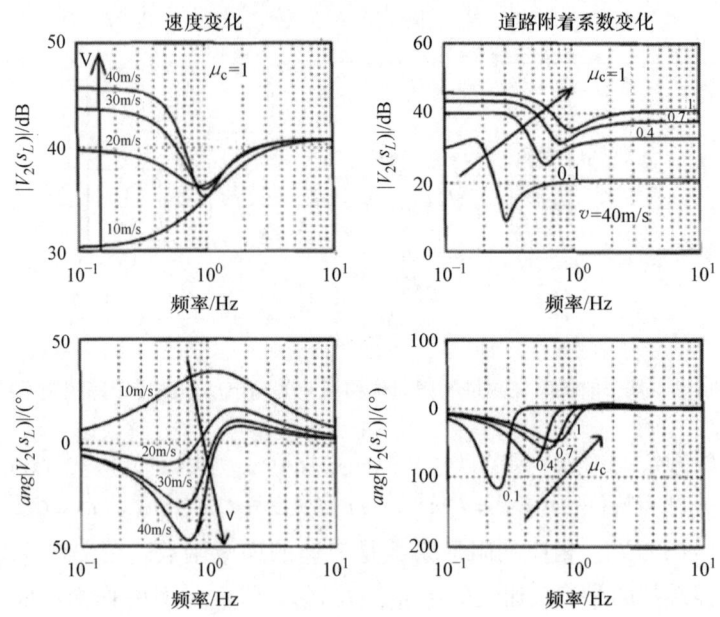

图 5.4 前保险杠上横向位移传感器位置的 Bode 图

运动的反馈控制,即横摆角速度和横向加速度的控制;③修改等式中的系统零点。式(5.10)通过增加前视距离l_d,这甚至可以在后视系统中通过在前后保险杠上安装两个位置误差传感器来实现。

图 5.5 显示了方程中传递函数分子阻尼比的增加。式(5.10)作为l_d的函数,对于不同的速度和$\mu_c = 0.5$方程分子中的零点。式(5.10)确定了图 5.4 中 1Hz 和 2Hz 之间的下冲以及该频率范围内相位滞后/超前的分布。而且其规定固定的最大相位滞后,从而产生不同速度的超前要求,如图 5.6 所示,即超前距离应该是车速的一个递增函数。第 5.5 节将展示最新的路径跟踪控制器,特别是针对高横向加速度条件,这种情况下包括以上特性的组合。Hsu 和 Tomizuka 扩展了对文献 [29] 的一般分析,包括了基于视觉的控制系统的具体情况。主要结论是:①前视距离增加了稳定性,但增加了误差,减少了闭环带宽;②高车速增加了过频,降低了稳定性;③视觉系统引起的时间延迟降低了稳定性,这是通过减少相位裕度和出现在环路传递函数中的右侧平面零点的等效效应来实现的。

Hsu 和 Tomizuka 在文献 [30] 提出了一种路径跟踪控制器,由前者的前馈贡献组成$\delta_{FFW,1} = -P_1^{-1}(sL)P_2(sL)e^{tdsL}\kappa(sL)$。其中,$P_1(sL) = \Delta y_{CG}(sL)/\delta_{sL}$和$P_2(sL) = \Delta y_{CG}(sL)/\kappa_{sL}$由线性单轨模型计算出,以及对横向位移误差的 PID 反馈贡献,Δy_{CG}作为输入,此外,$k_P = -0.01$,$Ki = 0$,$k_D = -0.0074$,$Ti = 0.0001$。

与文献 [29,30] 中的结论一致,文献 [31] 提出了一项 PD 控制器:假设车辆的航向角不随距离变化,前视距离l_d处的横向位置误差控制器,即车辆前方单

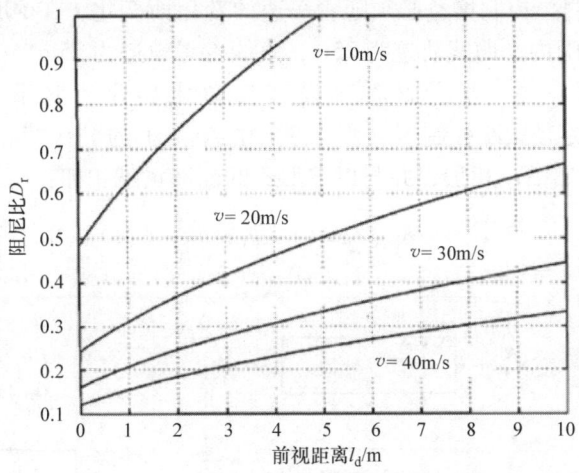

图5.5 $\mu_c = 0.5$ 条件下不同速度传递函数分子阻尼比等式中零点的变化

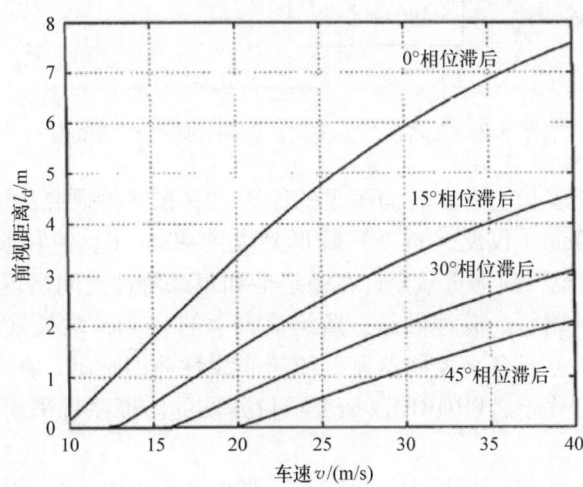

图5.6 不同速度和$\mu_c = 0.5$的规定最大相位滞后的超前距离（l_d）要求

点的位置误差（图5.7）。离散形式的控制律是：

$$\delta_k = k_P(l_d, v)\Delta y_{l_d, k} + k_D(\Delta y_{l_d, k} - \Delta y_{l_d, k-1}) \tag{5.11}$$

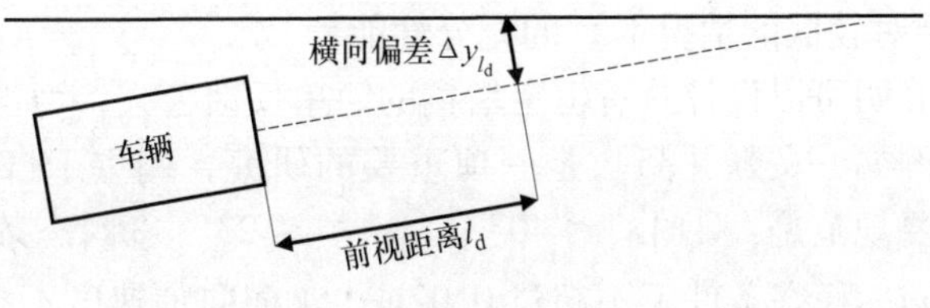

图5.7 前视距离和路径偏差的定义

车辆试验表明,控制增益必须随着车速的变化而变化,在50km/h时,最佳前视距离在20m范围内,曲线轨迹为25m,直线参考轨迹为25m。

在文献[32]中,基于日本建设部自动化高速公路系统(AHS)项目(1995 - 1996),路径跟踪控制器(图5.8)由Δy_{CG}上的PID控制器组成,其输出与PI控制器的输出Δy_{l_d}相加,并与以下形式的前馈贡献相加:

$$\delta_{FFW,2} = (1 + k_U v^2) \frac{L}{R_{tr}} \quad (5.12)$$

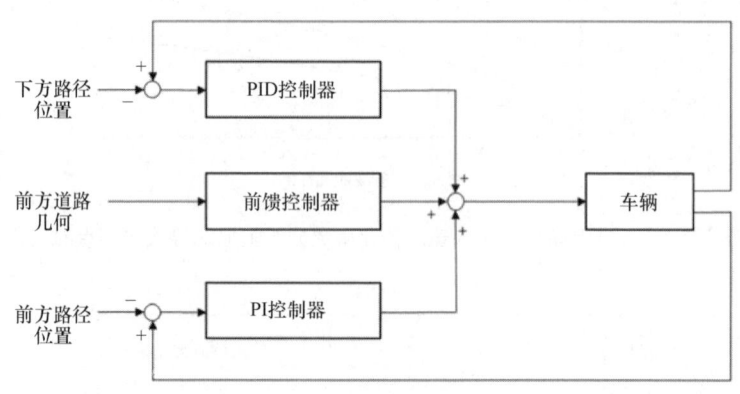

图5.8 文献[32]中提出的路径跟踪控制结构

前馈贡献说明了稳态车辆转向不足的原因,并在案例研究测试期间将Δy_{CG}的最大值从大约110cm(仅反馈贡献)降低到大约40cm(反馈和前馈贡献)。文献[32]的作者评论说,前馈贡献允许在稳定性和跟踪特性之间实现良好的折中,而反馈部分没有大的增益。有趣的是,斯坦福大学的Gerdes教授最近发表的论文得出了同样的结论,并且各个控制器显著依赖非线性前馈贡献。在Darmstadt理工大学和大陆公司的合作下,PRORETA研究项目开发的防撞系统采用了前馈和反馈贡献的类似组合。

马里诺等人在文献[34]中提出了一种具有两个嵌套控制PID控制体系结构。外部回路从横向位置误差开始计算参考偏航率,而内部回路计算参考转向角以跟踪参考偏航率。这种结构允许在多变量环境中设计标准PID控制。奇异值分析用于评估控制器对主要车辆参数变化的鲁棒性。仿真结果表明,与模型预测驾驶员模型相比,性能有所提高。标致307原型车上的试验证实了控制器在正常行驶条件下(即横向加速度相对较低的情况下)的充分性能。

此外,研究表明可以设计具有恒定增益的简单反馈公式,为正常运行条件提供所需的鲁棒性。例如,文献[35]是一项重要的研究,侧重于自动总线的线性控制器的设计,主要规范为:①$|\delta| \leq 40°$;②$|\dot{\delta}| \leq 23°$;③瞬态条件下的横向位移误差不超过0.15m,稳态条件下不超过0.02m;④横向加速度不超过$2m/s^2$,以保证乘客舒适,最终极限为$4m/s^2$,以防止车辆倾翻;⑤横向运动的固有频率不超

过 1.2Hz。

根据位于车辆前端的横向位移传感器的假设，控制系统通过线性单轨车辆模型设计，测量距参考道路的距离。转向控制器具有以下公式，其中通过根轨迹分析在文献 [35] 中讨论了偏航率相关贡献的增益：

$$\dot{\delta} = \dot{\delta}_{yf} + \dot{\delta}_{\dot{\psi}} = \dot{\delta}_{yf} - k_{\dot{\psi}} \dot{\psi} \quad (5.13)$$

固定控制器设计必须对车辆质量（对总线来说非常重要）和速度的变化具有鲁棒性。特别是，控制器必须为图 5.9 所示的四个设计点提供稳定性。贡献 $\dot{\delta}_{yf}$ 是从频域分析中设计的。在拉普拉斯域中，$\dot{\delta}_{yf}(s_L)$ 被定义为

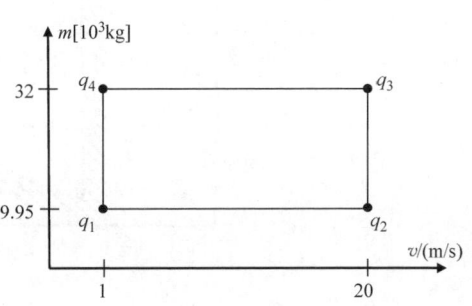

图 5.9 车辆操作领域

$$\dot{\delta}_{yf}(s_L) = \omega_C^3 \frac{k_{DD} s_L^2 + k_D s_L + k_P + k_I/s_L}{(s_L^2 + 2D_r \omega_C s_L + \omega_C^2)(s_L + \omega_C)} \Delta y_f(s_L) \quad (5.14)$$

根据文献 [35-37] 的介绍，这是一个 $PIDD^2$ 控制器。这种控制结构已经被文献 [29] 的作者推荐用于高速路径跟踪。

式 (5.14) 中的补偿器设计采用参数空间法。该方法允许确定参数集 H，对于该参数集，特征多项式 $p(s_L, h_P), h_P \in H$ 是稳定的。如果操作域完全包含在稳定参数集合中，则该设备是鲁棒稳定的。对于特定的问题，赫维茨稳定性被认为是不够的。s_L-plane 中的双曲线用于提供所需的性能特征，即闭环系统的特征值应该位于边界左侧的区域 Γ 定义为：

$$\partial \Gamma = \left\{ s_L = \sigma_L + i\omega_L \left| \left(\frac{\sigma_L}{\sigma_{L0}}\right)^2 - \left(\frac{\omega_L}{\omega_{L0}}\right)^2 = 1, \sigma_L \leq -\sigma_{L0} \right.\right\} \quad (5.15)$$

对于低速和高速，分别选择 σ_{L0} 值等于 0.12 和 0.35，其中 $\frac{\omega_{L0}}{\sigma_{L0}} = 5$。计算图 5.9 中四个极端工作点（$q_1$、$q_2$、$q_3$、$q_4$）中每一个的稳定边界，得到四个稳定区域 Γ。稳定区域的交集是四个被考虑的一组稳定控制器（图 5.10）。

控制器参数的初始选择 $[k_{DD}\ k_D\ k_P\ k_I]$ 在基于仿真的优化过程中得到进一步改进，最大限度地降低了跟踪性能标准，例如：

$$J_1 = \int_{t_1}^{t_2} \Delta y_f^2 dt, J_2 = \max_t |\Delta y_f| \quad (5.16)$$

文献 [37] 提出了一种类似的控制设计方法，使用了稳定性的概念，这一次是基于前部和尾部横向位置的误差控制，而不是前部位置和偏航率。考虑到动态曲率预览的转向角进给选项包含在控制器中，并通过与加州 PATH（先进运输技术合作伙伴）中心合作的实验进行了验证。文献 [38] 是另一项非常相关的研究，包括实验，评估了菲亚特 Brava 1600 ELX 的性能。控制系统的设计基于常用的单轨

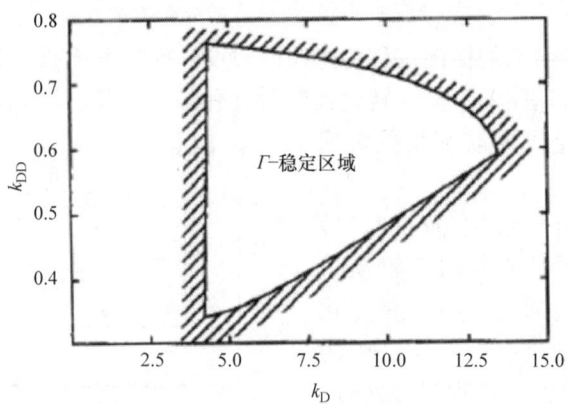

图 5.10 $\omega_C = 100, D_r = 100, k_I = 3, k_P = 100$ 的一组 $\varGamma$ 稳定控制器

车辆模型,以及转向执行器的传递函数。

类似于文献[35],其目标是设计一种能够稳定适用于工业级的固定控制器(例如,没有任何形式的增益调度),用于以下工作情景:①速度为 60~130km/h;②质量为 1226~1626kg;③I_z 为 1900~2520kgm^2;④C_f 为 51~69kN/rad,C_r 为 81.6~110.4kN/rad。性能规格包括 $|\Delta y_{CG}| \leqslant 0.2\text{m}$,$|v_y(t)| \leqslant 1.5\text{m/s}$,$|\Delta a_y| \leqslant 3.3\text{m/s}^2$,考虑转向执行器饱和。

基于先前对人类驾驶员的实验分析,文献[39]显示方向盘的作用是纠正基于在预瞄点上的车道和汽车纵向行驶方向之间的距离,文献[38]所述的控制器使用 $\Delta y_{ld} = \Delta y_{CG} + \Delta y_{path,ld}$ 上的反馈输出,其中 $l_d = 11.5\text{m}$。对两个控制器 $C_1(z) = n_1(z)/d_1(z)$ 和 $C_2(z) = n_2(z)/d_2(z)$ 进行了实验评估,控制器参数的数值以降序的形式给出:

$$n_1 = [-7.844, 30.82, -47.37, 35.51, -13.24, 2.388, -0.2273]$$
$$d_1 = [1, -4.92, 10.06, -10.96, 6.703, -2.181, 0.2949]$$
$$n_2 = [-7.537, 29.03, -44.6, 33.43, -12.46, 2.2, -0.2138]$$
$$d_2 = [1, -4.937, 10.13, -11.07, 6.794, -2.218, 0.3008] \quad (5.17)$$

这里给出了增益的值,以便实现控制器的快速响应和结果再现。$C_1(z)$ 的设计目的是提供良好的跟踪性能,而 $C_2(z)$ 则专门针对行驶舒适度。$C_1(z)$ 和 $C_2(z)$ 沿着半径为 1000m 的曲线进行评估,随后是直线段,速度为 100km/h。跟踪性能结果如图5.11和图5.12所示,这表明 $C_2(z)$ 引起路径和车辆重心之间横向偏移的较高振幅和较低频率振荡。总的来说,测试驱动程序为 $C_2(z)$ 提供了更好的评估效果,这表明了人的因素在路径跟踪算法评估中的极端重要性。

Tan 等人在文献[40]中介绍了包括在不同地点和非常不同的操作条件下,从对接到高速和相对较高的横向加速度的工况中获得的大量实验结果。控制系统设计基于简单但可靠的控制器,其形式如下:

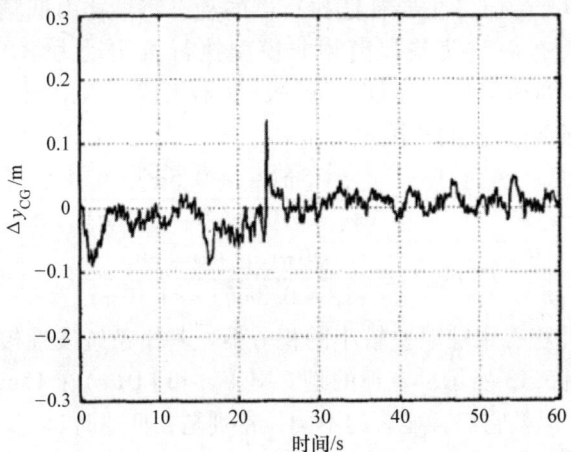

图 5.11 带有控制器 $C_1(z)$ 的 $\Delta y_{CG}(t)$ 示例

$$\delta = -k_c(v)G_c(s_L)(k_{int}(s_L)\Delta y + l_d(v)G_{l_d}(s_L)\Delta\psi) \tag{5.18}$$

其中测量的输入是 Δy 和 $\Delta \psi$。控制器的调节是通过线性车辆模型进行的,包括侧倾动力学。这种独特的选择是合理的,因为只有通过将侧倾动力学和执行器动力学包括在控制系统设计的模型中,在车辆悬架系统得到舒适性调整的情况下,模型和实验结果之间才能实现良好的匹配。

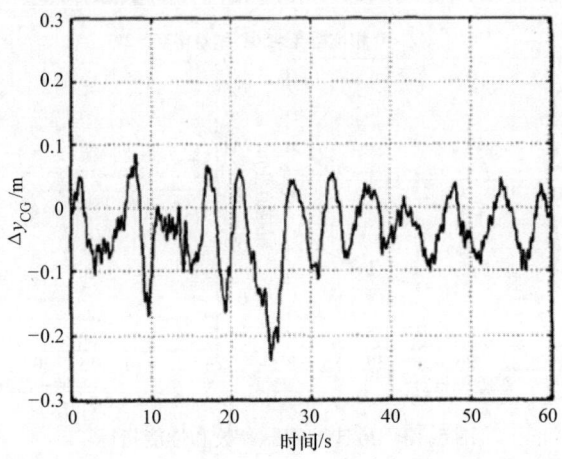

图 5.12 带有控制器 $C_2(z)$ 的 $\Delta y_{CG}(t)$ 示例

正式的设计规范是:①通过对增益 $KC(v)$ 和前视距离 $l_d(v)$ 进行最佳选择,要求开环传递函数的增益裕度(要求大于 2)和相位裕度(要求大于 50°)最大化;②保证闭环系统的横向位移偏差不会超过参考道路加速度 $1m/s^2$ 阶跃输入的给定阈值(图 5.13)。

在控制结构中，$G_c(s_L)$ 主要补偿执行器的动态特性，由低频积分器和高频滚降组成，以减少稳态跟踪偏差和高频非模型执行机构动力学的不必要的输出。$G_{l_d}(s_L)$ 由高频滚降部分和中频超前-滞后滤波器组成，以限制前置放大，并提供 $0.5 \sim 2 Hz$ 的额外前置。在公式中：

$$G_c(s_L) = \frac{25\pi(s_L + 0.5\pi)}{(s_L + 0.02\pi)(s_L + 25\pi)} \tag{5.19}$$

$$G_{l_d}(s_L) = \frac{20\pi(s_L + 0.4\pi)}{(s_L + 0.8\pi)(s_L + 10\pi)} \tag{5.20}$$

$k_{int}(s_L)$ 是保持稳态跟踪误差较小的积分器。基于系统线性模型的主控制器参数和性能指标如图 5.13 所示。有趣的是，$KC(v)$ 和 $LD(v)$ 在 15m/s 和 30m/s 之间没有显著的变化，但是它们有显著的不同，特别是在低速时。

在包括不同乘客数量（0~4 人）的 8 名车辆实验者身上收集的一整套实验结果显示：①在标准偏差小于 5cm 的情况下，高速公路行驶速度高达 160km/h 时，最大跟踪误差为 0.1m；②在 0.5g 机动的瞬态条件下，最大误差为 0.2m；③误差小于 3cm 的尖锐曲线跟踪；④误差小于 1cm 的低速精密对接；⑤平稳的转向动作，即乘客感觉不到可观察到的振荡。

基于这些实验证明以及其他参考文献，本节的结论是，在道路场景中没有不确定性和重大干扰的情况下，简单、常规、可靠、易于调整的控制结构以及适当的增益调度足以在所有运行条件下提供良好的性能，可以被推荐用于车辆实施。

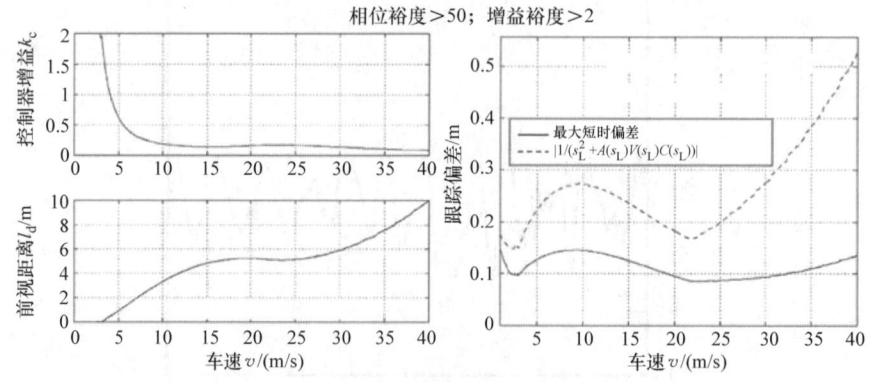

图 5.13 最佳控制器参数和性能指标

5.3.2 线性二次型调节器

5.3.2.1 LQR 控制

本节主要讨论用于路径跟踪的线性二次调节器（LQR）控制结构的基本数学公式。用于路径跟踪的 LQR 是基于系统动力学的状态空间公式。参数矩阵是由著名的单轨车辆的模型构造，主要包括线性模型的轮胎、过弯刚度的参数化，并采用车辆重心的横向滑移速度 v_y 和横摆角速度 $\dot{\psi}$ 作为系统状态。该模型适用于描述相对于可用的轮胎-路面摩擦条件的中等水平横向加速度和较小的纵向加速度/减速时的车辆动力学（其方程实际上是在恒速条件下推导出来的）。在公式中：

$$\begin{bmatrix} \dot{v} \\ \ddot{\psi} \end{bmatrix} = \begin{bmatrix} -2\dfrac{(C_f + C_r)}{mv_x} & 2\dfrac{bC_r - aC_f}{mv_x} - v_x \\ 2\dfrac{bC_r - aC_f}{l_z v_x} & -2\dfrac{(a^2 C_f + b^2 - c_r)}{I_z v_x} \end{bmatrix} \begin{bmatrix} v_y \\ \psi \end{bmatrix} + \begin{bmatrix} \dfrac{2C_f}{m} \\ \dfrac{2aC_f}{I_z} \end{bmatrix} \delta$$

(5.21)

单轨车辆模型必须以与路径跟踪控制器实现相关的状态表示。通常定义以下控制变量（不同的文献中有微小的变化）：①横向位置误差 Δy_{CG}，即垂直于车辆对称平面并将重心与参考路径上相应点连接的路段长度（图5.2），在一些文献中，距离是沿着垂直于参考路径的线段测量的，而不是垂直于车辆对称平面（即采用了与道路对齐的参考系统）；②航向角误差 $\Delta \psi_{CG} = \psi - \psi_{\text{path,CG}}$，如果从位于车辆基准系统纵轴上的任何其他点（不同于重心）测量误差，则控制器公式不会发生显著变化，以便产生基本的预览效果。

通过考虑近似的系统运动学，$\Delta \ddot{y}_{CG} = (\dot{v}_y + v_x \dot{\psi}) - \dot{v}_{y,\text{path,CG}}(s) = \dot{v}_y + v_x [\dot{\psi} - \dot{\psi}_{y,\text{path,CG}}(s)] = \dot{v}_y + v_x \Delta \dot{\psi}_{CG}$，式（5.21）可以转换成路径坐标，从而获得直接适用于路径跟踪控制系统设计的状态空间公式：

$$\begin{bmatrix} \Delta \dot{y}_{CG} \\ \Delta \ddot{y}_{CG} \\ \Delta \dot{\psi}_{CG} \\ \Delta \ddot{\psi}_{CG} \end{bmatrix} = \begin{bmatrix} 0 & 1 & 0 & 0 \\ 0 & -\dfrac{2(C_f + C_r)}{mv_x} & 2\dfrac{C_f + C_r}{mv_x} & 2\dfrac{bC_r - aC_f}{mv_x} \\ 0 & 0 & 0 & 1 \\ 0 & 2\dfrac{bC_r - aC_f}{l_z v_x} & 2\dfrac{aC_f - bC_r}{I_z} & -2\dfrac{(a^2 C_f + b^2 C_r)}{I_z v_x} \end{bmatrix} \begin{bmatrix} \Delta y_{CG} \\ \Delta \dot{y}_{CG} \\ \Delta \psi_{CG} \\ \Delta \dot{\psi}_{CG} \end{bmatrix} + \begin{bmatrix} 0 \\ \dfrac{2C_f}{m} \\ 0 \\ \dfrac{2aC_f}{I_z} \end{bmatrix} \delta$$

$$+ \begin{bmatrix} 0 \\ 2\dfrac{bC_r - aC_f}{mv_x} - v_x \\ 0 \\ -2\dfrac{(a^2 C_f + b^2 C_r)}{I_z v_x} \end{bmatrix} \dot{\psi}_{\text{path,CG}}(s) + \begin{bmatrix} 0 \\ 0 \\ 0 \\ -1 \end{bmatrix} \ddot{\psi}_{\text{path,CG}}(s) \quad (5.22)$$

它对应于经典形式：

$$\dot{\xi} = A\xi + B_1 \delta + B_2 \dot{\psi}_{\text{path,CG}}(s) + B_3 \ddot{\psi}_{\text{path,CG}}(s) \quad (5.23)$$

其中，$\xi = [\Delta y_{CG} \; \Delta \dot{y}_{CG} \; \Delta \psi_{CG} \; \Delta \dot{\psi}_{CG}]^T$，转向角 δ 是控制输出量。式（5.22）和式（5.23）包括参考偏航加速度，$\ddot{\psi}_{y,\text{path}}$ 代表控制系统设计中的干扰。

系统是可控的，因为可控矩阵 $[B_1 \; AB_1 \; A^2 B_1 \; A^3 B_1]$ 满秩。路径跟踪的LQR公式通常基于状态反馈调节，即控制重心的横向位置和速度误差，以及航向角和航向速率误差，这意味着该控制器使以下二次成本函数 J 最小化：

$$J = \int_0^\infty (\xi^T Q \xi + u^T R u) dt \tag{5.24}$$

其中对角 4×4 加权矩阵 Q 被选择来定义系统不同状态下跟踪性能的相对重要性，而加权因子 R 定义控制和跟踪性能的相对重要性。增益 K_{LQ} 可以通过众所周知的代数黎卡提方程来设计。公式中：

$$K_{LQ} = R^{-1} B_1^T S \tag{5.25}$$

$$A^T S - SA - (SB_1^T + N) R^{-1} B_1^T S + Q = 0 \tag{5.26}$$

从而得到受控系统动力学的闭环公式如下：

$$\dot{\xi} = (A + B_1 K_{LQ}) \xi + B_2 \dot{\psi}_{\text{path,CG}}(s) \tag{5.27}$$

这里提出了 LQR 路径跟踪控制器的连续形式。对于离散 LQR 控制器的设计，式（5.27）中的连续系统可以很容易地进行离散化。

在文献［28］中描述了日产公司对 LQR 实施进行了实验性评估，并与 PD 控制器提供的性能进行了比较。测试以 80km/h 进行（图 5.14），包括目标路径横向坐标中 20cm 的阶跃变化。这项研究包括一项灵敏度分析，函数 $\gamma = Q(1, 1)/R$，即横向偏差权重和控制权重之间的比率。

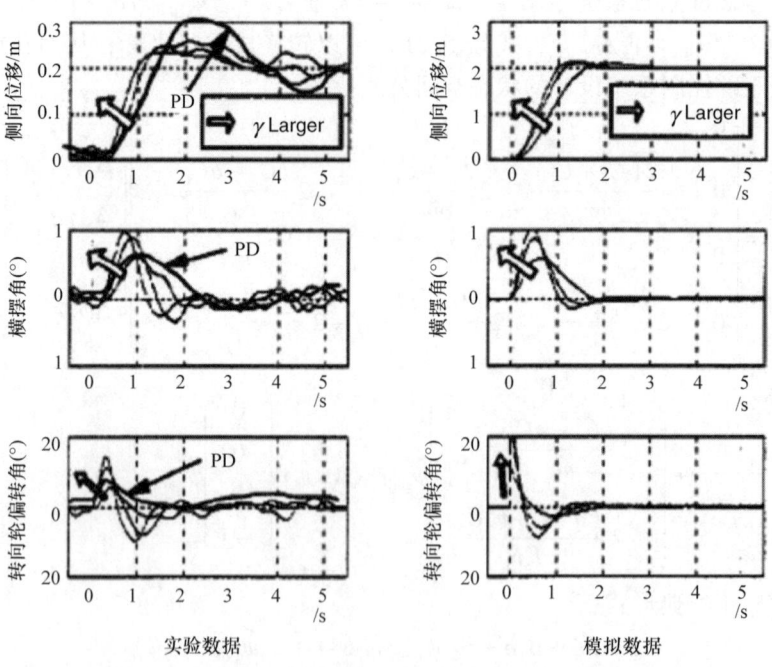

图 5.14 不同 LQR 参数值下 PD 和 LQR 控制器的比较

在评价实验和模拟结果时，文献［28］的作者指出，在 PD 控制下，响应得到改善，系统对噪声敏感时，会出现较大的超调。这使得不可能将控制常数设置为更大的值。在任何情况下，LQR 设计模型在测试道路的弯曲部分表现出巨大的建模误差，使得它不能在曲线上准确地跟踪路径。一种可能的解决办法是采用基于道路曲率的前馈贡献，这将在下一小节中讨论。在文献［28］中提出的替代方案是基于车辆运动方程并结合曲率近似模型的卡尔曼滤波器。卡尔曼滤波器的输出是曲率估计 $\hat{\kappa}$，它作为增广 LQR 方案的状态变量。

5.3.2.2 具有前馈贡献的线性平方律

控制器的反馈 LQR 公式可以通过前馈贡献来增强，目的是消除重心的稳态横向位置误差，这在曲线路径的情况下尤其重要。因此，控制输出和闭环系统动力学呈现以下形状：

$$\delta = -K_{LQ}\xi + \delta_{FFW,3} \tag{5.28}$$

$$\dot{\xi} = (A - B_1 K_{LQ})\xi + B_1 \delta_{FFW,3} + B_2 \dot{\psi}_{path,CG}(s) \tag{5.29}$$

通过控制式（5.29），可以获得稳态误差软件控制系统的解析表达式。通过假设 $\Delta y_{CG,ss} = 0$ 及一个恒定半径的轨迹，它是：

$$\delta_{FFW,3} = \frac{L}{R_{tr}} + \left(\frac{mb}{2C_f} - \frac{ma}{2C_r}\right)\frac{a_y}{L} + k_{3_{LQ}}\Delta\psi_{CG,ss} = \frac{L}{R_{tr}} + k_U a_y + k_{3_{LQ}}\Delta\psi_{CG,ss} \tag{5.30}$$

其中航向误差的最终稳态值变为

$$\Delta\psi_{CG,ss} = -\frac{b}{R_{tr}} + \frac{a}{2C_r L}\frac{mv_x^2}{R_{tr}} \tag{5.31}$$

重要的结论是，如果转向角的前馈作用是为了实现 $\Delta y_{CG,ss} = 0$，那么 $\Delta\psi_{CG,ss}$ 是不可控的。从实用角度看，由于车辆的偏航动力学与车速密切相关，即偏航阻尼是车速的递减函数，为了在不同车速下提供一致的跟踪性能，还需要把反馈控制器增益作为 v_x 的函数进行细致的调度。

5.3.2.3 带有预览的线性四分规

前几节的 LQR 公式可以通过预览方案得到显著增强，即以包含参考路径的未来概要。为此，将参考路径离散化，并在每一步逐步更新矢量及其横向坐标。跟踪坐标式（5.22）中的车辆系统模型可以离散为：

$$\begin{cases} \xi_{u_{k+1}} = A_{U_k}\xi_{u_k} + B_{U_k}\delta_k \\ y_{U_k} = C_{u_k}x_{u_k} + D_{U_k}\delta_k \end{cases} \tag{5.32}$$

由向量 y_{rk+1} 表示的未来参考路径轮廓建模为：

$$A_{r_k} = \begin{bmatrix} 0 & 1 & 0 & 0 & \cdots & 0 \\ 0 & 0 & 1 & 0 & \cdots & 0 \\ \vdots & & & \ddots & & \vdots \\ \vdots & & & & \ddots & \vdots \\ 0 & 0 & 0 & 0 & & 1 \\ 0 & 0 & 0 & 0 & & 0 \end{bmatrix}, B_{r_k} = \begin{bmatrix} 0 \\ 0 \\ 0 \\ \vdots \\ 1 \end{bmatrix} \tag{5.33}$$

车辆的参考横向位置位于寄存器中,该寄存器在每个时间步逐渐更新。y_{ri}被认为是白噪声形式的干扰。车辆系统的离散化模型,包括参考位置坐标,可以表示为式(5.32)和式(5.33)中模型的组合:

$$\begin{cases} \xi_{k+1} = A\xi_k + B\delta_k + Ey_{ri_k} \\ y_k = C\xi_k + D\delta_k \end{cases} \quad (5.34)$$

用增强状态向量 $\xi_k = [\xi_{vk} y_{rk}]^T$(关于不同矩阵的详细表述,见文献[16]),反馈控制法为 $u_k = -K_{LQP}\xi_k$,在这种情况下,路面的横向坐标对控制作用有影响。控制增益矩阵 K_{LQP} 可以通过使用众所周知的 LQR 离散公式和相应的黎卡提方程来计算。

有趣的是,从等式导出的路径跟踪控制公式(5.34),类似于文献[5]提出的河流模型(最初没有被设想为自动驾驶),基于参考转向角 $\delta = k_{\Delta\psi}\Delta\psi + k_{\Delta yCG}y_{CG} + \sum_{i=1}^{n}\Delta y_k$,其中指数 k 指位于车辆前方的点。实际上,式(5.34)中的公式与摩托车驾驶员模型相同。带有预览的线性二次公式的扩展可以基于文献[8]中的驾驶员模型,这是文献[5]中驾驶员模型的增强,考虑到未来的航向角误差及其时间导数,$\delta = k_{\Delta\psi,w}\Delta\psi_w + k_{\Delta\dot\psi,w}\Delta\dot\psi_w + k_{\Delta y,w}\Delta y_w$。在这种情况下,误差 $\Delta\psi_w$、$\Delta\dot\psi_w$ 和 Δy_w 是标量变量,计算为不同点 k 的误差的线性组合。

5.3.2.4 频率形状近似四次控制

Peng 和 Tomizuka 在 20 世纪 90 年代的 PATH 框架中对 LQR 路径跟踪控制的研究做出了相关贡献,参见文献[42-44]。他们的频率型线性二次控制器基于系统的线性方程,包括式(5.21)和式(5.22),输出由位于车辆前部的传感器测量的横向偏差表示。相对于传统的 LQR 控制,频率整形型 LQR 公式的优点是:①对高频测量噪声的鲁棒性;②在性能指数中明确包含乘坐品质的可能性(这是非常重要的,包括实际的测试,而不仅仅是计算机模拟)。

采用的性能指标是:

$$J = \frac{1}{2\pi}\int_{-\infty}^{\infty}\left[\Delta a_y^*(j\omega_L)\frac{q_{\Delta a_y}^2}{1+\lambda_{\Delta a_y}^2\omega_L^2}\Delta a_y(j\omega_L) + \Delta y_{CG}^*(j\omega_L)\frac{q_{\Delta y_{l_d}}^2}{1+\lambda_{\Delta y_{l_d}}^2\omega_L^2}\right.$$
$$\times \Delta y_{CG}(j\omega_L) + \Delta\dot\psi^*(j\omega_L)\frac{q_{\Delta\psi}^2}{1+\lambda_{\Delta\psi}^2\omega_L^2}\Delta\dot\psi(j\omega_L)$$
$$\left.+ \Delta y_{l_d}^*(j\omega_L)\frac{q_i^2}{(j\omega_L)^2}\Delta y_{l_d}(j\omega_L) + \delta^*(j\omega_L)R\delta(j\omega_L)\right]d\omega_L \quad (5.35)$$

其中 Δa_y 是参考加速度和实际横向加速度之间的差值。选择系数 $q_{\Delta a_y}$ 和 $\lambda_{\Delta a_y}$ 来提供预期的行驶质量,而选择其他三个系数来提供对测量噪声的响应。车辆模型中的扰动项 $B_2\dot\psi_{path}$,即曲率的影响,参见式(5.27),由预瞄时间 t_{l_d} 决定。

在用对应于方程中四个滤波器的状态 $z_1,\cdots,z_4$ 扩充系统状态变量后,这个问题作为传统的线性二次控制器得到了解决,使得增强状态向量为 $\xi_{\text{augm.}}^{\text{T}} = [\Delta y_{\text{CG}} \Delta \dot{y}_{\text{CG}} \Delta \psi \Delta \dot{\psi} z_1 z_2 z_3 z_4]^{\text{T}}$。$J$ 的最小化值的确定需要知道从现在到将来的距离,即 ψ_{path} 路径。这实际上是不可能得知的,因此假设曲率相关扰动 $w(t) = 1/\kappa(t)$ 在预览区域之外呈指数衰减。由此产生的最佳预瞄转向控制律由下式表示:

$$\delta = - k_{\xi_e} \xi_{\text{augm}} + \int_0^{t_{l_d}} k_{w1}(l_d) w(t+\tau) \text{d}\tau + k_{w2} w(t + t_{l_d}) \tag{5.36}$$

其中第一项是状态反馈控制器,第二项和第三项是预览控制项。

5.4 用于路径跟踪和注释的其他控制结构

本节概述了用于路径跟踪控制的各种不太传统的控制结构。

5.4.1 滑模控制器

许多文献提出了用于路径跟踪的滑模控制器。文献[35]提出了一种相对简单的一阶滑模控制结构(图 5.15),产生了如下形式的偏航控制律:

$$\dot{\delta} = - M_u \text{sgn}(\sigma) \tag{5.37}$$

滑动变量 σ 可以由 $\sigma = c\Delta \dot{\psi} + \Delta \ddot{\psi}$ 得出,$\Delta \dot{\psi} = \dot{\psi} - \dot{\psi}_{\text{ref}}$,因此,滑动变量是 $\dot{\psi}$、$\ddot{\psi}$、$\dot{\psi}_{\text{ref}}$ 以及 $\ddot{\psi}_{\text{ref}}$,参考偏驶率基于横向位置误差,具有时间导数 $\Delta \dot{y}_{l_d} = v(\beta + \Delta \psi) + l_d \dot{\psi}$,根据传统反馈理论,$\dot{\psi}_{\text{ref}}$ 可以这样表示:

$$\dot{\psi}_{\text{ref}} = -\frac{1}{l_d} [v(\beta + \Delta\psi) + K\Delta y_{t_d}] \tag{5.38}$$

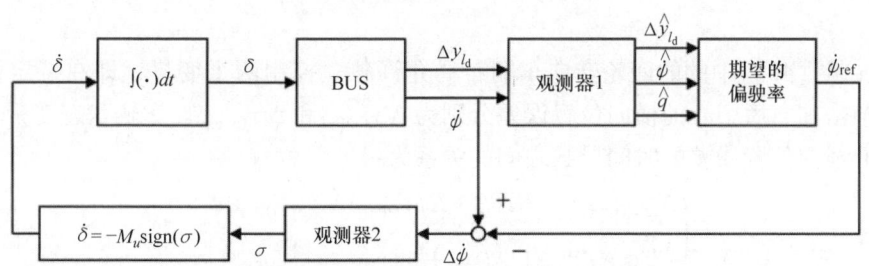

图 5.15 带有观测器的非线性控制器结构

K 决定了 Δy_{l_d} 的衰减速度。为了估计 $\hat{q} = v(\beta + \Delta \psi)$ 设计了动态观测器(图 5.15 中的观测器 1)。$\Delta \dot{\psi}$ 不能够直接测量,但是它是计算滑动变量的必要条件,因此通过一个抗干扰能力强的观测器(图 5.15 中的观测器 2)计算 p 的时间导数。这个滑动模式公式与方程中讨论的连续控制器的性能比较,见式(5.13)~式(5.16),在文献[35]中进行,不能得出明确的结论。在文献[46]中描述的滑动模式路径跟踪控制器，主要用于四轮转向车辆，根据日本车辆工程公司的典型四轮转向系统。控制器基于前部和后部撞击中心的重要概念。重心（COPs）位于车辆的对称轴上。它们相对于重心的纵向位置由下式确定（图5.16）：

$$|x_{\text{COP,f}}| = \frac{I_z}{mb}, \quad |x_{\text{COP,r}}| = \frac{I_z}{ma} \tag{5.39}$$

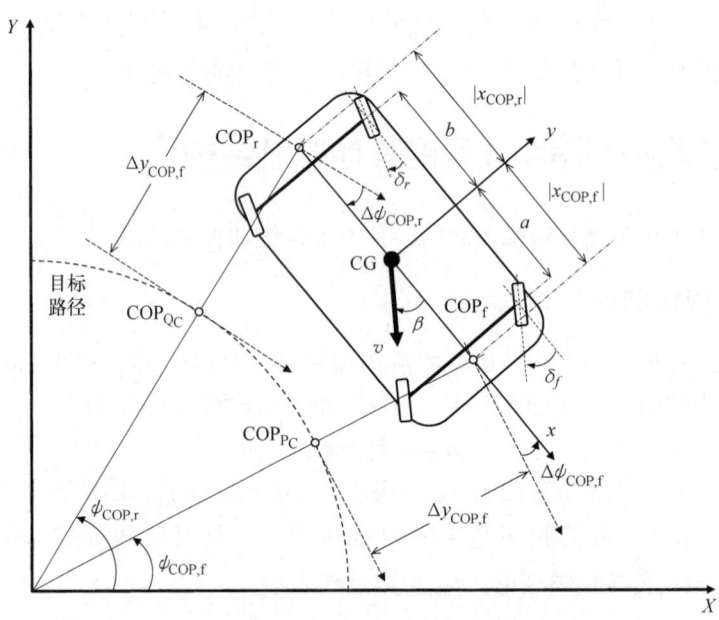

图5.16 基于撞击中心的四轮转向路径跟踪车辆模型

文献［46］中的的四轮转向车辆布局允许独立控制两个变量，即在特定情况下，撞击前、后中心的横向位置误差分别为 $\Delta y_{\text{COP,f}}$ 和 $\Delta y_{\text{COP,r}}$。车辆状态变量和撞击中心横向位置误差的时间导数之间的关系为：

$$\begin{cases} \Delta \dot{y}_{\text{COP,f}} = -[v(\beta + \Delta \psi_{\text{COP,f}}) + |x_{\text{COP,r}}|\dot{\psi}] \\ \Delta \dot{y}_{\text{COP,r}} = -[v(\beta + \Delta \psi_{\text{COP,r}}) - |x_{\text{COP,r}}\dot{\psi}|] \end{cases} \tag{5.40}$$

这意味着状态向量 $\xi = [\beta \ \dot{\psi}]^T$ 类似于方程式中报告的线性单轨车辆模型。式（5.21）可以表示为 $\Delta \dot{y}_{\text{COP}} = [\Delta \dot{y}_{\text{COP,f}} \Delta \dot{y}_{\text{COP,r}}]^T$，此外，$\Delta \psi_{\text{COP}} = [\Delta \psi_{\text{COP,f}} \Delta \psi_{\text{COP,r}}]^T$。

$$\xi = T\Delta \dot{y}_{\text{COP}} + vT\Delta \psi_{\text{COP}} \tag{5.41}$$

式（5.41）在单轨道车辆模型中，撞击中心的跟踪位置动态如下：

$$\Delta \ddot{y}_{\text{COP}} = A'\Delta \dot{y}_{\text{COP}} + B'u + vA'\Delta \psi_{\text{COP}} + v\dot{\psi}_{\text{path,COP}} + h'w \tag{5.42}$$

其中，$\dot{\psi}_{\text{path,COP}} = [\dot{\psi}_{\text{path,COP,f}} \dot{\psi}_{\text{path,COP,r}}]^T$ 为目标前后中心的目标路径航向角的时间导数的矢量公式。

通过反馈控制器的选择，发现这两个控制点是车辆撞击的中心，式（5.42）简化为以下形式：

$$\Delta \ddot{y}_{\text{COP}} = B'\bar{u} + v\dot{\psi}_{\text{path,COP}} + h'w \tag{5.43}$$

其中

$$B' = \begin{bmatrix} -\dfrac{2C_fL}{mb} & 0 \\ 0 & -\dfrac{2C_rL}{ma} \end{bmatrix} \tag{5.44}$$

对角线矩阵 B' 着重表明了目标前中心和后中心的位置跟踪问题，目标路径偏差的每个中心可以由前后转向角独立控制。因此，前轴和后轴的控制律可以单独设计为单输入单输出控制器。这意味着冲击前中心的横向位移动力学独立于后轮胎的横向力，而冲击后中心的横向位移动力学独立于前轮胎的横向力。对控制点纵向位置的不同选择意味着多变量控制器的设计。在文献［46］所述的特殊情况下，产生的滑模控制律具有以下形式：

$$\begin{cases} \delta_f = \beta + \dfrac{a}{v}\dot{\psi} + \dfrac{c_{\text{COP,f}}}{\kappa_{\text{COP,f}}}\Delta \dot{y}_{\text{COP,f}} + M_{\text{COP,f}}\text{sgn}(\sigma_f) \\ \delta_r = \beta - \dfrac{b}{v}\dot{\psi} + \dfrac{c_{\text{COP,r}}}{\kappa_{\text{COP,r}}}\Delta \dot{y}_{\text{COP,r}} + M_{\text{COP,r}}\text{sgn}(\sigma_r) \end{cases} \tag{5.45}$$

滑动变量 σ_f 和 σ_r 具有如下定义：$\sigma_i = c_{\text{COP,}i}\Delta y_{\text{COP,}i} + \Delta \dot{y}_{\text{COP,}i}$，$i = f, r$。式（5.45）要求估算侧滑角，而 $\dot{\psi}$ 和 $\Delta \dot{y}_{\text{COP,}i}$ 很容易被测量或估计。通过对增益 $M_{\text{COP,f}}$ 和 $M_{\text{COP,r}}$ 的适当定义，滑动模式公式被设计成对刚度和目标路径半径的变化以及横向风扰动具有鲁棒性。为了防止抖振，使用控制规则不连续部分的以下近似：

$$\text{sgn}(\sigma_i) \cong \sin\left(\arctan\left(\dfrac{\sigma_i}{u_i}\right)\right), \mu_i > 0 \ (i = f, r) \tag{5.46}$$

前转向角和后转向角的稳态值 $\delta_{f,\text{ss}}$ 和 $\delta_{r,\text{ss}}$ 由下式给出：

$$\begin{cases} \delta_{f,\text{ss}} = \pm\dfrac{1}{R_{\text{tr}}}\left(a - \dfrac{a-b}{2mab}I_z + \dfrac{mbv^2}{2C_fL}\right) \\ \delta_{r,\text{ss}} = \pm\dfrac{1}{R_{\text{tr}}}\left(-b - \dfrac{a-b}{2mab}I_z + \dfrac{mbv^2}{2C_rL}\right) \end{cases} \tag{5.47}$$

基于 COP 概念的四轮转向控制器通过 CarSim 模拟横风扰动情况得到验证。图 5.17 所示为模拟结果的示例，显示了前轮转向车辆的最大偏差不受车速的影响，而用作比较两轮转向车辆的后路径偏差以指数速度增加。

总的来说，滑模控制的主要优点是结果控制的低复杂性，见式（5.37）和式（5.45），然而需要注意：①它需要提前了解扰动和不确定性的界限；②它在滑动面之外不牢固；③会出现抖振。

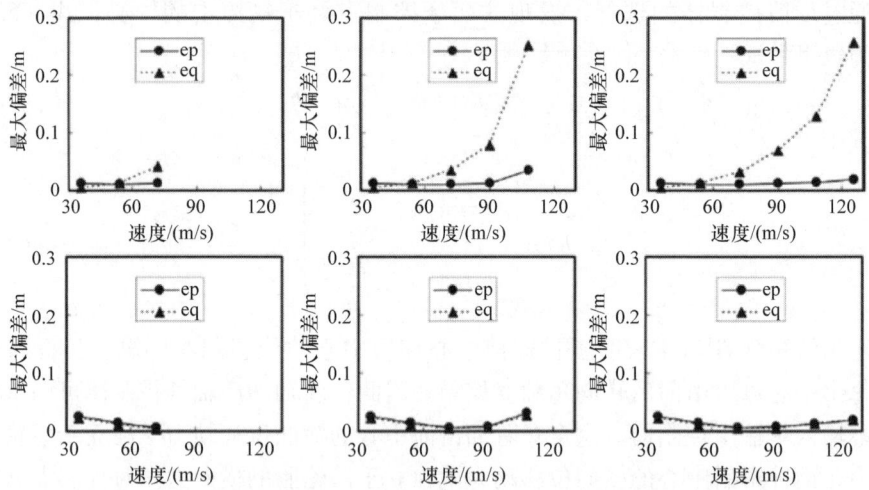

图 5.17 文献 [46] 中控制器的验证结果示例，根据重心前部（图中用"ep"表示）和后部（图中用"eq"表示）的最大路径偏差。从左到右：$\mu_C = 0.3、0.5、0.85$。上部：两轮转向车辆，下部：四轮转向车辆

$$v_0 = \sqrt{\frac{2C_r l}{ma}\left(b + \frac{a-b}{2mab}I_z\right)} \quad (5.48)$$

为了解决以上问题，Tagne 等人采用并通过实验验证了一种形式为 $\delta = \delta_{ST} + \delta_{eq}$ 的算法，其中 δ_{ST} 是算法增益：

$$\delta_{ST} = \delta_{ST,1} + \delta_{ST,2}, \begin{cases} \delta_{ST,1} = -\alpha_{1,ST}|\sigma|^{0.5}\mathrm{sign}(\sigma) \\ \dot{\delta}_{ST,2} = -\alpha_{2,ST}\mathrm{sign}(\sigma) \end{cases} \quad (5.49)$$

其中，$\sigma = \Delta \dot{y}_{CG} + \lambda \Delta y_{CG}$，对应于 $\dot{\sigma} = 0$ 的等效项是根据系统的单轨道模型的方程计算出来的，由下式给出：

$$\delta_{eq} = \frac{C_f + C_r}{C_f}\beta + \frac{aC_f - bC_r}{C_f v_x}\dot{\psi} + \frac{mv_x^2}{C_f}\kappa - \frac{m\lambda}{C_f}\Delta\dot{\psi}_{CG} \quad (5.50)$$

文献 [49, 50] 是应用于自动驾驶的滑模控制领域的其他有用参考。最近的文献 [47] 提出并通过实验验证，包括与方程的超扭曲算法进行比较。式 (5.49) 和式 (5.50) 设计了一种基于沉浸和不变性理论的路径跟踪控制器，其中系统的目标动力学在控制设计阶段被选择，类似于滑模控制。滑模控制的主要优点是：① 不一定要达到边界；② 它允许在选择目标动力学时有更大的灵活性；③ 它避免在管制法中使用中止驱逐。在具有不连续控制动作的控制结构领域，文献 [51] 基于前瞻点的横向偏移（由卡尔曼滤波器估计，连同其时间导数）和偏航角误差，实验性地演示了一种非线性控制器（实际上是一种包括饱和函数的滑模控制器，即使在原文中没有明确这样称呼）。文献 [52] 提出了一种形式为 $\delta = -(|k_d\xi| +$

$|r|)\mathrm{sign}[b^{\mathrm{T}}P_{\mathrm{L}}(\xi-\xi_{\mathrm{ref}})]$，通过模型参考控制和李雅普诺夫方法生成，仿真结果显示了明显的抖振，对于实际车辆实施是不可接受的。

5.4.2 其他控制结构

文献中还介绍了许多其他路径跟踪控制器，涵盖了大多数控制结构选项。

例如，奥勃良等人在文献［53］中讨论基于环路成形理论的H_∞控制器，目的是提供对设备参数变化的鲁棒性。给定一个具有同素因子分解的参数$G_H = \widetilde{M}_H^{-1} \widetilde{N}_H$，扰动的参数被表示为$G_{H\Delta} = (\widetilde{M}_H + \Delta_{M_H})^{-1}(N_{\sim H} + \Delta_{N_H})$，其中$\|\Delta_{M_H}\Delta_{N_H}\|_\infty < \varepsilon$阐述了实际参数可能不同于标称值。$H_\infty$优化的目的是找到一个控制器来稳定系统并最大化$\varepsilon$的值。

该文献中通过模拟一个基本的3自由度车辆模型来评估H_∞控制器的性能，包括对不同速度、结冰道路和有侧向风的鲁棒性分析。由于控制器基于两个输入（即横向位移误差和偏航角误差）并产生一个输出，奇异值分解分析将允许讨论功能可控性。H_∞控制器的实施和原型车辆上的实验演示的第二个例子可参阅文献［56］。

Shin和Joo在文献［57］中提出了一种基于线性单轨车辆模型的反推控制器设计（反推理论见文献［58］），在这种情况下具有以下状态：①侧滑角；②横摆角速度；③实际与参考横摆角之间的差异，$\Delta\psi = \psi - \psi_{\mathrm{ref}}$；④车辆与道路中心线的偏移量$\Delta y_{ld}$。具体来说，在控制系统设计的深入研究中，$\Delta \dot{y}_{ld}$的方程是$\Delta \dot{y}_{ld} = v(\beta + \Delta\psi) + l_d \dot{\psi}$。因此，参考偏航率定义为：

$$\dot{\psi}_{\mathrm{ref}} = -\frac{v(\beta + \Delta\psi) + K_d \Delta y_{l_d}}{l_d} \quad (5.51)$$

通过定义$\Delta\dot{\psi} = \dot{\psi} - \dot{\psi}_{\mathrm{ref}}$并取代$\Delta\dot{y}_{ld}$，侧向位移误差由$\Delta\dot{y}_{ld} = -K_d \Delta y_{ld} + l_d \Delta\dot{\psi}$进行动态描述。在相对于时间的微分和重新代入单轨模型方程后，横摆角速度误差动力学由以下基于系数的表达式C_β、$C_{\dot{\psi}}$、$C_{\Delta\psi}$、C_κ和b_δ给出。

$$\Delta\dot{\psi} = C_\beta \beta + C_{\dot{\psi}} \dot{\psi} + C_{\Delta\psi} \Delta\psi - C_\kappa \kappa + b_\delta \delta$$

$$C_\beta = \frac{-\dfrac{2C_f + 2C_r}{m} + vk_d + l_d \dfrac{2C_r b - 2C_f a}{I_z}}{l_d}$$

$$C_{\dot{\psi}} = \frac{v\left(-1 + \dfrac{2C_r b - 2C_f a}{mv^2}\right) + v + K_d l_d - l_d \dfrac{2C_r b^2 - 2C_f a^2}{I_z v}}{l_d}$$

$$C_\psi = \frac{k_d v}{l_d} \quad C_k = \frac{v^2}{l_d} \quad b_\delta = \frac{2C_f a}{I_z} + \frac{2C_f}{I_d m} \quad (5.52)$$

转向控制律选择为：

$$\delta = \frac{1}{b_\delta}\Big[-(C_\beta \beta + C_{\dot{\psi}} \dot{\psi} + C_{\Delta\psi} \Delta\psi - C_\kappa \kappa) - \frac{W_d}{W_{\dot{\psi}}} \Delta y_{l_d} - k_{\dot{\psi}} \dot{\psi}\Big] \quad (5.53)$$

这便带来了以下横摆角速度误差动态特性：$\Delta\ddot\psi = -k_{\dot\psi}\dot\psi - \dfrac{w_d l_d}{W_{\dot\psi}}\Delta y_{ld}$。式 (5.53) 中的 $k_{\dot\psi}\dot\psi$ 用于解耦横向位移和横摆角速度误差动态。控制器的稳定性可以通过李雅普诺夫函数来证明：$L_{\text{Lyapunov}} = \dfrac{1}{2}(W_d\Delta y_{t_d}^2 + W_{\dot\psi}\Delta\dot\psi^2)$。

控制器在相对较低的横向加速度条件下进行评估，在试验场上对车辆原型（一辆现代公司的轿车）进行了测试，该试验场由长度约 1.2km 的直线段和半径 260 米的曲线段组成。试验包括了有人与无人驾驶下车辆的侧向偏移项目。总的来说，设计的控制器具有在进入弯道时向车道外偏离，在离开弯道时向车道内偏离的特性，这点类似于人类驾驶员。这可以通过调整不同车辆速度下的预瞄距离与曲率的不同来实现修正。

文献 [59-62] 都提出了基于模糊逻辑的车辆路径跟踪控制控制器。鉴于模糊控制在工业的应用中仍然存在较多的问题（例如缺乏热稳定性）。纳兰霍等人在雪铁龙 Berlingo 上设计了带有基于实时动态差分全球定位系统的模糊控制器，用作车辆定位的主要传感器。

5.4.3 综述

在 CarSim 车辆模型上评估几何控制器和不同的 LQR 公式见表 5.2，表中内容总结了该研究的主要结论。通过比较不同路径跟踪控制器的性能，给出了四个控制器的模拟评估。评估包括考虑曲率、风、车速变化和轮胎-路面摩擦系数的影响。比较表明，自校正控制器提供最佳性能，其次是 H_∞ 控制器和模糊逻辑控制器，它们大致处于同一水平（文献 [63] 的作者提到模糊控制通常不如传统控制器可靠），最后是比例控制器。然而，这一结论还需要进一步详细分析。

表 5.2　CarSim 车辆模型评估

跟踪方法	对干扰的鲁棒性	路径要求	切入角	过冲现象	稳态误差	合适的应用
纯跟随	好	无	随着速度的增加	随着速度的增加而适度增加	随着速度的增加	慢速行驶和/或在不连续的路径上
斯坦利方法	一般	连续曲率	无	随着速度的增加而适度增加	随着速度的增加	平稳的高速公路驾驶和/或停车操作
运动学（链式控制器）	坏	曲率的连续二阶导数	无	随着速度的增加而适度，在快速变化的曲率期间显著	随着速度的增加	平稳停车

第 5 章 自动驾驶的路径跟踪：关于控制系统规划和正在进行的研究的指导

（续）

跟踪方法	对干扰的鲁棒性	路径要求	切入角	过冲现象	稳态误差	合适的应用
具有前馈的LQR	坏	连续曲率	无	在快速/变化的曲率期间很重要	最小，直到达到更高的速度	平稳高速的城市高速行驶
带预瞄的LQR	一般	无	在快速变化的曲率和/或速度方面适度变化	在快速变化的曲率和/或速度方面适度变化	最小，直到达到更高的速度	高速公路以相对恒定的速度行驶

5.5 路径跟踪控制的最新进展

文献［16］中针对不同路径跟踪控制器的比较研究的结论被认为是发展路径跟踪控制器的科学的方向。控制器根据车辆的运行条件组合不同的结构和公式，以便实现一致可靠的自动驾驶；模型预测控制器，即使在极端条件下，例如在较高横向加速度下，也能实现自动驾驶。根据迄今所讨论的文献，很明显，已经有大量的增益调度控制器的实验证明，该控制器能够同时为宽范围的速度和横向加速度提供所需的车辆跟踪响应，并且在对接条件下具有非常精确的机动性。特别是，文献［40］明确提到，通过基于线性控制理论的特定实验验证的路径跟踪控制器，并通过现实的车辆执行器实现，不需要多个控制结构，以实现一致可靠和舒适的路径跟踪行为。另一方面，最近的文献［65］在分析中仍然包括基于运动模型的控制器，并认为它们在低速条件下是有用的。尽管如此，鉴于诸如以往的研究结果，作者并不认为发展异构控制结构是发展自动驾驶的优先事项或主要障碍。

在最近对路径跟踪控制主题领域的研究中，可以观察到两个主要趋势：①发展路径跟踪控制器，其特征在于能够控制车辆处于转弯极限，例如，甚至在$9.5m/s^2$的横向加速度下；②所实施的控制结构的复杂程度逐渐提高，特别侧重于模型预测控制，现在在仿真中广泛实施，并在实验层面上初步展示。下面的章节描述了最近发布的运动跟踪控制器的例子，并给出了简明的分析和讨论。

5.5.1 用于极限转弯的高级前馈和反馈控制器

最近在路径跟踪控制领域的重要贡献，主要是在斯坦福大学开发的，是在车辆转角极限下实现高路径跟踪性能的领域，例如，在高摩擦条件下，横向加速度水平高达$9.5m/s^2$（代表典型乘用车的转角极限），或者是在高速公路上实现的复合转角和制动/牵引。特别关注前馈控制公式的开发，允许放松控制器反馈部分的规定，并减少与测量扰动影响相关的问题。

例如，K. Gerdes 在文献［67］中基于已经发布的公式，提出并实验验证了一种用于两轮转向车辆的前馈/反馈转向控制器。通过考虑重心转移路径单行道车辆模型的横摆力矩平衡方程 $\Delta\dot{\psi}_{CG} = \dot{\psi} - \dot{\psi}_{\text{path},CG} = \dot{\psi} - \kappa\dot{s}$，横摆加速度误差的时间导数为：

$$\Delta\ddot{\psi}_{CG} = \ddot{\psi} - \kappa\ddot{s} - \dot{\kappa}\dot{s} = \frac{aF_{y,f} - bF_{y,r}}{I_z} - \kappa\ddot{s} - \dot{\kappa}\dot{s} \tag{5.54}$$

$$\Delta\ddot{y}_P = \frac{F_{y,f} + F_{y,r}}{m} - v_x\kappa\dot{s} + x_P\frac{aF_{y,f} - bF_{y,r}}{I_z} - x_P(\kappa\ddot{s} + \dot{\kappa}\dot{s}) \tag{5.55}$$

问题是转向执行器可以控制前轮，但是它没有对后轮的任何直接控制，因此，这代表了式（5.55）中的扰动。然而，通过使 $x_P = x_{COP,f}$，并且 $\frac{F_{y,r}}{m} + x_{COP,f}\frac{-bF_{y,r}}{I_z}$，于是式（5.55）便成为：

$$\Delta\ddot{y}_{COP,f} = \frac{F_{y,f} + F_{y,r}}{m} - v_x\kappa\dot{s} + x_{COP,f}\frac{aF_{y,f} - bF_{y,r}}{I_z} - x_{COP,f}(\kappa\ddot{s} + \dot{\kappa}\dot{s})$$

$$= \frac{L}{b}\frac{F_{y,f}}{m} - v_x\kappa\dot{s} - x_{COP,f}(\kappa\ddot{s} + \dot{\kappa}\dot{s}) \tag{5.56}$$

因此，后轮胎力从控制点的横向加速度误差方程中消除，该方程现在仅依赖于通过操纵直接控制的 $F_{y,f}$。结论类似于文献［46］中关于四轮转向车辆的分析结果，即在重心位置，后轮胎力对横向位置误差动态的影响可以忽略不计。文献［67］中转向控制器的前馈作用旨在消除横向加速度误差的动态性，也就是说，它可以通过 $\Delta\ddot{y}_{COP,f}=0$ 来实现式（5.56）。因此，前轴上的向前横向力：

$$F_{y,f}^{FFW} = \frac{mb}{L}(v_x\kappa\dot{s} + x_{COP,f}(\kappa\ddot{s} + \dot{\kappa}\dot{s})) \tag{5.57}$$

式（5.57）允许理想的跟踪性能，与后侧向轮胎力贡献无关，前提是与参考路径相关的项可以精确地被逼近。通过将式（5.57）代入力矩方程，并在前轴上引入控制力的反馈 $F_{y,f}^{FB}$，使得总控制力为 $F_{y,f}^{TOT} = F_{y,f}^{FFW} + F_{y,f}^{FB}$，系统动态响应变为：

$$\begin{cases} \Delta\ddot{\psi}_{CG} = \frac{a}{I_z}F_{y,f}^{FB} + \frac{v_x}{L}\kappa\dot{s} - \frac{b}{I_z}F_{y,r} - \frac{b}{L}(\kappa\ddot{s} + \dot{\kappa}\dot{s}) \\ \Delta\ddot{y}_{COP,f} = \frac{L}{b}\frac{F_{y,f}^{FB}}{m} \end{cases} \tag{5.58}$$

通过公式中的项 $\frac{v_x}{L}\kappa\dot{s} - \frac{b}{L}(\kappa\ddot{s} + \dot{\kappa}\dot{s})$，显示曲率引起的干扰不能从偏航跟踪方程中消除，除非采用独立的执行器控制后轮。

控制器反馈部分提供了路径跟踪和偏航稳定性，即使在后轮胎饱和的情况下，也不考虑前轮胎饱和的情况。请注意，乘用车的特点通常是车辆安全转向不足，即前侧滑角的绝对值通常大于后侧滑角的绝对值，前侧向力首先饱和。

在反馈控制器的设计过程中，通过文献［69］提出的模型考虑了后轮胎的非线性行为，根据该模型，$F_{y,r} = -2\eta_r C_r \alpha_r$，其中 $\eta_r(0 \leq \eta_r \leq 1)$ 是后滑移角绝对值的单调递减函数。通过将控制变量代入的表达式 $\alpha_r \approx \dfrac{v_y - b\dot\psi}{v_x}$，即 $\alpha_r \approx \dfrac{\Delta \dot y_{\text{COP,f}} - (b + x_{\text{COP,f}})\Delta \dot\psi_{\text{CG}} - v_x \Delta \psi_{\text{CG}} - b\kappa \dot s}{v_x}$。通过将这个公式包含在 $F_{y,f}$ 的表达式中，然后包含在路径坐标中的单轨车辆模型的等式中，得到系统的状态空间公式，包括前馈控制器的影响。然后，前侧向力的反馈贡献被表示为全状态反馈控制器：

$$F_{y,f}^{\text{FB}} = -K_{\text{LC}}\xi = -K_{1\text{LC}}\Delta y_{\text{COP,f}} - k_{2\text{LC}}\Delta \dot y_{\text{COP,f}} - k_{3\text{LC}}\Delta \psi_{\text{CG}} - k_{4\text{LC}}\Delta \dot\psi_{\text{CG}} \quad (5.59)$$

用式 (5.59) 代入状态空间公式中，闭环系统方程可用于控制系统设计：

$$\begin{bmatrix}\Delta \dot y_{\text{CG}}\\ \Delta \ddot y_{\text{CG}}\\ \Delta \dot\psi_{\text{CG}}\\ \Delta \ddot\psi_{\text{CG}}\end{bmatrix} = \begin{bmatrix} 0 & 1 & 0 & 0 \\ -\dfrac{k_{1\text{LC}}L}{bm} & -\dfrac{k_{2\text{LC}}L}{bm} & -\dfrac{k_{3\text{LC}}L}{bm} & -\dfrac{k_{4\text{LC}}L}{bm} \\ 0 & 0 & 0 & 1 \\ -\dfrac{k_{1\text{LC}}a}{I_z} & -\dfrac{k_{2\text{LC}}a}{I_z} + \dfrac{2b\eta_r C_r}{I_z v_x} & -\dfrac{k_{3\text{LC}}a}{I_z} - \dfrac{2b\eta_r C_r}{I_z} & -\dfrac{k_{4\text{LC}}a}{I_z} - \dfrac{2(b+x_{\text{COP}})b\eta_r C_r}{I_z v_x}\end{bmatrix}$$

$$\times \begin{bmatrix}\Delta y_{\text{CG}}\\ \Delta \dot y_{\text{CG}}\\ \Delta \psi_{\text{CG}}\\ \Delta \dot\psi_{\text{CG}}\end{bmatrix} + \begin{bmatrix} 0 \\ 0 \\ 0 \\ \dfrac{v_x \dot{\kappa s}}{L} - \dfrac{b}{L}(\kappa \ddot s + \ddot{\kappa s}) - \dfrac{2b^2 \eta_r C_r \dot{\kappa s}}{I_z v_x}\end{bmatrix} \quad (5.60)$$

在文献 [67] 所述的专用控制器中，$k_{2\text{LC}} = 0$。特别是 $F_{y,f}^{\text{FB}}$ 被改写成 $F_{y,f}^{\text{FB}} = -k_{\text{LK}}[\Delta y_{\text{COP,f}} + (l_d - a)\Delta \psi_{\text{CG}}] - k_{\Delta\dot\psi}\Delta \dot\psi_{\text{CG}}$；显然，控制器反馈部分的控制点不再位于前重心处。在控制系统作用期间，采用了以下值作为参数：$k_{\text{LK}} = 4000\text{N/m}$、$l_d = 20\text{m}$ 和 $k_{\Delta\dot\psi} = 9500\text{Ns/rad}$。通过应用于方程的李雅普诺夫方法证明了控制系统在转弯极限时的稳定性。式 (5.60) 不考虑曲率的扰动（不影响稳定性）。从参考的最基本公式开始，$F_{y,f}^{\text{TOT}}$ 在纯转弯条件下的 Fiala 轮胎模型用于获得前轴上的参考滑移角 $\alpha_{\text{ref,f}}$，然后，基于测量的车辆横摆角速度和估计的侧滑角，基于运动学关系 $\delta \approx \beta + \dfrac{a\dot\psi}{v_x} - \alpha_{\text{ref,f}}$ 计算前轴的参考转向角；在实践中，如果没有非常精确的状态估计，这些步骤会在过程中引入显著的误差。同一研究团队在文献 [70] 中介绍了迄今为止所讨论的控制器的进一步发展，因为实验表明基于等式的控制器的跟踪性能不佳公式，包括式 (5.57) 和式 (5.59) 的值高于横向加速度 7m/s^2。作者建议考虑简化等式中的前馈贡献。通过施加 $x\text{COP}_f(\kappa \ddot s + \dot{\kappa s}) = 0$ 及 $\dot s = v_x$ 以减少车辆响应振荡和增加阻尼。因此，前轴和后轴处的横向力的前馈值简单地变成：

$$\begin{cases} F_{y,f}^{\text{FFW}} = \dfrac{mb}{L}v_x^2 \kappa \\ F_{y,r}^{\text{FFW}} = \dfrac{ma}{L}v_x^2 \kappa \end{cases} \quad (5.61)$$

这是在参考横向加速度 $v_x^2 \kappa$ 下转弯时横向力的稳态值。$F_{y,f}^{FFW}$ 和 $F_{y,r}^{FFW}$ 可以计算出 α_f^{FFW} 和 α_r^{FFW}，它们是相应的滑动角。前馈转向角的新表达式是：

$$\delta_{FFW,LC} = L\kappa - \alpha_f^{FFW} + \alpha_r^{FFW} \tag{5.62}$$

这是众所周知的稳态转弯条件下的车辆响应方程。最重要的一步是如何实现控制器和状态估值器来计算 α_f^{FFW} 和 α_r^{FFW} 的正确值。

在文献 [70] 中，均衡器的反馈控制器式（5.59）被简化为比例控制器：

$$\delta_{FB,LC,1} = -k_P(\Delta y_{CG} + l_d \Delta \psi_{CG}) \tag{5.63}$$

因此，总体控制规则由下式给出 $\delta \approx \delta_{FFW,LC} + \delta_{FB,LC,1}$。图 5.18 所示为系统作为 v 函数的稳态响应，横向加速度为 3m/s² 和 7m/s²。其中对于第一种情况，计算基于线性车辆模型；对于后者，基于非线性模型进行计算。

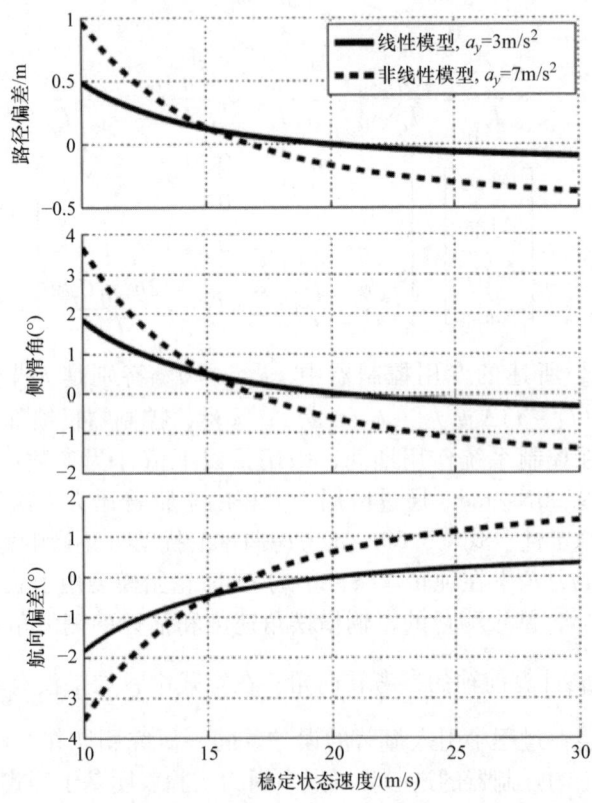

图 5.18　稳态路径跟踪误差 Δy_{CG}、侧滑角 β 和航向偏差 $\Delta \psi_{CG}$ 作为车速的函数

由于控制器的目的是消除 Δy_{CG} 和 $\Delta \psi_{CG}$ 的加权值，控制器的反馈部分试图减少 Δy_{ld}，而 Δy_{CG} 和 $\Delta \psi_{CG}$ 的稳态值是非零的。从物理观点来看，这是对应于图 5.19a 的情况。图 5.18 的一个重要观察是，根据考虑的车辆模型，对于 17m/s 和 20m/s

的车速，路径偏差的稳态值接近零。这意味着在这些速度下，重心的速度矢量与路径和重心相切，$\Delta\psi_{CG} \approx -\beta$，见图5.19b。

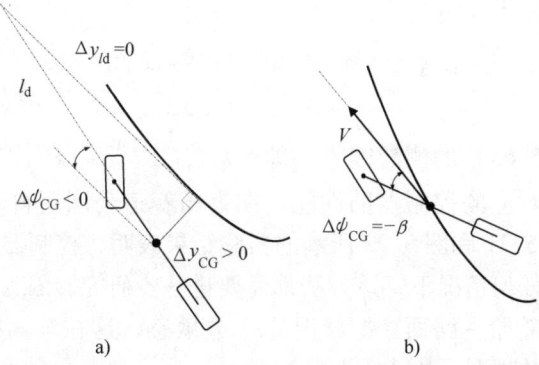

图 5.19　a) 当车辆重心处存在横向位置误差但没有前瞻误差时的稳态转弯；b) 重心横向偏差为零的稳态转弯，这要求速度矢量与路径相切，即 $\Delta\psi_{CG} \approx -\beta$

因此，提出了一种新形式的前瞻反馈控制器，目的是使车辆持续保持在图5.19b所示的运行状态：

$$\delta_{FB,LC,2} = -k_P(\Delta y_{CG} + l_d(\Delta\psi_{CG} + \beta)) \quad (5.64)$$

有了这个控制器，稳态误差 Δy_{CG} 显著减小（即当等式包括前馈贡献时，其理想情况下的值为零）；然而，相对于式(5.63)的反馈控制器，该系统现在的特点是稳定性裕度降低。通过图5.20的根轨迹分析，比较由相同前馈控制器，以及对应于等式的反馈定律式(5.63)和式(5.64)，可知，在25m/s时，闭环转向响应具有式(5.63)所表现的特性，阻尼比为0.9；而在相同条件下，通过式(5.64)的反馈控制，阻尼比仅为0.2。

为了防止通过反馈加强路径跟踪的稳定性问题，Kapanja

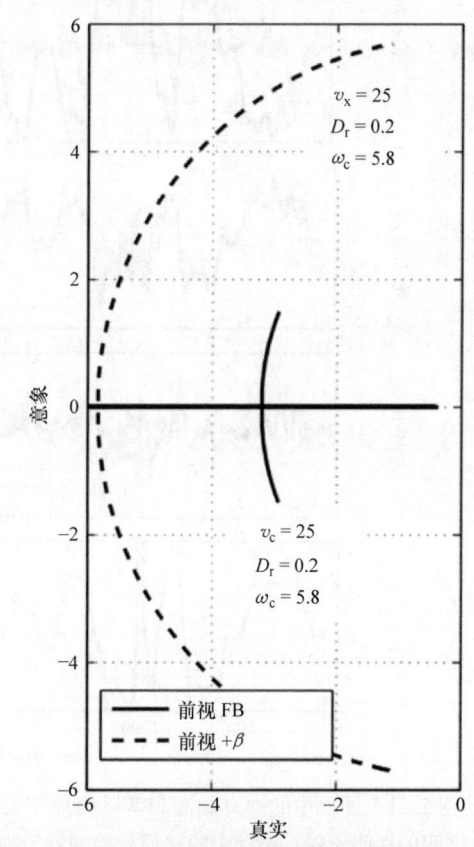

图 5.20　对应于方程的控制器的根轨迹分析。式(5.62) 和式(5.63) 对应图中"Lookahead FB"。式(5.62) 和(5.64) 对应图中"Lookahead $+\beta$"，车速从5m/s 到25m/s 不等

和 Gerdes 在文献 [70] 中建议消除等式中与侧滑相关的反馈贡献。然而，零位移误差条件（对应于 $\Delta \psi_{CG} = -\beta$）通过使用 β_{ss}（即侧滑角的预期稳态值）而不是估计值被纳入反馈贡献中。因此，式（5.64）变成：

$$\begin{aligned}\delta_{\mathrm{FB,LC,3}} &= -k_{\mathrm{P}}[\Delta y_{\mathrm{CG}} + l_{\mathrm{d}}(\Delta \psi_{\mathrm{CG}} + \beta_{\mathrm{SS}})] \\ &= -k_{\mathrm{P}}[\Delta y_{\mathrm{CG}} + l_{\mathrm{d}}(\Delta \psi_{\mathrm{CG}} + \alpha_{\mathrm{r}}^{\mathrm{FFW}} + b\kappa)]\end{aligned} \quad (5.65)$$

实际上，式（5.65）的侧滑因素，即 $-k_{\mathrm{p}}l_{\mathrm{d}}(\alpha_{\mathrm{r}}^{\mathrm{FFW}} + b\kappa)$，现在是前馈项。为了比较与方程式相对应的控制器的性能，在雷山赛道公园用自动驾驶奥迪 TTS 进行了车辆试验。图 5.21 和图 5.22 所示的实验结果表明，控制器表明了显著改进的路径跟踪现象。在任何情况下，该方法都需要进一步研究，因为前馈贡献对系统的不确定性（例如，轮胎-路面摩擦状况）十分敏感，这在车辆在实际道路上而不是高速赛道上运行的情况下更为重要。

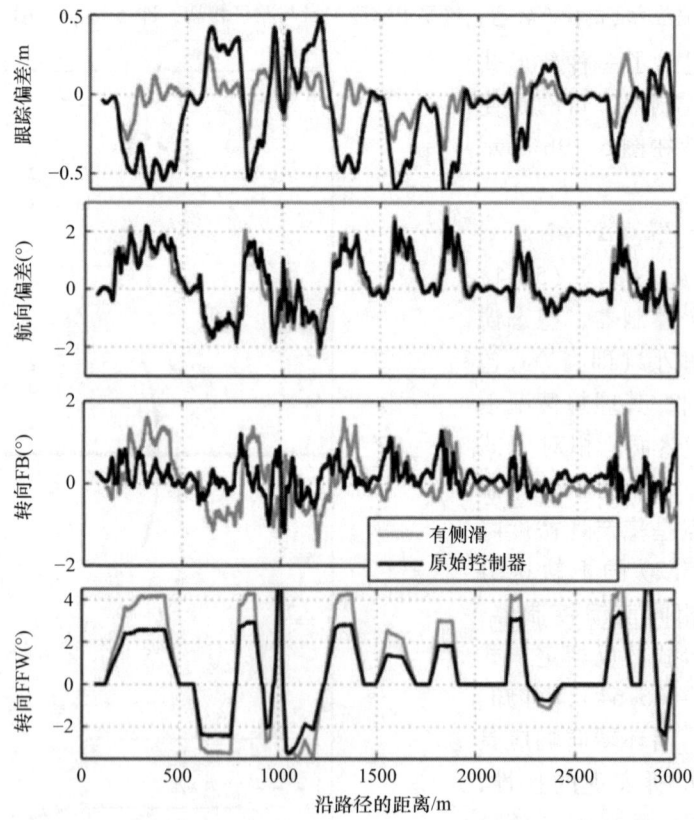

图 5.21 图例中的"有侧滑 FFW"对应于式（5.62）和式（5.65）的控制器之间的性能比较；图例中的"原始控制器"对应于式（5.62）和式（5.65）的 QS 的控制器比较

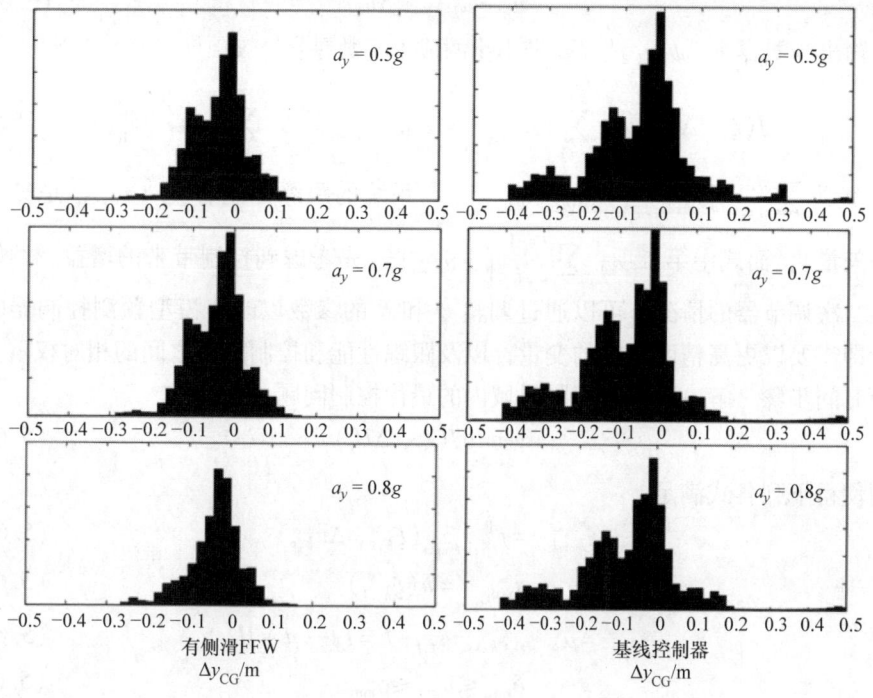

图 5.22 根据 CG 的概率分布，以下两者之间的性能比较：对应于式（5.62）和式（5.65）的控制器（图例中的"WithSideslip FFW"）；对应于式（5.62）和式（5.63）的控制器（图例中的"Baseline Controller"）

5.5.2 模型预测控制

关于前面章节中讨论的路径跟踪公式，模型预测控制有以下的效果：①对投入和状态进行了限制；②对控制问题采取系统的方法，可以在同一控制设计框架内考虑不同复杂程度的多个执行器和模型；③增强跟踪性能在中高侧加速度和紧急情况下，取决于控制系统设计所选模型的复杂程度。

大量文献提供了用于路径跟踪的模型预测控制应用的仿真和实验结果。文献[75]是最早的尝试之一，其描述的路径跟踪模型预测控制器基于单轨道车辆模型。它采用了非线性轮胎模型，该模型具有恒定的转弯刚度和侧向力饱和度，其值对应于估计的轮胎–道路摩擦系数。

法尔科内等人在文献[76]中讨论并比较了三种模型预测控制配方。第一个（这里称为控制器 A）是基于非线性单轨车辆模型。这考虑了前轴和后轴上恒定的垂直载荷，并使用了 Pacejka 魔术公式，假设纵向滑移率为零（即纯转角条件）。模型用以下形式表示：

$$\xi_{k+1} = v_{s(k),\mu(k)}^{dt}(\xi_k, \Delta u_k) \tag{5.66a}$$

$$u_k = u_{k-1} + \Delta u_k \tag{5.66b}$$

系统输出为 $z_{\mathrm{MPC}_k} = [\psi_k y_k]^T$。要最小化的成本函数是：

$$J(\xi_t, \Delta U_t) = \sum_{n=1}^{H_P} \|z_{\mathrm{MPC}_{k+n}} - z_{\mathrm{MPCref},k+n}\|_Q^2 + \sum_{n=0}^{H_c-1} \|\Delta u_{k+n}\|_R^2 \tag{5.67}$$

第一个项 $\sum_{n=1}^{H_P} \|z_{\mathrm{MPC}_{k+n}} - z_{\mathrm{MPCref},k+n}\|_Q^2$，与系统的跟踪性能有关（$z_{\mathrm{MPCref}}$ 是参考信号的矢量），而式中第二项，$\sum_{n=0}^{H_c-1} \|\Delta u_{k+n}\|_R^2$，是考虑到控制带来的增益。类似于线性二次调节器的情况，可以通过调整 Q 和 R 的参数以改变模型预测控制器的性能，即需要以更高精度跟踪的变量，以及跟踪性能和控制努力之间的相对权重。在每个时间步骤，解决了以下无限时域内的最优控制问题：

$$\arg\min_{\Delta U} J(\xi_t, \Delta U_t) \tag{5.68a}$$

从而使得下列各式满足

$$\xi_{k+1,t} = f_{\mathrm{sk},t,\mu_{c_k,t}}^{\mathrm{dt}}(\xi_{k,t}, \Delta u_{k,t}) \tag{5.68b}$$

$$z_{\mathrm{MPC}_{k,t}} = h(\xi_{k,t}) \tag{5.68c}$$

$$\mu_{c_k,t} = \mu_{\mathrm{ct},t}, s_{k,t} = s_{t,t}, k = t, \cdots, t + H_P \tag{5.68d}$$

$$\delta_{\min} \leqslant u_{k,t} \leqslant \delta_{\max} \tag{5.68e}$$

$$\Delta\delta_{\min} \leqslant \Delta u_{k,t} \leqslant \Delta\delta_{\max} \tag{5.68f}$$

$$u_{k,t} = u_{k-1,t} + \Delta u_{k,t}, k = t \cdots t + H_c - 1 \tag{5.68g}$$

$$\Delta u_{k,t} = 0, k = t + H_c \cdots t + H_P \tag{5.68h}$$

$$\xi_{t,t} = \xi(t) \tag{5.68i}$$

时间最优向量 $\Delta U_t = [\Delta u_{t,t} \cdots \Delta u_{t+H_c-1,t}]^T$；$H_P$ 和 H_c 分别代表预测和控制时域。问题的解决方案式(5.68)提供了非线性优化，但具有非常重要的计算负担。控制器 A 的优化是通过商业 NPSOL 软件包来解决的。

法尔科内等人在文献[76]中介绍了基于式(5.66a)形式的非线性模型和优化问题，即控制器 A 在低速下进行试验。事实上，随着速度的增加，为了使车辆沿路稳定，需要更大的预测和控制范围，这意味着对目标函数进行更多的评估并增加优化问题的规模，这变得不切实际。因此，法尔科内等人还讨论一种替代方案（控制器 B），它基于在当前工作点周围的每个时间步长的系统的线性化。该过程显著地降低了优化问题的计算复杂度，即使每个时间步的系统线性化需要额外的计算。在控制器 B 的情况下，模型输出向量是 $z_{\mathrm{MPC}_k} = [\varphi_k \dot{\varphi}_k y_k]^T$。在控制器 B 中，轮胎滑移角变化是被约束（通过软约束和松弛变量）但不被跟踪的附加输出。通过模拟和试验，在双车道变换试验中对控制器 A 和 B 进行了评估。控制器参数对控制系统性能有显著影响，因此，为了完整起见，文献[76]中使用了以下主要参数值：

- 控制器 A：$T_s = 0.05\mathrm{s}$，$H_P = 7$，$H_C = 3$，$\delta_{\min} = -10°$，$\delta_{\max} = 10°$，$\Delta\delta_{\min} =$

$-1.5°$，$\Delta\delta_{max} = 1.5°$，$\mu_c = 0.3$，$Q = \begin{bmatrix} 500 & 0 \\ 0 & 75 \end{bmatrix}$，$R = 150$；

- 控制器 B：$T_s = 0.05s$，$H_P = 25$，$H_C = 10$，$\delta_{min} = -10°$，$\delta_{max} = 10°$，$\Delta\delta_{min} = -0.85°$，$\Delta\delta_{max} = 0.85°$，$\mu_c = 0.3$，$Q = \begin{bmatrix} 200 & 0 & 0 \\ 0 & 10 & 0 \\ 0 & 0 & 10 \end{bmatrix}$，$R = 5 \times 10^4$。

最后，法尔科内等人提出控制器 B 的简化版本，这里称为控制器 C，其 $H_C = 1$，允许进一步减少在实际汽车控制硬件上实现的计算负载（在这种情况下，在每个时间步长中所需的计算集合可以预测）。

表 5.3 比较了控制器 A 和控制器 B 在低摩擦条件下，变换车道时的最大计算时间。显然，用文献 [76] 的可控制硬件，它是不可能在车辆速度大于 10m/s 时运行控制器，图 5.23 和图 5.24 显示使用控制器 B 在双移线试验工况在 21.5m/s 时的车辆性能，控制动作的特征是显著的颤动。文献 [76] 的作者表示这方面并不重要，汽车转向动力学作为一个过滤器，因此，车上乘客感知不到振荡。

表 5.3 控制器 A 和控制器 B 在不同车速下的车道改变试验期间的最大计算时间

$v/$（m/s）	控制器 A/s	控制器 B/s
10	0.15（$H_P = 7$, $H_C = 2$）	0.03（$H_P = 7$, $H_C = 3$）
15	0.35（$H_P = 10$, $H_C = 4$）	0.03（$H_P = 10$, $H_C = 4$）
17	1.3（$H_P = 10$, $H_C = 7$）	0.03（$H_P = 10$, $H_C = 4$）

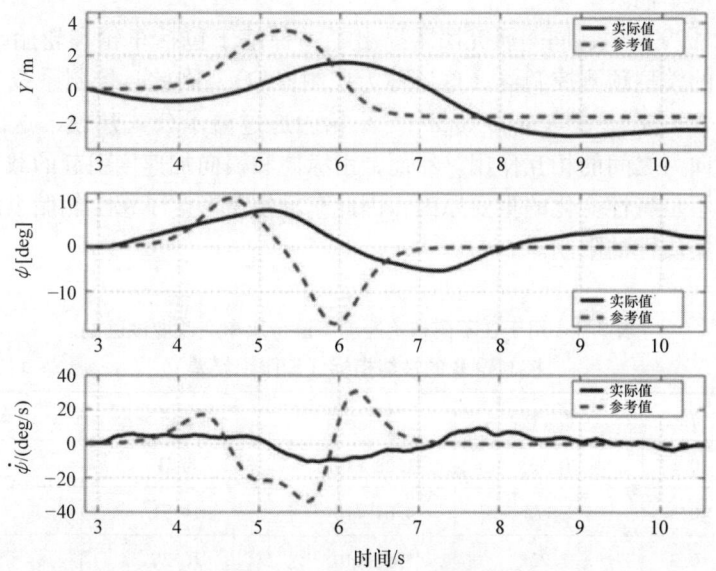

图 5.23 控制器 B 在 21.5m/s 入口速度下的试验结果。从上至下分别为：横向位置、偏航角、偏航率

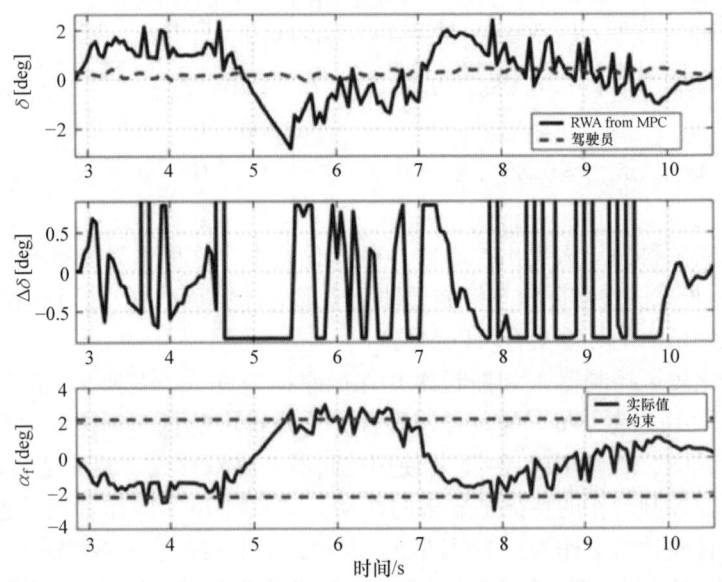

图 5.24　控制器 B 在 21.5m/s 初始速度下的试验结果。从上至下分别为：前转向角、前转向角的变化，以及前轮胎滑移角

表 5.4 和 5.5 分别显示了控制器 B 和控制器 C 在不同车速下的试验期间的主要跟踪性能指标。根据文献 [76]，控制器 C 的性能比控制器 B 稍差；然而，它能够在高速下稳定车辆。

在文献 [79] 中，同一研究团队提出了一种基于包括车轮和轮胎动力学的四轮车辆模型的模型预测控制器（这里称为控制器 D）。因此，控制系统设计模型的状态向量是 $\xi = [\dot{y} v_x \varphi \dot{\varphi} Y X \omega_{lf} \omega_{rf} \omega_{lr} \omega_{rr}]^T$。轮胎通过魔术公式建模，这次包括考虑纵向力和横向力之间的相互作用。然而，由纵向和横向加速度引起的载荷传递是非线性和转向不足特性变化的重要原因，因此车辆模型考虑了每个轮胎上的恒定垂直载荷，这是实质性的限制。

表 5.4　用于在不同初始速度下进行双车道改变试验的控制器 B 的性能指标（即跟踪误差）

$v/(m/s)$	μ_c	$\Delta\psi_{rms}(°)$	$\Delta Y_{rms}/m$	$\Delta\psi_{max}(°)$	$\Delta Y_{max}/m$
10	0.3	0.53	1.28×10^{-2}	8.21	0.8
15	0.3	1.172	4.64×10^{-2}	14.71	2.51
19	0.3	1.23	7.51×10^{-2}	16.38	3.10
21.5	0.25	1.81	1.11×10^{-1}	19.02	2.97

表5.5 对于不同初始速度下的双车道改变试验中
控制器 C 的性能指标（即跟踪误差）

$v/(m/s)$	μ_c	$\Delta\psi_{rms}(°)$	$\Delta Y_{rms}/m$	$\Delta\psi_{max}(°)$	$\Delta Y_{max}/m$
10	0.2	9.52×10^{-1}	5.77×10^{-2}	13.12	3.28
17	0.25	8.28×10^{-1}	2.90×10^{-2}	12.26	1.81
21	0.2	1.037	7.66×10^{-2}	12.49	3.20

控制器 D 的主要优点是它允许系统同时控制转向角和单独的摩擦制动力矩（以及潜在的传动系力矩）。这一特点对于包括基于独立压力控制的稳定性控制系统在内的实际车辆来说是很重要的。因此，控制器 D 的控制输出矢量是 $u = [\delta\ T_{b,lf}\ T_{b,rf}\ T_{b,lr}\ T_{b,rr}]^T$。由于控制器仅对车道变换机动进行测试，因此在 u 内不考虑牵引力矩。

控制器 D 在极端条件下可提供比基于非线性单轨车辆模型的控制器（这里称为控制器 E）更好的性能，其中控制输出由 $u = [\delta\ M_z]^T$ 表示。在控制器 E 中，采用启发式（在低级控制器内）来计算产生模型预测控制器输出的参考偏航力矩 M_z 所需的单个摩擦制动力矩。仿真结果表明，用控制器 D 可以在比控制器 E 较高的初始车速下执行车道变换试验。然而，作者承认，用控制器 D 的模拟运行的持续时间约为 15min，因此，他们没有时间来对控制器 D 的参数进行微调。这证明了控制器 D（图 5.25）的仿真结果的正确性，它显示了控制动作的显著振动，这需要进一步研究。文献［79］中还包括控制器 F 的实验结果。控制器 F 基于控制器 D 使用的线性化模型（即具有四个车辆转角的模型），其中线性化是在线进行的，围绕车辆的当前操作点。因此，所得到的控制器可以在可用的控制硬件上以 50ms 的固定步长在线运行。

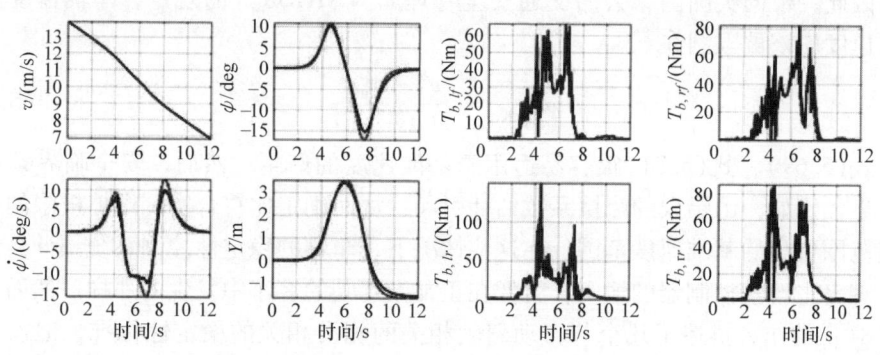

图 5.25 控制器 D 在 14 m/s 的初始速度下的性能

Yin 等人在文献［80］中提出的模型预测控制器可称为控制器 G，用于具有单独控制的传动系的自动驾驶电动车辆，其公式非常类似于文献［79］中控制器 F

的公式。该控制器基于包括四个车辆转角的线性化车辆模型，其中基准转向角和四个滑移率是控制输出。这意味着使用低级控制器来计算实现参考纵向滑移所需的各个车轮转矩。在实践中，这是非常难以实现的，因为在正常行驶中的滑移率估值近似。在极端情况下，即当滑移率的绝对值较大，并且激活传统的牵引控制和防抱死制动系统时，滑移率估值要容易得多。控制器 G 的优点在于，它允许在自主驾驶期间控制牵引力矩，而不需要两个单独的控制器用于转向和纵向跟踪。

和文献［79］相似，Attia 等人在文献［80］提出一种基于纵向和横向车辆动力学模型耦合的非线性模型预测控制器 H。控制综合模型是一个离散的单轨道车辆模型，包括对应于重心纵向和横向位移的自由度、车辆横摆运动以及等效的前后轮动力学。因此，状态向量为 $\xi = [v_x v_y \varphi \dot{\varphi} \omega_f \omega_r X Y]^T$。主模型的非线性由伯克哈特轮胎模型表示。模型预测控制器只负责转向角的要求。纵向车辆动力学专门用于考虑纵向和横向轮胎力之间的相互作用，实际上，车轮力矩需求是由基于李亚普诺夫方法的独立控制器控制的。除了考虑的样本时间是 $T_S = 10ms$ 之外，本文没有详细讨论与算法实现和在线优化相关的数值方面。

控制器 H 包括纵向和横向控制之间的相互作用的一些考虑。事实上，过多的车辆速度基准会引起横向动力学方面的问题，因为在控制设计中没有考虑主动横向稳定。在这方面，根据文献［82，83］中提出的下列公式，纵向控制器的参考车速可基于预期的道路曲率和估计的轮胎 – 道路摩擦系数而饱和：

$$v_{max} = \sqrt{\frac{g\mu_c}{\kappa}} \tag{5.69}$$

$$v_{max} = \sqrt{\frac{g}{\kappa}\left(\frac{\phi_r + \mu_c}{1 - \phi_r\mu_c}\right)} \tag{5.70}$$

因此，根据美国国家公路交通安全管理局（NHTSA）的规定，车辆速度、纵向加速度应该被限制在：

$$a_{x,max} = \frac{v^2 - v_{max}^2}{2(d - t_r v)} \tag{5.71}$$

式(5.69)～式(5.71)很容易适用于基准速度的产生；然而，安全临界条件可能发生，例如，由错误的摩擦系数估计引起，从而确定比符合实际摩擦极限的基准速度范围更高的基准速度范围。在这些情况下，车辆的稳定性控制系统预计会干预并推翻自主驾驶控制器的输入，就像在正常人驾驶的客车中发生的那样。然而，文献［81］的作者描述了几个与自动驾驶相关的侧滑相关的稳定性标准，但没有明确说明如何将它们有机地包括在其自动转向控制器中：

$$\left|\frac{1}{24}\dot{\beta} + \frac{4}{24}\beta\right| \leq 1 \tag{5.72}$$

$$\beta \leq 10° - 7°\frac{v^2}{(40m/s)^2} \tag{5.73}$$

控制器 H 的性能通过模拟与由同一作者开发的非线性车辆动力学模型沿着公路出口方案进行评估。结果如图 5.26 所示,有不超过 6cm 的横向位置误差和不超过 4°的航向角误差。

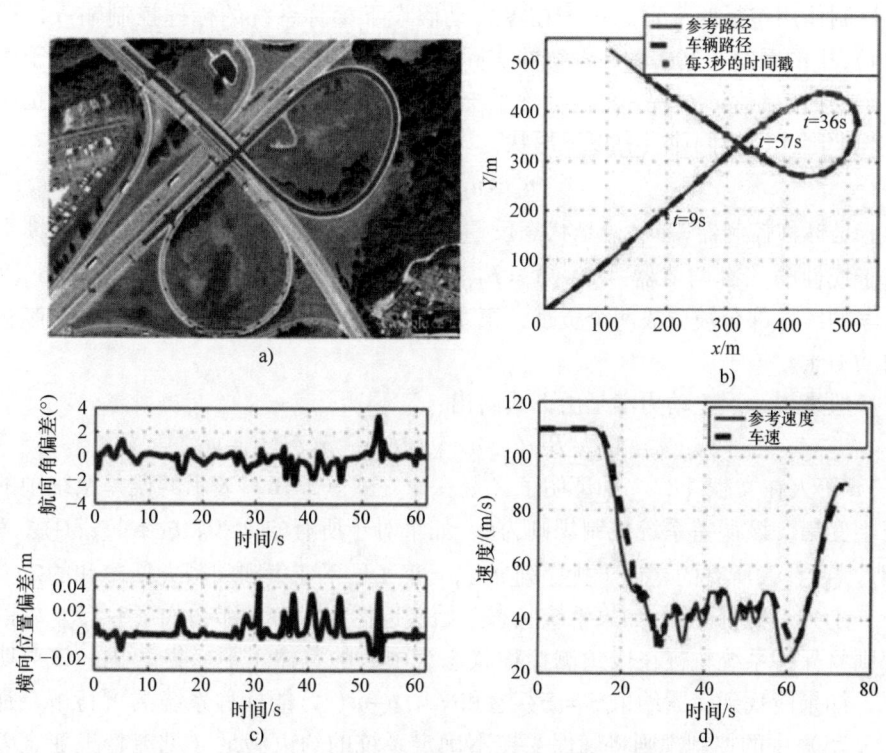

图 5.26 结合纵向和横向控制试验与控制器 H
a) 现实世界的道路 b) 参考和车辆轨迹 c) 跟踪误差 d) 参考速度跟踪

前文讨论了没有任何特定特征的模型预测控制器,旨在提供系统的鲁棒性。然而,所提出的模型预测控制器在标称条件下保证了增强的跟踪性能,即当控制器所使用的模型与实际的设备提供良好的匹配时。为了在标称条件和鲁棒性方面共轭优异的跟踪性能,最近的文献集中在鲁棒模型预测控制上。例如,文献[86]讨论了一种鲁棒的基于管的模型预测控制器(可称为控制器 I,其理论参见文献[87-89]),其构思的特定目的是相对低的计算负荷。

控制器基于形式的系统模型公式:

$$\xi_{k+1} = A\xi_k + g(\xi_k) + Bu_k + w_k \tag{5.74}$$

其中 $\xi_k \in \Xi$, $u_k \in U$, $w_k \in W$。从单轨车辆模型出发,推导出式(5.74),包括系统的纵向力平衡方程。路径跟踪控制器基于冲击前中心处的侧向位移误差,从侧向位移误差方程中消除后侧轮胎力。状态向量为 $\xi = [\dot{y}_{COP,f} \dot{x}_{COP,f} \varphi \Delta\varphi \Delta\dot{y}_{GG} s]^T$,并且输入向量(控制器的输出)为 $u = [\beta_{x,f} \beta_{y,f} \beta_r]^T$。$\beta_{x,f}$ 和 $\beta_{y,f}$ 是前轮上的标准化纵向力

和横向力,它们分别通过传动系/摩擦制动器和转向系统来控制。β_r是后桥上的标准化纵向力。后轴的侧向力采用线性模型。基本上,式(5.74)中的模型包括线性项$A\xi_k + Bu_k$,小非线性项$g(\xi_k)$和干扰项w_k。

控制作用包括两个贡献:①在零扰动假设下标称系统的标称控制输入,即式(5.74)中的系统;②一种在系统的实际状态与标称系统的预测状态之间基于误差的状态反馈控制器$e_k = \xi_k - \bar{\xi}_k$。标称系统被定义为具有标称控制输入和零干扰序列的系统。因此,控制律具有以下形状:

$$u_k = \bar{u}_k + \hat{u}(e_k) \tag{5.75}$$

其中$\bar{u}_k$是标称控制器,$\hat{u}(e_k)$是状态反馈控制动作。在特定情况下,稳定反馈贡献是基于线性的二次调节器:$\hat{u}(e_k) = K_{LQ}(\xi_k - \bar{\xi}_k)$。在实践中,在文献[86]中,动力学的线性部分被分成两个贡献,第一个贡献包括纵向动力学,第二个贡献包括横向动力学。

一般来说,误差动力学是由下式给出:

$$e_{k+1} = Ae_k + B\hat{u}(e_k) + [g(\xi_k) - g(\bar{\xi}_k)] + w_k \tag{5.76}$$

Yu等人在文献[87]中证明了Z是一个在式(5.76)表示的误差系统中的鲁棒正不变集,该误差系统控制规则为$\hat{u}$,如果对于所有的$i > 0$,$\xi_k \in \{\bar{\xi}_k\} \oplus Z$,$\xi_{k+i} \in \{\bar{\xi}_{k+i} \oplus Z\}$,所有的允许干扰序列$w_{k+1} \in \mathcal{W}$(见不变集和闵可夫斯基和的定义附录,$\oplus$)。这意味着,如果系统状态开始接近标称状态,那么式(5.75)中的控制规则将保持系统轨迹在以预测标称状态为中心的鲁棒正不变集Z内。该声明还建议,如果能找到受紧约束$\bar{\Xi} = \Xi \ominus Z$和$\bar{U} = U \ominus \hat{u}(Z)$的标称系统的可行解,那么式(5.75)中的控制规则将确保受控不确定系统的约束满足(见庞特里亚金差的定义附录,$\ominus$)。

一般来说,控制器和不变集对是很难计算的,除非式(5.76)中的非线性项是小的。$\|g(\xi_1) - g(\xi_2)\|_2 \leq L_{Lipschitz} \|\xi_1 - \xi_2\|_2, \forall \xi_1, \xi_2 \in \Xi$,其中$L_{Lipschitz}$是非线性项的Lipschitz常数。在这个假设下,式(5.76)中的系统可以被重写为:

$$e_{k+1} = Ae_k + B\hat{u}(e_k) + \tilde{w}_k \tag{5.77}$$

其中$\tilde{w}_k \in \mathcal{W} = \mathcal{W} \oplus \mathcal{B}(\varepsilon)$,还有

$$\mathcal{B}(\varepsilon) = \{x \in \mathbb{R}^n \mid \|x\|_\infty \leq L_{Lipschitz}(\Xi) \max_{e \in \varepsilon} \|e\|_2\} \tag{5.78}$$

对于这种情况,文献[86]提供了一种算法,用于计算与应用于由A和B定义的系统的线性二次调节器增益K_{LQ}相关联的最小正不变集Z(参见附录中的定义)。对于其纵向和横向动力学贡献,分别计算各自不变集。

从实用的观点来看,鲁棒模型预测控制系统的设计过程简化为以下相对简单的步骤:

1)根据式(5.76)的结构公式建立模型方程。
2)基于系统模型的线性部分,离线计算线性二次型调节器增益矩阵K_{LQ}(对

于无限远范围)。

3) 离线估计有界干扰 w。这可以通过比较式（5.76）中模型的一步预测（文献［86］中在 50ms 处离散）与测量的车辆状态来实现。例如，在文献［86］中，使用简单边界（即［0.20.20.20.0050.050.05]）保守地估计系统状态预测上的扰动界。

4) 通过文献［86］中的算法对 Z 进行离线计算，从 W 开始。

5) 通过传统的非线性模型预测控制方法在线计算标称控制作用，参见式（5.68），可通过使用 NPSOL 工具求解优化。

6) 在线计算 $u_k = \overline{u_k} + \hat{u}(e_k) = \overline{u_k} + K_{LQ}e_k$。

文献［86］中的鲁棒公式仅仅是一个线性二次型调节器和一个隐式模型预测控制器，以及一个附加算法来计算不变集。Z 的计算有助于知道和考虑状态期望的边界，即控制器正在运行时的鲁棒不变集 $Proj(Z)$ 的边界的投影（因此基于管的模型预测控制的概念)。

文献［86］中介绍了避障机动的仿真结果，将均匀分布的随机有界干扰引入仿真模型，并将鲁棒控制器 $u_k = \overline{u_k} + \hat{u}(e_k)$ 的性能与标称控制器的性能进行比较，图 5.27 和图 5.28 中的差异是显而易见的。此外，文献［86］在轮胎 – 路面摩擦系数 $\mu_c = 0.1$ 的表面上进行了多障碍物避免试验，控制器被设置为 $\mu_c = 0.3$，见图 5.29 和图 5.30。

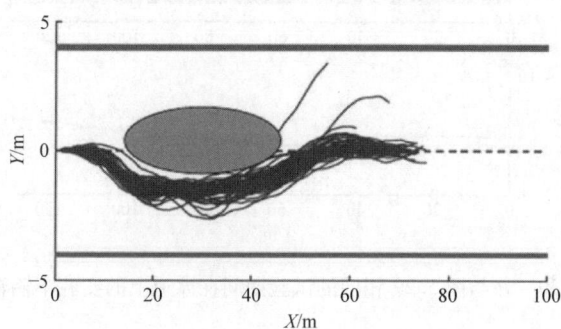

图 5.27 仿真结果：标称模型预测控制器在随机外部干扰下的轨迹

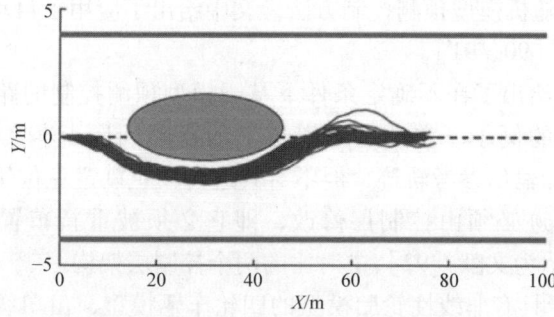

图 5.28 仿真结果：鲁棒模型预测控制器在随机外部干扰下的轨迹

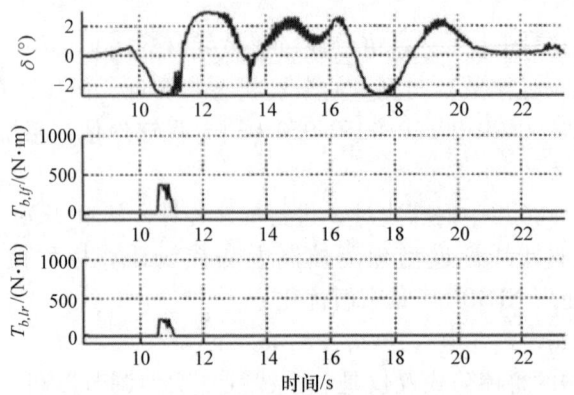

图5.29 实验性多重避障试验期间的控制命令

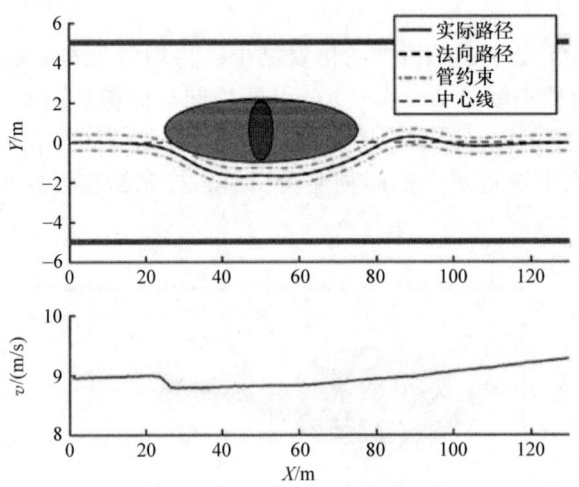

图5.30 在与图5.29相同的试验期间在冰道上的实验车辆轨迹

除了基于管的模型预测控制器,卡瓦略等人在文献[65]中还提出了处理系统不确定性的时变随机模型预测控制方法。文中给出了应用于自动驾驶问题的理论和实例,参见文献[90,91]。

文献[92]中给出了在不确定条件下基于模型预测控制的路径跟踪控制结构比较的另一个有趣的例子,它处理了滑道上的避障问题。本文假设参考生成层(参见本章的介绍)输出参考轨迹,但不对其进行校正以避免位于期望路径上的障碍。因此,参考轨迹必须由控制层修改,即它必须被重新布置以考虑障碍。图5.31和图5.32所示为文献[92]中对比的两个控制层架构。

图5.31是基于具有非线性轮胎模型的四轮车辆模型,由单级模型预测控制器组成的体系结构(控制器J)。期望的轨迹和障碍物位置被馈送到控制算法。该控

制器直接计算车辆两侧的基准转向角和基准纵向力,即 $F_{b,l}$ 和 $F_{b,r}$,以便避开障碍物。这两种力通过"制动逻辑"转换成单独的制动力矩。

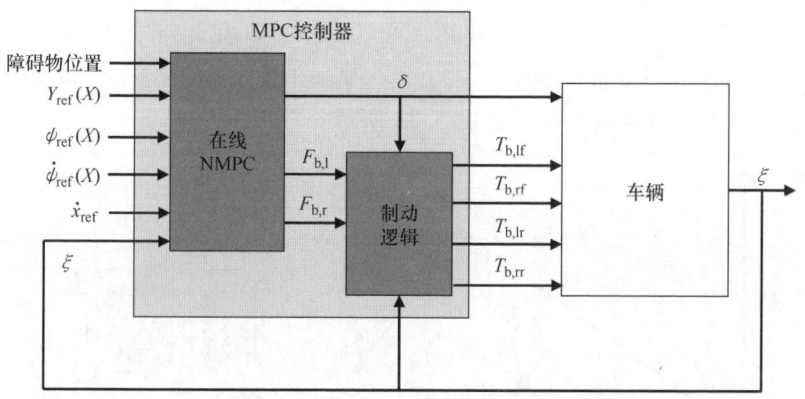

图 5.31　避障路径跟踪的单层模型预测控制器(控制器 J)的结构

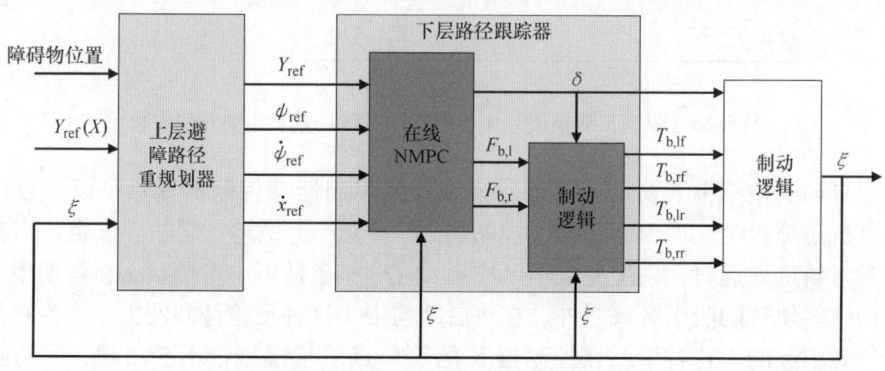

图 5.32　用于避障路径跟踪的两级模型预测控制器(控制器 K)的结构

图 5.32 是一种由两级模型预测控制器组成的体系结构(控制器 K)。上层基于简单的点质量模型,目的是从检测到的障碍物位置开始重新规划参考轨迹。下层基于与控制器 J 中使用的四轮车辆模型相同的四轮车辆模型,接收重新扫描的参考轨迹并计算与单层控制器相同的输出。

控制器 J 和控制器 K 的顶层使用具有与式(5.67)中的结构类似的结构的成本函数,其中术语涉及跟踪性能和控制工作,它们还包括以下给出的附加术语:

$$\sum_{k=t}^{t+H_p-1} J_{\text{obs}_{k,t}} = \sum_{k=t}^{t+H_p-1} \frac{K_{\text{obs}} v_{k,t}}{d_{\min_{k,t}} + \varepsilon} \quad (5.79)$$

式(5.79)中的 $J_{\text{obs}_{k,t}}$ 是与车辆与障碍物之间的预测距离相关联的时间 k 上的成本,假设障碍物位置对于离散点 $P_{t,j}$ 的集合是已知的。$d_{\min_{k,t}} = \min_j d_{k,t,j}$。$d_{k,t,j}$ 被定义为：

$$d_{k,t,j} = \begin{cases} p_{x_{k,t,j}} - \bar{a} & \text{如 } p_{y_{k,t,j}} \in [-\bar{c},\bar{c}] \text{ 且 } p_{x_{k,t,j}} > \bar{a} \\ 0 & \text{如 } p_{y_{k,t,j}} \in [-\bar{c},\bar{c}] \text{ 且 } p_{x_{k,t,j}} \in [-\bar{b},\bar{a}] \\ M \text{otherwise} & \forall j = 1,2,\cdots,N \end{cases} \quad (5.80)$$

其中 $d_{k,t,j} = 0$ 指示碰撞的发生，如图 5.33 所示。

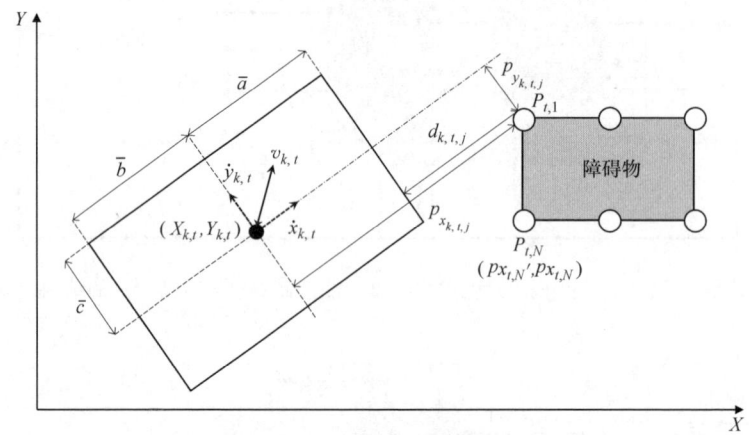

图 5.33 模型预测控制公式中使用的避障场景和主要几何参数

仿真和实验结果表明，采用双层模型预测控制器（控制器 K）可以在较高车速下进行避障机动，而单层结构（控制器 J）容易产生稳定性问题。通常，当车辆偏离参考轨迹太远时，系统变得不可控。在这些条件下，车辆状态在与期望参考相关的平衡轨迹的吸引区域之外。在单层结构中，这种现象经常发生，因为它是由轮胎饱和引起的。这种情况在控制器 K 的简单点质量模型中不会出现，因为路径重置器总是重置从车辆的当前状态开始的路径，所以确保低电平基准接近当前状态。这解释了为什么两级方法的性能优于单级方法。

此外，两级方法的计算性能比单级方法要好得多。因此，重要的结论是，为了通过模型预测控制实现有效的自动驾驶，参考生成层和控制层之间的间隔是不仅便于控制系统的简化，而且有利于控制系统的性能。

表 5.6 概括了本节讨论的模型预测控制器的主要特性，概述了所采用的模型、可能的控制动作（横向控制或纵横向联合控制）、所涉及的复杂性和在文献中提出验证，即通过模拟和/或实验。

本节中所讨论的所有算法都基于隐式模型预测控制公式，即优化是在线运行的，这意味着车辆控制单元的计算负荷很大。此外，隐式模型预测控制不允许对性能、次优性和稳定性进行形式分析。未来研究中应该评估的一个选择是显式模型预测控制，它已经被成功地实现，包括实验，用于并发横摆力矩和主动转向控制。鲁棒和显式模型预测控制公式的验证可以代表路径跟踪控制研究的下一步。

第5章 自动驾驶的路径跟踪：关于控制系统规划和正在进行的研究的指导

表5.6 用于路径跟踪的模型预测控制器的比较

控制器	车辆轮胎模型	控制作用	控制器复杂性	验证
A	具有恒定垂向载荷的 Pacejka 轮胎模型（纯转弯）	转向控制	非线性模型与高计算负荷	计算速度小于 10m/s 的车辆速度试验
B	具有恒定垂向载荷的 Pacejka 轮胎单轨车辆模型	转向控制	计算效率优化的线性化模型	以不同速度执行的车道变换测试
C	具有恒定垂向载荷的 Pacejka 轮胎单轨车辆模型	转向控制	控制器 B 的进一步简化版本，$H_C = 1$	在不同速度下执行的车道变换测试；性能稍逊于控制器 B
D	具有恒定垂向载荷的 Pacejka 轮胎模型（组合滑移）四轮车辆模型	纵向控制、转向控制和直接横摆力矩控制	高计算负荷非线性优化	在 50km/h 和 70km/h 执行的车道变换测试的仿真和良好的跟踪性能
E	具有恒定垂向载荷的 Pacejka 轮胎模型（组合滑移）的单轨车辆模型	转向控制与横摆力矩直接控制	非线性（相对）低复杂度在线优化模型	在 50km/h 执行的车道变换试验的仿真；在较高初始速度下不能稳定车辆的控制器
F	具有恒定垂向载荷的 Pacejka 轮胎模型（组合滑移）四轮车辆模型	转向控制与横摆力矩直接控制	基于控制器 D 的线性化模型在计算效率优化中的应用	50km/h 的换道试验
G	四轮车辆模型和 Pacejka 轮胎模型（组合滑移）	纵向控制、转向控制和直接横摆力矩控制	计算效率优化的线性化模型	单车道变换试验的仿真
H	具有恒定垂向载荷的伯克哈特轮胎模型的单轨车辆模型	只有模型预测控制器的转向控制；纵向控制的独立 Lyapunov 方法	非线性模型预测控制器；关于在线优化的细节	高速公路出口情景模拟

(续)

控制器	车辆轮胎模型	控制作用	控制器复杂性	验证
I	具有恒定竖向载荷的简化非线性轮胎模型的单轨车辆模型	纵向控制、转向控制和直接横摆力矩控制	计算有效的在线优化提供系统鲁棒性的非线性模型	雪道上高速避障试验
J	具有恒定垂向载荷的 Pacejka 轮胎模型（组合滑移）四轮车辆模型	纵向控制、转向控制和直接横摆力矩控制	具有显著计算负荷的单级非线性模型预测控制器	在40km/h的结冰路面条件下的车道变换试验
K	高级控制器的简单点质量模型；就低级控制器的车辆模型而言，与控制器J相同	纵向控制、转向控制和直接横摆力矩控制	具有相对于控制器J显著的计算负荷降低的二级递阶非线性模型预测控制器	在55km/h的结冰路面条件下的车道变换试验

5.6 结论

本章概述了用于自主车辆路径跟踪的控制结构，从基本运动控制器到鲁棒模型预测控制器。所提出的分析和结果得出以下结论：

- 没有干扰（例如，侧风和道路的倾斜）和不确定性（例如，由视觉系统引起的），简单的控制结构的路径跟踪性能是足够的，并且已经在实验中验证了在20世纪90年代的研究计划。对于一个指定的车辆速度，固定参数控制器可以处理一个实际车辆操作典型的车轴转弯刚度、车辆质量和轮胎路面摩擦系数的范围。显然，即使在客车和重型货车上，固定参数控制器也是有效的，其特点是在运行过程中出现明显的质量变化。

- 俯视控制器在中高速时表现出明显的性能限制。有效的路径跟踪反馈控制设计必须基于横向位移和航向角控制的组合，或者横向位移在前瞻距离上评估。

- 控制器参数的增益调度，包括预览距离，建议作为车辆速度的函数。

- 参考轨迹电平和控制层之间的分离不仅便于简化自动驾驶控制系统的设计，而且从车辆稳定性的观点出发，结合减少的计算量，允许更好的系统响应。

- 为了减小干扰的影响和放松路径跟踪控制器的反馈部分的调节，必须设计适当的前馈贡献。现有的用于路径跟踪的前馈控制器的主要限制是它们依赖于非常先进的状态估值器，这些状态估值器必须提供平滑的输出。系统通过学习，自适应控制和传感器融合可以完成这一具有挑战性的任务。

- 一个有趣的概念是由撞击中心来表示的。基于碰撞前中心位置误差的路径跟踪控制器消除了后轴转向力对横向位置误差动力学的影响，这显著地促进了双轮转向车辆的反馈控制器的设计。基于前后碰撞中心横向位置误差的四轮转向轨迹跟踪控制器简化为两个解耦的单输入单输出控制器的设计。

- 现有的一些实验研究表明，从车辆乘客的角度来看，车辆舒适度（由控制作用引起的振荡的频率和幅度决定）比跟踪性能的优劣更重要。不幸的是，关于最近和执行路径跟踪控制器的舒适性行为，包括对乘员的主观反馈的分析，只有非常有限的数据可用。

- 尽管许多路径跟踪公式已经通过实验进行了评估，但是在文献中缺少对同一车辆不同控制结构的性能和一组状态估值器的客观比较评估。一方面，作者提出最先进的控制公式往往显示其好处，而不进行与微调简单控制器的比较。另一方面，作者提出相对简单的控制公式往往突出其性能，即使在中高横向加速度水平。此外，不同路径跟踪公式的主观性能，即控制作用的振荡和随后的车辆响应，应通过实验仔细评估，以便对控制系统的要求水平得出明确的结论。

- 目前的研究发展是在极限条件，即极端横向和纵向加速度的自动驾驶领域，以及在鲁棒模型预测控制领域，主要目的是综合处理系统的不确定性。

- 未来的研究活动还应系统地涵盖自动转向和直接横摆力矩控制之间的相互作用，其目前是使车辆在极端瞬态条件下稳定的主要驱动技术。直接横摆力矩控制可以通过稳定控制系统内的摩擦制动器来零星地执行。或者，在具有转矩矢量差速器或多个电动传动系的车辆的情况下，可以在正常车辆运行期间连续地执行。尤其在后一种情况下，需要进一步研究极端转弯时的自动驾驶，包括更详细和全面的实验演示。

附录：不变集的定义，闵可夫斯基和⊕庞特里亚金差⊖

提供以下定义：

1) 具有外部输入的系统的可达集。考虑一个系统 $\xi_{k+1} = f(\xi_k + u_k) + w_k$，其中 $\xi_k \in \Xi$，$u_k \in U$，$w_k \in W$。一组给定状态 S 的一步鲁棒可达集是 $\text{Reach}_f(S, W) \triangleq \{\xi \in R^n | \xi_0 \in S, \exists u \in U, \exists w \in W : \xi = f(\xi_0, u, w)\}$。

2) 鲁棒正不变集。一个集合 $Z \in \Xi$ 被称为自主系统的鲁棒正不变集 $\xi_{k+1} = f_a(\xi_k) + w_k$，其中 $\xi_k \in \Xi$，$w_k \in W$，$\xi_0 \in Z => \xi_k \in Z$，$\forall w_k \in W$，$\forall k \geq \in N^+$。

3) 最小鲁棒正不变集。如果 Z_∞ 是鲁棒正不变集，并且 Z_∞ 包含在 Ξ 中的每个闭合鲁棒正不变集中，则集 $Z_\infty \in \Xi$ 是定义自主系统的最小鲁棒正不变集。详细信息参见文献[89]。

4) 闵可夫斯基和。两个多面体 $\wp$ 和 $\mathfrak{H}$ 的闵可夫斯基和是多面体：

$$\wp \oplus \mathfrak{H} := \{x + h \in \mathbb{R}^n | x \in \wp, h \in \mathfrak{H}\}$$

5) 庞特里亚金差。两个多面体 $\wp$ 和 $\mathfrak{H}$ 的庞特里亚金差是多面体：

$$\wp \ominus \mathfrak{H} := \{x \in \mathbb{R}^n | x + h \in \wp, \forall h \in \mathfrak{H}\}$$

参 考 文 献

1. SAE standard J0316, *Taxonomy and Definitions for Terms Related to On-Road Motor Vehicle Automated Driving Systems* (2014)
2. T. J. Gordon, M. Lidberg, Automated driving and autonomous functions on road vehicles. Vehicle Syst. Dyn. **53**(7), 958–994 (2015)
3. C. C. MacAdam, Application of an optimal preview control for simulation of closed-loop automobile driving. IEEE Trans. Syst. Man Cybern. **SMC-11**(6), 393–399 (1981)
4. G. Genta, *Motor Vehicle Dynamics: Modeling and Simulation* (World Scientific, Singapore, 1997)
5. R. S. Sharp, D. Casanova, P. Symonds, A mathematical model for driver steering control, with design, tuning and performance results. Vehicle Syst. Dyn. **33**, 289–326 (2000)
6. R. S. Sharp, Driver steering control and a new perspective on car handling qualities. Proc. Inst. Mech. Eng. C J. Mech. Eng. Sci. **219**(10), 1041–1051 (2005)
7. R. S. Sharp, Rider control of a motorcycle near to its cornering limits. Vehicle Syst. Dyn. **50**(8), 1193–1208 (2012)
8. C. I. Chatzikomis, K. N. Spentzas, A path-following driver model with longitudinal and lateral control of vehicle's motion. Forsch. Ingenieurwes. **73**, 257–266 (2009)
9. G. Markkula, A review of near-collision driver behaviour models. Hum. Factors **54**(6), 1117–1143 (2012)
10. Y. Ohshima et al., Control system for automatic automobile driving. IFAC Tokyo Symposium on Systems Engineering for Control System Design, 1965
11. R. E. Fenton, R. J. Mayhan, Automated highway studies at the Ohio State University – An overview. IEEE Trans. Vehicle Technol. **40**(1), 100–113 (1991)
12. S. Thrun, M. Montemerlo, H. Dahlkamp, D. Stavens, et al., Stanley: The robot that won the DARPA grand challenge. J. Field Robot. **23**(9), 661–692 (2006)
13. C. Urmson, J. Anhalt, D. Bagnell, C. Baker, et al., Autonomous driving in urban environments: Boss and the urban challenge. J. Field Robot. **25**(8), 425–466 (2008)
14. C. Urmson, C. Ragusa, D. Ray, J. Anhalt, et al., A robust approach to high-speed navigation for unhehearsed desert terrain. J. Field Robot. **23**(8), 467–508 (2006)
15. F.S. Campbell, *Steering Control of an Autonomous Ground Vehicle with Application to the DARPA Urban Challenge*. Master's thesis, Massachusetts Institute of Technology, 2007
16. J.M. Snider, *Automatic steering methods for autonomous automobile path tracking*. CMU-RI-TR-09-08, Report, Carnegie Mellon University, 2009
17. A. De Luca, G. Oriolo, C. Samson, Feedback control of a nonholonomic car-like robot, in *Robot Motion Planning and Control* (Springer, London, 1998)
18. J.S. Wit, Vector pursuit path tracking for autonomous ground vehicles. PhD thesis, University of Florida, 2000
19. R. M. Murray, Control of nonholonomic systems using chained forms. Dynamics and control of mechanical systems, the falling cat and related problems. Fields Inst. Commun. **1**, 219–245 (1993)
20. C. Samson, Control of chained systems: Application to path following and time-varying point-stabilization of mobile robots. IEEE Trans. Autom. Control **40**(1), 64–77 (1995)
21. W. F. Milliken, D. L. Milliken, *Race Car Vehicle Dynamics* (SAE International, Warrendale, PA, 1995)
22. M. Guiggiani, *The Science of Vehicle Dynamics: Handling, Braking and Ride of Road and Race Cars* (Springer, Dordrecht, 2014)
23. T. D. Gillespie, *Fundamentals of Vehicle Dynamics* (Society of Automotive Engineers, Warrendale, PA, 1992)
24. A. Broggi, M. Bertozzi, A. Fascioli, G. Conte, *Automatic Vehicle Guidance: The Experience of the ARGO Autonomous Vehicle* (World Scientific, Singapore, 1999)
25. A. Broggi, M. Bertozzi, A. Fascioli, C. G. Lo Bianco, A. Piazzi, The ARGO autonomous vehicle's vision and control systems. Int. J. Intell. Control Syst. **3**(4), 409–441 (1999)

26. P. Furgale, U. Schwesinger, M. Rufli, W. Derendarz et al., Toward automated driving in cities using close-to-market sensors – An overview of the V-Charge project. IEEE Intelligent Vehicles Symposium, 2013
27. S. Tsugawa, An overview on control algorithms for automated highway systems. IEEE/IEEJ/JSAE Conference on Intelligent Transportation Systems, 1999
28. H. Mouri, H. Furusho, Automatic path tracking using linear quadratic control theory. IEEE Conference on Intelligent Transportation Systems, 1997
29. J. Guldner, H. S. Tan, S. Patwardhan, Analysis of automatic steering control for highway vehicles with look-down lateral reference systems. Vehicle Syst. Dyn. **26**(4), 243–269 (1996)
30. J. C. Hsu, M. Tomizuka, Analyses of vision-based lateral control for automated highway system. Vehicle Syst. Dyn. **30**(5), 345–373 (1998)
31. A. Tachibana et al., An automated highway vehicle system using computer vision – A vehicle control method using a lane line detection system. JSAE Autumn Convention **924**, 157–160 (1992)
32. H. Inoue, H. Mouri, H. Sato, A. Asaoka, S. Ueda, Technologies of Nissan's AHS test vehicle. 3rd ITS World Congress, 1996
33. R. Isermann, M. Schorn, U. Stahlin, Anticollision system PRORETA with automatic braking and steering. Vehicle Syst. Dyn. **46**(Supplement), 683–694 (2008)
34. R. Marino, S. Scalzi, M. Netto, Nested PID steering control for lane keeping in autonomous vehicles. Control Eng. Pract. **19**, 1459–1467 (2011)
35. J. Ackermann, J. Guldner, W. Sienel, R. Steinhauser, V. Utkin, Linear and nonlinear controller design for robust automatic steering. IEEE Trans. Control Syst. Technol. **3**(1), 132–143 (1995)
36. J. Ackermann, W. Sienel, Robust control for automatic steering. American Control Conference, 1990
37. J. Guldner, W. Sienel, J. Ackermann, S. Patwardhan, H.S. Tan, T. Bunte, Robust control design for automatic steering based on feedback of front and tail lateral displacement. European Control Conference, 1997
38. V. Cerone, A. Chinu, D. Regruto. Experimental results in vision-based lane keeping for highway vehicles. American Control Conference, 2002
39. M. F. Land, D. N. Lee, Where we look when we steer? Nature **369**, 742–744 (1994)
40. H. S. Tan, B. Bougler, W. B. Zhang, Automatic steering based on roadway markers: From highway driving to precision docking. Vehicle Syst. Dyn. **37**(5), 315–338 (2002)
41. K. Ogata, *Modern Control Engineering* (Prentice Hall, Englewood Cliffs, NJ, 2011)
42. H. Peng, M. Tomizuka, *Optimal preview control for vehicle lateral guidance*. Research Report UCB-ITS-PRR-91-16, California Partners for Advanced Transit and Highways (PATH), 1991
43. J. M. Hedrick, M. Tomizuka, P. Varaiya, Control issues in automated highway systems. IEEE Trans. Control Syst. **14**(6), 21–32 (1994)
44. H. Peng, M. Tomizuka, Preview control for vehicle lateral guidance in highway automation. American Control Conference, 1991
45. Q. Zhou, F. Wang, Robust sliding mode control of 4WS vehicles for automatic path tracking. IEEE Intelligent Vehicles Symposium, 2005
46. T. Hiraoka, O. Nishishara, H. Kumamoto, Automatic path-tracking controller of a four-wheel steering vehicle. Vehicle Syst. Dyn. **47**(10), 1205–1227 (2009)
47. G. Tagne, R. Talj, A. Charara, Design and validation of a robust immersion and invariance controller for the lateral dynamics of intelligent vehicles. Control Eng. Pract. **40**, 81–91 (2015)
48. G. Tagne, R. Talj, A. Charara, Higher-order sliding mode control for lateral dynamics of autonomous vehicles, with experimental validation. IEEE Intelligent Vehicles Symposium, 2013
49. P. Hingwe, M. Tomizuka, Experimental evaluation of a chatter free sliding mode control for lateral control in AHS. American Control Conference, 1997
50. H. Imine, T. Madani, Sliding-mode control for automated lane guidance of heavy vehicle. Int. J. Robust Nonlinear Control **23**(1), 67–76 (2011)

51. C. Hatipolglu, K. Redmill, U. Ozguner, Steering and lane change: A working system. IEEE Conference on Intelligent Transportation System, 1997. ITSC'97, IEEE, 1997
52. A. B. Will, S. Zak, Modelling and control of an automated vehicle. Vehicle Syst. Dyn. **27**, 131–155 (1997)
53. R. T. O'Brien, P. A. Iglesias, T. J. Urban, Vehicle lateral control for automated highway systems. IEEE Trans. Control Syst. Technol. **4**(3), 266–273 (1996)
54. D. McFarlane, K. Glover, *Robust Controller Design Using Normalized Coprime Factor Plant Desciptions* (Springer, Berlin, 1989)
55. S. Skogestad, I. Postlethwaite, *Multivariable Feedback Control: Analysis and Design*, 2nd edn. (Wiley, Chichester, 2005)
56. S. Hima, B. Lusseti, B. Vanholme, S. Glaser, S. Mammar, Trajectory tracking for highly automated passenger vehicles. 18th IFAC World Congress, 2011
57. D. H. Shin, B. Y. Joo, Design of a vision-based autonomous path-tracking control system and experimental validation. Proc. Inst. Mech. Eng. **224**, 849–864 (2010)
58. M. Kristic, I. Kanellakopoulos, P. Kotovic, *Nonlinear and Adaptive Control Design* (John Wiley, New York, 1995)
59. A. El Hajjaji, S. Bentalba, Fuzzy path tracking control for automatic steering of vehicles. Robot. Auton. Syst. **43**(4), 203–213 (2003)
60. L. Cai, A. B. Rad, W. L. Chan, A genetic fuzzy controller for vehicle automatic steering control. IEEE Trans. Vehicle Technol. **56**(2), 529–543 (2007)
61. T. Hessburg, M. Tomizuka, Fuzzy logic control for lateral vehicle guidance. IEEE Trans. Control Syst. **14**(4), 55–63 (1994)
62. J. E. Naranjo, C. Gonzalez, R. Garcia, T. de Pedro, R. E. Haber, Power-steering control architecture for automatic driving. IEEE Trans. Intell. Transp. Syst. **6**(4), 406–415 (2005)
63. S. Chaib, M.S. Netto, S. Mammar, Adaptive, PID and fuzzy control: A comparison of controllers for vehicle lane keeping. IEEE Intelligent Vehicles Symposium, 2004
64. M.S. Netto, S. Chaib, S. Mammar, Lateral adaptive control for vehicle lane keeping. American Control Conference, 2004
65. A. Carvalho, S. Lefevre, G. Schildbach, J. Kong, F. Borrelli, Automated driving: The role of forecast and uncertainty – A control perspective. Eur. J. Control. **24**, 14–32 (2015)
66. C. Voser, R.Y. Hindiyeh, C. Gerdes, Analysis and control of high sideslip maneuvers. Vehicle Syst. Dyn. **48**(Supp.), 317–336 (2010)
67. K. Kritayakirana, J.C. Gerdes, Using the center of percussion to design a steering controller for an autonomous race car. Vehicle Syst. Dyn. **50**(Supp.), 33–51 (2012)
68. K. Kritayakirana, J. C. Gerdes, Autonomous vehicle control at the limits of handling. Int. J. Vehicle Auton. Syst. **10**(4), 271–296 (2012)
69. K. L. R. Talvala, K. Kritayakirana, J. C. Gerdes, Pushing the limits: From lanekeeping to autonomous racing. Annu. Rev. Control. **35**, 137–148 (2011)
70. N. R. Kapanja, J. C. Gerdes, Design of a feedback-feedforward steering controller for accurate path tracking and stability at the limit of handling. Vehicle Syst. Dyn. **53**(12), 1–18 (2015)
71. E.J. Rossetter, *A Potential Field Framework for Active Vehicle Lanekeeping Assistance*. Dissertation, Stanford University, 2003
72. J. M. Maciejowski, *Predictive Control with Constraints* (Pearson Education, London, 2002)
73. E. F. Camacho, C. Bordons, *Model Predictive Control* (Springer, London, 2004)
74. P. Falcone, Nonlinear model predictive control for autonomous vehicles. PhD thesis, Universita' del Sannio, 2007
75. H. Yoshida, S. Shinohara, M. Nagai, Lane change steering maneuver using model predictive control theory. Vehicle Syst. Dyn. **46**(Supplement), 669–681 (2008)
76. P. Falcone, F. Borrelli, J. Asgari, H. E. Tseng, D. Hrovat, Predictive active steering control for autonomous vehicle systems. IEEE Trans. Control Syst. Technol. **15**(7), 566–580 (2007)
77. H. B. Pacejka, *Tire and Vehicle Dynamics*, 3rd edn. (Butterworth-Heinemann, Oxford, 2012)
78. P. Gill, W. Murray, M. Saunders, M. Wright, *NPSOL – Nonlinear Programming Software* (Stanford Business Software Inc., Mountain View, CA, 1998)

79. P. Falcone, H.E. Tseng, F. Borrelli, J. Asgari, D. Hrovat, MPC-based yaw and lateral stabilisation via active front steering and braking. Vehicle Syst. Dyn. **46**(Supp.), 611–628 (2008)
80. G. Yin, J. Li, X. Jin, C. Bian, N. Chen, Integration of motion planning and model-predictive-control-based control system for autonomous electric vehicles. Transport **30**(3), 353–360 (2015)
81. R. Attia, R. Orjuela, M. Basset, Combined longitudinal and lateral control for automated vehicle guidance. Vehicle Syst. Dyn. **52**(2), 261–279 (2014)
82. A. Gallet, M. Spigai, M. Hamidi, Use of vehicle navigation in driver assistance systems. IEEE Symposium on Intelligent Vehicles, 2000
83. D. Pomerlau, T. Jochem, C. Thorpe, P. Batavia et al., Run-off-road collision avoidance using IVHS countermeasures. Technical Report, US Department of Transportation, 1999
84. J. He, D. A. Crolla, M. C. Levesley, W. J. Manning, Coordination of active steering, driveline, and braking for integrated vehicle dynamics control. Inst. Mech. Eng., Part D: J. Automob. Eng. **220**, 1401–1421 (2006)
85. P. Tondel, T.A. Johansen, Control allocation for yaw stabilisation in automotive vehicles using multiparametric nonlinear programming. American Control Conference, 2005
86. Y. Gao, A. Gray, H. E. Tseng, F. Borrelli, A tube-based robust nonlinear predictive control approach to semiautonomous ground vehicles. Vehicle Syst. Dyn. **52**(6), 802–823 (2014)
87. S. Yu, H. Chen, F. Allgower, Tube MPC scheme based on robust control invariant set with application to Lipschitz nonlinear systems. 50th IEEE Conference on Decision and Control and the European Control Conference, 2011
88. D. Q. Mayne, M. M. Seron, S. V. Rakovic, Robust model predictive control of constrained linear systems with bounded disturbances. Automatica **41**(2), 219–224 (2005)
89. K.I. Kouramas, S.V. Rakovic, E.C. Kerrigan, J.C. Allwright, D.Q. Mayne, On the minimal robust positively invariant set for linear difference inclusions. 44th IEEE Conference on Decision and Control and the European Control Conference, 2005
90. B. Kouvaritakis, M. Cannon, S. V. Rakovic, Q. Cheng, Explicit use of probabilistic distributions in linear predictive control. Automatica **46**(10), 1719–1724 (2010)
91. A. Carvalho, Y. Gao, S. Lefevre, F. Borrelli, Stochastic predictive control of autonomous vehicles in uncertain environment. 12th Symposium on Advanced Vehicle Control, 2014
92. Y. Gao, T. Lin, F. Borrelli, E. Tseng, D. Hrovat, Predictive control of autonomous ground vehicles with obstacle avoidance on slippery roads. 3rd Annual ASME Conference on Dynamic Systems and Controls, 2010
93. A. Grancharova, T. A. Johansen, *Explicit Nonlinear Model Predictive Control – Theory and Applications* (Springer, Heidelberg, 2012)
94. S. Di Cairano, H.E. Tseng, D. Bernardini, A. Bemporad, Vehicle yaw stability control by coordinated active front steering and differential braking in the tire sideslip angles domain. IEEE Trans. Control Syst. Technol. **21**(4), 1236–1248 (2013)
95. S. E. Shladover, PATH at 20 – History and major milestones. IEEE Trans. Intell. Transp. Syst. **8**(4), 584–592 (2007)
96. A. van Zanten, Bosch ESP systems: 5 years of experience. SAE 2000-01-1633, 2000
97. L. De Novellis, A. Sorniotti, P. Gruber, J. Orus, J. M. Rodriguez Fortun, J. Theunissen, J. De Smet, Direct yaw moment control actuated through electric drivetrains and friction brakes: Theoretical design and experimental assessment. Mechatronics **26**, 1–15 (2015)
98. L. De Novellis, A. Sorniotti, P. Gruber, Driving modes for designing the cornering response of fully electric vehicles with multiple motors. Mech. Syst. Signal Process. **64–65**, 1–15 (2015)
99. L. De Novellis, A. Sorniotti, P. Gruber, Wheel torque distribution criteria for electric vehicles with torque-vectoring differentials. IEEE Trans. Vehicle Technol. **63**(4), 1593–1602 (2014)
100. T. Goggia, A. Sorniotti, L. De Novellis, A. Ferrara, et al., Integral sliding mode for the torque-vectoring control of fully electric vehicles: Theoretical design and experimental assessment. IEEE Trans. Vehicle Technol. **64**(5), 1701–1715 (2015)

第6章 车辆自主驾驶控制中车辆参考车道的计算

6.1 引言

自主车辆需要智能传感器、执行器、附加道路信息和控制装置来实现其纵向和横向车辆引导控制的任务。在文献［2，3］中介绍的最近发布的原型车辆使用雷达传感器与用于发动机和制动器控制的执行器结合，用于纵向车辆引导和摄像机系统，并与横向车辆引导的转向作动器相结合。更多的传感器，如激光雷达和 GPS 的详细地图数据，安装在原型车辆中，用于研究目的。从用于横向车辆引导的所有可能的传感器技术，由摄像机系统提供最重要的用于实际驾驶情况的传感器信息。摄像机模块的在线图像处理系统检测车辆所处车道的车道标志。摄像机软件确定车道上的实际车辆位置到左、右车道标记的距离，以及车辆与车道标记的航向角。该信息通过车辆总线系统实时地提供给执行车道保持控制任务的电子控制单元（ECU）。除了车辆在车道上或其预测路径上的实际位置的信息之外，车道引导控制器还需要关于车辆的期望参考位置值的附加信息。这个参考车道是理想的车道，通过使用期望的车道偏移信号传播到车道保持控制器。这个期望的车道偏移信号，或参考车道信号，通常在车道中间被定义为零，右边偏移值为正。控制器根据该参考值和车辆在车道上的当前位置计算其控制器偏差，通过相应地驱动系统的执行器来最小化控制器偏差。显然，整个车道保持控制器的性能主要受该基准车道输入的质量影响。因此，参考车道计算模块属于自主车辆侧向车辆引导任务中最重要的控制器部件。

参考车道计算的一种简单方法是将车辆保持在可接近车道的中间，这意味着为车道保持控制器提供零偏移信号。这种"中间车道"的方法被广泛使用在乘用车车道保持系统，例如，在文献［10，11］中可以看到，当在没有任何挂车的客车上使用时，"中间车道"的方法显示出良好的效果。对于具有更复杂的行驶动力学的车辆，如挂车或重型货车，如牵引车-半挂车组合的车辆，"中间车道"的方法是不够的。这不仅是因为这些车辆的尺寸更大，而且还因为不同的行驶动力学，特别是因为额外的潜在风险,例如,来自曳引物。带挂车的重型货车驾驶员或半挂牵引车驾驶员相较于客车驾驶员经常不得不选择不同的车辆轨迹。本文的任务是设计一个参考车道计算系统,满足重型货车驾驶的复杂要求。这一任务是参考车道计算的更一般的情况,因此,在建议的参考车道计算方法中将包含更简单的任务,用于计算具有更简单的驾驶动力学的小型车辆的参考车道,例如乘用车。

6.2 车辆车道保持边界和要求

设计参考车道计算系统的第一步是获得道路轨道基本边界和可能影响参考车道选择的车辆参数的可能多样性的概述。自主车辆的环境边界由道路的几何形状和相关的速度限制规则限定。在表 6.1 中给出了关于道路几何形状和速度限制的要求的简要概述,其中包括了典型的道路曲率和道路宽度以及相关的设计速度规则。

用 A、B 和 C 表示的不同的道路类别,这来自于《德国道路建设指南》。所有类别用于国道和乡村公路;B 类和 C 类允许在建筑密集区内使用。对于 C 级道路,它可以是相邻的建筑物之间的道路。道路的车道宽度取决于交通量和其他因素,但通常可以认为所选择的道路宽度从 A 类减少到 C。窄车道的道路对于侧向车辆引导系统来说是具有挑战性的,因为保持安全缓冲器的安全性较低。对于牵引挂车的车辆,牵引力带来的额外风险随着车道宽度的减小和曲率半径的减小而增加。对于参考车道计算发展,环境边界应该因此被选择来覆盖这些实际使用情况中最大的范围。环境设计设置的一个可能的例子是具有小曲率半径的窄道路,通常在相对低的车辆速度下使用。根据这个实例,可以选择车道宽度为 50m、曲率半径为 40m 的 C 类道路,设计速度为 40km/h。典型的驾驶场景将是,在高速公路出口或弯曲的乡村道路。影响参考车道选择的车辆参数最多是车辆的轴距以及挂车或半挂车的类型。这些参数对转弯时的轨道偏移有影响,当选择车辆车道时,驾驶员必须考虑到在牵引区域避免碰撞。轨道偏移是车辆在转弯时第一和最后一个车轴之间的转弯半径的差异。当测量带有挂车的车辆时,可以分为三个主要车辆类别。这些类别是牵引车 - 半挂车车辆,具有刚性牵引拖车的车辆,以及带有枢轴板拖车的车辆。图 6.1 显示了这些不同车辆类型的转弯策略,其中最重要的车辆参数用于轨道偏移确定。

表 6.1 具有最小道路半径信息的道路特性

道路类别	A	B	C
车道宽度/m	2.75 ~ 3.75	2.75 ~ 3.75	2.75 ~ 3.75
设定速度/(km/h)	类别和速度的最小道路半径/m		

（续）

道路类别	A	B	C
40	—	—	40
50	—	80	70
60	135	125	120
70	200	190	175
80	280	260	
90	380		
100	500		
120	800		

正如可以发现的，在阿克曼条件下，轨道偏移计算方程，在牵引车－半挂车和带有刚性牵引拖车的货车上没有差别：

$$\Delta = r - \sqrt{r^2 - l_{Tk}^2 + l_{Co}^2 - l_{Tl}^2} \qquad (6.1)$$

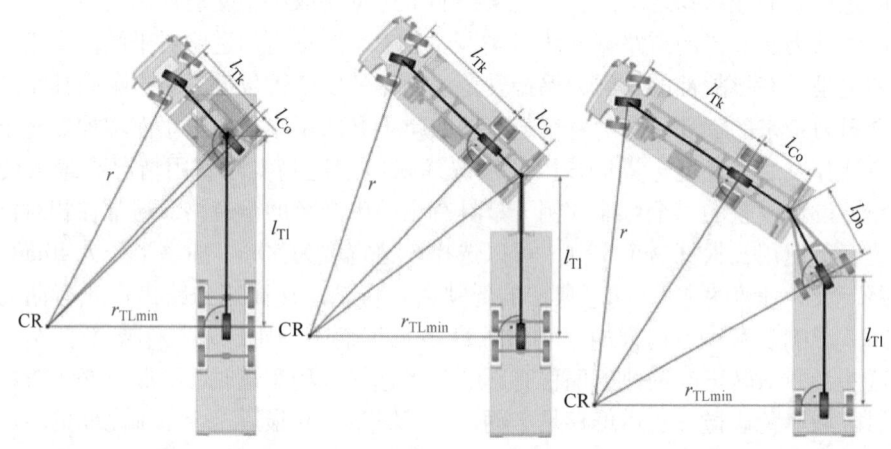

图 6.1　车辆类型：牵引车－半挂车（左），带有刚性牵引拖车的货车（中间），带枢轴板拖车的货车（右）

当调整合适的车辆参数时，轨道偏移计算关系同样适用于挂车、带刚性牵引挂车的货车和牵引车半挂车以及乘用车。带有枢轴板拖车的货车具有附加的枢轴点，这导致轨道偏移方程略有不同：

$$\Delta = r - \sqrt{r^2 - l_{Tk}^2 + l_{Co}^2 - l_{Db}^2 - l_{Tl}^2} \qquad (6.2)$$

这两个方程都需要阿克曼条件，从而适用于低车速的转弯策略。考虑到驾驶车道的参考车道计算，这三种车型之间的轨道偏移差异必须仔细检查。基于每个类别车辆的典型车辆参数得到的车道偏移量的结果见表 6.2。比较不同车辆类型及其相关车辆动力学状态在阿克曼条件下的 C 类道路在低车速的表现牵引车－半挂车通常具有最大的车道偏移,而具有枢轴板拖车的货车最小。

对于大多数一般的参考车道计算设计,总结环境边界和可能的车辆类型的检查可以发现额外的风险,曳引物危害主要发生在狭窄和弯曲的道路上,这些道路被设计用于相对低的车辆速度。在表 6.2 中,在这些驾驶情况下最大的车道偏移由牵引车 – 半挂车车型($\Delta = 0.72\text{m}$)获得。为了设计一个参考车道计算方法,它能够考虑一般情况下的边界,必须选择牵引车 – 半挂车车辆类型。

表 6.2 用阿克曼条件计算的长度参数 (单位:m)

长度参数	带枢轴板拖车的货车	带牵引挂车的货车	牵引车 – 半挂车
曲线半径 r	50	50	50
卡车轴距 l_{Tk}	5.5	4.9	3.7
联轴器(第五轮)到后桥 l_{Co}	2.4	1.8	0.65
拉杆 l_{Db}	3	—	—
拖车轴或挂车轴距的主销 l_{Tl}	5.17	6.43	7.63
车道偏移 Δ	0.61	0.62	0.72

6.3 车辆驾驶状况分析

不适应驾驶员需求的参考车道计算方法将自主地采取驾驶员必须或将积极纠正的转向动作。这样的系统行为会使驾驶员恼火,有可能导致驾驶辅助系统被停用,或者至少会导致这个系统得到不良的客户评价。因此,设计一个参考车道计算系统,就必须分析一种载重半挂车的驾驶行为和在不同行驶情况下这种车辆的使用者的驾驶风格。必须分析的第一个驾驶情况是简单明了的驾驶情况。当乘用车的驾驶员将主要选择车道中间作为基准时,为了得到左右车道标记的相等的安全缓冲区,牵引车 – 半挂车的驾驶员将选择一个向右偏移的参考车道。这是合理的,因为牵引车的尺寸更大,其后视镜也较大,靠近对面一侧的后视镜将处于危险中。图 6.2 显示了三种不同车道宽度的情况。随着车道宽度的减小,偏移量也必须选择较小。如果车道宽度变得太小而没有足够的缓冲空间来选择基准车道,则偏移量为零,最终导致中间车道行驶,显示为图 6.2 右边的货车上。

图 6.2 驾驶情况:车道宽度变化、中间车道引导(链式虚线)和车道自适应引导(实线)

当驾驶具有长轴距的车辆或带有挂车或半挂车的车辆时，驾驶员必须在每次转弯时注意牵引车与车辆后轮的轨道偏移。图6.3（见彩插）显示了一个关于这个问题的危险情况的例子。红色牵引车由一条3.75m宽的道路上的"中间车道"参考车道引导，这是公路和较大的乡村道路相当普遍的车道宽度。然而，红色半挂车的后轮已经离开车道，并可能危及对面车道上的交通。

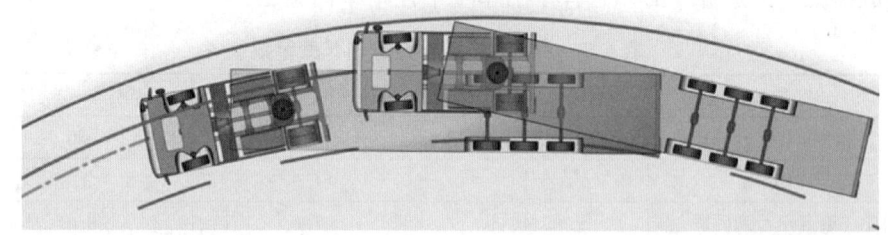

图6.3　驾驶情况：中车道引导（链点线）和适应车道引导（实线）的左转驾驶

考虑到车辆的轨道偏移，绿色牵引车－半挂车使用一个调整后的（绿色）参考车道，偏移到转向的外侧。这辆牵引车－半挂车能够安全地进行左侧转弯而不离开车道。特别是当执行右侧转弯机动时，牵引车－半挂车的驾驶员经常跟随一个比较复杂的参考车道，如图6.4所示。首先，牵引车－半挂车来自一个直线前进的驾驶情况，这导致驾驶员驾驶车辆偏移出右车道限制。为了完成转弯而避免无意中半挂车的后轮离开交通车道的风险，驾驶员必须将其右侧和右侧参考车道偏移适应左车道偏移（实心参考车道）。如果驾驶员使用中间车道参考方法代替（红色链虚线），半挂车的后轮将离开正确车道。如果侧缘不能正确地承载半挂车的车轮载荷，这种情况很容易导致翻车事故。

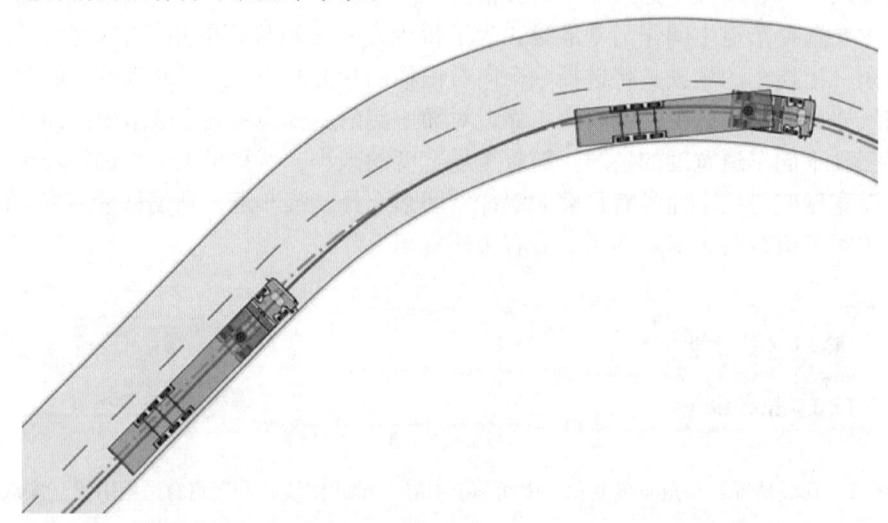

图6.4　驾驶情况：中间导引（链式虚线）右转驾驶和适应车道导引（实线）

这些主要的驾驶动作涵盖了驾驶员或自主车辆必须处理的大多数标准驾驶情况。然而，有更多的额外的驾驶情况，可能在驾驶时会发生。例如，这种额外的驾驶情况可能是障碍物，例如在路侧有一辆停止的车。在这种情况下，驾驶员将通过向左的最大可能的偏移来驾驶，以使通过该障碍物时有足够的安全缓冲区。交通堵塞是另一种特殊情况，特别是有特殊驾驶动作时，如形成一个紧急通道，当有应急车辆将通过时，驾驶员也必须与相应的参考车道做出反应，这将是在这种情况下对右侧的最大偏移。

6.4 基于模型的参考车道计算方法

考虑到6.2和6.3节的要求，车道保持的参考车道计算方法必须符合以下主要任务：

- 车辆安全任务：系统必须保持车辆在轨道上，这还包括防止车辆拖车的车轮离开道路。这意味着车辆的牵引力必须被永久监控。因此，车道内可能的参考车道选择不仅受到轨道宽度的限制，而且受到牵引力的限制。
- 驾驶舒适性任务：该系统必须适应驾驶员的需求和驾驶习惯，至少在最常见的驾驶情况下，以获得较高的驾驶员接受度和高质量的顾客反馈。
- 连接的紧急任务：一个先进的参考车道计算系统还必须包括来自环境连接车辆或基准设施计算过程中的基础设施设备的信息。为了满足安全要求，在大多数情况下，牵引车-半挂车被选择用于设计参考车道计算方法，因为最大的轨道偏移是由该车辆类型获得的。当车辆向正前方行驶时，可能的车道选择不受牵引力的影响，因此是车辆实际行驶的车道上的左、右车道标记。然而，当执行转弯情况时，牵引力会起作用，并且由于牵引力限制，车道限制会降低。为了计算牵引力的限制，可以使用基于模型的方法，该方法基于牵引车-半挂车车辆的单轨模型，如图6.5所示。

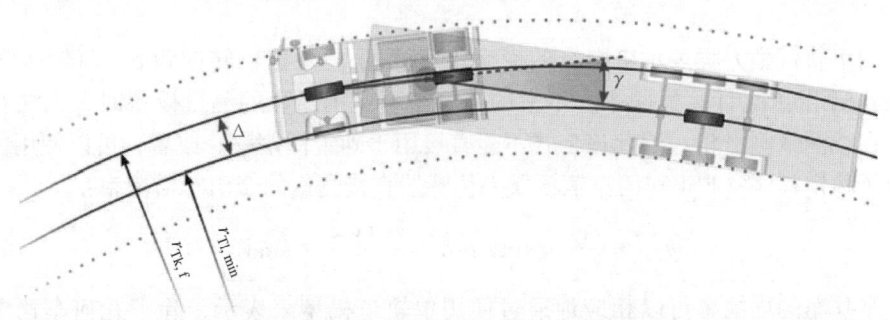

图6.5 单轨车辆模型的导引偏移和扭转角

图6.5中车辆正在执行扭弯角度 γ 和轨道偏移 Δ 的左侧转弯动作。为了保证安

全转弯，车辆转弯半径 $r_{Tk,f}$ 必须由轨道偏移量 Δ 来调整，以便拖车的转弯半径 $r_{Tl,min}$ 保持在车道边界内。由于无法在线测量轨道偏移，必须根据可用的车辆测量信号计算偏移。为了确定车辆的轨道偏移，通常必须知道扭转角。由于车辆扭转角也不是由传感器测量的，必须设计一个实时的扭转角观测器，它能够确定通过车辆前方道路曲率所需的扭转角。前方的道路信息是扭转角观测器的必要输入，可以由摄像机系统收集，该摄像机系统向参考车道计算系统提供所需的曲率、车道内的车辆位置和车辆行驶角的信息。通过使用该信息，可以建立轨道偏移计算模块，该轨道偏移计算模块利用有益的前瞻功能计算道路曲率的必要轨道偏移。正如人类驾驶员所做的，每个横向车辆控制器都需要具有一定前瞻能力的控制器参考值，以在车辆引导任务中获得尽可能好的性能。当设计用于车道保持控制器的参考车道计算模块时，通过适当使用可用的前瞻信息，如上文所述，这可以得到保证。

为了设计扭转角观测器，使用牵引车 – 半挂车的单轨模型，如图 6.6 所示。扭转角 γ 一般可以通过扭转角速率 $\dot{\gamma}$ 的数值积分来确定：

$$\gamma_t = \dot{\gamma} t_1 + \gamma_{t-t_1} \tag{6.3}$$

扭转角速率 $\dot{\gamma}$ 是半挂车的横摆角速度 $\dot{\varphi}_{Tk}$ 和横摆角速度 $\dot{\varphi}_{Tl}$ 的差值。

$$\dot{\gamma} = \dot{\psi}_{Tk} - \dot{\psi}_{Tl} \tag{6.4}$$

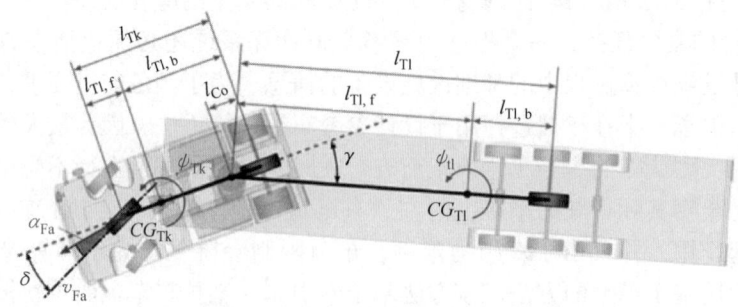

图 6.6 牵引车 – 半挂车组合单轨模型

用单轨模型方程表示牵引车的横摆角速度 $\dot{\varphi}_{Tk}$。由车辆转向角 δ、前轮速度 v_{Fa} 和前轮侧滑角 α_{Fa} 计算横摆率。不幸的是，当不使用昂贵的测量设备时，无法在车辆中在线测量侧滑角，因此该公式不能直接用于确定横摆率。或者，可以使用由用于电子稳定程序（ESP）的车辆横摆率传感器直接测量的牵引车横摆率：

$$\dot{\psi}_{Tk} = \frac{v_{Fa}}{l_{Tk}} \times \sin\delta\cos\delta - \frac{v_{Fa}\cos\delta}{l_{Co}} \times \sin\alpha_{Fa} \tag{6.5}$$

半挂车的横摆率可以相应地通过使用单轨道模型来表示，除了几何车辆参数外，还从方向盘角度 δ、前轮速度 v_{Fa} 和扭转角度 γ 确定横摆率：

$$\dot{\psi}_{Tl} = \frac{v_{Fa}\cos\delta\sin\delta}{l_{Tk}} \times \frac{l_{Tk,b}}{l_{Co}} \cos\gamma \tag{6.6}$$

第6章 车辆自主驾驶控制中车辆参考车道的计算

结合式（6.4）、式（6.5）和式（6.6），我们得到了扭转角的计算方法：

$$\dot{\gamma} = \frac{v_{Fa}}{l_{Tk}} \times \sin\delta\cos\delta - \frac{v_{Fa}\cos\delta}{l_{Co}} \times \sin\alpha_{Fa} - \frac{v_{Fa}\cos\delta\sin\delta}{l_{Tk}} \times \frac{l_{Tk,b}}{l_{Co}} \times \cos\gamma \quad (6.7)$$

通过利用传感器输入车辆速度、牵引车横摆率和从摄像机曲率信息获得的必要转向角的信息，可通过式（6.3）计算扭转角，并进行数值积分。随着扭转角的确认，轨道偏移必须被确定。当在阿克曼条件下假设转向机动时，这可以用简单的三角方程来实现。假设阿克曼条件的简化是：

- 低车速，几乎没有纵向轮胎力（无滑移）。
- 没有横向加速度的影响，没有侧滑角，因此没有侧向轮胎力。
- 轮胎轴的延长在一个圆形中心点相遇。

与没有拖车的车辆相比，牵引车-半挂车或带有拖车的车辆倾向于以相对较低的横向加速度驱动转向机动，以避免翻车风险。通常，在车道变换机动过程中横向加速度的值为 $0.2 \sim 0.5 \text{m/s}^2$。因此，阿克曼假设通常与所提出的应用程序的使用情况非常吻合。此外，典型的牵引力计算方法是至关重要的，特别是在相对急转弯时，无论如何是在较低速度下进行的，例如在高速公路出口或弯曲的乡村道路上。因此，阿克曼假设适用于基准车道计算的轨道偏移确定任务。

单轨车辆模型在阿克曼假设下的三角关系如图6.7所示。转向角 δ 可以通过牵引车的轴距 l_{Tk} 和前轮的转弯半径 $r_{Tk,f}$ 计算：

$$\sin(\delta) = \frac{l_{Tk}}{r_{Tk,f}} \quad (6.8)$$

前轮的必要转弯半径 $r_{Tk,f}$ 取决于车辆行驶时的道路曲率 C_r。对于具有基于摄像机的横向车辆引导的自主车辆，车道监测摄像机提供前方道路的曲率信息。在基于GPS的横向车辆引导的情况下，曲率信息可从道路地图数据获得：

$$r_{Tk,f} = \frac{1}{c_r} \quad (6.9)$$

通过式（6.8）和式（6.9），通过一个曲率 C_r 的道路所必需的转向角可以通过式（6.10）计算出。这一转向角，取决于道路前方的曲率，可以用作扭转角观测器的输入来计算通过弯道时的扭转角：

$$\delta = \arcsin\left(\frac{l_{Tk}}{r_{Tk,f}}\right) = \arcsin(l_{Tk} c_r) \quad (6.10)$$

轨道偏移计算的第一步是确定牵引车后轮的最小转弯半径 $r_{Tk,min}$。前轮的转弯半径 $r_{Tk,f}$ 可以从摄像机曲率信息中得到。后轮的最小转弯半径 $r_{Tk,min}$ 可以使用轴距 l_{TK} 来计算：

$$r_{Tk,min} = \sqrt{r_{Tk,f}^2 - l_{Tk}^2} \quad (6.11)$$

下一步是从最小后轮转弯半径 $r_{Tk,min}$ 计算半挂车联轴器 r_{Co} 处的转弯半径：

$$r_{Co} = \sqrt{r_{Tk,min}^2 + l_{Co}^2} \quad (6.12)$$

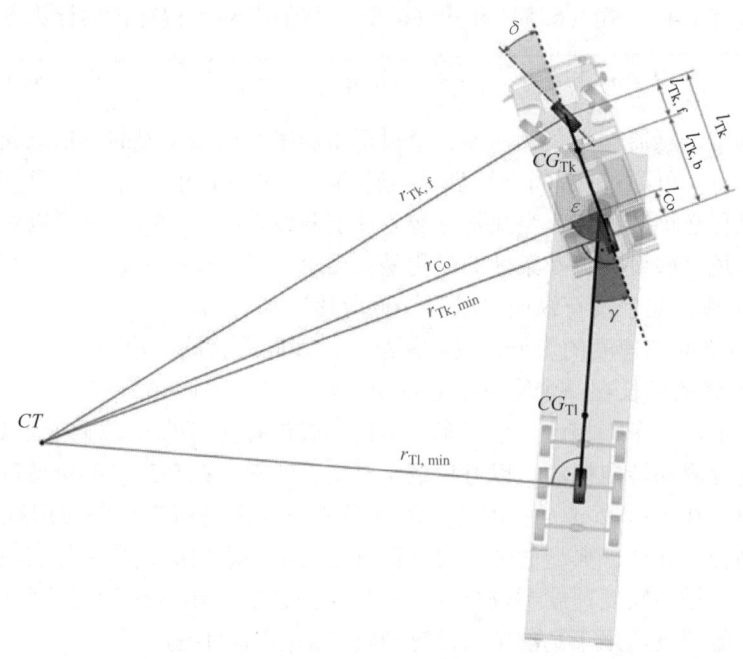

图 6.7 牵引车-半挂车组合单轨模型

半挂车联轴器的转弯半径与车辆纵向轴线之间的角度 ε 可由下式确定：

$$\varepsilon = \arccos\left(\frac{l_{Co}}{r_{Co}}\right) \tag{6.13}$$

利用 ε 和来自扭转角观测器模块的扭转角 γ，可给出拖车的最小转弯半径 $r_{Tl,min}$：

$$r_{Tl,min} = r_{Co}\sin(\varepsilon - \gamma) \tag{6.14}$$

最后用前轮转弯半径 $r_{Tk,f}$ 与拖车轴最小转弯半径 $r_{Tl,min}$ 之差计算轨道偏移 $\Delta_{tractrix}$。

$$\Delta_{tractrix} = r_{Tk,f} - r_{Tl,min} \tag{6.15}$$

轨道偏移 $\Delta_{tractrix}$ 为实时计算所需的车道空间提供了可能性，以便在对面来车情况下安全地驾驶在弯道上。因此，该信息用于为左侧和右侧转向机动的可能参考车道生成在线安全限制。在这一限制范围内，参考车道可以从安全视野中自由设置。建议使用这种潜力来增加额外要求的解决方案，例如，获得更高的驾驶舒适度。因此，可以考虑驾驶员习惯的要求，以获得尽可能好的驾驶舒适性。在 6.3 节中被考虑的牵引车-半挂车的驾驶员将倾向于驾驶这种类型的车辆向右侧偏移。为了满足所提出的参考车道计算方法中的这一要求，使用依赖于舒适度偏移计算的非线性车道宽度方法：

$$\Delta_{comfort} = \frac{\Delta_{lane,set}}{w_{1,set} - w_{veh}} \times \max[(w_1 - w_{veh}), 0] \tag{6.16}$$

舒适轨道偏移 Δ_{comfort} 取决于车辆宽度 w_{veh} 和轨道宽度 w_1。非线性偏移函数的参数化是通过在一定轨道宽度 w_1 设置基准偏移点 $\Delta_{\text{lane,set}}$ 来实现的，可以根据用户的需要自由选择。如果车辆宽度 w_{veh} 变得大于实际轨道宽度 w_1，则舒适度偏移被设置为零，以在此驾驶场景下执行中车道车辆引导方法。还可以使车辆的用户能够设置参考车道计算软件模块的不同舒适度参数，例如参考偏移点，以便使车辆参考车道计算适应用户的需要。自主车辆还包括用于特殊驾驶情况的附加功能，这些功能对于参考值生成软件算法也必须加以考虑。这些行驶情况包括紧急情况，例如当交通堵塞发生时形成紧急走廊，或者将行驶车道偏移量设置为使紧急车辆能够通过的最大可能的正确方向。另一个具有高意外风险的驾驶情况是车辆必须经过停靠的车辆或在侧缘有任何其他障碍物的情况。同样，适当的反应是将参考车道偏移设置为左极限，以获得对右侧障碍物的最大缓冲空间。为了执行这些情况，需要计算一个特殊的紧急轨道偏移量：

$$\Delta_{\text{emergency}} = \frac{\max[(w_1 - w_{\text{veh}}), 0]}{2} \times \text{sign}(E_{\text{left,right}}) \qquad (6.17)$$

确定紧急偏移量，使得车辆被引导到适当侧的实际车道宽度的边界，以产生安全缓冲区。为了激活紧急参考车道计算，使用额外的输入和进一步的软件模块。该模块还包括来自其他周边车辆和基础设施设备的信息。通过附加的软件模块对所获得的信息进行预处理，参考车道生成模块在需要紧急车道时最终得到信息 $E_{\text{left,right}}$。根据式（6.17）中 $E_{\text{left,right}}$ 的符号确定适合实际紧急情况的车道侧的选择。为了生成车道参考输出值，必须将用于车辆安全、驾驶舒适性和连接的紧急情况的所计算的轨道偏移合并到一个目标值，以用于自主车辆的车道保持控制器。该任务通过使用优先级逻辑来执行。最优先考虑的是保持车辆在车道上安全行驶。因此，在标准驾驶情况下，式（6.18）用于限制所确定的具有牵引力限制的舒适驾驶车道。式（6.18）的最小函数 $\min_0$ 用于将最小值设定在零附近，以便能够使用轨道中心车道周围的左侧偏移和右侧偏移：

$$\Delta_{\text{reference}} = \min_0[\Delta_{\text{tractrix}}, \Delta_{\text{comfort}}] \qquad (6.18)$$

在紧急情况下，舒适车道被适当的紧急车道代替，这使得舒适驾驶车道具有最低的优先级。当使用紧急车道时，保持车辆在轨道上比再次执行紧急车道具有更高的优先级。因此，式（6.18）可以通过使用紧急车道替换舒适驾驶车道：

$$\Delta_{\text{reference}} = \min_0[\Delta_{\text{tractrix}}, \Delta_{\text{emergency}}] \qquad (6.19)$$

利用该方法，计算出的轨道偏移的优先级由具有最高优先级的车辆安全性、具有中等优先级的紧急车道以及具有最低优先级的驾驶舒适度给出。

6.5 功能体系结构概述

利用所开发的基于模型的扭转角观测器，可以设计一个参考车道计算系统，该系统能够满足牵引车-半挂车车辆自主牵引观测的复杂驱动动力学的所有要求。由于需求选择的事实，在6.2节选择了最普通的案例，所提出的参考车道计算方法对于挂有拖车的乘用车或牵引车-半挂车组合等车辆类型也是有效的，这些车辆类型的轨道偏移通常小于牵引车-半挂车的轨道偏移。在这些情况下，参考车道的计算方法只会设置比牵引车-半挂车具有更多安全缓冲的参考车道。图6.8显示了所提议的参考车道计算系统的功能软件体系结构，包括三个主要部分：具有轨道偏移计算的扭结角观测器、用户特定的参考车道生成以及用户参考车道。输入级从车辆总线系统收集传感器信息，例如车辆速度和转向角，以及从带有诸如到左/右车道标记的距离和车道曲率的信号的摄像机系统收集传感器信息。随后的操作模块使用该信息来计算参考车道y_{ref}和左/右车道限制（L_l和L_r）。参考车道给出车辆在轨道上的期望位置，该位置通过自主系统的横向车道控制器执行和调整。限制值L_l和L_r完成驾驶员观察牵引车并确保在所有驾驶情况下挂车或半挂车的后轮都停留在路面上的任务。为了计算牵引力限制，扭转角观测器利用摄像机系统的实际车道曲率信息确定航迹偏移量。然后，该轨道偏移被传送到参考车道校正模块，以将期望的车道限制为关于牵引系统危险的可能值。

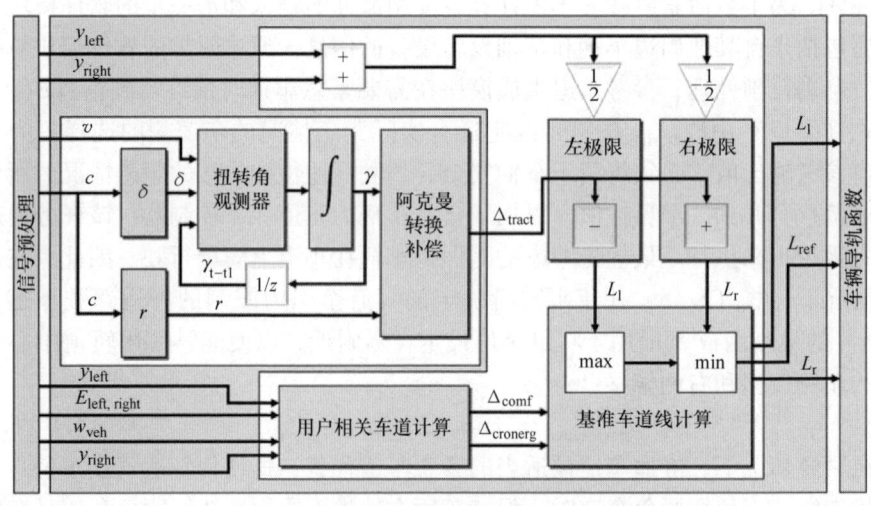

图6.8 参考车道计算功能软件体系结构

直到参考车道校正模块将期望的车道限制为安全值，用户特定的参考车道可以容易地应用于车辆而不会损害任何安全限制。用户专用参考生成模块实现车辆专用参考车道的算法，在最简单的情况下，该算法可以是附加拖车的乘用车的"中车道"方法。在这些情况下，由于拖车使用的牵引力限制是由基准车道校正模块永久地保证的。对于牵引车-半挂车的组合，可以设置到右侧的简单的恒定车道偏移量，以满足驾驶员的直接驾驶要求。对于更高级的解决方案，可以通过使用与实际车道宽度相关的偏移值来改进恒定偏移量。如果车道宽等于车宽，则将归零，参考车道将与中间车道的方法相同。在特定于用户的参考生成模块中，还实现了紧急车道功能。从基础设施设备或其他车辆接收外部信息被用来在紧急情况下设定适当的参考线。因为摄像机的输入信号用于在轨道偏移的计算模块，一个简单的前视功能模块可以保证输出功能。这将为自主车辆引导系统中后续车道控制器带来更好的性能。

6.6 驾驶情况和模块性能示例

对参考线计算方法的性能进行测试和验证，不同驾驶情况要考虑覆盖所有的设计要求。例如在主要的驾驶情况下，包括直行、左转，随后将用所测量的驾驶运行的软件模块进行检查。在参考线计算程序的输出如图6.9所示（见彩插），其中参考车道偏移是显示仿真时间，预处理后的测量数据作为仿真运行输入；因此，在仿真中牵引车-半挂车在一个弯曲的乡间小路以50km/h的速度巡航。为了获得仿真分析所基于的驾驶运行的简要概述，根据仿真时间，表6.3列出了执行的驾驶情况。

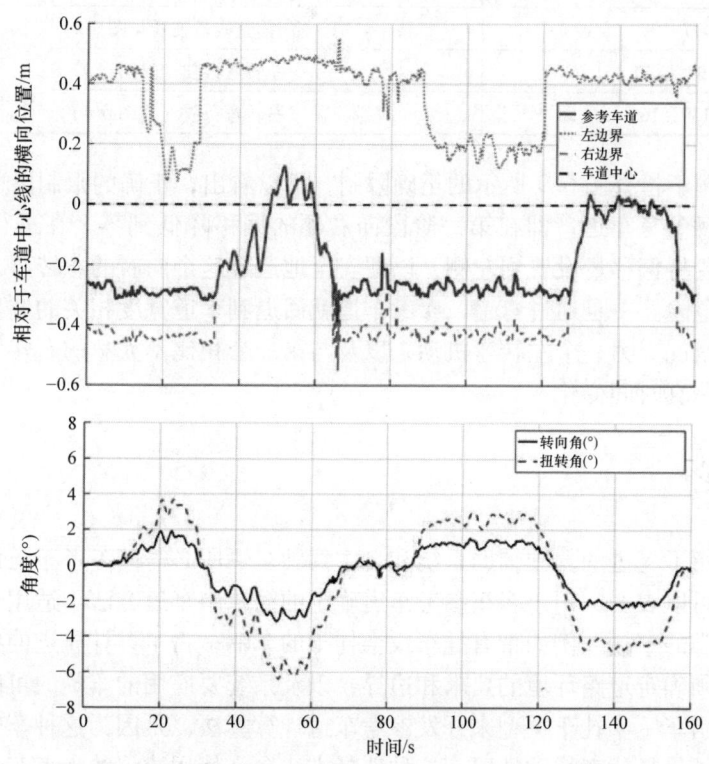

图6.9 模拟输出参考车道计算模块和角度输入信号

零偏移的参考车道对应于图 6.9 中虚线显示的"中间车道"方法。左边和右边限制图显示了可能的参考车道选择区域,该区域对于可能的牵引危险是安全的。暗红色实线最终显示了从建议的参考车道计算方法计算出的参考车道。在从模拟时间 0s 到大约 20s 的第一段中,车辆处于直行状态,由给定的 40cm 的可能参考车道限制指示,这些限制对于左侧和右侧是相同的。由绿线图给出的车辆的参考车道被选择为具有依赖于车道的偏移。在图中这条道路宽度情况下的偏移量大约为 25cm。从 20s 到 40s,左限度降低,这表明车辆正在执行轻微的左侧转弯机动。由于左侧限制不影响实际的参考车道,车辆能够继续以其先前使用的右侧偏移行驶。在模拟时间为 40s 之后,必须进行紧急的右转弯。正确的限制计算使用来自摄像机系统和扭转角观测器的信息来检测迎面车道曲率。利用观测器的信息,可以计算必要的扭转角来传递该曲率并实时确定即将到来的轨道偏移。

表 6.3 驾驶情景模拟步骤

仿真时间/s	驾驶环境
0~20	向前直线行驶(见图 6.2)
20~40	左转弯行驶(见图 6.3)
40~77	右转弯行驶(见图 6.4)
77~98	向前直线行驶(见图 6.2)
98~130	左转弯行驶(见图 6.3)
130~165	右转弯行驶(见图 6.4)

该信息用于检查图 6.9 所示的正确限制。可以看出,正确的限制以这种方式影响实际的车辆参考车道,即在第一阶段向右侧的偏移降低到零。在进行转弯机动时,甚至需要将偏移量设置到左侧,以便安全地通过这个向右的急转弯,而不会造成任何牵引危险。一旦通过弯道,参考车道就回退到车道宽度相关的偏移量,用于直线行驶的情况。另一个左转弯机动,以及与第一个相比不太急的右转弯情况,则会有持续的仿真时间变化。

6.7 结论

本章介绍了先进的驾驶辅助系统和自主驾驶车辆所必需的参考车道计算方法的最新发展。可以表明,用于客车参考车道确定的简单中车道方法不适用于具有更复杂驾驶动力学的车辆,例如带有挂车或半挂车的车辆。为了设计先进的参考车道计算方法,必须确定道路环境的要求和边界,以及系统要应用的车辆的可能种类。之所以选择牵引车-半挂车类型来开发参考车道计算算法,是因为这种车辆类型为这个任务提供了最具代表性的情况。这种选择方法允许使用建议的参考车道计算方法并且也适用于所有其他车辆类型。一个非常重要的设计要求还包括在设计规范过程中考虑车辆驾驶员在不同驾驶情况下的愿望，以获得具有良好的客户反馈和驾驶员接受度的系统。这对于驾驶员可选择的辅助系统的使用率以及持续激活的自主引导系统同样重要。当驾驶带有挂车或半挂车的车辆时，最严重的安全危害之一是牵引车事故的风险。建议参考计算方法包括安全功能的观察以及依赖于用户的参考线和对于紧急情况特殊参考车道的计算，提供具有必要的安全特性和最高驾驶舒适度的系统。

参 考 文 献

1. SAE J3016, Taxonomy and Definitions for Terms Related to On-Road Motor Vehicle Automated Driving Systems, Jan 2014
2. Daimler AG, Mercedes Benz Future Truck 2025, www.mercedes-benz.com/en/mercedes-benz/design/design-of-the-future-the-future-truck-2025/. Accessed 5 Jul 2015
3. Daimler Trucks North America LLC, Freightliner Inspiration Truck, http://www.freightlinerinspiration.com/technology/ . Accessed 5 Jul 2015
4. Google X, Google Self-Driving Car Project, www.google.com/selfdrivingcar/. Accessed 9 August 2015
5. P. Falcone, F. Borrelli, J. Asgari, H.E. Tseng, D. Hrovat, Predictive active steering control for autonomous vehicle systems. IEEE Trans. Control Syst. Technol. **15**(3), 566–580 (2007)
6. P. Falcone, F. Borrelli, H.E. Tseng, J. Asgari, D. Hrovat, A Hierarchical Model Predictive Control Framework for Autonomous Ground Vehicles, in *American Control Conference*, Seattle, 2008
7. A. Nhila, D. Williams, V. Gupta, Integration of Lane Keeping Assistance with Steering, in *SAE 2013 Commercial Vehicle Engineering Congress*, Rosemont, Illinois, 2013
8. B. Mashadi, M. Majidi, Global optimal path planning of an autonomous vehicle for overtaking a moving obstacle. Lat. Am. J. Solids Struct. **11**, 2555–2572 (2014)
9. Y. Gao, T. Lin, F. Borrelli, E. Tseng, D. Hrovat, Predictive Control of Autonomous Ground Vehicles With Obstacle Avoidance on Slippery Roads, in *ASME 2010 Dynamic Systems and Control Conference*, Cambridge, MA, 2010
10. J. Freyer, L. Winkler, M. Warnecke, G.P. Duba, A little bit more attentive audi active lane assist. ATZ Worldw **112**(12), 40–44 (2010)
11. BMW AG, BMW ConnectedDrive Driver Assistance systems in the BMW 7 Series, www.bmw.com/com/en/newvehicles/7series/sedan/2015/showroom/driver_assistance.html? Accessed 9 Aug 2015
12. Forschungsgesellschaft für Straßen- und Verkehrswesen, *Richtlinie für die Anlage von Straßen RAS-Q* (FGSV Verlag, Köln, 1996)
13. Forschungsgesellschaft für Straßen- und Verkehrswesen, *Richtlinie für die Anlage von Straßen RAS-L-1* (FGSV Verlag, Köln, 1984)
14. E. Hoepke, S. Breuer (Hrsg) *Nutzfahrzeugtechnik*, 7. Auflage (Vieweg+Teubner, Wiesbaden, 2013)
15. R. Huber, Model based development of target lane position determination for heavy duty trucks. Thesis, Institut für Verbrennungsmotoren und Kraftfahrwesen, Stuttgart, 2013
16. E.J.-D. Schulze, M. Becke, *Unfallrekonstruktion, LKW Spurwechsel auf mehrspurigen Richtungsfahrbahnen* (Schimmelpfenning und Becke GbR, Münster, 2007)
17. M. Mitschke, H. Wallentowitz, *Dynamik der Kraftfahrzeuge*, 4. Auflage (Springer, Berlin, 2004)
18. B. Heißing, M. Ersoy, *Chassis Handbook* (Vieweg+Teubner, Wiesbaden, 2011)

第三部分　环境感知、传感器融合和感知的进展

第 7 章　多传感器环境感知在自动驾驶中的作用

7.1　简介

自动驾驶的特征在于基于计算机的推导和基于当前交通状况执行适当的驾驶操纵。然而，评估交通状况的基础是关于车辆环境中所有相关实体的信息，包括交通参与者（车辆、行人），道路基础设施（车道标记、交通标志、交通信号灯）或障碍物（路边石、坑洼、灌木）。

为了获得这样的信息，需要使用许多提供相关数据的传感器。然而，这些数据通常不被高级驾驶功能直接使用（例如路径规划或机动决策），而是使用中间处理层，称为环境模型见图 7.1。使用此附加层有以下几个原因：

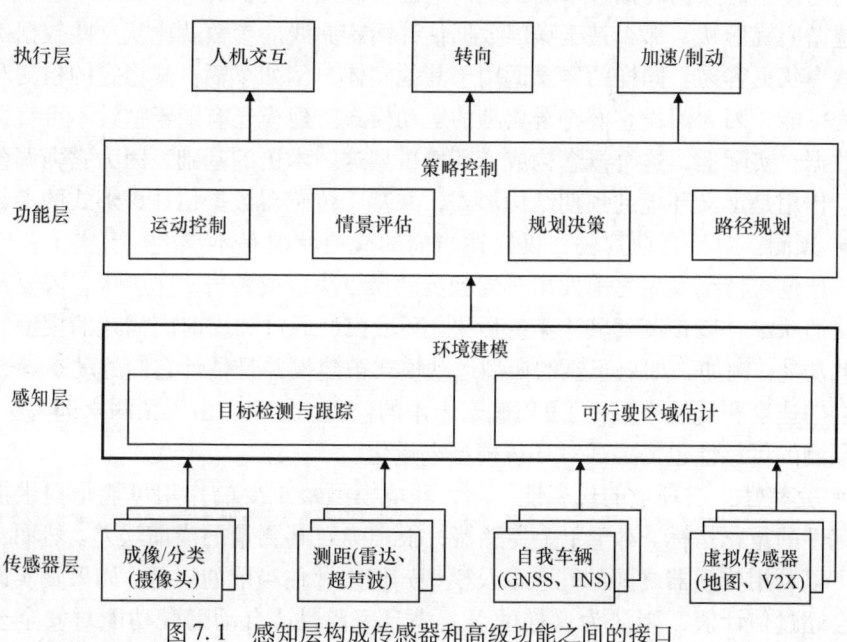

图 7.1　感知层构成传感器和高级功能之间的接口

- **传感器错误**：传感器直接提供的数据会出现不同的错误。一方面，测量信号可能受到传感器噪声、延迟或校准误差等影响的干扰。另一方面（并且更严重），传感器可能根本无法检测到对象或错误地报告环境中不存在的对象。这些效果分别称为漏报或漏报检测。

环境模型包含通过时间滤波减少这些误差的算法，并评估在使用其结果进行驾驶决策时需要考虑的误差的大小。因此，环境建模有助于提高感知的可靠性。

- **传感器抽象**：不同车辆的传感器配置很可能不一样。此外，所使用的传感器的接口和属性可能会改变。通过在传感器和驾驶功能之间提供分离层，环境模型便于实现独立于特定传感器的驾驶功能。这对这些功能的可重复性和架构质量产生巨大影响。因此，环境模型可以被认为是传感器-抽象层。在某种程度上，这可以与编程中使用的硬件抽象层进行比较，以支持便于重用的模块化软件架构。

- **数据融合**：对于许多驾驶功能，需要来自不同传感器的信息（例如，由雷达测量的物体的速度及其由摄像机确定的等级）。环境模型整合来自所有可用传感器的数据，以便提供更大数量和更高质量的可用信息。虽然前者是通过组合覆盖不同视野的异质传感器或传感器来实现的，但后一种效果是基于传感器冗余。环境模型确保驾驶功能可以使用环境的综合表示。

- **建模和假设生成**：与可用传感器数据的质量相比，表示车辆环境的所需信息可靠性构成固有冲突。弥合这一差距的决定性战略是使用模型知识。事实上，环境模型的概念是形成对环境的期望（通常以多种假设的形式），并通过计算它们与观察到的传感器数据的拟合来确认或伪造这些假设。例如，可以假设车道是平行的并且遵循回旋形状，那么基于噪声数据估计回旋曲线的参数就比从这些数据确定完全任意形状更容易。同样的概念适用于其他实体，例如车辆，其稳定的检测和跟踪就成为可能，因为假设它们符合典型的运动模式。建模还有助于估计不可直接观察到的数据。实际上，这个概念构成了环境模型这一术语的基础，因为它强调该层中的主要作用是定义环境的预期结构形式，并基于传感器数据估计该形式的参数。

- **预测**：对于自动驾驶，仅描述当前的交通状况是不够的。事实上，应在碰撞或其他危险情况发生之前发出对驾驶员的操纵决定或警告。这意味着需要预测未来的交通状况，以预测驾驶决策的后果。环境模型通过利用前面描述的模型知识来提供此功能。例如，如果车辆的典型运动模式被建模并且估计它们的动态参数（例如它们的速度和偏航率），则可以确定未来的位置。然而，由于预测永远无法确定，这种预测的可靠性也需要通过环境模型来量化。

- **完整性**：与环境的代表性一起，环境模型最重要的作用可能是提供描述其不确定性的量化指标。对于单个传感器，很难确定其测量的当前误差。然而，环境模型可以利用传感器之间的冗余以及模型知识来评估当前的误差。如果真实误差永远不会超过估计值，则认为这样的误差满足完整性。自动驾驶功能对安全至关重要，因此该属性对于安全操作至关重要。只有当驾驶功能知道环境表示的当前预期误差时，才能做出适当的决定。描述这些不确定性的最常见方式是通过概率。因此，概率推理算法是环境建模算法的核心。

7.2 实践状况

通常，用于自动驾驶应用的车辆环境包括动态和静态实体。在以下内容中，介绍了建模和估计这些实体的典型方法。

7.2.1 动态环境

动态环境的特征在于可以彼此独立地移动的众多实体。其优点是以数学方式对该运动进行建模，以便提高感知的稳健性。因此，建模动态环境的最常用方法是通过独立处理每个移动对象来应用基于对象的范例。

为此目的常用的技术是多物体跟踪（MOT）。这里，对象跟踪指的是利用来自异构感知传感器的噪声测量来通过随时间过滤传感器数据来导出相关对象的数量和特征的任务。这些特征包含在一个称为状态的向量中，通常包括连续参数，如位置、速度和航向角，以及离散状态，如对象类。

虽然有各种 MOT 算法，但其中许多算法可以推广到图 7.2 所示的结构。MOT 算法的基本假设是，由于误报和漏报，传感器报告的检测不一定对应于真实对象。通过引入表示对象假设的轨迹的概念来考虑感知系统的这种固有属性。轨迹由状态估计（通常包括位置和附加的运动学参数）和量化该轨迹代表真实对象的假设（称为存在概率）组成。每当新的传感器数据到达时，状态估计和存在概率都随之更新。

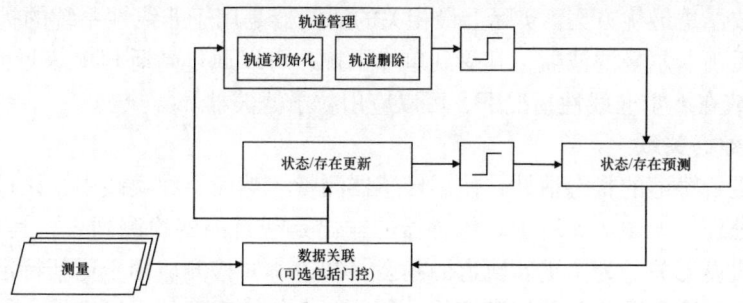

图 7.2　多目标跟踪过程的功能结构

轨道状态独立于传感器测量建模，而两者之间的关系由称为传感器模型的数学函数建模。使用多个传感器模型，可以通过彼此独立的不同传感器更新轨道。因此，通过传感器模型与状态相关的所有传感器都有助于估计该状态以及轨道存在概率。该概念隐含地促进来自不同传感器的数据的空间和时间对准，这通常称为（多传感器）数据融合。

MOT 的概念将在以下小节中基于图 7.2 所示的结构进行解释。

7.2.1.1 贝叶斯滤波的状态估计

一般来说，有几种方法可以实现多传感器融合。在线多传感器融合应用中众所周知且成功应用的技术是贝叶斯状态估计。通过该方法，可以连续地利用来自多个传感器的连续观察之间的时间相关性并将其与先验模型知识相结合。最后，结果由概率密度函数（PDF）表示。递归贝叶斯滤波算法包括两个主要部分：

- 状态预测：在该步骤中，从最后时间步骤 tk1 观察的系统的知识与最近的传感器观测的测量时间 tk 同步。这是通过应用系统模型（例如，在车辆状态估计问题的情况下的适当的运动模型）来实现的，该系统模型描述了系统随时间的预期演变。由于此状态同步仅基于模型知识（通常在每个细节中都与实际不匹配），因此通常会增加估计的不确定性。观察系统的状态和所提供的传感器测量通常不在同一坐标系中定义，因此预测步骤还包括从同步系统状态到测量域的附加变换过程。为了实现这种转换，应用了考虑传感器噪声的传感器特定测量模型。

- 状态更新：在预测步骤之后，可以在测量域和特定传感器观察样本中描述的同步系统状态（也称为状态假设）的概率表示用于比较。在观察到的测量的位置处评估给定假设状态假设的传感器模型的可能性。基于该结果，调整预测状态估计并且在时间 tk 考虑系统的最佳知识。该步骤的结果是来自最新传感器测量的信息与先前累积的系统状态的概率组合。

递归贝叶斯滤波是一种有效且一致的技术，用于在多个传感器之间执行概率数据融合以用于实时应用。特定测量模型考虑不同的测量原理和传感器噪声，而通过应用系统模型隐含地实现异步传感器数据的对准。值得一提的是，递归贝叶斯滤波器有多种实际相关的实现：对于线性系统，其不确定性可以通过高斯 PDF 建模，卡尔曼滤波器是最优方案。实际上最相关的滤波器是用于非线性系统的扩展卡尔曼滤波器和无迹卡尔曼滤波器，其受到单峰干扰，可以通过高斯 PDF 来近似。对于多模式 PDF 或在严重非线性情况下，可以应用粒子滤波器。

7.2.1.2 数据关联

为了更新轨道的状态估计，使用传感器测量。然而，在实践中，该过程受到严重的模糊处理，如图 7.3 所示。传感器的输出是视野内的检测列表，其与 MOT 处理的对象假设无关。为了更新轨道的状态，知道哪些检测应用于更新特定轨道是至关重要的。与此问题相关的模糊性的一部分源于估计本身的不确定性。轨道的位置不是完全已知的，因此难以区分由于测量噪声而显示与轨道不同的位置的检测和来自相邻对象的检测。模糊性的另一部分是由于传感器检测可能是错误的。在图 7.3 中，一些传感器检测可能与车辆有关，它们可能是误报，或者它们可能代表尚未跟踪的车辆。解决这种模糊性被称为数据关联（或者更确切地说，是"跟踪关联的测量"），并且可以被认为是多对象跟踪中的关键挑战。

数据关联的基础是轨道和测量之间的某种距离度量。MOT 不需要使用诸如欧几里德距离之类的几何测量，而是需要应用统计距离测量。该测量一方面考虑了轨道

第 7 章 多传感器环境感知在自动驾驶中的作用

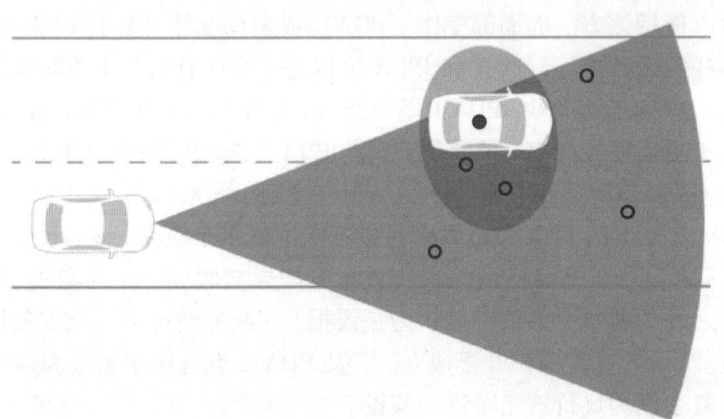

图 7.3 位置不确定性和假阳性检测导致模糊

和传感器测量的不确定性，另一方面促进了不同的组合，将位置和速度等状态变量转换为单个度量。该应用的选择度量是马哈拉诺比斯距离，它是描述多维概率密度函数和点之间距离的统计量度。如果轨道的状态由高斯 PDF 表示，则度量可以被视为在测量位置处评估的轨道的可能性。

基于每个轨道与每个测量之间的马哈拉诺比斯距离，跟踪关联的测量分几个步骤进行。

第一步称为门控。在该阶段中，从最后的步骤中排除超过到最近轨道的预定距离的检测。这些检测被认为是不可关联的，这意味着这些检测被认为不太可能代表已经被跟踪的对象。相反，这些检测被假定为尚未跟踪的潜在对象。因此，它们用于创建新的对象假设（即新的轨道）。除了使用那些不可关联的检测作为新轨道的来源之外，与基于决策的关联技术相结合的另一个原理是避免不合理的关联决策。

关于门控后的第二步，有两组技术：

第一组是通过在每个检测明确地与最近的轨道相关联的意义上进行唯一的 $n-1$ 预关联来降低复杂性（这意味着几个检测可以预先关联到每个轨道）。这些方法可以被视为本地关联技术。第二组没有使用这种简化，这使得它在模糊情况下性能更好，但计算复杂度也更高。

在最后的关联步骤中，可以再次区分两个不同的类别：

● 基于决策的数据关联：在这一类中，在不超过一个检测与轨道相关联的意义上导出唯一关联决策，反之亦然。这可以通过最小化轨道和检测之间的距离来实现。该类别中的本地算法是本地邻近关联，其确定每个轨道的最接近检测。然而，全局邻近关联列举了整体关联假设并选择具有最小距离总和的假设。

● 概率数据关联（PDA）：在此类别中，不做出艰难的决定。相反，所有检测（可能预先与轨道相关联）被认为是有效的关联假设，并且针对每个假设导出概率，其对于更接近某些轨道的检测而言，比对于更远的检测更高。根据是否应用了预关联,可以使用该方法的局部变体(PDA)或全局变体(联合 PDA – JPDA)。

根据某些假设和模型,PDA 和 JPDA 可以进一步区分为几个关联算法的子类:

• PDA/JPDA 与 IPDA/JIPDA:基本的 PDA/JPDA 使用关联权重进行状态更新,但不用于更新存在概率。扩展是集成的 PDA(或相应的联合集成 PDA),相应地更新存在概率。

• GPDA:基本的 PDA 假定每个对象不能生成多个检测。该假设限制了假设的数量,因此降低了复杂性。然而,它还意味着如果接收到一个对象的多个测量值,则除了一个之外的所有测量值都被认为是误报。在某些情况下(例如使用雷达传感器跟踪大型货车),这种假设并不成立。广义 PDA(也可用于集成和联合变体)以更高的计算复杂度为代价放松了这一假设。

作为一个临时结论,数据关联是一个复杂的主题,可以通过表 7.1 和表 7.2 中总结的众多算法来解决。正确算法的选择取决于传感器以及场景和可用的计算能力。

表 7.1 数据关联技术的系统化

数据关联				
门控	距离现有轨迹太远的检测被认为是不可关联的,并且用于创建新轨迹			
预关联 (每次检测)	$n-1$ 关联(局部): 检测与不超过一个轨迹相关联		$n-m$ 关联(全局): 检测可与任何轨迹相关联(无预关联)	
确定性与概率性关联(每个轨迹)	局部最邻近(硬性1–1决定)	概率数据关联(PDA)(没有决定)	全局最邻近(硬性1–1决定)	联合概率数据关联(JPDA)(没有决定)

注:这种方法称为数据驱动的轨道创建。虽然这是几乎最相关的方法,但创造轨迹的理论上一致的方法是从出生分布中随机抽取它们。

表 7.2 概率数据关联技术的进一步系统化

(联合)概率数据关联		
对存在估计的影响	经典的 PDA/ JPDA:存在与关联概率之间没有影响	集成的 PDA/JPDA(IPDA/ JIPDA):两种概率之间的相互影响
假定来自对象的可能真实检测的数量	传统 PDA/JPDA/IPDA/JIPDA 的假设:传感器永远不会从物体接收多个真实检测	通用 PDA/JPDA/IPDA/JIPDA:传感器可以接收每个对象的几个真实检测

7.2.1.3 存在估计

为了估计轨道的存在概率,也可以应用贝叶斯过滤。然而,与连续状态的估计相反,轨道的存在是二元变量。这简化了估计,因为它允许使用离散贝叶斯滤波器。

所考虑的轨道表示真实对象的信念由条件概率 $P(\exists x_k | Z_k)$ 表示,其中二进制

变量 $\exists x_k$ 表示在时间 k 存在对象 x 并且 Z_k 表示从时间 0 到 k 的所有测量的集合。可以使用贝叶斯规则（使用 η 作为归一化常数）来计算该条件概率，这导致

$$P(\exists x_k | Z_k) = P(\exists x_k | z_k, Z_{k-1})$$
$$= \eta \cdot P(z_k | \exists x_k, Z_{k-1}) \cdot P(\exists x_k | Z_{k-1})$$
$$= \eta \cdot P(z_k | \exists x_k) \cdot P(\exists x_k | Z_{k-1})$$

该等式包含两个相关项：$P(\exists x_k | Z_k)$ 表示以除最后一个之外的所有测量为条件的存在概率。它可以通过使用 Chapman – Kolmogorov 方程预测从最后一个时间步到现在时的存在概率来获得：

$$P(\exists x_k | Z_{k-1}) = \sum_{\exists x_{k-1}} P(\exists x_k | \exists x_{k-1}) \cdot P(\exists x_{k-1} Z_{k-1})$$

$P(\exists x_{k-1} | Z_{k-1})$ 对应于来自前一时间步的存在概率，这说明该值可以从每个时间步到另一个时间步迭代地计算。条件概率 $P(\exists x_k | \exists x_{k-1})$ 描述现有对象将持续存在或新对象出现的可能性，并称为出生/持久性模型。然而，更为相关的术语是存在可能性 $P(z_k | \exists x_k)$。该术语描述了对于现有物体和不存在物体的情况的预期传感器测量值。其用法取决于所选的数据关联策略。

对于最近邻居关联，唯一相关的信息是测量是否可以与轨道相关联，即二进制变量。这降低了由四个值组成的概率分布的存在可能性（由于概率总和达到 1 的事实，其中仅需要两个值）。所需的可能性是：

- $P(z_k = 1 | \exists x_k = 1)$：这是传感器的真阳性率，即传感器检测现有物体的概率。
- $P(z_k = 1 | \exists x_k = 0)$：这是传感器的假阳性率，即传感器从没有现有物体的位置提供检测的概率。

通过表征传感器可以获得两个量。如果在视场外认为真阳性率为零，则可以通过为每个传感器独立地更新存在概率来隐含地处理具有部分重叠的观察区域的若干传感器的融合。真实和假阳性率都可以在视场内变化（例如，雷达的检测性能可能取决于由于其天线特性而产生的方位角）。

在使用 PDA 的系统中，存在的可能性还取决于传感器的准确率和误报率，还取决于测量和轨道之间的距离。更多细节可以在文献 [6] 中找到。

7.2.1.4 轨道管理

在 MOT 中，需要专门的、针对特定应用的策略来注入和丢弃跟踪假设。轨道初始化步骤的典型选择是应用数据驱动的状态，基于在每个传感器的占空比之后的不相关的传感器测量来提出新的轨道假设。然而，该方法假设来自观察到的传感器数据的信息足以执行从测量域到目标系统表示的完全逆变换。如果不满足该要求（例如，通常不能从仅包括角度、范围和径向速度的雷达测量导出关于车辆的绝对速度的信息），则必须进行进一步的假设。

这同样适用于已经确认的对象假设的丢弃策略。同样，它取决于目标应用和特

定用例，假设被认为是相关的，因此必须保持并且可以安全地移除（例如，为了节省计算资源）。

7.2.2 占用网格映射的静态环境

尽管前文介绍的动态环境建模旨在表示单个实体，但是占用网格映射是一种更适合于不承担任何类型特征的任意静态环境的补充方法。网格映射的概念是将环境建模为具有细粒度单元大小的均匀间隔的二维网格。网格内的每个单元包括二进制随机变量，其表示在该特定位置处存在障碍物。为了从传感器测量估计这种占用率，通过应用类似于 MOT 中的存在估计步骤的离散贝叶斯滤波器算法来连续更新各个单元。因此，占用网格可以被认为是用于空间和时间分布的测量数据的存储。

与使用提供确认的对象假设的 MOT 的动态环境建模相比，占用网格的结果可以有效地用于推断关于自由空间区域的信息。这对于自动机动的决策和路径规划尤其重要。

由于估算中缺乏动态数量，占用网格通常不适合动态环境。然而，诸如粒子网格之类的混合方法试图克服这种限制，并构成静态和动态环境的估计方法。

7.3 数据融合的挑战

在上一节中，介绍了为自动车辆在动态和静态环境建模的典型技术。以下部分将介绍从业人员在实施环境感知数据融合系统时可能遇到的挑战。

7.3.1 传感器表征

传感器观测是每个感知系统的关键输入。然而，用于观察环境的传感器通常具有缺点。首先，并非每个测量都必须属于真实的现有对象。在跟踪过程中必须消除那些假阳性测量（其数量随时间变化）。反之亦然，并非每个现有实体都在传感器周期产生测量，从而导致漏报。此外，测量受到噪声的干扰。最后，传感器具有有限的检测范围和有限的分辨率。

为了成功实施和应用诸如 MOT 的多传感器数据融合系统，对前面提到的传感器真实特性建模是不可避免的。在下文中，将介绍用于导出和指定这些传感器属性的常用技术。此外，将给出传感器错误建模的例子及其对环境模型的影响：

- 测量噪声：测量信号中的随机波动称为测量噪声。它们的特征在于统计参数，其描述传感器观察值与真实值随时间的平均偏差。例如，对于测量角度、范围和距离速率的雷达系统，测量噪声通常针对每个维度独立给出，并且通过具有适当方差的零均值高斯分布来描述。最后，通过统计滤波诸如贝叶斯估计来实现传感器观测及其行为的知识，以减少随时间的不确定性。

通常，这些参数要么从传感器手册中提取，要么在受控条件下通过测试经验得出。虽然传感器手册的初始值通常是一个很好的起点，但实践表明，这些参数需要在目标场景和使用的数据融合算法中仔细测试和验证。例如，在 MOT 中，测量噪声直接影响数据关联步骤的性能和估计对象的准确性。如果测量噪声设置得太小，则跟踪算法将不能生成稳定的对象假设（即具有恒定轨道 ID 的对象）。另一方面，假设传感器噪声的值过于保守，则环境模型的性能会限制高动态机动。

- 视野：由于 MOT 的概念基于对象假设（参见 2.1 节），因此感知系统目的自然是预测传感器系统是否以及如何被测量特定对象假设。一般而言，传感器观察仅在传感器的视场（FOV）内部进行。在 FOV 内部，传感器观察可能对应于真实物体（因此确认其存在）或被认为是混乱并且应该被忽略。如果对于预测对象假设缺少传感器观察，这通常表明 MOT 内部的假设是不正确的并且应该被移除。当然，这个决定不是在一个特定的时间步骤做出的，而是随着时间推移而得出的。做出此决定所需的时间跨度直接取决于传感器的检测行为。

用于自动驾驶车辆的环境感知的典型配置是使多个感知传感器实现部分重叠的 FOV，以便增加鲁棒性并确保适当的切换。值得一提的是，MOT 的一致性对重叠区域的正确建模非常敏感。如果传感器 FOV 被建模为过于乐观（即传感器范围被建模为大），则 MOT 算法将 FOV 边界处不存在的传感器观测视为可能漏检，因此建议删除对象假设。这可能导致不直观的情况，其中两个传感器相互作用而不是确认共同对象假设。

- 检测行为：虽然测量噪声已经在准确度方面给出了传感器观测质量的指示，但它不包括有关传感器系统可靠性的任何信息。类似地，虽然传感器的 FOV 已经给出了二进制指示，但是在主车辆周围的特定位置处是否可以预期传感器观测，但是它没有以统计方式量化检测概率。一种直接的方法是量化传感器是否将以恒定的检测概率检测到在 FOV 内部存在的对象的概率。

给定检测 FOV 内的对象的示例性高可靠性传感器，已经缺失的一个检测可能指示感知内的对象假设是错误的并且应该被移除。

尽管对于简单的设置和场景，恒定检测概率的假设产生合理的结果，但实际评估已经表明大多数感知系统需要对检测概率进行更复杂的建模。MOT 建模的典型演变是使检测概率取决于传感器 FOV 内部的位置。同样，可以使用经验评估来推导这些值。

- 遮挡：通常，特定传感器能够以给定的检测概率检测其 FOV 内的对象，可以是恒定的或动态地从其他参数（例如，对象位置或天气条件）导出。然而，对于某类感知传感器，例如激光雷达、雷达或图像，FOV 可能由于其他物体的遮挡而暂时受损。为了根据检测概率描述的行为一致地区分由暂时遮挡引起的系统中断和丢失检测，传感器模型需要明确地考虑其他跟踪假设的位置和空间扩展。如果 MOT 不考虑遮挡，则通常立即从轨道列表中丢弃将要被遮挡的对象，因此不再是环境模型的一部分。适当的遮挡处理对于高级场景尤其重要，在这些场景中，基于通信的信息（例如车辆-车辆数据）被认为是环境感知内部。

7.3.2 扩展对象

如前面 2.1 节所述，交通运输部旨在以综合方式估算监测区域内动态道路实体的时变数量和特征。当前实际的 MOT 实现已经考虑到传感器观察通常不完美并且因此受到噪声和误报的事实。此外，临时中断（所谓的漏报）通常通过具有适当的传感器特定检测概率的建模来处理。

此外，几乎每个 MOT 实现的核心部分，即数据关联算法，通常假设每个对象只生成一个物理传感器检测。基本上这意味着要跟踪的对象被认为是具有一个唯一且固定的反射中心的点源。该选择背后的基本原理是确保在实时条件下能够处理的计算复杂度的有效实现。

但是，并非在所有情况下，这种强有力的假设都是恰当的。例如，图 7.4 展示出了远程车辆在后保险杠上产生三个真实观察的场景，其可由主车辆的前视感知传感器直接观察到。显然，物体是否直接产生多个真实传感器观测值取决于传感器分辨率和观察对象的尺寸。考虑现代感知传感器的性能不断增加，每个对象的多个检测问题变得与将来的应用相关性更强。此外，自动化系统将针对更密集的环境，例如与其他道路使用者的平均距离较小的城市区域，因此每个对象的探测次数也增加。

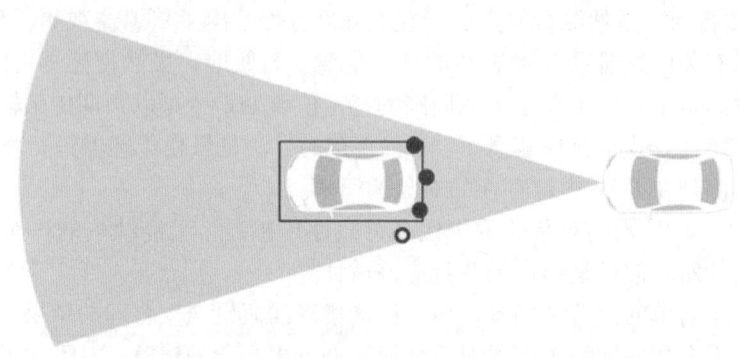

图 7.4 在扩展对象跟踪中，实体可以生成多个检测

在实际系统中用于解决每个对象的多个检测的挑战的直接方法是在传感器接口和感知层之间引入专用检测器。通常，选择聚类方法，其将扩展对象的多个观察结果从一个时期细化到一个特定对象度量。通过该方法，保持点源假设，并且可以应用通常的数据关联算法。然而，非统计方法的一个主要缺点是仍然没有解决测量不确定性和假阳性现象的一致性处理问题。此外，显式检测阶段的引入使得使用所示方法制定的决策几乎不可能逆转。

7.3.3 跟踪初始化

MOT 的基本概念是通过使用来自若干后续时间步骤的测量来迭代地更新轨道，从而提高状态估计的可靠性以及对轨道存在的信心。如 7.3 节所述，稳态轨道的主要挑战是数据关联。但是，跟踪性能的另一个重要步骤是跟踪初始化。如果不太可能基于从现有轨道生成的传感器数据创建新对象假设（轨道），则需要进行轨道初始化。轨道的初始化意味着从单传感器检测导出第一状态估计。如果此初始化的质量不高，则该轨道很可能不会与后续时间步骤的测量值相关联。反过来，这将阻止稳态跟踪并导致重复创建和删除表示相同物理对象的轨道。特别是对于确认物体的时间特别短的应用（例如，自动紧急制动），这种效果会导致严重的功能故障。

轨道初始化的主要挑战是找到不可观测量的初始值，主要是速度和航向。该步骤的难度主要取决于传感器和应用感知系统的场景。这将在两个例子中讨论。

摄像机和激光雷达能够提供相关物体的位置测量。它们无法直接测量速度。然而，雷达仅可以在径向方向上测量速度。这意味着可以通过雷达直接测量本车辆前方的物体的速度，而在本车辆的一侧移动的物体的纵向速度不能测量。

物体的航向角不能直接测量。然而，该数量的可变性取决于具体场景。在高速公路场景中，初始化对象可以在与主车辆相同的方向上行驶。然而，在交叉路口等城市环境中，这种假设是无效的。相反，物体可以在任意方向上移动。

处理初始化模糊的常用方法是使用多个初始化假设。在后面的时间步骤中，可以使用它们与当时可用的附加传感器数据的拟合来评估这些假设。然而，这种方法需要严格处理存在概率，以避免在正确确定对象存在的置信度方面违反系统的完整性。

7.3.4 异步传感器和无序处理

数据融合的一个挑战是来自多个传感器的独立测量数据的组合，以获得更准确和可靠的环境估计。通常，传感器以固定的时间间隔提供测量数据。然而，它们通常不与公共时钟同步，因此很可能测量异步地得到数据融合。特别是在动态环境中，需要同步策略，否则对象的真实状态可能在传感器观测之间发生变化。通过使用贝叶斯过滤，如 7.2 节中所提出的，通过应用系统模型的预测步骤，自然地包括了测量同步。

此外，若干异构传感器系统的数据融合提出了根据其有效时间正确地重新排序单个观测数据的问题。这个问题通常被称为无序测量（OOSM），这主要是由于不同的固有传感器延迟。通常，传感器等待时间包括由于测量原理导致的采集时间、传感器内部的处理时间，以及向感知系统通信所需的时间。延迟也可以分类为确定性和非确定性。如果在多传感器融合内部未正确处理这些延迟，则测量的原始顺序将丢失。例如，基于雷达感知传感器的传感器延迟在 80～200ms 的范围内。

然而，MOT 中使用的典型贝叶斯滤波器依赖于数据按正确的时间顺序到达，因此在 OOSM 场景下如果没有适当的处理就会产生错误的估计结果。特别是具有高动态性的场景，例如车辆跟踪（如自动紧急制动），容易受到这个问题的影响。

虽然有几种具有不同复杂程度的潜在方法来处理 OOSM，但通常不清楚哪种技术应该在特定的 MOT 应用程序中实现。当感知传感器之间的延迟差异相当低时，一个直接解决方案是完全忽略等待时间，同时略微增加传感器的建模测量噪声从而得到合理的结果。该方法背后的基本原理是将时域中的误差转换为测量域。其他更复杂的方法，或者旨在执行传感器测量的推断，或者直接尝试应用专用的 OOSM 策略（例如逆向反馈），如根据其正确的有效时间将测量结果包含在多传感器数据融合中。

7.4 实现工作流程和感知范例

在前面的章节中，介绍了核心算法以及环境感知系统的选定挑战。在本节中，这些内容应映射到支持实施过程的实践状态设计范例和基于工具的工作流程。这包括感知软件模块的实现、配置及其验证。

7.4.1 感知软件的设计范例

实现用于环境感知的软件组件的直接方法是在汽车领域（例如 V 模型）中应用一种常用的系统设计模型，并基于先前定义的要求启动软件实现。这意味着使用适用于嵌入式系统的软件开发环境，因为最终软件应该在车辆的电子控制单元（ECU）中执行。

虽然这种方法非常适合汽车软件的其他部分，但它对环境感知软件的实施显示出显著的缺点。其原因可以在上一节中描述的挑战中找到：由于环境感知相对于传感器和场景的可变性，提前指定所使用的算法是相当具有挑战性的。立即从规范开始实施可能会导致无法满足这些要求或使用比所需要的要复杂得多的算法配置，从而浪费最终系统中的计算资源。由于现代软件设计模式缺乏对嵌入式软件的适用性，这种软件对未来系统的可重用性也是有限的。

由于这些原因，最常用的设计范例是基于系统的早期原型的迭代方法，该系统被不断地测试和改进以提高系统要求。这种方法的优点是更高的开发速度（由于使用非嵌入式环境）以及所实现软件的更好的可扩展性和可重用性。然而，这种范例可以进一步划分：一种常见的选择是通过手动编码实现软件原型。这种方法的唯一优点是使用非嵌入式编程语言。第二种方法是使用基于模型的范例，建立在预定义的库和架构模型上。这种方法可以显著加快开发过程，因为它提供了广泛的预先实现的算法和模型，可以使用自动代码生成器完成到系列代码的转换，这使得嵌入式软件的手动编码过时。除了开发速度的优点之外，自动代码生成也被广泛接受以提供更安全的代码,因为可以避免典型的手动编码错误。缺点是(给予足够的努力)手动嵌入代码通常可以比自动生成的代码更优化用于特定平台和应用程序。

使用自动生成代码的基于模型的设计是许多汽车软件组件(例如,发动机ECU或控制器设计)的完善的设计范例。该范例的基础是假设软件遵循特定领域的体系结构,因此可以使用预定义的一组构建块,以统一的方式对其进行建模。虽然这对许多应用来说都是如此,但定义环境感知的标准化模型的过程仍在进行中。截至今天,环境感知算法的主要部分可以统一建模;但是,还有其他部分需要分别适应传感器配置或场景。

此外,基于经典模型的设计工具专为面向信号的系统而设计,允许处理和处理一组标量信号。然而,感知系统的输入通常更复杂,要处理的数据类型包括可变长度、点云或图像的对象列表。使用面向信号的工具来处理这些数据使得设计过程特别复杂。

基于当前模型的设计范例的这两个限制,越来越多地使用额外的工作流程。这一范例在本章中称为混合原型,因为它结合了基于模型和基于编码的原型的特征。混合原型的概念如图 7.5 所示,这种范例假设 7.2 节中描述的关键算法由众多可用变体中的感知库提供。通过定义环境感知的通用体系结构,可以使用这样的库来配置算法层。

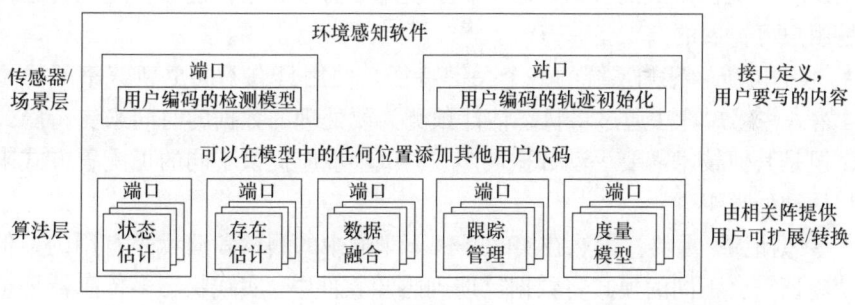

图 7.5 混合设计范例,结合了基于模型和基于编码的方面

在第二层(称为传感器和场景层)中,变体太多而不能被一个通用模型覆盖。因此,可以定义标准化接口,其允许用户通过添加他自己的代码来实现感知的重要部分,例如检测模型和轨道初始化。最后,用户可以在模型中的任何位置添加其他代码。这可能是处理特殊情景条件或实施特定处理优先级策略所必需的。

该范例的应用需要代码生成器,其不限于一组有限的模型和模板,而是促进从库提供的模型和用户代码生成通用代码。表 7.3 总结了本节中讨论的不同设计范例。

表 7.3 感知软件设计范例的比较

设计范例	过渡到系列系统	开发时间	灵活性
直接 ECU 实施	不必要	长	无
基于编码的原型设计	手动重新实施	长	低
基于模型的原型设计	基于模板的代码生成	短	中等
混合原型	通用代码生成	短	高

7.4.2 用于测试和验证的软件环境

测试和验证软件通常需要提供定义的输入数据、执行软件，并将结果与预期输出进行比较。对于环境感知系统，输入数据的维度很重要。此外，测试和验证需要特定方案和用例的数据。最后，系统的复杂性使得在没有特定领域的数据表示和专用关键性能指标（KPI）的计算的情况下识别错误源尤其具有挑战性。这些特征促使使用特定领域的环境来实现、调试和测试环境感知软件系统。在下文中，将讨论此类环境的关键属性，以便为读者选择适当的环境提供指导：

- 传感器接口：测试感知软件意味着为其提供来自汽车感知传感器（如雷达、相机或激光雷达）的数据。多传感器框架应为典型传感器和汽车接口（包括访问汽车总线系统）提供现成的接口。为了便于使用专有或原型传感器，这些传感器接口应该是用户可扩展的。

- 数据同步：感知系统的一个关键特征是使用具有不同更新速率的异步传感器。虽然一些感知算法通过将状态估计预测为要处理的数据的时间来支持隐式数据同步，但是其他技术需要手动数据同步。测试环境应提供不同的可配置方式来同步数据和活动处理组件。

- 数据记录/重放：虽然在实时条件下车辆中的测试和演示是有用的，但调试和手动验证需要不同的模式将数据反馈到感知软件中。实践状态多传感器环境有助于方便地记录复杂的带时间戳的数据。这有利于同步重放，包括诸如暂停、单步处理或特定场景的选择之类的特征。

- 与仿真软件的接口：测试感知软件需要传感器数据。但是，在开发过程开始时，传感器和测试车辆并不总是可用的。此外，并非所有场景都可以在真实环境中安全地进行测试。因此，仿真软件可用于定义场景和运行模拟。大多数仿真工具都有助于闭环测试，其中反馈传感器数据处理的结果以修改仿真的行为。感知系统的测试环境应该提供与常见仿真工具的接口，以便于虚拟验证。

- 可视化：由于感知系统的复杂性，需要一个特定领域的数据表示来合理地调试系统并识别错误。对于手动调试，丰富的可视化是分析感知性能的宝贵工具。以此为目的的典型要求包括用摄像机图像覆盖传感器数据或感知结果，并以自上而下的视角可视化整个交通场景。图 7.6 说明了多传感器 360°感知示例的这一概念。

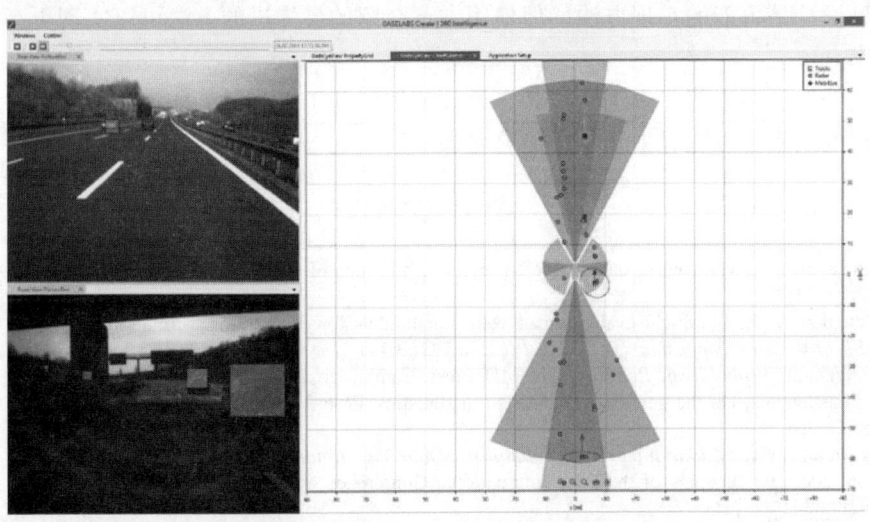

图 7.6 特定领域的数据可视化支持感知软件的调试

- 与其他特定领域软件的接口：用于自动驾驶车辆的软件部分是在特定的开发环境中编写的，例如用于控制器设计的 MATLAB Simulink。用于感知软件的测试工具应该支持这种环境的接口，以便促进对感知和控制器软件的统一测试。
- 测试自动化：除手动调试外，测试感知系统通常还需要自动化测试。这意味着自动处理大量记录的传感器数据以及特定 KPI 的计算。因此，测试环境应为外部测试管理工具提供接口，以便于选择要处理的数据，组件的参数化以及被测应用程序的自动控制。

这些要求表明，环境感知软件的测试和验证需要特定领域的工具支持，以促进有效的过程。实践经验表明，可用于此目的的工具可以为可靠感知软件的实施做出重大贡献。

7.5 结论

在本章中，环境模型已被确定为自动驾驶车辆的关键组成部分。已经呈现和讨论了用于静态和动态环境的典型算法，特别是多个对象跟踪。此外，还提供了从业者角度的其他信息：

一方面，有人认为所有传感器配置和用例都没有通用的感知，而是需要可配置的感知软件。此配置需要基于传感器配置和目标用例（这反过来会影响适当算法的选择）。因此，本章的一个结论是，对于自动驾驶，环境模型不存在。相反，我们很可能会看到各种各样的实现。

另一方面，已经表明可配置的感知需要新的设计范例。虽然经典的手工编码或纯模型设计是可能的实现方法，但使用本章介绍的最先进的方法可以实现更高的设计效率。

此外，已经表明，由于实践状态设计范例和基于工具的工作流程，该软件的设计过程的效率可以在过去几年中显著增加。

参 考 文 献

1. B. Khaleghi et al., Multisensor data fusion: A review of the state-of-the-art. Inf. Fusion **14**(1), 28–44 (2013)
2. R. Schubert et al., Empirical evaluation of vehicular models for ego motion estimation, in *Intelligent Vehicles Symposium (IV), 2011 IEEE*. IEEE (2011)
3. S. Thrun et al., *Probabilistic Robotics* (The MIT Press, Cambridge, 2005)
4. P.C. Mahalanobis, On the generalised distance in statistics. Proc. Natl. Inst. Sci. India **2**(1), 49–55 (1936)
5. D. Musicki, R. Evans, *Joint Integrated Probabilistic Data Association—JIPDA*, in Information Fusion, 2002. Proceedings of the Fifth International Conference on, vol. 2, pp. 1120–1125, 8–11 Jul 2002
6. C. Adam, R. Schubert, G. Wanielik, *Radar-based extended object tracking under clutter using generalized probabilistic data association,* in Intelligent Transportation Systems—(ITSC), 2013 16th International IEEE Conference on, pp. 1408–1415, 6–9 Oct 2013. doi:10.1109/ICIF.2002.1020938
7. R. Danescu, F. Oniga, S. Nedevschi, Modeling and tracking the driving environment with a particle-based occupancy grid. Intell. Transp. Syst. IEEE Trans. **12**(4), 1331–1342 (2011). doi:10.1109/TITS.2011.2158097
8. C. Coué et al., Bayesian occupancy filtering for multitarget tracking: An automotive application. Int. J. Robot. Res. **25**(1), 19–30 (2006)
9. M.M. Muntzinger et al., Reliable automotive pre-crash system with out-of-sequence measurement processing, in *Intelligent Vehicles Symposium (IV), 2010 IEEE*. IEEE (2010)
10. A. Rauch et al., Car2x-based perception in a high-level fusion architecture for cooperative perception systems. *Intelligent Vehicles Symposium (IV), 2012 IEEE*. IEEE (2012)
11. Y. Bar-Shalom, Update with out-of-sequence measurements in tracking: Exact solution. Aerosp. Electron. Syst. IEEE Trans. **38**(3), 769–777 (2002)

第8章 基于伽利略的高级驾驶辅助系统：关键部件和开发

8.1 简介

随着欧洲导航卫星系统"伽利略"的引入，目前正在讨论全球导航卫星系统（GNSS）在驾驶员辅助系统领域的先进应用的可能性。

基于GNSS的应用程序在现代高级驾驶员辅助系统（ADAS）领域越来越重要，因为它们有助于提高道路交通的安全性和舒适性。虽然经典驾驶辅助系统，例如防抱死制动系统（ABS）和电子稳定控制系统（ESC），使用车载传感器，但未来的ADAS开发会考虑环境因素。在这种情况下，有效检测环境中的静止或移动车辆是必不可少的。

经典驾驶辅助系统积极地支持驾驶员。然而，目前的系统所用传感器探测范围有限，并且会受到不同环境条件的影响。在这种情况下，可以通过将GNSS与车辆对车辆（V2V）通信相结合，以实现对环境的远程检测从而实现显著的改进。

欧洲导航卫星系统"伽利略（Galileo）"将比现有系统具有更好的完整性和可用性。此外，它还将提供更高的定位精度。在这方面，基于GNSS的ADAS是亚琛工业大学自动控制研究所目前的研究课题。

本章结构如下：8.2节概述了所使用的测试环境。8.3节介绍了使用卡尔曼滤波器的伽利略和车载传感器的传感器数据融合。随后，8.4节介绍了Galileo在ADAS中的两个应用：协同自适应巡航控制和碰撞避免系统。

8.2 测试环境：Aldenhoven测试中心和automotiveGATE

对于可能影响车辆驾驶行为的与安全相关的高级驾驶员辅助系统的测试，一个专用的汽车测试中心是非常重要的开发组件。由于大部分欧洲汽车测试中心是由汽车制造商自己经营的，因此中小型企业或研究机构很难进入这些测试中心。此外，不可能在可控条件下在实际车辆中测试基于GNSS的系统。出于这些原因，亚琛工业大学（RWTH Aachen University）与伽利略（Galileo）测试环境相结合，开发了一个中立的汽车测试中心。

automotiveGATE 由六个地面发射天线组成，即所谓的伪卫星。这些伪卫星模拟了 Aldenhoven 测试中心区域内欧洲卫星导航系统 Galileo 的信号。位置测量精度高达 0.8m。automotiveGATE 提供了独立于真正的伽利略卫星测试基于伽利略的应用程序的可能性，可以操纵 automotiveGATE 的信号。例如，可以研究不同级别的位置精度对新开发的基于伽利略的驾驶员辅助系统的影响。该中心的另一个优点是它允许在预先指定和可重现的条件下测试应用程序。

在图 8.1 中，描绘了 Aldenhoven 测试中心（ATC）的不同轨道元件和汽车GATE 的伪卫星的位置。ATC 为汽车测试提供所有必要的轨道元素。详细地说，这些是椭圆形回路，操纵轨道，制动测试轨道，车辆动力学区域，粗糙路面，山坡区域和高速公路。例如，椭圆形回路的长度为 2km，车辆动力学区域的直径为 210m。特别是，车辆动态区域是高级驾驶员辅助系统测试的理想选择，因为可以设置任意交通场景。

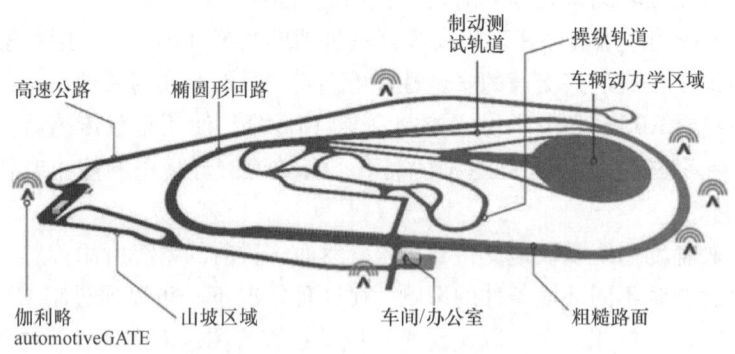

图 8.1　Aldenhoven 测试中心和 automotiveGATE

ATC 和 automotiveGATE 的组合是独一无二的，它不仅可以测试标准驾驶员辅助系统，还可以测试高级驾驶员辅助系统，这些系统在可控条件下使用不同道路使用者的位置、速度和时间信息（PVT）。

在卫星系统全面运行之前，automotiveGATE 可以开发基于伽利略的应用。Aldenhoven 测试中心与 automotiveGATE 相结合，为开发基于 Galileo 的驾驶辅助系统提供了理想的条件，这些系统将在以下章节中介绍。

8.3　基于伽利略的传感器融合

在本章中，描述了基于伽利略（或基于典型的 GNSS）的驾驶员辅助系统的某些基本特征。此外，还介绍了在实施基于 GNSS 的控制系统时如何考虑这些特性。

更具体的将要解决的方面是典型 GNSS 传感器的更新速率、延迟的输入数据以及传感器融合的需要。

8.3.1 GNSS 特性

在控制系统中使用 GNSS 数据时几乎不可避免地需要解决的一个方面是需要传感器融合。与汽车控制系统中使用的其他传感器不同，GNSS 传感器需要被视为不可靠。虽然高度专业化的 GNSS 传感器的位置可以达到厘米甚至更小的数量级，但是可实现的精度高度依赖于外界情况。例如，由于视野中卫星数量不足或多径效应，传感器精度会降低。此外，没有或只有不精确的 GNSS 信息可用的情况是多方面的，例如隧道或停车场驾驶。沿路障碍，特别是高层建筑（"城市峡谷"），也会大大降低准确性。即使在最佳条件下，GNSS 传感器也会受到启动采集时间的影响。因此，人们不能依赖于在系统启动时容易获得的信号。一旦进行了正确的操作，GNSS 传感器就会出现另外两个方面。例如，数据通常以约 5～10Hz 的相对低的采样频率输出。而且，GNSS 传感器需要一定的计算时间以便根据所获取的卫星信号计算位置。这种时间延迟通常是不可忽略的，可以是十分之几秒。

8.3.2 传感器融合

传感器融合是一种非常常见且有用的手段，以克服由上述特征引起的限制。为此，使用车载传感器（例如加速计、陀螺仪或车轮速度传感器）增强 GNSS 信号。这些传感器非常可靠，并以高更新速率提供信息。但是，该信息仅是递增的，因此不能仅从板载传感器计算绝对位置。此外，由于错误集成，仅基于板载传感器的导航结果易于漂移。在用于导航应用的典型传感器融合实现中，GNSS 数据用于提供绝对位置测量，而板载传感器数据用于"插值"。这样，可以实现更高的更新速率。而且，它可以考虑上述传感器延迟。此外，可以为 GNSS 传感器的短暂停机提供有效的位置信息。

从算法的角度来看，预测器-校正器结构非常适合于实现传感器融合任务。为此，可以使用例如状态空间形式的动态模型。在下文中，索引 k 和 $k-1$ 用于表示时间步长。例如，x_k 和 x_{k-1} 表示时间步长 k 和 $k-1$ 处的系统状态。类似地，u_{k-1} 是指在时间步长 $k-1$ 处的输入并且在时间步长 k 处输出。A_{k-1}、B_{k-1} 和 C_k 描述了系统动力学以及输入和输出行为，没有考虑馈通：

$$x_k = A_{k-1}x_{k-1} + B_{k-1}u_{k-1}$$
$$y_k = C_k x_k \tag{8.1}$$

预测器-校正器结构的功能可以概述如下：首先，该模型用于基于最后时间步骤的系统状态以及已知输入（预测步骤）来预测系统的当前状态和输出。

$$\hat{x}_k^- = A_{k-1}\hat{x}_{k-1}^+ + B_{k-1}u_{k-1}$$
$$\hat{y}_k^- = C_k\hat{x}_k^- \tag{8.2}$$

然后,将系统模型的输出与测量的系统输出进行比较,反馈差异以校正估计的模型状态(校正步骤):

$$\hat{x}_k^+ = \hat{x}_k^- + K_k(\tilde{y}_k - \hat{y}_k^-) \tag{8.3}$$

这里,$\hat{y}_k$ 表示测量的系统输出,K_k 表示校正的反馈增益。请注意,命名法不使用"实际"状态 x_k。相反,使用"估计"状态 $\hat{x}_k$。此外,估计状态 $\hat{x}_k^-$ 和输出 $\hat{y}_k^-$ 和估计状态 $\hat{x}_k^+$ 和输出 $\hat{y}_k^+$ 之间存在区别,最新的测量值已用于校正它。

8.3.3 卡尔曼滤波器及扩展卡尔曼滤波器

关于如何实现实际预测和校正步骤存在许多方法和变化。最受欢迎的方法是卡尔曼滤波器及其扩展——扩展卡尔曼滤波器(EKF)。

卡尔曼滤波器不仅估计系统状态本身,而且还以系统状态的(估计的)协方差矩阵 P_k 的形式跟踪这些估计的不确定性:

$$P_k = E[(x_k - \hat{x})(x_k - \hat{x})^T] \tag{8.4}$$

P_k 描述了估计误差的预期概率分布。每次执行预测时(由于通过预测引入更多的不安全性),该协方差增加,并且每当使用新的测量值来校正系统状态时,该协方差下降。有关卡尔曼滤波的详细介绍可以在文献 [2] 中找到。

对于卡尔曼滤波器的设计,使用系统以及形式的测量模型。

$$x_k = A_{k-1}x_{k-1} + B_{k-1}u_{k-1} + w_{k-1}$$
$$y_k = C_k x_k + v_k \tag{8.5}$$

这里,w_{k-1} 和 v_k 是白噪声干扰,假设它们作用于过程及其测量输出。使用过程噪声协方差矩阵 Q_k 和测量噪声协方差矩阵 R_k 量化它们的噪声水平:

$$E(w_i, w_j^T) = \begin{cases} Q_k, & i=j \\ 0, & i \neq j \end{cases} \tag{8.6}$$

$$E(v_i, v_j^T) = \begin{cases} R_k, & i=j \\ 0, & i \neq j \end{cases} \tag{8.7}$$

然后给出根据式(8.3)在滤波器的校正步骤中使用的卡尔曼滤波器增益 K_k:

$$K_k = P_k^- C_k^T (C_k P_k^- C_k^T + R_k)^{-1} \tag{8.8}$$

协方差估计的更新如下:

$$P_k^- = A_{k-1} P_{k-1}^+ A_{k-1}^T + Q_{k-1} \tag{8.9}$$

并且校正为:

$$P_k^+ = (I - K_k C_k) P_k^- \tag{8.10}$$

给定线性系统的假设并且使用白噪声假设正确地量化过程和测量噪声,卡尔曼滤波器是最优迭代估计器。这意味着找到能够提供更好的系统状态近似的迭代滤波器是不可能的。

当然,很少有可能使用如上所述的线性模型来完美地描述实际系统。此外,通常白噪声假设都不成立,也不总是可以获得干扰的精确量化。尽管如此,这种类型的过滤器非常强大,因此在许多应用中使用。存在使用预测器-校正器结构的卡尔曼滤波器和其他观察者算法的许多扩展和变体。例如,EKF 在预测步骤中使用非线性模型,并在校正步骤内对其进行线性化,允许考虑某些非线性系统。其他滤波器,如 Sigma Point 滤波器,使用非线性模型和采样概率分布来改善系统受非线性影响时的协方差更新。

8.3.4 示例:简单的 2D 案例

在下文中,使用用于实现简单过滤器的模型的示例。过滤器基于横摆率、车轮速度和 GNSS 传感器的测量值。尽管相对简单,但这种滤波器已经比使用原始 GNSS 信号有了实质性的改进。

车辆动力学中广泛使用的模型是双轨模型(图 8.2)。这里,车辆被建模为一个带有四个轮子的刚体。

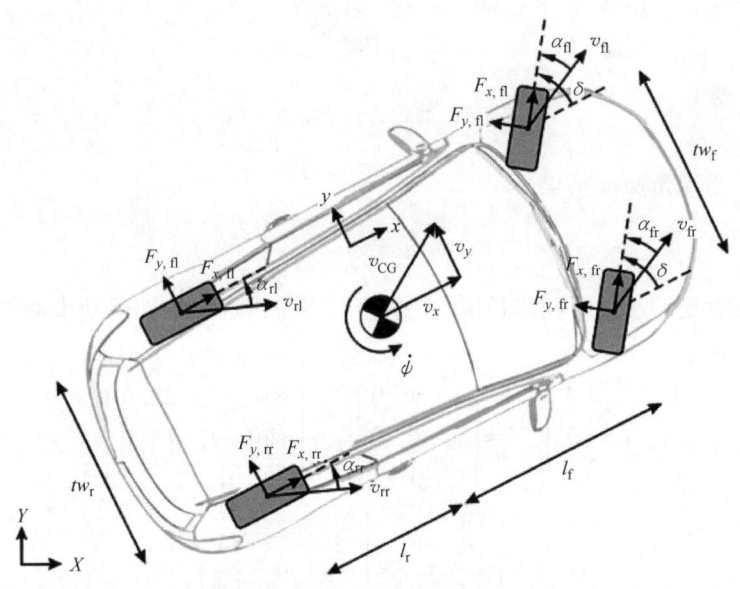

图 8.2 双轨模型

作用在每个轮胎上的力 $F_{X,xx}$ 和 $F_{Y,xx}$ 通过横向和纵向滑动建模,这是由非自主运动引起的。该模型能够考虑横向动力学中的影响,例如当车辆航向与重心运动方向不耦合时，出现转向过度和转向不足，因为车辆前进方向与重心的运动方向分离。对于不需要如此详细考虑横向动力学的应用，一个更简单的模型，例如简化的运动单轨模型（图8.3）就足够了。在这里，可假设完美的自主运动，因此完全忽略了动力学和轮胎打滑。如果选择参考点（因此理想情况下是GNSS接收器的安装点）作为后轴的中心，则其运动可以描述为圆周运动。

转弯半径由车辆长度 L 和转向角 δ 确定：

$$R = \frac{L}{\tan(\delta)} \tag{8.11}$$

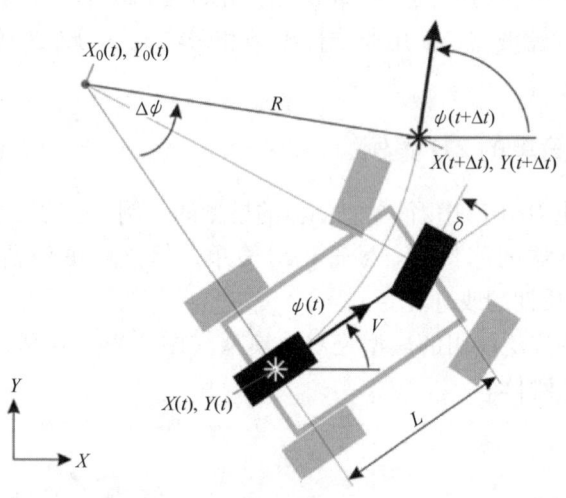

图8.3 简化的运动单轨模型

然后，横摆角速度结果为

$$\dot{\psi} = \frac{V}{R} \tag{8.12}$$

如果假设足够小的时间步长 T，则甚至可以使用逐步线性运动来最终以状态空间形式描述模型：

$$x_{k+1} = \begin{bmatrix} X \\ Y \\ \psi \end{bmatrix}_{k+1} = \begin{bmatrix} 1 & 0 & 0 \\ 0 & 1 & 0 \\ 0 & 0 & 1 \end{bmatrix} x_k + \begin{bmatrix} \cos(\psi) \cdot T & 0 \\ \sin(\psi) \cdot T & 0 \\ 0 & T \end{bmatrix} u_k$$

$$y_k = \begin{bmatrix} 1 \\ 1 \\ 1 \end{bmatrix} x_k \quad x = \begin{bmatrix} X \\ Y \\ \psi \end{bmatrix} \quad u_k = \begin{bmatrix} V \\ \psi \end{bmatrix} \tag{8.13}$$

参考点的速度 V 可以被认为是后轮的平均速度，而横摆率的测量可以从（偏置补偿的）惯性传感器获得。

即使应用对精度要求不高，建议考虑GNSS测量的时间延迟。虽然对于GNSS

传感器，测量的时间戳非常精确地已知，但它仅在（变化的）处理时间之后可用，该处理时间可以是十分之几秒。如果测量仅用于状态校正而无需进一步处理，则将使用输出的最新估计和几个时间步长的测量来校正系统状态。一个直观但有效的处理延迟可能性是使用环形缓冲区来保存由过滤器计算的旧系统状态估计。然后，当新测量变得可用时，可以从缓冲器获得对应于实际测量时间的状态估计。可以使用更复杂的方法来处理延迟，例如，如文献［6］中所述，其中更加注意不仅要密切地注意延迟量，而且要正确地传播协方差估计。

8.3.5 示例：3D 案例

在高动态机动的情况下，简单的单轨道模型不能捕捉车辆的重要动态。因此，必须选择更复杂的模型。

为了完整描述车辆，必须在所有三个维度上估计车辆的位置、速度和姿态。可以使用惯性测量单元（IMU）提供的信号来计算估计。该 IMU 使用三个加速度计和三个陀螺仪来测量 x、y 和 z 方向的加速度以及滚动、俯仰和偏航角速率。通过整合这三个加速度和三个旋转速度，可以预测位置、速度和方向。该集成能够以高数据速率提供计算结果。然而，预测仅在短时间内易于漂移是准确的。

GNSS 接收器提供长时间稳定的位置和速度信息，但数据速率较低。该信息可用于估计由 IMU 传感器数据的积分产生的误差 δ_x。因此，使用误差状态空间公式中的卡尔曼滤波器。该滤波器估计预测步骤中的误差协方差矩阵，并且一旦来自 GNSS 的新测量可用，则计算估计误差 δ_x。除了估计位置 δ_p，速度 δ_v 和姿态 δ_ε 的误差外，还可以估算加速度计 δb_a 和陀螺仪 δb_ω 的偏差，以便在线纠正它们。总而言之，结果模型由 15 个状态变量组成

$$\delta x = \Big[\underbrace{\delta x_n \delta x_e \delta x_d}_{\text{position error}\,\delta \boldsymbol{p}^\mathrm{T}} \quad \underbrace{\delta v_n \delta v_e \delta v_d}_{\text{velocity error}\,\delta \boldsymbol{v}^\mathrm{T}} \quad \underbrace{\delta \phi \delta \theta \delta \psi}_{\text{attitude error}\,\delta \boldsymbol{\varepsilon}^\mathrm{T}}$$

$$\underbrace{\delta x_{a,x} \delta b_{a,y} \delta b_{a,z}}_{\text{accelerometer bias error}\,\delta \boldsymbol{b}_a^\mathrm{T}} \quad \underbrace{\delta b_{\omega,x} \delta b_{\omega,y} \delta b_{w,z}}_{\text{gyroscope bias error}\,\delta \boldsymbol{b}_\omega^\mathrm{T}} \Big]^\mathrm{T} \tag{8.14}$$

模型的线性化导致形式的状态空间模型：

$$\frac{\mathrm{d}}{\mathrm{d}t} \begin{bmatrix} \delta \boldsymbol{p} \\ \delta \boldsymbol{v} \\ \delta \boldsymbol{\varepsilon} \\ \delta \boldsymbol{b}_a \\ \delta \boldsymbol{b}_w \end{bmatrix} = \boldsymbol{F} \begin{bmatrix} \delta \boldsymbol{p} \\ \delta \boldsymbol{v} \\ \delta \boldsymbol{\varepsilon} \\ \delta \boldsymbol{b}_a \\ \delta \boldsymbol{b} w \end{bmatrix} + \boldsymbol{G} \begin{bmatrix} \boldsymbol{n}_a \\ \boldsymbol{n}_\omega \\ \boldsymbol{n}_{b_a} \\ \boldsymbol{n}_{b_\omega} \end{bmatrix} \tag{8.15}$$

过程噪声分别来自加速度计和陀螺仪测量值（n_a 和 n_ω）和传感器偏差（n_{b_a} 和 n_{b_ω}）。假设传感器偏差遵循随机游走过程，导致零均值高斯白噪声分布。由于其复杂性，省略了线性化状态空间模型的完整描述。对于完整的数学描述和推导，感兴

趣的读者可以参阅文献［7］或文献［6］。

8.4 应用实例

在下文中，给出了使用 8.3 节中描述的滤波器和滤波器模型的系统的两个示例。两个示例都描述了使用源自 GNSS 传感器和板载传感器的融合数据的系统。而在第一示例（协同自适应巡航控制）中，传感器融合基于更简单的 2D 情况，第二示例中的系统（碰撞避免系统）基于 3D 情况。

8.4.1 应用1：协同自适应巡航控制

GNSS 在 ADAS 中的一种可能应用是将公路车辆的自适应巡航控制（ACC）系统扩展到车辆传感器无法相互定位的情况。例如，这可以通过狭窄的角落和丘陵道路行驶，其中基于雷达或激光雷达的传感器达到其几何限制或者必须考虑位于远处的车辆（例如，在交通拥堵结束时）。本节描述了 ACC 系统在公路车辆上基于 GNSS 和地图的协同自适应巡航控制（CACC）系统的扩展。CACC 系统基于从与车载传感器融合的 GNSS 传感器获取的位置数据、数字道路地图和 V2V 通信来实现距离控制。该系统在实验中得到验证。

图 8.4 描述了 CACC 系统的原理结构。首先，每辆车必须位于数字路线图上。然后，引导车辆使用 V2V 通信将其位置数据提供给跟随车辆，使其能够确定两个车辆之间的距离。此外，CACC 系统使用来自后续车辆和领先车辆的车辆数据。在下文中，我们对主要部件的距离确定和控制器进行了概述，并给出了实验结果。

8.4.2 两辆车之间距离的确定

为了保持两辆车之间的参考距离，应确定它们之间的实际距离。然而，两个车辆之间的欧几里德距离（易于计算）并不代表它们之间的实际路线距离。路线距离是在道路网络上行驶的实际距离。因此，它是有关 CACC 系统的相关距离。为了使用地图数据，车辆首先需要在地图上找到其测量的物理位置的逻辑等效物。必须确定哪个地图段以及该车辆在该段内的位置。此过程称为地图匹配。在文献［9］中，开发了一种应用于基于 GNSS 的 ADAS 的地图匹配算法，这也适用于此。

在距离确定的第一步中，地图被转换为有向线图 $G = (V, E)$。有向线图的顶点表示地图段。其边缘包含地图段的连接信息。如果两个顶点连接各自的映射段并且如果可以从第一段驱动到第二段，则两个顶点通过边连接。如果第二段代表与行驶方向相反的单向道路，则不可能在两段之间行驶。每个顶点都有一个代价值，这里假设代价值是它的长度。图形保存在一个邻接矩阵中。

两个顶点（地图段）之间的最短路线距离可以由生成的有向线图确定。这是使

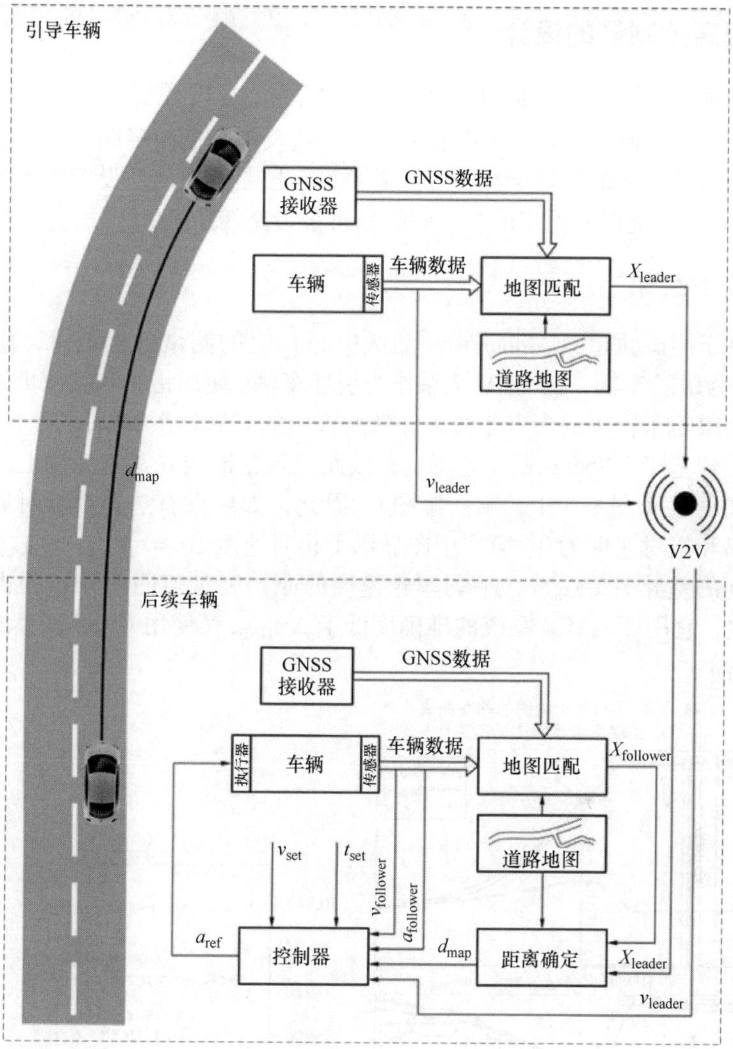

图 8.4　CACC 系统的结构和主要组件

用解决最短路径问题的 Dijkstra 图搜索算法完成的。此外，Dijkstra 算法被修改以应用于有向线图并满足控制器设备的实时要求。最短路径的 Dijkstra 算法的返回成本是其上所有顶点成本的总和。两辆车之间的路线距离确定为

$$d_{map} = d_{dijkstra} - d_{follower} - d_{leader} - \frac{l_{follower}}{2} - \frac{l_{leader}}{2} \qquad (8.16)$$

其中 $d_{dijkstra}$ 是由 Dijkstra 算法计算的路线距离，$d_{follower}$ 是跟随车辆的当前位置与其地图段的起点之间的路线距离，d_{leader} 是前车的当前位置与终点之间的在它的地图段路线距离，$l_{follower}$ 和 l_{leader} 分别是以下车辆和前车长度。

8.4.3 距离控制器的设计

距离控制器使用级联控制器计算参考加速度 a_{ref}。内环控制器是控制速度的比例控制器,外环控制器是比例积分控制器,干扰反馈控制路径距离。由于速度误差充当受控输出 d_{map} 上的斜坡干扰,因此需要积分控制器在闭环设置中实现稳态无偏移跟踪。CACC 系统根据恒定的时间间隔保持参考路线距离 d_{ref}。

8.4.4 实验结果

结果基于测试轨道(Aldenhoven 测试中心)上的测试数据记录,使用大众帕萨特 CC 作为跟随车辆,而 BMW 7 系作为引导车辆。使用雷达和摄像机的传感器数据融合作为跟随车辆中的参考系统来评估所提出的 CACC 系统的性能。

通过比较基于 GNSS 和基于地图的路线距离与基准线在参考系统上的直线距离来评估距离确定(图 8.5 中的第一幅图)。因此,如果没有选择目标对象,则基于雷达的距离和相对速度为 0。第二个图显示了相对速度 $\Delta v = v_{leader} - v_{follower}$ 的几种测量方法之间的差异。Δv_{wheel}(平均车轮速度的原始测量值的差异)提供了最佳可用性。因此,它用于 CACC 系统的准确度低于 Δv_{GNSS}(使用 GNSS 测量的速度的原始值的差异)。

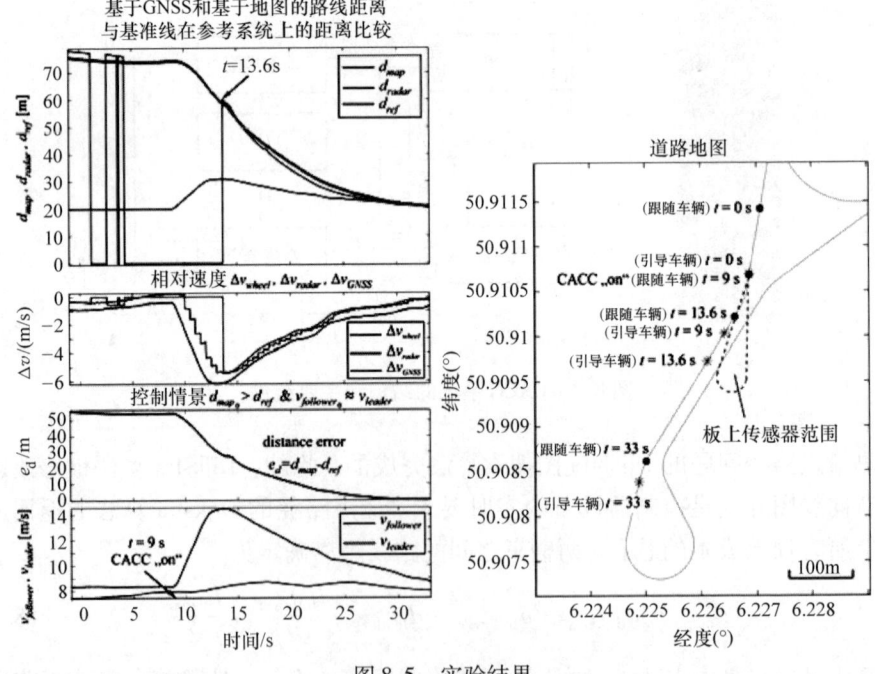

图 8.5 实验结果

要验证 CACC 系统,请选择以下测试方案。由于领先的车辆没有巡航控制系统,因此领先的车辆最初以大致恒定的速度行驶。跟随车辆的驾驶员试图以相同的初始速度和初始路线距离 $d_{\text{map}} > d_{\text{ref}}$ 尽可能地跟随它而无需控制。CACC 系统在 $t = 9\text{s}$ 时启用（第 5 个图）。随后，跟随车辆加速并且连接到保持参考路线距离的前车（第 3 和第 4 图）。使用 1.8s 的时间间隔和 5m 的额外安全距离来计算参考路线距离。实验结果表明了所提出的 CACC 系统的适用性。注意，控制也可以在几何限制不允许使用板载传感器进行有效距离测量的时候进行。

8.4.5 应用 2：碰撞避免系统

碰撞避免系统（CAS）的任务是观察车辆的周围环境并在即将发生碰撞的情况下执行自动紧急制动或逃避操纵以避免碰撞或减轻碰撞损坏。一旦明确驾驶员没有及时做出适当反应，系统就开始紧急操作。这导致系统在最后可能的时刻进行干预。因此，该算法必须能够在车辆操纵极限时引导车辆绕开障碍物。

该系统通常可以分为几个不同的组件：
- 传感器融合：为了实现可靠的碰撞避免，需要自我车辆的位置、速度和姿态。由于规避机动将是高度动态的，因此需要如 8.3.5 节所述的 3D 方法。
- 环境识别和碰撞检测：CAS 需要有关可能碰撞目标位置的适当信息，以便可靠地避开它们。获取该信息的一种可能性是使用环境传感器，如相机、激光雷达或雷达传感器。另一种可能性是 GNSS 系统与数字路线图和车辆到车辆（V2V）通信的组合，见文献 [13，14]。这种组合的使用可以导致检测范围的显著改善。
- 机动协调：一旦发生碰撞，CAS 需要决定可能的时机以避免碰撞。该决定包括制动和躲避之间的选择以及驾驶员警告的最佳时间。
- 路径/轨迹规划：对于规避机动，必须找到可行且无碰撞的规避路径。
- 车辆控制：一旦知道了规避路径，控制器的任务就是沿着规避路径的纵向和横向引导。

在下文中，假设即将发生碰撞。进一步假设计算适当的规避路径以集中于车辆控制。

由于规避路径是直接计算的并且是已知的，因此选择模型预测控制方案。模型预测控制器的主要优点是可以直接考虑执行器动力学和车辆稳定性的限制。模型预测控制器使用数学工厂模型来预测有限预测范围 H_p 上的工厂的未来输出 $y(k+i|k)$, $i = 1, \cdots H_p$。然后在有限控制范围 H_u 上优化控制输入 $u(k+j|k)$, $j = 1, \cdots H_u$，使得输出与指定参考轨迹 $r(k+i|k)$, $i = 1, \cdots H_p$ 的偏差最小化。

$$J(k) = \sum_{i=0}^{H_p-1} \|y(k+i|k) - r(k+i|k)\|_{Q(i)}^2 + \sum_{i=0}^{H_u-1} \|\Delta u(k+i|k)\|_{R(i)}^2$$

(8.17)

对于优化，使用表格的二次成本函数，其中 $Q(i)$ 和 $R(i)$ 分别控制输出与参考的偏差和控制输入的变化。在这方面，符号 $(k+i|k)$ 表示在时间 k 预测时间 $k+i$ 的变量的未来值。成本函数的最小化给出了一系列最佳输入步骤 $\Delta u_{\text{opt}}(k|k), \cdots,$

$\Delta u_{opt}(k+H_u-1|k)$。控制输入 $u_k = u_{k-1} + \Delta u_{opt}(k|k)$ 被应用于工厂，并且利用移位的预测范围重复优化。这个原则叫做后退时空。

为了应用预测控制方案，需要用于车辆动力学的适当的工厂模型以及车辆的相对运动学和规避路径。图 8.6 显示了使用的单轨模型的原理草图。

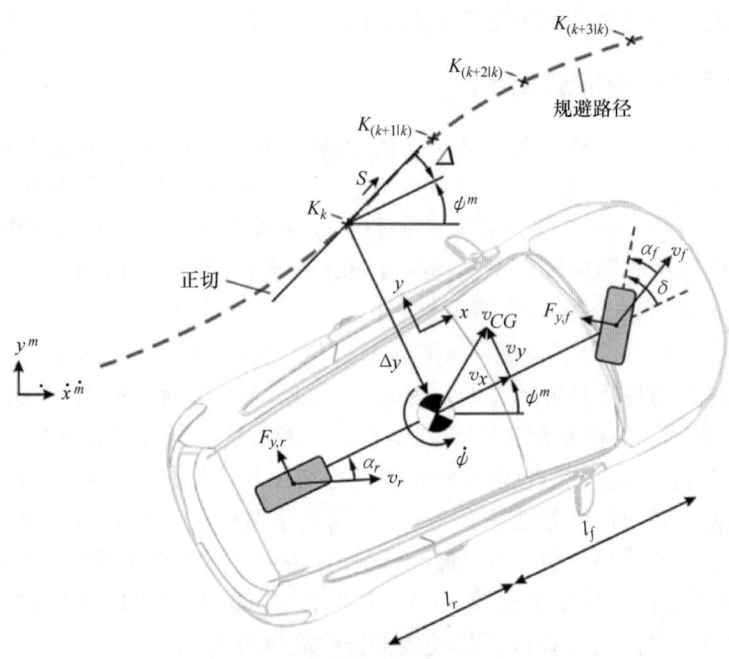

图 8.6 采用的预测模型的自由体图 [7]

总而言之，得到的非线性预测模型可以用状态空间表示来编写

$$\dot{x}(t) = f(x(t)), u(t), z(t), \theta(t) \tag{8.18}$$
$$y(t) = g(x(t)) = \Delta y$$

在该模型中，状态向量

$$x^T = [v_x \quad v_y \quad \dot{\psi} \quad \delta \quad \Delta\psi \quad \Delta y \quad d_{\Delta\dot{y}}] \tag{8.19}$$

包括横向和纵向速度 v_x 和 v_y，横摆角速度 $\dot{\varphi}$，实际转向角 δ，车辆重心和规避路径 $\Delta\varphi$ 之间的相对偏航角，横向位移 Δy 来自规避路径和横向速度扰动 $d_{\Delta\dot{y}}$。控制输入 u 是要求转向角 δ_{ref}。路径的曲率 k 被假定为已知的干扰值。另外，添加适应参数 $\theta(t)$ 以考虑轮胎-路面接触中的未知变化。

图 8.7 显示了双车道变换机动的控制结果。这对应于在迎面而来的交通情况下规避站立障碍物。车辆的初始速度约为 15.5m/s。

可以看出，控制器很好地遵循了规避路径，最大绝对横向偏差为 0.33m。使用约 1s 的预测范围和约 0.5s 的控制范围实现最佳控制结果。此外，选择 0.02s 的采样时间。模拟表明，较短的视野导致控制性能下降，甚至可能导致非常短的视野的稳定性问题。

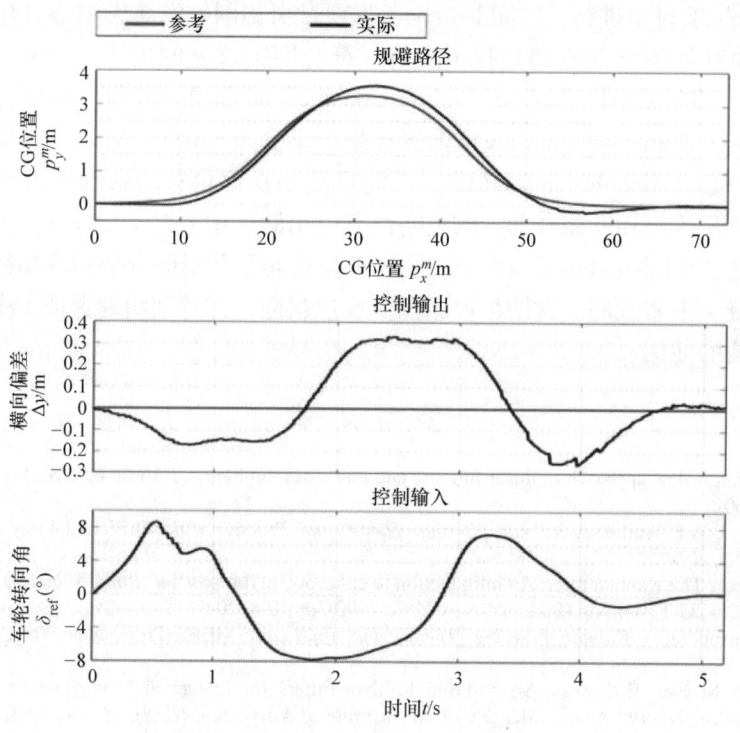

图 8.7　MPC 的实验结果（基于文献 [7]）

8.5　结论

此贡献提供了一个测试基础架构，可用于开发基于 Galileo 的高级驾驶员辅助系统。该基础设施包括 Aldenhoven 测试中心（ATC）和伪卫星系统，提供伽利略测试和开发环境（automotiveGATE）。该基础设施允许对基于 Galileo 的控制系统进行独立于汽车公司的研究。文中概述了基于 GNSS 的控制系统即将出现的特性，以及如何使用传感器融合技术解决一些出现的问题，如测量延迟和低更新率。

然后，文中介绍了使用所提供的基础设施开发的两个基于 GNSS 的 ADAS 应用程序的实现。第一个系统将导航数据与数字路线图以及 V2V 通信结合使用，以扩展自适应巡航控制系统的范围和功能。第二个系统基于 GNSS 和惯性数据执行紧急避碰操纵。

致谢

文中所提出的研究工作已经在"Galileo above"和"GALILEO – basierte Assistenzsysteme"项目中进行。"Galileo above"项目由德国航空航天中心（DLR）空间局赞助，由联邦经济部资助和技术支持，符合德国议会的决议（项目/拨款号 50 NA 0902）。"GALILEO – basierte Assistenzsysteme"项目由北莱茵－威斯特法伦州经济、能源、工业和小企业部以及欧洲区域发展基金（ERDF）的融资资助。制造商中立测试中心（Aldenhoven 测试中心）的想法是在都伦县的帮助下实现的，并得到了北莱茵州政府和欧盟资助。伽利略汽车应用测试中心（automotiveGATE）的想法是在上述"Galileo above"项目中通过 DLR 空间管理局的资金和联邦经济事务和能源部的资金下实施的。这两个设施深受客户欢迎，并特别明确保证了中小型企业和研究机构的使用。

参 考 文 献

1. R.E. Kalman, A new approach to linear filtering and prediction problems. J. Basic Eng. **82**(1), 34–45 (1960)
2. M.S. Grewal, A.P. Andrews, *Kalman filtering: Theory and Practice with MATLAB* (Wiley, Hoboken, NJ, 2014)
3. P.S. Maybeck, The Kalman filter: An introduction to concepts, in *Autonomous Robot Vehicles*, ed. by I.J. Cox, G.T. Wilfong (Springer, New York, 1990), pp. 194–204
4. H.W. Sorenson (ed.), *Kalman Filtering: Theory and Application* (IEEE Press, New York, 1985)
5. R. van Der Merwe, E.A. Wan, Sigma-Point Kalman Filters for Integrated Navigation, in *Proceedings of the 60th Annual Meeting of the Institute of Navigation (ION)*, pp. 641–654, 2004
6. J. Wendel, *Integrierte Navigationssysteme* (Oldenbourg Verlag, Munchen, 2011)
7. A. Katriniok, Optimal Vehicle Dynamics Control and State Estimation for a Low-Cost GNSS-based Collision Avoidance System, Ph.D. thesis, RWTH Aachen University, Aachen, Germany, 2014
8. B. Alrifaee, M. Reiter, J. P. Maschuw, F. Christen, L. Eckstein, D. Abel. Satellite- and Map-based Long Range Cooperative Adaptive Cruise Control System for Road Vehicles, in *AAC 2013, 7th IFAC Symposium on Advances in Automotive Control*, pp. 732–737, Tokyo, Japan, Sept 2013
9. M. Reiter, D. Abel, D. Gulyas, C. Schmidt. Konzept, Implementierung und Test eines echtzeitfähigen Map-Matching-Algorithmus für Anwendungen in GNSS-basierten Fahrerassistenzsystemen, in *AUTOREG*, 5, pp. 389–400, Baden-Baden, Nov 2011
10. E.W. Dijkstra, A note on two problems in connexion with graphs. Numerische Mathematik **1**, 269–271 (1959)
11. R.C. Dorf, R.H. Bishop, *Modern Control Systems*, 9th edn. (Prentice-Hall, Upper Saddle River, NJ, 2000)
12. R. Rajamani (ed.), *Vehicle Dynamics and Control* (Springer, New York, 2005)
13. R. Schubert, M. Schlingelhof, H. Cramer, G. Wanielik, Accurate Positioning for Vehicular Safety Applications—The SAFESPOT Approach, in *IEEE Vehicular Technology Conference*, pp. 2506–2510, 2007
14. P. Papadimitratos, A. La Fortelle, K. Evenssen, R. Brignolo, S. Cosenza, Vehicular communication systems: Enabling technologies, applications, and future outlook on intelligent transportation. IEEE Commun. Mag. **47**(11), 84–95 (2009)
15. J. Maciejowski, *Predictive Control with Constraints* (Prentice Hall, Harlow, 2002)

第 9 章 驾驶辅助系统和自动驾驶的数字地图

9.1 简介

在过去几年中，以车载导航系统或移动电话的形式使用数字地图已得到广泛使用。它们的使用已成为当前驾驶任务的一部分，对于不熟悉通往目的地的道路的驾驶员来说更是如此。数字地图存储道路及其属性信息；此外，车辆的连接性意味着地理定位信息可以从多个源级联到驾驶员，从而增强其中的信息。数字地图可以预测驾驶员在驾驶时会遇到什么，形成更好的关于他们的期望的心理模型，最终达成他们的意图。例如，可以预期到一个复杂的交叉路口，或一个急弯的交叉口，或车辆限速的突然变化。

采用自适应巡航控制（ACC）系统的雷达之后的进展比较缓慢，乘用车上外部传感器的应用在过去几年中迅速扩大。基于视觉的 ADAS 系统是当前产品的一部分，特别是用于检测车道标记、车辆和行人。在欧洲，对乘用车安全水平的独立评估（Euro NCAP）鼓励了新车设计的安全性改进，从而推动在欧洲车辆上使用基于传感器的安全系统作为主动安全系统。目前的大多数产品都依赖于摄像机的使用，摄像机的输出由专用处理器处理，实现了几年前仅在研究实验室中发现的结果。感知系统的输出是分类对象，根据车辆导航框架估计其位置和时间方向。虽然这是一项重大进展，但由于实时使用机器视觉系统的复杂性，仍存在挑战。

感知系统远非完美，导致危险情况的误报和漏报仍然存在。通过使用多传感器方法及其获取的信息的融合来解决这一问题，以提供更好的感知世界以及对使用新一代有源传感器（如激光测距仪）或卷积网络技术应用的兴趣，增加用于视频数据的分类。然而，一旦感知的世界被分类和登记，使用该信息进行决策的机器（例如，停止车辆或执行碰撞避免操纵）需要理解该信息。

情境理解是决策制定和车辆横向/纵向运动控制之前的主要功能。有必要理解感知对象相对于道路网络和目标车辆之间的时空关系。然而，在没有上下文的情况理解感知对象对于机器来说是一项困难的任务。例如，当目标车辆到达交叉路口时,它需要扫描可能垂直于其路径到达的车辆或可能转弯的前方车辆。如果没有上下文信息,交叉路口周围的车辆可能会使机器混淆并可能导致危险情况。通过将感知的对象投射在数字地图上,它可以被推断出来,例如,通过读取与其相关的道路、车辆距离交叉路口的距离,或者谁在这个交叉路口有优先权。同样地,在道路交叉口附近或人行横道的行人的存在将导致行人可能在车辆前方穿过的情况,而没有这样的信息,机器将仅知道有行人靠近它的路径。

将所感知的对象投射到所存储的地图的片段中,以便于理解这些对象,道路基础设施和目标车辆之间的时空关系。然后,该信息用于提供情境理解并随后推断决策。因此,首先通过在数字导航地图上映射车辆位置来构建局部世界模型。这导致提取可以投射感知对象的片段。这提供了世界的瞬时表示。

本章的第一部分介绍了一种推断情境理解的方法,从而确定感知道路使用者与道路特征之间可能的相互作用,以估计其对车辆导航的影响。由此,提出一种用于基于目的构建本体的数据结构化表示的框架,然后将其用于评估应用于道路交叉口的风险,该信息用于推断在道路交叉口采取的行动的决策。其原理如图 9.1 所示。这种方法的一个主要特点是从现有的传感器推断出应用,并且输出可以用于在ADAS 系统的情况下向驾驶员提供预期信息,或者在高度自动化车辆的情况下用于决策机制。本章包括将该方法应用于在公共道路上演化的实验车辆的结果。

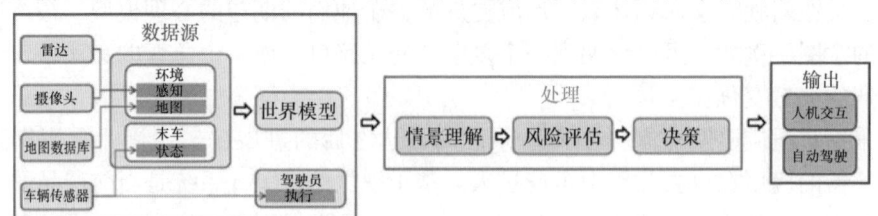

图 9.1　推断适用于 ADAS 系统和高度自动化车辆的时空情况理解的框架

数字地图是此过程的基础组成部分。它提供了存储的信息,这些信息被用于上下文并推断情境理解。这些地图的来源是地图供应商,最知名的是 HERE(以前称为 Navteq)和 TOM TOM。多年来,数字地图已经从不同来源建立起来,包括使用专用测量车,这些测量车将收集激光测距仪、摄像机和车辆位置估计的道路信息。也就是说,数字地图可以被视为源自各种来源的地图拼凑而成。它们的精度和分辨率各不相同,因此不仅存在道路属性误差,而且存在几何误差。这可以表示链路和节点之间相对的几米,但绝对值的误差更大,即与 WGS84 相关的世界参考帧。另一个错误可能在于道路结构本身,即地图不是最新的,因为道路结构会发生变化,例如,一个环形交叉口取代了道路交叉口。如果地图错误,本章第一部分提出的方法将不适用,情况的推断将基于错误的假设,这些假设将导致错误,并最终导致危险情况。本章的第二部分提出了一个框架,通过使用标准车辆本体感应传感器和GNSS 接收器,可以检测导航地图参数中的故障。所描述的方法的特定特征在于它可以解决由于定位系统中存在错误而可能出现的模糊性。也就是说，当发生空间误差时，这可能是地图参数中的误差，但也可能是由于位置估计中的误差而产生的。虽然在第一次运行中，框架可以指示存在错误，其起源是否来自地图或位置估计是未知的。然而，一旦车辆再次穿过相同区域，框架就可以辨别出错误是地图参数误差或位置估计。这种方法是可行的，因为大多数驾驶旅程是重复的，所以车辆将经常在类似的路径上行驶，就像从家到工作地点以日常方式通勤时一样。它包括用于实现故障检测的不同算法以及使用从公共道路收集的数据执行的试验结果。

9.2 基于本体的情境理解

9.2.1 本体

本体是基于语义的方法的基本概念，因此要首先介绍。

哲学家首先使用术语本体来指定存在的研究。人工智能的研究人员从一开始就采用自动推理设计计算模型。最著名的定义将本体描述为"概念化的明确规范"。域的概念化是域的感知和理解方式，这种概念化的规范实际上是对这种概念化的形式描述。

更具体地，本体是对与感兴趣的域建模相关的概念和关系的描述。它指定了进行断言所必需的词汇，并且可以是知识代理（例如软件等）的输入/输出。而且，它为代理之间的通信提供了语言。图9.2a说明了这个定义。

本体基于描述逻辑（DL），它是知识表示的形式语言。DL可以通过其两个功能部分，即术语盒（TBox）和断言盒（ABox），对概念、角色和个体进行建模。图9.2b说明了这种结构。

TBox包含本体旨在描述的所有概念的定义。可以在TBox和人类拥有的知识之间进行类比。人类在生活中获得的知识被用来理解和解释世界。本体TBox代表先验知识，其定义通过概念，角色和关系的定义来执行。在文献［13］之中建立了以下定义：

• 概念（或类）是本体旨在描述的域的概念的具体表示。这些概念可以组织成一个超类子类层次结构，通常称为分类法。

• 角色是可以定义并分配给概念的属性。角色可以分为两组：

—— 对象属性旨在以三元组的形式定义公理。换句话说，它们是 Concept1 – Object Property – Concept2 形式的两个概念之间的二元关系。特征可以归因于对象属性，例如关于其他对象属性的对称性或传递性。

—— 数据属性用于以 Concept1 – Data Property – Property Value 的形式将属性分配给单个类或类的实例。

• 概念之间的关系由分类关系（层次关系）、公理（由对象属性链接的类）

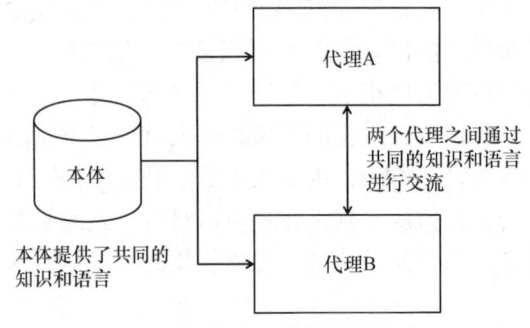

a) 代理(例如软件)用于通信的本体论

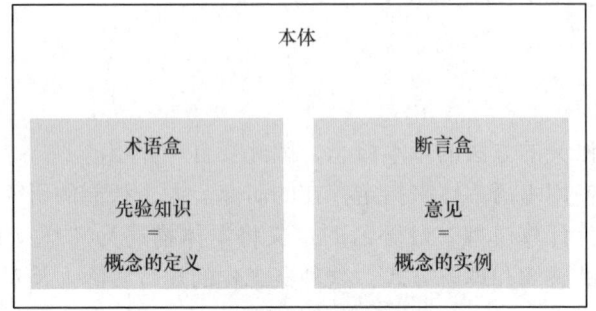

b) 基于描述逻辑的本体结构

图 9.2　本体

和规则来定义。规则的定义可以使用基本描述逻辑公理来完成，这些公理只能实现基本类等价的定义。更复杂的语言可以定义更复杂和更具表现力的规则。在这些语言中，语义 Web 规则语言（SWRL）是最常见的语言之一。

ABox 包含先前在 TBox 中定义的类实例的定义。这些实例通常称为个体，代表本体旨在解释的真实数据。同样，它可以与人类进行类比，因为 ABox 可以代表人类因先验知识（TBox）而观察和理解的对象。此外，与属性可以归因于 TBox 中定义的概念的方式相同，对象和数据属性可以归因于 ABox 中定义的个体。

本体的主要优点是可以使用 Reasoners 推理知识。Reasoners 是能够从一组断言的事实或公理中推断出逻辑结果的软件。换句话说，其目的是利用存储在 TBox 中的信息，以便推断出没有具体表达的关于 ABox 中定义的个人的新信息和知识。

推理方法指的是用于推理任务的算法（例如，基于 tableau 或 hypertableau 算法）。该方法对推理所需的计算工作具有重大影响。推理的性能还包括健全性和完整性，这是正确执行理论上应该完成的所有推论的能力。

9.2.2　情境理解

在谈论情境理解时，通常使用三个术语：现场，情景和场景。智能车辆中这些术语的含义相当模糊，定义往往是矛盾的。Geyer 等人在辅助和自动驾驶指导的背景下正式定义了这些术语的含义，如图9.3所示。这些定义相当抽象，并且针对本文中提到的问题进行了解释：

- 现场是共存道路实体集合的快照，包括目标车辆和周围的静态和动态实体。每个实体都由其类型和状态定义。因此，现场可以由数据源返回的所有数据表示。
- 情景可理解为该现场的特定动态实体（即目标车辆）。这包括了解现场的所有车辆之间的交互如何传播到此车辆并将其约束在其导航中。因此，情景理解有重要意义。
- 场景被理解为场景序列，是主场景中存在的所有交互道路实体的情况的结果。在本文的背景下，情景预测就是预测参与实体的未来状态，以估计情景引发的风险。

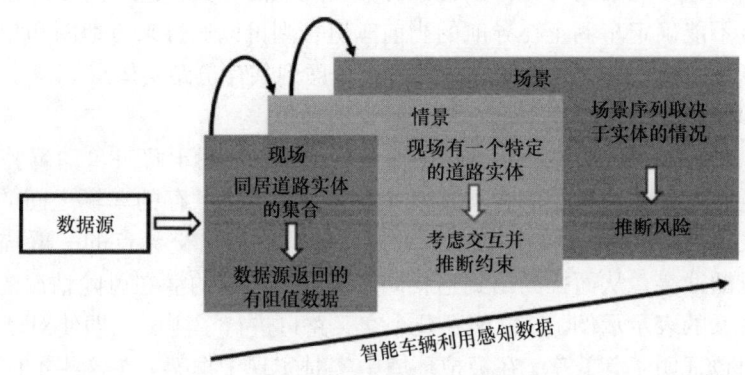

图9.3 现场，情景和场景之间的关系

情境理解方法

情境理解包括对场景表示的推理，即为场景信息添加含义。从目标车辆的角度来看，它意味着推断它是如何受周围环境约束的。情境理解包括两个主要类别：概率方法和基于语义的方法。

概率方法

由于情况的变化，尤其是在城市环境中，道路情况通常非常复杂。车辆能够感知到大量周围的实体，但是，大多数这些实体都不相关。Platho等人提出将情境分解为"情境的一部分"或"配置"。这仅通过考虑相关实体来简化场景。例如，考虑到感知车辆的行为可能受到红色交通信号灯或已经停止的另一车辆的影响，引入了道路实体之间关系的概念。配置的识别通过贝叶斯网络执行。该方法在模拟环境中进行了测试，并用于预测交叉路况下其他道路使用者的速度剖面。然而，该方法仅允许考虑实体之间的直接关系而没有链反应（例如，如果主车辆跟随接近行人的车辆，则不考虑引导车辆和行人之间的相互作用）。

概率允许考虑感知数据的不确定性，但到目前为止它们只能用于基于传统方法表示的场景的基本情况建模。可能发生的情况的数量使得难以定义通用的概率模型，该模型非常适合于所有情况并且能够考虑道路实体之间的交互。这可以解释为什么没有文献提出其他概率框架来进行情境理解。

基于语义的方法

基于语义的方法不仅使用语义进行描述，还应用推理。这些方法中的大多数使用一阶逻辑或描述逻辑来描述本体中的概念。首先，基于语义的方法用于从主车辆的角度对道路网络进行建模和理解。后来，它们还被用来建模和理解道路网络和动态实体之间的整体互动。

最初利用 DL 进行情境理解的工作之一是由 Hummel 等人完成的。拟议的本体论介绍了道路网络（道路、车道、分隔线、道路标记和交叉点）的概念，并用作视觉传感器和数字地图的补充，以检索有关交叉口的相关信息。例如，如果定位传感器的精度不能确定车辆正在导航的当前车道，则可以通过来自地图和相机数据的本体来推断该信息。虽然这种形式主义没有考虑到共存道路实体（车辆、行人等），但它表明本体论至少可以用来部分地推断道路情况。

Regele 介绍了通过本体表示的道路交叉网络。它被用于解决自动驾驶车辆的交通协调问题，即处理到达相同交叉路口或在同一区域内共存的车辆之间的冲突。这项工作启发了 Hülsen 等人，他提出了对情境理解的道路交叉点的一般描述。该本体论能够推断冲突，从而推断出到达相同交叉点的车辆的潜在风险情况。图 9.4 说明了这种关系的表示示例。该框架在几个交叉路口进行了测试，即使对于非常复杂的交叉路口也证明了其效率，在模拟环境中实时实现了框架。在这些本体中，车辆和其他道路实体没有正式代表。

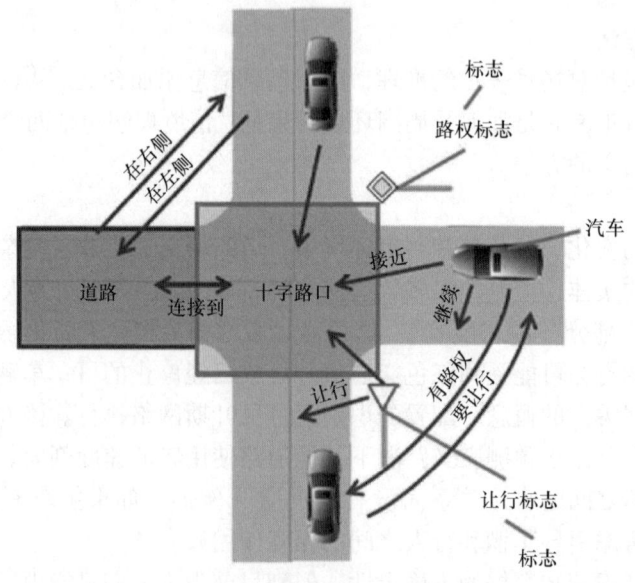

图 9.4 交叉路口的语义表示示例

Vacek等介绍了其他道路实体的基于本体的表示。以这种方式，关于道路实体的语义信息（即类型等）在本体中定义，该本体在基于案例的推理框架内用于执行场景理解。该原则旨在恢复类似或相似的情况，以推断出似乎最适合谈判情况的行为。虽然本体允许表示不同类型的道路实体，但是它们之间的关系被忽略，这最终阻止了对整体情况的理解。

Schamm等使用一阶概率语言（FOPL）进行情境评估。FOPL知识库用于模拟驾驶情况和交互。因此，该先验知识与传感器信息一起使用以自动创建概率网络，然后以结构化方式推断该情况。由于所有实体在概念上属于相同类型，因此不考虑不同类型的实体之间的交互。此外，一阶逻辑具有较差的表达性，因此无法编辑知识库中的复杂规则。此外，似乎很难将这种系统扩展到比文献［34］中提出的更复杂的情况。

Zhao等人建立了一个知识库，其中包含有关地图和交通规则的信息。它在安全ADAS中用于在超速情况下在道路交叉点做出决定。为此目的定义了三个本体：第一个旨在描述可以存储在数字地图中的信息；第二个旨在描述控制策略；最后一个旨在描述车辆。道路实体之间的相互作用仅考虑到达相同交叉点的车辆之间，以产生碰撞警告。

Kohlhaas等提出了一种本体模型，用于模拟交通场景，以便建立主车辆相对于其他车辆和道路网络的状态空间。要考虑两类对象，即环境对象（与道路网络相关）和动态对象（与车辆相关），正式陈述了车辆与道路网络之间的相互作用以及车辆之间的横向和纵向相互作用。此外，本体包含通过定义条件的交通规则的信息。

最后，Pollard等人提出了一种本体，它代表了道路网络的特征、环境条件、传感器状态、主体车辆状态和移动障碍物的存在。该本体使车辆能够对其自动驾驶功能进行自我评估，目的是确定最合适的自动化级别（从完全手动到全自动）。

基于语义的方法能够对道路场景和实体之间的交互进行建模，并且能够以直接的方式对情况进行推理。它们的主要限制是它们无法将数据不确定性考虑在内。FOPL能够填补这一空白，然而，由于语言的低表现力，它无法模拟复杂情况。

9.2.3 基于本体的情境理解框架

开发的本体是图9.5所示的情境理解总体框架的一部分。

这里介绍的本体并不详尽，必须将其视为用于确认方法一致性的草案。实际验证需要进一步扩展和优化。

9.2.3.1 观察

框架的第一个先决条件是有关周围实体的信息。该步骤由图9.5中的观察框表示。考虑两种类型的数据源以提高对环境的认识，诸如智能相机、雷达或激光器的现代车辆传感器允许移动实体的实时感知。它们中的大多数能够对感知到的实体进

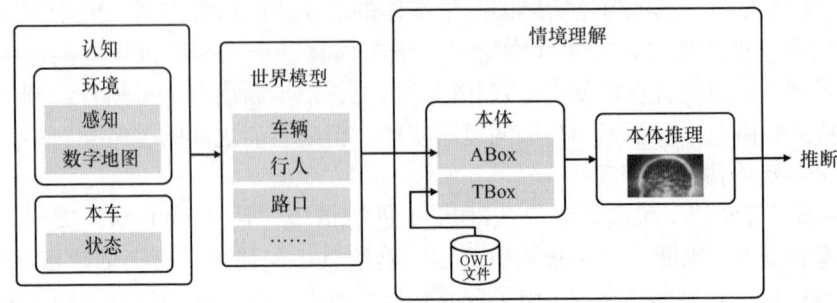

图 9.5 在框架内开发本体

行分类,并提供关于它们所嵌入的目标车辆的状态的估计。此外,数字地图可以存储和提供关于道路网络特征的上下文信息。例如,该先验信息可以包含关于即将到来的道路交叉口的信息,关于即将到来的行人过路点等。图 9.6 显示了车辆可能感知的样本情况。

9.2.3.2 世界模型原则

信息是从不同的大多数独立数据源以零散的方式提供的。因此,有必要将此数据组织为周围实体的列表。这种结构化和有组织的清单称为世界模型。图 9.7 提供了图 9.6 所示情况的样本世界模型。

创建这个世界模型可能需要对感知数据进行一些初步处理。一个实体可能同时被几个传感器感知,或者传感器可能不同步。出于这些目的,必须采用数据和传感器融合技术。这些问题很难解决,而今天它们仍然是数据融合领域面临的一个有意义的挑战。这里,感知被认为是对由一组感知传感器返回的数据执行传感器和数据融合的黑盒子。

9.2.3.3 情境理解

情境理解基于使用由两个基本部分 TBox 和 ABox 组成的本体(图 9.5)。

TBox 由对实体和上下文对象的概念性描述组成,这些对象可以处在无限的空间中。换句话说,它支持定义可以满足的实体类型以及它们之间可能存在的关系和交互,可以通过驾驶员在驾驶学习期间获得的知识来完成,这是使他们能够理解的基础。TBox 是本体的永久部分,是根据描述逻辑规范开发的。该本体论的焦点仅在于可以在实际空间(即同一导航平面上的道路实体)中表示的情况。

ABox 可以被视为世界模型转换为本地语言。对于世界模型中的每个实体,创建相应概念的实例。ABox 是本体的变化部分,并在每次更新世界模型时更新。在每次更新 ABox 之后,推理都可以确定更多的数据。更确切地说,它意味着要考虑实体之间可能存在的相互作用以及可能由于这些相互作用而发生的连锁反应。目的是对感知情况进行高度解释,以便选择适合的风险评估算法。

第9章 驾驶辅助系统和自动驾驶的数字地图

图 9.6 感知世界的例子,感知实体被赋予 ID

#	类型	信息
1	轿车	本体车辆
2	轿车	从左边来 右转
3	摩托车	同车道 在前方x米
4	货车	从右边来 在交叉口前x米
5	斑马线	在前方x米
6	交叉口	在前方x米
7	行人	在前方x米 在左侧人行道
8	行人	在前方x米 在车道上
9	行人	在前方x米 在左侧人行道

图 9.7 以世界模型列表的形式呈现在图 9.6 中的世界

TBox：

图9.8 显示了定义本体的分类法。它描述如下：

实体的目的是列出和分类可以驱动空间的其他实体。道路实体被分为两个子概念，即移动实体和静态实体。移动实体（即行人和车辆）的信息不能事先知道的。该信息必须从感知传感器实时获得。假设静态实体是道路网络的一部分。它们的存在是完全可预测的，可以存储在数字地图中。所呈现的本体代表两种类型的静态实体：影响车辆行为的道路基础设施，例如减速带、人行横道和道路交叉口（分为三类："停止"、"通行权"和"让行交叉口"）。

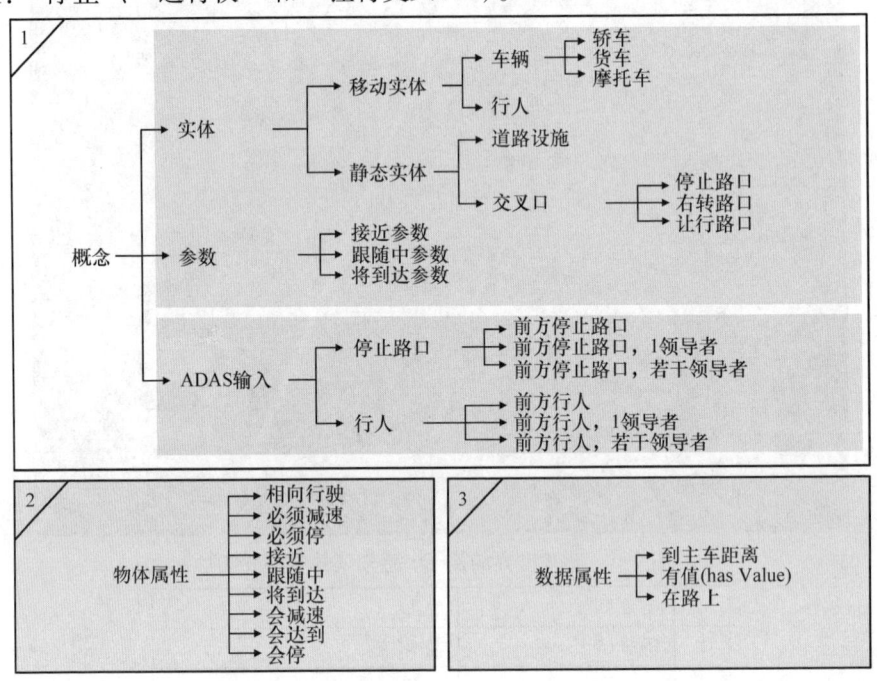

图9.8 本体概念，对象属性和数据属性

实体参数旨在定义时空阈值，其允许决定两个实体之间的交互是否可能存在。为了说明"跟随中"（IsFollowing）参数，让我们想象两辆车（领导者和跟随者）以相同的速度，在同一条道路上以及在同一方向上航行。如果两辆车相隔90m，它们之间的相互作用取决于它们的速度。如果它们以30km/h的速度移动，则领导者比跟随者领先6s，因此可以认为它们之间没有相互作用。然而，如果他们以90km/h的速度行驶，那么领先者只会领先2s。因此可以认为建立了两个车辆之间的相互作用。"跟随中"（IsFollowing）参数允许以持续时间的形式设置阈值，其允许考虑车辆是否跟随另一个。遵循相同的逻辑，还定义了"接近"（IsClose）参数和"将到达"（IsToReach）参数。通过数据属性给出这些概念的数值。

ADAS的输入显示在图9.8的红色阴影区域中。它旨在存储描述车辆状况的概念。此外，这些概念是嵌入式风险评估系统的指导原则，因为它们说明哪些实体和哪些实体关联是相关的，以确保安全。目的是推断目标车辆的类别等价，以便为当前情况选择最合适的风险评估算法。

- 对象属性旨在定义上下文实体的两个概念之间可能发生的关系和交互。移动实体相对于另一实体的状态可以描述为：相向行驶，接近，将到达，跟随中。此外，接下来的行为是通过"将到达"，"会减速"和"会到达"来描述的。最后，预期的行为可以通过"必须停"和"必须减速"属性来描述。这些对象属性将在推断的三元组中使用，如汽车将到达交叉路口或行人接近人行横道。

- 数据属性旨在为将在 ABox 中定义的独立分配属性。所有将在本体论 ABox 中定义的个体必须根据它们在场景中的位置来定义，为此，必须选择参考框架。由于大多数观察是针对主要车辆进行的，因此选择它作为参考系。此外，由于世界在本体论中以一维表示，实体相对于主体车辆的位置被定义为沿着道路的曲线横坐标（在电子地平线中定义了静态实体的位置）。以这种方式，创建了属性"到主车距离"，它将参数作为数值。此外，诸如行人之类的某些实体可以在路上或在人行道上。对于车辆来说，这个信息是重要的，因此决定了实体的观点。因此，布尔参数"在线上"（IsOnRood）能够定义本体。最后，需要设置实体参数概念。为此，创建了数量参数"has Value"。

- 关系旨在提供关于道路实体概念及其潜在相互作用的先验知识，并提取情况的最相关特征。关系由公理组成，旨在将对象属性影响到存在论 ABox 中存储的个体。

关系创建分两步，在第一步中，定义了能够推断存储在 ABox 中的道路实体之间可能的交互的公理。大多数公理不能由描述性的逻辑语言来描述。因此，为此目的选择了 SWRL 规则。第二步增加了额外的公理，以利用在第一步中推断出的相互作用，从而为所有车辆提取最相关的情况特征。为此，可以使用 DL 语言，因为相应的方法很简单。请注意，SWRL 可能已被使用，但是，SWRL 规则的推理比 DL 公理的推理要昂贵得多。

对于第一部分，定义了 14 个 SWRL 规则。表 9.1 列出了其中 3 条规则。这些规则旨在使得有可能推断实体之间的时空关系、移动实体的近期行为和关于移动实体操纵的期望。表 9.1 中的规则 1 是处理时空关系的五个规则之一。规则 2 是处理移动实体近期行为的三个规则之一。最后，规则 3 是处理移动实体的预期操纵的六个规则之一。这些规则中的一些被定义为考虑可能的链式反应（例如跟随另一车辆必须停止的车辆也必须停止以避免碰撞）。

在第二部分中，一个基本的语言创建了前端输出对于 ADAS 的概念。总之，六个字体表示非线性，表 9.2 中的两个表示可以帮助读者理解原理。公理 1 旨在确定如果预期单个车辆停在停车路口，则运行 ADAS 以确保驾驶员知道停车路口是恰当的。此外，公理 2 旨在确定如果跟随另一车辆的车辆预期停在交叉路口，则运行

ADAS 以确保驾驶员意识到前车将很快停止是相关的。

表 9.1

#	SWRL 规则	含义
1	vehicle(? v1) ^vehicle(? v2) ^distanceToSubjectVehicle(? v1,? d1) ^distanceToSubjectVehicle(? v2,? d2) ^subtract(? sub,? d2,? d1) ^isFollowingParameter(? fParam) ^hasValue(? f,? fParam) ^lessThan(? sub,? f) ! isFollowing(? v2,? v1)	由于 distanceToSubjectVehicle 参数，车辆 v1 和 v2 的位置 d1 和 d2 是已知的。通过执行减法（第 4 行），可以确定两个车辆之间的距离。通过将这个距离与 isFollowingParameter 的阈值（第 7 行）进行比较，可以确定一辆车是否在跟随另一辆车（第 8 行）
2	vehicle(? v1) ^StopIntersection(? stop1) ^willReach(? v1,? stop1) ! willStop(? v1,? stop1)	车辆 v1 将到达停止路口停止 1，这个条件意味着 v1 可能会在 stop1 处停止（第 4 行）
3	vehicle(? v1) ^StopIntersection(? stop1) ^isToReach(? v1,? stop1) ! hasToStop(? v1,? stop1)	车辆 v1 即将到达停止路口，停止 1，这个条件意味着 v1 必须停在 stop1（第 4 行）处

表 9.2

#	DL 公理	含义
1	StopIntersection ≐ Vehicle ⊓ ∃ hasToStop · StopIntersection	如果概念车的实例通过对象属性 hasToStop 链接到概念 StopIntersection 的实例，那么概念车的实例也是 StopIntersectionAhead 概念的实例
2	StopIntersectionBefore1 Leader ≐ Vehicle ⊓ isFollowing · StopIntersectionAhead	如果概念车的实例通过目标属性 isFollowing 链接到概念 StopIntersectionAhead 的实例，那么概念车的实例也是 StopIntersectionBefore1 Leader 概念的实例

ABox：

本体 ABox 包含两种类型的个体。有些是强制性的，独立于世界模型创建的，以及根据世界模型创建的。

- 强制性个体

即使世界模型不包含任何围绕道路实体的信息，本体 ABox 也需要定义四个个体。这些个体使本体能够正常工作，并且定义如下。

世界模型将始终包含关于感知周围环境的主题车辆的信息。因此，本体 ABox

必须存储车辆概念的一个实例，代表主要车辆。该实体被视为帧的原点，因此"到主车距离"数据属性受此个别区域的影响设置为0。

其他三个个体引用上下文参数主要概念中包含的三个概念。这些个体化用于激活本体中的上下文参数，从而为它们中的三个赋值。这样，必须创建一个"是临近行人"概念的实例。这个个体具有真正的数据特征，即在行人与行人之间存在最大距离，并且至少可以相互作用。此外，必须使用存在的数据属性创建"是跟随行人"概念的一个实例。该属性的值设置两辆车之间的距离，从该车辆认为后面的车辆不再跟随前者。该值取决于稳定条件下的车辆速度。最后，还必须创建一个"到达参数"概念的实例，同样具有有价值的数据表格。这个参数是车辆到静态实体的距离，从而认为车辆即将到达静态实体。该参数还取决于稳定条件下的车速。

- 世界模型依赖个体

这些个体可以被认为是世界模型内容在医学语言中的转换。因此，世界模型中存储的各个实体在本体ABox中具有相同的性质。对于每个实体，创建了对应概念的一个实例，并影响"到本车距离"数据属性。该财产的价值是相关实体相对于主题车辆的位置。请注意，本体不考虑实体位置的不确定性。最后，"在路上"数据属性必须归因于行人概念的所有实例，以及相应的行人在路上或人行道上。

9.2.4 实施和实验评估

已经使用测试数据和实际数据测试了本体在推断道路情况的相关信息方面的能力。它是由斯坦福生物医学信息学研究中心开发的Protégé软件（TBox和ABox）4.3版编辑的，可以实现SWRL规则的编辑。

9.2.4.1 使用手动数据的案例研究

第一个案例研究是使用本体进行的，其中ABox是手动填充的，图9.9描述了在本体中手动编写的情况。这个情况包括三个车辆（称为主要车辆，车辆2和车辆3）朝向停止交叉点（称为停止1）。车辆3最靠近交叉路口并且刚刚经过人行横道（称为行人过路处1）。车辆2驶向人行横道1，主要车辆跟随车辆2，最后，一名行人（称为行人1）正在人行横道1旁边行走。

如前所述，ABox包含了4个个体，其中一个是主要车辆，另外还有三个同步参与者。在这个案例研究中，最高允许速度为50km/h。根据此速度设置上下文参数。以这种方式，如果下面的时间低于3s，则设定车辆跟随另一个人。因此，将一个完整的参数概念的个体创建有值数据性能值为42m（以50km/h的速度在3s内行进）。此外，如果移动实体以恒定速度在5s内到达静态实体，则设置该移动实体即将到达静态实体。因此，"要到达"概念的个体是在有值数据属性设置为70m的情况下创建的。最后，使用有值属性集创建了一个"是临近行人"概念的实例距离3m。

命名：车辆3
概念：车
到主车距离=65m
命名：停止1
概念：停止路口
到主车距离=85m
命名：车辆2
概念：车
到主车距离=30m
命名：主车
概念：车
到主车距离=0m
命名：行人1
概念：行人
到主车距离=55m
在路上=false
命名：人行道1
概念：人行道
到主车距离=65m

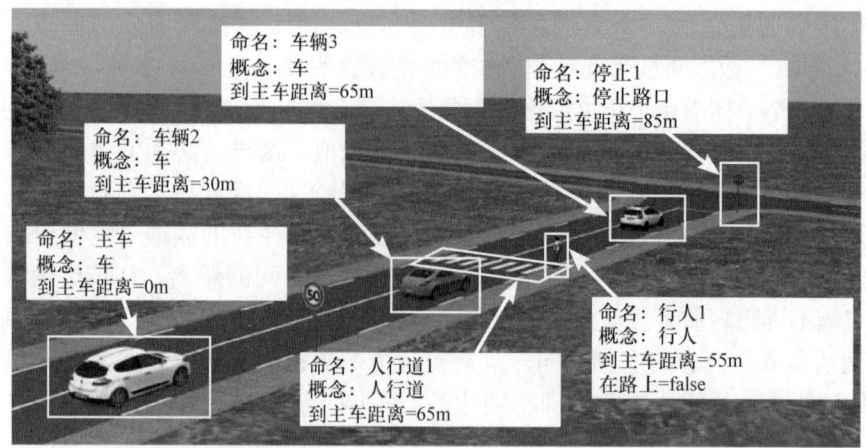

a) 包括案例研究的说明图(不遵守比例)和存储在ABox中的世界模型依赖个体

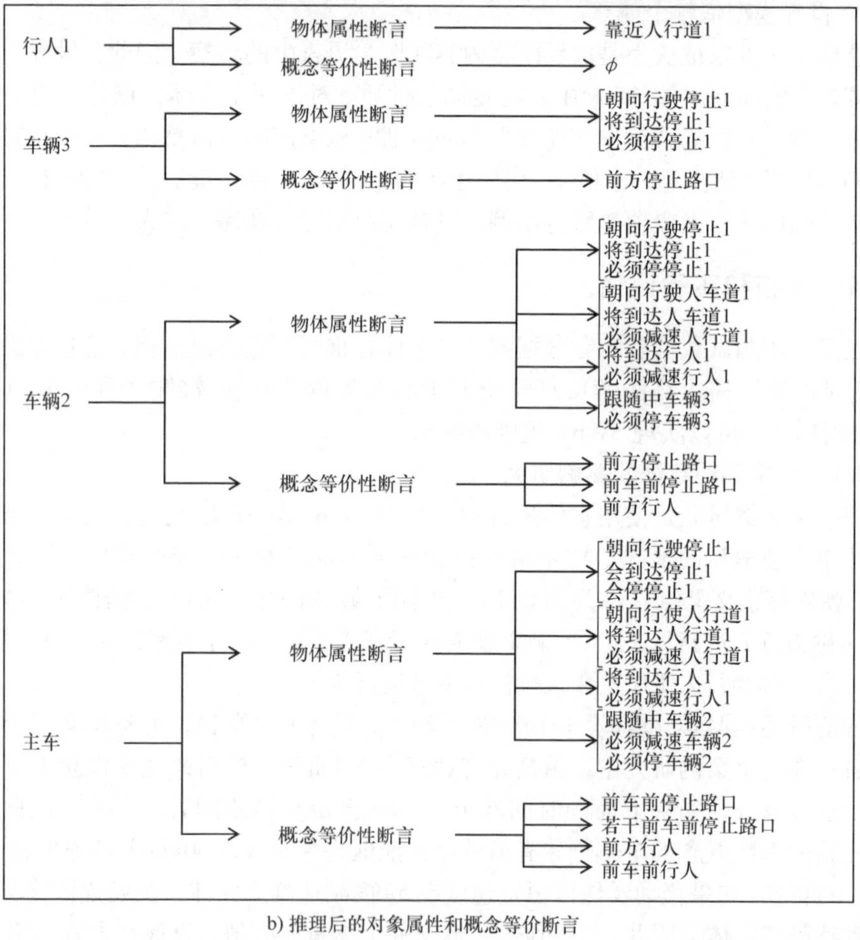

行人1
物体属性断言
靠近人行道1
概念等价性断言
ϕ
车辆3
物体属性断言
朝向行驶停止1
将到达停止1
必须停停止1
概念等价性断言
前方停止路口
车辆2
物体属性断言
朝向行驶停止1
将到达停止1
必须停停止1
朝向行驶人车道1
将到达人车道1
必须减速人行道1
将到达行人1
必须减速行人1
跟随中车辆3
必须停车辆3
概念等价性断言
前方停止路口
前车前停止路口
前方行人
主车
物体属性断言
朝向行驶停止1
会到达停止1
会停停止1
朝向行使人行道1
将到达人行道1
必须减速人行道1
将到达行人1
必须减速行人1
跟随中车辆2
必须减速车辆2
必须停车辆2
概念等价性断言
前车前停止路口
若干前车前停止路口
前方行人
前车前行人

b) 推理后的对象属性和概念等价断言

图 9.9　案例研究

结果：

推理是通过 Protégé 软件和 Pellet 推理器进行的，因为它与 SWRL 兼容并提供了良好的性能。图 9.9b 显示了所选案例研究中由 Pelet 执行的对象属性和概念等效断言。下面详细介绍了其中一些推论。

行人 1 被推断为接近人行横道 1。推理器根据在两个相应个体上设置的距离主车距离数据参数来计算这两个实体之间的距离。这个距离是在本体中设置的条件声称行人靠近人行横道处。这意味着行人很可能有过马路的意图，因此这意味着接近行人的车辆将会对行人进行关注。行人 1 的接受等同性是因为 TBox 中没有为行人概念定义概念等值的公理。

对车辆 3 推断出三个对象属性推论。这些推论涉及该车辆与停止交叉点停止 1 之间的相互作用。由于这两个实体的位置，推断出车辆 3 通过除了停止 1 之外的所有静态实体。因此，据推测，车辆 3 向停止 1 方向移动。此外，这两个实体之间的距离足够低，可以认为车辆 3 是超越停止的。另外，由于所有车辆即将到达停车路口必须停在交叉路口，因此推断为车辆 3 必须在停止 1 处停止。最后，推断出车辆 3 是前交叉路口概念的实例。这是使用表 9.2 中给出的第一个 DL 公理来执行的。

为车辆 2 推断出 10 个对象属性推论。该推论指的是该车辆既没有通过人行横道 1 和停止 1，因此推断出它朝向这两个静态实体。此外，车辆 2 足够靠近人行横道 1 和停止 1，表示它即将到达它们。由于所有车辆必须在停车路口停车，因此推断车辆 2 必须在停止 1 处停车。该断言意味着车辆 2 是概念停止交叉口的概念。此外，所有车辆必须在到达行人交叉路口之前减速，因此车辆 2 必须在人行横道 1 减速。此外，由于推断行人 1 靠近人行横道 1，并且由于车辆 2 即将到达行人 1，因此推断它必须为行人减速。这个断言意味着车辆 2 是概念"前方行人"的一个实例。最后，车辆 2 足够接近车辆 3 以声称它正在跟随后者。然而，据推断，车辆 3 必须停在停止 1，并且由于车辆 2 跟随车辆 3，因此车辆 2 必须位于车辆 3 的后面。该链路反应意味着车辆 2 到大型实例在 1 个领导者之前接受停止交叉。

主要车辆推断出 11 个对象属性断言。与第 2 车辆一样，主题车辆既不通过人行横道 1 也不通过停止 1。因此可以推断它是朝向这两个实体。此外，主题车辆距离停止 1 太远，以至于它不会到达它。然而，据推断，主题车辆将到达停止 1，因此它将在停止 1 停止。此外，由于它足够接近人行横道 1，主要车辆即将到达，因此必须减速。此外，与车辆 2 一样，与行人 1 和人行横道 1 的连锁反应意味着主要车辆必须为行人 1 减速。这意味着主要车辆成为概念"前方行人"的一个实例。此外，主要车辆足够接近车辆 2 以表明它正在跟随。这意味着将与其他上下文实体的几个产生连锁反应。首先，主要车辆跟随车辆 2，它是"前方停止路口"的一个实例。这表示主要车辆是"前方前停止路口"的实例，此外，车辆 2 也是"前方前停止路口"的实例，因此也暗示，主要车辆是"若干前车前停止路口"的实例。最后，车辆 2 是概念"前方行人"的一个实例，因此它表明主要车辆是概念"前车前行人"的实例。

这些结果表明,所提出的本体论能够在全球道路情况下进行连贯推理。它表明,道路实体之间的相互作用可以被理解并考虑到它们对于移动实体的影响。

9.2.4.2 使用记录数据的案例研究

下一步是使用嵌入在实验车辆上的传感器记录的数据来测试本体。图9.10为案例研究的示意,该案例研究被选择用于在实时条件下评估本体。它包括跟随领先车辆的主要车辆。两辆车都在朝向一个十字路口前的人行横道行驶。人行横道和十字路口距离10m。此外,行人也位于人行横道旁。

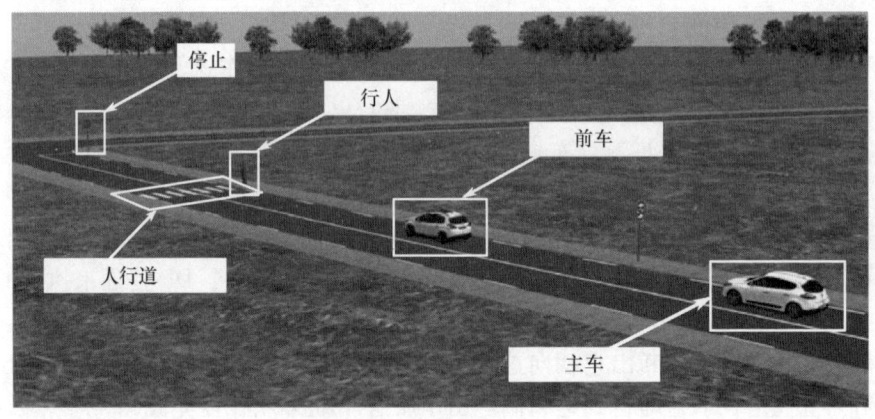

图9.10 案例研究示意

图9.11显示了用于实时利用本体的框架。

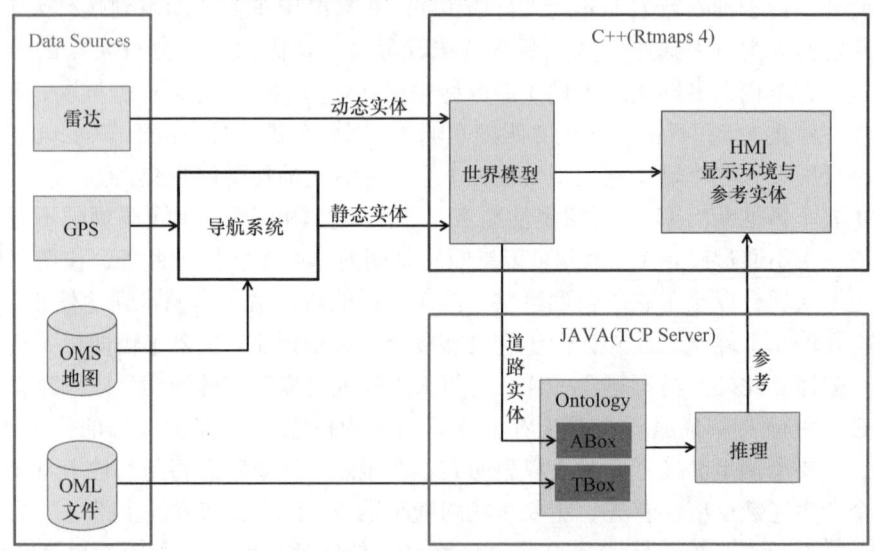

图9.11 实时情况理解框架

该框架需要多个数据源。关于人行横道和交叉路口的位置的信息以开放街道地图格式存储在数字地图中。除了该地图之外，导航系统还使用 GPS 接收器返回的定位数据，以便实时生成电子地平线。激光雷达传感器提供有关领先车辆和行人的实时信息。最后，本体 TBox 存储在 Ontology Web Language（OWL）文件中。这种文件格式是本体存储的参考。

实时利用本体需要三个软件。第一个是利用 OSM 数字地图的导航系统，并在每次新的车辆位置测量时返回电子地平线。也就是说，它提供关于静态实体的信息，即主要车辆到人行横道和停车路口的距离。

第二个软件是在 RTMaps 4 中间件的 C++ 编程语言中开发的。该软件允许获取有关数据源返回的移动和静态实体的信息，开发了 RTMaps 组件，以根据道路实体的信息提供世界模型结构。

最后一个软件是用 Java 编程语言开发的。它可以利用本体，从而推理出世界模型。即使 Java 语言不是实时函数的最佳语言，它也被选择使用非常简单的程序设计语言来提供难以理解的文库处理。并且，使用了 WindowsLAP 库。此外，该软件是作为本体服务器开发的，它与需要推理的客户进行通信。世界模型、服务器和 RTMaps 之间的通信是通过 TCP 协议执行的。使用 Protobuf 库序列化之后，交换世界模型结构。在通过服务器对世界模型结构进行交换后，创建了本体个体，完成了从 OWL 文件初步加载的核心本体。然后通过 Pellet 推理器进行推理，并将推断发送回 TCP 客户端。因此，推理可以通过 ADAS 来利用，在本章中，它是一个显示本体论参考的 HMI。

结果：

图 9.12 显示了本体的实验评估结果。图 9.12a 显示了相应本体个体的主要载体的状态和推断的等价随时间的变化。此外，图 9.12b 示出了对应的本体个体的主要车辆的状态和随时间推断的类别等价。从主要车辆的角度来看，情况随着时间的推移通过在时间 $t_1 \sim t_8$ 发生的八个主要事件而发展。这些事件将在下文详述。

从实验开始，主要车辆和领头车辆之间的距离低于以下阈值（参见图 9.12b）。因此，本体论认为主要车辆跟随领头车辆。这意味着一旦领头车辆与至少一个其他车相互作用，该相互作用就会传播到主要车辆。

在时间 t_1，领头车辆和行人之间的距离变得低于"将到达"阈值（见图 9.12a）。因此，本体认为领头车辆与行人之间存在相互作用，并且领头车辆即将到达行人处。然而，行人离人行横道较近，因此推断出领头车辆个体成为"前方行人"概念的一个实例（见图 9.12a）此外，由于主要车辆跟随领头车辆，领头车辆和行人之间的相互作用会影响到它。因此，主要车辆个体成为"前车前行人"概念的实例（参见图 9.12b）。

在时间 t_2，领头车辆和停止交叉口之间的距离变得低于"将到达"阈值（参见图 9.12a）。因此，本体论认为引导车辆即将到达停止交叉口，领先车辆个体成为"前方交叉路口"概念的一个实例。此外,由于主要车辆仍然跟随领头车辆,因此主要车辆个体成为"前车前停止路口"概念的实例(参见图9.12b)。

在时间 t_3,主要车辆和行人之间的距离变得低于"将到达"阈值(参见图9.12b)。由于行人仍然离人行横道较近,因此主要车辆开始与他交互,主要车辆个体成为"前方行人"概念的实例。请注意,此时车辆没有通过行人,因此,对主要车辆还是"前车前行人"概念的实例。

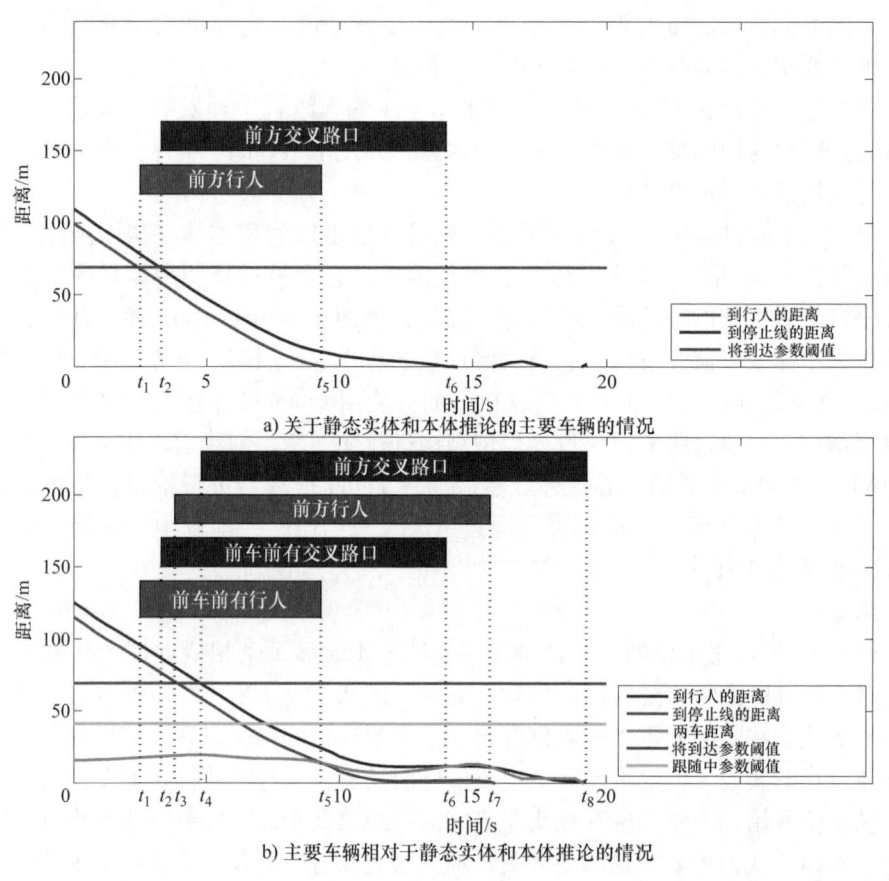

a) 关于静态实体和本体推论的主要车辆的情况

b) 主要车辆相对于静态实体和本体推论的情况

图9.12 实验评估结果

在时间 t_4,主要车辆和停止交叉点之间的距离变得低于"将到达"阈值(参见图9.12b)。因此,本体论认为,主要车辆开始与交叉路口相互作用,主要车辆个体成为"前方交叉路口"概念的一个实例。注意,此时领头车辆没有通过停止交叉口,因此主要车辆仍然是"前车前有交叉路口"概念的实例。

在时间 t_5,领头车辆通过行人(见图9.12b)。因此,领头车辆不再是"前方行人"概念的实例。此外,这意味着主要车辆不再跟随行人的行为。因此,主要车辆不再是"前车前有行人"概念的实例(参见图9.12b)。这意味着主要车辆不再间接地与行人交互。

在时间 t_6，领头车辆通过停止交叉口。因此，领头车辆不再是"前方交叉口"概念的实例（见图 9.12b）。因此，主要车辆不再是"前车前交叉口"概念的实例（参见图 9.12b）。

在时间 t_7，主要车辆通过行人。因此，主要车辆不再是"前方行人"概念的实例（见图 9.12b）。因此，交叉路口成为主要车辆的唯一相关道路实体。

最后，在时间 t_8，主要车辆达到最佳的部分。因此，主要车辆不再是"前交叉路口"概念的终点实例（见图 9.12b）。本体不再推断任何概念等价，因此不再有被主要车辆监视的相关感知的周围实体。

9.2.5 讨论

结果表明，所提出的本体论能够在道路环境中进行推理，因为它们可以被车辆感知。可以针对所关注的实体的类型执行道路环境的推理，同时考虑可能在实体之间发生的交互。本体使得能够以直接的方式考虑链式反应，即两个实体之间的交互可以对另一个实体的行为产生影响。相比之下，大多数传统的 ADAS 会独立于其他实体考虑每个感知实体，并且仅监控最近的实体。这种语言学并不是可以与之相关的唯一情境。只有与它相容的情境才能被理解，即只能满足本体 TBox 中所描述的实体的情况。这意味着如果世界模型包含未在本体中正式描述的实体，则后者将无法推理该实体。

如果在现实生活中这个实体对本体所知的其他实体有影响，那么推理的很大一部分将不能代表现实，而且不会是一致的。而且，对于所呈现的实验，上下文参数的值是临时设置的方式。这是因为在文献中没有发现旨在确定哪些实体可以被认为是相互作用的条件的研究。因此，进行研究以填补这一空白是恰当的。除了存储在本体中的知识的质量之外，推断信息的一致性取决于存储在世界模型中的信息的质量。如果情况的相关实体在世界模型中未命中，则对情况的推理不能一致。

此外，如果世界模型包含了相关的信息，那么推理就不会是连贯的。例如，我们认为世界模型除了主要车辆之外还包含一个交叉点和 lead Vehicle 车辆。如果低估了主要车辆和交叉路口之间的距离，则本体可以理解 lead Vehicle 车辆在还没通过路口时就已经通过了交叉路口。因此，结果是两个实体之间没有推断出相互作用，主题媒介会误解情况。

在目前的研究状态中，本体的一个弱点是它们无法将不确定性考虑在内。同样，这意味着存储在世界模型中的数据的精确度非常重要。这意味着所有感知和定位传感器必须提供精确和准确的测量，并且导航地图是精确且最新的。此外，缺乏不确定性意味着必须假设驾驶员遵守规则，并且不认为规则可以被违反。最后，实体之间的相互作用既不存在不确定性,也不能估计概念等价断言的不确定性。这种不确定性可能引起极大兴趣,特别是对于可能必须利用本体论的风险评估系统。

最后,推理本体论所需的时间非常重要,必须加以考虑。对于 9.2.4 节中的实验评估,在配备双核 1.9GHz 处理器的 4GB RAM 笔记本电脑上,推理所需的平均处理时间为 71ms。这个处理时间取决于 TBox 的复杂性(特别是 SWRL 规则的数量和复杂性)以及存储在本体 ABox 中的道路实体个体的数量和类型。如果必须扩展本体,则必须努力限制公理和规则的数量,从而限制推理步骤的复杂性。对于实时应用,如果处理时间与世界模型返回的频率相比较,则可以想象在本体中与系统的其余部分异步推理,如文献 [15] 中所做的那样。

9.3 地图错误检测

智能和自动车辆应用需要以电子地平线(EH)的形式由导航功能提供的信息。EH 中的错误数据可能导致客户端系统的不良行为并产生危险情况。这些可能会导致 EH 的系统发生故障,与地图结合使用的定位系统可能会受到干扰,并且会提供包含较大误差的位置估计。这可能导致在地图上估计车辆位置时出现大的误差。地图是一个复杂的实体,代表不断发展的环境,也必然包含故障。本节讲的是导航图的故障。

本节首先定义了故障和错误的概念,这些概念在这里是必不可少的。接下来描述了导航地图故障的发现,以及其对车辆应用的影响。

9.3.1 定义

根据应用领域,故障、错误、失败和完整性的术语可能具有不同的含义。以下定义用于本研究的背景,并基于文献 [28] 中给出的定义:

- 故障:错误生成过程。故障的存在可能不会导致错误。
- 错误:计算值、观测值或测量值与真实值,特定或理论上正确的值之间的差异。
- 失败:所需功能超出可接受限制或终止时的实例。
- 完整性:与客户端应用程序规范相关的信息的置信度指标的可靠性。

如果误差大于估计值,则会损失 EH 数据的完整性。

图 9.13 显示了道路网段的几何形状。阴影形状表示可接受的相关性。如果 EH 数据在此包络之外,则表示失效。图 9.14 显示了位置估计的完整性损失。真实的位置确实超出了与位置估计相关的误差的主要范围。

通过 EH 中的导航功能提供的车辆定位估计与定位和导航地图密切相关。图 9.15 显示了这种依赖性以及驱动辅助功能发展的后果,从辅助导航到自主驱动。

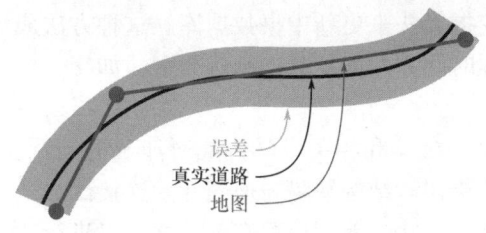
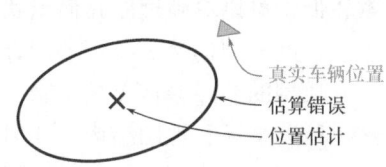

图 9.13　导航估计保持完整性的地方　　　　图 9.14　位置估计的完整性损失

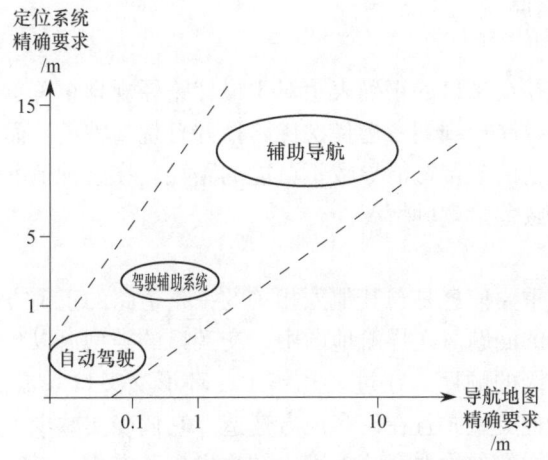

图 9.15　驾驶辅助功能发展的定位和地图精度需求

乘用车主要用于通勤或在已知道路上行驶。除了偶尔的旅行之外，例如去度假，车辆更多是在曾经行驶过的道路上行驶。必须注意的是，由于地图错误引起的功能障碍主要是系统性的。每当车辆再次越过错误的道路时，EH 向 ADAS 提供相同的错误数据，ADAS 本身就会感到不舒服。由于重复的不合逻辑警告或车辆反应的挫败感，驾驶员感知的质量显著下降。

9.3.2　问题

道路网络在不断发展。地图提供商认为，一个成熟国家 15% 的公路网络每年都在变化。这一数值在发展中国家中有所增加。除日本等少数国家外，中央政府不监督道路变化。因此，制图师很难保持地理数据库的最新状态。

地图创建是一个复杂的过程，需要很长时间。当装载在车辆中时，导航图已经在几个月前完成并且部分过时。地图制作者采用两种方法来进行快速地图更新。首先是通过部署大量车辆来促进测绘调查。它们配备了一套特定的传感器（例如激光雷达、惯性测量系统、差分 GNSS），用于快速绘制道路网络。优先权被提供给主要道路，并且在其中报告的变化已经报道。这种情况表明了地图的准确性，但在物质和人力资源方面的成本很高。第二是依赖用户数据。使用导航设备行进的旅程记录被自动上载到提供者，然后应用数据挖掘算法来更新中央数据库。这种方法成本较低，可以更新道路几何形状或平均行程时间。然而，其他结构要素，如交通标志、速度限制仍然需要现场调查。

典型的故障会被总结出来，它概述了每个故障和相关科学挑战所涉及的问题。这里区分了导航地图结构、几何和属性中的错误。结构缺陷与地图元素连接或在地图中识别的方式有关。几何缺陷与这些实体的形状或地理位置有关。之所以进行这种区分，是因为它们需要检测和纠正不同的方法。这些在以下段落中详述。

9.3.2.1 结构性错误

道路连通性

导航地图中道路交叉口的正确表示对于最佳路径规划至关重要。两条道路之间缺失的连接可能导致路径规划者选择次优路径并打扰驾驶员。而导航地图中两条道路之间实际上不存在的连接可能导致不可能的路径。在这种情况下，驾驶员可能被导航装置误导并导致危险驾驶情况。

交叉口类型

道路交叉口的重要信息是与其他人相关的一条道路的正确方式。危险信息可以解决这一信息泄露的问题。在导航地图中，交叉口的类型可以与交汇点相关联，以便隐含地描述优先级的顺序。在过去几年中，环形交叉口（或交通圈）的特定类型的交叉口优于其他类型并且在许多地方建造。它们确实减少了死亡人数并改善了道路之间的交通。它们的构造意味着网络结构发生了变化。车辆穿过它们的方式与经典的十字路口不同，并且交叉口分支的可达性是不同的。道路中包含环形交叉口必须在导航地图中注册，以便为驾驶员提供便利的指导信息并适应接近的机动（例如减速、车道选择）。

9.3.2.2 几何错误

道路形状和道路偏移

出于优化目的，压缩和编译车载导航地图，在此过程中，将删除一些道路形状点。因此，使用形状点估计的道路曲率被推翻。在 GIS 领域，绝对和相对精度被区分。前者描述了地理特征相对于全局参考坐标系的准确性，而后者描述了与其他特征相关的精度。具有低相对精度的路径导致不良的形状定义。与 ADAS 相关的曲线警告（即上下文 ACC、LKA 和 PFL）直接受到道路相对精度低的影响。在绝对和相对精度（道路偏移）较低的情况下，地图匹配算法可能不会选择正确的道路候选者，尤其是在密集的道路网络区域。此外，图 9.16 显示，交叉路口的偏移引起了在其他道路上行驶的车辆的交叉口警告系统的故障。

道路丢失

道路网络随着时间的推移而变化，一些道路被创建或关闭。在下一个制图调查中，每个上下文 ADAS 应用程序都无法正常运行。车辆在新道路上行驶的情况分为两种情况。首先，如果新道路远离导航地图中存储的道路，则地图匹配功能将切换

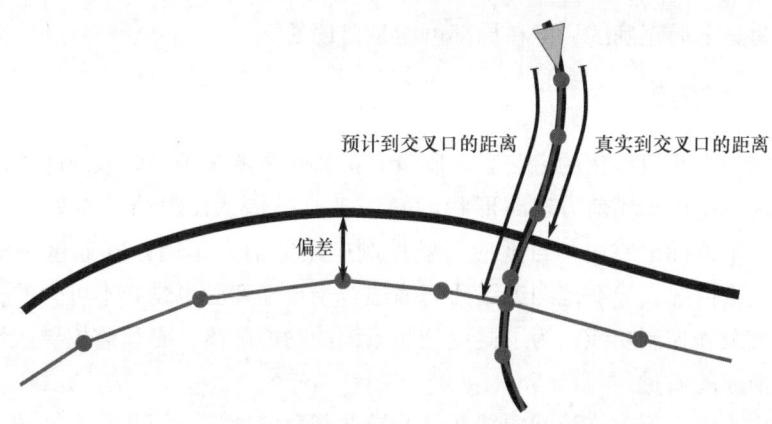

图9.16 交叉口警告系统道路偏移的后果。真正的道路是黑色的，红色折线是存储在导航地图中的道路，车辆是黄色三角形

到故障模式并提供越野输出。然后，上下文 ADAS 应用程序可以采用合适的策略并限制后果。其次，如果新道路沿着存储在导航地图中的道路行进，则车辆位置可能在错误的道路上以高置信水平匹配。上下文 ADAS 可以基于不一致的数据操作并导致危险情况。

9.3.2.3 属性错误

速度限制

速度限制可以在超速防护（OSP）系统中显示给驾驶员，或用于在上下文 ACC 应用程序中设置车辆巡航速度。导航地图将速度限制存储为每条道路的属性。该属性源自直接调查或基于道路类别、车道数量和区域（建筑区域内部或外部）推断。智能相机现在能够实时检测速度标志，然而，挑战在于确定检测到的标志是否适用于车辆。由交通标志指示的速度限制可以专用于一个特定车道（例如，用于高速公路出口），专用于一类车辆（例如货车、牵引式旅居车，公共汽车等车辆）或特殊条件。车辆对速度限制的不适当处理会打扰驾驶员并降低感知到的车辆质量。

行车路线和车辆限制

在导航地图中，除非专用属性与道路相关联，否则假定道路可以在两个方向上行驶。同样，定义属性是为了建立一些交通限制（例如货车、行人和最大高度）。路径规划器使用这些属性来排除错误的道路和不符合车型道路，这些属性错误可能会导致路径规划器选择一个次优路径，或要求驾驶员选择一个禁止路线。这可能会产生严重的后果，特别是对于难以操纵的大型货车。

作为对这种故障的结论，必须注意的是，存储在导航地图中的各种信息引起地图中的故障的多样性。用于解决这些故障的检测和校正的方法在传感器和形式方面必然也是多种多样的。一些可以解决这个问题的方式需要先验证导航地图的正确性。但是，据作者所知，导航图的整体可靠性还没有值得信赖的研究。在这里，导航图被认为是全局正确的，但在局部可能是错误的。

9.3.3 趋势测试

导航地图中几何形状的道路表示质量直接影响智能车辆导航系统的性能。在现有智能车辆中使用车辆前方道路形状的知识来改进传感器跟踪（例如，用于车道保持功能的车道标记或用于自适应巡航控制应用的前方车辆）并通过调整车辆速度来预测危险情况。导航地图道路几何描述对于自动驾驶也是必不可少的，例如路径规划、决策和控制功能。为了避免这些系统的功能障碍，必须监控导航地图中道路的几何描述的质量。

在乘用车中，不允许访问内部变量或导航函数的数据，因此在本文的方法中将导航视为黑匣子。当应用程序功能发生故障时，很难确定其来源，纠正或降低它们的影响。检测地图几何中的误差的方法是将导航功能提供的车辆位置估计与可用传感器提供的定位信息进行比较，如图9.17所示。这里的挑战是考虑到测量应用，车辆传感器的性能水平是有限的。车辆传感器引入的低精度和高噪声水平使得概率方法成为合适的方法。

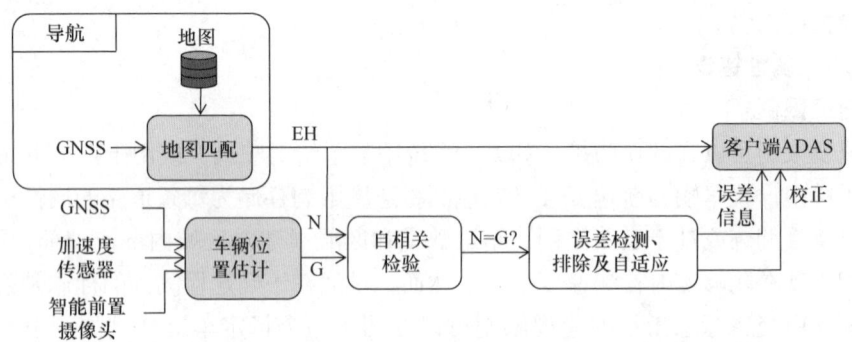

图9.17 页面导航完整性监控环境中故障检测的趋势测试

统计检验适用于根据结果来评估概率法的参数。在应用中，对一组观察数据的概率密度函数（PDF）进行维度检测，而该PDF的标准偏差与预期平均差距的数量级相同。页面的趋势测试按顺序进行，尤其适用于数据流。因此，该问题被公式化为检测到随机变量的平均值的变化，该随机变量表示从图9.18所示的传感器和导航器中估计出的距离。

9.3.3.1 信号生成

本节详细说明了如何根据平均值和标准偏差生成和描述距离信号。让我们根据与道路对齐的框架 R_1 中的真实车辆位置 P，考虑来自导航的估计值 N 作为随机过程的结果：

$$N = P + \alpha \tag{9.1}$$

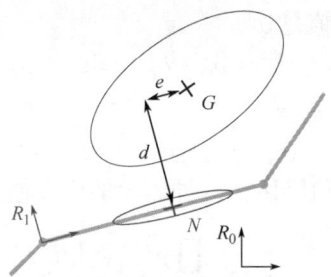

图9.18 传感器的估计值 G 与导航的估计值 N 之间的距离作为随机变量。d 和 e 分别是来自导航和来自传感器的估计之间的横向和纵向偏移。R_0 是与地球表面局部相切的东－北平面，而 R_1 是与导航功能匹配位置的路段对齐的框架

$$\Sigma_\alpha = \begin{bmatrix} \sigma_\alpha^2 & 0 \\ 0 & 0 \end{bmatrix}_{R_1} \tag{9.2}$$

其中 α 是一个假设零均值的噪声，具有对角协方差矩阵 Σ_α。实际上，由于道路在导航地图中由零宽度折线表示，导航地图匹配误差的方差与道路段正常相同。但是，存在地图匹配的位置，并且 δ_α 表示导航的纵向标准偏差。

来自传感器的车辆位置的估计值 G 可被编码为东－北平面中的二维点 $G = (x, y)^T$，其与地球相切，具有估计误差 β 的协方差矩阵 Σ_β：

$$G = P + \beta \tag{9.3}$$

$$\Sigma_\beta = \begin{bmatrix} \sigma_x^2 & \sigma_{xy}^2 \\ \sigma_{yy}^2 & \sigma_y^2 \end{bmatrix}_{R_0} \tag{9.4}$$

为了使距离信号独立于道路方向，选择各向同性的方法并且它包括使用椭圆体的外圆。它的半径是 $n = \max(n_i)$，n_i 是 Σ_β 的特征值。因此，在 R_1 中表示的协方差矩阵是 nI（I 是单位矩阵）。在 R_1 中，地图匹配和估计位置之间的差异由具有两个独立分量的向量 L 给出。

$$L = \begin{bmatrix} d \\ e \end{bmatrix} = N - G = \alpha - \beta \tag{9.5}$$

有独立误差假设下，横向 d 信号和纵向 e 信号的方差如下：

$$\sigma_d^2 = \eta$$
$$\sigma_e^2 = \eta + \sigma_a^2 \tag{9.6}$$

应用方面的相关信息是导航图中道路的横向位置。通过检测信号 d 的均值变化来进行故障检测。

9.3.3.2 检测方法

在文献［4］中的佩吉测试包括统计上检测随机变量的平均值的变化。让我们考虑一个随机变量 D 的 q 个样本 d_i。比较两个假设 H_0 和 H_1 的可能性。第一个假设是 D 在 q 个样本中有一个常数 μ_0。第二个假设，给定 $0 < r < q$，从 1 到 $r-1$ 的 D

的均值是 μ_0，从 r 到 q 的均值是 μ_1。

$$H_0: d_i = \mu_0 + b_i, \quad i = 1, \cdots, q$$

$$H_1: \begin{cases} d_i = \mu_0 + b_i, & i = 1, \cdots, r-1 \\ d_i = \mu_1 + b_i, & i = r, \cdots, q \end{cases} \tag{9.7}$$

其中 b 为标准差的零均值噪声。两种假设的广义似然比为：

$$\Lambda(D) = \frac{\prod_{i=1}^{q} p(d_i, r \mid H_1)}{\prod_{i=1}^{q} p(d_i \mid H_0)} \tag{9.8}$$

由于备择假设 H_1 的似然依赖于未知参数 r，因此考虑了其最大似然估计。

$$\Lambda(D) = \frac{\sup_r \left[\prod_{i=1}^{r-1} p(d_i \mid H_1) \prod_{i=r}^{q} p(d_i \mid H_1) \right]}{\prod_{i=1}^{q} p(d_i \mid H_0)} \tag{9.9}$$

由于原假设 H_0 的似然不依赖于 r，且具有 $\prod_{i=1}^{r-1} p(d_i \mid H_1) = \prod_{i=1}^{r-1} p(d_i \mid H_0)$，故似然比可简化为：

$$\Lambda(D) = \sup_r \left[\prod_{i=r}^{q} \frac{p(d_i \mid H_1)}{p(d_i \mid H_0)} \right] \tag{9.10}$$

让 δ 表示平均差距（$\delta = \mu_1 - \mu_0$）。在高斯假设下，可以得到：

$$\ln(\Lambda(D)) = \frac{\delta}{\sigma^2} \sup_r \left[\sum_{i=r}^{q} \left(d_i - \mu_0 - \frac{\delta}{2} \right) \right] \tag{9.11}$$

决定选择 H_0 或 H_1 是由比较阈值 λ_Λ 似然比，决定的：

$$\begin{cases} H_0: \ln[\Lambda(D)] < \ln(\lambda_\Lambda) \\ H_1: \ln[\Lambda(D)] > \ln(\lambda_\Lambda) \end{cases} \tag{9.12}$$

对于实时实现，特别方便的是按顺序制定测试。让我们定义累积和为：

$$S_r^q(\mu_0, \delta) = \delta \sum_{i=r}^{q} \left(d_i - \mu_0 - \frac{\delta}{2} \right) \tag{9.13}$$

也可以写成：

$$S_1^q(\mu_0, \delta) = S_1^{r-1}(\mu_0, \delta) + S_r^q(\mu_0, \delta) \tag{9.14}$$

决策规则就变成了：

$$\begin{cases} H_0: S_1^q(\mu_0, \delta) - \inf_r [S_1^{r-1}(\mu_0, \delta)] < \gamma \\ H_1: S_1^q(\mu_0, \delta) - \inf_r [S_1^{r-1}(\mu_0, \delta)] > \gamma \end{cases} \tag{9.15}$$

这里 $\gamma = \sigma^2 \ln(\lambda_\Lambda)$。

设 δ_m 为必须检测的 δ 的最小值。该测试分为两个并行运行的子测试，第一个测试的目的是检测平均值的增长，另一个是平均值的下降。

最后，在当前时刻 k，一旦式（9.16）为真，即检测到平均增长：

$$U_k - m_k > \gamma \tag{9.16}$$

这里

$$U_k = U_{k-1} + d_k - \mu_0 - \frac{\delta}{2} \tag{9.17}$$

$$m_k = \min(m_{k-1}, U_k) \tag{9.18}$$

相反，当：

$$M_k - T_k < \gamma \tag{9.19}$$

即有：

$$T_k = T_{k-1} + d_k - \mu_0 + \frac{\delta}{2} \tag{9.20}$$

$$M_k = \max(M_{k-1}, T_k) \tag{9.21}$$

一旦达到阈值，累积和将重置为零。实际均值变化发生在 m 到达最小值之前。

本工作中使用的均值变化的另一个公式是找出决策变量最后一次为空的时间（$U_k - m_k$ 用于增加检测，$M_k - T_k$ 用于减少检测）。该测试在所需的计算负载方面非常有效。实际上，在每一个新的时间步骤中，它只需要对标量变量进行加法和比较。在最后一个决策变量为空的样本之前，无法在样本中检测到平均变化。这些样本是无用的，可以从计算机内存中删除。选择对误报概率有影响。由于假设 H_1 的 PDF 依赖于一个未知的参数 r，所以不可能正式地表示它。但是，可以根据 PDF 中估计参数的数量 h 和标准差 $\gamma = 2 \cdot h \cdot n_\sigma \cdot \sigma/\delta_m$ 的数量 n 来设置。在这里，均值是 PDF 的唯一估计值，n 被设置为 2 作为标称调整，这是虚报率和检测时间之间的一个很好的折衷。然后 $\gamma = 4 \cdot \sigma/\delta_m$。

让我们考虑图 9.19 所示的例子。图中的信号是由一个标准偏差为 2 的高斯函数生成的。样本 1 到样本 40、样本 61 到样本 100 的均值均为 0。对于样本索引 41~60，平均值设置为 5。使用此信号作为输入运行佩吉趋势测试，并绘制累计和 U_k 以及决策变量 $U_k - m_k$，以说明测试的行为。为了使解释更容易理解，所选择的阈值比先前所表示的更大；这里 $n_\sigma = 6$，$\gamma = 4.8$。当信号的一个样本偏离 0 并接近 5（例如在样本 5、18、21 处）时，累积增加，因此决策变量增加。在这些情况下，信号的平均变化是预期的，但没有得到证实。由于从样本 1 到样本 40，信号的实际均值为 0，因此累积和不断减小，决策变量在越过阈值之前又回到 0。因此，对平均变化的期望是被否定的。在样本索引 41~43 处，累积和决策变量像以前一样增加，但决策变量最终在索引 44 处越过阈值，证实了平均值的变化。因此，样本 41~44 在图上用红色的星标记。累积和决策变量被设置为零，这是由图的不连续表示的。页面的测试再次开始：它在样本 46 处检测到自样本 44 以来的平均值变化，以此类推。在本例中，测试需要 3 或 4 个样本来检测平均值的变化，由于决策变量接近阈值但没有达到阈值，因此错过了样本 59 和样本 60。

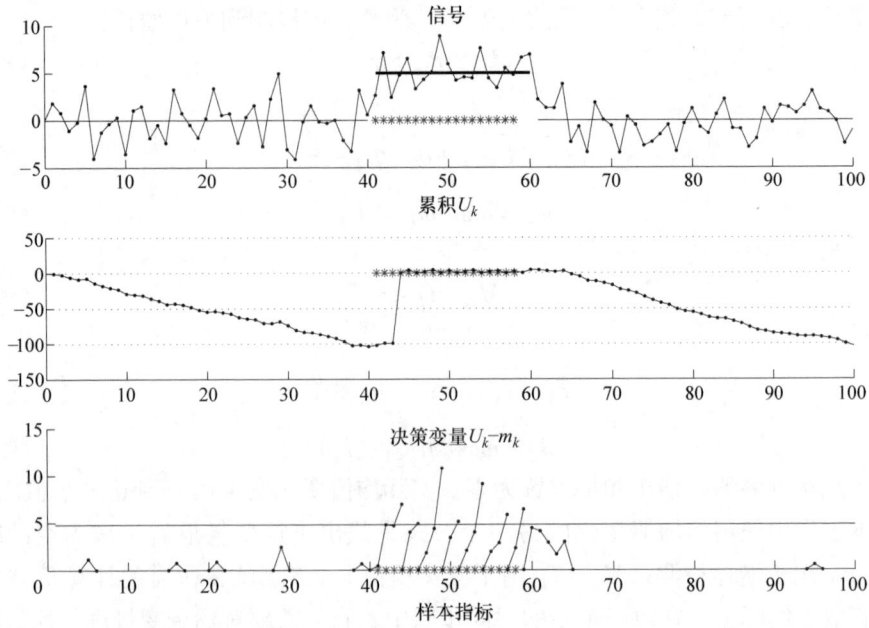

图9.19 佩吉所做测试的示例。要考虑的信号绘制在最上面的图表上,相应的累积和决策变量超出,红色的星表示测试检测到的平均变化的样本指标

9.3.3.3 故障的试验评估
分析方法

故障检测的关键点在于当故障发生时,对故障的反应能力和检测能力。在前一章节已经指出,佩吉趋势检测的顺序公式是根据样本值来重置的。因此,该顺序公式具有不断适应滑动窗口尺寸的特殊性。这项测试的反应能力在试验前是不可知的。为了衡量这项能力,我们从预警距离、恢复距离和地图定位的准确性这三个方面,对测试进行了评估,如图9.20所示。预警距离和恢复距离是根据通常的预警时间和恢复时间而导出的,并根据这项工作的情况加以调整,其中车辆行驶的距离是参考基准。预警距离 $\delta_{H_0 \to H_1}$ 是车辆在检测到故障之前行驶的距离;反之,$\delta_{H_1 \to H_0}$ 是恢复距离,即该测试检测到故障结束的距离。由于在过去的测试中可能会检测到几个样本的错误,因此测试的后验精度是用 $e_{H_1 \mid H_0}$ 和 $e_{H_0 \mid H_1}$ 来表示的。$e_{H_1 \mid H_0}$ 表示被认定为测量错误,而实际上无误的的道路长度,这可以称为错误预警距离;反之,$e_{H_0 \mid H_1}$ 表示实际包含一个算法没有检测到有错误的道路长度,可以看作是一个漏检距离。

将佩吉趋势检测与其他两种基于固定长度滑动窗口的方法进行比较。这两个方法均旨在区分 H_0 和 H_1。

$$\begin{cases} H_0: d_i = b_i, i = 1, \cdots, q \\ H_1: d_i = \delta_m + b_i, i = 1, \cdots, q \end{cases} \quad (9.22)$$

其中 $b_i \sim \mathcal{N}(0, \sigma^2)$。

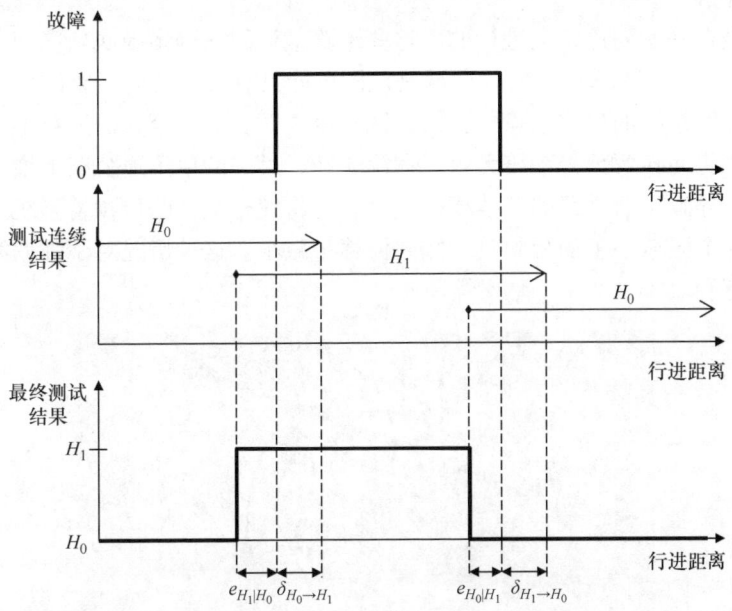

图 9.20 基于简单示例,对用于测试评估的度量标准进行定义。要检测的故障在图的最上层展示。由于测试可能返回到过去已检测到的故障,所以测试的后验结果在第二层显示。最终检测并定位的故障在最底层图中展示

在一方面,基于滑动窗口经验均值的简单决策规则由以下方式实现:

$$\frac{1}{q}\sum_{i=1}^{q} d_i \underset{H_0}{\overset{H_1}{\gtrless}} \delta_m \qquad (9.23)$$

另一方面,采用聂曼-皮尔逊概率决策规则进行比较。这是基于假设的广义似然比。在高斯噪声假设下,选择遵循规则:

$$\sum_{i=1}^{q} d_i \underset{H_0}{\overset{H_1}{\gtrless}} \sigma\sqrt{2 \cdot q \cdot \log(\Phi)} \qquad (9.24)$$

其中,阈值 Φ 来自于决策规则的期望的误报(类型Ⅰ错误)和漏检概率(类型Ⅱ错误)之间的折衷。

将误报概率设定为其通常数值(0.1%),与所提出的方法进行适当的比较。

滑动窗口的尺寸 q 必须足够大,以便具有统计代表性;并且足够短,以便尽可能快地检测到地图错误。此外,在市区环境中经常发生的情况是,一旦车辆离开一条道路,样本 D 必须重新初始化。之后 q 被设置为 $q=20$,这大概相当于 200m 的行进距离。

试验评价

试验是在一系列道路上进行的,这些道路最近因法国诺曼底新高速公路的建设而进行了翻修(图9.21)。该片区域是地图可能具有典型几何误差的代表,可能会导致驾驶辅助系统的严重故障。在第1区和第2区,原本笔直的道路上增加了急转弯。这可能将使转弯预警系统无效。在第3区,过去的单车道公路上增添了一条新的车道。这导致了新道路的持续横向偏移,这将使得交叉路口预警系统不能及时响应。在第4个区域,车辆行驶时,侧向偏移量减小。这种情况对于强调测试的恢复距离非常有利。

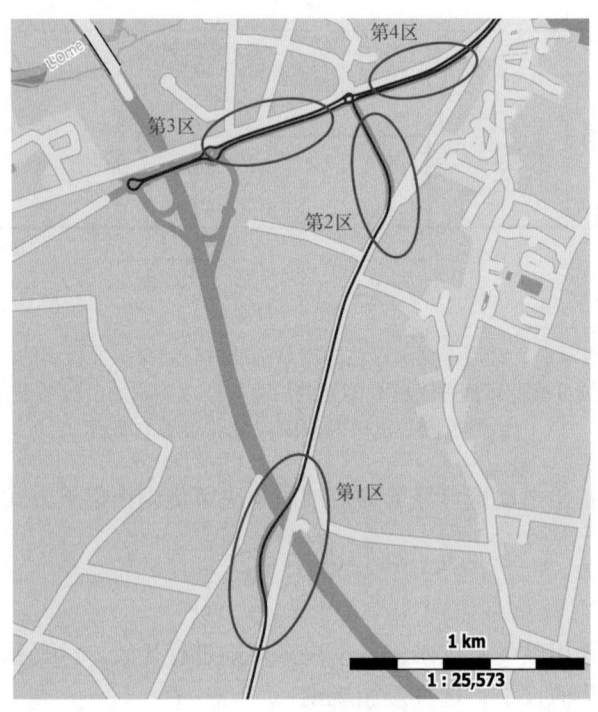

图9.21 测试区域的全局视图。正在评估的过期地图用黄线表示。实际道路网地图在背景中用灰色线表示。车辆的轨迹用蓝色线表示(从图的底部开始)。四个测试区域用红圈标出

由于试验是在乡村环境下进行的,同时为了便于解释,这里假设故障总是来自于导航地图中的误差。

试验在横向欧氏距离为 d 的长度上进行。最具限制性的约束来自交叉路口预警系统,该系统要求在连接道路上布置纵向精度为10m的交叉口。显然,连接道路的横向偏移会导致交叉路口的纵向错位。随后,该值被选定为错位变化的均值,用以检测 $\delta_m = 10m$ 。最后,将累积阈值和动态设置为 $\gamma = 4 \cdot \sigma/\delta_m$,在误报率和报警时间之间取得了较好的折衷。

图 9.22 所示的结果表明，佩吉趋势检验适用于故障的检测和定位。事实上，在故障发生和精准定位后不到 20m，故障就可以被检测出来。另外两种方法的误报率和漏检率相对较差。这主要是由于使用了固定长度的滑动窗口。随后故障检测便会对窗口尾部产生不利影响。这些方法在相对于滑动窗口尺寸时，道路误差较小的情况下，展现出糟糕的结果。

	Test	$\delta_{H_0 \to H_1}$	$\delta_{H_1 \to H_0}$	$e_{H_0|H_1}$	$e_{H_1|H_0}$
Area 1	Page	0 m	0 m	0 m	0 m
	Mean	73 m	150 m	90 m	177 m
	N.P.	46 m	255 m	220 m	0 m
Area 2	Page	20 m	n.a.[3]	20 m	0 m
	Mean	n.d.[4]	n.a.	35 m	0 m
	N.P.	80 m	n.a.	0 m	170 m
Area 3	Page	0 m	0 m	0 m	0 m
	Mean	50 m	100 m	150 m	200 m
	N.P.	0 m	300 m	0 m	300 m
Area 4	Page	0 m	20 m	0 m	20 m
	Mean	50 m	0 m	250 m	40 m
	N.P.	0 m	250 m	0 m	210 m

图 9.22 佩吉趋势检验示例

注意力放回到第 1 区，这样可以更好地了解三种方法的优缺点。图 9.23 的上半部分展现了车辆的估计位置与其地图匹配位置相对于行进距离的横向误差；该图的下半部分显示了车辆行驶时每个方法的连续结果。从图中可以看出，佩吉测试对于检测故障是非常有效的，因为当实际上道路情况混乱的时候，它就会选择 H_1。此外，在本例中，它完美地定位了故障（横坐标 520~1520m）。另外两个测试的结果相对并不准确。事实上，这些故障是后来才被检出的，定位情况也很糟。这是由于在滑动窗口内部何处发生变化是不得而知的。一旦越过阈值，整个窗口就应该属于 H_1。正确的道路点随之被发布为错误，反之亦然。这个例子说明了为什么这些方法会在故障定位中产生误报、漏检和低精度。

9.3.4 讨论

该试验的数学公式及其在车辆位置估计比较中的应用已经进行了详细的介绍。在此基础上，利用实车数据，评估了该算法检测传感器估算值与导航估算值之间差异的能力。因为通常用于衡量该测试性能的指标与智能车辆环境无关，所以我们使用本章介绍的指标进行了评估。该测试能够快速（较短的检测距离和恢复距离）并准确（较短的误报和漏检距离）检测出估计之间的差异，因此具备有信服力的性能。

佩吉趋势测试允许检测时通过鲁棒性，使得当车辆位置的两个估计值出现显著不同时，得出故障影响至少一个估计结果的结论。但是，如果假定车辆传感器也可能造成故障，则不允许确定哪一个估值受到了故障影响。从这个意义上说，这个测

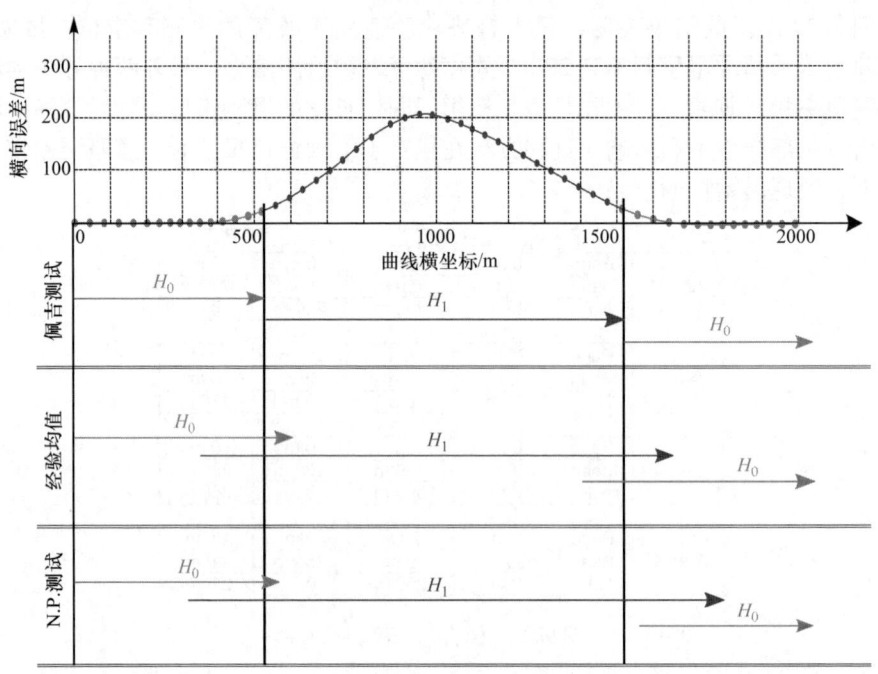

图 9.23 基于假设 H_0（正确路段）和 H_1（混乱路段）的三种趋势检验的序列结果。到地图匹配位置的横向距离在上半部分表示。区块颜色显示道路的真实状态：绿色表示正确路段，红色表示存在故障路段

试执行故障检测，但不执行隔离。为了解决这种模糊性，一种方法是利用车辆重复行驶在同样道路上。由于地图几何缺陷的重复性，使得在经过几次往返后就可以隔离和纠正故障。

9.4 结论

本章研究了在计算机控制下的车辆导航决策过程中的一个基本问题，即对共享同一道路网络的对象之间的时空关系的情况理解。通过使用以"有序"方式建立这种关系的本体论来构建这种关系，提出了一种解决方案。在这个过程中，信息和知识的基本来源就存在于导航地图中。它们提供了现存环境的信息，用于促进对情况的理解过程。虽然数字导航地图在车辆导航应用的部署方面已经取得了很大的进展，但其几何描述还远远不够完善，地图结构需要修改，几何误差等也始终存在。因此，本章节的第二部分提出了一种检测道路几何描述故障的新方法，这种方法的一个特点是使用了其他 ADAS 函数中使用的接近生产组件。本章的理论研究已经在乘用车上开展，并且在标准道路网络中进行了不同的试验。

总的结果表明，进一步工作仍需继续进行，特别是在推断对局势的了解所需的

资料方面。也就是说,如何从相近的环境中提取信息,从而改善相关对象之间的时空关系。为了达成这个目的,亟需探索的一个领域就是语义道路分割。语义道路分割应该会有助于促进分类以及驾驶或导航空间的定义。地图仍然还会是一个挑战,本章所描述的概念正在扩展到通过利用重复的轨迹来学习地图的概念,而这些轨迹通常是驾驶员的日常通勤。这些努力的成就将在应用于自动驾驶时得到证明,因为车在开到目的地时必须以安全的方式处理数据、检测错误并与其环境交互。

参 考 文 献

1. S. Abburu, A survey on ontology reasoners and comparison. Int. J. Comput. Appl. **57**(17), 33–39 (2012)
2. A. Armand, D. Filliat, J. Ibañez-Guzmán, Modelling stop intersection approaches using gaussian processes, in *Proceedings of the 16th International IEEE Conference on Intelligent Transportation Systems-ITSC* (2013)
3. F. Baader, *The Description Logic Handbook: Theory, Implementation, and Applications* (Cambridge University Press, Cambridge, 2003)
4. M. Basseville, I.V. Nikiforov, *Detection of Abrupt Changes: Theory and Application* (Prentice-Hall, Englewood Cliffs, NJ, 1993)
5. D.J. Buckley, The GIS primer an introduction to geographic information systems. Technical Report, Innovative, 1997
6. K. Dentler, R. Cornet, A.T. Teije, N. De Keizer, Comparison of reasoners for large ontologies in the OWL 2 EL profile. Semantic Web **2**(2), 71–87 (2011)
7. S. Geyer, M. Baltzer, B. Franz, S. Hakuli, M. Kauer, M. Kienle, S. Meier, T. Weißgerber, K. Bengler, R. Bruder et al., Concept and development of a unified ontology for generating test and use-case catalogues for assisted and automated vehicle guidance. IET Intell. Transp. Syst. **8**(3), 183–189 (2013)
8. P.-Y. Gilliéron, H. Gontran, B. Merminod, Cartographie routière précise pour les systèmes d′assistance à la conduite, in *Proceedings of the GIS-SIT Conference*. TOPO-CONF-2006-015 (2006)
9. T.R. Gruber, Toward principles for the design of ontologies used for knowledge sharing? Int. J. Hum. Comput. Stud. **43**(5), 907–928 (1995)
10. T. Gruber, Ontology, in *The Encyclopedia of Database Systems*, ed. by L. Liu, M.T. Özsu (Springer, Berlin, 2009)
11. P.J. Hayes, The second naive physics manifesto, *Formal Theories of the Commonsense World* (1985), pp. 1–36
12. M. Horridge, S. Bechhofer, The OWL API: a java API for OWL ontologies. Semantic Web **2**(1), 11–21 (2011)
13. M. Horridge, S. Jupp, G. Moulton, A. Rector, R. Stevens, C. Wroe, A practical guide to building OWL ontologies using protégé 4 and CO-ODE tools edition 1. 2. The University of Manchester (2009)
14. I. Horrocks, P.F. Patel-Schneider, H. Boley, S. Tabet, B Grosof, M. Dean et al., Swrl: a semantic web rule language combining OWL and RuleML. W3C Member Submission **21**, 79 (2004)
15. M. Hulsen, J.M. Zollner, N. Haeberlen, C. Weiss, Asynchronous real-time framework for knowledge-based intersection assistance, in *2011 14th International IEEE Conference on Intelligent Transportation Systems (ITSC)* (IEEE, New York, 2011), pp. 1680–1685
16. M. Hulsen, J.M. Zollner, C. Weiss, Traffic intersection situation description ontology for advanced driver assistance, in *2011 IEEE Intelligent Vehicles Symposium (IV)* (IEEE, New York, 2011), pp. 993–999
17. Hummel, W. Thiemann, I. Lulcheva, Scene understanding of urban road intersections with description logic, in *Dagstuhl Seminar Proceedings* (Schloss Dagstuhl-Leibniz-Zentrum fr Informatik, Dagstuhl, 2008)

18. C.G. Keller, C. Sprunk, C. Bahlmann, J. Giebel, G. Baratoff, Real-time recognition of U.S. speed signs, in *2008 IEEE Intelligent Vehicles Symposium* (2008), pp. 518–523
19. R. Kohlhaas, T. Bittner, T. Schamm, J.M. Zollner, Semantic state space for high-level maneuver planning in structured traffic scenes, in *2014 IEEE 17th International Conference on Intelligent Transportation Systems (ITSC)* (IEEE, New York, 2014), pp. 1060–1065
20. L. Lamard, R. Chapuis, J.-P. Boyer, Multi target tracking with CPHD filter based on asynchronous sensors, in *2013 16th International Conference on Information Fusion (FUSION)* (IEEE, New York, 2013), pp. 892–898
21. D. Maquin, J. Ragot, Diagnostic des systèmes linéaires (Lavoisier, Paris, 2000)
22. D.L McGuinness, F. Van Harmelen et al., Owl web ontology language overview. W3C Recommendation **10**(10), 2004 (2004)
23. B. Motik, R. Shearer, I. Horrocks, Optimized reasoning in description logics using hypertableaux, in *Automated Deduction–CADE-21* (Springer, Berlin, 2007), pp. 67–83
24. F. Moutarde, A. Bargeton, A. Herbin, L. Chanussot, Robust on-vehicle real-time visual detection of American and European speed limit signs, with a modular traffic signs recognition system, in *2007 IEEE Intelligent Vehicles Symposium* (2007), pp. 1122–1126
25. M. Platho, J. Eggert, Deciding what to inspect first: incremental situation assessment based on information gain, in *2012 15th International IEEE Conference on Intelligent Transportation Systems (ITSC)* (IEEE, New York, 2012), pp. 888–893
26. M. Platho, H.-M. Gros, J. Eggert, Predicting velocity profiles of road users at intersections using configurations, in *2013 IEEE Intelligent Vehicles Symposium (IV)* (IEEE, New York, 2013), pp. 945–951
27. E. Pollard, P. Morignot, F. Nashashibi, An ontology-based model to determine the automation level of an automated vehicle for co-driving, in *2013 16th International Conference on Information Fusion (FUSION)* (IEEE, New York, 2013), pp. 596–603
28. V. Popovic, B. Vasic, Review of hazard analysis methods and their basic characteristics. FME Trans. **36**(4), 181–187 (2008)
29. Protégé website, http://protege.stanford.edu/. Accessed 29 April 2015
30. Protégé Wiki website, http://protegewiki.stanford.edu/wiki/webprotege. Accessed 29 April 2015
31. Protobuf Website, https://developers.google.com/protocol-buffers/. Accessed 29 April 2015
32. R. Regele, Using ontology-based traffic models for more efficient decision making of autonomous vehicles, in *Fourth International Conference on Autonomic and Autonomous Systems, 2008. ICAS 2008* (IEEE, New York, 2008), pp. 94–99
33. R.A. Retting, B.N. Persaud, P.E. Garder, D. Lord, Crash and injury reduction following installation of roundabouts in the united states. Am. J. Public Health **91**(4), 628–631 (2001)
34. T. Schamm, J.M. Zollner, A model-based approach to probabilistic situation assessment for driver assistance systems, in *2011 14th International IEEE Conference on Intelligent Transportation Systems (ITSC)* (IEEE, New York, 2011), pp. 1404–1409
35. L. Serafini, A. Tamilin, Local tableaux for reasoning in distributed description logics, in *Proceedings of the International Workshop on Description Logics, DL*, vol. 4 (2004), pp. 100–109
36. R.M. Smullyan, *First-Order Logic* (Courier Corporation, North Chelmsford, MA, 1995)
37. S. Vacek, T. Gindele, J.M. Zollner, R. Dillmann, Situation classification for cognitive automobiles using case-based reasoning, in *2007 IEEE Intelligent Vehicles Symposium* (IEEE, New York, 2007), pp. 704–709
38. R. Wang, H.J. Ruskin, R. Wang, H.J. Ruskin, Modeling traffic flow at a single lane urban roundabout. Comput. Phys. Commun. **147**, 570–576 (2002). Proceedings of the Europhysics Conference on Computational Physics Computational Modeling and Simulation of Complex Systems
39. L. Zhao, R. Ichise, S. Mita, Y. Sasaki, An ontology-based intelligent speed adaptation system for autonomous cars, in *Semantic Technology* (Springer, Berlin, 2014), pp. 397–413
40. C. Zinoune, P. Bonnifait, J. Ibanez-Guzman, Sequential FDIA for autonomous integrity monitoring of navigation maps on board vehicles. IEEE Trans. Intell. Transp. Syst. **17**(1), 143–155 (2016)

第 10 章 车载雷达

10.1 简介

高级驾驶员辅助系统（ADAS）和基于毫米波雷达的自动驾驶目前得到了广泛讨论。距第一次尝试在车上装雷达已经过去大约 50 年了。在那些日子里，这辆车完全是一个机械装置，甚至燃油喷射都是机械的；而点火线圈几乎是汽车中唯一的电子装置。

早在 50 年前，就有人想到了汽车中电子部件的变化，这些变化已经成为现实。图 10.1 显示了在 20 世纪 90 年代以来汽车上的电气/电子部件所占比例的增加。

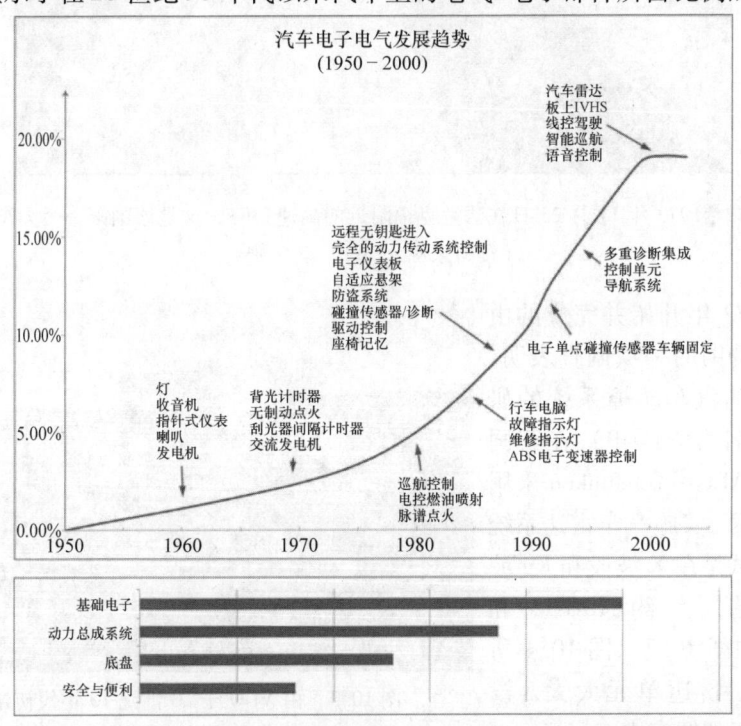

图 10.1　汽车上电气/电子部件的增加，正如 20 世纪 90 年代预测的那样
（资料来源：DASA）

更多的电子设备意味着需要更高度的,以及更重要的更低成本的集成,这些都通过利用自动装配线和使用集成电路 RFIC 和 MMIC 实现了。仅在 20 世纪 90 年代初,在安科纳的 MELECON 会议上,Alberto Sangiovanni – Vincentelli 教授假定在 20 世纪末有大到 15in(1in = 25.4mm)的硅晶片(在一段时间内生产的晶圆直径只有 4~6in),听到这,一半的观众嘲笑着离开了观众席。

最近,Infineon 已经卖了 1000 万个的车载雷达芯片。

在 20 世纪 70 年代早期,欧洲遭遇了石油危机(图 10.2)。舒适、安全不再是汽车开发的焦点,目标变成了降低油耗。

图 10.2 1973 年 11 月 25 日在法兰克福附近的高速公路,这是德国第一个无车周日
(资料来源:SWP,乌尔姆)

在 1972 年开始并完成的由德国政府赞助的一项调查表明,基于雷达的汽车防撞系统的研究计划(名为 NTÖ49)在德国乌尔姆的 AEG – Telefunken 采用 35GHz 技术。实施汽车雷达系统的早期尝试是在 X 波段和 Ku 波段进行的,大约 10GHz 和 16GHz,如图 10.3、图 10.4 所示。然而,雷达单元太大,没法装到常规的轿车上。

图 10.3 由 VDO 于 20 世纪 70 年代初建造的 10GHz 汽车雷达系统
(资料来源:作者的私人收藏)

第10章 车载雷达

图 10.4　16GHz 动态雷达系统（标准 ElectricLorenz）在 1975 年的试验
（资料来源：作者的私人收藏）

10.2　前向雷达（FLR）

在该项目中，NTÖ AEG – Telefunken 彻底研究了汽车雷达设计策略，并开发了第一个在毫米波频率范围内工作在 35GHz 的雷达系统。它实现了许多创新的设计理念，例如具有 2.5°×3.5°笔形波束的窄波束宽度天线。2.5°的方位角照亮了前方 100m 处的一条车道，而 3.5°的高度足以俯瞰山丘和桥梁下方。利用微型半导体双端子设备，即 IMPATT – , GUNN – 和肖特基二极管和混合组装技术使得显著减小这种雷达单元的尺寸并将其安装到常规轿车的前部成为可能。IMPATT 二极管用于发射器中的雷达产生脉冲，而 GUNN 二极管用作接收器单元中的本地振荡器（LO），并且离散束引线型肖特基二极管用作接收器中的混合元件。

图 10.5 显示了由 AEG – Telefunken 设计的第一个 35GHz 防撞雷达的原理框图。发射（TX）和接收（RX）单元被实现为具有其自己的发射和接收天线的独立模块，当时没有足够技术过关的 35GHz 循环器，可实现的脉冲输出功率约为 100mW，脉冲宽度为 20ns。

当时，在一开始，使用汽车雷达作为降低街道事故率的手段的想法是主要原因之一。因此，各种汽车，包括公共汽车和货车都配备了雷达传感器（图 10.3、图 10.4、图 10.6 和图 10.7）并在全球范围内进行了测试。

在其他国家，主要是在美国和日本，对汽车雷达系统的研究也在进行了，使用了 35GHz、47GHz、60GHz 和 94GHz 等不同频率，其中后者是军事应用"剩余"的，因此，相关组件很容易获得。比如来自美国的 DARPA 赞助的 MMIC 程序。

不管怎样，这些以 35GHz 运行的第一代毫米波单元表现出了良好的性能。已经建造了几个单元并在德国进行了数百万千米的道路试验，并与博世合作，后者是 NTÖ49 研究项目中的 AEG – Telefunken 伙伴之一。

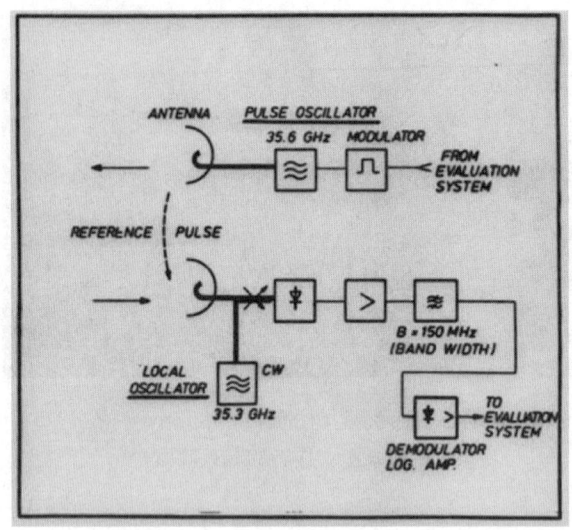

图 10.5　1973 年由 AEG – Telefunken 建造的 35GHz 射频防撞雷达的原理框图
（资料来源：AEG – Telefunken，德国乌尔姆）

图 10.6　由 AEG – Telefunken 1974 建造的 35GHz 汽车雷达系统（驾驶员就是本文作者）
（资料来源：作者的私人收藏）

　　甚至货车也已经装备并使用第一代 35GHz 雷达传感器进行了测试。根据这些结果，类似且稍微改进的 35GHz 雷达装置被转发给 SEL 公司，该公司与梅赛德斯 – 奔驰一起在 NTÖ49 计划中工作。

　　日本的 60GHz 方法是一种政治性的、非常务实的方法；可以建立和研究毫米波雷达和未来的通信系统，采用完全相同的半导体器件和 60GHz 开发的毫米波元件。

　　而在 20 世纪 80 年代初在德国开始引入 77GHz 雷达传感器，作为 WARC 89 内的远程汽车雷达（LRR）的全球标准（参见图 10.8），统一了频率标准。

图 10.7　装有 35GHz 雷达的 MAN 货车（资料来源：作者的私人收藏）

图 10.8　"Distronic Plus" 的天线配置示意图，结合了 LRR 和 SRR，黄色是 77GHz LRR 传感器，绿色是 24GHz SRR 传感器
（资料来源：戴姆勒股份公司）

10.3　盲点探测雷达

Dunlop&Assoc 在 20 世纪 70 年代早期提出了第一个盲点检测（BSD）传感器，即用于识别车辆的短程雷达传感器（SSR），其位于标准后视镜的光学盲点中。美国的 Bendix（图 10.9），采用 16GHz 的开槽阵列型天线。其天线图案与相邻（街道）线相交，以探测盲点区域，并用轻微但可听见的信号警告接近的汽车的存在。

20 多年后的 1995 年，位于美国亚利桑那州图森的 HE Microwave 公司（休斯电子公司）已经为其货车系统使用了 24GHz 的 SDS（侧面检测传感器），如图 10.10 所示。SDS 被设想为协助驾驶员获得计划换道的可行性，BSD 传感器也是这样。

今天，24GHz 范围是 BSD 传感的常用频率方法（图 10.11）。

现在市面上的工作在 ISM 频段（24.05 ~ 24.25GHz）的窄带（NB）系统以及

图 10.9　具有 16GHz 波导馈电的开槽阵列型天线
（资料来源：文献 [6]）

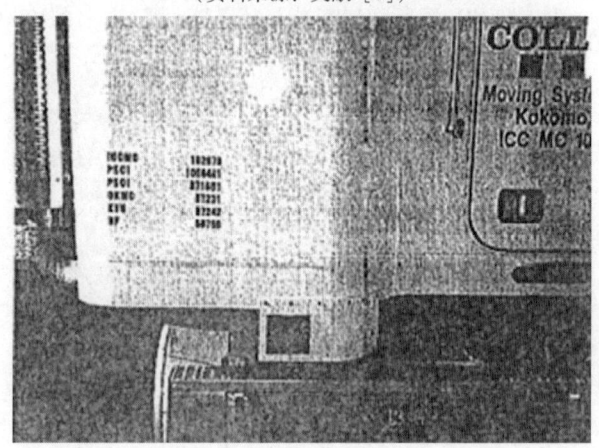

图 10.10　使用 24GHz 的 SDS 系统由 HE Microwave 公司于 1995 年制造
（资料来源：HE Microwave）

工作在 21.65~26.65GHz 之间的工业、科学和医疗超宽带（UWB）系统，具有各种优点和缺点。像法雷奥（Valeo）或海拉（Hella）这样的公司，以及一些德国的公司，每年都会生产这些窄带传感器。Autoliv 正在为梅赛德斯 - 奔驰制造 UWB 盲点检测系统，例如所谓的 CPA（碰撞预警系统）。

如今，具有"铅笔"波束的全功率汽车雷达（LRR）传感器基本上工作在由 ETSI 标准化组织分配的 77GHz 频率范围内，而具有更宽方位角天线值的城市交通应用的 SRR 工作在 24GHz 范围内（更多相关内容在 10.5 节）。

新兴市场的发展以及全球范围内对汽车雷达等技术创新产品的部署通常是对社会发展和即将到来的特定需求的反应。全球超大城市的趋势伴随着金砖国家（巴西、俄罗斯、印度和中国）等人口众多的国家的交通流量增加，导致了道路的密度和事故率的增加，这促使需要加强车辆安全和更多驾驶员辅助系统。

由于其独特的物理性能，汽车雷达传感器是现代车辆安全和驾驶员辅助系统的

图 10.11　盲点检测（BSD）包含两个独立的 24/26GHz SRR 传感器
（资料来源：戴姆勒股份公司）

支柱，尽管不是唯一的手段；激光扫描仪和视频相机系统大多是互补的，有时也会是竞争技术。然而，基于所描述的趋势，很容易得出结论：随着全球范围内汽车保有量的大量增长（图 10.12），雷达系统的密度将在未来几十年内激增。

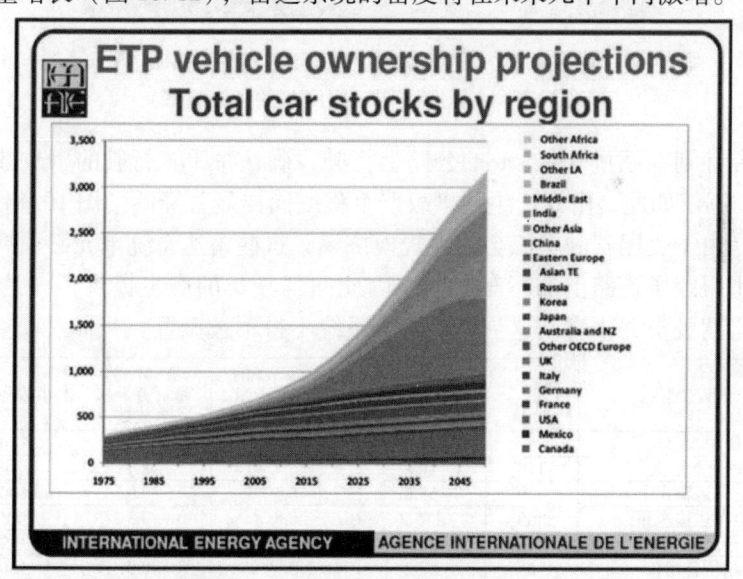

图 10.12　按地区划分的汽车保有量（资料来源：IEA 国际能源署）

在道路上运行的汽车密度越高，保证这种传感器的互操作性就越重要，特别是当我们从简单的舒适系统转向高度复杂的安全应用时，比如说利用汽车雷达系统的自动驾驶。基于 DIN 26262 中进一步开发的 ASIL 定义（即传感器结构的设置）的 TÜV 认证将是必要的。

10.4 早期系统和实验结果

早在1992年,在美国的4000多辆公共汽车和货车上安装了24GHz的EATON VORAD CWS(碰撞预警系统)。该系统安装在Greyhound公共汽车(图10.13)上面,为驾驶员提供声音警告。

图10.13 由EATON–VORAD于1996年建造的24GHz CWS系统
(资料来源:沃尔夫冈·门泽尔的私人收藏)

该研究计划在超过9亿km的公路上行驶,确认每千米行驶的事故数量减少了50%以上;不仅如此,由此产生的事故严重程度同样显著降低(图10.14)。

然而,由于美国驾驶员工会的大规模抗议,这些雷达系统单元必须拆除。CWS雷达系统也跟踪了道路上的行车时间,因此向驾驶员的雇主提供了"透明"的报告。显然,驾驶员并不喜欢这一切,这个系统不得不被搁置。

车队类型	货车数量	带有CWS的行驶里程/10^6km	不带CWS的每百万千米事故数	带CWS的每百万千米事故数	事故降低率
私人承运人	20	17.0	1.3	0.0	100%
租用承运人	170	37.8	3.7	2.4	34%
货车运输车I	350	55.8	0.5	0.0	100%
货车运输车II	850	115.2	0.8	0.3	71%
租赁公司I	9	0.5	19.7	0.0	100%
租赁公司II	8	0.32	16.3	0.0	100%
饮料分销商	58	2.2	29.6	0.0	100%
总计	1465	224.8	1.0	0.3	69%

图10.14 事故减少的量
(资料来源:文献[8])

四年后的1996年,"自动公路系统"在日本安装并在新建的Jo–Shin–Etsu高速公路约100km处进行了测试。测试包括几个系统的互操作性。LCX被用于车辆(v2x)通信。路面上的磁钉和汽车中的相应传感器在行驶期间提供了车道控制,并且使用了 60GHz 的毫米波雷达用于距离控制。此外，通过安装在汽车上的 CCD 摄像头检测光学通道标记（图 10.15）。整个系统被称为 ACAS（汽车碰撞避免系统），并展示了第一辆无人驾驶汽车。日产汽车公司的"电子信息系统研究实验室"是这个系统的主角之一。

取得的成果非常有意义的。然而，在所需的道路和车辆上安装 LCX、磁钉和传感器系统在当时被认为太昂贵了。

当然，现在日产是自动驾驶的技术领导者之一。

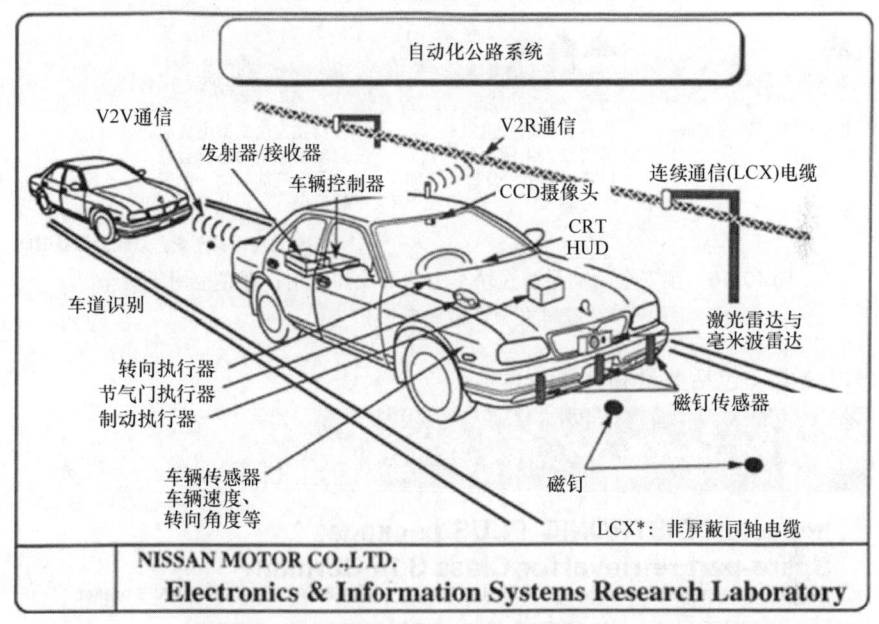

图 10.15　由日产汽车建造的自动化公路系统（资料来源：日产汽车有限公司）

两年后，当梅赛德斯-奔驰于 1998 年推出 DISTRONIC 系统时，接受度依然不高，从高端的 S 级轿车到其他级别的车型的应用传播相当缓慢。但是，自从引入了 DISTRONIC PLUS（1xLRR 和 4xSRR），又过了 8 年（2006 年），情况发生了重大变化。随着"制动辅助+"和"预安全制动"成为系统组成部分（图 10.16），这样一个系统直接被驱动程序识别并且被公众很好地认知。

2011 年，该系统体系开始进入"普及化"过程，分别于 2011 年和 2012 年装备新的梅赛德斯-奔驰 B 级和 A 级。"DISTRONIC PLUS"成为一种特殊设备产品，也可用于小型车。CPA（Collision Prevention Assist，防碰撞辅助系统）已经是一个系列产品，虽然最初只是一个声学警告信号。

随着 2014 年春季新梅赛德斯-奔驰 C 级轿车的推出，进一步开发的 CPA plus 和自动制动辅助系统成为梅赛德斯-奔驰汽车的标配。

图 10.17 显示了由于引入了基于雷达的电子制动系统"DISTRONIC PLUS"使

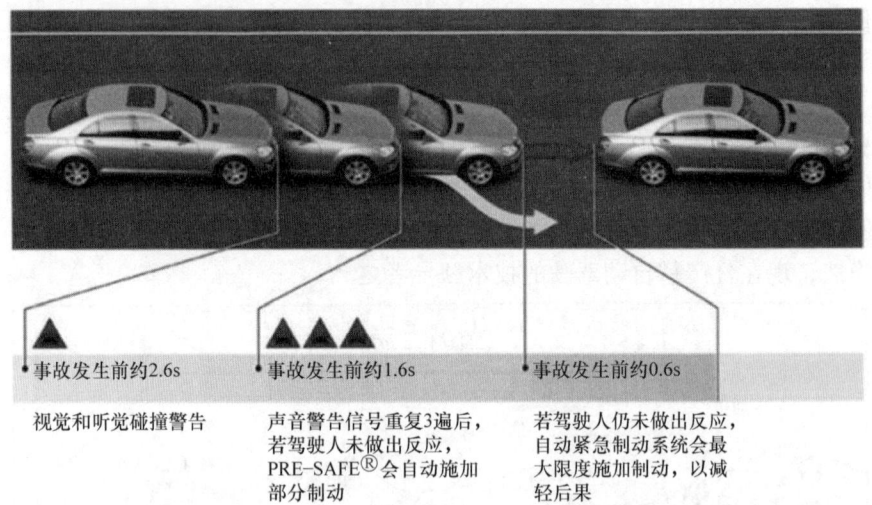

图 10.16　预安全制动系统在轿车上的开发和应用，现在也用于货车
（资料来源：戴姆勒股份公司）

事故得以减少（包括数量和严重程度）。

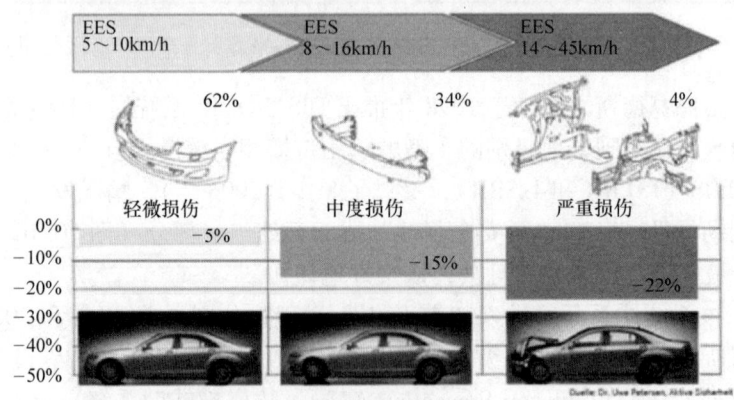

图 10.17　基于"DISTRONIC PLUS"减少事故
（资料来源：戴姆勒股份公司）

2015 年 8 月的一项研究得出结论，ADAS 可以将事故减少 80%。

现在，平均的事故里程大约是 44.8 万 km，到 2040 年，可能这个数字会延长到 256 万 km。

10.5 发展趋势

在未来，如上所述，更多的传感器将在道路上同时工作。因此，原始设备制造商（OEM）对下一代雷达的任何调查和规划是非常明显的；采用已经证明对其他人不敏感的传感器是不够的。传感器本身也必须被证明不会干扰或蒙蔽其他系统。为原始设备制造商和相应的供应商测试雷达传感器的互操作性，使用标准干扰作为合格设备将非常方便。这样的测试设备应该能够产生多种调制方案和带宽，可以针对所讨论的传感器进行测试。另一个目标必须是保持机会开放，以满足未来在互操作性过程中的需求。这种担忧的一个突出问题是相应的频率带宽，以及是否允许跳频。未来的频率调节策略应旨在使全球范围内的频率更高，并且每个传感器使用更大的带宽。最低带宽 1~2GHz 很可能是未来交通情景的必要条件，如行人识别（微多普勒）或侧面碰撞警报。

因此，所有这些都需要雷达制造商之间的共同努力，由相应的原始设备制造商支持，以便识别和商定共同的设计规则书。该指南必须引用共同商定的反干扰措施，同时保持每个制造商开放其个人雷达的机会。欧盟资助的 MOSARIM 项目（通过雷达干扰减缓实现全民安全）是朝着这个正确方向迈出的第一步。在阿姆斯特丹的 EuMW 2012 期间，MOSARIM 在微波社区内被公开描述和广泛讨论；EuMC/EuRAD WS23 是该程序的官方和最终结果。

现在，24/26GHz 是用于 BSD 感测的通用频率方法。但是，将未来雷达传感器的工作频率从 24/26GHz 改为 76~81GHz 的时间很快就会到来。

有以下 4 个原因：

1) 未来（和更复杂的）驾驶员辅助和车辆安全系统的技术要求，要求更高的分辨率和空间和时间的准确性。

2) 车辆集成和传感器封装要求最小化，同时增强传感器性能。

3) 基于"规模经济"降低成本。转换到 76~81GHz 范围允许开发能够用于从 LRR 到 MRR 再到 SRR 的所有汽车雷达类型的雷达模块。

4) 互操作性。由于汽车雷达的市场会快速扩大，干扰应对将成为进一步扩大市场的关键。大带宽使跳频或其他有效的频率分离程序必须是强制性的，并且在全球范围内仅在 76~81GHz 之间可用。

不过，由于雷达在将来是必要的，关于汽车雷达性能的提升已经投入了更多和持续的努力。

10.6 未来方向

从今天已有的和市场上推出的雷达传感器可以看出，实现无损伤驾驶和更好、更高效的车辆管理，从而降低油耗，将是近期的一个课题（图10.18）。

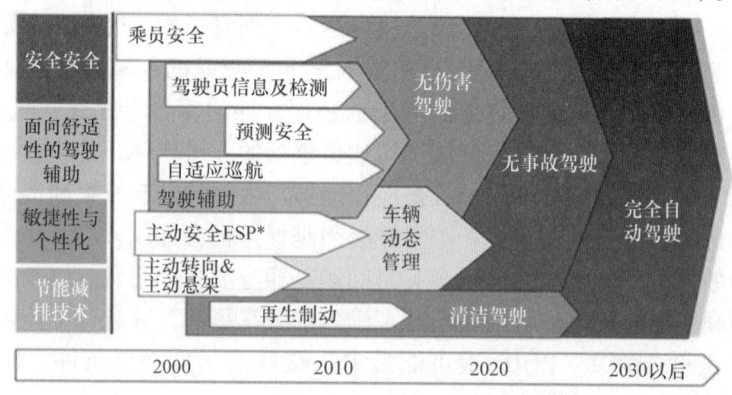

图10.18　车辆运动和安全的愿景（资料来源：博世公司，来自阿姆斯特丹的 EuRAD 2012 论文）

像 RCTA（后部交叉交通警报）这样的应用程序，在支持驾驶员前方检测的同时也支持驾驶员后方的检测和计算从后方接近的关键物体，已经在实施。例如梅赛德斯-奔驰 S 级上的 RPC 传感器，已经于 2013 年 7 月推出（图 10.19）。

图10.19　2013 年的梅赛德斯-奔驰 S 级，采用 RPC（后预碰撞）传感器（资料来源：戴姆勒股份公司）

2013 年，法雷奥推出了采用 DBF（数字波束成形）天线技术的 BSD/RTCA 组合传感器。

日产的"All – around collision free"汽车采用了"安全防护罩",这一概念已于 2005 年推出。"安全防护罩"旨在积极主动地实现安全防护。根据实际情况,该车能够给驾驶员提供更安全的驾驶。通过结合主动和被动安全性,该系统能够减少死亡人数和严重伤害事故。

基于 ACC 的"距离控制辅助"或"车道偏离警告",以及更多"车道偏离预防"是日产"安全防护罩"的一部分。丰田汽车 2013 年在美国拉斯维加斯展示了自动驾驶汽车的一些细节。配备"高级安全研究工具"的雷克萨斯 RS(图 10.20)利用各种技术,如 GPS、毫米波雷达、激光跟踪和立体摄像机,实现其自主性。

图 10.20　雷克萨斯高级安全研究工具在 2013 年拉斯维加斯举办的国际消费电子展上展示
(资料来源:日本丰田,来自互联网)

2013 年 12 月,位于瑞典哥德堡的沃尔沃汽车公司(VCC)宣布推出"Drive Me——Self driving cars for sustainable mobility"项目。"Drive Me"是一个世界上独一无二的试点项目,在 2017 年之前在公共道路上拥有多达 100 辆自动驾驶汽车。如果一切按计划顺利运行,预计将于 2020 年开始批量生产(图 10.21)。

2015 年 9 月,荷兰政府宣布了一项雄心勃勃的计划,即在 2025 年之前将汽车停放在道路上,现行法律将进行必要的变更,以便在公共道路上为这些车辆敞开大门。与此同时,DAVI(荷兰自主车辆倡议组织)成立,代尔夫特理工大学成为该联盟的一部分。

今天的先进信号处理以非常高的数据速率整合"大数据",为汽车雷达的使用提供了新的解决方案和应用。用于行人识别的微多普勒检测或用于汽车的区分车轮的多普勒检测是最近的例子。具有深度学习功能的超级计算因此将成为未来和先进信号处理的支柱,使自动驾驶更接近现实。

无事故驾驶和随后的自动驾驶技术都很重要。

图 10.21 Drive‐Me 测试车（资料来源：沃尔沃汽车公司）

以下章节将详细描述这种情况。

参 考 文 献

1. H. Meinel, B. Rembold, Commercial and scientific applications of millimetric and sub-millimetric waves. Radio Electron. Eng. **49**(7/8), 351–360 (1979)
2. H. Meinel, Millimeter-Wave Systems and Applications in Europe, Invited Paper, IEEE MTT-S, New York, 1988, pp. 649–653
3. H. Meinel, Millimeter Wave System Design and Application Trends in Europe, Invited Paper, Alta Frequenza LVIII(5–6), 441–456 (1989)
4. H. Meinel, Automotive Radar—Present Status and Future Trends in a 'Market to Be' for Millimeterwaves, Invited Key-Note Talk, in *20th International Conference on IR & Millimeterwaves*, Lake Buena Vista, FL, USA, Dec 1995
5. H. Meinel, J. Wenger, G. Rollmann, H. Dominik, M. Chinn, M. Kunert, 24 GHz UWB Technology for Automotive Radar Applications, in *IWUWBT2005, 2005 International Workshop on UWB Technologies*, Yokosuka Research Park, Yokosuka, Kanagawa, Japan, Paper: TA4-1, 8–10 Dec 2005, pp. 79–82
6. W.P. Harokopus, Application of Radar to Automobile Control and Sensing, IEEE G-MTT, 19 May 1971
7. J.C. Reed, Side Zone Automotive Radar Criteria for Target Classification, in *Intelligent Vehicle Technology Conference*, VTC 1995, Detroit, 25/26 Sept 1995, pp. 361–363
8. J.D. Woll, Monopulse Doppler Radar for Vehicle Applications, in *M&RF Conference 1997*, London, UK, Sept 30–Oct 2, 28 pages
9. C. Gauss et al., Comparative Test of Advanced Emergency Braking Systems, ADAC Internal Test Report, ADAC Technik Zentrum, Landsberg, Germany, 30 Aug 2012
10. H. Meinel, J. Dickmann, Automotive radar: From its origins to future directions. Microw. J. **56**(9), 24–40 (2013). Cover Feature/Invited Paper
11. TOYOTA Deutschland GmbH—Public Relations & Press, TOYOTA entwickelt automatisierte Fahrsysteme—neue Abstandsregelung und Fahrspursteuerung vorgestellt, 11 Oktober 2013
12. H. Furushou, Nissan Research Center: *Private communication*, and Nissan Motor Company, Kanagawa, Japan: *Technological development activities*, Internet adv., Dec 2013
13. Volvo Car Corporation, Gothenburg, Sweden, Press release on behalf of "DRIVE-ME", Dec 2013
14. H. Yan, *Drivers Stay Behind the Wheel Awhile*, China Daily, Oct 2015, p. 18

第四部分　　车载架构和可靠的电力计算

第11章 自动驾驶的系统架构和安全要求

11.1 面向自动驾驶

通过在特定情况下接管纵向或横向驾驶任务，驾驶辅助功能如今已经可以给驾驶员提供很大的支持，例如自适应巡航控制或车道保持。虽然这些功能在限定的情况下支持驾驶员关于纵向或横向车辆引导，但是在达到系统功能边界或检测到严重故障的情况下还需要将控制切换回驾驶员控制模式。因此，驾驶员必须始终保持在一定的驾驶状态，并通过人为干预提供系统退出或人为介入。

自动驾驶引入了第一驾驶功能，可同时进行纵向和横向控制的任务，并允许驾驶员在有限的时间内不参与主动驾驶任务。驾驶员将负责始终监督部分自动化功能，而高度全自动驾驶功能不需要驾驶员参与。

关于如何实现完全自动驾驶存在不同的策略。一种策略是逐步增加相应功能的自动化程度。例如，高速公路上的自适应巡航控制之后是纵向和横向控制的组合，此时驾驶员不间断地监控此功能。接下来是高度自动驾驶，驾驶员可以在驾驶时执行辅助任务，最终允许在高速公路上进行全自动驾驶。另一种方法是直接跳到全自动驾驶，同时显著地限制速度，例如达到25km/h。有关不同策略及其含义的详细讨论，请参阅文献［1］。

下面，我们将采用增量视图，并且引入一组自动化程度越来越高的驾驶功能，为技术讨论奠定基础。所涉及的功能用作一组示例规范，这些规范当前并未被标准化，代表可能的未来自动化功能的子集。我们希望首先在明确定义的情况和受限制的环境中大规模引入自动驾驶。例如，高速公路提供具有单向交通流量的环境，而城市驾驶场景包括交叉交通情况、行人和骑自行车的人。因此，对感知、环境识别和决策的要求在更复杂的环境中要高得多。

图11.1显示了我们对自动驾驶演变的预期。有关自动驾驶功能的详细分类，请参阅文献［2］。我们对自动驾驶愿景可以在文献［3］中看到，更具体地说，用户如何体验高速公路试验系统请参阅文献［4］。

图 11.1 根据自动化水平自动化公路驾驶功能的示例：自适应巡航控制和车道保持支持功能是辅助功能的示例（1 级）；集成式巡航辅助系统和公路辅助系统是部分自动化的示例（2 级）；高速公路驾驶仪和自动驾驶仪分别类似于高自动化和全自动化（3 级和 4 级）

11.1.1 交通堵塞辅助

交通堵塞辅助旨在为类似公路的道路环境中的交通拥堵情况提供车辆的自动引导。这需要车辆的侧向和纵向引导，其速度通常低于 60km/h，在每个行驶方向上具有多于一个的车道以及较宽车道和低曲率。横向引导旨在使车辆保持在当前车道上；不支持自动车道变换。纵向引导旨在与前车保持安全距离。在达到系统边界的情况下，要求驾驶员接管车辆的控制。如果驱动程序未在规定的时间限制内做出相应响应，系统将开始切换到安全状态。

11.1.2 高速公路辅助

高速公路辅助将把交通堵塞辅助扩展到高达 130km/h 的高速以及没有周围车辆的情况。此外，它提供自动车道变换操纵和本车道内更为精细的侧向引导，从而使得与相邻车辆的距离更加舒适。高速公路辅助的另一个演变是出口到出口功能。它实现了实用性功能，例如从一条高速公路到另一条高速公路的过渡，包括上坡和下坡。这允许驾驶员在车辆导航系统中输入城市区域作为目标目的地，并且导航功能自动选择高速公路的相关组合以到达该目的地。我们参考了文献［4］介绍的这种高速公路试验系统的实施。

11.2 系统结构

上一节中使用的案例使我们能够定义自动驾驶系统各个组件的要求。虽然自动驾驶功能不一定必须涵盖所有情况，但我们还是希望尽可能多地覆盖更多的功能，以便获得其更高的可用性，以及驾驶员更低频率的接管驾驶的要求。此外，在发生任何不可预见的情况下，该功能必须能够处理该情况，直到驾驶员接管对车辆的控制。

同时，在硬件故障的情况下，即便是功能减少，系统仍需要保持正常运行，直到驾驶员接管对车辆的控制。这对传感器组、电子控制单元（ECU）、通信网络、电源和执行器提出了额外的要求。

功能所适用的场景通常会对所有组件产生影响。例如，降雪会导致传感器视线受限，由于周围环境的不同，会影响基于环绕声传感器的定位系统，可能使得决策变得更慢，并导致路面摩擦系数降低，这就需要系统有适当的运动控制能力。

自动驾驶的技术解决方案已经在 2007 年的 DARPA 城市挑战赛中得到了发展，并且自此得到了改进。但目前仍然需要进一步扩展这些系统，以便能够处理实际车流中发生的所有情况。在以下部分中，将详细介绍处理上述应用场景对自动驾驶系统的影响。

图 11.2 显示了高度自动驾驶系统的简化架构。在传感器和执行器级别上采用功能冗余。

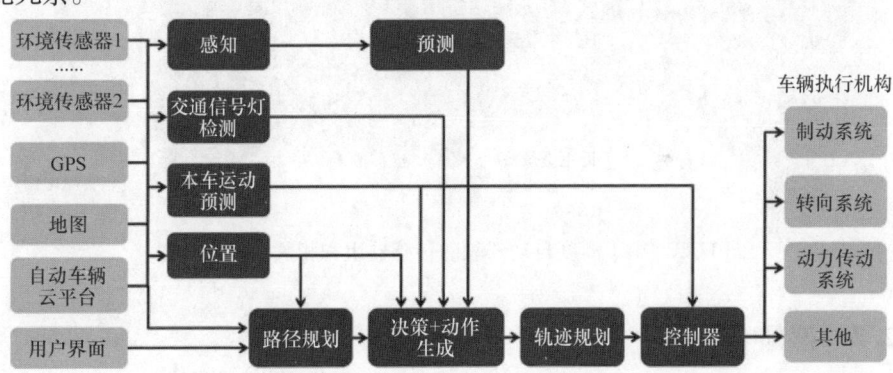

图 11.2　高度自动驾驶功能的结构的简化示例，冗余传感器和其他系统输入位于左侧，中间为算法组件（深灰色方框），右侧是冗余执行器

11.2.1　环绕传感器

用于自动高速公路驾驶的环绕传感器组必须能够在车辆可能遇到的任何情况下可靠地检测所有相关障碍物。除了用于处理的物理冗余（例如硬件故障）之外，还需要具有不同传感技术的各种传感器构成的传感器组。即使在不利的情况下，也必须通过至少一个传感器检测相关的障碍物。此外传感器必须满足车辆周围不同区域的不同要求。每个区域的检测范围和可靠性由相应传感器的最大限定决定。

对于前传感器组，由于高速公路上没有迎面而来的车流，因此这可能是静止车辆后面的舒适停靠点，例如交通堵塞的后端。对物体检测的可靠性取决于与前方车辆的距离。对前方慢速车辆的延迟检测将导致更加困难甚至可能不舒服的制动。因此，必须尽早检测到任何潜在的有害物体，以便能够触发紧急操作。这就需要确保没有潜在有害障碍的区域，并且车辆必须能够发挥潜力以保证该区域内的紧急机动。

对于面向后方的传感器，高速公路上遇到的最具挑战性的场景通常是后方车辆以高达250km/h的速度快速接近前方车辆。

对于侧传感器组，检测范围以车道变换为例进行定义，并且必须覆盖车辆周围足够大的区域以确保相邻车道在检测范围内。因此，检测范围必须至少覆盖左边两个相邻车道和车辆右边的两个相邻车道。

图11.3显示了用于高度自动驾驶的示例性传感器组。

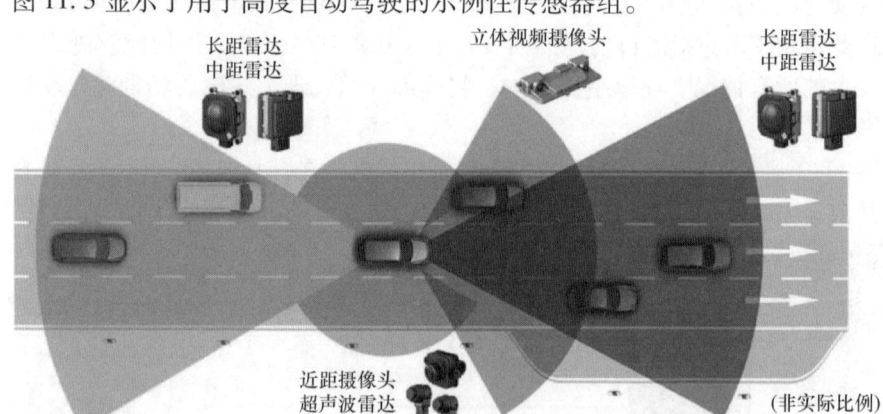

图11.3　用于高度自动驾驶的传感器组和相关视野的示例

11.2.2　感知

感知系统的主要目标是将所有传感器测量结果组合成对周围环境的一致表示。为实现此目的提出了许多融合算法。其中有目标级融合，每个单独的传感器提供对象假设，这些假设在随后的融合步骤中被组合，详见文献［11］；还有特征级融合，较低级别的传感器数据直接用于更新环境模型，例如网格或粒子表示，详见文献［12］。通常，任何融合系统的输出都是障碍物的图像。例如，占用网格或目标列表或两者的组合。

除了代表所有已知的障碍之外，感知系统还需要为许多场景提供未知的概念。例如，如果视野由于雾或障碍物而受到限制，则系统需要相应地调整其速度，因为在视野外可能存在未检测到的障碍物。我们的感知系统不是明确地模拟"已知"，而是计算并输出一个已知没有障碍的"自由空间"。既不是自由空间的一部分也不是障碍物的一部分的区域被认为是未知的。感知系统使用来自路面的测量结果和其他线索，例如检测到障碍物的位置，以确定自由空间。

11.2.3 定位

定位是相对于给定地图估计车辆位置和方向的过程。我们区分三个级别的本地化精度：

道路精度：我在哪条路上？

车道精度：我在哪条车道？

子车道精度：我在车道内的哪个位置？

在决策过程中的不同步骤中使用不同的级别。这些功能的激活需要在道路级别的定位，例如，如果功能限于某一组道路（例如高速公路），并且为了确定从当前位置到期望目的地的路线。车道变换使用案例主要需要车道级定位，例如，车道变换是否可行，或者我们是否必须改变车道以达到我们的导航目标。子车道级别的定位用以维持车辆在车道内的适当位置。任何这些本地化级别的不可用情况可能导致功能性降低甚至导致驾驶程序接管请求。例如，如果激活依赖于道路级别的本地化，则必须可以向驾驶程序提供该功能。如果车道定位不可用，则在此期间可能无法更改车道。特殊情况，例如在隧道或桥下行驶，即使使用最先进的基于卫星的定位系统，也可能导致上述任何级别暂时无法使用。为了在这些情况下恢复，我们使用环绕传感器信息以及基于全球导航卫星系统（GNSS）的信息进行本地化。已经针对若干传感器技术（例如，基于相机或激光雷达）提出了这种基于环绕传感器的定位系统。与感知系统类似，组合多种感测技术可提高定位系统的整体可用性。为了保证高可用性，我们正在使用所有组合可用于本地化的传感技术。

11.2.4 决策

必须使具有自动驾驶功能的车辆的行为适应当前的驾驶情况，尤其是在具有挑战性的情况下。这包括确定当前情况的最高安全车速和安全距离，可基于当前传感器观察范围、路面状况或其他车辆的速度。使用上一节中的自由空间表示，可以选择最高车速，以便我们可以执行紧急情况在当前自由空间内进行机动。

在执行任何给定操纵之前，决策还必须确定在相应情况下是否可以安全地执行该操纵。例如，当快速车辆从后面接近或者如果车辆在狭窄的曲线中行驶时，将不执行车道变换，因为其视野是有限的。

决策还负责遵守交通规则。基本上，适用于高速公路驾驶的整个本地交通规则子集需要在规划系统中实施。这在不同国家之间存在显著的差异，这可以通过一些在美国和德国的车道变更规划系统中实施的规则来说明。

美国：

- 如果前方车辆的行驶速度明显慢于我们所需的速度，则执行换道到另一车道（首选左车道但不是强制的）。

— 如果接近高速公路分流或出口，换一条可以继续行驶的车道以便到达我们所要到达的目的地。

德国：

— 最右侧车道：如果前方车辆的行驶速度明显慢于我们所需的速度，则向左侧执行车道变换。由于从右侧超越其他车辆是非法的，因此同样的规则适用于我们左侧前方的任何其他车辆。

— 中间车道：如果我们车道前方（或离开我们的任何车道）的车辆行驶速度明显慢于我们所需的车速，则向左侧进行车道变换。如果没有车辆可以向右转（法律规定，如果最右边车道中有车辆"偶尔"出现，则允许在中间车道连续行驶）。

— 最左边的车道：如果我们可以以我们想要的速度继续前进至少几秒钟，立即将车道改回右侧。

— 如果我们接近高速公路分流或出口，上述规则适用于继续朝向我们的导航目标的所有车道。也就是说，如果没有其他车辆，则转到最右边的车道，继续朝向我们的导航目标。

— 速度低于 80km/h 时，右侧允许更高（但适度）的速度。

— 在交通堵塞中，如果需要，仅改变车道（例如，由于车道结束），最右边车道的驾驶规则不适用。

例如，基于目标车道中的车辆的距离和速度，存在与未列出的车道变换相关的若干附加规则。我们实现使用分层状态，这是自动驾驶系统的常用方法。不同的驾驶行为，例如车道跟随或车道变换，被建模为状态；机动决策，包括上述交通规则，安全考虑和互动与其他车辆一样，被建模为状态转换。

11.3　功能安全的概念

根据 ISO 26262，作为安全生命周期中的首批活动之一，应进行危害分析和风险评估（H&R）。对于结果，应该定义安全目标和相关的 ASIL 等级。

对于交通堵塞点，危险分析和风险评估将产生以下安全目标：当交通拥堵试点活跃时，避免车辆减速不足。评估可能的危害（S3）、暴露（E3）的严重程度、驾驶员和其他相关交通参与者（C3）的可控性导致为此安全目标分配 ASIL C。安全状态的定义基于此安全性分析。根据 ISO 26262-1，安全状态被定义为"没有不合理风险水平的项目的运行模式"，详见文献[19]。在自动驾驶的背景下，通常有两种类型的安全状态，包括不同的标准，见表 11.1。

一般而言，零碰撞风险意味着具有无限未来时间的预测范围。在文献[20]中有相关讨论，作者得出结论，所有经典的计划方法都可以说是不安全的。然而，在某个驾驶责任敏感模型的背景下，根据文献[20]可以认为，自动驾驶车辆不会

第 11 章　自动驾驶的系统架构和安全要求

主动造成伤害，并且可以设计为尽可能安全。简单来说，安全状态转换为在安全位置使车辆保持静止状态，同时可通过危险消息或警告灯向其他交通参与者发出警告信号。

表 11.1　自动驾驶功能的潜在安全状态

安全状态	安全标准
驾驶员接管车辆控制	·允许驾驶员接管车辆的最长时间 ·等待驾驶员接管车辆时，自动驾驶功能需要持续
自动驾驶功能降低操作模式并最终进入到安全状态	·达到安全状态的最长估计时间 ·变换到安全状态时自动驾驶功能的最短持续时间

对于交通拥堵，可能的策略是在当前车道内适度地减速并使其保持静止，即停放车辆。首先，发出驾驶员接管请求；但是，如果驾驶员没有响应或检测到严重故障，则车辆会自动减速。减速同时伴随着周围交通参与者的警告信号，可能是紧急呼叫，这取决于驾驶员的状态。

对于低于 60km/h 的车速和假定的减速度至少为 $-3m/s^2$ 时，达到静止所需的时间约为 6s。在此时间内，车辆在当前车道内行驶最大距离约为 50m。该紧急轨迹必须提前计划并安全存储，因为交通堵塞依赖于它作为相关系统故障情况下的后备反应。因此，之前必须有一个有效的紧急轨迹可以激活自动驾驶功能，包括以下操作程序：

- 驾驶员接管车辆的控制权。
- 在当前车道上停车。
- 减速并变更到最右边的车道（用于右侧通行体系）。
- 减速并变更到紧急车道。
- 继续以较低的速度驾驶到安全的地方。

这些示例表明，自动化功能的安全状态非常复杂，可能需要相当长的时间才能达到。到达安全状态的时间在 ISO 26262-1 中定义为紧急操作间隔（参见文献 [19]）。

到安全状态的最长转换时间可以分为以下两个组成部分：

- 等待驾驶程序接管的最长时间跨度。
- 在没有支持的情况下将车辆带到安全状态所需的时间跨度驾驶程序。

两者都会引起了故障反应时间，这种情况在图 11.4 中定义。在两个持续时间内，系统完全控制车辆。因此，必须提供相应的系统功能，并具有高可靠性。根据 ISO 26262，这符合 ASIL D 的安全目标。

表 11.2 总结了关于驾驶员接管的最大限额和交通堵塞和公路驾驶员的相应安全状态的初步概念。我们想强调的是，这些数字仅作为指示。该精确值取决于许多参数，例如：

- 自动功能的类型。
- 安全状态的定义。
- 驾驶条件。
- 车辆类型。

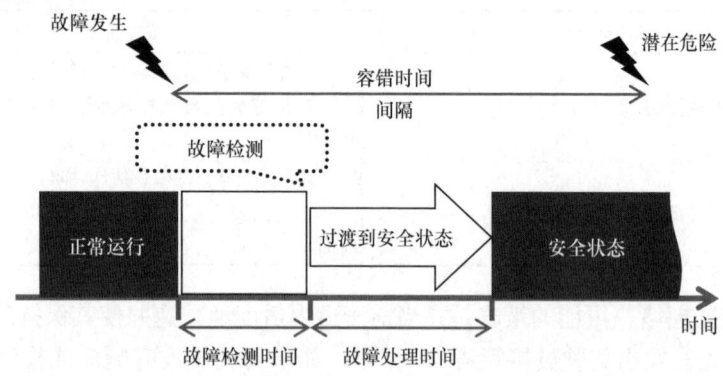

图 11.4 根据 ISO 26262-1 编写的故障反应时间和容错时间间隔的定义（参见文献 [19]）

表 11.2 最大允许时间的估算

自动驾驶功能	预计驾驶员的接管时间	可能的安全状态	安全状态条件
堵车情况测试	0~15s	当前车道车流停滞	达到 5s
高速公路测试	0~15s	右侧车道车流停滞	大约 30s
高速公路测试	0~15s	紧急车道车流停滞	大约 60s
高速公路测试	0~15s	应急停车处或停车场	达到 30min

对这些参数的最终评估将需要深入的 HMI 和对用户体验的研究。从安全角度来看，关键程序是自动化功能的开启和停用。在这些特定事件中，控制车辆的责任从人类驾驶员转移到系统，反之亦然。HMI 负责向驾驶员提供透明状态信息，即是否可以开启自动功能并随后控制车辆以便驾驶员可以释放对车辆的控制。而对于自动驾驶功能的关闭，这些参数同样适用。此外，需要向其他交通参与者可靠地发出警告信号和后备模式中计划的驾驶操纵的指示。

在高度自动化车辆的后备模式中，系统不再依赖于驾驶员的操作。当今使用的许多制动系统提供的机械后备解决方案在自动模式下没有任何好处。相反，安全概念要求在自动模式下具有冗余的"线控驾驶"功能。除此之外还必须考虑法律方面，例如，欧盟官方文件中关于制动系统的 ECE_R13-H 和转向系统的 ECE_R79，规定了明确的设计和测试标准。制动系统的操作至少需要两个独立通道以及另外的驻车制动故障操作系统。对于转向系统，目前在文献 [22] 中定义了一个测试目录，该目录要求在 40min 的延长时间内降低转向操作。我们参考文献 [23] 详细讨论了远程操作和自动车辆在制动和转向系统方面的法律情况。

当代环绕传感器可靠检测和分辨物体的能力是有限的。因此，需要功能冗余，使得至少在车辆周围的关键区域中使用不同技术的环绕传感器来提供有重叠的视野。这是功能安全概念，称为功能冗余（图11.2）。对于交通堵塞，需要一组最小的环绕传感器和定位传感器来使车辆安全地运行到安全状态。对于高速公路的先导系统，传感器组的应用是十分重要的，因为预先计算得到的后退轨迹的前馈控制对于后备模式中较长的操作时间是不够的，相反，后退轨迹需要不断地更新。

11.4 技术安全的概念

在下文中，我们将讨论有关技术安全概念的示例性架构问题。由于篇幅的限制，我们将无法讨论与软件和硬件相关的安全措施，讨论仅限于车载通信和电力网络的某些方面。

ISO 26262 中的技术安全概念规定了安全系统必须涵盖外部接口、环境和功能约束以及与故障检测和控制相关的安全机制的技术安全要求。

对于高度安全的系统，建议以演绎和归纳的方式进行安全性分析。但是，详细的安全性分析超出了本文的范围。我们将从安全概念的角度讨论其中最突出的组成部分。首先，讨论的是制动和转向系统以及控制单元。根据安全状态的定义，可能需要重点关注动力传动系统（此处不予考虑）。

在转换到安全状态的同时维持故障操作或故障降级的系统操作需要有高可靠性的操作控制系统。从安全角度来看，这可以通过相应的设计或采用冗余概念来实现。就制动系统而言，可以基于当前已有的技术建立冗余概念。作为制动系统冗余的先决条件，电源系统必须达到最大可用性（见表11.2）。这对电源系统提出了更高的要求，这超出了现如今的可实施范围。

11.5 自动驾驶功能对车载网络的要求

在前文我们讨论了不同的自动驾驶功能以及相应的安全状态和过渡安全状态的时间。在本节中，我们将给出对车载电气系统，即电力网络和通信网络的要求。

11.5.1 电源要求

电力网必须能够提供两种独立的能量存储能力，能够提供转换到安全状态所需的组件。能量存储器必须在所有已适用的自动驾驶的环境和气候条件下提供能量，还必须要有对能量多少的检测装置，并且在其提供自动驾驶之前必须可靠地检查能量的多少。此外，诊断系统必须保证仅当能量存储器能够在至少达到安全状态所需的限定时间内提供关键部件时才能激活自动驾驶模式。这比监控电压水平更为精细。

电源供应设备的设计原则必须是当其在单点故障情况下还可以提供最低功能。

产生的严重故障的等级为 ASIL D，因此相关的故障率必须足够低。必须以一种方式组织组件的布线，使得后备方案中的最小组件必须保持一定的可操作性。

11.5.2 通信网络的要求

我们对图 11.5 中的通信网络的介绍非常抽象，例如，我们已将所有通信信道绘制为点对点的连接，也可以使用总线拓扑；但是，必须仔细评估单点故障容差。

具有挑战性的要求是施加在通信网络上的最长可容忍等待时间。通过减去控制单元、传感器处理请求所需的时间，可以从为每个安全目标定义的故障响应时间的规范中导出最长等待时间。因此，也必须考虑现有的网关和交换机。使用时间触发的协议可以很容易地保证相对于通信信道的延迟时间，但难以确保事件触发类的通信。

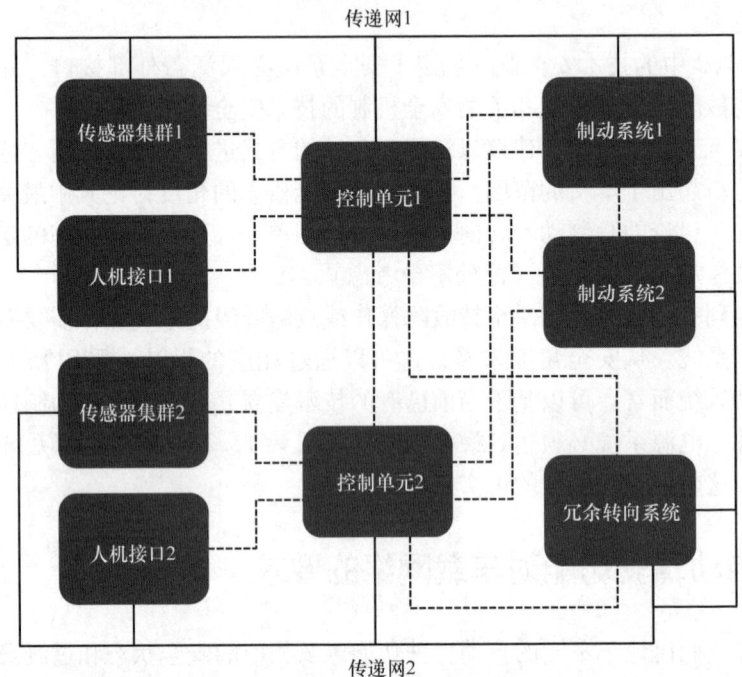

图 11.5　潜在交通拥堵试点/公路试验系统的系统架构。实线：电网 1 和 2；虚线：通信线路。传感器集群包含环境和定位传感器。虽然不一定需要交通拥堵导航系统，但高速公路下的驾驶需要为转向系统提供冗余电力供应

关于检测导致数据内容丢失或伪造的错误，必须采用标准措施，如端到端保护。例如，在文献［24］中描述的概念就是如此。

11.6　要求的意义

考虑到上面给出的要求，我们提出了一种粗略架构的解决方案，可以解决部分约束问题。在图 11.5 中，我们绘制了假设交通堵塞试验系统的粗略 E/E 架构。我

们选择具有两个独立控制单元的分布式架构变体。替代的架构变型可以是基于中央 ECU 的架构,其中两个单元可以充分耦合,即具有独立的电源、独立的通信信道和足够低的热耦合。后一种变体将节省结构空间并支持两个单元之间的高数据带宽,但需要仔细设计以确定干扰自由度。

控制单元 1 的功能是负责计算车辆未来的无碰撞轨迹。因此,控制单元 1 从环境传感器和位置传感器(传感器集群 1)接收数据作为输入,来判断物体和车辆的相对位置和速度。图 11.5 中的传感器组可以不同的方式实现:物理冗余传感器是具有冗余电气和通信接口的传感器单元,或具有不同数据处理接口的传感器,只要是能够充分控制常见原因故障的传感器即可。我们不会进一步详述这个问题,而是关注车载网络。由于该计算的正确性是车辆安全的关键,因此必须要有由传感器集群 2 和控制单元 2 组成的冗余路径。备用模式中的冗余必须是静态的或动态的(参见文献 [25] 及图 11.6 中的定义),以便满足时间要求。

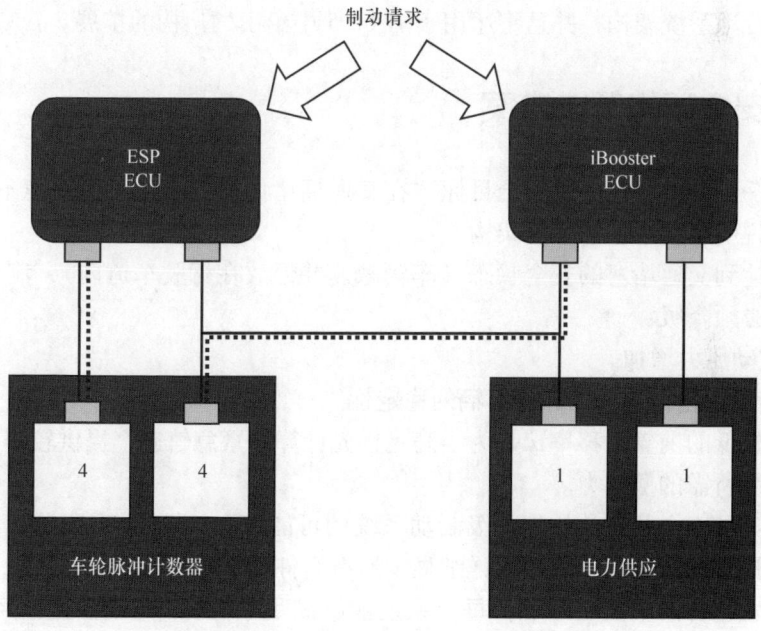

图 11.6 故障降级制动系统的冗余概念:每个制动系统必须独立供电并连接到两组车轮脉冲计数器中的一个(每套四个)

根据对情况的解释,冗余可以是不对称的,即在控制单元 2 上执行的功能不一定需要理解与控制单元 1 上承载的功能相同的细节水平的情况。这为在控制单元 2 上开发多样性的运行程序提供了更好的机会。同样的思路适用于传感器组,通常需要使用具有不同物理测量原理的传感器来弥补其他传感器的缺点。紧急轨迹必须存储在两个制动系统中,以便即使在退化模式下也具有高可靠性。

对于交通拥堵试点,我们将其定义为使车辆在当前车道上减速停车并保持停车状态。过渡到安全状态主要是制动系统的任务，在非功能性转向系统的情况下甚至可以通过将车辆保持在当前车道所需的不对称制动干预来提供小的横向校正。实际上，这是一种性能有限的转向控制补偿。

因此，提供车辆的受控制动的能力是至关重要的，并且必须保证高可靠性。考虑到法律要求，制动系统必须有两个独立的通道（参见文献［21］），这个要求转化为一个失效操作制动系统，其中每个单元必须独立供电。此外，故障降级的 HMI 需要在启动和接管的情况下可靠地将系统状态传达给驱动程序。

对于高速公路的环境而言，该系统架构必须配备故障操作转向系统。因此转向系统需要备用电源。这种要求是由可能更高的车速来引起的，高车速还会导致达到安全状态时产生更长的距离并且其他车辆运动受到的约束较少。因此，在后备模式中需要横向控制一段时间和最小的感知能力以避免与其他交通参与者的冲突。根据速度范围和安全状态的定义，必须支持可靠的"跛行回家"功能。这将需要故障降级的动力传动系统架构，并且将适用于图 11.5 中给出的架构的扩展。

11.7 安全架构解决方案

在前一部分中，导出了安全目标"在交通拥堵情况下避免车辆减速不足"。下面将详细说明制动系统的系统架构。

为了达到交通堵塞的安全状态（车辆减速并停放在行驶车道内），制动系统的以下功能必须降级：

- 主动压力增加。
- 避免后轮抱死，以保证车辆的稳定性。

控制较低的前轮滑移率 μ 是为了满足预先计算的紧急轨迹，提供较小的用于校正转向操纵所需的侧向力。

实现这种安全状态的故障降级制动系统的可能概念如图 11.6 所示。该设置侧重于冗余概念的特定部分，并未详细显示所有组件。

该设置包含两个独立系统，每个系统能够满足紧急操作以达到安全状态的要求。在正常操作时（两个系统都没有错误），ESP 承担车辆稳定性控制的任务，以及车辆减速请求的处理（由自动驾驶功能发出）。如果故障迫使 ESP 进入降级模式（甚至故障安全模式），则自动驾驶功能将切换到降级模式。在这种情况下，iBooster 执行使车辆进入安全状态的任务。这个概念称为动态热备用冗余（参见文献［25］）。

现如今的制动系统中提供的机械推进在自动驾驶模式中没有任何好处。这是因为在这些自动驾驶情况下驾驶员不在（驾驶）闭环中。同样的思路适用于转向系统；因此，故障操作电动转向是必要的。冗余转向系统可能被设计为单向解决方案，嵌入固有冗余而不是使用两个冗余系统。然后，这种转向系统需要来自独立电源的双电源，如图 11.5 所示。

冗余系统的总体概念如图 11.7 所示。通过组合 ESP 和 iBooster 实现冗余制动，同时通过将电子动力转向与 ESP 结合实现冗余转向系统，ESP 可以通过制动各个车轮发出偏航动量。

本文尚未讨论环境传感器组的详细架构。为传感器组设计电气和通信拓扑结构在未来将会是一项艰巨的任务，其需要支持所有功能、所有安全目标，同时设法达到目标成本。

最后，我们要指出的是，其他驾驶功能与自动驾驶系统的共存。例如，在已经定义的系统边界处的功能，也应考虑用于车载网络的设计。

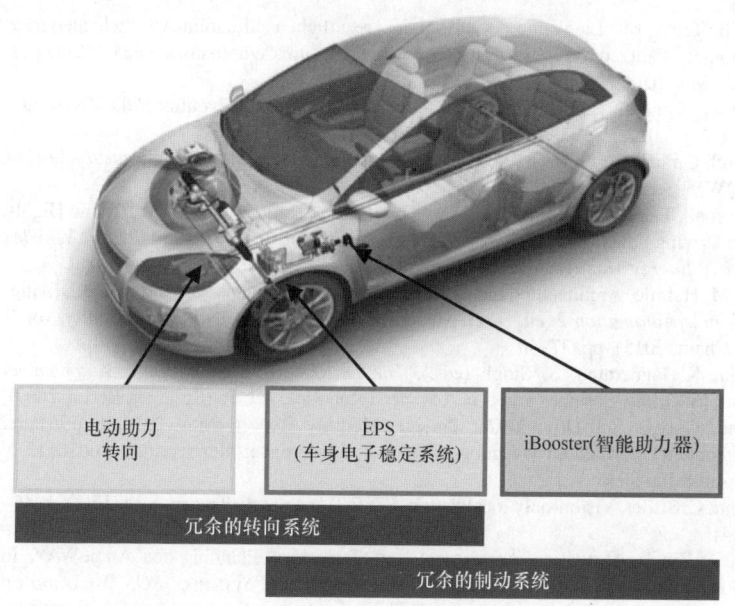

图 11.7　冗余系统的总体概念：通过 ESP 和 iBooster 的结合实现冗余制动，通过将电子助力转向与 ESP 相结合实现冗余转向，ESP 可以通过制动单个车轮发出偏航动量

11.8　结论

在本文中，我们对高度自动化驾驶系统的开发进行了概述。我们展示了具有挑战性的情况和应用案例，并概述了它们对系统设计、关键技术及其技术实现的影响。本文还举例说明了系统设计的某些方面以及实施方式是如何针对不同国家和特殊应用场景设计的。我们相信自动驾驶正在成为现实，为我们提供安全、放松和经济的驾驶，我们期望逐步引入自动驾驶，从提高高速公路上的自动化水平开始。第一个高度自动化的驾驶功能的应用将是在交通堵塞环境下的功能。自动驾驶的趋势正在为传感器、算法、执行器以及未来车辆的 E/E 架构带来新的技术挑战。我们

在本文中讨论了新功能对车载电源和通信网络的影响。源于安全方面和法律约束，我们认为即使对于更接近市场的高度自动化驾驶功能（例如交通堵塞辅助功能），也需要冗余电力网络和冗余通信网络。对于高速公路试点，必须重新考虑每个安全目标的一个安全状态的标准概念，以支持一系列安全反应。相应的转换时间可能是几分钟，车载网络必须在此期间安全地提供所需的能量容量。

参 考 文 献

1. International Organization for Standardization, Road Vehicles—Functional Safety. ISO 26262-10, 2012 (2012)
2. L. Lutz, T. Tang, M. Lienkamp, Analyse der rechtlichen Situation von teleoperierten (und autonomen) Fahrzeugen (2012), http://www.ftm.mw.tum.de/uploads/media/07_Lutz.pdf. Accessed 28 Mar 2014
3. Robert Bosch GmbH, Bosch Automated Driving (2013), http://youtu.be/0D0ZN2tPihQ. Accessed 10 Jul 2015
4. Robert Bosch GmbH, Bosch User Experience for Automated Driving (2015), https://youtu.be/2i-t0C7RQWM. Accessed 10 Jul 2015
5. M. Helmle et al., Transient System Safety and Architectural Requirement for Partly and Highly Automated Driving Functions, in *Electric & Electronic Systems in Hybrid and Electric Vehicles and Electrical Energy Management* (2014)
6. J. Becker, M. Helmle, Architecture and System Safety Requirements for Automated Driving, in *Road Vehicle Automation 2*, ed. by G. Meyer, S. Beiker. Lecture Notes in Mobility, vol. 2 (Springer, Cham, 2015), pp. 37–48
7. M. Buehler, K. Iagnemma, S. Singh (eds.), *The DARPA Urban Challenge. Autonomous Vehicles in City Traffic*. Springer Tracts in Advanced Robotics, vol. 56 (Springer, Berlin, 2009)
8. Google Inc, Google Self-Driving Car Project, Monthly Report, May 2015, http://static.googleusercontent.com/media/www.google.com/us/selfdrivingcar/files/reports/report-0515.pdf. Accessed 8 Jun 2015
9. H. Lategahn, C. Stiller, Vision-only localization. IEEE Trans. Intell. Transp. Syst. **15**(3), 1246–1257 (2014)
10. C. Stiller, J. Ziegler, Situation Assessment and Trajectory Planning for AnnieWAY, in *IEEE/RSJ International Conference on Intelligent Robots and Systems. IROS Workshop on Perception and Navigation for Autonomous Vehicles in Human Environment*, San Francisco, 30 Sep 2011
11. M. Aeberhard et al., Object Existence Probability Fusion Using Dempster-Shafer Theory in a High-Level Sensor Data Fusion Architecture, in *Intelligent Vehicles Symposium (IV)*, 2011 IEEE, Baden-Baden, 5–9 Jun 2011
12. T. Gindele, S. Brechtel, J. Schroeder et al., Bayesian Occupancy Grid Filter for Dynamic Environments Using Prior Map Knowledge, in *2009 IEEE Intelligent Vehicles Symposium (IV)*, Xi'an, 3–5 Jun 2009
13. T. Jiang, S. Petrovic, U. Ayyer et al., Self-driving cars: Disruptive or incremental? in *Applied Innovation Review*, vol. 1 (Sutardja Center for Entrepreneurship & Technology, University of California, Berkeley, 2015), pp. 3–22
14. J. Levinson, S. Thrun, Robust Vehicle Localization in Urban Environments Using Probabilistic Maps, in *2010 IEEE International Conference on Robotics and Automation (ICRA)*, Anchorage, 3–8 May 2010
15. California DMV, California Driver Handbook (2015), https://apps.dmv.ca.gov/pubs/dl600.pdf. Accessed 10 Jul 2015
16. D. Sales, D. Correa, L. Fernandes et al., Adaptive finite state machine based visual autonomous navigation system. Eng. Appl. Artif. Intell. **29**, 152–162 (2014)
17. SAE International, On-Road Automated Vehicle Standards Committee, Taxonomy and Definitions for Terms Related to On-Road Motor Vehicle Automated Driving Systems (2014), http://standards.sae.org/j3016_201401/. Accessed 30 Oct 2014

18. Federal Ministry of Justice and Consumer Protection, Straßenverkehrs-Ordnung StVO. Teil I (2013), http://www.gesetze-im-internet.de/stvo_2013/index.html. Accessed 1 Mar 2013
19. International Organization for Standardization, Road Vehicles—Functional Safety. ISO 26262-1, 2011 (2011)
20. R. Benenson, T. Fraichard, M. Parent, Achievable Safety of Driverless Ground Vehicles, in *10th International Conference on Control, Automation, Robotics and Vision*, 2008, Hanoi, 17–20 Dec 2008
21. United Nations Economic Commission for Europe, Regulation No 13-H of the Economic Commission for Europe of the United Nations (UN/ECE). Uniform provisions concerning the approval of passenger cars with regard to braking. Off. J. Eur. Union L **230**, 1–80 (2010)
22. United Nations Economic Commission for Europe, Regulation No 79, Addendum 78, Revision 2, of the Economic Commission for Europe of the United Nations (UN/ECE). Uniform provisions concerning the approval of vehicles with regard to steering equipment. Off. J. Eur. Union L **137**, 25–51 (2008)
23. J. Levinson et al., Towards Fully Autonomous Driving: Systems and Algorithms, in *Intelligent Vehicles Symposium (IV)*, 2011 IEEE, Baden-Baden, 5–9 Jun 2011
24. AUTOSAR R4.0, Rev 2, Technical Safety Concept report Status V1.1.0
25. R. Isermann, R. Schwarz, S. Stölzl, Fault-tolerant drive-by-wire systems. IEEE Control Syst. Mag. **22**(5), 64–81 (2002)

第12章 先进自动驾驶系统设计

12.1 目的

自动驾驶（A.D.）要求在汽车嵌入式平台上同时执行多个复杂的驾驶功能。通常，这样的系统可以被划分为早期阶段，包括传感器处理、个体感知和认知功能，以及进入数据融合、计划和决策制定的后续更为集中的阶段。在本章中，我们会主要关注用于感知和认知问题的汽车嵌入式处理系统。然而，我们期望在诸如数据融合的后期阶段也存在类似的问题。对于感知和认知，人们可以观察到所需处理能力与可嵌入式平台实现之间的巨大差距，这些系统必须满足诸如低功率和低成本的非功能性要求。此外，这些系统必须在严格的安全要求下执行所有程序，以确保最后期限并提供可靠的系统稳定性。

关于它们的开发，在将现有的方法应用于使用硬件加速来满足性能要求的现代异构体系结构时，缺乏效率，而且缺乏能够适应不断增长的处理要求的硬件体系结构。在本章中，我们首先基于单个感知和认知功能的案例研究来识别这些差距；之后，我们提出了解决这些差距的新的解决方案；最后，我们基于这些解决方案为现代汽车平台设计引入了一个强大的框架。

12.2 最先进的技术

本节由两部分组成：首先，我们概述了当前的异构汽车处理硬件，并讨论了汽车时序分析和多任务处理的实践状态；然后我们讨论嵌入式原型。通过关注感知和认知，我们基于以前的工作提出案例研究，以确定嵌入式汽车加工架构的当前缺陷及其发展。

12.2.1 当前嵌入式系统设计概述

在总结当前汽车软件开发的时序分析、汽车多任务处理和原型设计之前，我们首先概述当前用于高级驾驶员辅助系统（ADAS）和汽车多任务处理的异构嵌入式平台，然后基于案例研究确定当前设计方法的缺点。

12.2.1.1 当前的嵌入式汽车硬件

目前,汽车嵌入式架构迅速改变,有利于复杂的异构片上系统(SoC),它不仅集成了多个嵌入式 CPU 内核,还集成了硬件加速器。表 12.1 总结了市场上的重要架构及其特征。这些复杂 SoC 的例子来自 nVidia 或德州仪器等厂商,也有的来自 Mobileye 等更专业的公司。异质性在核心或加速器的类型和数量上不同。加速器包括 GPU 着色器阵列以及固定功能和可编程加速器。关于安全认证,与 nVidia 的芯片相比,EyeQ4 旨在提供 ISO 26262 ASIL – B (D),德州仪器的 TDA2x 提供 AEC – Q100 认证。

表 12.1 当前高性能嵌入式 ADAS 片上系统概述

产品	核心处理器	加速器
TI TDA2x	2x ARM Cortex – A15, 2x ARM Cortex – M4, 2x TI C66x DSP	4x TI EVE Vision accelerator
TI TDA3	2x ARM Cortex – M4, 2x TI C66x DSP	1x TI EVE Vision accelerator
nVidia Tegra K1	4 + 1 ARM bigLittle Cortex – A15	6x12 nVidia Kepler Shaders
nVidia Tegra X1	4 + 4 ARM bigLittle Cortex – A57/A53	2x16x8 nVidia Maxwell Shaders
Mobileye EyeQ3	4x MIPS32 1004K	4x Vector Microcode Processors
Mobileye EyeQ4	4x MIPS Inter Aptive 1x MIPS M5150 peripheralcore	6x Vector Microcode Processors 2x Multithreaded Processing Cluster 2x Programmable Macro Array

12.2.1.2 汽车系统的时序分析

时序分析和验证是汽车系统开发中的一项重要任务。这种时序分析通常已经集成在最高抽象级别的模型驱动和基于组件的开发工作流程中。AUTOSAR 时序扩展允许在组件级别上指定时序属性,也允许在组件边界上指定端到端时序要求。通过建模依赖关系和注释的周期性,早期可调度性分析已经可以在这样的高级模型上执行。一个著名的汽车开发工具是 SymTA/S,它将低级分析结果集成到基于模型和组件的流程中,并且可以耦合到 ECU 软件开发工具,如 Ascet。验证早期时序行为可以使用为通用调度器、总线系统和 RTOS(例如 AUTOSAROS)提供的仿真模型。在基于模型的流程中,对于早期分析,时序属性的手动估计仍然是最先进的(即使对于空间任务),而时序模型可以基于来自低级静态的更新结果进行迭代改进,在生成的代码上进行分析或定时测量(例如,在测试驾驶期间在 ECU 硬件上执行以提取定时数据)。

对于更严格、更低级别的估计,考虑应用时序分析可以手动完成(参见图 12.1 的流水线分析),或者基于时序注释图。而手动分析很麻烦,不能推广。在这里,保证最坏情况的执行时间只能在大大高估执行时间的情况下给出,尽管理论上的最坏情况实际上从未在实际执行中发生(参见 12.3.2.2 节)。

基于图形的建模,例如场景感知数据流图(SADFG),在更通用的层面上考虑数据依赖性和控制流动态,例如,通过将它们建模为场景。基于模型的分析和基于图像的分析都分享了这样一个事实:它们需要定时属性的注释,这些定时属性是从实现结果中的低级工具(迭代)提取的。例如,SymTA/S 允许从以下位置导入定时属性:Absint aiT 静态分析工具或来自真实硬件上执行的记录跟踪数据。

图 12.1 基于摄像机辅助系统的软件流水线结构(改编自文献[24])

基于测量的时序数据提取引入了很大的不确定性,因为实际场景的覆盖范围很小。对于汽车制造商而言,这体现在许多所需的试验里程数的实践状态。另一方面,商业上可用的静态时序分析工具,例如 Absint aiT 不适用于具有无序执行或 SMT 等功能的复杂微架构(这两种工具都可以在当前市场上找到),如高性能汽车平台(参见 12.2.1.1 节)。

此外,汽车多核和硬件加速的趋势使得这种分析复杂化有了副作用。例如共享资源的共同访问,例如共享的 2 级缓存,以及来自系统中其他主服务器的 DMA 传输的副作用,例如加速器。施密特等在文献[33]中表明这种效应已经在当前的汽车多核上出现。此外,低级静态分析通常需要应用知识,例如循环迭代计数的界限,这对于复杂的 A.D. 算法很难建立,同时将过高估计限制在合理的边界(参见12.3.2.2 节)。

12.2.1.3 汽车多任务处理

用于汽车加工的多任务系统必须考虑强大的时序要求。从上一节可以明显看出,在使用基于组件或基于模型的工作流时,可以及早注释这些要求。然后,工具可以提供可执行性分析或模拟实时调度程序,例如最早的截止时间优先(EDF)。在使用 AUTOSAR 时,静态(循环)调度也很常见。在调度超周期内,多个 AUTOSAR 可运行在较小的时隙内以固定的偏移量进行调度。对于近传感器或数据融合驱动应用可以观察到这种静态调度,这些应用通常与输入数据捕获速率紧密同步。这里,调度时隙的长度通常耦合到输入传感器更新速率,例如用于感知问题的相机帧速率。Mobileye EyeQ1 中的调度是这种静态调度的一个例子。在 EyeQ1 中,使用来自测试驱动器的大量记录数据的模拟来验证执行时间与静态时隙周期的及时性。虽然静态调度提供了最高的可预测性,但它限制了处理资源的并发利用率,尤其是其随着并发流水线应用程序数量的增加(参见 12.2.3.2 节)。

12.2.1.4 当前的嵌入式原型

通过利用完整系统的仿真进行原型设计,即所谓的虚拟原型,已成为一般嵌入式系统开发中许多挑战的潜在解决方案。但是，该方法尚未被许多汽车软件开发人员和系统设计人员采用。虚拟原型设计的关键问题是近似系统属性，例如在模拟性能下目标软件的精确定时行为，这使得实际应用可行性增加。性能和准确性之间的必要权衡可能因设计和开发进度而异。例如，精确定时在开发的早期阶段几乎没有什么优势，因为系统及其时序仍将经历大的变化。在这里，我们简要概述了理想化开发过程中的模拟抽象级别。

在开发前或早期开发期间，可以使用 Simulink 或通常的桌面编程等工具构建抽象原型。这些原型支持诸如算法开发或机器学习模型培训等活动。但是，由于抽象水平较高，因此无法准确预测大多数产品属性。

对于汽车嵌入式实时系统，时序行为与功能行为同样重要。因此，必须考虑其时序和成本来选择目标硬件平台。提供定时仿真的虚拟原型可以系统地探索设计空间，例如潜在的平台和硬件/软件分区。SoC 供应商依赖于在此阶段接近硬件的详细硬件模型（例如 CPU 核心）。然而，这种方法对于应用程序开发来说是不现实的（例如，汽车 OEM），这有两个原因：首先，这些模型的抽象通常是数量级太低，无法实现真实应用程序的快速定时模拟；其次，如果唯一目的是选择合适的目标平台，那么这种详细建筑模型的高许可成本是不合理的，因为需要许多这些模型的大型库。

Pressler 等人提出了一种解决方案，该解决方案基于平台无关源代码的估计和给定目标上的操作的计算成本。虽然这种方法由于更高的抽象水平，确实比更详细的模拟具有更低的准确度，但它和主观方案相比主观性不强但是比其他替代方案要快（例如，基于基准测试结果进行选择）。

系统级仿真通过协同模拟为仿真主机编译的硬件和软件模型来逼近整个系统。它们可以在大多数开发阶段得到应用，并提供模拟精度和性能之间的权衡。软件是基于源代码或二进制代码进行的模拟。基于源代码的方法（源级仿真，SLS）依赖于启发式来准确反映非功能属性，例如目标二进制代码的时序。与基于二进制代码的方法，即所谓的二进制级仿真（BLS）相比，该步骤可能引入额外的错误。硬件通常在 SystemC 中建模，SystemC 是系统级仿真的标准语言。硬件的抽象可以是诸如 TLM + 之类的技术，其中总线传输被模拟用于整个应用级对象（例如，完整视频帧），以及内部硬件信号的详细模拟。

12.2.2 自动驾驶的硬件/软件协同设计面临的挑战：案例研究

在本节中，我们基于案例研究及之前的工作展示了当前汽车加工架构设计的缺陷，偏向于感知和认知，这些案例研究涵盖异构嵌入式实现的开发以及使用最先进的方法进行复杂的驾驶员辅助功能。然后，我们讨论这种经典开发的缺点并提出新颖的解决方案。

12.2.2.1 基于视觉的交通灯检测

我们的案例研究涉及基于摄像机的交通灯识别（TLR）系统的有效实施方案。目标算法包括用于寻找光点的多级图像分割，对周围交通灯箱的搜索以及由支持向量机（SVM）对找到的候选者的后续分类。随着时间的推移，分类结果在多个帧上暂时融合。应用程序的输出是检测到的灯光位置及其状态。这样的结果可以由后续应用使用，例如交叉辅助，其是自动驾驶中的关键部件。在英特尔酷睿 i7 - 2820QM 四核通用开发 PC 上执行时，它可以实现大约 25 帧/s 的 1280 * 720 色彩视频数据，在检测稳健性和速度方面均优于最先进的方法（当在一个 PC 平台执行时）。图 12.1 显示了 TLR 使用的通用算法流水线结构，也适用于其他感知和认知应用。

12.2.2.2 系统硬件/软件协同设计

由于算法在决定识别结果之前评估来自几帧的历史的结果，因此目标是高新的平均帧速率，理想是接近 24 帧/s。我们在嵌入式约束下实现识别的工作流程如图 12.2 所示。根据过去的经验以及在高性能开发人员平台上执行应用程序的性能结果，我们得出结论，当仅在软件中执行时，我们很可能无法在嵌入式平台上实现所需性能的应用程序。

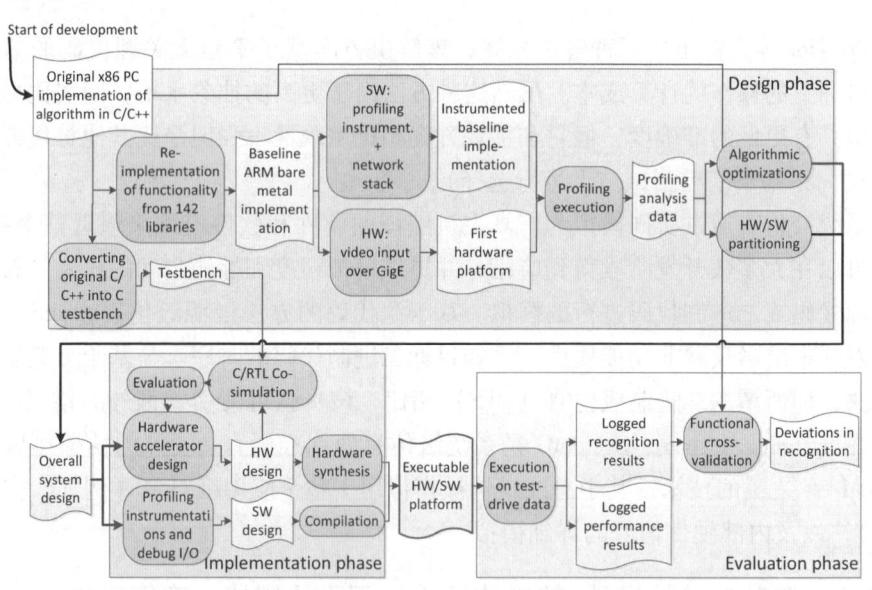

图 12.2　TLR 算法的嵌入式实现的工作流程（基于文献 [7]）

因此，第一个设计决策是选择 Xilinx Zynq SoC 作为目标平台。它不仅包含强大的 ARMCortex - A9 双核 CPU，还通过提供片上 FPGA 逻辑结构，允许定制硬件加速器。此外，为了获得最大化的软件性能和最小化的开销，我们还决定不使用任何操作系统,而只使用包含基本库和 I/O 支持(裸机编程)的小型硬件抽象层。因此,我们可以节省设备驱动程序、虚拟内存的开销,并且还可以减少内存占用。

起点是 PC 上辅助功能的 x86 架构实现。首先,必须完成目标 ARM CPU 架构的初始端口,其中包括通过自定义实现替换大量库,因为它们依赖于操作系统或者不适用于 ARM 体系结构。然后,完成了对该软件端口进行分析的准备工作。为了能够从主机 PC 接收测试驱动视频数据,必须提供 GigE 的硬件接口以及添加 UDP 软件堆栈。

此外,软件端口通过在各个功能块周围添加对 ARM CPU 定时器的调用来进行检测,以便进行定时测量。然后执行该软件的端口以进行分析,其中输入视频数据通过千兆以太网传送。

虽然内存消耗是平均的(约 22MB),但此解决方案的性能分析结果低于目标的要求:处理单个视频帧可能需要几秒,导致平均情况下 0.5 帧/s 的吞吐量。作为一个主要瓶颈,我们确定了使用计算要求高的 SVM 的分类步骤。此外,可能会出现数十个交通灯箱候选者将被分阶段选择用于分类。选择本身是通过解决基于迭代评分丢弃候选者的复杂优化问题来执行的。我们通过更简单的合理性检查取代了这种方法,该检查处理包括颜色和几何检查的规则列表,并且仍然显示强大的检测,同时降低了在相似检测率下的决策复杂性。

文献[7]揭示了我们可以用 8 位类型替换双数据类型而不影响整体分类结果。尽管如此,迭代分析运行表明,图像分割和分类需要硬件加速。然后将设计手动划分为硬件和软件组件,其中热点由专用硬件加速器处理,而非关键程序路径仍然在软件中实现。对于分割,我们开发了一种通用的滤波器加速器结构,它允许通过仅中间存储局部图像线来进行即时图像处理,然后将该通用体系结构多次实例化以形成实现更复杂的形态顶帽变换的结构。我们在 SVM 中的径向基函数(RBF)内核的公式被重新表述以表示内核(参见文献[30]关于 SVM 的介绍)作为一个大的运行乘法,其中参数是一个函数(由于 8 位特征元素)只能假设 256 个不同的值。我们采用完全流水线方法,在每个时钟周期内并行处理 8 个矢量元素,使用 4 个双端口片上 SRAM 查找表,后跟乘法树和累加器寄存器。此外,我们将候选矢量保存在本地存储器中,以防止每次单个矢量比较从外部 DRAM 获取昂贵的数据。图 12.3 显示了整体加速器设计。合成硬件加速器、互联和编译软件最终导致我们的可执行硬件/软件平台,然后可以在性能、功能等效和功耗方面进行评估。

使用这种逐步的方法,我们实现了最低 12 帧/s 和 46 帧/s 的平均检测性能,同时与原始 x86 实现类似的识别结果相比,总功率仅约 5W。

12.2.3 有效实现自动驾驶的障碍

根据我们从单一感知和认知功能的案例研究中获得的经验,我们现在确定了当前汽车加工架构发展的主要缺点。

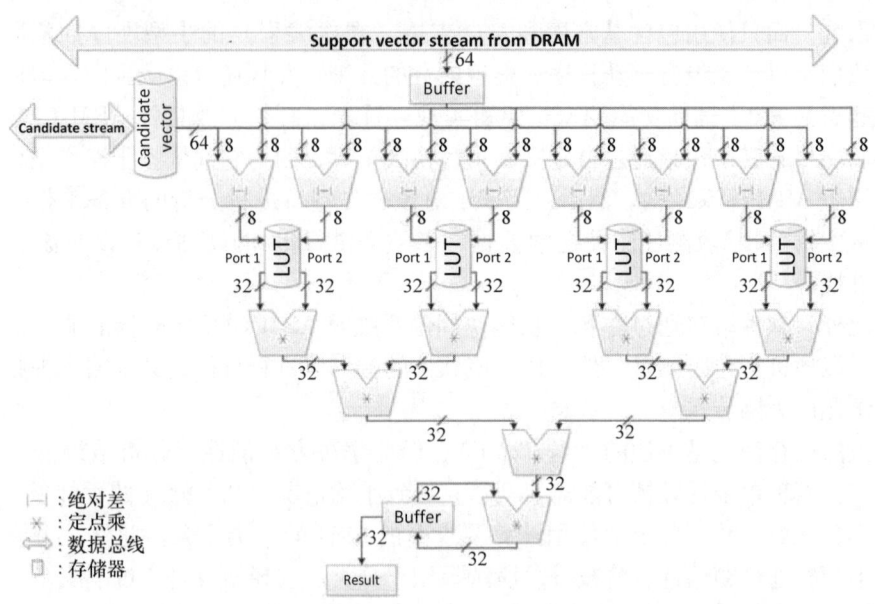

图 12.3 支持向量机的 RBF 内核的硬件加速器，同时使用四个双端口查找表与乘法树，形成完全流水线的设计

12.2.3.1 性能差距

从我们的案例研究中可以明显看出，即使对于单应用的系统，嵌入式 CPU 的可用处理能力与现代辅助/A.D 功能的计算需求之间存在很大差距。这已经可以在当前汽车 SoC 的异构性趋势中看出，其通过硬件加速来满足这些需求，例如 GPU 着色器阵列。

虽然异质性可以缓解性能差距，但不断增长的异质性也会导致汽车软件开发的变化。可编程加速器可以强制使用非标准或专有编程语言，这使得代码平台特定，并且比同类嵌入式汽车平台中经常使用的 MISRA C 便携得多。例如，对于 nVidia Tegra K1/X1 SoC 的 GPU 着色器的通用编程，他们的自定义 CUDA 编程模型是强制性的，因为在撰写本文时，没有 OpenCL 支持可用。

12.2.3.2 利用差距

从我们的案例研究中可以明显看出，硬件加速可能是强制实现复杂的未来 A.D. 功能的必要条件。这些加速器的芯片面积成本必须通过高利用率来证明，对于给定的工艺技术，芯片的制造成本随着芯片面积呈指数增长。当将加速器分配给单个应用并且当使用静态调度时，保证这种高利用率可能已经很困难，因为它是许多汽车系统中的现有技术。然而，随着自动驾驶所需的功能越来越多，必须确保多个应用程序可以使用加速器，以避免代价高昂的过度设计和资源过度供应。当加速器只能在应用管道的某些阶段使用时，在其他阶段空闲运行。

12.2.1.3 节介绍的静态调度，给出了最高的可预测性，但由于输入数据的固有动态和随后的执行时间,必须将大的过度配置应用于公共静态时隙周期,在一般情况下使得插槽未被充分利用。同样,这种困境随着并发执行的应用程序数量的增加而增长。

12.2.3.3 发展差距

开发汽车嵌入式系统(通常是电子控制单元)的主流方法依赖于目标硬件来评估诸如性能之类的实现属性。这有许多缺点,例如初步实施所需的工作限制了评估平台的数量。就我们的案例研究而言,由于系统复杂性,开发需要几个月的时间。预选通常只能基于不精确的因素,例如基准测试结果或开发人员经验。

此外,现代 SoC 中的可观察性受到限制,因为诸如在线仿真之类的传统调试辅助工具不可行。

12.2.3.4 可扩展性差距

虽然目前的汽车系统采用多个嵌入式 CPU 内核和加速器,但它们的对称多处理与当前使用的互联最终在可扩展性上还是有差距。关于互联、总线、交叉开关(目前在汽车 SoC 上发现,参见 12.2.1.1 节),以及环形互联还不能很好地适应大量处理元件(PE),如 CPU 或加速器。正如文献[32]的作者所指出的那样:由于并发请求的序列化,总线正在受到限制。交叉开关虽然限制了串行化,却受到二次区域和功率需求的影响,而环的平均跳数与 PE 的数量成正比。当前 SoC 的交叉开关和共享存储器架构最终将不能满足对并发驱动功能的不断增长的需求。

12.3 有效的未来自动驾驶的概念

在本节中,我们提出了解决方案以单独解决之前讨论过的挑战,包括克服性能差距、利用率差距,以及发展差距和可扩展性的差距。

12.3.1 弥合异质性的性能差距

正如我们在案例研究中成功实施的那样,为了弥合嵌入式实现中所需处理能力和可用处理能力之间的差距,我们提出了硬件加速。为了不同等地扩大利用率差距,这些加速器不应该是特定于应用程序的,而是应该允许重新配置以大量并发应用程序而使用。例如,对于我们的 RBF 内核加速器,这意味着可以在运行时重新加载特定于应用程序的查找表(参见图 12.3)以包含不同的训练分类模型。

对于针对多个实例的设计重用和可扩展性,硬件加速器(HWA)应共享将配置与输入/输出数据传输分开的公共接口。因此,当从传统的总线互联变为现代的片上网络(NOC)时,只需要调整通信信道。这也允许简单地添加新型加速器类型。

此外,还采用了硬件安全措施:只能通过特权访问来配置 DMA 的存储器地址，不允许意外配置 DMA 以覆盖外部存储器区域。通用硬件加速器结构如图 12.4 所示。

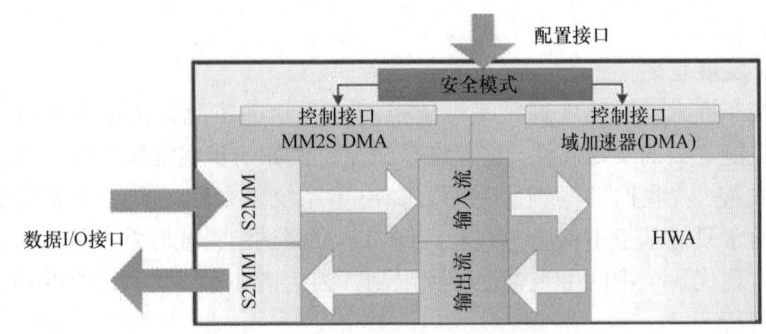

图 12.4　通用硬件加速器，将数据 I/O 与其配置分开。Accelerator local DMA 用于读/写数据和执行内存映射到流式转换

12.3.2　缩小利用差距

对于要求苛刻的计算任务的硬件加速，只有在确保高利用率时才具有成本效益。否则，额外的芯片面积成本可能是不合理的（参见 12.2.3.2 节）。但是，在通常与安全相关的系统中共享资源必须仔细设计并根据安全要求进行验证。我们现在介绍如何实现这么高的利用率。

12.3.2.1　运行时资源管理

在我们之前的工作中，我们提供了双重方法来缓解异构嵌入式系统中自动驾驶的利用差距。我们的方法包括两个主要贡献：

1）将输入数据捕获与处理分离，以提高利用率，同时缩短系统响应时间。

2）应用程序间资源共享，也考虑安全方面。

对于输入数据捕获与处理的解耦，我们的方法针对的是基于在一段时间内观察环境来决定车辆反应的应用程序。实际上，这意味着这样的决定是基于过去应用程序迭代的结果的时间融合（即完整应用程序的管道的多次执行，参见图 12.5）。许多驾驶辅助应用都遵循这样的方案。

在我们的方法中，应用程序遵循类似于图 12.1 所示的通用软件管道模型。遵循这种管道方案，我们使用两个基于摄像头的应用程序，一个是 TLR（详见 12.2.2 节）；另一个是交通标志识别（TSR），它执行基于圆检测的分割到感兴趣的区域，然后，使用径向基函数核，通过 SVM 对训练的模型进行分类。

两种算法都会随着时间的推移进一步跟踪结果，并且可以基于最后 15 次迭代稳定地决定反应。系统响应时间的截止时间来自功能要求（见文献［8］）。我们现在的第一个贡献在于，通过将输入数据捕获与处理分离，与最先进的汽车静态调度（参见 12.2.1.3 节）相比，我们没有空闲资源闲置，直到下一个捕获周期开始，可以立即开始处理新的帧。通过以比传统汽车设计更高的速率捕获,我们由此可以通过 15 次迭代的结果的早期可用性,来最小化每个应用的空闲时间并缩短反应时间。该方案如图 12.5 所示,用于在双核处理器上执行的双应用程序设置。

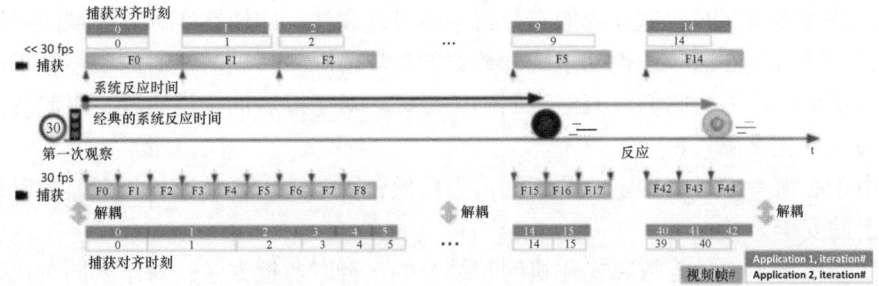

图 12.5 从处理中解耦数据采集可以在减少的系统响应时间内更好地利用处理资源

在安全要求下共享通用处理硬件我们提高效率的第二个措施是定义可共享类型的可共享处理资源集群。群集可以包含多个 CPU 或(可编程)硬件加速器。我们将任务定义为每个应用程序管道中的子计算,可以将其卸载到位于此类共享资源集群中的处理资源。

对共享资源的访问受到限制:应用程序不能直接向此类集群发出任务,而只能间接向我们命名的策略控制器、控制资源访问的单元发出任务。遵循该方案,可以以某种方式利用这些资源,从而满足这些申请截止日期。每个集群都配备了这样的策略控制器,在我们可以实现的方案中是一个小型可综合的 Xilinx MicroBlaze CPU 内核。使用可编程的 CPU 的决定是为了灵活地评估不同的调度算法。一旦决定了调度算法,在批量生产中,人们宁愿用定制硬件替换该 CPU,以获得芯片面积效率。策略控制器不仅仲裁到共享资源,还在运行时使用心跳模式从每个执行的应用程序收集状态信息:在软件流水线阶段每次完成时,相应地通知控制器。此外,集群中的各个资源会在成功处理任务时通知其控制器,可以实现诸如 EDF 的不同调度策略,其考虑硬件/软件边界上的应用期限要求。有关调度算法的评估,请参阅文献[8]。当应用程序的心跳率低于阈值时,策略控制器还可以充当安全管理器,指示故障。

12.3.2.2 运行时失败操作机制

对于单独的驾驶功能,响应时间要求可以从功能要求和参数(例如摄像机光学系统或支持的车辆速度范围)中得出,有时也可以从规则中得出(参见文献[8])。

但是在架构和应用程序级别上,为感知应用程序等复杂应用程序提供严格的执行时间限制很困难。对于前一种情况,这是由于现代汽车多核处理平台中的(微)架构执行时间变化和副作用(参见 12.2.1.2 节)。例如,对于我们案例研究的目标平台(参见 12.2.2 节),低级静态分析中的微体系结构时序模糊性在架构级别上通过共享的2级高速缓存和来自加速器的DMA传输进一步增加。在应用程序级别，使用静态分析时必须指定迭代和循环计算的边界。然而，在感知问题中，例如，在早期分段流水线阶段，执行时间动态直接与输入视频数据的内容相关。当假设理论是最坏情况时，这导致静态分析中的极端高估，即使在实际驾驶期间远远不可观察到。另一方面，假设基于统计数据的最坏情况或驾驶测试时的观察结果本质上是不安全的，因为它们没有给出明确的保证。对于以后的管道阶段，限制可能会更容易（参见文献[8]）。

由于必须考虑对这种定时分析的信心较低，因此还需要动态分析和监控以确保在路上的安全。

我们提出了一种与故障操作机制相结合的运行时监控方法：对于要同时执行的每个应用，我们定义了一组不同临界点的期限，其中临界水平反映了不同的车辆参数化（例如，舒适制动与紧急制动）。在这样的期限内，应用程序的管道被执行多次（迭代）。将其除以决定反应所需的迭代次数得到平均每次迭代截止时间，我们将其用作实际观察到的执行时间与静态每个应用程序截止时间的当前一致性的指示。在我们的红绿灯和TSRwe的情况下，需要15次迭代来决定反应并定义两个不同临界点的截止时间点，第一个截止时间点允许舒适的车辆反应（这里是软制动），而较短的第二个截止时间点仍然允许安全反应但不太舒服（在我们的双态情况下，这意味着参数化车辆进行紧急制动）。

图12.6显示了该方法：轻微违反每次迭代平均截止时间，这将允许车辆的舒适反应被解释为一个信号，应用程序可能无法满足其多次迭代执行时间要求，这将允许舒适的反应。这导致状态转变，其中车辆准备用于在剩余时间段内仍然可以执行的更强、更不舒适的反应。此外，虽然这种情况不应该在路上发生，但也应该实施过载指示期，检测系统故障并可能触发跛行/停放机制。虽然我们只实施了两个状态，在实际部署中，将使用具有更多状态的更精确的车辆参数化。这可以权衡保证性能与资源共享潜力，即使在观察高系统负载时也能提供安全行为（参见12.4.2.1节）。

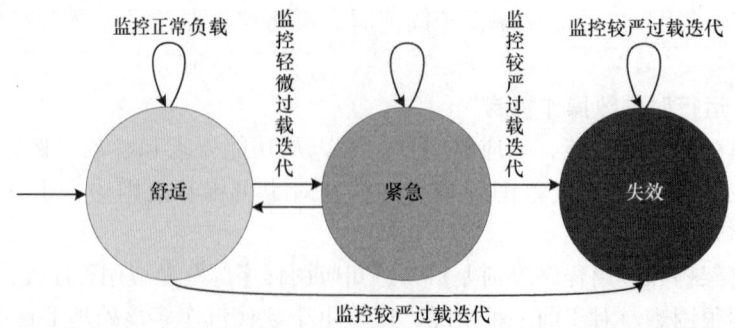

图12.6 每应用程序失败操作状态机：潜在过载的指示导致状态改变，仍然允许紧急反应

另外，在不同临界点的期限之间，可以实现恢复机制，在观察 n 次后续迭代的期限一致性时将车辆参数化设置为不太关键的水平。

12.3.3　使用虚拟原型弥合开发差距

虚拟原型有望弥合经典设计流程的低效率与现代系统的复杂性之间的差距。在本节中，我们将介绍我们的仿真框架，该框架已应用于汽车 ADAS 生产代码，并可在大多数开发阶段应用。

虚拟原理框架概述如图 12.7 所示，通过专门的软件模拟来模拟处理器上的软件执行，包括高度精确的定时。它们与我们的硬件模拟集成在一起。我们在下面讨论两者。

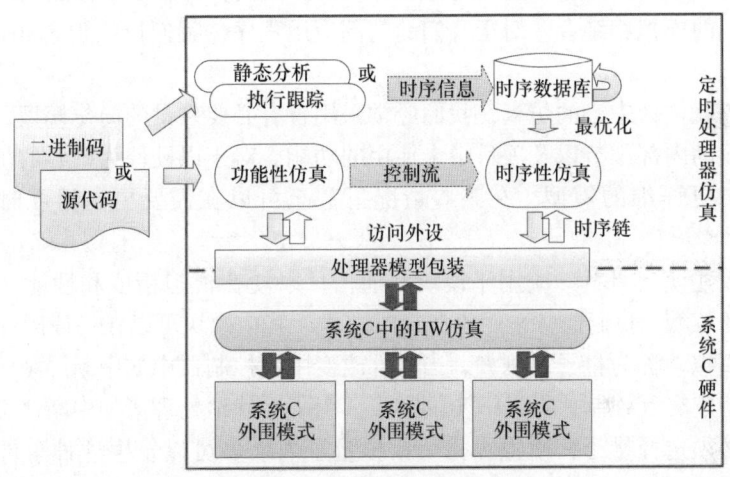

图 12.7　虚拟原型框架概述

12.3.3.1　软件执行的模拟

我们使用 QEMU 支持二进制代码仿真，它利用即时编译来实现高性能并支持各种指令集。此外，我们将自定义源级别检测工具集成到我们的框架中。两者都增加了自定义时序仿真库。

与大多数流行的时序仿真一样，当执行类似于基本块的指令块时，我们的库通过消耗一定数量的处理器周期来提前时间。我们这个方法的一个新概念是利用单个块的多个可能的循环计数。在模拟期间，基于当前上下文选择值，以及前一控制流的抽象。例如，对于从循环调用的函数，我们的模拟可以根据调用函数的循环迭代来区分函数内部的块的时序。

对于 ARM Cortex-M3 处理器，将我们的方法与上下文不敏感的模拟进行了比较（即在每个块执行时使用相同的循环计数）。结果表明即使对于这种相对简单的处理器，上下文不敏感的模拟也会在模拟时序中引起大的误差，而我们的上下文敏感模拟是高度准确的。ARM Cortex-A9 的最新结果表明，我们的上下文抽象功能足以隐式地模拟缓存。这表明了相对于上下文不敏感模拟的另一个优势,它需要动态缓存模型。这些缓存模型可能是一个重要的模拟性能瓶颈,使 BLS 减慢 200%,SLS 减慢近 10 倍 [18]。与没有定时的模拟相比,上下文敏感的模拟仅产生 70% 的开销,这比仅包含高速缓存模型的(非常不准确)上下文不敏感的 50% 仅多 20%。

定时信息存储在所谓的定时数据库（TDB）中，这简化了用一组定时数据运行多个模拟（例如，用于不同的程序输入）。定时数据本身可以通过静态分析或通过跟踪目标硬件上的单个程序执行来获得。

12.3.3.2 硬件仿真

我们以 SystemC 标准为基础进行硬件仿真。因此，许多学术方法以及商业模型可以与我们的模拟相结合。对于我们的内部应用程序，我们依赖于 SystemC 内核的参考实现。

对于以软件为中心的仿真，我们经常采用含有必要外设的简化模型，这些模型不包括外设的内部细节以及项目中未使用的功能。对于以硬件为中心的仿真，我们通常依赖于更详细的模型，在某些情况下甚至可以在需要更高精度时集成 RTL 仿真。

事务级建模（TLM）应用于模块间通信，以便在模拟精度和性能之间提供灵活和合理的权衡。我们通常采用松散定时同步，其中模块可以在一段时间内无需同步地进行模拟，称为量子。例如，当软件改变中断控制器中的中断屏蔽时，对与外围设备的特定交互强制执行进一步的同步。为了准确地处理诸如中断之类的异步事件，通常必须选择量子，使得在每个模拟量子内最多可以发生这种事件的一个实例。软件模拟由专门的 SystemC 模型包装，以将它们与硬件模拟集成。它们暴露用于异步事件（例如，中断）的信号和用于总线访问的 TLM 接口。通过在 SystemC 中实例化多个处理器模块，可以简单地模拟多个处理器，每个处理器模块都由我们软件模拟的独立实例支持。

12.3.4 弥合未来平台的可扩展性差距

正如在 12.2.3.4 节中所讨论的，当前汽车嵌入式架构在未来应用的数量和性质日益增加方面缺乏可扩展性，将来可能对高级自动驾驶或全自动驾驶向大众市场迈进构成严重威胁。对于通用计算，可扩展性问题的答案已经引入了更多的并行性，最终导致大部分可扩展的多核解决方案，其中包含一些多至几百个 CPU 核心。作为互联，通常使用所谓的 NoC，通过基于分组的片上互连连接常规结构的 CPU 块。使用这种常规结构和复杂的路由算法可以实现大型多核，其中可用芯片包含 48 或 64 个核。

在文献 [6, 48] 或文献 [34] 的研究工作中，已经评估了均匀的多核，即仅包含一种类型的处理元件，用于汽车感知和识别问题。虽然它们都表明，通常复杂的单一汽车功能可以在这样的平台上运行，但它们处理结果时缺乏效率，其性能导致它们不适用于未来的 A. D. 功能。

异构汽车 SoC 的成功表明：异构的多核解决方案可能更适合弥合可扩展性差距。这种研究架构的一个例子是在 FZI 开发的 HeMan（异构多核）架构（图 12.8）。它是一个平铺式多核到多核的研究平台，其中包含异构磁贴，每个磁贴包含经典嵌入式内核、单独的 RAM 和 ROM 内存，但也允许特定于域的（可编程的）硬件加速器。每个磁贴都有一个特殊的本地内存，用于传递消息并向硬件加速器提供数据。外部存储器由特殊的磁贴类型访问。

每个路由器消息队列中的特定措施强制实施消息路由，该消息路由可以基于在物理链路之上提供虚拟通信信道，为切片之间的端到端消息传送提供延迟保证。

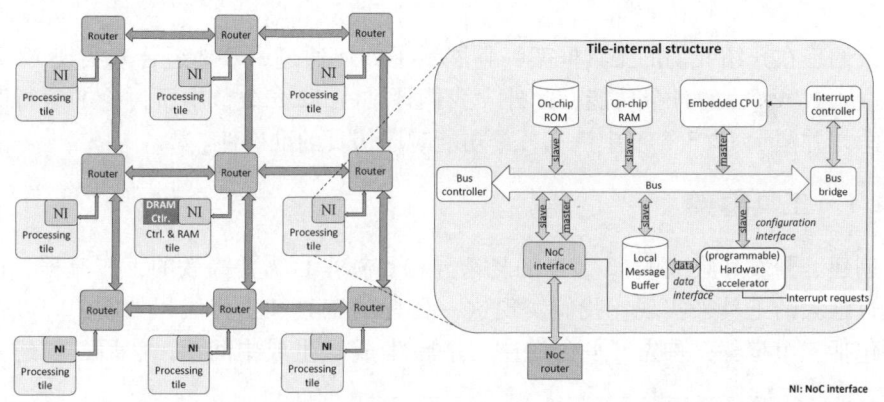

图 12.8　可扩展的异构汽车处理架构：处理区块通过 NOC 连接，硬件加速器提供所需的性能，而互联允许扩展以满足未来的需求，片外 I/O 和 DRAM 访问由特殊的磁贴类型提供

HeMan 使用特权通信通道来处理系统控制消息，例如心跳（参见 12.3.2 节），其中有特定的硬件措施阻止来自这些通道上的非特权区块的通信。在这些虚拟通信信道之上，使用消息的优先级。这些措施还提供了用于保护系统相关通信的手段，例如引导过程，其中应用瓦片的程序代码由系统控制器部署，而对于常规瓦片，意外地覆盖其他瓦片的程序代码是禁止的。由于 NoC 是共享资源，只有在对此共享资源的访问受到限制时才能提供单独通信的保证吞吐量和延迟，因此，通过硬件控制磁贴与先前分配的数据计划（通信调度）的一致性，以及每个磁贴网络接口内的特定流量整形组件。

磁贴内的硬件加速器共享一个公共接口，如 12.3.1 节中所提出的那样，该运行方法也可以应用于这种平铺架构，然后，将平铺分组为由一个策略控制器增强的集群。此外，可以用冗余，例如为每个磁贴内的 CPU 核心添加锁步核心，执行与原始核心相同的指令流，并使用在线自测试比较器单元检测由于硬件故障可能发生的不匹配（双模冗余）。在这种情况下，可以自动触发到安全管理区块的 NoC 消息。这对于每个芯片需要进一步集成更多功能而言尤其有用,其中安全相关的区块(例如,数据融合、规划或决策制定)在特定硬化的处理区块上执行,而不是安全的功能,与之相关的是在通用处理牌上执行的。最重要的是,可以实现更高级别的安全概念,例如软锁步,其中多个区块对相同的输入数据执行冗余计算,而其他区块则扮演比较器的角色。此外,混合方法是可行的:这里,硬件加速器的结果定期由在空闲期间在磁贴上的 CPU 上运行的软件线程进行检查(自检)。对于所有这些机制,混合系统拓扑是可行的,其中只有安全相关的区块提供冗余,而处理优化的应用区块使用软方法。

12.4 基于现代平台的汽车系统设计

我们现在介绍我们的工具框架,它展示了如何通过有效地组合来实现 12.3 节中的嵌入式 A.D. 的各个功能。此外,我们评估在 12.3.2 节中所讨论的运行时序的概念,并演示 12.3.3 节中汽车各个功能时序仿真的准确性。

12.4.1 工具框架

创建、开发和集成 12.3 节中的复杂异构目标平台需要高效的工作流程,这只能通过强大的工具来实现。我们实现这一目标的工具和工作流程如图 12.9 所示,主要包括三个步骤:首先,平台描述(平台生成)生成中间源;然后,创建实际

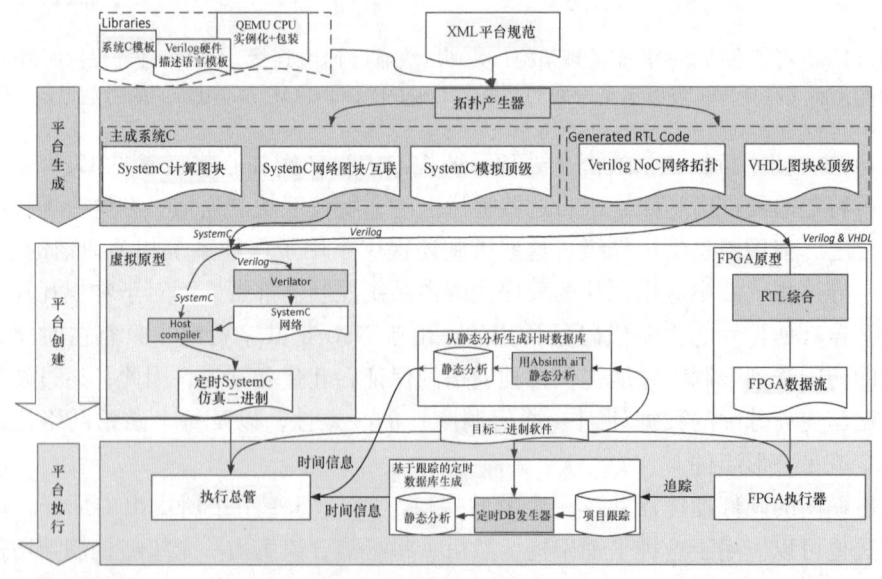

图 12.9 工具框架:模拟二进制文件和 RTL 代码是从同一规范生成的,该方法用于模拟瓦片内的时间

仿真和 FPGA 平台（平台创建）；最后，执行（平台执行）。这些步骤在开发期间迭代执行。

通过完全相同的描述自动生成虚拟和基于 FPGA 的原型，并实现高效开发。我们使用虚拟原型进行早期设计空间探索，超越了物理 FPGA 的芯片面积限制以及耗时的硬件设计和调试。

此外，虚拟原型是应用软件高效开发的理想平台，并且由于集成的时序仿真，可以持续验证时序要求。

硬件原型允许提取非功能属性，例如，可以反向注释到虚拟原型的定时和功率信息。此外，我们使用物理原型进行低级硬件开发和优化，由于高抽象水平，这在虚拟原型上是不可能的。例如，开发与外部组件（如 CMOS 传感器）的低级接口，然后将这些结果集成到我们的 RTL 代码模板库中，使其可用于自动化的平台生成。

12.4.1.1 平台生成

平台生成以 XML 中的通用平台描述开始。该描述涵盖网格的拓扑，以及诸如期望的虚拟通道的数量和每个单独的区块的数量、位置及区块类型的参数。从模板化的 SystemC、Verilog 和 VHDL 源文件库中，一个名为拓扑生成器的自定义工具为虚拟原型和硬件原型创建了中间输入。这包括在图块和网格之间创建指定的互联。生成两组源文件，SystemC 源和 RTL 硬件描述：对于 SystemC，包装文件集成了磁贴内各个 CPU 核心的模拟，并链接到我们的定制库，该库提供定时的 SystemC/QEMU 协同仿真。此外，生成 NoC 代码，其提供每个单独图块到网格的本地链接。最后，模拟顶层充当模拟测试平台。RTL 代码包括 Verilog RTL 代码中请求的网状拓扑，该拓扑用于后续的平台创建步骤，用于仿真和硬件平台。各个切片的 RTL 代码（包括 CPU 内核实例）在 VHDL 中生成，由库中的模板支持。

RTL 代码包括 Verilog RTL 代码中请求的网状拓扑，该拓扑用于后续的平台创建步骤，用于仿真和硬件平台。各个切片的 RTL 代码（包括 CPU 内核实例）在 VHDL 中生成，由库中的模板支持。

12.4.1.2 平台创建

基于在前一步骤中生成的中间结果，可以进行实际的平台创建。对于虚拟原型，首先，使用 Verilator 工具将依赖于拓扑的 Verilog NoC 描述转换为周期精确但快速的 SystemC 模型，与顶级测试平台 Verilog 代码一起，编译并链接到可执行的模拟二进制文件中。对于 FPGA 原型，使用特定于供应商的综合工具链合成，放置和路由以 VHDL 给出的各个瓦片和 Verilog 中给出的网格。

12.4.1.3 平台执行

通过仿真和硬件平台，人们现在可以利用两者：通过首先上传比特流来执行 FPGA 原型，然后是包含每个单独瓦片的软件二进制文件。我们的硬件实现最多可以在 FPGA 开发板上容纳 9 个区块。

提供目标软件二进制文件，可以执行虚拟原型。可以通过专用的测试平台模型提供诸如输入数据之类的刺激。与 RTL 相比，SystemC 仿真不仅提供了显著的加速（RTL 在每个时钟时间内以大约 100 个模拟时钟周期运行），同时也提高了可观察性，因为我们可以使用目标调试器实际连接到每个模拟处理器和任意跟踪网格的信号。该仿真允许系统和快速的软件开发以及设计空间探索，其中可以探索不适合 FPGA 的拓扑。

如果需要时序仿真，则协同仿真库从先前生成的定时数据库中读取上下文敏感的定时信息，该定时数据库可以从物理原型上执行的记录指令轨迹中提取，也可以从静态分析中提取（参见 12.3.3 节）。

12.4.2 评估

12.4.2.1 程序运行时资源管理

我们在 Xilinx Zynq SoC 上评估了程序运行时的资源管理方法，使用了两个 ARM Cortex – A9 内核和一个由四个 SVM RBF 内核组成的硬件加速器集群。但是，它可以重新定位到其他架构。12.3.2 节中的两个应用程序分别被分配给一个 Cortex – A9 内核，用于其管道的软件部分。作为战略控制器，我们使用嵌入式 Xilinx MicroBlaze 软核。使用对策略控制器的中断来完成对心跳的指令、对共享资源的请求以及对相应策略控制器的加速器执行的完成。我们实施了不同的调度策略（参见文献 [8]）。为了评估，我们首先使用静态分配和最早期限的组合，其中每个应用程序被静态地分配一个加速器，而使用 EDF 时间表共享剩余的加速器。这在吞吐量和共享潜力之间提供了良好的折中。EDF 始终安排对其截止日期最不懈怠的应用程序的可运行任务。为此，应用程序的已消耗时间预算是根据在每个流水线阶段完成时发出的跳信号计算的。

我们基于 FPGA 的评估系统可以与真正的 CMOS 传感器一起使用，其中图像预处理（例如去马赛克）在硬件中完成，或者作为实验室原型，其中来自驾驶测试的视频由 UDP 提供。在后一种情况下，进行评估，减去引入的额外开销。图 12.10 显示了评估平台。

与静态调度相比，我们将处理与输入数据采集分离显示出巨大的改进，其中时隙周期被设置为驾驶测试期间流水线迭代的最大可观察执行时间。对于 TSR，相对改进范围从最小/平均/最大分别为 37%、39% 和 42%。交通灯应用仍然显示最低 8%、平均 36%、最大 49% 的改进。系统总功耗低于 6W，包括 DRAM、HDMI 和 GigE。

对于运行时失败操作机制，我们使用图 12.10 所示的平台的评估 12.3.2 节介绍的运行失效操作机制。心跳信号用于通知流水线阶段的完成，以便监视每个单独应用程序的每次迭代执行时间，引导每个应用程序状态机。TSR 中的动力学与 TLR 中的动力学相比要少得多。从外部区域进入内城区，我们可以使用 10 次迭代来演示我们的方法，一旦切换到紧急参数化，并且如预期的那样，将永远不会达到故障状态（图 12.11）。

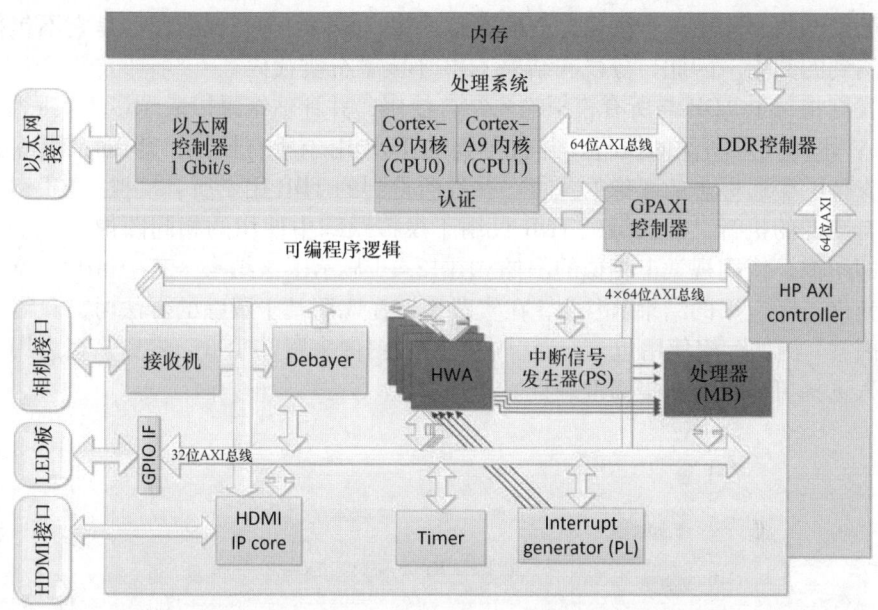

图 12.10　运行时资源管理的示例性实现：两个 ARM CortexA9 CPU 从策略控制器（Xilinx MicroBlaze）请求硬件加速，控制对共享资源的访问

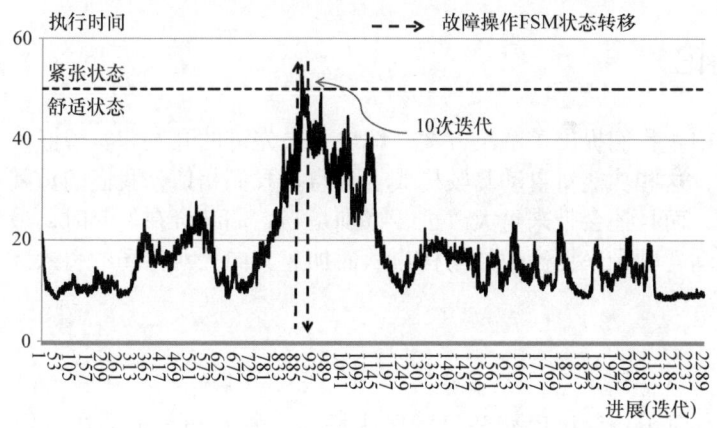

图 12.11　从外部区域到内城区的驾驶，我们可以成功地证明故障安全方法的可行性，包括潜在过载预测的软恢复

12.4.2.2　平台定时仿真

作为时序仿真的初步评估，我们对 TSR 应用进行了研究。我们使用 12.3.3 节中提供的框架模拟 ARM CortexA9 上 TSR 的运行，通过在真实硬件上跟踪执行来生成必要的时序数据库。作为模拟输入，我们利用交通情况的几个真实图片和 630 个不同的分割参数组合。

硬件跟踪期间使用的输入会影响跟踪执行的时序，进而影响到基于跟踪执行生成的 TDB 的模拟结果。为了研究这个因素，我们生成了几个 TDB，它们是使用默认的分割参数和除了一个图像之外的所有图像。排除一个图像的原因是它不包括任何检测到的圆周。因此，分段和结果 TDB 不涵盖分类代码。

我们将每个 TDB 与所有模拟输入结合使用，并评估结果以表示以下实际情况：①Arb：跟踪任意图像的执行，并将得到的 TDB 用于所有模拟；②Del：跟踪具有所有支持的交通标志的图像的执行，并且所得到的 TDB 用于所有模拟；③PerI：跟踪所有图像的执行，并且每个 TDB 仅用于模拟跟踪中使用的相同图像。对于没有迹象的图像，使用视觉上相似的图像。图 12.12 显示了该结果，其中 Arb 策略也会产生允许实际应用的结果。因此，在实践中，在应用基于跟踪的方法时，只需考虑直接因素。例如，应使用包含交通标志的输入图像来跟踪 TSR。将更多精力用于跟踪输入选择可以进一步提高准确性。

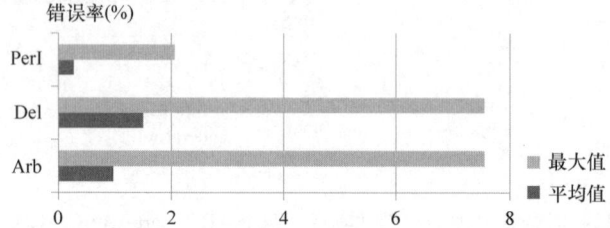

图 12.12　基于轨迹的时序仿真对交通标志识别感知/认知功能的实际硬件测量的定时精度误差

12.5　结论

在本章中，我们提出了解决方案，解决了最先进的开发和实现嵌入式汽车驾驶功能的不足，这些功能对自动驾驶构成了阻碍。我们相信，我们的贡献不仅会带来显著的改善，而且还会带来重大改进，特别是当它们结合在一起时，最终可能会为高度或全自动驾驶带来更高效的架构，从而加速其向大众市场的引入。

致谢

这项工作部分由德国巴登-符腾堡州科学、研究和艺术部在合作研究培训组 EAES 范围内，以及 ITEA2/BMBF 项目 MACH 授权 01IS13016B 提供。

参 考 文 献

1. AbsInt Angewandte Informatik GmbH: aiT Worst-Case Execution Time Analyzers (2015). http://www.absint.com/ait/. Accessed 18 March 2015
2. ADAS Applications Processor TDA2x System-on-Chip Technical Brief (2013), http://www.ti.com/lit/ds/symlink/tda2.pdf. Accessed 18 March 2015
3. S. Altmeyer, B. Lisper, C. Maiza, J. Reineke, C. Rochange, WCET and mixed-criticality: what does confidence in WCET estimations depend upon? in OASIcs-OpenAccess Series in Informatics, vol. 47. Schloss Dagstuhl-Leibniz-Zentrum fuer Informatik (2015)
4. AUTOSAR, Specification of Timing Extensions, Release 4.2.2, Document 411 (2015). doi:411. http://www.autosar.org. Accessed 20 Oct 2015

5. F. Bellard, QEMU, a fast and portable dynamic translator, in *USENIX Annual Technical Conference, FREENIX Track* (2005)
6. J. Borrmann, A. Viehl, O. Bringmann, W. Rosenstiel, Parallel video-based traffic sign recognition on the intel SCC many-core platform, in *Proceedings of the 2012 Conference on Design and Architectures for Signal and Image Processing (DASIP)* (2012), pp. 1–2
7. J. Borrmann, F. Haxel, D. Nienhüser, A. Viehl, J. Zöllner, O. Bringmann, W. Rosenstiel, STELLaR - a case-study on SysTEmaticaLLy embedding a traffic light recognition, in *Proceedings of the 17th IEEE International Conference on Intelligent Transportation Systems (ITSC)* (2014), pp. 1258–1265. doi:10.1109/ITSC.2014.6957860
8. J. Borrmann, F. Haxel, A. Viehl, O. Bringmann, W. Rosenstiel, Safe and efficient runtime resource management in heterogeneous systems for automated driving, in *Proceedings of the 18th IEEE International Conference on Intelligent Transportation Systems (ITSC)* (2015)
9. O. Bringmann, W. Ecker, A. Gerstlauer, A. Goyal, D. Mueller-Gritschneder, P. Sasidharan, S. Singh, The next generation of virtual prototyping: ultra-fast yet accurate simulation of HW/SW systems, in *Proceedings of the 2015 Design, Automation & Test in Europe Conference & Exhibition* (EDA Consortium, Grenoble, 2015), pp. 1698–1707
10. L. Cai, D. Gajski, Transaction level modeling: an overview, in *Proceedings of the 1st IEEE/ACM/IFIP International Conference on Hardware/Software Codesign and System Synthesis* (ACM, New York, 2003), pp. 19–24
11. W. Ecker, V. Esen, R. Schwencker, T. Steininger, M. Velten, TLM+ modeling of embedded hw/sw systems, in *Proceedings of the Conference on Design, Automation and Test in Europe* (European Design and Automation Association, Dresden, 2010), pp. 75–80
12. ETAS GmbH, ASCET-SymTA/S End-to-end Timing Analysis for Electronic Control Systems (2015), http://www.etas.com/download-center-files/products_ASCET_Software_Products/ASCET_SYMTA_S_flyer_en.pdf. Accessed 01 June 2016
13. M. Geilen, S. Stuijk, Worst-case performance analysis of synchronous dataflow scenarios. in *Proceedings of the Eighth IEEE/ACM/IFIP International Conference on Hardware/Software Codesign and System Synthesis* (ACM, New York, 2010), pp. 125–134
14. R. Henia, L. Rioux, N. Sordon, G.E. Garcia, M. Panunzio, Integrating model-based formal timing analysis in the industrial development process of satellite on-board software, in *Proceedings of the 2nd International Conference on Model-Driven Engineering and Software Development (MODELSWARD)* (2014), pp. 619–625
15. IEEE Standard for Standard SystemC Language Reference Manual (2012). IEEE Std 1666-2011 (Revision of IEEE Std 1666-2005)
16. R. Kumar, V. Zyuban, D.M. Tullsen, Interconnections in multi-core architectures: understanding mechanisms, overheads and scaling, in *Proceedings of the 32nd International Symposium on Computer Architecture, 2005. ISCA'05* (IEEE, New York, 2005), pp. 408–419
17. K. Lu, D. Müller-Gritschneder, U. Schlichtmann, Hierarchical control flow matching for source-level simulation of embedded software, in *Proceedings of the 2012 International Symposium on System on Chip (SoC)* (IEEE, New York, 2012), pp. 1–5
18. K. Lu, D. Muller-Gritschneder, U. Schlichtmann, Fast cache simulation for host-compiled simulation of embedded software, in *Design, Automation & Test in Europe Conference & Exhibition (DATE), 2013* (IEEE, New York, 2013), pp. 637–642
19. T.G. Mattson, M. Riepen, T. Lehnig, P. Brett, W. Haas, P. Kennedy, J. Howard, S. Vangal, N. Borkar, G. Ruhl, S. Dighe, The 48-core SCC processor: the programmer's view, in *2010 ACM/IEEE International Conference for High Performance Computing, Networking, Storage and Analysis*, November 2010, pp. 1–11. http://ieeexplore.ieee.org/xpl/articleDetails.jsp?arnumber=5644880
20. MIRA Ltd, MISRA-C:2004 Guidelines for the use of the C language in critical systems (2004). www.misra.org.uk
21. Mobileye (2015), mobileye.com. Accessed 18 March 2015
22. A. Monot, N. Navet, B. Bavoux, F. Simonot-Lion, Multisource software on multicore automotive ECUs - combining runnable sequencing with task scheduling. IEEE Trans. Ind. Electron. **59**(10), 3934–3942 (2012)
23. Moving Closer to Automated Driving, Mobileye Unveils EyeQ4 System-on-Chip with its First Design Win for 2018 (2015), http://www.mobileye.com/blog/press-room/moving-closer-

automated-driving-mobileye-unveils-eyeq4-system-chip-first-design-win-2018/. Accessed 18 March 2015

24. D. Nienhüser, Kontextsensitive Erkennung und Interpretation fahrrelevanter statischer Verkehrselemente. Ph.D. thesis, KIT Karlsruhe (2014)
25. nVidia, Tegra K1 Technical reference manual (2014), https://developer.nvidia.com/tegra-k1-technical-reference-manual. Accessed 18 March 2015
26. nVidia, Tegra X1 Super Chip (2015), http://www.nvidia.com/object/tegra-x1-processor.html. Accessed 18 March 2015
27. S. Ottlik, S. Stattelmann, A. Viehl, W. Rosenstiel, O. Bringmann, Context-sensitive timing simulation of binary embedded software, in *Proceedings of the 2014 International Conference on Compilers, Architecture and Synthesis for Embedded Systems (CASES)* (2014)
28. S. Ottlik, J.M. Borrmann, S. Asbach, A. Viehl, W. Rosenstiel, O. Bringmann, Trace-based context-sensitive timing simulation considering execution path variations, in *21st Asia and South Pacific Design Automation Conference (ASP-DAC)* (2016)
29. M. Pressler, A. Viehl, O. Bringmann, W. Rosenstiel, Execution cost estimation for software deployment in component-based embedded systems, in *Proceedings of the 17th international ACM Sigsoft Symposium on Component-Based Software Engineering* (ACM, New York, 2014), pp. 123–128
30. S.J. Russell, P. Norvig, *Artificial Intelligence: A Modern Approach*, 2. edn. Prentice Hall Series in Artificial Intelligence (Prentice Hall, Upper Saddle River, NJ, 2003)
31. Safer SoCs for safer driving. SemiWiki.com, the Open Forum for Semiconductor Professionals (2014), https://www.semiwiki.com/forum/content/3844-safer-socs-safer-driving.html. Accessed 18 March 2015
32. D. Sanchez, G. Michelogiannakis, C. Kozyrakis, An analysis of on-chip interconnection networks for large-scale chip multiprocessors. ACM Trans. Archit. Code Optim. (TACO) **7**(1), 4 (2010)
33. K. Schmidt, J. Harnisch, D. Marx, A. Mayer, A. Kohn, R. Deml, Timing analysis and tracing concepts for ECU development. Technical Report, SAE Technical Paper, 2014
34. T. Schonwald, A. Koch, B. Ranft, A. Viehl, O. Bringmann, W. Rosenstiel, Stereo depth map computation on a Tilera TILEPro64 embedded multicore processor, in *Proceedings of the 2012 Conference on Design and Architectures for Signal and Image Processing (DASIP)* (2012)
35. S. Stattelmann, *Source-Level Performance Estimation of Compiler-Optimized Embedded Software Considering Complex Program Transformations* (Verlag Dr. Hut, Munich, 2013)
36. S. Stattelmann, O. Bringmann, W. Rosenstiel, Fast and accurate source-level simulation of software timing considering complex code optimizations, in *Proceedings of the 48th Design Automation Conference (DAC)* (2011)
37. G. Stein, E. Rushinek, G. Hayun, A. Shashua, A computer vision system on a chip: a case study from the automotive domain, in *IEEE Computer Society Conference on Computer Vision and Pattern Recognition (CVPR'05) - Workshops*, vol. 3 (2005), p. 130. doi:10.1109/CVPR.2005.387. http://ieeexplore.ieee.org/lpdocs/epic03/wrapper.htm?arnumber=1565445
38. STMicro and Mobileye are Developing Third-Generation SoCs for Driver Assistance. John Day's Automotive Electronics - Insight for Engineers (2011), http://johndayautomotiveelectronics.com/stmicro-and-mobileye-are-developing-third-generationsocs-for-driver-assistance/. Accessed 18 March 2015
39. Symtavision GmbH: Leading in real time - overview flyer (2015), https://www.symtavision.com/downloads/Flyer/Symtavision_Overview_Flyer_2015_SEPT.pdf. Accessed 20 Oct 2015
40. TDA2x SoC for Advanced Driver Assistance Systems (ADAS) (2015), http://www.ti.com/tda2x. Accessed 18 March 2015
41. TDA3 SoC Processor Advanced Driver Assistance Systems (ADAS) (2015), http://www.ti.com/product/tda3. Accessed 18 March 2015
42. D. Thach, Y. Tamiya, S. Kuwamura, A. Ike, Fast cycle estimation methodology for instruction-level emulator, in *Proceedings of the 2012 Design, Automation & Test in Europe Conference & Exhibition (DATE)* (2012)
43. The MathWorks, Inc. (2015), http://www.mathworks.com. Accessed 18 March 2015
44. Tilera goes pro with TilePro64 (2008), http://www.tgdaily.com/business-and-law-features/39408-tilera-goes-pro-with-tilepro64. Accessed 18 March 2015

45. Veripool Verilator (2015), http://www.veripool.org/. Accessed 18 March 2015
46. N. Weste, D. Harris, *CMOS VLSI Design: A Circuits and Systems Perspective*, 4th edn. (Addison-Wesley Publishing Company, New York, 2010)
47. XILINX: UG585 - Zynq-7000 all programmable SoC technical reference manual (2014), http://www.xilinx.com/support/documentation/user_guides/ug585-Zynq-7000-TRM.pdf. Accessed 18 March 2015
48. J. Zimmermann, Applikationsspezifische Analyse und Optimierung der Energieeffizienz eingebetteter Hardware/Software-Systeme. Ph.D. thesis, Universität Tübingen, Germany (2013). Website http://nbn-resolving.de/urn:nbn:de:bsz:21-opus-73952

第13章 智能自动系统的系统工程及系统

本章提供了有关构建自动驾驶系统的特定系统工程和系统注意事项的实用见解，主要面向具有扎实工程背景且要求进步的从业人员。我们认为这类从业者不仅对具体的系统实现感兴趣，而且还有兴趣借助智能系统的相关理论推进自动驾驶系统的发展。

自动驾驶系统的实际发展涉及领域特定算法、架构、系统工程、技术实现、工具与技术支持，如图13.1所示。其中，本章重点介绍后三者。系统的发展被认为是系统工程的一部分，但就本章而言，由于架构在本章中被广泛引用，我们将其视为一个单独的领域。图13.1中的箭头代表一种"影响"关系。因此，从架构到系统的箭头表示系统对系统工程的影响。该影响可以是各种类型，但关键是研究自动驾驶系统必须全面考虑所有领域及其相互影响关系。这种整体观点并不能完全包括研究人员深入研究特定领域的细节的范围。尽管如此，对于工程师及具体项目，此

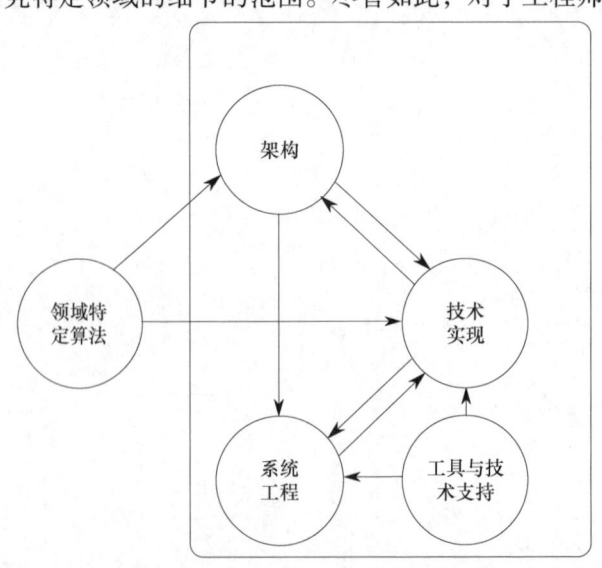

图13.1 本章内容

影响也不能被忽视。本章着重介绍了这三个方面，目的是为了使工程师理解每个领域的基本概念，以及它们如何共同作用于自动驾驶，在每个部分也提供了更详细的主题。同时讲解三点（通常是完全不同的标题）是本章的创新点之一。

13.1 本章重点关注的领域

  通常在研究中，工程技术方面总是被认为不太重要。根据我们的自动驾驶经验，工程技术方面在架构和系统工程中提供了机遇和较大的制约。这可以防止在不同问题之间转换时实际操作产生误差以及无法应用理论结果。因此，本章专门介绍了主要工具、支持系统、系统工程及实现的技术。这是本章的第二个创新点。第三个创新点是对机器意识和心理理论领域的研究。心理理论，通常在"硬核"工程讨论中被省略，因为这些领域与务实的安全关键工程之间的差距非常大。但是，通过涵盖这些领域，我们展示了它如何影响并为自动驾驶的发展提供指导。本章强调的是一个选定主题的覆盖范围而不是深度，因为我们注意到该领域的相关文献非常缺乏，这些文献收集了与实践工程师相关的重要考虑因素和主题。必须指出的是，其中的主题并不限于自动控制系统的开发，但在这方面具有重要意义。

  因此，本章在系统、系统工程、技术实施和自动驾驶系统的长期演变等方面作出一系列的回顾。

  对于系统，本章为读者介绍了自动驾驶所需的关键功能组件以及三层参考系统，显示这些组件及其相互连接的分布。对于基于模型的系统工程（MBSE），本章概述了四类模型与保证具体项目实现的 MBSE 方法。模型可被视为对"V 模型"和 ISO 26262:2018 等功能安全标准所倡导的方法的补充。对于技术实现，本章描述了开发设置和关键技术。对于长期演变，本章简述了更强大的自动控制概念，如机器意识和自我意识，并将它们与当前的工程实践联系起来，用于解释当前自动驾驶系统的演变方向。除了讨论自动系统对系统、系统工程的影响，还简要讨论了汽车领域的技术实施。

  该范围界定为对于自动驾驶相关的功能系统和系统工程问题的广泛处理。重点是发展和原型开发的早期阶段。关注安全系统的工程设计，以及人机交互，系统和系统工程的指标，但不包括与工程伦理相关的主题。

  本章的结构如下：按照导言，13.2 提供了对研究方法的描述，然后是重要的术语。13.3 简要介绍了重要术语文本。13.4 提供了更长远的视角研究领域，探索更多抽象的概念，使机器自动运行。然后，内容逐渐变得更加具体。13.5 提供了关于系统形式的描述。13.6 讲述了系统工程。13.7 讲述了技术实施。本章涵盖了该领域的近期和短期观点。从抽象到具体的进展是刻意选择来引导读者从机器自动深奥的原则和概念研究到工程实践。最后，13.8 为本章小结，反映每个覆盖范围，以及它们如何受自动系统特征的影响。

13.2 研究方法

本节主要介绍工程设计的研究方法。工程设计是系统工程中的研究方法之一，其中研究人员解决了一个重要且新颖的问题——设计解决方案。所开发的知识主要用于实际应用。另一个结果是基于设计经验的一般化的一些理论发展。作为一种定性研究方法，工程设计的潜在弱点是外部有效性。这是通过大量不同的案例研究和与不同领域的专家的探索来解决的。自 2010 年以来，我们为各种自动驾驶汽车项目设计了解决方案，并从事这些项目的开发过程。这些项目在学术和工业环境中，涉及各种各样的商业和研究工具，见表 13.1。

表 13.1 有关本章内容的项目

年份	项目	车型	合作方	成果
2010—2011	GCDC 2011	重型货车	斯堪尼亚 CVAB（OEM）	1. 在平台上的自动纵向运动 2. 协同驾驶的参考系统
2011—2012	CoAct 2012	重型货车	斯堪尼亚 CVAB（OEM）	上述合作驾驶参考系统的实例化
2013—2014	DFEA2020 + FUSE + ARCHER	乘用车	沃尔沃（OEM）+ 斯堪尼亚 CVAB（OEM）	汽车驾驶的问题分析、方法以及参考系统
2014—	RCV	新型研究车辆原型	美国 KTH 部门	由转向和推进的线性控制的新型电动汽车原型
2015—	RCV-2.0	新型研究车辆原型	KTH + 一家私企	具有感知堆栈和城市自动驾驶能力的新型汽车原型

2010 年，在斯堪尼亚 CVAB 的 R730 商用货车上设计并实施了纵向自动运动控制系统，参加了 2011 年的大合作驾驶挑战赛（GCDC），其中车辆在户外自主运行于高速公路一个排队的场景中，与参与的车辆和环境进行无线通信。通信包含每辆车操控的参数，如速度、加速度、位置等以及交通信号灯和普遍速度等基础设施元素的状态限制。一年后，该系统得到了改进并重新应用于货车（R430 型号），用于 CoAct 2012 项目。这个项目也参与了类似于 GCDC 2011 活动的排队场景，但它包括更多苛刻的操作情况，如变更、合并车道以及超车。积累的体系结构进行了进一步的评估和分析，包括三个不同项目的过程与各种工业合作伙伴，以及对乘用车的潜在应用。其中一个项目是 DFEA2020——瑞典的一个大型项目，旨在发展绿色、安全和可持续发展的连续通行车辆。另一个项目是 FUSE，也是一个瑞典的项

目,更加注重功能安全和自动驾驶系统。第三个项目是 ARCHER,它研究安全,参考系统适用于商用货车的测试和验证技术。FUSE 和 ARCHER 项目仍在进行中。从 2014 年开始,该系统应用于 KTH 的新型研究概念车(RCV),以赋予其自动驾驶能力。RCV 具有全电动线控动力传动系统,每个车轮内嵌有步进电动机,四个车轮均采用主动转向和外倾控制。该系统也适用于 RCV(RCV-2.0)的第二代更新,在不希望人类驾驶员可以或能够接管车辆控制的情况下,它成为城市自动驾驶能力的基础。

13.3 基本术语和概念

在本节中,我们将简要介绍在文本中反复出现的一些重要术语的具体用法。

自主性在实际意义上被用作机器有效的能力(以尊重其目标)在不确定的环境中运作,没有特定的人监督或干预。有效操作意味着以期望的性能水平和安全的方式满足期望的目标。安全意味着没有不可接受的风险。

ISO 42010: 2011 将体系结构定义为"系统在其环境中的基本概念或属性,体现在其元素、关系以及设计和演化的原则中"。因此,该体系结构是系统的"蓝图",一种实际的思考方式是将其分解为概念和技术设计方面,如图 13.2 所示。这些方面可替代地称为系统的"视图",ISO 42010: 2011 推荐的术语,并且涉及来自特定"视点"的系统描述。图 13.2 的详细说明可以在参考文献 [19] 中找到。简而言之,构建系统的过程可以通过描述系统应向其用户提供的功能(服务分类)来启动,而无需说明系统如何在内部实现这些功能。服务分类由逻辑体系结构实现,逻辑体系结构显示系统逻辑分解为各种组件,而不指定这些组件如何在硬件和软件中实际实现。随后将逻辑体系结构组件映射到软件元件上,软件元件部署在硬件计算单元上。计算和通信系统可以进一步在时间和空间上划分,这取决于与性能、可用性、安全性和原型制作工具等相关的各种要求。

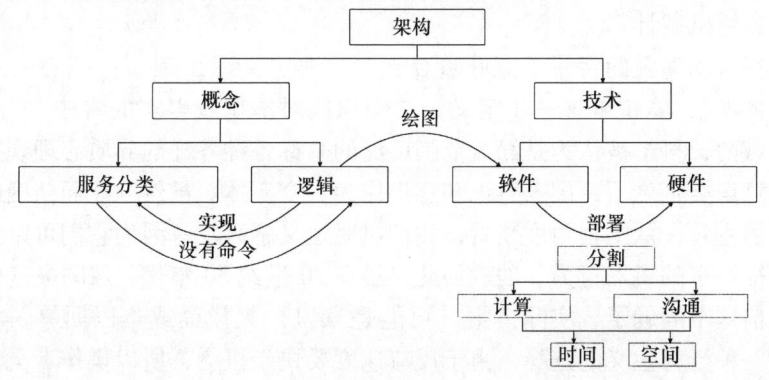

图 13.2 体系结构

系统工程由 INCOSE 定义为跨学科方法和实现成功系统的手段。它将所有学科和领域专家整合到团队工作中，形成从概念到生产再到运营的结构化开发流程。在开发生命周期的早期定义功能，记录需求，然后进行设计综合、测试和验证，即在考虑系统解决的完整问题的同时进行验证。系统工程尤其与大型、复杂和安全关键系统的构建相关。形式化的建模应用程序，以支持各种系统工程任务，这被称为基于模型的系统工程。

13.4 机器意识的语境

在考虑自动驾驶时，实际上很容易忽视传感器、硬件、编程和建模等细节。然而，完全保持这种思维水平可能导致"由于细节而没有看到道路"。随着系统复杂性的增加，需要退后一步，并提出一个问题："我们真正想做的是什么，这是正确的方向吗？"在本节中，我们从直接的工程问题中退后一步，看看更大的，有点"哲学"的自动驾驶和智能机器的背景。

自动驾驶系统的工程很少考虑对机器意识、自我意识和心理理论等领域的研究。这主要是由于两个原因：所涉及的工程师的技术和经验背景，以及从提到的领域到可认证的安全关键嵌入式系统的工程概念缺乏明确的映射。尽管如此，我们认为，及时了解这些领域的关键成果对于自动驾驶从业者是有价值的，因为它为未来的系统概念提供了战略指导，并确定了阻碍利用这些领域成果的因素。

自动驾驶的最终目标不仅仅是人类驾驶，而是去超越人类驾驶，为了克服人为限制，明显提高道路安全性、交通效率和环境效益。为了实现这一目标，并与人类环境相互作用和共存，机器需要一种接近人类的意识水平（不可否认受约束的观念）。这是因为在面对不确定性和干扰时，意识有助于推理、决策和解决问题。各种各样的文献表明机器人解决问题的能力将通过内省的能力得到加强。这也是计算机系统芯片等学科中反复出现的主题、编程语言、机器人技术，甚至探索机器人太空任务的容错机载计算。

意识在自动驾驶的背景下意味着什么？字典定义意识是"……心灵意识的事实本身和世界"，意识可进一步定义为"知识或对情境或事实的看法"。但在哲学和认知领域内，科学被认为是涵盖范围广泛的总称各种各样的异质心理现象，通常归入生物意识类别之下，国家意识和意识作为一个实体。虽然全面而精确的定义仍然是研究的主题，从工程角度来看，我们只对定义感兴趣，因为它们可以帮助我们识别和表征特定的机器行为。的确如此，早在 20 世纪 50 年代，像图灵这样的研究人员就相信这个问题了，实际情报（可能是意识）太模糊或难以回答。相反，图灵提出了一种行为主义的选择，由于反应速度要快于机会，所以操作者无法区分计算机的会话能力，那么我们就可以衡量一下计算机的智能程度。感知智力的这种度量可以代替计算机的真实智能或实际意识。反应缓慢的自动驾驶应用可能是：如果一个操作者能够始终如一地接受计算机的驾驶能力与驾驶员的驾驶能力相当，那么我们就可以衡量一下计算机的驾驶能力。

2012年5月4日，谷歌公司有一辆自动驾驶普锐斯汽车获得了内华达州汽车部门的"驾驶执照"，此前该车成功通过了类似于人类驾驶员的驾驶测试。

在这一点上，从机器的角度来看，将意识分解为外部和内部的意识是有用的。对外部世界的认识涉及传感、数据融合和感知等元素，所有这些都展示了自动驾驶领域内的渐进和持续改进（比较当今可用于自动驾驶的传感器与十年前的传感器）。通过维护反映外部世界感知的数据结构，这种对外部世界的认识通常在机器的内部世界中得到明确体现。从哲学的角度来看，外部世界的意识被机器的内部状态"吸收"，工程注意力必须投入其中，以实现机器意识的渐进结果。然而，为了有意义地利用任何内部意识，机器需要意识到意识，即它需要自我意识。这得到了机器意识领域的明确结论的支持，例如，麦卡锡声明"机器人需要对自己的心理过程有一定的意识才能达到人类想要给予他们的许多任务所需的智力水平。自我意识，即内省对人类智力至关重要，不仅仅是附带现象。

哪种系统特征和结构有助于意识和自我意识？回答这个问题的一种方法是了解人类大脑的功能，并模仿其中发现的生物结构。理解人类意识（以及与自动驾驶相关的唯一一个）最强有力的方法是计算主义，这是人类大脑的许多相关方面可以被建模为具有计算结构的理论。这种方法是人工智能（AI）领域的基础，它探索解决问题的计算模型，尽管它保留了数字计算机和大脑作为计算机可能以不同方式计算事物的可能性。关于意识计算模型的研究由Hofstadter, Minsky, McCarthy, Dennet, Perlis, Sloman和Cantwell Smith等研究人员推动。[56]中提出了它们主要命题的综合总结，其中主要命题是"如果X模型本身就是体验事物，那么意识就是计算系统X所拥有的属性。因此，计算意识理论的核心是内省，是由模型引导的。

早在1968年，明斯基就引入了"自我模型"的概念："对于观察者B，对象A*是对象A的模型，B可以使用A*来回答他感兴趣的关于A的问题。A*是A的一个很好的模型，在B的观点中，总的来说，关于对B重要的问题，A*的答案与A的答案一致。该概念在语义上与由IEEE 610.12 - 1990定义的模型的工程定义相同。大多数工程师都知道系统模型是系统的抽象，它提供了有关系统所需属性和行为的答案期望的准确性。因此，我们认为一个特定类型的模型（自我模型）可以成为更抽象的意识推理与"基本工程"关注点之间交汇点的理论基础。

基于认知理论的结果和对人类思维结构的推测的计算模型在认知系统领域进行了探索，创建了各种各样的认知系统来模仿人类推理和机器决策的特定方面。这些包括RCS, ACT - R, SOAR, CLARION, NARS, YMIR等。在[67]中提出了对主要系统的评论（有进一步的参考），它是基于积极维护的在线资源。该评论提到了54种建筑，其中26种被描述，并且观察到几乎所有建筑都源于生物学的灵感，不同的方法在其基础上非常相似。在［72］中提供了与机器自动控制相关的这些系统的比较评论，其中得出了一些与从事自动驾驶和其他安全关键系统的实践工程师相关的重要结论。结论强调了认知系统设计与现实环境中具体操作之间的普遍差距。

观察到认知系统通常倾向于忽略实时操作和资源管理方面，这加剧了差距。忽视这些实际问题不仅不利于有效的技术应用，而且可能导致理论基础有缺陷。反过来，这限制了系统对问题的有效性，"没有人类生活和操作的现实世界的复杂性。"其他研究人员在探索该领域的挑战时得出了类似的结论嵌入式系统。幸运的是，这些限制并未由认知体系结构统一共享，从而促进了使用更完整的认知功能和可用操作功能设计体系结构产生的可能性。

目前的自动驾驶能力方法是自下而上：基于从自动变速器和巡航控制，到自适应巡航控制、车道偏离预警和自动紧急制动，到交通堵塞辅助和高级驾驶辅助系统功能的改进，最终都集中在自动驾驶上。到目前为止，这种方法取得了很好的成果；使用自上而下的方法开始探究（人类）意识的本质和结构可能无法达到的区域（在此时间范围内）。目前的方法为大量采用机器人技术和人工智能领域的理论成果。这仅涉及手动构建系统，在数据、内容或模块级别上进行学习和决策。这种手动方法被称为 AI 领域的建构主义设计方法论（CDM）。但是，创建能够显著地接近人类智能的系统更大，更复杂的系统是必要的。由于对人类设计和实施的基于软件的系统的复杂性和大小的实际限制，证明了基于建构主义人工智能的方法论是不充分的（Thórisson 和 Helgason），并且非常危险。这些限制在嵌入式系统领域的认知复杂性中被捕获。系统的认知复杂属性限制了人类掌握整个系统的能力以及对其的理由。随着认知复杂性的增加，验证和验证系统变得越来越困难且成本更加高昂，同时还要确保安全等属性。事实上，特征交互等现象已经开始在汽车系统中出现（通常在网络物理系统中），它们的研究和控制是一个新兴的研究领域。

在 AI 领域内，出现了一种相对较新的建构主义方法，提倡自我导向、内省、学习和动态调整有意识的系统，而不是目前的"人为操作"的方法。在汽车领域，这被认为是一种范式转换，机器可以主动调用"刺激 – 响应"周期来不断形成和维持自我模型，并推断其特征。现有工程方法向建构主义概念的演变需要至少在四个相关领域发展：①时间基础；②反馈回路；③泛建筑模式匹配；④黑盒组件。时间基础包括对现实世界中的时间的认识，以及执行软件指令所需的时间，以及两者如何相关。这种意识在分布式实时嵌入式系统的设计中已经非常重要，但正如文献［51］中所指出的，及时性是一种语义属性，在流行的编程范例中没有很好地捕获。在行为层面，时间基础涉及基于内部模型预测时间结果，并在预测不匹配时更新内部模型结果。传统的闭环反馈在自动驾驶中已经很普遍。这些回路通常响应于对环境的即时感测和感知而控制短时间制动。当转向建构主义 AI 时，需要有额外的反馈循环，根据其感知功效修改控制结构本身。这与基于对给定环境中的"刺激-反应"实验的观察的自建模的概念密切相关。这些修改能够扩展现有技能和能力,这是通用智能的一个重要特征。系统模式匹配对于体系结构的时间版本的自引发比较是有用的,因为系统随着时间的推移而响应于某些规范发展或演变。模式匹配对于识别上下文和操作场景也很有用,这反过来又有助于控制注意力和回忆机制。这些机制很重要,因为它们使机器能够滤除复杂操作情况中存在的大量刺激,并且只关注那些已被学习为相关的刺激。现有的自动驾驶系统由大型组件的集成组成,如定位、轨迹规划和推进等。这些组件通常由不同的供应商开发,并且通常是具有明确定义的输入/输出接口的"黑盒"组件。然而,它们的大尺寸和黑盒特性使得机器难以仅仅基于对输入/输出信号的观察来推断其内部构件。由于在存在大型不透明内部组件的情况下很难达到自我意识,这对于自组织和自我感知系统来说是一个关键问题。

AI 确实提出了新的挑战,其中一些挑战在于状态演变的确定性和可预测性、内部信念和真正自控系统的行为。这些挑战目前与可证明的安全性、确定性和其他关键属性的保证相悖,并且建构主义方法不太可能用于自动驾驶,直到它发展出足够的工具、方法和参考系统模式等,以创造实用性以及明显安全和可预测的系统。

13.5 自动驾驶系统

在目前的状态下,自动驾驶系统所期望的任务是良好的约束和特征。因此,可以创建用于自动驾驶的特定区域的参考系统。这种系统结构包括自动驾驶系统所需的各种系统元素的定义,这些元素之间的层次结构和数据流,以及特定用例的实例化指南。在本节中,我们将简要介绍所需的系统结构组件以及它们的层次结构和分布的一些推理。与大多数特定于域的参考系统结构一样,我们将范围限制为功能/逻辑视图,将在 13.7 节中描述一些用于实例化的相关技术。

13.5.1 主要系统组件

自动驾驶所需的主要功能部件如图 13.3 所示。我们可将这些组件分为 3 类:
1) 对车辆运行的外部环境/背景的感知。
2) 关于所感知的外部环境/背景的车辆运动的决策和控制。
3) 车辆平台操纵,其主要处理车辆自身的驱动与制动,目的是实现期望的运动。

每个类别都有几个组件,现在简要介绍一下框架观点。详细说明可在 [20] 中找到。

传感部件是感知自我车辆的状态及其运行环境的部件。传感器融合组件考虑多个信息源以构建关于环境状态的假设。除了建立状态变量的置信度之外,传感器融合组件还可以执行对象关联和跟踪。定位部件负责以所需的精度确定车辆相对于全

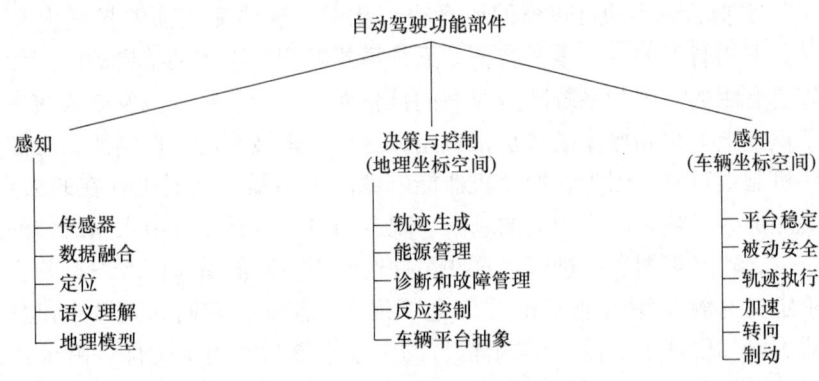

图 13.3　自动驾驶系统的主要部件

局坐标系的位置。它还可以帮助传感器融合组件，执行地图匹配任务，其中检测到的对象的物理位置参考地图的坐标系。

语义理解部分是平衡从感知到感知的组成部分。语义理解组件可以包括用于检测到的对象的分类器，并且它可以通过引用预测可能的未来行为的物理模型来注释对象。地面平面的检测、道路几何形状和可驱动区域的表示也可以在语义理解组件中发生。在特定情况下，语义理解组件还可以使用自我车辆数据来连续地参数化车辆自身的模型，以用于运动控制、错误检测和功能的潜在劣化。该组件最接近于结合产生机器意识所需的"自我模型"。

世界模型部分保持外部并且可能是内部环境的状态，如车辆自身所感知的那样。它可以表征为被动或主动。被动世界模型更像是数据存储，可能缺乏对存储数据的语义理解。它本身不能对其包含的数据执行与物理相关的计算，以在给定特定输入的情况下主动预测环境状态。另一方面，活动世界模型可以包含其包含的对象的运动学和动力学模型，并且当给定一系列输入时能够演化世界状态的信念。

轨迹生成组件在世界坐标系中重复生成无障碍轨迹，并从该集合中选择最佳轨迹。能量管理部件通常分为密集的子部件，用于电池管理和再生制动。由于能源是整个系统的关注点，因此能量管理组件与 HVAC、灯、底盘和制动器等其他车辆系统的接口并不罕见。诊断和故障管理组件根据可用功能识别整个系统的状态，以便影响冗余处理和系统性能降级等。反应性控制组件用于对来自环境的意外刺激的即时响应。一个例子是自动紧急制动（AEB）。这些组件通常与标称系统并行执行，如果识别出威胁，则其输出将覆盖标称行为请求。

车辆平台抽象提供车辆的最小模型，其数据用于确保所生成的轨迹对于实际车辆的物理和能力是兼容的、最佳的和安全的。平台稳定组件通常与牵引力控制、电子稳定程序和防抱死制动系统功能相关。它们的任务是在运行期间将车辆平台保持在可控状态。可以拒绝或调整不合理的运动请求以保持在车辆的物理能力和安全范围内。轨迹执行组件负责实际执行由决策和控制产生的轨迹。这是通过纵向加速

（推进）、横向加速（转向）和减速（制动）综合实现的。现代车辆已经包含这些部件，从自动驾驶开发的角度来看，它们可能被认为是"传统的"。

13.5.2 参考系统

在上一节介绍了必要的功能组件后，我们现在将它们组合成一个功能系统，如图 13.4 所示，其中箭头表示系统元素之间的关系。

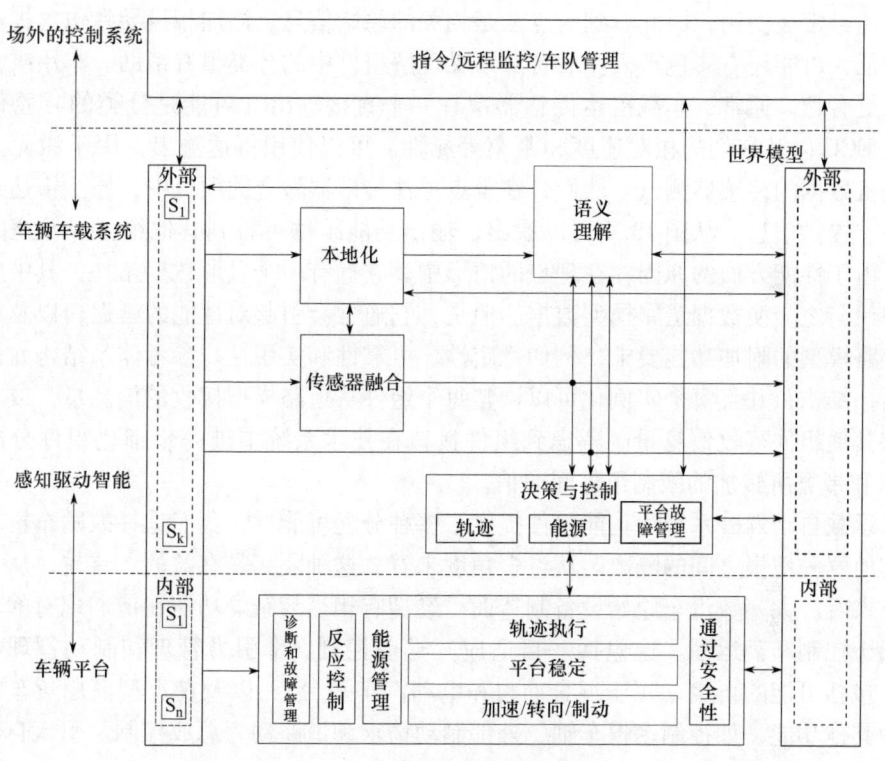

图 13.4 自动驾驶系统的功能系统

该系统分为三层：车辆平台和认知驾驶车辆上的智能系统，以及车外或"云"基于潜在远程操作、远程监控和车辆管理的层面。尽管如此，对于许多使用情况，车外层可以是可选的，它至少在车辆原型制作的早期阶段几乎总是有用的测试。对于重型商用货车，某种形式的车队管理系统通常提供给车队运营商。此外，还有驱动因素，包括车辆到基础设施（V2I）通信，通过共享从多个车辆和其他来源获得的信息来提高交通效率和安全性。

图 13.4 涉及认知驾驶智能和车辆平台层之间的关系。从功能上讲，它包含动作请求所需的瞬时车速、加速度（纵向和纵向）和减速。这些通常是一些绝对的全局坐标空间，而不是相对于车辆的运动。在操作中，它可能包含这些值的短时间轨迹（轨迹片段）而不是个体请求，因为了解预期的设定点有助于实现执行器的

更优化控制。它包括两个不同的可行的轨迹片段：一个将车辆带到所需的目的地，另一个在系统错误的情况下将其带到安全状态。保险箱状态是周期性地计算的，理想情况下应该可由车辆平台采用开环方式。本地化功能的输出至少包含二维车辆姿态，包括位置二维空间和标题。在实践中，许多数据和元数据，包括高度、经纬度坐标，在各种坐标空间中的信息，检测到的已知坐标，GPS 定位中的卫星数量和估计精度等。输出传感器融合功能在很大程度上取决于实际的传感器和算法。由于激光雷达经常被使用，因此看到的点云是相关的原始信息。添加相机导致包含提取图像特征，可能还有彩色点云。后者对语义理解组件中的分类很有帮助。车用级雷达用法更有趣。通常，车载雷达传感器带有一个直接输出（可能是分类的）物体的相关 ECU 以及它们的相对速度和距离等属性。可以使用雷达输出，用于激光雷达和相机数据的传感器测试。然而，在重点关注传感器融合的项目中，原始雷达也可以要求提供信息。从图 13.4 可以看出，输出功能组件可转到其他组件以及道路模型。由于性能方面的原因，在理想的情形中，它拥有一个星形数据拓扑，其中所有组件仅与之交换数据道路模型数据。但是，它通常会引起对性能的延迟，以及增加对道路模型的附加功能要求，例如稳定性、可靠性和实用性。参考体系结构允许两种拓扑结构，并且每个实例化可以调整每个组件从道路模型接收的信息量，或者直接从其他组件接收信息量。考虑到组件接口在技术系统中进一步细化组件分配给 ECU 和带宽所施加的限制组件间通信。

  承载自动驾驶系统为功能组件提供了多种分配可能性。我们选择鼓励车辆平台与其他驾驶情报之间的隔离。从许多角度来看，这种隔离是有益的。首先，从传统观点来看，大多数汽车原始设备制造商已经拥有相当复杂的功能在他们现有的车辆中用于控制车辆运动。这包括（自适应）巡航控制、牵引力管理和制动管理等功能，包括可能的再生（用于混合动力和电动汽车平台），以及在重型商用货车情况下的其他功能，如控制多根车轴、外部制动请求和道路动力总成控制。引入自动驾驶功能的最方便的方法之一是引入另外的系统（认知驾驶智能），这产生了各种车辆控制器已经设置为接收操作的设定点。这些设定点通常采用指令加速度、速度和车辆减速度的形式。其次，即使不受传统技术制约，隔离车辆平台也可以实现关注点的清晰分离和系统划分。认知驾驶智能需要在某个绝对坐标系中产生所需的车辆运动。因此，其关注点是指定车辆平台应该满足的全局运动参数。为此，认知驾驶智能仅需要车辆动力学的最小模型（抽象）和车辆平台配置参数。因此，负责回答问题的实体"车辆在接下来的 N 个单位时间内应该在何处和如何移动？"不需要具备亲密的知识及各种车辆推进机构的连续控制。反过来，车辆平台也不需要知道如何以及为什么生成运动请求。其职责是在确保车辆平台在基本车辆动力学（限制纵向和横向加速度，防抱死制动，电子稳定性控制等）方面的安全性的同时满足指令的运动要求。这种功能封装和关注点分离降低了体系结构的认知复杂性，是系统领域推荐的最佳实践。最后，隔离还有助于产品和平台可变性管理。特别是在重型商用车领域,在每辆制造的车辆中发现极端可变性是很常见的,因为它是根据每个客户的需求而专门配置的。通过将认知驾驶智能与车辆平台分离,可以在不同的车辆平台上重复使用。

根据其功能,板外层需要利用板载系统的不同部分。根据我们的经验,道路模型发生了最大量的数据交换,因为它几乎包含了车外界所需的所有有用信息。这包括有关板载系统的当前状态,感知的外部环境以及可能在执行管道中的任何即将到来的运动决策信息。在远程端,所有接收的信息通常累积在数据库中,数据库又提供所收集数据的应用程序特定视图。在一个由指挥控制中心监督自动驾驶车辆的用例中预见到主动远程操作。在这种使用情况下,车辆可能会在卡住时"回家",或者远程中心可以在潜在的危险情况下主动声称控制。在这些情况下,系统的远程操作部分需要与板载系统的决策和控制部分进行通信。发送的命令通常是相对于车辆的当前位置(在车辆被卡住的情况下)或重新编程的目的地的短暂动作请求。根据我们的经验,远程命令针对认知智能并且具有相对低的带宽要求。直接控制车辆平台中的组件需要明显更高的带宽和更严格的时序约束,这在现有无线通信技术的远距离传输上不太可能。

与类似系统的比较

参考系统的比较可以通过 Junior – Stanford 参加 2007 年 DARPA 城市驾驶挑战,HAVE IT 项目和梅赛德斯 – 奔驰自动驾驶汽车的系统进行比较。这些系统是相关的,因为它们代表了过去十年中功能和实现的稳定改进。Junior 是技术发展初期的自动驾驶汽车的成功典范,在很大程度上也是一个学术性的概念验证。HAVE – IT 项目联盟有来自 OEM 和第 1 层的强有力代表,包括汽车领域的供应商,以及独立的研究机构和大学,该项目专注于高度自动化驾驶和先进驾驶辅助系统。梅赛德斯 – 奔驰自动驾驶汽车的开发使汽车 OEM 戴姆勒股份公司成为其主要股东。比较的目的是突出相似点和不同点,而不是声称哪种系统"更好"。系统需要在其上下文中进行评估,因为上下文强加了独特的约束以及对设计的相关影响。因此,我们选择相信每个有效的系统都有自己的优势,并且很少有一个确定的最佳解决方案来解决任何给定的系统问题。

斯坦福大学的 DARPA 城市挑战赛 Junior 提供了自动驾驶系统的早期例子。大众帕萨特车辆的接口是通过转向/加速/制动控制,而不是直接的纵向和横向加速要求。这可以通过以下假设来解释:自动驾驶系统专门设计用于与特定车辆的紧密集成,其缺少用于设定加速和减速设定点的一般车辆动力学界面。该系统分为五个不同的部分,分别用于传感器接口、感知、导航、用户界面和车辆界面。本地化被整合到感知部分中,似乎无法对检测到的障碍进行分类。该体系结构还明确地包括用于"全局服务"的组件或层,其处理诸如文件系统和进程间通信的功能。我们没有描述这些服务,因为它们并不严格适合系统的功能视图。该体系结构不是严格分层,也没有明确的组件处理车辆平台的视图。

系统及其描述的分层方法也可以在欧洲 HAVE-IT 项目中找到,该项目于 2011 年 6 月进行了最终演示。该项目系统由四层组成——"驱动程序接口""感知""命令"和"执行"。感知层由环境和车辆传感器以及传感器数据融合组成。没有提到本地化,可能是因为系统与人类驾驶员紧密结合。命令层包含名为"Co-Pilot"的组件,其接收传感器融合数据并生成候选轨迹。命令层中的"模式选择"组件在人类驾驶员和"辅助驾驶员"之间切换,作为要执行的轨迹的源。然后,以运动控制矢量的形式将所选轨迹传递给执行层。执行层由动力传动系统控制装置组成,后者控制转向器、制动器、发动机和变速器。该执行层与我们的车辆控制平台紧密对应,因为它涉及动力传动系统控制和"执行安全运动控制矢量"。同样类似的是运动控制矢量作为车辆平台/执行层的接口。我们的系统还将能量管理作为决策和控制组件的明确部分,这对于电动和混合动力传动系统尤为重要,进而估计的范围可以考虑纳入长期轨迹规划中。HAVE-IT 系统在高级驾驶辅助系统(ADAS)的背景下发展,强烈依赖于人类驾驶员并强调驾驶员命令层中的状态评估组件;目前尚不清楚它是否适用于 L4 自动系统,可能不适用于驾驶员。可以与梅赛德斯-奔驰 S 级车辆 Bertha 的建筑组件进行详细比较,2014 年完成了从曼海姆到普福尔茨海姆的 64km 自动驾驶。在[80]中提出的系统概述中,清楚地识别出感知、定位、运动规划和轨迹控制等组件。这些与我们在本文中描述的组件很好地吻合,但是这并不令人惊讶。每个自动驾驶系统都需要这些功能组件,并且它们很可能出现在几乎所有自动驾驶系统中。[80]中的系统概述没有明确承认存在用于语义理解、道路建模、能量管理、诊断和故障管理以及平台稳定的组件。其中有一些或全部可能存在,但未提及。对于诊断和故障管理尤其如此。与检测到的对象的分类相关的语义理解的一部分可以并且经常被放入感知组件中,如[80]中所述,但是我们看到了在我们的体系结构所倡导的传感器融合和语义理解的显式分离中的益处。从原始传感器融合中分离语义理解可以实现更快、更独立的迭代和更新算法的测试,而不会影响系统的其余部分。这与工程利益相关者对各个子系统的独立开发以及虚拟化仿真和测试的关注直接相关。此外,来自传感器融合的原始对象数据仍然对决策和控制组件有价值,尽管缺乏伴随的语义理解。这是因为,尽管知道检测到的物体是行人还是摩托车对于优化的路径规划是有用的,但是无论其分类如何,仍然需要避免与物体碰撞。与此类似,为世界建模并一个独特的组件可以在内部表示中实现渐进复杂化,同时保留(向后兼容)接口。独特的世界模型组件的存在使得更容易回答诸如"如果我执行动作 X 而不是动作 Y,世界将如何演变?"虽然[80]提到存在"反应层",但它没有提及体系结构中的任何其他层以及组件如何在它们之间分布。我们明确区分了车辆平台和认知驾驶智能层,并为我们提出的组件分布提供了理论基础。

将这些和其他一些系统与我们提出的系统进行比较,使我们相信语义理解、道路模型和车辆平台抽象组件的显式识别对于我们的系统是独一无二的。这并非完全巧合，因为我们将这些组成部分纳入进来在某种程度上是为了解决我们在早期文献调查中所看到的缺点。此外，我们的系统已经应用于更多种类的车辆（商用货车、乘用车），因此必然包含与将功能更多地隔离到不同组件和车辆接口的抽象相关的特征。对系统组件的积极分区可为组件开发人员提供了很大的自由，可以在不影响系统其他部分的情况下修改和测试新算法。它还降低了系统的认知复杂性，并且可以相对容易地预见潜在的陷阱并调试令人反感的行为的原因。

13.6 系统工程

系统工程问题涉及与之相关的方法和工件在整个系统开发过程中使用的工程过程。理想情况下，这些问题始于对系统需求的，然后覆盖整个开发生命周期，直到部署系统。除了开发之外，系统工程还会研究与系统的运行、维护、潜在升级和最终退役相关的方面。在本章中，我们仅将范围限制为开发活动。在此限制范围内，我们将讨论对自动驾驶系统的开发非常重要的建模步骤和相关的模型类别。它们之所以重要，并不是因为自动的本质直接需要更多地关注系统工程，而是因为自动要求增加了所设计系统的复杂性。复杂性以及系统的安全关键性质需要仔细关注开发过程的所有方面，这些方面由系统工程及其相关的方法、工具和工件来促进。因此，本节所涉及的主题并不仅限于自动系统，但在自动系统范围内，它们的重要性显著增加。

在 MBSE 中，工程流程由越来越多的模型支持，其中一些模型变得越来越详细。为了指导系统工程过程，存在许多生命周期开发模型和工程方法。大多数生命周期模型都基于三个开创性模型之一——瀑布模型、螺旋模型和 V 模型。其中，V 模型及其变体已广泛应用于系统工程和开发。这些生命周期模型由各种 MBSE 方法利用，例如 OOSEM、RUP－SE、Harmony SE 和 JPL State Analysis。这些重要方法的概述在 [38] 中给出，其中包括进一步的信息，包括每种方法的附加参考。此后，已经确定了更多的方法，并在 MBSE Wiki Page 上在线收集和描述了这些方法。除了这些相对通用的方法之外，还有一些方法可以用于系统工程的特定部分，这些方法更侧重于嵌入式和汽车系统。这些涉及需求工程、形式语义和多视图建模等主题。除此之外，这些方法定义了许多开发活动。示例活动是利益相关者需求的定义、系统要求、逻辑体系结构以及系统验证和验证。在一些方法中，这些活动的执行可以称为"阶段"。每种方法都涉及略微不同的活动分组和排序和阶段。MBSE 方法可能会也可能不会推荐特定的语言或工具框架，但是它们都涉及创建支持每个工程阶段的模型或模型视图。在本节中，我们提出了四类模型，其内容独立于方法，但可以映射到选定的 MBSE 方法中的不同活动。同样，可以创建项目特定的轻量级 MBSE 方法从每个类中选择特定的模型并指定它们的序列使用特定工具创建。在模型类方面进行思考是有价值的，因为类可以轻松地封装多种建模形式和工具。

由于建模实践的原因,多样性是必要的技术。目前,还没有全面的建模形式主义,这可以完全捕捉所有相关系统工程利益相关者的关注。因此,需要使用异构的可能域特定模型集来捕获各种关注点。

在所有各种模型之间建立和维护连接是一个热门的研究领域,但与此同时,项目特定的模型间连接需要由实践系统工程师手动选择,这些也需要通过手动维护工程团队。连接表示模型元素之间的关系,如细化、分配、对应等。要防范的主动风险是快速移动的项目系统工程模型被赋予次要重要性。因此,不会创建任何模型,或者随着实施的变化,模型和链接不会更新。随着时间的推移,实现和模型之间存在显着差异。这导致系统工程"债务"的累积。通过两个相互关联的选择可以部分缓解债务累积,用于系统工程过程的方法和工具。

使用工具的方法和自动化支持的灵活性降低了模型创建和维护的"成本"或工作量,使工程团队更有可能将系统工程视为"负担"而不是更多的好处。

下面,我们讨论系统建模中的一些关键步骤,按照它们的顺序进行排序发生在理想的发展过程中。实际上,非常重要的是,方法和相关工具允许工程团队从建模的多个任意问题开始,这些问题随后可以扩展并链接到所有方向的其他模型。因此,应该可以开始建模系统的逻辑体系结构或软件组件,而无需明确地模拟前面的要求、参与者及其交互。这样的知识可能是由工程师假设的,他们渴望勾画出一种建筑解决方案,迫使她/他明确地模拟要求和行为只会徒增烦恼。

支持我们描述的步骤的主要系统工程模型类如图 13.5 所示。应该注意,每个模型类中可能存在各种不同的模型。第一步是分析和表示系统的用户、他们的运营需求和使用场景。

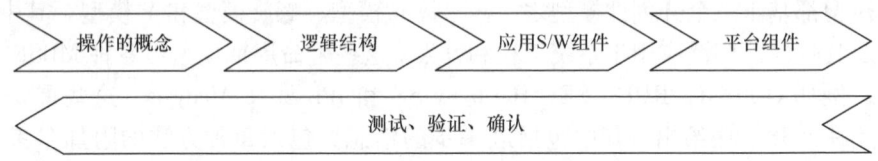

图 13.5 系统工程模型类

谁是参与系统交互的参与者?主角可以是人类用户以及其他涉及自动驾驶的实体,如其他道路使用者和交通灯等道路基础设施等。一旦定义了主角,下一个任务就是确定他们希望系统做什么。他们对系统有什么样的行为和服务?配角与系统互动的背景是什么?什么是互动模式?它们如何与运营环境相关?根据所使用的建模语言和工具,可以有各种图表、流程定义和处理工件的参与者分配等,用于捕获和表示此阶段的想法。此阶段有助于确定系统预期的主要行为要求及相关参与者的使用情况。

第二步是确定主要系统组件,其内容、关系、层次结构、属性和行为。这构成了系统的逻辑或功能系统,并且排除了与所识别组件的技术实现相关的问题。但是，为了在它们之间找到合适的方案（在可能的范围内，无需具体实现具体细节），它确实考虑了所有主要的额外功能限制（如安全性、安全性、性能和可靠性等）。逻辑体系结构定义组件及其接口，包括所有逻辑视图的形式化以及组件设计中如何考虑这些视图。要求细化上一步骤中的行为并分配给已识别的体系结构组件，还建立了需求、操作场景、驾驶员和组件之间的关系。

逻辑体系结构的整个过程可以在单个逻辑组件或其子组件的边界内重复应用。因此，逻辑体系结构可以具有针对每个组件及其连接的多个且不同的"缩放级别"。根据所使用的工具、逻辑体系结构及其属性不同，可以使用多种模型、建模工具和语言来表示，或者使用统一的包含所有的模型来表示，其中使用特定视图来表示各种相关的关注点。给定包括行为视图的逻辑体系结构，可以使用用于静态分析的工具（例如，检查接口兼容性）并执行行为分析。这些可能包括模拟和模型检查，以确保特定的系统属性，如没有锁死和特定状态的可行性等。感兴趣的特定分析技术可以很好地决定系统表示语言的选择。例如，模型化体系结构或其子组件需要使用不同的语言进行重新构建并不常见，这样才能通过使用特定的模型检查器进行验证。

第三步是对系统内的应用软件组件进行建模和分组。分组可以是单个软件应用程序，也可以是 Simulink 等工具中的模拟。这些模型包括软件组件行为的表示，其资源需求、运行时特征、接口、属性以及通信规范。在这个阶段，越来越常见的是所谓的可执行软件模型的使用。可执行软件模型是可以直接转换为可编译源代码的模型，这保证了当源代码在假定条件下执行时，它应该具有与建模软件组件相同的行为。通常会针对每个软件组件模型明确提及对预期平台功能的依赖性。

最后一步是对应用程序软件组件执行的平台进行建模。这些平台包含一个"堆栈"，其中包含计算硅（微处理器/控制器），一个可选的操作系统，它可能提供或不提供实时保证，或者可选择地为所选硅提供本机语言运行时，一个可选的中间件，它抽象了操作系统及其服务，以及操作系统和硬件提供的任何库、守护程序、其他服务。多个应用软件组件可以在相同或类似的平台上执行，并且在高级实验系统的情况下，应用软件组件可以在类似平台之间迁移。在所有情况下，对平台及其服务进行整体建模更为方便和有用，而不是将此信息嵌入到每个应用程序软件组件中。但是，我们强调这主要是一个偏好问题。

与所有四个建模步骤相关联的是对需求、测试、安全视点和文档工件的不断改进。与每个步骤相关的模型的综合分类超出了本章的范围，但每个步骤必须引入表示与该步骤相关的要求和测试用例的其他模型。

必须将需求分配给与它们相符合的模型，并且要将需求和测试用比例分配给工程团队的成员。安全方面通常通过遵循 ISO 26262 等安全标准建立的流程来生成。本节将介绍功能安全系统等其他型号/视图，对应用软件和平台组件的技术安全系统和相关冗余以及切换模式的改进。随着在系统开发期间迭代应用系统工程过程，模型数量可以在每个步骤增长和缩小。最终，工件可存在于每个步骤和跨步骤的互连模型的网络中。保留模型之间的连接并使模型与实施保持同步是一项重大挑战。实现这一目标的一种方法是通过增加工具链自动化，但鉴于相对缺乏生产就绪工具，系统和系统工程团队有责任选择并最小化用于表示系统的模型数量。这又取决于各种技术和非技术因素，如项目的性质及其成熟度、可用工具、项目管理对系统工程的重视程度、相关人员的技能和资格等。根据我们的经验，一个建议是始终将软件和平台模型与项目中使用的实际技术同步。随着项目进入概念验证、原型设计和可认证实施阶段，这些将发生变化。模型需要相应更新。例如，在早期原型设计阶段，如果是整个应用软件在 Simulink 中建模，执行平台是一个快速原型系统与 dSpace MicroAutoBox 一样，用系统建模也没什么意义，因为建模概念和技术实现概念在相关性方面不同步。在这里，最好将模型限制为 Simulink 和粗略的 dSpace 规范。当最终移动到 AUTOSAR 或类似的基础设施时，可以创建处理更精细平台细节的相关模型。

  MBSE 可以帮助解决的一个冲突是需要快速开发周期，同时保证各种流程和产品工件的一致性。我们认为，这必然需要先进工具的支持，因此细节具有高度的工具特性。但是一般的底层模式涉及模型间链接、协同模拟和模型检查器。模型间链接通常表示链接模型之间的关系，例如，B "实现" A 或 Q "源自" P 等。这方面的一个例子是由几个商业工具装置提供的设施，其中需求可以链接到 Simulink 图中的特定块。当任一模型发生变化时（需求或 Simulink 模块），提出一个标志，表示链接的状态需要调查。根据工具支持，还可以提供有关已更改内容的其他数据。即使是这样的简单设施也有助于防止未检测到的变化在设计中传播。在发布之前，MBSE 流程可能要求没有模型间链接具有未解决的"更改标志"。

  同样，随着生命周期协作开放服务等技术的出现（OSLC），"往返"流的概念正在逐渐普及。在往返中，使用某种特定建模技术创建的模型可以"导出"到不同的工具中，在该工具中进行丰富或分析，并且结果可以发送回原始工具。OSLC 或功能样机接口（FMI）等技术可实现异构模型的模型交换和协同仿真。这种共同模拟可用于模拟由不同类型的链接模型组成的整个车辆。因此，可以在一个特定模型内的深度容易地检查变化对整个车辆行为的影响。对于单个模型，模型检查器的使用可以帮助确保在模型修改之后保留期望的属性（例如没有死锁和不可行状态）。

  基于所描述的建模步骤以及图 13.5 所示的类，建模工件及其分配链接的局部视图如图 13.6 所示，最右边的列描述了模型提供的一些功能。穿过垂直层的虚线弯曲箭头表示分配连接。因此，体系结构和应用软件组件之间的箭头表示逻辑体系结构元素之间的映射应用软件组件。为清楚起见，图中未显示需求和测试的持续改进和累积，可以从中找到规范、结构和要求细化的示例。测试描述必须包括进行测试的工具和方法，测试期间数据记录的模板、组件行为以及构成可接受测试结果的数据值/范围。图 13.6 简要介绍了本节关于系统工程的内容。

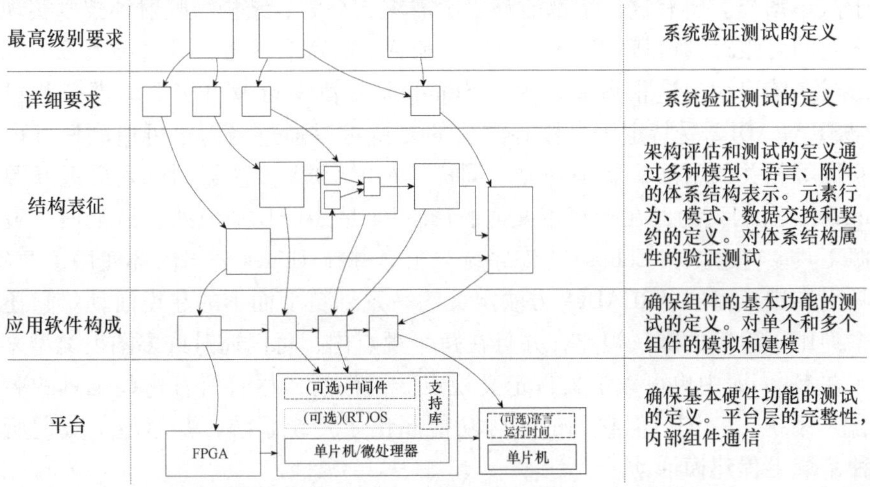

最高级别要求		系统验证测试的定义
详细要求		系统验证测试的定义
结构表征		架构评估和测试的定义通过多种模型、语言、附件的体系结构表示。元素行为、模式、数据交换和契约的定义。对体系结构属性的验证测试
应用软件构成		确保组件的基本功能的测试的定义。对单个和多个组件的模拟和建模
平台	FPGA / (可选)中间件 / (可选)(RT)OS / 支持库 / 单片机/微处理器 / (可选)语言运行时间 / 单片机	确保基本硬件功能的测试的定义。平台层的完整性，内部组件通信

图 13.6　建模工件和分配链接的局部视图

13.7　技术实施

在本节中，我们将简要讨论一些已证明有用的选定技术在我们实施自动驾驶系统的实验中。重点在于早期原型设计阶段，因为通常情况下可以以低风险的方式试验新技术。与 13.6 节相似，本节涉及的主题和技术并不仅限于自动，但它们在自动驾驶系统的发展背景下具有极大的重要性，这使得它们值得考虑。

近 15 年以来，各种架构都在学术界和工业界不断涌现。[47] 中提供了系统的概述，其中讨论了 102 个 ADL，其中 33 个来自企业，69 个来自学术界。每个都有自己特定的元模型、符号、工具和区域适用性，它们之间的相互作用很小。此外，ADL 本身经常在版本之间进行彻底更改或重新构建。在一个单一的通知中捕获各种各样的利益相关者关注点是非常不切实际的，创建"通用符号"的目的也是如此。因此，出现了特定于域的 ADL，其关注于属性特定域的特定类型以及特定类型的分析和建模环境。当不同的问题需要用不同的语言建模时，个别模型需要同步，这样一个模型的变化就会传播并反映在其他模型中。

有基于工具和自动同步的努力，但实际上，这仍然是一个手动过程。因此，特定领域的 ADL 需要在其表现力足以模拟域中所有相关利益相关者关注点的情况下达到最佳位置，同时最小化语法并保持可用性。这需要附以优秀的工具，最好是那些不仅可以在不同模型之间实现双向同步的工具，还有模型和可执行实现之间。这是一个严峻的挑战。我们已经确定了三个不同备选技术，可以自动驾驶领域中解决大量的涉及利益相关问题（但不是全部！）：EAST – ADL2，AADL 和 ARCADIA。

在这三者中，AADL 和 ARCADIA 通常适用于嵌入式系统领域，而 EAST－ADL2 专门用于汽车系统。所有这三个都能够表示需求、行为、结构、映射到技术实现以及它们之间的可跟踪性链接。EAST－ADL2 和 AADL 都有参考工具来导入 Simulink 模型以形成系统表示。这很重要，因为 Simulink 是汽车行业事实上的模拟和建模工具。EAST 与 ADL2 受特定语言核心方法的支持可以通过与需求可追溯性、形式分析和验证等相关的附加扩展来补充。同样，ARCADIA 方法强烈嵌入最近开源的工具 Capella。我们认为，在撰写本文时，Capella 是 MBSE 最成熟、最全面、最友好的开源工具。它建立在 Eclipse 生态系统之上，并在 Thales 公司内部使用了 5 年多。该工具引导用户完成 ARCADIA 方法定义的一系列自上而下的建模活动。它还提供了一系列用于建模的默认视点，并且在每个视点内，可以通过许多图表类型来完成建模。在 Capella 中也可以定义自定义视点。请注意，尽管所有这些工具的名称中都包含"系统"一词，但它们的实际功能超出了传统系统，并超越了我们所涵盖的各种系统工程建模活动。

选择用于系统工程和其他建模的工具和语言时，一个重要的考虑因素是它们对系统实现中使用的平台和编程语言的支持。像 EAST－ADL2 这样的汽车领域特定语言内置了对 AUTOSAR 概念的支持，可以更轻松地从模型映射到其实现平台。

对于自动驾驶系统的技术实现，我们提出了如图 13.7 所示的设置。该设置由组件聚合组成，通过具有服务质量（QoS）过滤器的发布-订阅总线连接。聚合用图 13.7 中的方框表示，并与 Sect 中提出的结构层很好地吻合。13.5 节的总体意图是支持模拟和目标实现中的功能开发，具有无缝转换的能力。即使在目标硬件上实现了某些功能，在模拟之间来回切换并在两个方向上传播变化仍然很有价值。该设置包括一个物理平台（a.k.a drivetrain）以及在通用计算机上运行的模拟（"软"模拟）和在硬件在环（HIL）装备上运行的版本。类似地，各种动力传动系统控制器作为软模拟存在并在目标硬件上实现。除了合成3D环境设置之外，认知驾驶智能层在实现中聚合，例如，在像 Unreal 这样的 3D 游戏引擎中。在合成环境中，光线跟踪等技术用于模拟雷达、激光雷达和相机传感器。环境包含物理引擎，用于计算固体动力学、碰撞等。该设置允许组合，例如在真实环境中驾驶真实的物理车辆，使用真实实施的驾驶智能在虚拟环境中驾驶虚拟车辆，在模拟的动力传动系统上测试实施的动力传动系统控制器等。当然，根据特定项目的约束和资源，并非所有聚合都需要存在。

用于认知智能驾驶和虚拟环境的技术实现平台通常（在原型制作期间）商业现货（COTS），具有最佳 COTS 图形处理单元（GPU）的通用多核计算机。GPU 供应商还提供各种图形和并行处理库，以利用其平台的功能。计算机通常执行 Linux 操作系统，中间件就像 ROS 或 OROCOS。其中，ROS 更受欢迎，拥有庞大的开源社区。它为在相同或不同计算机上运行的进程之间的计算和通信提供了便利。ROS 不支持硬实时操作，但对于原型设计，则通常不是限制，前提是硬件具有足够快的

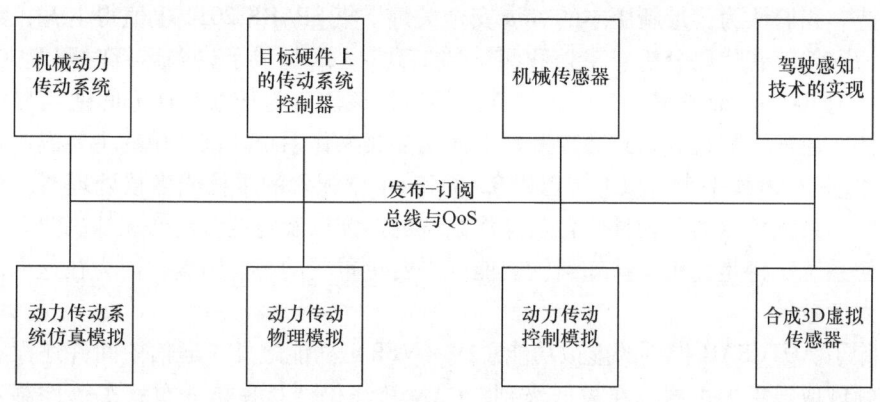

图 13.7

处理器和足够大的内存。与认知智能驾驶相比,实时要求通常对于动力传动系统控制更为关键。但是,Linux 确实提供了一些强化的时序在 PREEMPT_RT 内核补丁或 Xenomai 等双内核方法的帮助下保证。OROCOS 中间件提供了一个组件框架,可以利用强化的实时属性,并且还支持在相同或不同计算机上进行组件间通信。认知驾驶智能的首选编程语言通常是 C++,这是一种常用的中间件和有用的库,如 OpenCV 和点云库(PCL)。Java 在高级别任务中的使用也并不少见,尽管人们仍然认为它与 C++相比会遇到性能问题。Java 的现代替代品是 Scala 编程语言,我们认为这应该引起更大的兴趣。Scala 允许严格的函数编程、面向对象的过程编程以及两者的自由组合。它运行在 Java 虚拟机(JVM)之上,使其能够利用现有的 Java 库。函数式编程范例强调无状态,无副作用的函数作为构建块,这将更容易实现无副作用的功能组合。

动力传动系统及其控制器的"软模拟"通常在 Simulink 中进行,通常在通用 COTS 计算机上的 Windows 操作系统上运行。在这里选择 Windows 的原因是这些模拟通常在快速原型系统上执行,例如 Simulink RealTime 和 dSpace autobox,其工具通常只有 Windows。

动力传动系统控制器有更多种类的平台,其中实时、调度、输入/输出和计算资源的约束更加突出。这里的相关操作系统标准是 OSEK/VDX,ISO 17356 标准化的部分 AUTOSAR,它们用了 OSEK 的大部分。有大量不同的供应商提供定制的实时操作系统,以及具有不同功能的中间件堆栈。所选择的编程语言通常是 C 或 C++,其中很大一部分代码是 Simulink 等工具自动生成的。对于这两种语言,安全关键子集由运动工业软件可靠性协会(MISRA)以批准的语言使用规则的形式定义,并且存在根据 MISRA 规则生成和验证 C/C++代码的工具。在我们最近的项目中,Ada 2012 编程语言的使用受到越来越多的关注。这部分是因为它在其他安全关键领域中作为首选编程语言的声誉,以及它对 2012 版本中基于合同的编程概念的语法支持。我们认为，最新版本的 Ada 安全关键子集 SPARK 2014 也值得上升，尤其是因为它伴随着代码分析、覆盖和测试的工具。Ada 提供了许多运行时配置文件，包括名为 Ravenscar 的多任务配置文件。然后，该语言为任务和任务间通信提供内置支持，通常无需在嵌入式微控制器上使用显式操作系统。该领域的主要嵌入式微控制器基于 ARM 平台，该平台提供 32 位和 64 位配置的单核或多核处理器。对于动力传动系统控制器，硬件平台与操作系统的匹配以及对低级硬件和外围驱动程序的操作系统支持是比用于认知驾驶智能的平台更重要的考虑因素，因为在这方面标准化程度较低。

除了 AUTOSAR 提供的虚拟功能总线（VFB）功能之外，通信中间件还没有在汽车领域取得重大进展。在较低级别，CAN 总线仍然是连接分布式车辆控制器的最常用技术。自主驾驶系统对车载通信链路提出了更大的带宽要求，当使用诸如照相机和多光束激光雷达的高分辨率传感器时尤其如此。千兆以太网的使用在自动驾驶项目中非常普遍，特别是用于连接执行认知智能驾驶的计算机。考虑到这些计算机通用操作系统和编程库，它们能够利用高级通信中间件，而不是客户端–服务器方案中的裸 TCP/IP 或 UDP/IP 通信。高级通信中间件提供的三个功能是：将数据结构自动去序列化为线表示，使用细粒度 QoS 保证发送和接收数据的高级功能，以及网络内的自动路由和服务发现。中间件使用代理或无代理体系结构，并且通常使用统一 API，无论通信是在单个进程中的线程之间，同一计算机上的多个进程之间还是计算机之间。它还提供更智能的通信模式，如发布–接受等。相对较新的通信中间件标准对于关键的分布式实时系统，变得越来越普遍是对象管理组的数据分发服务（OMG–DDS）。DDS 使用类似于 CORBA 的接口定义语言（IDL）支持消息结构定义，并且此后使用发布–订阅模式管理具有大量 QoS 设置的数据传输和线路表示的所有方面。另一个高效的通信中间件是 ZeroMQ，它不提供对数据去序列化的内置支持（它传输给定的"二进制 blob"），但支持的功能远远多于发布–订阅。ZeroMQ 还为 40 多种编程语言提供绑定。

13.8 讨论

在本章中，我们已经讨论了有关自动驾驶的自动性、体系结构和系统工程方面的性质以及原型系统的实现技术的一些相关主题。本节提供了一个综合讨论，强调了这些区域如何相互影响，以及自动系统如何影响它们。

13.8.1 整体观点

图 13.8 显示了一个与长期观点和当代工程相关的整体观点。该图显示概念、体系结构、系统工程和技术应用，每一个可以分为两部分。一部分是针对当代工程

的相对低层次的概念，另一部分是针对一般智能自动系统理论产生的更高层次的概念。

前一部分显示在图13.8的内圆中，而后一部分显示在外圆中。因此，该体系结构的基本功能组件，如13.5.1小节，它们的互连构成了内部结构圈的一部分。在外部系统圈中显示了更高级别的概念，如运行时系统级别推理，这些概念在大多数现代系统中都很有用，但目前不包含在大多数现代系统中。图13.8还显示了概念和系统工程领域推动了高层和低层概念的系统和技术实现的发展。自动驾驶的最先进技术仍然主要在圈内，并开始向较高层次探索。

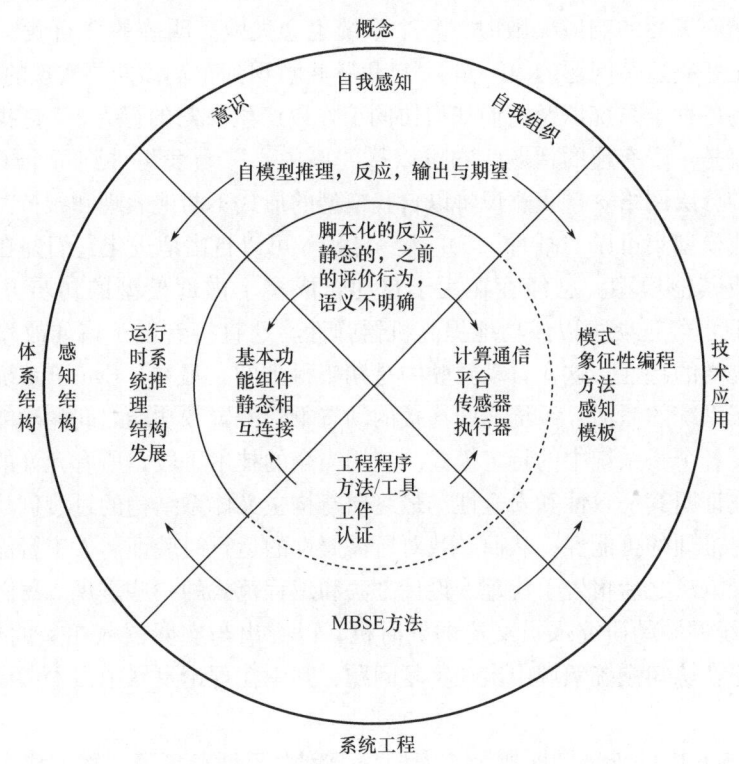

图13.8 本章所涉概念的整体视图

当今自动驾驶系统的构建主要遵循建构主义设计方法（CDM），其涉及必须仔细协调以实现连贯系统行为的大量功能的集成。对于自动驾驶，协调是手动的，并且设计者的头脑中隐含着一致性的概念。这种方法限制了系统随复杂性的增加而扩展的程度。这些限制已经在人工智能系统集成研究中得到了认可，它正在探索从手工设计到可以学习和发展的自组织系统的基本转变即建构主义方法。然而，考虑到自动驾驶的安全性、可靠性、确定性和实时性要求，完全放弃建构主义方法是不可行的。因此，有必要推断两种方法之间的差距，以确定自动驾驶系统需要发展的方向。探索差距的一种方法是考虑"缺少组件"以及如何将它们注入到现有的系统模式中而不会破坏它们。缺失的关键部分是车辆内"自我"或"自我"的明确表示，以及"目标"模块。如今，汽车系统由各种基本子系统组成，如发动机、变速器、制动器和转向器等，以及一些与牵引力控制、交通堵塞辅助等相关的等级更高的子系统。这些系统对其他子系统的存在、目的和功能的了解有限（遵循"关注点分离"的优秀系统原则），因此在操作环境中存在严重的不确定性、干扰或内部失败。

没有特定的子系统可以执行系统范围的推理，修改以前对系统功能及其环境的信念，并相应地采取行动/适应。当运行情况超出预想的限制时，或者当系统的人工设计师精心编写的响应失败时，整个系统也会失败。明确的"自我"子系统的存在可能是解决这个问题的第一步。"自我"将意识到车辆预期要实现的主要行为，以及存在的各种子系统以及它们如何协同工作以产生所需的行为。"自我"的体系结构本身就是一个有趣的话题：它可以从"厚中心"自我组件到每个子系统中的自我组件的分层网络。自我意识将以自我模型的形式不断地表现和维持。在系统部署时，自我模型集可以"播种"，并且"自我"可以自由地进化它们并在整个车辆操作中合成其他模型。已经存在用于自动合成多个内部模型的初步方法（参见[24]）并且已经证明可以成功地提高机器弹性。这直接有助于诸如故障操作行为和生存性之类的特性，这在自动驾驶中是期望得到的。最初，Ego 子系统的操作将限于特定子系统的激活、系统之间连接的动态重新配置和功能之间的功能转移子系统，并触发各个子系统中的特定模式。利用当今的技术手段，所有允许的系统配置都需要事先证明其一致性和安全性。最终向建构主义体系结构的过渡创建了 Ego 组件中运行时推理的可能性，从而导致对所需属性的运行时验证。人工智能领域已经在建构主义方法之后报告了代理、设计方法和编程范式的一些进展。我们认为现在是与 AI 系统领域的研究人员交流的好时机，以突出与实际嵌入相关的要求系统。这旨在防止在认知系统领域中出现重复问题，其中在理论发展中很少考虑现实世界的关注。

如图 13.8 中的外部圆圈所示，人们一直致力于创造更高层次的概念，如意识和认知系统，模仿人类决策的某些方面。然而，系统工程的相应发展明显缺失。我们预计，现有系统工程范围扩展到建构主义系统将是充分的，而不需要对基础方法进行改革。但是，在 MBSE 领域仍然存在特别强大的挑战。这些挑战有两个方面：保持各种模型/视图之间的一致性，以及模型和实现的工件之间的一致性。在即将到来的系统中使用建构主义 AI 设计也会影响测试。

在验证和系统工程过程的验证方面，如果系统行为在运行时部分合成，并且可以采取在设计过程中没有预料到的形式，在部署之前找到证明行为正确性的测试和验证方法将是一项挑战。根据我们的经验，合适的实施平台和技术的可用性并不是自动驾驶的强烈限制，可能的例外是感知和本地化的传感器领域。最先进的硅、编程工具和通信技术足以实现现有和提出的自动驾驶系统中的元件。这并不是说不需要用于分析代码、检查模型和将模型转换为可执行文件等的更好的工具。所有这一切在建构主义方法中都是正确的。然而，向建构主义方法的转变引入了实现的范式转换，特别是编程语言的能力。自动的编程需要语言结构支持自主知识获取，实时和任意时间控制，反射、学习和大规模并行化。目前在安全关键嵌入式系统开发中使用的最常见的编程语言中缺少这样的结构。本节提出系统工程的四个步骤。13.6节是互补的基于 V 模型或推荐的系统工程流程通过 ISO 26262。前者主要推荐活动，后者介绍分析和保证功能安全的观点和要求。模型、视图和其他工件都是它们的基础。根据我们的经验，系统工程和相关建模通常在原型设计阶段具有次要的重要性。一旦有了功能原型，重点就转移到编写广泛的需求和验收标准，然后将这些标准下载到供应商，供应商进行流程依从性开发。早期轻量级建模的使用以及随后的改进和其他模型/视图有可能不仅在原型设计阶段保持开发一致，而且还可以更顺利地实现高度成熟。

13.8.2 自动系统的影响

对于自动驾驶，对自动系统的影响主要与特定功能组件的需求有关。这些组件负责感知外部世界及其内部表示，车辆相对于某些坐标系的定位，在停留在可驱动表面上时发现检测到的障碍物之间的无碰撞轨迹，以及对意外的外部和内部事件作出反应，达到更安全的状态的意图。

还存在控制车辆基本运动（横向和纵向加速和减速）更"传统"的部件。最后，整个车辆的整体能源管理也是一个问题。除了功能组件之外，该系统还受到安全性、生存性、容错操作和成本需求的驱动。这包括冗余管理，存在故障时可用功能的系统性降级，类似计算平台之间软件功能的移动以及动态变化等方面根据上下文和故障条件来组合数据流。其中，尽管冗余在安全关键系统中已经是一种成熟的模式，但其余的尚未建立，例如，在 AUTOSAR 中通常静态地指定组件间数据流及其内容。如果系统需要在运行时修改数据流和内容，则需要确定和静态指定所有可能的组合，以及每种组合将发生的条件。然后，所有可能的组合及其过渡都需要被证明是安全的，以满足可认证性和标准要求。这是建构主义方法"精心，手工制作"特征的一个很好的例子。它也是下一代集成模块化航空电子设备（IMA-2G）系统所采用的方法系统重新配置旨在又称为"重新配置管理器"的组件触发。与重新配置管理程序包含用于在运行时确定配置安全性的算法的情况相比，所有可能组合的先前静态定义的方法更容易认证，并且使用该算法在运行时开发可能的新配置，这些配置在期间未进行静态评估。在系统设计阶段，后一种评估环境"即时"生成可行的新解决方案的方法是人类层次推理的一个特征，由实验建构主义 AI 模拟，但仍然远远不能在像自动驾驶这样的领域实施。

鉴于自动驾驶技术的快速发展以及不断缩短的上市时间需求，汽车设计师面临的主要挑战是采用更新的学习方法，并保持系统与车辆的预期使用寿命相关。迄今为止，持续部署并不是汽车领域的一个重大问题，但自动驾驶正在推动这方面的发展。持续部署的一大障碍是验证任何提议的更改，确保系统级安全属性得以保留。在某种程度上，通过虚拟化技术加速测试是一种缓解解决方案，但需要通过基于合同的设计、模块化和可组合性来构建正确性的技术，以首先减少任何给定变更所需的测试和验证量。

对于自动驾驶，我们看到自动驾驶对系统工程的影响主要集中在测试、验证相应的需求管理领域。这是由自动驾驶系统的三个特征驱动的：较新类型的感知传感器、不断增长的系统状态空间以及预期操作场景的复杂性。

诸如照相机、激光雷达和雷达等感知传感器在各种操作条件下都具有多种故障模式。复杂的概率传感器融合防范完全感知失败。在某种程度上，这会反过来导致更复杂的保证过程和令人惊讶的共同失败点。例如，在我们的一个项目中，两种不同类型传感器的预处理算法之间的时间常数的相似性被质疑为潜在的常见故障模式。系统集成商有时甚至无法获得此类信息。系统状态空间的增长和操作场景的复杂性意味着全面捕获需求是一项额外的挑战。

传统的测试和验证方法无法在合理的时间范围内产生足够高的测试覆盖率。一种解决方案是通过 3D 虚拟世界和脚本单元测试加速测试。例如，评估新的轨迹规划算法是在我们的一个工业项目中通过让算法在合成 3D 世界中驱动虚拟车辆而进行的。该技术的有用性的指示是在几小时内在基于 GPU 的计算集群上并行执行大约一千次测试。每次测试都执行与场景库不同的场景（例如，交通路口、在车辆前面突然出现的行人等），并为每次测试收集指标。度量利用诸如最小到障碍物的距离、机舱内的加速度等参数，并且有助于快速评估规划算法。据我们所知，这种测试基础设施在传统汽车原始设备制造商中并不常见。

除了测试和验证之外，我们看不到自动驾驶对系统工程过程的直接影响，尽管自动驾驶可能要求更严格的执行纪律。例如，除了严格执行流程本身之外，我们认为收集、分析、构建和记录需求的过程影响相对较小。然而，自动驾驶可以进一步推动智能交通系统（ITS）和连接系统的发展，增加系统工程过程中的利益相关者数量。

自动化对自动驾驶技术实施工具的影响主要是将技术和平台从其他领域引入汽车行业。反过来，这种介绍将驱动各种方式使技术和平台更加健壮，符合汽车领域的要求（例如，更加强调验证、诊断和错误处理等）。以 Android 形式引入 Linux 已经在汽车信息娱乐领域出现，但其用于推进引导、导航和控制目的是一种相对较新的现象。汽车级 Linux（AGL）是一个 Linux 基金会工作组，拥有 50 多个成员，包括 OEM、第 1 层和系统集成商。

虽然 Linux 可能不是 ADAS 功能的最终实现选择，但它是原型设计的事实上的平台，并且还进入了 HMI 和远程信息处理的解决方案，这是自动驾驶的关键支持功能。使用计算机游戏行业的硅（GPU）、编程库和 3D 引擎有助于加速测试和验证工具。来自机器人领域的 OROCOS 和 ROS 等计算中间件，以及分布式信息系统中使用的 DDS 和 ZeroMQ 等通信中间件也是自动驾驶的有用实现技术。这些中间件支持基于具体组件的软件工程技术，以及更智能的通信模式，如推拉式、路由器经销商、N–to–M、风扇输入和输出。这反过来又为技术系统实现引入了更多选择。

13.8.3 结束语和展望

本章概述了自动驾驶的系统和系统工程，旨在培养雄心勃勃的实践者。我们首先将自动驾驶置于通用智能自动系统的更大范围内，并突出了两者在方法和系统方面的一些哲学和实践差距。尽管汽车行业采用自下而上的自动驾驶系统工程方法，但我们相信它对于从业者来说是有价值的。从人工智能、心理理论、机器意识和自我意识理论中获取灵感。

然后，我们介绍了自动驾驶的功能系统，介绍了关键功能组件以及在示例系统中将它们连接在一起的方法。支持系统工作是 MBSE 的实践。我们引入了四个建模步骤来帮助系统实现建模，每个步骤都需要得到验证、验证的需求和测试用例的支持。最后，我们谈到了一些用于原型自动驾驶系统的关键技术。

未来的工作有两个方面：技术开发和法规。技术开发部分需要详细阐述用于使不同领域的概念适应自动驾驶的理论和算法，同时牢记对安全性、可认证性和工程过程的关注。法规部分应该增加我们最终创建"自动驾驶手册"的目标。然后，需要对模型分类法、建筑和技术选项列表以及选择和应用指南进行更深入的处理。

人机界面的工程在本章中没有得到解决。从工程角度来看，系统提供的功能与其与用户（HMI）的交互方式有所不同。但是从系统用户的角度来看，HMI 是一种功能，这使 HMI 成为可能对自动驾驶至关重要的问题。设计空间探索和系统评估的额外功能指标的主题，如成本、可靠性、稳定性和灵活性，都值得进一步深入研究。

最后，自动驾驶系统的标准和认证的重要性不容小觑。现有的功能安全标准（ISO 26262）以及行业特定规范（如 MISRA C 和 AUTOSAR 等）需要进行重新评估和升级以满足自动驾驶的要求。

参 考 文 献

1. Methodology Guidelines When Using EAST-ADL2. Public deliverable 5.1.1 of the ATESST2 project (2010), http://www.atesst.org/home/liblocal/docs/ATESST2_Deliverable_D5.1.1_V1.1.pdf
2. Automotive Grade Linux (2015), https://www.automotivelinux.org/
3. Biologically Inspired Cognitive Architectures (BICA) Society. The MAPPED Repository (2015), http://bicasociety.org/mapped/
4. Distributed Messaging with Zero MQ (2015), http://zeromq.org/
5. FMI: Functional Mock-up Interface (2015), https://www.fmi-standard.org/
6. IEEE Spectrum. How Google's Autonomous Car Passed the First U.S. State Self-Driving Test (2015), http://spectrum.ieee.org/transportation/advanced-cars/how-googles-autonomous-car-passed-the-first-us-state-selfdriving-test
7. OSLC: Open Services for Lifecycle Collaboration (2015), http://open-services.net/
8. Oxford Dictionaries (2015), http://www.oxforddictionaries.com/definition/english/consciousness
9. The ARCADIA MBSE method for systems, hardware and software architectural design (2015), https://www.polarsys.org/capella/arcadia.html
10. The AUTOSAR Platform (2015), http://www.autosar.org/
11. The Capella Graphical Modeling Workbench (2015), https://www.polarsys.org/capella/index.html
12. The HAVE-it EU project. Deliverable D12.1 Architecture document (2015), http://haveit-eu.org/LH2Uploads/ItemsContent/24/HAVEit_212154_D12.1_Public.pdf
13. The OMG MBSE Wiki page on Methodology and Metrics (2015), http://www.omgwiki.org/MBSE/doku.php?id=mbse:methodology
14. The OSEK-VDX portal (2015), http://www.osek-vdx.org/
15. The PREEMPT_RT patch for the Linux kernel. Real-Time Linux Wiki (2015), https://rt.wiki.kernel.org
16. The Unreal gaming engine (2015), https://www.unrealengine.com/
17. The Xenomai solution for real-time Linux (2015), http://xenomai.org/
18. A. Albinet, J.L. Boulanger, H. Dubois, M.A. Peraldi-Frati, Y. Sorel, Q.D. Van, Model-based methodology for requirements traceability in embedded systems, in *Proceedings of 3rd European Conference on Model Driven Architecture Foundations and Applications, ECMDA'07*, Haifa (2007), https://hal.inria.fr/inria-00413488
19. S. Behere, M. Törngren, Architecture challenges for intelligent autonomous machines: an industrial perspective, in *Proceedings of the 13th International Conference on Intelligent Autonomous Machines, IAS-13* (Springer International Publishing, Berlin, 2014). http://link.springer.com/chapter/10.1007%2F978-3-319-08338-4_120
20. S. Behere, M. Törngren, A functional architecture for autonomous driving, in *Proceedings of the First International Workshop on Automotive Software Architecture, WASA '15* (ACM, New York, NY, 2015), pp. 3–10. doi:10.1145/2752489.2752491. http://doi.acm.org/10.1145/2752489.2752491
21. S. Behere, M. Törngren, D. Chen, A reference architecture for cooperative driving. J. Syst. Archit. **59**(10, Part C), 1095–1112 (2013). doi:http://dx.doi.org/10.1016/j.sysarc.2013.05.014. http://www.sciencedirect.com/science/article/pii/S1383762113000957. Embedded Systems Software Architecture
22. P. Bieber, F. Boniol, M. Boyer, E. Noulard, C. Pagetti, New challenges for future avionic architectures. Aerosp. Lab (4), 1–10 (2012)
23. B.W. Boehm, A spiral model of software development and enhancement. Computer **21**(5), 61–72 (1988)
24. J. Bongard, H. Lipson, Automatic synthesis of multiple internal models through active exploration, in *AAAI Fall Symposium: From Reactive to Anticipatory Cognitive Embodied Systems* (2005)
25. J. Bongard, V. Zykov, H. Lipson, Resilient machines through continuous self-modeling. Science **314**(5802), 1118–1121 (2006)

26. G. Bradski, The OpenCV library. Dr Dobb's J. Softw. Tools (2000). http://www.drdobbs.com/open-source/the-opencv-library/184404319
27. P. Braun, M. Broy, F. Houdek, M. Kirchmayr, M. Müller, B. Penzenstadler, K. Pohl, T. Weyer, Guiding requirements engineering for software-intensive embedded systems in the automotive industry. Comput. Sci. Res. Dev. **29**(1), 21–43 (2014)
28. M. Broy, Model-driven architecture-centric engineering of (embedded) software intensive systems: modeling theories and architectural milestones. Innov. Syst. Softw. Eng. **3**(1), 75–102 (2006). doi:10.1007/s11334-006-0011-y. http://link.springer.com/10.1007/s11334-006-0011-y
29. M. Broy, Two sides of structuring multi-functional software systems: function hierarchy and component architecture, in *5th ACIS International Conference on Software Engineering Research, Management & Applications (SERA 2007)* (2007), pp. 3–12. doi:10.1109/SERA.2007.129. http://ieeexplore.ieee.org/lpdocs/epic03/wrapper.htm?arnumber=4296910
30. M. Broy, Software and system modeling: structured multi-view modeling, specification, design and implementation, in *Conquering Complexity*, ed. by M. Hinchey, L. Coyle (Springer, London, 2012), pp. 309–372
31. M. Broy, F. Huber, B. Paech, B. Rumpe, K. Spies, Software and system modeling based on a unified formal semantics, in *Requirements Targeting Software and Systems Engineering*, ed. by M. Broy, B. Rumpe. Lecture Notes in Computer Science, vol. 1526 (Springer, Berlin, Heidelberg, 1998), pp. 43–68
32. H. Bruyninckx, Open robot control software: the OROCOS project, in *Proceedings 2001 ICRA IEEE International Conference on Robotics and Automation* (Cat No01CH37164), vol. 3 (2001), pp. 2523–2528. doi:10.1109/ROBOT.2001.933002. http://ieeexplore.ieee.org/lpdocs/epic03/wrapper.htm?arnumber=933002
33. A. Burns, The Ravenscar profile. Ada Lett. **XIX**(4), 49–52 (1999). doi: 10.1145/340396.340450. http://doi.acm.org/10.1145/340396.340450
34. D. Chalmers, *The Conscious Mind: In Search of a Fundamental Theory*. Oxford paperbacks (OUP, New York, 1996)
35. A. Chella, M. Cossentino, V. Seidita, C. Tona, An approach for the design of self-conscious agent for robotics, in *Active Media Technology*, ed. by A. An, P. Lingras, S. Petty, R. Huang. Lecture Notes in Computer Science, vol. 6335 (Springer, Berlin, Heidelberg, 2010), pp. 306–317
36. P. Cuenot, P. Frey, R. Johansson, The EAST-ADL architecture description language for automotive embedded software, in *Model-Based Engineering of Embedded Real-Time Systems* (springer, Berlin, Heidelberg, 2010), pp. 297–307. http://link.springer.com/chapter/10.1007%2F978-3-642-16277-0_11
37. D. Davidson, Turing's test, in *Modelling the Mind*, ed. by K. Said (Oxford University Press, Oxford, 1990)
38. J.A. Estefan et al., Survey of model-based systems engineering (MBSE) methodologies. INCOSE MBSE Focus Group 25:8 (2007)
39. P.H. Feiler, B.A. Lewis, S. Vestal, The SAE Architecture Analysis and Design Language (AADL) a standard for engineering performance critical systems, in *2006 IEEE Conference on Computer Aided Control System Design, 2006 IEEE International Conference on Control Applications, 2006 IEEE International Symposium on Intelligent Control* (2006). doi:10.1109/CACSD-CCA-ISIC.2006.4776814
40. T. Ferris, On the methods of research for systems engineering, in *Annual Conference on Systems Engineering Research* (April 2009). http://cser.lboro.ac.uk/papers/S10-62.pdf
41. T. Ferris, Engineering design as research, in *Research Methodologies, Innovations and Philosophies in Software Systems Engineering and Information Systems, IGI Global*, ed. by M. Mora, O. Gelman, A.L. Steenkamp, M. Raisinghani (2012). doi:10.4018/978-1-4666-0179-6. http://services.igi-global.com/resolvedoi/resolve.aspx?doi=10.4018/978-1-4666-0179-6
42. T. Fong, C. Thorpe, Vehicle teleoperation interfaces. Auton. Robots **11**(1), 9–18 (2001)

43. K. Forsberg, H. Mooz, The relationship of systems engineering to the project cycle. Eng. Manag. J. **4**(3), 36–43 (1992)
44. K. Forsberg, H. Mooz, Application of the "vee" to incremental and evolutionary development, in *Systems Engineering in the Global Market Place* (1995), pp. 801–808
45. D. Gamez, Progress in machine consciousness. Conscious. Cogn. **17**(3), 887–910 (2008)
46. T. Henzinger, J. Sifakis, The embedded systems design challenge, in *FM 2006: Formal Methods*, ed. by J. Misra, T. Nipkow, E. Sekerinski. Lecture Notes in Computer Science, vol. 4085 (Springer, Berlin, Heidelberg, 2006), pp. 1–15
47. S. Hussain, Investigating architecture description languages (ADLs) a systematic literature review. Master's thesis, Linköpings universitet, Linköping, 2013
48. A.L. Juarez Dominguez, Feature interaction detection in the automotive domain, in *2008 23rd IEEE/ACM International Conference on Automated Software Engineering* (IEEE, 2008), pp. 521–524. doi:10.1109/ASE.2008.97. http://ieeexplore.ieee.org/lpdocs/epic03/wrapper.htm?arnumber=4639390
49. E.Y. Kang, E.P. Enoiu, R. Marinescu, C. Seceleanu, P.Y. Schobbens, P. Pettersson, A methodology for formal analysis and verification of east-ADL models. Reliab. Eng. Syst. Saf. **120**, 127–138 (2013). doi:http://dx.doi.org/10.1016/j.ress.2013.06.007
50. H. Kopetz, The complexity challenge in embedded system design, in *2008 11th IEEE International Symposium on Object and Component-Oriented Real-Time Distributed Computing (ISORC)* (IEEE, 2008), pp. 3–12. doi:10.1109/ISORC.2008.14. http://ieeexplore.ieee.org/xpls/abs_all.jsp?arnumber=4519555 http://ieeexplore.ieee.org/lpdocs/epic03/wrapper.htm?arnumber=4519555
51. E.A. Lee, Computing needs time. Commun. ACM **52**(5), 70–79 (2009). doi: 10.1145/1506409.1506426. http://doi.acm.org/10.1145/1506409.1506426
52. P. Maes, Concepts and experiments in computational reflection, in *Conference Proceedings on Object-Oriented Programming Systems, Languages and Applications, OOPSLA '87* (ACM, New York, NY, 1987), pp. 147–155. doi:10.1145/38765.38821. http://doi.acm.org/10.1145/38765.38821
53. I. Malavolta, H. Muccini, P. Pelliccione, D. Tamburri, Providing architectural languages and tools interoperability through model transformation technologies. IEEE Trans. Softw. Eng. **36**(1), 119–140 (2010). doi:10.1109/TSE.2009.51
54. J. Mårtensson, A. Alam, S. Behere, The development of a cooperative heavy-duty vehicle for the GCDC 2011: team scoop. IEEE Trans. Intell. Transp. Syst. **13**(3), 1033–1049 (2012). doi:10.1109/TITS.2012.2204876. http://ieeexplore.ieee.org/lpdocs/epic03/wrapper.htm?arnumber=6236179 http://ieeexplore.ieee.org/xpls/abs_all.jsp?arnumber=6236179
55. J. McCarthy, Making robots conscious of their mental states, in *Working Notes of the AAAI Spring Symposium on Representing Mental States and Mechanisms*, Menlo Park, CA, 1995
56. D. McDermott, Artificial intelligence and consciousness, in *The Cambridge Handbook of Consciousness*, ed. by P.D. Zelazo, M. Moscovitch, E. Thompson (Cambridge University Press, Cambridge, 2007), pp. 117–150. http://dx.doi.org/10.1017/CBO9780511816789.007. Books Online
57. A. Metzger, Feature interactions in embedded control systems. Comput. Netw. **45**(5), 625–644 (2004). doi:10.1016/j.comnet.2004.03.002. http://linkinghub.elsevier.com/retrieve/pii/S138912860400043X
58. M. Minsky, Matter, mind, and models, in *Semantic Information Processing*, ed. by M.L. Minsky (1968)
59. M. Montemerlo et al., Junior: the Stanford entry in the urban challenge. J. Field Rob. **25**(9), 569–597 (2008). http://onlinelibrary.wiley.com/doi/10.1002/rob.20258/abstract
60. E. Nivel, K. Thórisson, Towards a programming paradigm for control systems with high levels of existential autonomy, in *Artificial General Intelligence*, ed. by K.U. Kühnberger, S. Rudolph, P. Wang. Lecture Notes in Computer Science, vol. 7999 (Springer, Berlin, Heidelberg, 2013), pp. 78–87
61. M. Odersky, L. Spoon, B. Venners, *Programming in Scala: A Comprehensive Step-by-Step Guide*, 2nd edn. (Artima Incorporation, Walnut Creek, 2011)
62. G. Pardo-Castellote, OMG data-distribution service: architectural overview, in *Proceedings*

of the 2003 IEEE Conference on Military Communications - Volume I, MILCOM'03 (IEEE Computer Society, Washington, DC, 2003), pp. 242–247
63. F. Perotto, R. Vicari, L. Alvares, An autonomous intelligent agent architecture based on constructivist ai, in *Artificial Intelligence Applications and Innovations, IFIP International Federation for Information Processing*, vol. 154, ed. by M. Bramer, V. Devedzic (Springer US, 2004), pp. 103–115. http://link.springer.com/chapter/10.1007%2F1-4020-8151-0_10
64. M. Quigley, K. Conley, B. Gerkey, J. Faust, T.B. Foote, J. Leibs, R. Wheeler, A.Y. Ng, ROS: an open-source robot operating system, in *ICRA Workshop on Open Source Software* (2009)
65. W.W. Royce, Managing the development of large software systems: concepts and techniques, in *Proceedings of the 9th International Conference on Software Engineering, ICSE '87* (IEEE Computer Society Press, Los Alamitos, CA, 1987), pp. 328–338
66. R.B. Rusu, S. Cousins, 3D is here: Point Cloud Library (PCL), in *2011 IEEE International Conference on Robotics and Automation (ICRA)* (IEEE, 2011), pp. 1–4. doi:10.1109/icra.2011.5980567
67. A.V. Samsonovich, Toward a unified catalog of implemented cognitive architectures, in *Proceedings of the 2010 Conference on Biologically Inspired Cognitive Architectures 2010: Proceedings of the First Annual Meeting of the BICA Society* (IOS Press, Amsterdam, 2010), pp. 195–244. http://dl.acm.org/citation.cfm?id=1893313.1893352
68. S. Sarma, N. Dutt, P. Gupta, A. Nicolau, N. Venkatasubramanian, On-chip self-awareness using cyberphysical-systems-on-chip (CPSOC), in *Proceedings of the 2014 International Conference on Hardware/Software Codesign and System Synthesis, CODES '14* (ACM, New York, NY, 2014), pp. 22:1–22:3. doi:10.1145/2656075.2661648. http://doi.acm.org/10.1145/2656075.2661648
69. K.R. Thórisson, From constructionist to constructivist ai, in *AAAI Fall Symposium: Biologically Inspired Cognitive Architectures* (2009)
70. K.R. Thórisson, *A New Constructivist AI: From Manual Methods to Self-constructive Systems* (2012). doi:10.2991/978-94-91216-62-6_9
71. K.R. Thórisson, A new constructivist ai: from manual methods to self-constructive systems, in *Theoretical Foundations of Artificial General Intelligence, Atlantis Thinking Machines*, vol. 4, ed. by P. Wang, B. Goertzel (Atlantis Press, Amsterdam, 2012), pp. 145–171
72. K.R. Thórisson, H.P. Helgason, Cognitive architectures and autonomy: a comparative review. J. Artif. Gen. Intell. **3**(2), 1–30 (2012). doi:10.2478/v10229-011-0015-3. http://dx.doi.org/10.2478/v10229-011-0015-3
73. K.R. Thórisson, H. Benko, D. Abramov, A. Arnold, S. Maskey, A. Vaseekaran, Constructionist design methodology for interactive intelligences. AI Mag. **25**(4), 77 (2004)
74. M.Törngren, A. Qamar, M. Biehl, F. Loiret, J. El-khoury, Integrating viewpoints in the development of mechatronic products. Mechatronics **24**(7), 745–762 (2014)
75. A.M. Turing, Computing machinery and intelligence. Mind **59**(236), 433–460 (1950). http://www.jstor.org/stable/2251299
76. R. Van Gulick, Consciousness, in *The Stanford Encyclopedia of Philosophy*, Spring 2014 edn., ed. by E.N. Zalta (2014). http://plato.stanford.edu/entries/consciousness/
77. O. Wallmark et al., Design and implementation of an experimental research and concept demonstration vehicle, in *Vehicle Power and Propulsion Conference (VPPC), 2014* (IEEE, 2014), pp. 1–6. doi:10.1109/VPPC.2014.7007042
78. J. Westman, M. Nyberg, A reference example on the specification of safety requirements using ISO 26262, in *SAFECOMP 2013 - Workshop DECS (ERCIM/EWICS Workshop on Dependable Embedded and Cyber-physical Systems) of the 32nd International Conference on Computer Safety, Reliability and Security*, France, ed. by M. Roy p NA (2013). https://hal.archives-ouvertes.fr/hal-00848610
79. J. Westman, M. Nyberg, M. Törngren, Structuring safety requirements in ISO 26262 using contract theory, in *Computer Safety, Reliability, and Security*, ed. by F. Bitsch, J. Guiochon, M. Kaâniche. Lecture Notes in Computer Science, vol. 8153 (Springer, Berlin, Heidelberg, 2013), pp. 166–177
80. J. Ziegler et al., Making bertha drive: an autonomous journey on a historic route. IEEE Intell. Transp. Syst. Mag. **6**(2), 8–20 (2014). doi:10.1109/MITS.2014.2306552
81. H.P. Zima, M.L. James, P.L. Springer, Fault-tolerant on-board computing for robotic space missions. Concurr. Comput. Pract. Exp. **23**(17), 2192–2204 (2011). doi:10.1002/cpe.1768. http://dx.doi.org/10.1002/cpe.1768

第 14 章　开放可靠的动力计算平台，实现自动驾驶

14.1　简介

未来的自动驾驶系统需要能够安全地处理任何可能出现的交通状况，而不依赖于人为监督。

这些系统有两个看似矛盾的特征：首先，它们必须是可验证的高可靠性，因为故障可能危及乘客和其他交通参与者；其次，它们由复杂的计算机密集型应用软件组成。图 14.1 显示自动化车辆在基础设施、云和后端系统的生态系统中运行，例如交通信号灯、授权服务、软件分发服务或地图服务。车辆将通过 ETSI.1 定义的广域无线互联网链路或车辆到车辆通信媒体连接到这些服务，这种自动驾驶系统由冗余电子控制单元（ECU）网络组成，其通过高度可靠，充分响应的车辆网络连接到车辆的传感器和执行器。

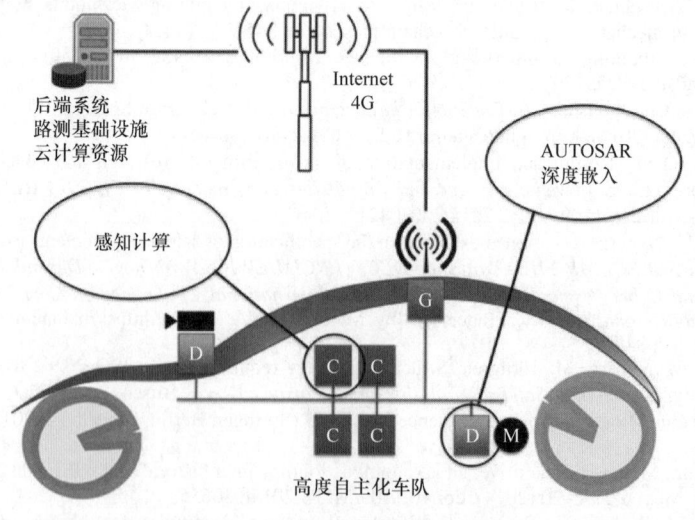

图 14.1　高度自动化车辆的示意图

第 14 章 开放可靠的动力计算平台，实现自动驾驶

汽车正在成为需要实时响应动态和复杂环境情况的网络物理系统。鉴于当前和未来的道路基础设施，在单个安全关键系统故障的情况下，车辆必须达到安全的状态，即在情况相关的速度下将车辆拉到每个道路上的安全停止点。这尤其具有挑战性，因为中间体的高复杂性和部分概率性质结果。特别是对于主动驾驶功能，系统必须容忍某些故障并支持故障运行模式。

因此，自动驾驶需要引入一种称为认知系统的新型汽车系统。图 14.2 说明了这种新型系统与众所周知的控制系统之间的差异。

控制系统处理来自车辆内部的信息，而认知系统另外接收和处理环境信息（表 14.1）。因此，认知系统的基本要素是环境感知、决策制定以及基于机器学习和信息融合的动作启动。与通常被认为在范围上受限的传统深度嵌入式控制系统相比，认知系统需要更多的计算资源，以实时地解决复杂的优化问题。此外，这种系统的软件系统比传统控制系统复杂得多。这种范式转变需要开发以高效且有效的方式支持这些应用的新平台。

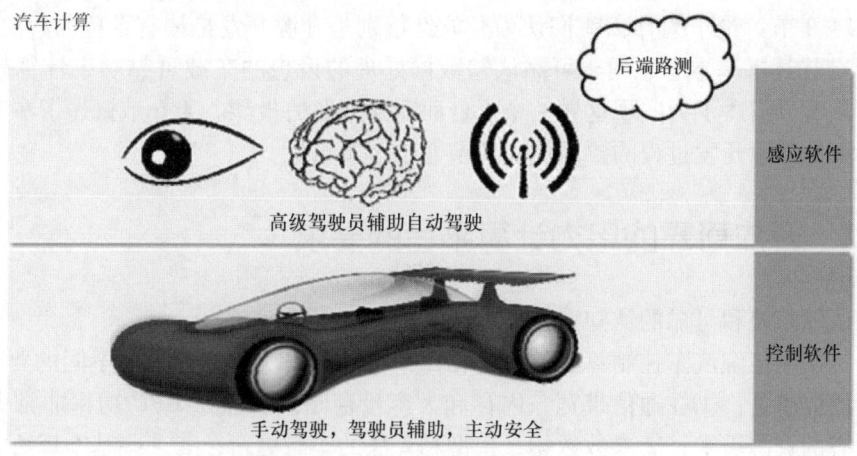

图 14.2　汽车计算中的控制软件与认知软件

表 14.1　控制和认知软件的特征

控制软件	认知软件
状态机和控制器	动态模型和人工智能
成熟的先进技术	快速发展的技术
静态软件结构和配置	动态软件结构和配置
汽车微控制器	高性能主流硬件

用于深度嵌入式控制 ECU 和早期认知计算 ECU 的当前最先进的软件平台是 AUTOSAR.2。当前 AUTOSAR 平台在此背景下的主要关注点是静态运行时的环境

以及面向信号的通信基础设施（即受限类型和数据格式）。特别是，固定调度和固定通信关系在多核环境中并不理想，因为它们限制了这些系统的效率。因此，未来可靠的电力计算软件平台应该提供更有效的解决方案。由于其单片和高度优化的设计，很难部分更新 AUTOSAR 规范。这意味着 AUTOSAR 的未来将是一个额外的新 AUTOSAR Adaptive 平台，支持自动驾驶的需求。这方面的活动已经开始，但目前只处于初期阶段。

用于认知计算 ECU 的软件系统可以分解为两层：应用软件层和软件平台层。更高级别的应用软件层包含用于自动驾驶的主要认知软件功能（例如，交通情况的高级识别、其他交通参与者行为的预测和车辆操纵的计划）。这部分是汽车制造商和供应商的差异化部分。软件平台层提供基本服务，例如软件功能之间的通信和具体计算硬件的抽象，这是非差异化部分。这一级别的合作将加速发展先进和创新的功能。本章的重点是这个较低级别的软件平台层。

本章讨论的关键问题如下：14.2 节解决了计算平台的一组初始要求，包括性能、可靠性、安全性和安全指标。

14.3 节讨论了为什么我们认为开放性特别是开源开发是最有希望的解决方案。14.4 节描述了基本思想用于可靠认知数据处理的设想的车载可靠功率计算软件平台。14.5 节描述了为实现这样一个平台而需要采取的步骤。14.6 节概述了在安全关键环境中开源开发过程的要求。14.7 节总结了本章。

14.2 开放可靠的电力计算平台的要求

认知系统和可靠的认知数据处理常常用于高级辅助。

与使用传统汽车控制算法的系统相比，自动驾驶功能具有明显不同的要求。最重要的要求是：①在通信带宽，内存和大容量存储以及原始 CPU 功率非常大且高度动态的资源需求；②参数数据、模型和算法的车载更新；③一些基本算法的概率性质。

在这里，我们只能提出这样一个平台的初步要求，因为具体要求只能在产品开发过程中提供。我们从现有系统和研究项目中推断出资源需求和用例。

可靠的功率计算软件平台环境中的开放性可以通过两种方式理解。首先，它从生产的角度来看是开放的（推向开源方法）；其次，系统必须开放以处理认知软件的快速发展，因为从现场经验和短迭代周期中不断学习，频繁推出车辆对于可用性、稳健性和安全性至关重要。

我们坚信，未来的市场差异化将来自最新的信息和先进的功能软件（应用软件），而不是车辆 E/E 系统和软件平台。后者变得越来越不具有差异性，因此联合开发将有助于重要的发展。

开源方法的好处还包括创建一个能够促进平台发展以及应用程序开发的社区，

而不必过多依赖工具链提供商。使用开源方法使研究机构和中小企业能够在现有的实践平台上开发和测试其应用程序。目前，通过过分关注软件系统而不是更具创新性的部分——应用程序，研究项目似乎放慢了速度。因此，开放源代码平台将缩短新创新功能的上市时间。

复杂性用于自动驾驶功能的软件具有数万行代码，并利用复杂和动态的数据结构，如图形或稀疏矩阵。为了支持这种软件的开发，该平台需要支持：①松散耦合的应用软件组件的集成以最小化隐蔽干扰；②丰富的接口定义语言，以明确地指定应用软件组件接口；③高级编程语言以降低代码复杂性；④主流软件工程方法和技术。后者促进成熟和最先进技术的使用，以便利用一般IT行业或其他领域的经验和进步，同时最小化由于不成熟或不熟悉的利基产品导致的应用程序开发壁垒。

计算自动驾驶性能的研究项目通常使用现代个人计算机。这意味着内存使用量为千兆字节范围，相对应的是千兆字节范围内的CPU使用率以及硬件加速和并行数据处理的大量使用。因此，该平台应提供：①用于加速硬件的硬件独立编程接口，以实现应用软件组件的轻松移植；②利用主流处理器上的组件级并行性的对称多处理；③性能优化处理器系统，以最大化计算吞吐量。

典型的控制软件利用预定义的固定调度，以确保正确的定时行为。这对于具有高计算能力要求的认知软件没有意义。这些系统需要多核系统，这些系统在固定调度时效率很低。可能的解决方案可以是专用定时属性的规范（例如，期限、关键性等），以便支持动态调度并因此更有效地利用计算能力。

综合要素　自动驾驶功能具有很高的安全性，因为故障会对乘客和其他交通参与者造成伤害。为了确保车辆自动驾驶的安全操作，必须在车辆级别定义安全概念并分解以获得所有相关车辆部件的安全要求。根据ISO 26262标准开发安全关键型汽车E/E系统，车辆部件按照从最低汽车安全完整性等级ASIL A到最高等级ASIL D的四个完整性等级进行分类，具体取决于失败的后果。该平台应该能够托管具有不同完整性级别（混合关键性）的应用程序软件组件，并且必须确保具有较低完整性级别的组件不会干扰更高完整性的组件。此要求在ISO 26262中称为"不受干扰"，这意味着必须确保共享内存受到保护以免受访问冲突，任务以正确的顺序执行，并且功能能够在其实时边界内完成。

要执行混合关键软件功能，平台应该支持：①具有不同完整性级别（混合关键性）的应用软件组件的共存；②应用程序软件组件的错误行为检测以及重新启动或关闭受影响的组件以提高稳定性；③控制应用软件组件中的流量监控和不当行为检测；④应用软件组件与不良行为之间的数据流监测；⑤标准化软件和错误传播模型，以支持自动安全分析。

分解　基于与各种硬件供应商的个人通信，假设由于缺乏具有所需性能的高完整性处理硬件，平台最多将提供高达ASIL B的完整性级别。此外，开发高完整性软件非常耗时并且限于一定程度的复杂性。因此，认知软件应该是有限的ASIL，而硬安全功能应该转移到更传统和静态的高完整性计算机系统。

如果需要，可以通过车辆级冗余实现更高的完整性级别。这个概念在 ISO 26262 中称为 ASIL 分解，意味着可以通过使用两个冗余的独立 ASIL B 组件来实现 ASIL D。

当然，也可以在更高的层次上对平台本身或在其上实现的应用程序进行限定，诸如安全内核（硬件和软件）之类的技术允许容忍认知处理软件的失败，因此可以实现更高的 ASIL。使用 IEC 61508 和其他标准推荐的系统模式，可以支持 ASIL C 的整体水平。即使是 ASIL D，也可以通过保护机制的正式证明（例如，安全内核）。Wika 等证明了这种证据的可行性。

时间灵敏度 汽车系统的时序特性属于最重要的特性。证明系统满足其时序要求不仅重要，开发人员还需要显示活动以正确的顺序执行，系统不会锁死或实时锁定，并且系统在发生故障时会降级。

自动驾驶系统具有额外的实时要求，因为过时的环境数据或滞后的机动计划可能导致振荡的动态行为和碰撞。根据我们的经验，假设应用组件中的最大抖动低于 100μs，不会导致危险事件。开源自动化开发实验室（OSADL3）最近的工作表明，使用带有 RT Preempt 补丁的 Linux 主流处理硬件可以实现低于 100μs 的中断延迟。因此，软件平台必须提供：①确定性时序行为，最大抖动为 100μs 以确保可复制行为；②实时调度以满足应用软件的时序要求；③应用的时序监控软件组件和 100μs 容差的时序违规检测。

扩展性 计算机视觉和人工智能的研究将在不久的将来迅速发展，一些研究项目目前正在开发自动驾驶的基础设施，正如 4.5 节关于开放性的段落所述，我们假设汽车制造商必须通过以下方式提供软件更新。远程连接，提供最新功能和本地可用基础结构服务的集成。因此，该平台应支持：①软件组件的敏捷开发实践，以缓解低概念成熟度；②安全可靠地远程更新应用软件组件以持续维护软件；③依据独立集成的模块化安全概念，开发了应用程序软件组件；④安全可靠地远程添加和删除应用程序软件组件以提供可扩展性。

汽车细节 自动驾驶系统集成到车辆网络中，由标准化诊断功能管理，并与车辆状态管理和能源管理相互作用。因此，平台应该支持：①标准化的诊断和车辆管理功能；②整合供应商特定的诊断和车辆管理功能；③汽车专用通信协议，如汽车以太网、CAN 或 FlexRay。

14.3 为何应用合格的开源

有几种可能的方法来提供软件平台。在下文中，我们将讨论不同方法的优缺点，并解释为什么我们认为开源是最佳选择：

定制 这种方法的优点是整个设计和开发方法可以根据具体应用进行定制，但大多数公司没有所需的专业技能。此外，它需要很高的成本。

　　COTS　许多基于 COTS 的系统比开源开发具有更多"正式"软件工程方法的优势，但这带来了显著的前期成本和经常性成本。此外，用户依赖供应商来实现所需的更改。

　　合格的开源　另一种方法是从现有的开源软件构建平台，并使用开源方法进一步开发和维护它。通过可定制的开源方法，不仅使用免费的开源软件（FLOSS）许可概念，还提供软件生命周期，包括规范、文档和安全案例。与专有解决方案相比，这种方法有以下优点：

　　1）更高的质量：广泛使用的软件成熟得更快，因为它结合了各种用例的经验。

　　2）更高的信心：每个人包括教育机构都可以评估风险分类和安全措施的有效性。

　　3）更高的敏捷性：需要额外平台功能的创新汽车制造商，应用软件开发商和集成商可以协作开发新功能，将其实施为专用分支，并在将更改集成到主分支之前将其用于产品开发。

　　4）降低成本：这个复杂平台的开发和认证的共享成本。

　　最重要和最著名的开源操作系统是 Linux 操作系统（OS）。Linux 实时操作系统（RTOS）的一个主要优点是它已被充分证明（在灵活性和可靠性方面）支持各种不同的平台和应用程序。特别是，它已被提出并用于评估关键系统，同时已用于认知系统和可靠的认知数据处理应用。从经济角度来看，Linux 操作系统是最成功的开源项目，它以联合方式开发，其发展成本及其价值很难预估。然而，美国有一家典型公司调查了开发 Linux 的成本。David A. Wheeler 在 2002 年确定了超过 12 亿美元的成本。2008 年有一项研究表明，通过传统的专有手段开发 Fedora 9 Linux 发行版将花费 108 亿美元。这表明开源社区可以创造的巨大价值，并且可以应用于汽车领域。出于这些原因，Linux RTOS 是一种高效且经济的选择。

　　当然，Linux RTOS 目前有一个很大的缺点：目前没有适合 Linux RTOS 本身的资格认证方法，也没有使用该操作系统的安全相关系统的认证策略。

　　开源项目，例如 Linux 操作系统，具有很大的优势，即它们采用严格的开发流程并提供高质量的软件，但它们不符合当前安全标准的要求，例如 ISO 26262（用于汽车系统中的软件）。这些标准对项目管理、开发人员资格认证、风险管理、需求管理、质量保证和文档提出了严格的要求。因此，开源软件无法在没有进一步活动的情况下用于安全关键系统。

　　然而，一个名为 SIL2LinuxMP 的相关项目试图表明这一点开源流程通过不同的方式满足大多数要求。

　　仍然需要解决以下问题：①Linux RTOS 的资格策略，它也支持软件和安全案例的共同演进；②适用于安全相关认知系统的配置且符合 ASIL B 标准的 Linux

RTOS 版本；③关于如何维持这种配置的指导。

在安全关键环境中使用开源平台的想法并不新鲜。铁路领域的一项计划产生了一个名为 OpenETCS 的项目，该项目旨在为基于开源和开放式证据的欧洲列车控制系统开发软件内核。另一个名为 SIL2LinuxMP 的项目计划认证符合安全完整性等级 2 的嵌入式 GNU/Linux 实时操作系统的基本组件，即引导加载程序，根文件系统，Linux 内核和 C 库绑定。SIL2 符合安全标准 IEC 61508，大致对应 ISO 26262 完整性等级 ASIL B。

对于汽车领域，GENIVI7 是开源启发的另一个例子，尽管不是在安全关键系统的背景下。许多工业合作伙伴联手开发了可重复使用的开源车载信息娱乐（IVI）平台。

14.4 平台系统的注意事项

图 14.3 显示了可靠的电源计算软件平台的系统概述。

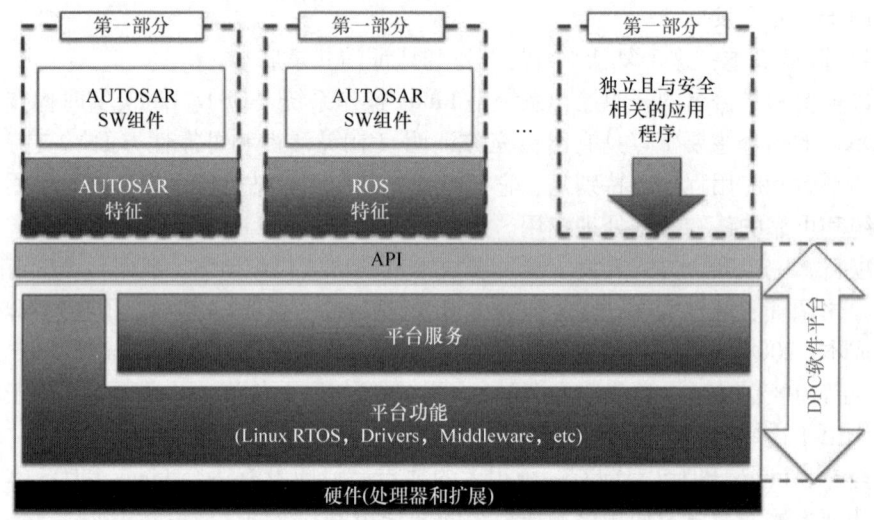

图 14.3 设想的系统

可靠的电源计算软件平台假设高性能处理器硬件通过额外的完整性机制和可靠性数据扩展了当前用于移动设备的主流微控制器，这些数据能够满足 ISO 26262 安全标准的要求，以满足 ASIL B 的完整性要求。这种硬件与可靠的电源计算软件平台相结合，提供了整体可靠的电源计算平台。在软件平台上构建的 API 从使用它的应用程序中抽象出底层实现。

可靠的电力计算软件平台由平台基础层和平台服务层组成。

平台基础层由系统软件模块组成，这些模块将 API 暴露给应用软件组件并实现基本平台功能，例如硬件抽象、大容量存储、网络通信、电源管理和过程控制。此外，还提供了低级别的安全和安全机制，例如时间和空间隔离，控制强制访问和运行时监控。该平台基础层的很大一部分可以由基于 Linux 操作系统的合格开源 RTOS 实现。平台服务层由实现更高级别管理和监视功能的软件组件组成，例如状态管理、缓慢降级、无线更新、诊断和实时入侵检测。该层也应该使用开源方法实现，并且应该尽可能多地重用现有软件。

OEM 的差异化部分仍然是应用软件。可靠的电源计算软件平台还允许对应用软件组件进行分区，并提供保护机制以抵御恶意攻击、设计缺陷和硬件故障。个性允许相同的基础平台适应不同的应用领域（例如，航空航天的 IMA 和机器人的 ROS 等）。

14.5 迈向开放可靠计算平台的步骤

对于无人驾驶车辆，诸如操作系统之类的核心组件及其支持环境（例如，开发工具）需要被限定。任何资格都是围绕一套明确指定的可追踪流程和程序构建的。Linux 作为安全关键环境中的操作系统的资格要求有两个主要内容：第一，选择内核和核心组件；第二，定义符合汽车安全的开源资格策略标准 ISO 26262。

Linux 是一个现有组件，不仅具有广泛的功能，而且具有不同的概念和实现成熟度。OS 选择的起点是明确的选择标准和可用操作数据源的评估。虽然许多标准需要保持定性标准，但量化对于管理开源项目的动态非常重要，开源项目通常表现出每小时多个变更集的变化率。定量选择标准的定义及其自动化的实施可以显著简化安全相关和可靠系统中开源组件的利用。基于这些标准，可以选择要用作资格目标的 Linux 内核和核心 OS 组件。

相关的功能安全标准，尤其是 IEC 61508 和 ISO 26262，围绕明确定义的流程构建，以降低与复杂系统中的系统故障相关的风险。从一组接受的最先进方法中选择方法是第一步，但并非所有为定制系统开发的传统方法都适用于开源组件。因此，可能需要新的方法、过程和程序来正式限定用例驱动的 Linux 功能和非功能性功能子集、开源工具和支持库。

合格开源的起点是制定完整的地图标准或解释标准。由于系统故障的覆盖依赖于开发过程，因此主要需要开发所使用的详细程序的文档以及当前开发生命周期的后续差距分析。这应基于对可用过程数据的评估以及数据和程序的保证标准。

如前所述，平台基础和平台服务层应尽可能使用现有且经过操作验证的开源软件构建。这似乎是合理的，因为开源是一个巨大的技术资源池。然而，利用它的一个主要障碍是缺乏一个公认的通用程序来将这些组件集成到合格的系统中。

虽然关键标准提供了一些高级指导，但仍有很大的解释空间。缩小这一范围的方法是一项关键的风险缓解策略，以简化工业项目中开源组件的使用。开源社区拥有完善的方法和政策，其中一些需要进行微调，以满足相关标准中规定的资格要求。因此，一个关键方面是对开源社区的修改和程序变更的积极反馈，以实现可维护的资格认证方法的长期目标。

14.6 开源软件开发过程

如前所述，开源项目采用严格的开发流程，可能需要针对在安全关键环境中的使用进行调整。图14.4描述了开源软件开发过程的角色和交互，以及将常见的开源过程转换为可定制的开源过程所需的操作。

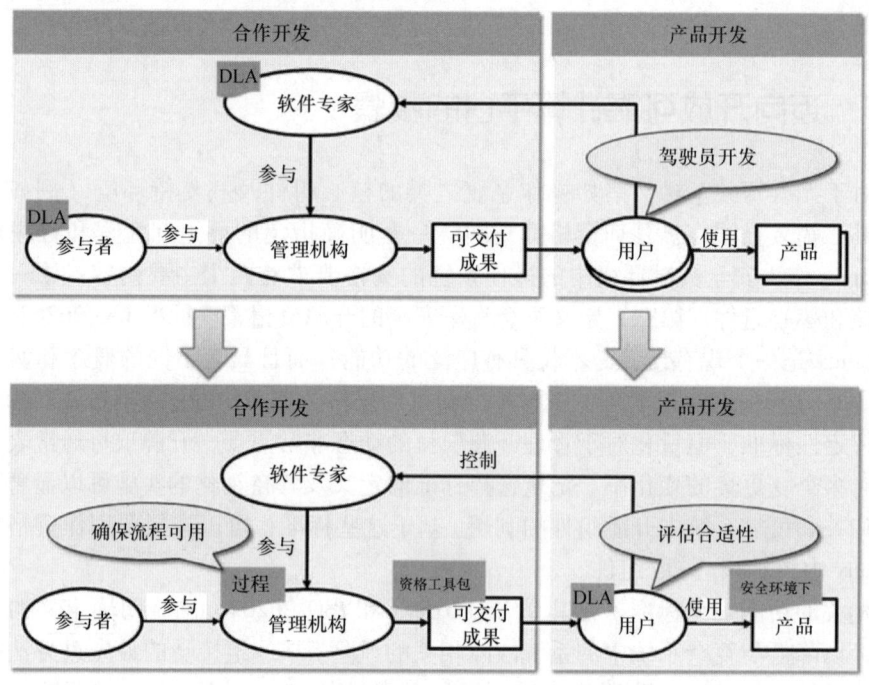

图14.4 从开源软件到可定制的开源软件

无论如何，我们区分开源社区完成的协作开发，随后基于联合开发的可交付成果在公司内完成产品开发。

任何开源开发的核心方面是管理组织（例如，Linux基础），其提供基础设施（例如，存储库等）并定义和监视过程。

贡献者当然扮演着重要的角色，因为他们根据定义的过程对可交付成果进行实际工作。在他们能够作出贡献之前，他们必须接受管理知识产权的贡献者许可协议。用户（OEM或第1层）必须接受开源许可证并通常驱动开发。因此，用户聘请服务提供商（软件专家）为开源项目作出贡献。这能为服务提供商带来巨大的商机，服务提供商可以向用户提供服务。用户的最大优点是可以有效地实施所需的更改或调整，而不依赖于单个供应商。

需要通过更严格的安全开发流程来增强合格的开源流程。这需要由管理组织推动，管理组织也需要确保遵守流程。管理组织还负责建立安全文化。这意味着必须清楚地描述并向贡献者传达功能安全性，如何成为产品的一部分以及如何在开发过程中处理它。

合格的流程中一个重要文件是 ISO 26262 中定义的开发人员接口协议（DIA）。DIA 是一个决定各方责任的多边合同。特别是在安全关键环境中，需要额外的可交付成果来记录相应的安全活动。这一点尤其重要，因为最终责任在于用户（在本例中为 OEM 或第 1 层），它将开源开发集成到最终产品中。最后，需要有一个安全案例，其中记录了已确定的所有相关风险并已采取相应的缓解措施。

14.7 总结

本章讨论了自动驾驶计算平台的需求，并强调了开源开发的优势。尽管如此，我们充分意识到，如果没有各方的重大努力，这些目标就不易实现。有几个开放的研究问题需要成功实施复杂的认知系统。其中一个问题涉及功能安全以及如何在这个复杂且高度动态的环境中解决它。高度自动化需要从故障安全转换到故障操作，因为几乎不可能确定车辆自动驾驶的安全状态。这需要用于汽车软件系统的更高级冗余模式，如图 14.5 所示。

另一个重要问题是认知系统的敏捷性，这需要模块化的安全模型。目前，系统必须被视为整体实体。为了支持未来高度创新的车辆功能所需的系统属性，例如，远程更新（或一般的常规功能更新）模块化是一个关键特征。

认知系统对于自动驾驶至关重要，但仍然是一个具有挑战性的话题。这种新型系统需要全新的更先进的软件平台，能够应对新出现的需求。

在本文中，我们描述了这种可定性平台的主要要求，以及为什么我们认为使用开源方法的联合开发是前进的方向。

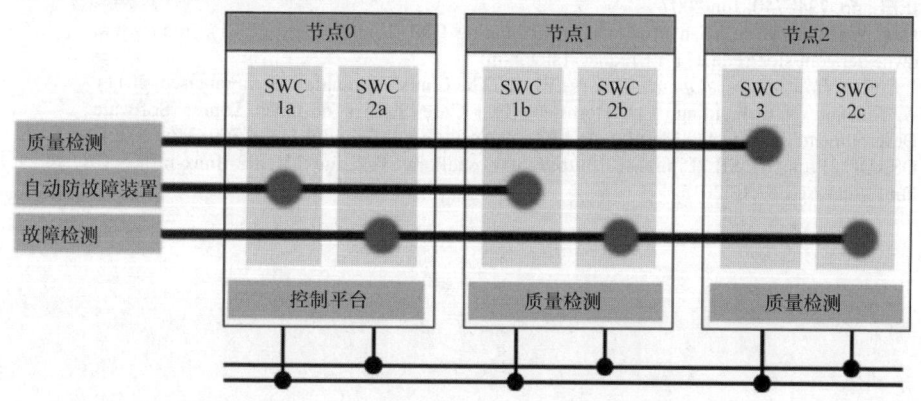

图 14.5　故障安全和故障操作任务的系统示例

参 考 文 献

1. H. Martorell, J.-C. Fabre, M. Roy, R. Valentin, Improving Adaptiveness of AUTOSAR Embedded Applications, in *Proceedings of the 29th Annual ACM Symposium on Applied Computing* (SAC '14) (ACM, New York, NY, 2014), pp. 384–390
2. M. Bechter, Softwareplattform für zukünftige automotive Anwendungen, http://www.informatik.tu-cottbus.de/ase2015/Abstract01.pdf. Accessed 12.10.2015
3. S. Holder, M. Hörwick, H. Gentner, Funktionsübergreifende Szeneninterpretation zur Vernetzung von Fahrerassistenzsystemen. Automatisierungssysteme, Assistenzsysteme und eingebettete Systeme für Transportmittel (AAET 2012) (2012)
4. S. Sommer, A. Camek, K. Becker, C. Buckl, A. Zirkler, L. Fiege, M. Armbruster, G. Spiegelberg, A. Knoll, Race: A Centralized Platform Computer Based Architecture for Automotive Applications (2013)
5. M. Goebl, M. Althoff, M. Buss, G. Faerber, F. Hecker, B. Heissing, S. Kraus, R. Nagel, F.P. Leon, F. Rattei, M. Russ, M. Schweitzer, M. Thuy, C. Wang, H.-J. Wuensche, Design and Capabilities of the Munich Cognitive Automobile, in *Proceedings of IEEE Intelligent Vehicles Symposium*, pp. 1101–1107, Eindhoven, The Netherlands, Jun 2008
6. ISO 26262:2011, Road vehicles—Functional safety International Standard (Parts 1–10). International Organization for Standardization, 1st edn (2011)
7. J. Rushby, Kernels for Safety? in T. Anderson (ed.), *Safe and Secure Computing Systems* (Blackwell Scientific Publications, Malden, 1989), Chapter 13, pp. 210–220
8. CENELEC, IEC 61508 Functional Safety of Electrical/Electronic/Programmable Electronic Safety-Related Systems. International Electrotechnical Commission (IEC), 2nd edn (2010)
9. K. Wika, J. Knight, On the Enforcement of Software Safety Policies, in *Proceedings of the 10th Annual IEEE Conference on Computer Assurance*, Jun 1995
10. Broadcom Corporation, BroadR-Reach® Physical Layer Transceiver Specification for Automotive Applications, http://www.ieee802.org/3/1TPCESG/public/BroadR_Reach_Automotive_Spec_V3.0.pdf. Accessed 12.10.2015
11. K.-R. Hase, Open Proof' for Railway Safety Software—A Potential Way-Out of Vendor Lock-In Advancing to Standardization, Transparency, and Software Security, in *FORMS/FORMAT 2010*, ed. by E. Schnieder, G. Tarnai (Springer, Berlin, 2011), pp. 5–38
12. CSE International Limited, Preliminary Assessment of Linux for Safety Related Systems, HSE (2002)
13. R. Kammerer, *Linux in Safety-Critical Applications*. OSADL Academic Works (OSADL, Heidelberg, 2011)
14. M. Goebl, G. Farber, A Real-Time-Capable Hard-and Software Architecture for Joint Image and Knowledge Processing in Cognitive Automobiles, in *Intelligent Vehicles Symposium*, 2007 IEEE, pp. 734–740, Jun 2007
15. D.A. Wheeler, More Than a Gigabuck: Estimating GNU/Linux's Size (2001), http://www.dwheeler.com/sloc/redhat71-v1/redhat71sloc.html
16. J. Corbet, *How the Development Process Works* (The Linux Foundation, San Francisco, 2011)
17. A. Mockus, R.T. Fielding, J.D. Herbsleb, Two Case Studies of Open Source Software Development: Apache and Mozilla. ACM Trans Softw Eng Methodol **11**(3), 309–346 (2002)
18. OSADL Project: SIL2LinuxMP, http://www.osadl.org/SIL2LinuxMP.sil2-linux-project.0.html. Accessed 12.10.2015

第五部分　自动驾驶中的主动安全和功能安全

第 15 章　主动安全迈向高度自动驾驶

15.1　引言

15.1.1　自动驾驶的动机

宝马公司提出高度自动驾驶的动机是提高舒适性、安全性和效率。高度自动驾驶允许驾驶员在一定程度上从驾驶任务中退出,这取决于驾驶员所需的接管时间。

舒适性

当驾驶员可以在任何驾驶情况下发挥自身的最佳表现时,就能实现最佳的舒适性。该表现强烈依赖于情况并且可以分为三种状态:需求不足、均衡和需求过度。这些状态之间的转换是平滑和易变的,并取决于驾驶员当前的状态。驾驶员的工作负荷与其表现之间的关系来源于 Yerkes – Dodson 曲线,并且从图 15.1 中的辅助驾驶的角度可以看出。

图 15.1　Yerkes – Dodson 曲线——驾驶员的驾驶表现/工作负荷

当驾驶员处于最佳范围（能力）时，自动驾驶功能是没必要的。驾驶员能够充分利用他的全部能力并将驾驶视为愉快的事。然而，当驾驶员需求过度或不足时，便有了通过 HAD（Highly Automated Driving）功能和主动安全系统协助驾驶员的需求和机会。在交通堵塞或高速公路上的单调交通中驾驶可能导致需求不足。在这些情况下，驾驶员不会利用他的潜在表现。如果驾驶员将驾驶任务委托给车辆并将其额外可用的功能用于其他任务，则具有高度自动驾驶的潜力。

安全性

HAD 功能的目标之一是提高交通安全性。为此，高度自动驾驶的车辆必须至少与当前的交通一样安全；与当今的全球安全性水平相比，交通安全性不应该再恶化。为了实现这一要求并将 HAD 功能带到路上，必须采用新的先进技术（更多详细信息，请参见 15.2 节）。这些技术可用于改善非高度自动驾驶的主动安全系统，从而解决 Yerkes – Dodson 曲线的"保护"工作负荷（需求过度）（见图 15.1）。

效率

高度自动驾驶的另一个动机是通过降低能耗来提高效率。例如，自动驾驶功能可以针对即将到来的限速或前方车辆更准确地进行调节。通过车车通信可以改善路线规划；由其他车辆收集的路段交通流量的信息可以用来选择一条最佳路线。因此，短期内可以实现微观效率的提高。从长期来看，通过交通流量管理的优化路线规划是可行的，其中车辆接收来自全局规划建议路线以实现最佳的总交通量。因此，从宏观角度来看，效率也是可能提高的。

15.1.2 自动驾驶功能的发展

高度自动驾驶的实现已经迈出了第一步。2013 年，宝马公司推出了部分自动驾驶功能——拥堵路段的驾驶辅助。未来几年将会有更多的自动驾驶功能出现，最终逐步实现初步目标——高度自动驾驶。

对时间进程表的期望不应过高，随着自动化程度的提高，整个系统的复杂性会大大增加。此外，法律问题仍待解决。

15.1.3 高度自动驾驶简介：高速公路

作为高度自动驾驶的第一个用例，宝马公司仅仅在高速公路上看到了 HAD 功能（图 15.2）。以下两个原因可以解释：

1）在很多情况下高速公路是单调乏味的，并且不会对驾驶员提出很高的要求。在繁重驾驶任务的高速公路上，HAD 功能可以协助驾驶员将他的功能用于其他任务。

2）在不久的将来，高速公路上用例的"低"复杂性可能是可控的。不同的汽车制造商和供应商的原型示范已经在公共道路上得到展示。

与城市和乡村道路上的操纵相比，可能的驾驶操纵和与其他道路使用者交互的

功能概述
- 车道保持。
- 超车。
- 高速公路入口的合作特性。
- 遵守所有交通规则。
- 车速0~130km/h。
- 在适当的情况下，驾驶员可以将整个驾驶任务委派给车辆。
- 高速公路之间的高度自动化变化。

图 15.2 功能概述——高速公路上的高度自动驾驶

数量是有限的。尽可能排除复杂的过街操纵或行人/骑行者的情况。另外，高速公路具有不那么复杂的道路几何形状，并且还具有更固定的环境，没有永久性的变化。因此，地标（例如护栏、桥桩、车道线等）的高精度定位更容易实现。尽管高速公路上的用例相对简单，但与目前可用的驾驶员辅助系统相比，车辆验证要复杂得多。普通的驾驶员在高速公路上安全驾驶；在德国的高速公路上，大约每1200万km就会发生一次致命的交通事故。这些情况使得用传统方法验证HAD功能的安全性变得非常困难。必须在高速公路上完成很多测试里程，才能获得经过统计学验证的安全性证据。

15.1.4　直接安全效益

HAD功能不得对交通造成负面影响；与当今的全球安全性水平相比，交通安全性不应该再恶化。因此，预计高速公路上的安全性会直接提高，但这并不会导致交通事故和死亡事故的大幅减少。以下三点解释了为何HAD不会导致高速公路上死亡事故的显著减少：

（1）高速公路不是交通事故多发地段

来自德国的事故和交通统计数据显示，11%的交通事故死亡人数是由高速公路上的事故引起的，尽管所有行程中有30%是在高速公路上。这清楚地表明，与城市或乡村道路相比，高速公路上每公里发生的事故较少（图15.3）。

（2）高速公路上的事故通过市面上的ADAS得到了解决

起初，高度自动驾驶对道路安全没有什么好处。通过当今的ADAS，已经可以避免或减轻高速公路上的相关事故。高速公路事故的分布情况表明，60%的事故发生在车道上行驶的车辆之间，27%的事故是由

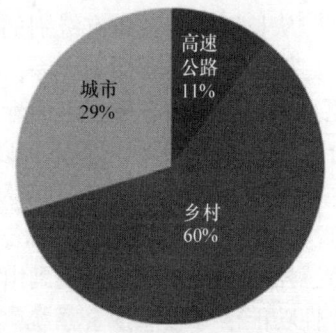

图 15.3　德国道路上的交通事故死亡人数

驾驶事故引起的，其中没有其他道路使用者造成事故原因。大多数的高速公路事故已经可以通过当前的 ADAS 解决，在现有的宝马 7 系乘用车中提供这些功能：

1）带紧急制动的自适应巡航控制系统。
2）主动防侧碰撞的车道保持辅助功能。
3）车道保持及转向辅助。
4）驾驶员疲劳检测。
5）拥堵辅助。
6）高级车载紧急呼叫系统。
7）主动保护。

（3）市场渗透率低

起初，高度自动驾驶功能的市场渗透局限于高价位的高配车型。这类车型的市场很小，因此整个车队最初预计 HAD 功能的市场渗透率较低。

15.1.5 间接安全效益

除了直接提高安全性之外，使用高度自动驾驶技术还能间接提高安全性。起初，当车辆不处于高度自动驾驶模式时，HAD 技术可用于改善主动安全系统。从长期来看，成本的下降还会导致 HAD 技术和主动安全系统的市场渗透率进一步提高。

（1）用于非自动驾驶的高度自动驾驶技术

高速公路上高度自动驾驶的第一个用例并未解决大多数事故，因为大多数交通事故都发生在城市和乡村道路上。准确地说，在这些情况下，可以通过较低水平的自动化设备来协助驾驶员，如图 15.4 所示。具有 HAD 功能的车辆将配备广泛的技术用于环境感知和自动车辆控制。这些技术可以用于改善主动安全系统，可以实现更精确地监测车辆周围的环境以及更详细地解释交通状况，这可用于设计先进功能（例如更大的车速范围，更大的减速度）和新的主动安全系统（例如辅助避撞）。主动安全系统优化的潜力将在 15.2 节进行讨论。

（2）HAD 技术的大众化

从长期来看，所有级别的车辆都有望实现更高的高度自动驾驶功能市场渗透率。根据经验，新的安全系统首先在高级车辆中引入，然后相继在所有车型中选配，最后成为所有乘用车的标准设备的一部分。对车辆安全性影响很大的例子有安全气囊、ABS、DSC（ESP）以及自动紧急制动系统（AEB）。

舒适性功能中的自适应巡航控制系统（ACC）于 2000 年在宝马 7 系乘用车中首次使用。与此同时，宝马公司提供不同车型的 ACC 系统。这些车型使用不同的传感器布局，从单摄像头到由立体摄像头和雷达组成的融合系统，以监测物体。安全性功能前方碰撞预警系统（FCW）包括自动紧急制动系统（AEB）是从舒适性功能 ACC 派生而来。为了防止潜在的追尾事故，系统会监测危急情况，警告驾驶员并启动自动制动。这个安全性功能对整个系统有很高的要求：它必须是可靠的；减速强度可以根据所考虑的物体的识别和确认而变化，直到完全减速，并且随时可

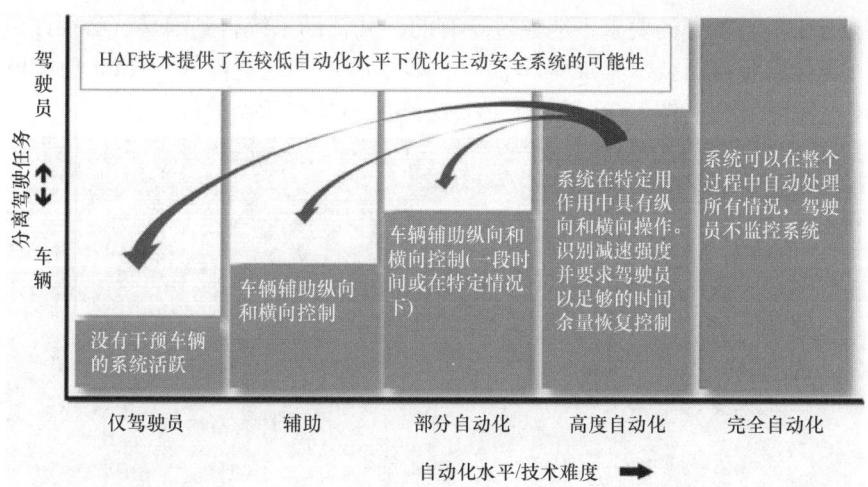

图 15.4 在非自动驾驶模式下使用 HAD 技术的可能性与自动化水平（BASt 分类）

以控制后方交通。尽管这些安全性的要求很高，但该功能已成为基本设备的一部分（例如在宝马 2 系 Active Tourer 中）并且未来将具有更高的市场渗透率。

舒适性和安全性系统的不同型号可以提供给所有车型；不同的型号在所提供的车速范围和紧急制动辅助的最大减速度方面有所不同。图 15.5 显示了宝马 2 系 Active Tourer 的基本版本与 X5 的高端版本之间的差异。

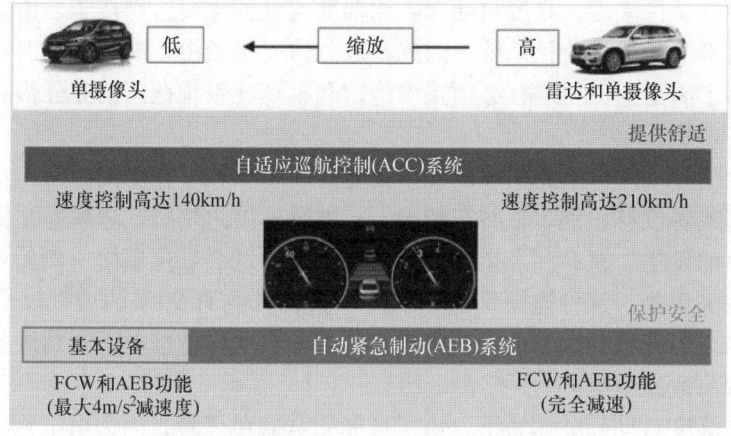

图 15.5 缩小 ACC 和 AEB 的系统特性

15.2 主动安全系统的发展前景

15.2.1 所需技术：高度自动驾驶

为了提供 HAD 功能，合并现有的驾驶员辅助系统是不够的。有关环境感知、路径规划和车辆管理的要求不能通过现有的驾驶辅助系统得到满足。必须改进现有系统，并且需要将新技术集成到车辆中。如果满足了这些前提，HAD 功能就可以在道路上保障安全。图 15.6 显示了必要的环境参数和所需的技术。

图 15.6　必要的环境参数和所需的技术

15.2.2　高度自动驾驶和辅助驾驶的区别

从车辆安全性来看，高度自动驾驶和辅助驾驶的主要区别在于，由于驾驶员在每次驾驶时都不能始终监控系统，因此，危急情况必须由系统解决，而不是由驾驶员解决。为了满足这一要求，必须正确确定和解释在系统范围内充分描述交通状况所需的所有变量。

在手动驾驶期间，危急情况的发生是通过一系列相互作用的因素，这些因素被驾驶员忽视或者没有识别。在特定情况下，驾驶速度过快会产生风险，但并不一定会导致事故的发生。只有在发生额外的关键因素时才会发生事故，例如视线不良的弯道后面的障碍物。这种连锁反应导致的事故，大约有90%的连锁反应是由于驾驶员的不当行为导致的。然而，值得注意的是，在大多数情况下，驾驶员能够以正确的反应解决危急情况。

即使在高度自动驾驶模式下，也不可能完全避免风险，因为由于无法排除不可预见的危险，道路交通本身是有风险的。因此，为了达到安全状态，当已定义的风险等级超过限度时，就应当开始采取行动，例如减速或中止换道行为。

或许，主动安全可以或必须从上述策略中吸取教训，因为车辆动态的自动干预无法在任何时候都能解决危急情况。在早期阶段，由于交通状况的解释存在不确定性，因此无法对车辆动态进行干预。不确定性会导致过高的误报率。错误反应的频率过高会导致接受程度降低，并且会对道路安全性造成负面影响。因此，只有在危急情况不可避免且驾驶员没有解决危险时才能进行早期干预。

15.2.3 主动安全系统的优势

对于高度自动驾驶功能来说,对环境进行详细的感知和正确的解释对于执行安全的路径规划和对威胁作出反应至关重要。为了满足这些要求,需要360°环境感知,它比现在可用的系统提供了更多交通情况的细节。子区域由不同的传感器(如摄像头、雷达和激光扫描仪等)覆盖;这导致传感器视图中存在有意的重叠区域(冗余)。因此,对所提供数据进行合理性检查是有必要的,并且可以实现高级功能设计,例如通过紧急制动或施加转向力矩以避开障碍物。

HAD车辆将与后端连接。必要的信息通过数据连接在两个方向上交互,从而安全地执行HAD功能。后端是一个服务器基础设施,为HAD功能提供诸如更新的地图数据、危险点或轨道限界等数据。作为扩展传感器,后端可以识别那些无法从车辆收集或超出车载传感器检测范围的威胁。后端收集来自不同来源的数据,评估并处理这些数据,为其他车辆提供有用的信息。典型的应用就是对交通堵塞的识别和警告。后端通过实时数据分析交通堵塞的情况,并将这些信息发送给相关车辆。如果这些信息可用,就可以实现安全并且有效的减速,如[17]所示。提供有用数据的另一种方式是从车队数据中获得。根据记录的车辆数据,辅助驾驶员相关参数由后端获得,例如速度限制、转弯速度或路口处的保持线。这些有用的参数可用于更好地评估交通状况。这需要严格遵守数据保护的相关法律。

高精度数字地图包含诸如精确车道的轨迹模型、交通标志、车道线和地标等信息。这些信息有利于更好地了解交通状况。通过环境感知和高精度数字地图,其他道路使用者可以在道路上互相关联,以确定可用的移动空间和可能的冲突点。地图可通过后端不断更新。

通过使用高精度定位和高度可用作动器,在物理极限的自动车辆控制可用于展示主动安全系统,事实上宝马公司已经展示过该项技术。紧急制动、避障更高速度时的自动横向和纵向车辆控制以及紧急情况下的路边安全保持是有可能的。

驾驶员监测可用于主动安全系统的高级功能。通过分析驾驶行为,理论上可以确定驾驶员是否识别出关键的交通状况。如果存在信息不足的情况,可以在不增加不合理的警告的前提下对驾驶员进行特别警告。因此,可以在一个可接受的误报率下实现更高的效率。通过驾驶员的驾驶行为可以识别出即将进行的操作。可以限制车辆可能出现的运动,通过这些信息,可以更好地解释交通状况。

15.2.4 主动安全系统的开发过程

可用的主动安全系统已经解决了大部分最常见的事故。然而,并非所有事故都可以用当前的系统设计来解决,因为现今交通状况不能得到完全解释。这种限制是由于交通状况的变化过快以及定义交通状况的参数(道路拓扑、道路使用者、驾驶员状况等)过多造成的。因此,主动安全系统的系统设计侧重于常见类型的事故（如追尾事故），该事故发生的原因很少（如停车距离不足）。这种方法有非常良好的表现，并且现场覆盖率很高，例如［11］中描述的追尾事故。

对事故数据的详细分析表明，有 5313 个有意义的事故类型和原因的组合，涵盖了所有可能发生的交通事故。有趣的是，有 26 种最常见的事故类型和原因的组合涵盖了所有事故中的 50%，如图 15.7 所示。

事故类型和原因的覆盖范围的额外线性增加导致开发主动安全系统所需的努力呈指数增长。为了获得更大的事故覆盖范围，这种方法已不再可行。在开发单个主动安全系统时，需要付出巨大的努力才能涵盖一小部分事故。主动安全系统的不同系统设计的数量将导致整个系统不再具有可管理的复杂性。对于可管理的系统，需要新的方法才能够解决紧急情况的更大变化。

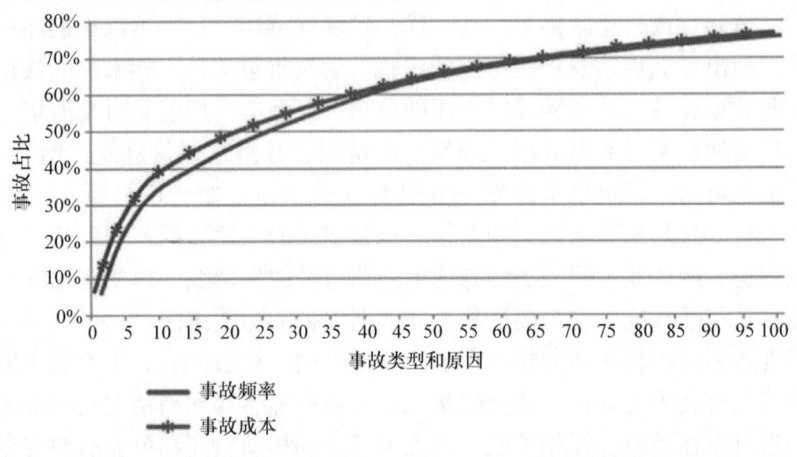

图 15.7　事故的累积覆盖范围取决于事故类型和事故原因的组合

15.2.5　未来需求和展望

对于紧急情况的更大覆盖范围，潜在交通状况的变化太大，只有在计算交通状况的危险程度时包括所有相关属性时才能得到解决。主动安全系统的功能开发需要新的方法，特别是由于自动化程度的提高，人们认识到应考虑的交通状况的属性越来越多。尤其是在交通状况的解释和评估时，Rodemerk 等人以及 Wachenfeld 和 Winner 要求采用更通用的方法。未来的方法不应局限于几种有限变化的事故类型。它们应该将交通状况作为一个整体来解释。

为了减少事故发生，需要尽早解决事故原因，而不仅仅是在碰撞不可避免的最后时刻才作出反应。要做到这一点，就必须正确解读交通状况，并找出潜在的事故原因。第一步，必须确定和评估交通状况的所有相关属性，如图 15.8 所示。第一个挑战是确定哪些属性是相关的（如道路拓扑）以及如何确定这些属性（例如，使用高精度数字地图）。只有捕获了所有相关属性，才能识别紧急情况的原因，并在下一步中解决。

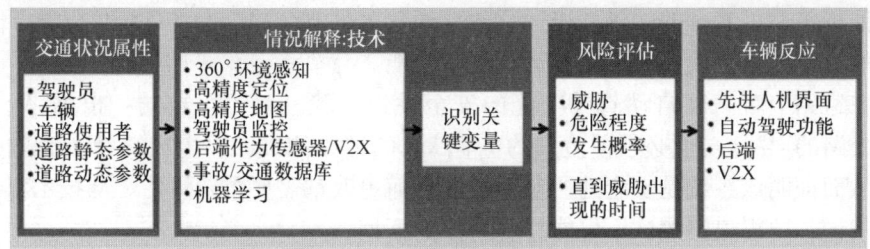

图 15.8 ADAS 的系统信息流

并非所有属性都能在没有其他新技术的情况下被捕获。被车辆撞到的行人、路段上的事故黑点或道路状况不能被目前车辆中可用的系统完全辨认。

下一步,需要评估被捕获的交通状况特性,以便推导出这种状况的关键变量。一个例子是:行人碰撞、交叉轨迹、湿路、驾驶员注意力分散、左侧有学校、时间等。

在确定关键变量后,下一步将对风险进行评估。风险评估不仅要覆盖选定的事故类型,还要采用通用的方法。因此,风险评估提供了诸如威胁类型、危险程度、发生的可能性以及威胁前的时间等因素。

最后一步,车辆在风险评估的基础上作出反应。根据升级级别,反应的范围可以从警告信息到自动驾驶操作。这里面临的挑战是不要因信息过多而打扰驾驶员或使驾驶员过度紧张。为了解决这个问题,当信息不足时,只能将专用信息发送给驾驶员。

高度自动驾驶的新技术将使主动安全系统的功能发展向三个方面转变:

1)对当前主动安全系统(如躲避辅助)的改进,包括对交通状况更多属性的解释和先进的驱动策略。

2)新的主动安全系统(如紧急停车辅助),可在驾驶员无法执行驾驶任务时解决紧急情况。

3)对整个交通状况进行持续的风险评估,以便通过更好地解释交通状况来更早地解决紧急情况。因此,如果存在信息不足的情况,驾驶员可以通过专门为此目的提供的信息来缓和紧急情况。

15.3　对主动安全系统和 HAD 系统有效性的前瞻性评估

15.3.1　挑战

高度自动驾驶功能和主动安全系统是安全相关的;戴姆勒公司也讨论了与 HAD 功能相关的挑战和安全相关验证问题。很明显,主动安全系统的开发和使用需要有关主动安全系统对交通安全影响的前瞻性和定量陈述,如 [15] 中的要求。对于 HAD 功能的认证,必须证明其对交通安全没有负面影响。可用的驾驶辅助系统必须提供能够证明驾驶功能安全并且可管理的证据。对可用驾驶员辅助系统的这种验证仍然是可管理的。供系统运行的交通状况是复杂的,但是系统仅仅基于交通状况的有限数目的属性来评估和运行驾驶功能。

在道路上对高度自动驾驶功能的安全性进行验证是不可行的:根据 Winner,高速公路的 HAD 功能必须覆盖大约 1 亿 km 的道路测试,以生成统计上有效的声明,从而证明该系统是安全的。对系统的任何更改都需要重新评估。从技术上和经济上来说,单靠道路测试不可能提供必需的证据。

另一个问题是大量不可预估的交通状况。这需要验证系统的感知和认知能力。利用当前可用的方法,不可能验证高度自动驾驶功能或复杂的主动安全系统。

15.3.2 模型设计的可变性

HAD 功能和主动安全系统旨在执行自动车辆引导以及避免或将紧急情况的后果最小化。为实现这一目标,需要捕获与驾驶员、交通状况和系统本身相关的所有参数,并且需要进行必要的响应。这导致了广泛的可能变化,如图 15.9 所示。每种变化在原则上都意味着对交通安全产生正面或负面的影响,因此必须加以考虑。例如,建议采用随机模型来覆盖相关影响因素的变化。

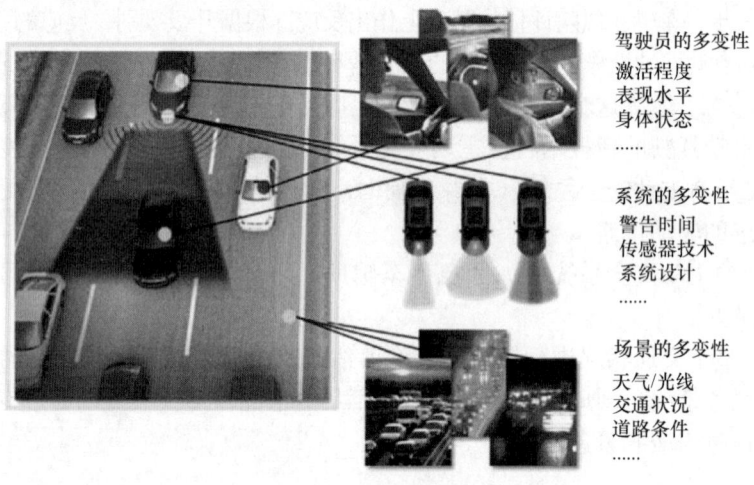

驾驶员的多变性
激活程度
表现水平
身体状态
……

系统的多变性
警告时间
传感器技术
系统设计
……

场景的多变性
天气/光线
交通状况
道路条件
……

图 15.9 建模的必要变化,例如紧急制动系统

15.3.3 效果评价

根据 Kompass 等人的要求,有必要制定客观指标,以确定有关交通安全效益的可量化预测。需要考虑汽车制造商、供应商、官方决策者、保险公司和消费者保护机构的不同利益。这需要谨慎地定义一个指标,该指标必须满足上述利益相关者的所有必要利益,以得到必要的接受。

除了新驾驶功能的安全效益,还需要考虑可能的风险以评价交通安全性。Helmer 在 [30] 中展示了一种在客观指标的帮助下对安全效益和负面影响进行评价的方法。通过使用这一方法，可以根据交通安全性评价驾驶功能，并在开发过程中进行优化。

对系统的综合考虑必须考虑不同边界条件。只有借助虚拟测试和验证才能实现对 HAD 功能和未来安全功能的全面评价，其中必须采用真实的交通场景。在第 20 章中详细描述了一种对 HAD 功能和主动安全系统有效性评价的过程。

为了更接近统一的方法论，"协调小组"于 2012 年成立，由来自不同领域的代表组成。有效性分析方法的一次试验性使用被应用于 AdaptIVe 项目，从而在 HAD 功能的开发和验证阶段分析迭代过程。

15.4 结论

高度自动驾驶将提高舒适性和安全性。在高速公路上的第一个 HAD 用例中，交通事故的数量不会大幅减少，但与城市或农村道路相比，高速公路上的事故数量较少，并且目前可用的主动安全系统进行了处理以及高度自动驾驶功能的市场渗透率较低。

高度自动驾驶可以成为安全性功能的推动者，并且可以在任何交通状况下提高辅助驾驶方面的安全性，可以改进现有的主动安全系统，并且可以实施新的主动安全系统，可以处理大量不同的事故。

主动安全系统的有效性分析和 HAD 功能的验证要求新的和迄今尚未解决的挑战。目前可用的方法没有充分证明安全效益的证据。需要进行有效性分析来解决这个问题，以便 HAD 功能和改进的主动安全系统可以上路。

参 考 文 献

1. T.M. Gasser, D. Westhoff, BASt-Study: Definitions of Automation and Legal Issues in Germany, German Federal Highway Research Institute, 2012
2. D. Damböck, M. Farid, L. Tönert, K. Bengler, Übernahmezeiten beim hochautomatisierten Fahren, 5. Tagung Fahrerassistenz, Munich, 2012
3. R. Yerkes, J. Dodson, The relation of strength of stimulus to rapidity of habit-formation. J. Comp. Neurol. Psychol. **18**(5), 459–482 (1908)
4. S. Lüke, O. Fochler, T. Schaller, U. Regensburger, Stauassistenz und -automation, in *Handbuch Fahrerassistenzsysteme*, 3. Auflage, ed. by H. Winner, S. Hakuli, F. Lotz, C. Singer (Springer Vieweg, Wiesbaden, 2015)
5. B. Filzek, Schlüsseltechnologien zum Automatisierten Fahren, AAET 2014, Braunschweig, 2014
6. BMW Group PressClub Global, Ready for Takeover! (2011), [Online] https://www.press.bmwgroup.com
7. AUDI AG, Long-Distance Test Drive Successfully Completed: Audi A7 Sportback Piloted Driving Concept Arrives in Las Vegas Following 560 Mile Drive (2015), [Online] http://www.audi-mediacenter.com
8. Daimler AG, Pioneering Achievement: Autonomous Long-Distance Drive in Rural and Mercedes-Benz S-Class INTELLIGENT DRIVE Drives Autonomously in the Tracks of Bertha Benz (2013), [Online] http://media.daimler.com
9. H. Winner, Absicherung automatischen Fahrens, 6. FAS-Tagung München, Munich, 2013
10. DESTATIS, Road Accidents 2012, Statistisches Bundesamt, Wiesbaden 2013

11. T. Hummel, M. Kühn, J. Bende, A. Lang, An Investigation of Their Potential Safety Benefits Based on an Analysis of Insurance Claims in Germany, UDV (German Insurers Accident Research), Berlin, 2011
12. DESTATIS, Road Accidents 2013, Statistisches Bundesamt, Wiesbaden, 2014
13. BMW Group, BMW 7 Series (2015), [Online] http://www.bmw.com/7series
14. T. Schaller, Active Safety on the Road Towards Highly Automated Driving, in *8th Graz Symposium Virtuelles Fahrzeug*, Graz, 2015
15. K. Kompass, T. Helmer, L. Wang, R. Kates, Gesamthafte Bewertung der Sicherheitsveränderung durch FAS/HAF im Verkehrssystem: Der Beitrag von Simulation, in *Haus der Technik—Tagung Fahrerassistenz und Aktive Sicherheit*, Essen, 2015
16. N. Aeberhard, S. Rauch, M. Bahram, G. Tanzmeister, J. Thomas, Y. Pilat, F. Homm, W. Huber, N. Kaempchen, Experience, results and lessons learned from automated driving on Germany's highway. IEEE Intell. Transp. Syst. Mag. **7**(1), 42–57 (2015)
17. F. Klanner, C. Ruhhammer, Backendsysteme zur Erweiterung der Wahrnehmungsreichweite von Faherassistenzsystemen, in *Handbuch Fahrerassistenzsysteme*, 3. Auflage, ed. by H. Winner, S. Hakuli, F. Lotz, C. Singer (Springer, Wiesbaden, 2015)
18. R. Krzikalla, A. Schindler, M. Wankerl, R. Wertheimer, *Vernetztes Automobil: Mehr Sicherheit durch Positionsbestimmung mit Satelliten und Landmarken* (Springer, Wiesbaden, 2014)
19. P. Waldmann, D. Niehues, Der BMW Track Trainer—Automatisiertes fahren im Grenzbereich auf der Nürburgring Nordschleife, Garching, 4.Tagung Sicherheit durch Fahrerassistenz, Germany, 2010
20. BMW Group PressClub Global, BMW at the Consumer Electronics Show: Highly Automated Driving at the Limit (2014), [Online] https://www.press.bmwgroup.com/
21. N. Kaempchen, M. Aeberhard, P. Waldmann, M. Ardelt, S. Rauch, Der BMW Nothalteassistent: Hochautomatisiertes Fahren für mehr Sicherheit im Straßenverkehr, Elektronik Automotive, 2011
22. M. Liebner, C. Ruhhammer, F. Klanner, C. Stiller, Generic Driver Intent Inference Based on Parametric Models, in *IEEE Conference on Intelligent Transportation Systems, Proceedings*, Netherlands, 2013
22. M. Liebner, F. Klanner, Driver intent inference and risk assessment, in *Handbook of Driver Assistance Systems*, ed. by H. Winner, S. Hakuli, F. Lotz, C. Singer (Springer, Switzerland, 2015)
24. T. Heinrich, J. Ortlepp, J. Schmiele und H. Voß, Infrastrukturgestützte Fahrerassistenz, UDV (German Insurers Accident Research), Berlin, 2011
25. C. Rodemerk, S. Habenicht, A. Weitzel, H. Winner, T. Schmitt, Development of a General Criticality Criterion for the Risk Estimation of Driving Situations and Its Application to A Maneuver-Based Lane Change Assistance System, Alcala de Henares, in *IEEE Intelligent Vehicles Symposium*, Spain, 2012
26. W. Wachenfeld, H. Winner, Lernen autonome Fahrzeuge? in *Autonomes Fahren—Technische, rechtliche und gesellschaftliche Aspekte*, ed. by M. Maurer, J. Christian Gerdes, B. Lenz, H. Winner (Springer Vieweg, Berlin, 2015)
27. A. Seewald, C. Haß, M. Keller, T. Bertram, Emergency steering assist for collision avoidance. ATZ Worldwide **117**, 14–19 (2015)
28. R. Herrtwich, Autonomous Automobile Future, in *8th Graz Symposium Virtuelles Fahrzeug*, Graz, 2015
29. K. Kompass, L. Wang, T. Helmer, Prospektive Wirksamkeitsanalyse von aktiven Sicherheitssystemen und HAF, VDA Technischer Kongress, 2015
30. T. Helmer, Development of a Methodology for the Evaluation of Active Safety Using the Example of Preventive Pedestrian Protection, Springer Thesis, 2015
31. Y. Page, F. Fahrenkrog, A. Fiorentino, J. Gwehenberger, T. Helmer, M. Lindman, O. Lex van Rooij, S. Puch, M. Fränzle, U. Sander, P. Wimmer, A Comprehensive and Harmonized Method for Assessing the Effectiveness of Advanced Driver Assistance Systems by Virtual Simulation: The P.E.A.R.S. Initiative, in *International Technical Conference on the Enhanced Safety of the Vehicles*, Gothenburg, Sweden, 2015
32. AdaptIVe, European Research Project: AdaptIVe, Automated Driving (2015), [Online] https://www.adaptive-ip.eu

第 16 章　自动驾驶系统的功能安全：ISO 26262 会面临挑战吗？

16.1　引言

多年来，关于自动驾驶的科幻小说激发了人们的想象力。在 20 世纪 80 年代早期，电视连续剧《霹雳游侠》展示了一款名叫 KITT 的自动驾驶和人工智能汽车，口号是："霹雳游侠，一次进入无人的危险世界的神秘的飞行"。当时的技术着迷于一种技术的可能性，并设想在不久的将来，有可能驾驶或简单地乘坐这种类型的汽车。如今，几十年后，这一愿景开始成为现实，这将改变和进一步影响现有的人类道路交通系统的共同理解。在过去的 30 年中，汽车技术的主要创新已经在汽车工业的 E/E 系统中实现了。例如，1978 年的防抱死制动系统（ABS），1995 年的电子稳定程序（ESP），直到 2010 年的防碰撞系统，如图 16.1 所示。

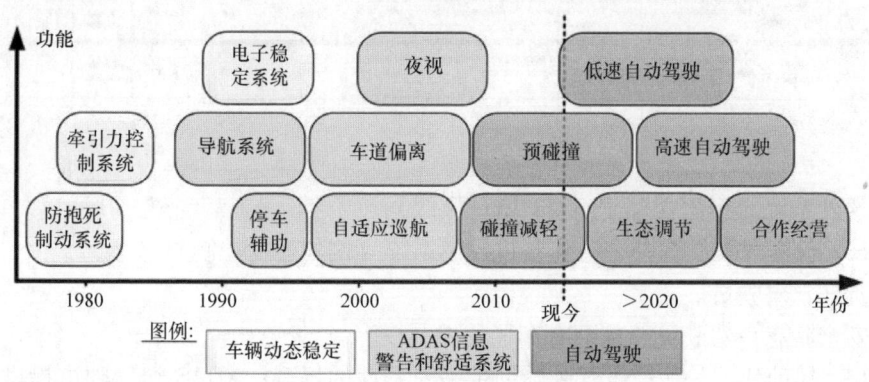

图 16.1　高级驾驶功能的进化

新一代先进的驾驶辅助系统（ADAS）在两个方面比以往更加复杂：首先，从技术角度出发，引入新的技术来实现所需的功能；其次，从整个汽车供应链，包括在汽车的生命周期中涉及的不同类型的服务和产品供应商的组织观点出发。在本章，我们将着重于技术方面，以及关于自动化驾驶功能的挑战和如何应用关于汽车功能安全的现有版本的 ISO 26262 标准的讨论。

16.1.1　从驾驶员辅助到高度自动化驾驶系统

如今，几乎市场上每辆车都提供驾驶辅助系统（例如电子稳定控制——ESC）。安全起见，高档汽车配备有各种附加的 ADAS 功能（例如自适应巡航控制——ACC）。这种系统的引入有助于减少致命事故的数量。然而，超过 90% 的事故仍然是由于人类行为不当或错误造成的。因此，通过引入新一代 ADAS 来减少人类造成的事故的数量是欧盟的一个重要课题。

在标准的 J3016 中，SAE 对道路车辆的驾驶自动化的定义不同于 BASt 和 NHT-SA 给出的建议，在图 16.2 中做了比较。各种标准/建议所提出的等级之间的比较可能达到 L4 "完全自动化"，图（见彩插）16.2 中的蓝线。

Level	Name	Narrative definition	Execution of steering and acceleration/ deceleration	Monitoring of driving environment	Fallback performance of dynamic driving task	System capability (driving modes)	BASt level	NHTSA level
Human driver monitors the driving environment								
0	No Automation	the full-time performance by the *human driver* of all aspects of the *dynamic driving task*, even when enhanced by warning or intervention systems	Human driver	Human driver	Human driver	n/a	Driver only	0
1	Driver Assistance	the *driving mode*-specific execution by a driver assistance system of either steering or acceleration/deceleration using information about the driving environment and with the expectation that the *human driver* perform all remaining aspects of the *dynamic driving task*	Human driver and system	Human driver	Human driver	Some driving modes	Assisted	1
2	Partial Automation	the *driving mode*-specific execution by one or more driver assistance systems of both steering and acceleration/deceleration using information about the driving environment and with the expectation that the *human driver* perform all remaining aspects of the *dynamic driving task*	System	Human driver	Human driver	Some driving modes	Partially automated	2
Automated driving system ("system") monitors the driving environment								
3	Conditional Automation	the *driving mode*-specific performance by an automated driving system of all aspects of the *dynamic driving task* with the expectation that the *human driver* will respond appropriately to a request to intervene	System	System	Human driver	Some driving modes	Highly automated	3
4	High Automation	the *driving mode*-specific performance by an automated driving system of all aspects of the *dynamic driving task*, even if a *human driver* does not respond appropriately to a request to intervene	System	System	System	Some driving modes	Fully automated	3/4
5	Full Automation	the full-time performance by an automated driving system of all aspects of the dynamic driving task under all roadway and environmental conditions that can be managed by a *human driver*	System	System	System	All driving modes		

图　16.2

驾驶系统的演化（基于 BASt/Lx…x 级）：

L0. 仅由驾驶员驾驶——驾驶员控制系统（例如速度控制）。

责任：驾驶员。

安全状态：驾驶员总是拥有车辆的控制权。

L1. 辅助驾驶——高级驾驶辅助带来安全性的提升；ADAS 给驾驶员提供帮助（例如，EBA，ACC，LKA）。

责任：驾驶员。

安全状态：驾驶员完全接管车辆的控制。

L2. 部分自动驾驶——在一些情况下（例如高速公路辅助），驾驶系统在一段特定的时间内对车辆进行横向和纵向控制。

责任：驾驶员。

第 16 章　自动驾驶系统的功能安全：ISO 26262 会面临挑战吗？

安全状态：驾驶员完全接管车辆的控制。

L3. 高度自动化——在一些确定的情况下（例如高速公路行驶），驾驶系统在一段特定的时间内对车辆进行横向和纵向控制。

责任：驾驶员或系统。

安全状态：驾驶员在特定的时间范围内接管车辆的完全控制，或者如果驾驶员没有接管完全控制，则系统必须在限定的驾驶情况下控制车辆。

L4. 全自动驾驶系统——驾驶系统在应用程序的特定情况下（例如高速公路驾驶）有横向和纵向运动的完全控制。

责任：系统。

安全状态：系统在所有驾驶情况下都控制车辆。

在 SAE J3016 中，最高等级是全自动驾驶。这意味着从我们的角度来看，一个自动驾驶的车辆能够在无人驾驶的情况下行驶。本章没有达到这一水平，因为这种情况与今天的技术实践相差甚远。

在未来几年中，驾驶员的角色对于在车辆中引入自动驾驶功能仍然很重要。对于高水平的自动驾驶，驾驶员不应该被要求处理任何关键的驾驶情况。在这种情况下，ADS 应该能够自主地处理任何类型的驾驶情况，但这仍然是一个未来的愿景，预计在 2025—2035 年期间会成为现实。

在过去，汽车制造商单独实现了其特定的 ADAS 功能，并使用不同的 OEM 代号，例如自适应巡航控制（ACC）、巡航控制（CC）、协同自适应巡航控制（CACC）、限距控制系统增强版。功能本身以及处理和用户交互通常略有不同，以保证 OEM 特有的独创性。为了引入 ADS 功能，必须调整自动化水平；否则，如 NHTSA 所建议的，没有培训过或延长的自动化车辆驾驶证，驾驶员将不能按要求的方式操作不同的系统。处理这些挑战的一个重要方面是市场中所有 OEM 的 ADS 功能的标准化和协调化。标准化不仅必须包括车辆本身，而且必须包括实现 ADS 功能，如基础设施（如地图数据）或环境（如安全 C2X 通信）所需的与生态系统相关的总体方面。在航空领域，规则制定咨询委员会 ARAC 协调所有航空专用标准（例如，系统故障、未确定的空中交通状况和人为因素故障）。在汽车工业中，人们也认识到有必要设立这样一个道路车辆规则制定咨询委员会，因为自动驾驶车辆将不像过去那样是一个封闭的系统。

如果我们把航空业的情况与道路机动性安全标准相比较，ISO 26262 今天只涵盖这些系统安全规则的一个子集。举个例子，我们希望提及 ADS 与驾驶员在诸如警告驾驶员、支持驾驶员以便能够发生适当的反应以及向驾驶员反馈关于自身的反应等方面的相互作用。只有当明确地定义了车辆的反应并且驾驶员知道车辆自己执行了哪些动作时，在需要时才可以期望驾驶员在特定的驾驶情况下作出正确的决定或反应。

16.1.2 根据 ISO 26262 的功能安全

安全性是道路车辆发展的关键问题之一。新的车辆功能不仅作为驾驶员辅助功能，而且车辆动力学、主被动安全系统被归入系统安全工程领域。这些功能的开发和集成将加强在系统开发中认真考虑安全性的必要性，以及提供所有合理的系统安全目标均已实现的证据的必要性。

不同的安全等级（LoS）（见图 16.3）：

LoS1. 关于产品责任的安全，任何种类的安全方面都必须包含在内，以便获得在特定客户市场上推出产品的许可（例如，高压系统的电气安全）。

LoS2. 具有机电系统任何类型故障的跨部门视图的功能安全（例如，可能导致危险事件的机械部件的故障）。

LoS3. 强调电气和电子（E/E）系统的任何类型故障的功能安全（例如，必须监测和处理硬件内的故障，以实现系统的安全状态）。这意味着对于汽车工业，ISO 26262 标准必须被应用。

图 16.3　不同安全等级综述

ISO 26262 "道路车辆 - 功能安全"是汽车工业专用的标准，也是通用的工业功能性安全标准 IEC 61508 的衍生。ISO 26262 于 2011 年 11 月发布，成为最先进的汽车 E/E 系统国际标准。它为汽车 E/E 系统的完整安全生命周期提供了一种结构化的通用方法，包括设计、开发、生产、服务过程和退役。ISO 26262 将汽车安全完整性等级（ASIL）定义为项目安全危急危险情况的风险分类参数。这是安全生命周期中所有后续安全活动的重要参数。ASIL 可以看作是降低风险要求以达到可容忍风险水平的参数。

整个系统工程必须包括各种系统特性，如可靠性、可用性、可维护性、安全性和（功能）安全性。可靠性工程与安全工程和系统安全密切相关。两者使用共同的方法进行分析，并且可能需要彼此输入。可靠性工程通常着重于由系统停机时间、备件成本、修理设备、人员和保修索赔成本引起的故障成本。安全工程通常不强调成本，而是保护生命和自然。因此，它只涉及特定的安全、危急和危险的系统故障模式。安全性和可靠性是不同的性质。系统可以是可靠和不安全的，同时它也可能是不安全和可靠的（见图 16.4）。此外，在某些情况下，这些属性甚至相互冲突。利文森从军事、航空电子和化学工业等非常有趣的例子中讨论了这个问题。

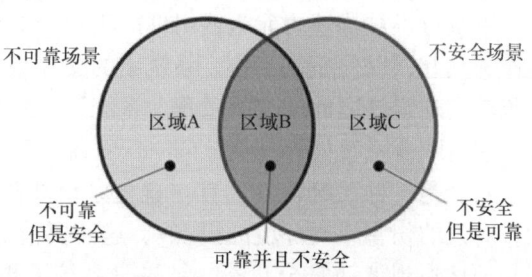

图 16.4 不可靠和不安全场景的关系

ISO 26262 标准规定"ISO 26262 不涉及 E/E 系统的标称性能，即使这些系统（例如，主动和被动安全系统、制动系统、自适应巡航控制）存在专用的功能性能标准"。ASIL 不是 ADS 功能的其他系统性能（如可维护性、可靠性、可用性）的标称性能度量。在对特定范围（例如，可维护系统的平均修复时间）的某些分析中，需要检查其他关注点的特定度量。

ISO 26262 标准通过引入要求和建议来提供指导，以降低系统开发失败的风险，并处理 E/E 系统的复杂性。然而，遵守标准对公司来说是一个重大的挑战，因为 ISO 26262 规定了要求和建议，但没有明确地规定在特定应用的背景下如何有效地实施这些要求和建议。为了在特定应用中实施 ISO 26262 的要求和建议，功能安全方面的专家知识必须为特定应用创建 ISO 26262 的经过深思熟虑的辩论和文档化的解释。

ISO 26262 提供了基于 V 模型系统的由上向下的工程方法。规范从系统-系统（SoS）级别开始细分到子系统和组件级别，然后到硬件（HW）和软件（SW）模块的实现级别。HW 和 SW 的实现和验证之后，在 V 模型的右侧遵循由下向上的集成方法：将 HW 和 SW 模块集成到组件（例如，ECU 中的 HW 和 SW）、子系统中的组件（例如，高压电池中的 ECU）、子系统到系统（例如，动力系统中的高压电池）和 SOS 系统（例如，车辆动力传动系统）。

16.2 ADS 的大挑战

一些挑战与一般意义上的自动化系统尤其相关（与传统汽车电子系统相比），并且与复杂性、可用性和可靠性相关。本节概述了为了 ADS 安全关键方面的发展必须调查的不同类型的挑战。

16.2.1 增加 ADS 的复杂性

系统可以被描述为元素或组件的集合，这些元素或组件涉及它们与其他元素的协作和交互，以便正常工作。系统中的交互是通过物质、能量和信息（组件关系）的流动实现组件之间的交换过程。系统万一发生故障，应该能够以容错方式作出反应，这意味着系统能够捕获故障——系统及其预期功能能够存活。

安全是一种系统特性，旨在避免系统故障或故障造成任何实质性的损害（例如，对人的伤害或对环境的损害），这需要精确地检测错误。如果检测到错误，系统必须切换到被动安全状态，结果是系统不再可用或可靠，但它是安全的（故障完整性）。必须协调诸如可用性、可靠性和安全性等系统属性的影响，并且需要一种权衡，因为 ADS 可以是安全的，但这并不意味着系统可用或安全。

如果系统需要保证高度可用性和故障操作特性，那么系统架构预计实现功能的复杂度更高。这意味着系统在组件数量和它们之间的交互方面增长。额外的系统对安全的影响更加复杂。此外，当通过增加元件之间的非线性函数来实现重复相互作用时，会产生意想不到的效果。复杂系统最重要的属性是：

不透明度——系统及其部件的状态、互连和行为仅部分已知。

敏感度——在意外输入改变的情况下的结果的干扰。

不稳定性——最小的干扰导致系统未知的不需要的行为。

内部动力学——没有任何外部影响时，系统本身的状态的连续变化。

上述属性促进了附加故障的出现并使它们的识别复杂化。尽管最简单的组件和交互，整个系统生成无法从特定组件导出的形式、模式和行为动态。这种性质被称为出现，它来自于系统组件的各种信号反馈。一种流行的开发方法是抽象现实，这意味着构建一个模型，以简化或减少现实，并捕捉系统有趣的主要行为。模型的状态空间总是小于真实世界的状态空间，因为没有考虑影响部件的所有参数，例如温度和摩擦。组件模型的合成不显示所有操作状态或所有链接条件，特别是可能会出现不良影响和隐藏连接（见图 16.5）。

组件之间的不明确耦合以及不同集成级别上的耦合可能导致系统建模期间的系统故障。这些非透明链接和对信号的反应是产生负面影响的原因，例如出现（由最低级别上最小的状态变化引起的不直接导出的自发系统行为）、常见原因影响（单个故障，同时导致多个部件故障）带电逃逸（未提供功能的激活，并且在概念或信号流中未指定）和隐藏链接（系统中的不想要的操作状态，未被识别为故障）。在这些情况下，系统工作不正常，而不可见的状态是难以探测的。这可能导致系统中所有安全储备的损失。实施的安全机制是无效的，不能激活，因为功能链是未知的。这些非透明链接必须在系统设计期间被发现。

掌握复杂系统的任务是及时控制上述影响并防止有害的影响。这可以通过安全系统设计和增加系统透明度来实现，设计的质量、坚固性和容错性取决于应用开发

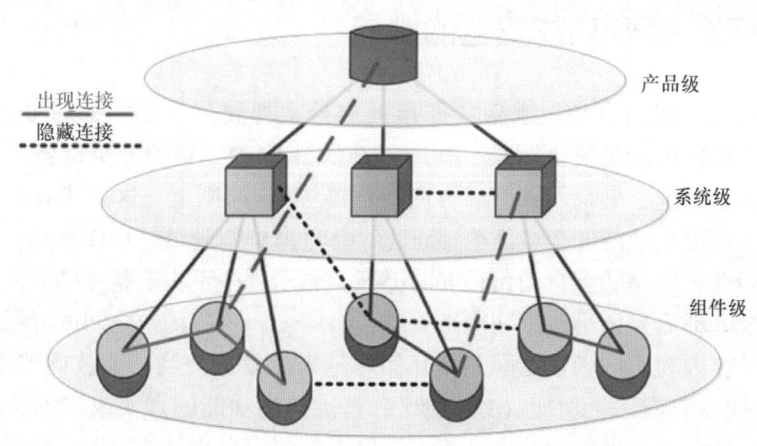

图 16.5　系统组件与集成级别之间的潜在关系

过程的预测潜力。

16.2.2　关于 ADS 可用性和可靠性的严格要求

高度的自动化意味着通常由驾驶员执行的许多任务甚至可能是全部任务,现在将由控制系统以驾驶员完全依赖于这些系统的正确操作的方式执行。当驾驶员"不在回路中"时,功能的不可用性——例如,不能执行自动制动或自动转向——比驾驶员"在回路中"时更为关键。关于安全性,一般认为如果驾驶员被告知停用,诸如常规巡航控制或自适应巡航控制之类的半自主功能突然停用是可以接受的。失活可能由系统中检测到的错误诸如 ESP 或 ASR 的稳定函数的激活或其他触发条件引起。即使驾驶员被迫接管车辆的控制,车辆自主驾驶能力的突然丧失,或许在完全自主驾驶数小时之后,通常被认为与安全密切相关。在极端情况下,车辆继续完全自主地操作,并且达到驾驶员甚至没有任何可能接管控制的程度。

因此,我们越接近完全自主的车辆,确保自动化功能完全可用就越重要。传统的"故障安全"设计解决方案依赖于停用函数并通知驱动程序,这已经不够了。代替故障安全设计,将需要容错设计,以便即使在系统中遇到故障时,功能仍然可以运行。

鉴于高度自动化驾驶功能的潜在失效的严重性,很明显,提供这些功能的系统能够显著地影响车辆行为。潜在的失效将导致语言效果,因此高度自主功能通常相互关联,这对安全完整性有严格的要求。然而,应当指出,许多常规系统也需要高度的安全完整性,例如制动系统和转向系统。因此,这方面不是自动驾驶车辆功能和其他车辆功能之间的根本区别。一般来说,自动化功能往往与更严格的安全要求相关联。

16.3 有关 ADS 功能安全的挑战

对于相对较高的自动化水平（即接近"自主驾驶"），必须面对复杂性问题，使得安全分析比传统系统更困难。在"经典"车辆中，驾驶员负责协调所有车辆功能（加速、减速、转向、前灯、方向指示器等）。原则上，这意味着每个独立的系统功能都可以在功能安全方面单独研究，并考虑到驾驶员处理该车辆功能的特定故障的可能性。但是随着自动化程度的提高，驱动程序不再是整体的协调器，这意味着任何故障都需要由另一个功能来处理。事实上，这些函数之间的界限变得模糊和难以定义，因为不同函数之间的相互作用越来越复杂。当功能彼此严重依赖时，ISO 26262 每次查看一个功能（或"项"，它是提供功能的真实或想象的系统）的方法不太合适。在下面的章节中，将讨论更多的与安全相关的主题，还必须考虑到的自动驾驶工程。

车辆的创新应该遵循一种持续进化的方法。未来技术的发展基于现有的汽车工程最佳实践，而不仅仅是对现有技术的重用。下面将讨论这些进化方面的一些问题。

16.3.1 用于基本驾驶功能的车辆平台

当前关于 ADS 的许多讨论都涉及通过附加 ADS 功能替换单个驱动程序任务的功能级别。需要进一步解决的重要问题是基本驱动功能，如加速、制动和转向，以实现所需的车辆运动。为了实现这些功能，目前车辆通过诸如液压或机电制动系统中的力支持等手段为人类驾驶员提供功能特定的帮助。自动驾驶功能的系统需要改进，以支持完全需要的制动力而不需要人为驾驶员。此外，必须更新现有系统的安全概念，因为 ECU（例如转向系统的 ECU）需要检测任何类型的故障，并且必须减轻它们的影响。因为没有驱动器，所以系统必须自己监测、决定和反应。转向系统的安全目标可以表述为"避免来自转向系统的可逆和不可逆的转向请求受任何涉及的 E/E 系统的影响"（例如，转向角传感器或 ECU）。三层监控概念（EGAS 概念）提供了一种可能的技术解决方案，这是德国 OEMs 公布的汽车发动机控制安全设计的标准化原则。

未来的车辆架构将在汽车工业中引入新的安全概念（例如，线控转向系统将改变与当今系统相比的安全概念）。如果发生任何故障，就不可能以故障静默模式停用为安全状态（例如，故障操作模式可以通过冗余系统架构实现）。由此可见，在现有的车辆平台上实现 ADS 功能不能仅仅看作是对现有功能的附加。车辆的总体安全概念必须被更新以适应即将到来的关于高度自动化车辆的容错和故障操作行为的要求。

问题：现有的车辆平台准备好 ADS 了吗？

16.3.2 从 ADAS 到 ADS 功能

如今，ADAS 功能被用作实现 ADS 功能的基础。然而，这些 ADAS 对特定的汽车用途会起到以下作用：

工况：从简单到复杂的情况（例如在高速公路上，通过 ACC 保持一个驾驶距离）。

车速：由低到高（如从停车辅助到高速公路行驶）。

车辆安全风险：从一般到低风险（例如从紧急制动辅助到高速公路上的自动驾驶）。

挑战是这些基本功能的组合和相互作用。这些基本功能之间的各种交互需要以这样的方式进行分析和处理，即不可能发生与时间和值有关的无意交互。在系统设计阶段，必须处理任何类型的功能和技术交互。

问题：再次使用现有 ADAS 的可能性？

16.3.3 传感器和执行器的共享

不同的车辆功能共享相同的传感器和执行器，并且必须满足所有的功能和技术条件。在特征交互和同步的情况下，传感器信号和执行器命令信号可能不出错。在许多应用中，需要适当地融合传感器数据并用于执行器命令信号的表决机构。特别是，任何类型的不必要的交互都必须被处理，这样没有隐藏的链接会影响任何故障行为。

问题：可用的技术能否满足所需的功能？

16.3.4 从单核 ECU 到多核 ECU

在现有的单核 ECU 上，车辆的功能越来越多。这些现有技术慢慢地达到它们的极限（例如时钟频率、散热量）。下面的挑战方法是从单核 ECU 到多核 ECU 的转变，这意味着从具有多个 ECU 的分布式功能到几个多核主机 ECU 的转变。后者提供了许多不同的功能，但这种新技术也需要新的安全特性。对于根据 ISO 26262 的安全关键应用，这些具有共享资源的多核 ECU 必须支持硬件中的特定安全措施（例如，使用锁步核心或存储器保护）。此外，安全措施必须得到软件工程约束的支持，操作系统和应用软件必须考虑实时性（例如内核负载）、功能性（例如序列）和安全性（例如空间冗余）。来自不同厂商的许多新算法必须集成到这些平台中，而协调、配置和文档构成了进一步的挑战。所有这些方面都必须符合 ISO 26262，并需要安全证据来评估这些应用。

问题：安全应用关键新技术准备好了吗？

16.4 概念阶段的重要性

在 ISO 26262 中定义的概念阶段侧重于定义特定项目的抽象功能，通过定义项目、进行危害分析和风险评估（HARA）来评估该项目的潜在风险，确定每个危险事件的 ASIL 等级、高层次的功能安全要求的定义，作为安全目标和功能安全概念（FSC）的推导，该概念涵盖所有相关的安全措施，以实现所定义项目的功能安全。在下文中，将描述这些活动中并将详细地讨论相关步骤。

16.4.1 项目定义

该活动包括项目的定义、所需的功能、预期的行为、与车辆的其他项目/系统的交互以及与车辆的外部环境的交互。ISO 26262 旨在作为汽车专用的功能安全标准，并且它可用于车辆中的任何类型的 E/E 系统。当超出特定项目的范围时，这可能略有不同。例如，如果我们将混合动力列车系统组件（如动力蓄电池系统）与高速公路辅助的自动驾驶系统（MWA）进行比较：MWA 包含必须与外部项目（例如，外部项目）协调的更加复杂的联网功能，其他车辆和环境系统（例如，交通标志）以及进一步具有与基本车辆平台功能相关的车辆内部功能。

16.4.2 危害分析与风险评估

在概念阶段，功能抽象允许有一个抽象的系统视图。功能安全与项目的非预期行为有关。在该阶段应进行安全分析以识别项目的潜在危害（如 HAZOP 或概念 FMEA），然后进行风险评估。

以下步骤描述了在 HARA 期间需要完成的活动，包括关于 ADS 功能的一些提议的进一步扩展：

第 1 步：确定危险事件

步骤 1.1：情境分析驱动情境
- 驾驶情况（例如十字路口的操纵）。
- 基础设施（例如汽车与交通环境之间的通信）。
- 环境条件（例如天气）。
- 车辆的运行模式（例如加速）。
- 交通参与者（例如行人）。
- 驾驶员存在（例如回路中的驾驶员）。

步骤 1.2：危险识别（如 HAZOP）
- 来自故障。
- 故障行为。
- 危险。

步骤 1.3：危险事件的推导
- 把驾驶情况与危险结合起来。
- 潜在的交通危险人群来源。

第 2 步：危险事件的分类

步骤 2.1：严重程度分类

步骤 2.2：暴露分类

步骤 2.3：可控性分类

每个危险事件按照 HARA 期间的风险参数严重性（S）、暴露概率（E）和可控性（C）进行分类。参数 C 表示驾驶员或潜在危险者对危险事件可控性的估计。可控性类是 C0 到 C3，其中 C0 的含义是"可控的"。

C3 意味着"难以控制或无法控制"。在针对自动驾驶功能的风险评估的特定上下文中，参数取决于驾驶员在特定驾驶情况下的作用，这就是为任何潜在的危险事件确定 ASIL 的原因。对于 ADAS 和部分自动化功能，驾驶员必须始终能够在规定的反应时间内接管车辆的控制。关于功能，对于高度或完全自动化的功能，不需要驾驶员监视驾驶情况。因此，驾驶员不可能考虑车辆任何类型的可控性。这可能导致 C3 的分类，这将导致 ASIL C/D 最坏情况。

16.4.3 ASIL 测定及安全目标

下一步涉及 ASIL 的评级和安全目标的定义：

第 3 步：来自风险参数的 ASIL

基于 ISO 26262 的 ASIL D F（S，E，C），第 3 部分，表 4。

第 4 步：制定安全目标

安全属性的定义：安全性必须作为顶级要求。我们希望避免任何可能发生危险事件的不合理风险（例如"不需要的加速度不会发生"）。安全目标不是以技术解决方案来表达，而是在功能目标方面。如果安全目标员因过渡到或维持一个或多个安全状态而受到打击，则应指定相应的安全状态。关于安全目标的其他相关参数是安全状态、容错时间间隔（FTTI）、诊断测试间隔（DTI）、故障反应时间（FRT）和安全容错时间（STT），以在可能发生危险之前维持安全状态（见图 16.6）。

$$FTTI = DTI + FRT + STT$$

这些参数的定义在要求 FRT 具有由系统或驾驶员处理的关键驾驶情况以维持所定义的安全状态（例如，ADS 功能级别 2 将安全状态定义为"驾驶员接管控制"）的情况下非常重要（见表 16.1）。

安全状态的定义必须考虑驾驶情况的复杂性。ISO 26262 关于安全状态的另一个重要要求是"84.2.4"。如果在可接受的时间间隔内不能通过过渡达到安全状态，则应指定紧急操作。

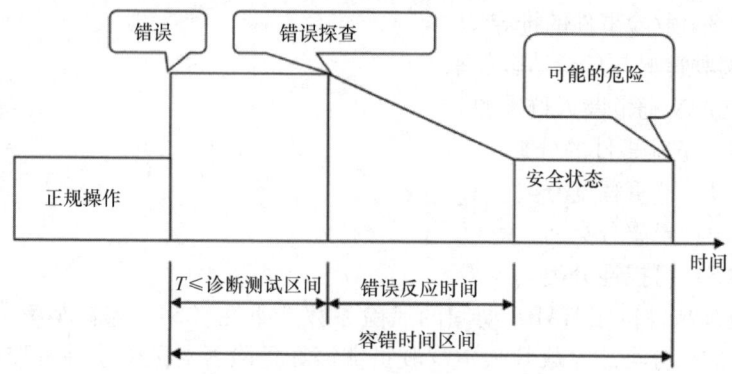

图 16.6 错误反应时间和容错时间区间

表 16.1 安全状态的示范性影响综述

项目定义	低自动化	中自动化	高自动化
驾驶员出席	是	是	否	否
系统可利用性	不可用	不可用	可用	可用
安全空间	—	—	将车辆停在相同的小路	停在最右侧道路
安全状态场景	驾驶员必须接管	驾驶员必须接管	车辆必须停在安全地点	—

基于这一要求，必须考虑更多的约束：

项目定义提供的 ADS 功能，以保持安全状态（例如，低 ADS 水平，只有舒适功能与高 ADS 水平，自驾车）。

驾驶员：在环路中或不在环路中驾驶员之间的差异（例如，驾驶员的手放在转向盘上与在触摸屏上检查电子邮件）。

系统可用性：可能或要求的降级功能取决于 ADS 的水平和故障情况下的驾驶员反应。

安全地点：可到达的安全地点取决于当前的驾驶状况和环境条件（例如，在高速公路第三车道超车期间所需的安全状态）。

在特定的驾驶情况下，包括所有约束条件的安全状态场景可访问状态。

16.4.4 功能安全概念

功能安全概念的目标是从安全目标导出功能安全需求，并将它们分配给项目的初步架构元素或外部措施。

在 FSC 中需要解决以下 6 个方面：

1）错误检测与故障处理。

2）过渡到安全状态。

3) 警告和退化概念。
4) 容错机制。
5) 错误检测和驾驶员警告。
6) 仲裁逻辑。

最后三个方面将在下面详细讨论：

容错机制意味着故障不会直接导致违反安全目标。该机构在没有任何退化的情况下使该部件处于安全状态。

错误检测和驾驶员警告对于将风险暴露时间减少到可接受的间隔（例如，发动机故障警告灯、ABS 故障警告灯）具有重要意义。

仲裁需要从不同功能同时生成的多个请求中选择最合适的控制请求，对于 ADS 的交互功能尤其重要。

并非所有这些方面都与每个系统相关。一些系统不提供任何容错性机制，一些系统不需要任何仲裁逻辑。有关错误检测、驾驶员警告和过渡到安全状态的安全措施是该阶段必须考虑的重要课题。

16.4.4.1 不同 ADS 等级的 FSC 实例

根据自动化的类型和程度，尽管相关系统有故障，但仍有几种不同的策略可以确保安全操作。这在图 16.7 中示出，图中表示了在发生错误之后展开的三个潜在事件序列。从上到下，这些可以描述如下：

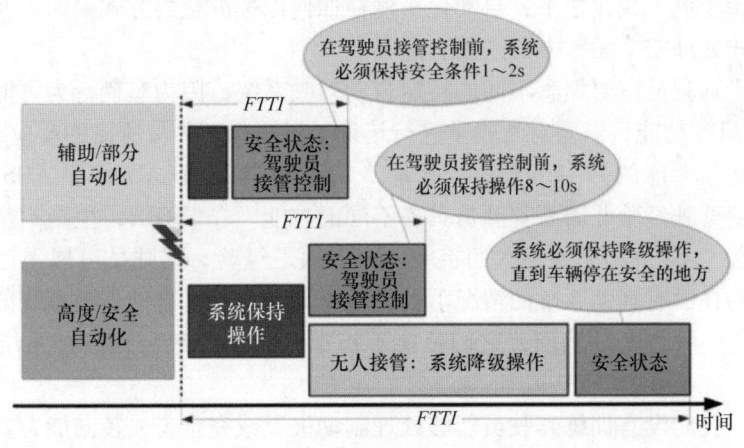

图 16.7　过渡到安全状态的不同概念

辅助或部分自动化的功能不能再被信任完全发挥作用，因此驾驶员被警告（重新）控制车辆。在切换期间和切换之后，可能通过完全停用该功能来防止部分自动化功能不安全地工作。

示例：巡航控制由于检测到错误而停用。驾驶员被告知并控制车辆的纵向运动。

高度或完全自动化的功能决定驾驶员由于检测到的错误需要接管。驾驶员被告知需要切换控制。由于切换的预期时间相对较长，自动化功能需要在一段时间内继续完全或几乎完全地发挥作用。这意味着当自动功能完全或几乎完全发挥作用时，切换开始。

示例：自主驱动系统检测到一个错误，该错误指示附加（后续）故障可能导致不安全的系统行为。驾驶员被告知并控制车辆。

一个完全自动化的功能没有任何可能让驾驶员接管控制，它确定车辆应该在规定的时间间隔内停止以避免任何危险事件。与前面的情况一样，这意味着在自动化功能仍然完全或几乎完全操作时开始切换。

示例：自动驾驶系统检测到一个错误，该错误指示附加（后续）故障可能导致不安全的系统行为，因此自动化功能使车辆在几分钟或几秒钟内安全停止。

对于上面描述的第二和第三种情况，即在图 16.7 的下部，表明在发生错误之后，自动功能需要完全或几乎完全操作几秒钟。如果没有驾驶员接管，该功能必须保持运行，尽管可能会退化。因此，这种高度自动化或完全自动化功能的实现需要具有容错性，因为即使在系统中发生故障时，完全或降低的功能也是可能的。

16.4.4.2 驾驶员在 FSC 中的重要作用

ISO 26262 规定了有关驾驶员的错误检测、驾驶员警告和反应的要求。对于今天的汽车 E/E 系统，驾驶员的角色可以被视为几乎以合作的方式覆盖。驾驶员必须能够控制车辆。相比之下，自动化车辆在如何以标准化的方式操作以及如何以标准化的方式处理安全关键方面还没有定义。

因此，驾驶员需要熟悉不同的特定自动驾驶系统，因为车辆行为可能不同。对于特定的 ADS 功能，需要对驾驶员进行培训，以确保驾驶员所需的反应时间。

这里必须考虑的另一个方面，就是"习惯效应"，即 ADAS 和 ADS 功能的引入，将改变驾驶经验并需要驾驶员具备不同的技能。在 HARA，控制不稳定的参数 C 可能变为"不可控"。在不久的将来，由于缺乏经验，驾驶员可能无法在要求的反应时间内在没有辅助系统的情况下处理危急车辆情况。自动驾驶系统的特殊驾驶执照可能是一种方案。然而，它们可能不被那些可能拒绝引入这种系统的客户所接受。

目前，我们没有训练驾驶员能够处理制动失灵或完全丧失转向能力。制动和转向系统都是极其安全可靠的，因此驾驶员不必担心。

这些问题根本就不存在。另一种解决方案是简单地使未来的 ADS 安全可靠，让驾驶员可以随时完全依赖它们。

16.5　处理 ADS 复杂性的支持方法

必须考虑这些安全关键系统的复杂性，并且需要通过故障识别和故障缓解技来检测和减轻负面影响。目前，在汽车电子系统的开发中，已经建立了可用于安全活动的方法和技术，例如用于 ASIL 确定的 HARA、故障模式和影响分析（FMEA）、故障树分析（FTA）等安全分析。

现有技术在系统工程中的实际应用需要进一步改进和发展：

1）基于模型的系统工程形式/半正式规范。
2）基于合同的设计形式验证。
3）仿真与协同仿真。

16.5.1 基于模型的系统工程

MBSE 的定义可以在 Friedentahl 中找到：

"基于模型的系统工程（MBSE）应用系统建模作为系统工程过程的一部分……以支持正在开发的系统的分析、规范、设计和验证"。

MBSE 方法是一种半形式化的方法，用于支持规范阶段的工程师分析系统并将实际情况简化为抽象的模型。MBSE 定义了特定级别的需求，并且详细阐述了系统的虚拟解决方案，并将其分层划分为系统、子系统和组件。在建模阶段，需要将预期和非预期功能（故障行为）分离，通过系统的特定功能属性和安全相关属性表示。ISO 26262（第 6 部分）强烈推荐基于模型的工程方法用于 ASIL C 和 D 的软件开发。这种方法应该针对这种软件密集型系统的系统级进行增强。与 MBSE 有关的主要标准化工作组之一是对象管理组（OMG），它是一个国际性的、开放的成员、非营利的技术标准联盟。OMG 任务组为广泛的技术和行业制定企业集成标准。各种标准化的通用建模语言可用于系统级（例如，SysML、21MARTE 22 或 EAST ADL 23）。这些建模语言已经由许多欧盟研究倡议、学术界、研究界和工业界伙伴精心设计、改进、应用和评估。MBSE 为如何使用不同的建模元素对系统进行建模提供了许多可能性，但是对于实际应用来说，需要将元素的数量减少到子集，并为工程师提供指导和建模约束。基于模型的系统工程方法 24 是一种方法。

实现系统工程过程的全部或部分，并产生系统模型作为其主要产品之一。系统模型为系统预期行为的规范提供了基础，并且进一步用于识别和导出误差模型。误差模型处理不同层次上的故障传播，从奇异误差到车辆级别的危害。通过应用误差模型，可以支持不同的安全分析方法（例如 FTA 或 FMEA）。安全分析的输出通过安全概念中的检测、预防、降级或警告动作来定义安全措施，通过安全要求来减少任何潜在故障。马丁等人在 SAE 技术论文中描述了使用 SysML 的汽车领域的一种可能的方法。

Biggs 为概念元模型提供了一个概要文件，以覆盖系统安全的相关方面，并描述了基于 SysML 的安全原型（例如，危险、危害等）。该模型从安全标准和安全分析技术中建立通用安全概念。作为 SysML 的一个概要文件，它可以用于以与系统设计相同的模型直接建模系统的安全相关信息。此外，概要文件支持安全工程师和系统开发人员之间的通信；为了提高对风险双方的理解，系统容易受到攻击，并且系统用于减轻这些风险的特性也容易受到攻击。

使用 SysML 的 MBSE 方法包括以下关注点：

提供通用和标准化的描述语言，以改善系统工程师和其他学科工程师之间的沟通。

支持系统模型的各种检查以验证规范规则（例如，用于系统设计，以实现正确性和完整性）。

通过将系统模型转换为另一个描述模型并扩展到其他相关方面（例如，错误建模），改进系统模型人工制品的处理。

提供了相关安全工件的可追溯性，因此能够对特定的安全问题进行变更管理和影响分析。MBSE 的另一个好处是可以通过需求定义、安全设计和安全论证的不同模式重用现有的最佳实践。

16.5.2 基于合同设计的形式化验证

基于合同的设计（CBD）是一种正式的方法，用于指定组件/系统能够为其环境提供什么（例如，服务、数据、信息、能量），以及组件/系统从其环境需要什么（例如，服务、数据、信息、能量）。根据假设，保证可以是输出接口/通道的性能和限制，只有在确认了所有假设的情况下才有效。假设为系统或组件的输入接口或通道定义了环境约束，软件密集型系统及其组件的耦合很难处理。这可能影响系统安全的所有潜在隐藏链接。CBD 能够保证系统模型只参与定义的系统状态。通过应用 CBD，仅允许指定系统状态，并且系统的耦合和通信仅允许通过已定义和众所周知的信道。

可以提供用于假设和保证合同的模式，这些合同是为不同的特征定义的，例如时间、安全等，或者为自动检查而形式化的模式。所有系统模式的总和定义了所有可能的契约。

CBD 将系统组件描述为黑盒，并通过与其他系统组件的接口定义它们的行为。各种可信赖性方面被制定为合同，例如，实时（例如实时合同）、安全性（例如 ASIL X 或反应时间）和安全性（例如认证证书），并且可以通过这种方式进行管理。

不同层次的合同定义如下：

1）不同 SW 模块之间的合同。
2）SW 模块与 HW 组件之间的合同。
3）不同 HW 组件之间的合同。
4）HW 组件与子系统之间的合同。

CBD 能够协调它们提供的组件和服务的互操作性和边界限制，以及不同层次组织上的数据。通过模块化，可以在系统设计期间降低组件的复杂性。每一个部件都由有限的属性和约束目录来描述，从而建立安全性。如果所有合同都没有任何矛盾，那么通过一致性测试，很容易发现合同之间的冲突。令人满意的测试检查组件的实现是否一致。

现在终于可以得到适当的工具支持（例如，模型检查）。一些出版物结合工程和安全标准（如 ISO 26262）的要求讨论了合同的使用。

Baumgart 等人提出了一种新的支持安全关键系统开发过程的方法。他们比较了精明的元模型，并陈述了他们在方法上的缺点，并介绍了我们的元模型的语义基础。他们描述了抽象级别、透视图和观点的概念，并提供了具有示例用例的概念证明。

韦斯特曼等人通过提供关于其环境的明确要求作为假设，表明安全要求可以由具有构成安全要求的保证的项目及其元素的合同来表征。因此，合同通过明确声明每个元素/项目从环境中期望什么，从而丰富了项目/元素的安全规范，以确保满足这些安全需求。此外，通过验证合同的支配性质，可以保证安全要求的一致性和完整性。

本维尼斯特等人提出了过去和最近的结果以及合同理论领域的新进展。他们表明，合同通过提供正式的论据来支持认证，这些论据可以评估和保证整个设计阶段的设计质量。此外，他们指出，合同可以用于任何设计过程：合同为所有方法提供了"正交"支持，并且可以用于任何流程中，作为构成和精炼设计的支持技术。

16.5.3 仿真与协同仿真

在汽车工业中，为了实现高度相互依赖的功能，通常使用来自不同协作学科的复杂嵌入式系统。整个系统的可用原型中，像 ADS 这样的复杂系统需要考虑系统内行为交互的数据结构，因为它们是多学科的。仿真和 MBSE 方法的结合支持活动建模，并改进了设计过程中仿真活动的集成。这种组合支持用于处理产品的总体行为方面（多物理、局部和全局行为）的系统表示，因此考虑几个系统级别。

ISO 26262 标准建议使用模拟方法在不同的系统集成级别上进行验证（例如，ISO 26262 第 3 部分用于验证 HARA 的可控性参数）。对于系统设计验证，ISO 26262 第 4 部分中的表 3 建议将仿真作为高度推荐的方法和技术，例如 ASIL C 和 D 的故障注入和背靠背测试。

Karner 等人提出了一个安全关键嵌入式系统的基于模型的工作流程，这些方法涵盖了安全关键系统开发过程中的三个主要方面，即系统建模、系统仿真和基于仿真的系统验证。通过使用软件过程工程元模型（SPEM），工作流以一致的方式定义，允许从初步概念到最终系统验证报告的连续性。根据 ISO 26262 给出的要求，所演示的工作流在开发的早期阶段通过使用建模和仿真能够在系统级进行安全验证。提出了一种基于系统建模的汽车嵌入式系统集成与测试方法。引入 V 模型，以面向过程的安全需求为目标，并指出有利的建模语言可以得到最佳应用。为了建立安全目标和仿真模型结构之间的联系，初始模型被充实了必要的信息，并转换为适合高级仿真任务的语言。SystemC 具有强大的硬件和软件支持能力。将 SystemC 集成到协同仿真环境中，还可以在所提出的体系结构中使用外部仿真模型。所提出的基于系统建模的方法能够在开发的早期阶段进行安全验证。

格雷尼奇等人提出了一种基于管理复杂系统结构的数据模型的软件框架。该数据模型构造考虑三个主要交互的行为信息——组件仿真模型之间的交互、考虑多层行为的交互（例如，将组件仿真用于模块仿真）以及域行为之间的交互（例如，在 H. Martin 等人的机械部件上的热冲击。协同仿真环境可用于通过 MBSE 方法执行规范的早期验证，以提供足够的安全措施的早期验证反馈。

在自动驾驶的背景下，模拟除了嵌入式系统行为之外的不同方面，例如车辆与其环境、其他车辆或系统的交互（例如，城市机动性仿真 - SUMO）、车辆与驾驶员之间的交互，用于动态证明系统和部件的行为的车辆子系统。

16.6 安全相关主题

在下面的章节中，将讨论更多的与安全相关的主题，必须考虑 ADAS 工程。

16.6.1 安全功能对安全性的影响

系统开发的一个目标是在任何操作条件下确保"不合理风险"的自由。根据是否考虑安全方面，这个目标具有不同的含义。从安全的角度来看，系统内部产生的环境风险必须最小化（这与包括人的系统除外）。这可能导致系统的技术故障，例如，由于电动车辆的高压电池系统引起的火灾危险或由于 ADS 的意外加速而引起的事故。故意操纵例如黑客攻击必须最小化。虽然术语"安全"表示系统对外部世界的任何潜在危害的系统视图，但安全问题与从外部世界到车辆内部的各个方面以及对车辆内部系统的影响形成对比。安全措施的目标是保护系统免受未经授权的使用和操纵（黑客、低成本的备件等）。安全学科在汽车工业中，关注车辆功能的增长以及车辆与环境（例如，其他汽车）或物联网（例如，云服务）的创新潜力。一方面，特别的挑战是两个学科的安全性的联系，以利用协同作用；另一方面，冲突效应的预防。不同的动机未授权的车辆进入场景是可能的：

车辆及其部件的操纵以及车辆功能的损坏或失效——"服务的可用性"的攻击（例如，可能损坏动力系统的电机的转矩限制）。

通过改变功能特性来调整车辆——"功能完整性"的攻击（例如，芯片调谐、速度计的操纵或警告消息的停用）。

非法获取个人数据的企图——对"个人完整性"的攻击（例如，用户的驾驶行为，对商店、餐馆或酒店的偏好）。

ISO 26262 为汽车开发过程中有关功能安全生命周期的问题提供指导。然而，一个安全问题的过程不是汽车工程的实践状态。在共同的抽象级别上，功能安全性和网络安全性之间存在许多相似之处，将 ISO 26262 开发过程与安全问题交织起来似乎很有用。在定义一个安全项目之后，这些考虑的结果可以是安全标志的考虑和危险分析的准备工作，因此可以从分析中得出具有相应安全措施的安全目标。在系统设计和验证之后，应当进行联合评估，以评估根据 ISO 26262 达到的功能安全级别和安全方面的任何安全威胁。基于这两个学科的相似性，从安全主题的方面扩展 ISO 26262 框架似乎是明智和必要的。这些建议或其他方法在多大程度上是权宜之计，将在不同标准化社区正在进行的讨论中确定。

16.6.2　ADS 的责任

对于未来的自动化车辆来说，责任是一个至关重要的话题，因为法律部门需要回答这个问题："发生意外时，谁负责？"

根据法律可以找到不同的责任，例如：

车辆保管人的责任：任何与汽车有关的操作风险由车辆保管人承担——ADS 不会改变车辆中自动系统操作的责任。

驾驶员的责任：事故发生时，在法律上假定驾驶员有过错，直到提供相反的证据为止。在 ADS 出现故障的情况下，驾驶员仍然有权坚持证明免除责任。

机动车责任保险：如果受害第三方向车辆保管人或驾驶员提出索赔，则这些索赔将由保险覆盖——ADS 不会引起机动车责任保险的责任原则的任何相关改变。

制造商的产品责任：如果一个有缺陷的产品被带到市场要承担产品责任，OEM 是有责任的。OEM 必须提供产品没有缺陷且没有造成损害的证据。OEM 必须对驱动程序进行仔细的指示，以便合理地影响他们对系统能力的期望，并鼓励驱动程序执行任何必要的重写功能。系统设计的安全性与给驾驶员的指令密切相关。

基础设施的责任：未来的高度和完全自动化的车辆功能将需要精确的数据。这些数据也将参考本地条件，并且需要时间。车辆基础设施应当能够提供所有必要的信息，并且还应当具有安全可靠的功能。

ADS 在伦理方面也将发挥作用。在复杂的驾驶情况下，可能发生的事件很难处理，并可能导致所谓的困境。有时，在不伤害任何人的情况下，不可能进行管理。因此，必须作出决定，以确定最小的伤害，这对人类来说是困难的，但对机器来说更困难。未来的高度自动化和完全自动化系统将需要某些风险确定算法，这些算法可能导致这种情况。因此，车辆中的"事件数据记录器"将需要记录有关碰撞或事故的信息。在碰撞后收集并分析这些设备的信息，以帮助准确地确定发生了什么。这与飞机上发现的"黑匣子"类似，它记录了课件中的所有关键数据。需要根据抽象级别和自动化程度对评估和分类进行进一步研究，以获得标准化的定义和理解。

16.6.3　ADS 的功能验证

系统测试方法对于验证 ADS 功能（例如安全方面）是非常重要的。对于这种复杂的系统，测试方法必须包括对不同级别的集成（如 xiL 和模型/软件/处理器/硬件/车辆环路中的方法）的仿真和实际测试的组合。最广泛使用的验证驾驶功能的方法是基于 V 模型、耐力测试、xiL 测试、开环离线感知测试、"木马"测试、分步实现测试、复杂测试等。所有这些测试方法都有不同的潜力和缺点，例如，"特洛伊木马"测试是在系列汽车中没有危险影响的功能测试。

ADS 功能的另一个问题是不能实现安全确认策略，因为故障机制不是由功能引起的，而是由系统决策引起的。虽然测试能够描述与安全相关的系统状态，但是在自动驾驶情况下可能存在系统反应，其中决策不能仅受自驾车的影响。必须预期其他道路使用者的行动和反应，但不能保证 100% 的期望。在此基础上，道路使用者反应模型无法满足。系统反应将是概率的，对精度的决策将变得与时间有关，并且只有在简单的情况下才能确定。自动化功能的第一次开发集中在技术目标上。但是，如果没有针对安全关键自动化功能的适当验证步骤，这些车辆就不可能希望在消费者市场上建立起来。

16.7　结论

ISO 26262 标准旨在成为汽车功能安全标准，用于处理由 E/E 安全相关系统的故障行为引起的危险，包括这些系统的相互作用。它没有解决 E/E 系统的名义性能，如动力传动系控制或任何类型的 ADAS。由于这个原因，ISO 标准也适用于任何级别的自动驾驶。但是，由于必须处理的高度联网功能，这种系统的复杂性比当今的工程师用来处理的要难得多。必须考虑到各种各样的挑战，以充分发挥预告功能。本章讨论了以下挑战：增加高度互连功能的复杂性以及系统属性（如可用性、可靠性和安全性）的影响必须得到协调。

ISO 26262 的概念阶段对于 ADS 功能显得尤为重要，因为 ADS 的发展需要超出现有技术的工程方法和技术。

HARA 中驾驶员的影响、安全目标的定义和特定级别 ADS（例如，安全状态）的相应属性，以及功能安全概念从故障安全到故障操作策略都有一些改变。

目前，已有多种方法支持复杂系统，但 ADS 的开发必须对其进行改进。协同仿真这些方法中的哪一种是适当和适用的，以满足特定的安全关键需求，仍然需要在个别安全案例中针对特定的上下文进行定义和论证。

ISO 26262 的增强为处理这样高度复杂的系统提供指导将是有用的。在不久的将来，在 ISO 26262 的工作组内必须讨论这种特定应用的指导方针，以便增强即将到来的标准。这种增强应该包括在即将到来的标准修订中，该标准计划在 2018 年初发布。标准的第 3 部分需要额外的指导，以在危险分析和风险评估期间对危险事件进行分类，以确定 ASIL 和系统级活动，以处理高度网络化的系统。

致谢

这项研究工作已经由欧洲委员会在 ECMIS JU 下的 EMC 2 资助。作者感谢奥地利联邦交通运输、创新和技术部（BMVIT）、奥地利联邦科学、研究和经济部（BMW-FW）、奥地利研究部（Austrian Research Pr）COMET K2 – 优秀技术能力中心方案的财政支持，还要感谢省会机构（FFG）、Styria 省和斯特里安商业促进机构（SFG）。

参 考 文 献

1. K. Bengler et al., Three Decades of Driver Assistance Systems: Review and Future Perspectives, in *Intelligent Transportation Systems Magazine*, IEEE 6.4, 2014, pp. 6–22
2. International Organization for Standardization, ISO 26262—Road Vehicles—Functional Safety, Part 1–10. ISO/TC 22/SC 32—Electrical and Electronic Components and General System Aspects, 15 Nov 2011
3. European Commission, *CARE Project: Road Safety Evolution in the EU*, Mar 2015, [On-line] http://ec.europa.eu/transport/road_safety/pdf/observatory/historical_evol.pdf. Accessed 12 Oct 2015
4. O. Carstena et al., Vehicle-based studies of driving in the real world: the hard truth? Accid. Anal. Prev. **58**, 162–174 (2013)
5. SAE International, SAE J3016—Taxonomy and Definitions for Terms Related to On-Road Motor Vehicle Automated Driving Systems. J3016-201401, 1 Jan 2014
6. National Highway Traffic Safety Administration (NHTSA), Preliminary Statement of Policy Concerning Automated Vehicles, 30 May 2013, [On-line] http://www.nhtsa.gov/staticfiles/rulemaking/pdf/Automated_Vehicles_Policy.pdf. Accessed 12 Oct 2015
7. Austrian Federal Act, Governing the Liability for a Defective Product (Product Liability Act). 21 Jan 1988, [On-line] www.ris.bka.gv.at/Dokumente/BgblPdf/1988_99_0/1988_99_0.pdf. Accessed 12 Oct 2015
8. International Electrotechnical Commission, *IEC 61508—Functional Safety of Electrical/Electronic/Programmable Electronic Safety-Related Systems*, 2nd edn. TC 65/SC 65A—System aspects, 4 Apr 2010
9. R.W.A. Barnard, What is wrong with Reliability Engineering? INCOSE Int. Symp. **18**, 357–365 (2008). doi:10.1002/j.2334-5837.2008.tb00811.x
10. N. Leveson, *Engineering a Safer World: Systems Thinking Applied to Safety*. MIT Press, Jan 2012, [On-line] https://mitpress.mit.edu/books/engineering-safer-world. Accessed 12 Oct 2015
11. H. Butz, Safety and Fault Tolerance in a Complex Human Centred Automation Environment. Innovation Forum Embedded Systems, Munich, 24 Apr 2009, [On-line] http://bicc-net.de/events/innovation-forum-embedded-systems. Accessed 12 Oct 2015
12. H. Butz, Systemkomplexität methodisch erkennen und vermeiden, in *Anforderungsmanagement in der Produktentwicklung*, R. Jochem, K. Landgraf (Hrsg) (Symposion Publishing GmbH, Düsseldorf, 2011), pp. 183–217
13. Stanford Encyclopedia of Philosophy, Emergent Properties, 28 Feb 2012, [On-Line] http://plato.stanford.edu/archives/spr2012/entries/properties-emergent. Accessed 12 Oct 2015
14. D. Campos et al., Egas–collaborative biomedical annotation as a service. Proc. Fourth BioCreative Challenge Evaluation Workshop **1**, 254–259 (2013)
15. IAV GmbH—Ingenieurgesellschaft Auto und Verkehr, Standardized E-Gas Monitoring Concept for Gasoline and Diesel Engine Control Units, Version 6, 22 Sept 2015, [On-Line] https://

www.iav.com/en/publications/technical-publications/etc-monitoring-concepts. Accessed 12 Oct 2015
16. International Electrotechnical Commission, IEC 60812—Analysis techniques for system reliability—Procedure for failure mode and effects analysis (FMEA), TC 56—Dependability, 26 Jan 2006
17. International Electrotechnical Commission, IEC 61025—Fault tree analysis (FTA). TC 56—Dependability, 13 Dec 2006
18. S. Friedenthal, A. Moore, S. Rick, *A Practical Guide to SysML: The Systems Modeling Language*, 3rd edn. (Morgan Kaufmann, Amsterdam, 2014)
19. H. Martin et al., Model-based Engineering Workflow for Automotive Safety Concepts. No. 2015-01-0273, SAE Technical Paper, 2015
20. G. Biggs et al., A profile for modelling safety information with design information in SysML. Softw. Syst. Model **15**(1), 147–178 (2014). Springer
21. B. Meyer, Applying 'design by contract'. Comput. IEEE **25**(10), 40–51 (1992). 2015
22. J.-P. Blanquart et al., Towards cross-domains model-based safety process, methods and tools for critical embedded systems: The CESAR approach, in *Computer Safety, Reliability, and Security*, ed. by F. Flammini, S. Bologna, V. Vittorini. Lecture Notes in Computer Science, vol. 6894 (Springer, Berlin, 2011), pp. 57–70
23. A. Baumgart et al., A model-based design methodology with contracts to enhance the development process of safety-critical systems, in *Software Technologies for Embedded and Ubiquitous Systems*, ed. by S.L. Min, R. Pettit, P. Puschner, T. Ungerer. Lecture Notes in Computer Science, vol. 6399 (Springer, Berlin, 2011), pp. 59–70
24. J. Westman et al., Structuring safety requirements in ISO 26262 using contract theory, in *Computer Safety, Reliability, and Security*, ed. by F. Bitsch, J. Guiochet, M. Kaâniche (Springer, Berlin, 2013), pp. 166–177
25. A. Benveniste et al., Contracts for System Design. INRIA, Rapport de recherche RR-8147, Nov 2012, [Online] http://hal.inria.fr/hal-00757488. Accessed 12 Oct 2015
26. M. Fischer et al., Modular and scalable driving simulator hardware and software for the development of future driver assistance and automation systems, in *New Developments in Driving Simulation Design and Experiments*, 2014, pp. 223–229
27. M. Karner, et al., System Level Modeling, Simulation and Verification Workflow for Safety-Critical Automotive Embedded Systems. No. 2014-01-0210, SAE Technical Paper, 2014
28. M. Krammer, H. Martin et al., System Modeling for Integration and Test of Safety-Critical Automotive Embedded Systems. No. 2013-01-0189, SAE Technical Paper, 2013
29. P. Graignic et al., Complex system simulation: Proposition of a MBSE framework for design-analysis integration. Proc. Comput. Sci. **16**, 59–68 (2013)
30. D. Krajzewicz, Traffic simulation with SUMO—Simulation of urban mobility, in *Fundamentals of Traffic Simulation, Series: International Series in Operations Research and Management Science*, ed. by J. Barceló, vol. 145 (Springer, Berlin, 2010)
31. J. Erdmann, Lane-Changing Model in SUMO. German Aerospace Center (2014), [On-Line] http://elib.dlr.de/89233/1/SUMO_Lane_change_model_Template_SUMO2014.pdf. Accessed 12 Oct 2015
32. A. Rousseau et al., Electric Drive Vehicle Development and Evaluation Using System Simulation, in *Proceedings of the 19th IFAC World Congress*, 2014, pp. 7886–7891
33. M. Klauda et al., Automotive Safety und Security aus Sicht eines Zulieferers, 4 Oct 2013, [On-line] http://subs.emis.de/LNI/ Proceedings/Proceedings210/13.pdf. Accessed 12 Oct 2015
34. T. M. Gasser, Legal consequences of an increase in vehicle automation. Bundesanstalt für Straßenwesen, 2013, [On-Line] http://bast.opus.hbznrw.de/volltexte/2013/723/pdf/Legal_consequences_of_an_increase_in_vehicle_automation.pdf. Accessed 12 Oct 2015
35. H. Winner, W. Wachenfeld, Absicherung automatischen Fahrens, in *6.FAS-Tagung München*, 29 Nov 2013, [On-Line] http://tubiblio.ulb.tu-darmstadt.de/63810/. Accessed 12 Oct 2015
36. B. Walker Smith, *SAE Levels of Driving Automation*. The Center for Internet and Society at Stanford Law School, 18 Dec 2013, [On-line] http://cyberlaw.stanford.edu/loda. Accessed 12 Oct 2015
37. H. Winner et al., Handbuch Fahrerassistenzsysteme, 3. Auflage. ATZ/MTZ-Fachbuch, (Springer Fachmedien, Berlin, 2015)

第六部分　自动驾驶功能的验证与测试

第17章 道路测试在自动驾驶汽车安全验证中的新作用

17.1 介绍

开发自动驾驶的汽车与如今由人类驾驶评价的汽车在安全性上存在差异。但是，为了将高度自动化的车辆引入公共交通，两者都必须完成，并且必须回答两者的开放问题。当试图引入这些车辆时，不仅仅是针对少数使用有限的用户，而是作为整个社会的大规模产品，多年来安全性必须体现在行驶里程上，导致大量不同情况的组合。

引入高度自动化的车辆，涵盖SAE L4和L5（"高自动化"和"全自动化"），如"使用驱动程序实现扩展可用性的州际驾驶员""使用驱动程序实现扩展可用性的全自动化"或者像"车辆随需应变"这样的先进的移动概念，在安全性方面评估车辆时出现了特殊的挑战，因为作为人类驾驶员的控制器不再可用于纠正自动化的行为。在每种情况下，自动化需要从多种可能性中选择适当的行为。

为了讨论这个问题："道路测试如何有助于高度自动化车辆的安全评估？"在本章的第一部分，我们将在解释道路测试的挑战之前指定评估目标。除了道路测试之外，还简要介绍了其他测试工具以及他们对道路的测试需求。本章的第二部分将提出一个新的思路——关于如何进行高度自动化车辆的"认证陷阱"，将进一步开发统计方法，以便首先了解高速公路驾驶员的引入策略。

17.2 安全性验证的目标

Wachenfeld和Winner用从对自动驾驶描述中产生的V_{acc}描述了对人产生的额外风险R_{add}和可以被避免的风险R_{add}间必要的关系。

$$V_{acc} = \frac{R_{add}}{R_{avo}} \tag{17.1}$$

验证的目的是证明这种关系。需要满足这种关系的确切水平尚不清楚，取决于引入带来的好处。只要验证可以证明优势抵消了每个利益相关者的缺点。车辆可以被释放用于生产并且可以被引入交通。自动驾驶车辆带来的好处将人们分成两组利益相关者。一方面,用户或乘客直接受益于该技术,可以选择是否要使用该技术;另一方面,存在受车辆外部技术影响但不能选择受影响的人。假设受影响的人员均匀地暴露于技术,我们将这些定义为社会。由于两个群体都受益并受到不同的影响方式,验证时必须考虑到这一点。划分用户和目标社会认为个人的自由也为自己承担更高的风险,限制不要危及他人和超过目前接受的门槛,例如摩托车和汽车的使用,与火车相比,这种自由度选择更大。

此时,我们为自动化验证提出了两个不同的目标安全车辆:

1)从自动车辆获利的用户或乘客只要他被告知这种额外的风险——自动驾驶风险高于他自己驾驶时的风险(参考风险)。用户应该选择权衡保守定义的优缺点。

2)只要自动驾驶对于社会产生的重大额外利益没有被承认,我们就会要求社会不应该选择面临更高的风险,自动驾驶也不应该成为当今交通的一部分。

17.3 基于道路试验的自动驾驶汽车安全验证面临的挑战

高度自动化车辆安全验证的道路测试意味着使几乎是最终版本的被测对象(OUT)进入实际流量。重点是如果不能正常运作将可能危及人类的系统。这是一个安全关键无监督/不可纠正的系统,将在验证步骤后发布。由于不知道是否达到了所需的安全性,因此需要训练有素的测试驾驶员来监督 OUT,尽管它最初并不是为了监督(就像到目前为止所有的自动驾驶车辆的示威者一样)。

道路测试的想法是 OUT 在实际交通中遇到足够多的相关情况。如果 OUT 在没有测试驱动程序干预的情况下通过这些情况,则假设它也能够在日常使用中执行此操作。问题是:实际流量中有多少情况就足够了?要想回答这个问题,道路测试的属性、形成的公共交通情况都需要研究。道路测试最重要的特性是现实不受操纵,因为测试的有效性会受到影响。例如,不应该有某种模仿行为来测试 OUT 的交通参与者。正如被测对象意识到发生了什么,按照定义行为,特别是被测对象的反应将是人为的。如果没有操纵实际交通发生,不同类型的参数形成情况。例如,[5]中的作者区分了所描述的动态对象,场景和动作通过诸如时间位置、车道宽度或减速度值之类的参数。

这些参数可以通过有意识地选择或覆盖可能的情况进行分类:

通过选择路线(空间),可以有意识地收集静态物体和相关效应。例如,如果某种形式的隧道与测试相关,那么沿着这条隧道规划一条路线很容易导致 OUT 与这种情况发生冲突。

通过选择特定的时间,可以有意识地选择诸如照明、天气条件和自然季节等参数。

第17章 道路测试在自动驾驶汽车安全验证中的新作用

在某种程度上,有两个类别是可预测的,因此很容易确认。

1)例如,通过组合选择路线和时间可以增加高交通密度的暴露程度。这是有可能的,因为许多人平衡了不同的行为。例如,许多人需要在某个时间回家,从而使其可预测。

2)难以体验的是与时间和空间无关的行为,例如人类俯视障碍物或被其他乘客或他的移动电话分心。

不同的驾驶行为以及不同的轨迹是由这些参数的不同组合导致的。因为并非所有参数都可以主动选择在没有操纵道路测试的情况下,尝试覆盖低暴露的危险情况是一项挑战。更像是随机选择,在测试驱动期间经历了某些参数组合。被驱动的里程数越大或时间越长,就越有可能获得某些参数组合。现在出现了在道路上需要行驶多少千米以确保足够覆盖组合的问题。

有必要强调一下之间的参数组合数量不同的自动化水平(SAE 0-2 与 SAE 3-5)有很大不同。当今的车辆(SAE 0-2)需要进行评估,因为它是一种由人类驱动受监督的可控工具。驾驶员制动、转向和加速的可能性不依赖于周围的车辆,而对于更高度自动化的车辆(SAE 3-5),整车行为也取决于其他车辆的行为以及环境条件。因此,挑战在解释中以下内容对今天的车辆也有效,但人类感知和解释周围车辆的能力简化了评估并明显减少了相关参数组合。这种人类驾驶员被移除于高度自动化的车辆,因此缺少这种简化。

因此,评估的挑战来自基准定义的高安全性以及道路测试情况的随机发生。将高水平的安全性转化为参数形成理论实际交通中的情况,意味着最终具有挑战性的参数组合 OUT 的情况很少出现。

一个基准是事故统计数据,提供不同严重程度的两次事故之间平均距离的数字(见表17.1)。

表17.1 德国高速公路不同严重程度的两次事故之间的平均距离

严重程度 1	两次事故之间的平均距离/km
S3	660.0×10^6
S2	53.2×10^6
S1	12.5×10^6
S0	7.5×10^6

因此,事故可被视为用于安全评估的相关的参数组合。为了回答需要行驶多少千米的问题,除了两个事件之间的平均距离之外,还需要随机数的概率分布函数。当一定距离驾驶的道路交通事故数量可以看作泊松分布数时,可以列出统计论证的距离是证明安全的必要条件。这导致了所谓的"审批陷阱"。批准陷阱虽然是安全的车辆,但是发达国家没有经济的方法来证明其安全性。对于 Highway-Pilot 的例

子，这意味着虽然开发车辆的速度是当今交通的两倍，但两次事件之间的距离大约需要加大10倍才有可能达到50%（重要性水平5%）。仅通过在德国高速公路上行驶就无法显示安全性，因此缺乏可行的安全评估会妨碍车辆的释放。到目前为止，我们甚至没有讨论过需要重新测试受影响的道路测试距离的变化。

可以得出第一个结论：生产开始前的道路测试（SOP）不适合在统计上证明，与现在的交通相比，高自动化车辆的安全水平相同。因此，需要找到批准陷阱的其他方法。接下来的两节将重点介绍其他方法。首先将在新的解释之前讨论替代道路测试的替代方法。

17.4 安全验证新方法面临的挑战

由于成本上升是额外复杂性增加的结果，汽车行业正在寻找在新车辆中实施的功能用于优化验证和验证（V&V）流程的方法。问题是这些方法能否解决高度自动化车辆的认可陷阱问题。

17.4.1 安全验证的新方法

从道路测试的角度来看，在文献中描述的优化 V&V 流程的三种方法是：

首先，人们可以改善道路测试本身。上一节解释了道路测试的不同参数。其中有一些参数可以积极地瞄准。这种方法的目标是减少不相关的公里数，并在实际交通中瞄准可能相关的公里/事件。在［10］中，对于高级驾驶员辅助系统（ADAS）更详细地阐述了这个想法。基于道路测试，事件被监控并解释为相关或不相关，并且计划未来的测试路线基于这种监测。

除了改进道路测试外，还描述了通过人工或虚拟测试代替道路测试的方法。对于更高的自动驾驶，图 17.1 结构在通用级别上使用了不同的工具。更详细的分类可以在［12］中找到。真实、人工和虚拟之间的区别可通过人类作为环境的一部分的例子来说明：人类可以表现得像他在现实中那样，或者他可以表现出人为行为，就像一个人意识到他受到监视。在这两种情况下，人类都是生物。另一方面，人类也可以被类似人造假人的技术系统所取代。第三种方法是人类在软件中的虚拟

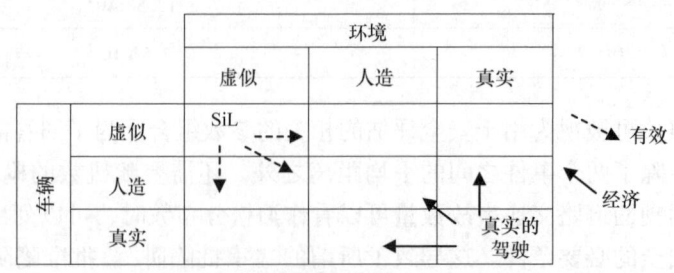

图 17.1 测试高自动驾驶的工具分类

表示。在这种情况下,人的行为由虚拟世界中的软件建模。

不同的工具,如测试轨道、车载在环、硬件在环和软件在环(SiL),用人工或虚拟部件替换一些环境或车辆部件。虚拟和人工部件可以更容易地被操纵和观察,并且有动机设置相关的测试用例并忽略不相关的测试用例。此外,这些工具试图减少测试技术系统时引入的额外风险。SiL 的一个特殊动机是时间和硬件的独立性。模拟可以并行化和加速,仅受计算能力的限制。

第三种方法试图将道路测试与 SiL 等其他工具结合起来。"现场操作中的自动化虚拟评估"(VAAFO)以及文献 [14-16] 中描述的其他方法遵循类似的方法:人类或 ADAS 控制的车辆配备用于感知和解释的硬件 OUT 的情况,可在人类驾驶员所涵盖的所有情况下评估 OUT 的虚拟行为。由于 OUT 不能作用于执行器,因此可以执行该方法而不会给公共交通带来额外的风险。不仅是测试驱动程序,而且原则上每个驾驶员都可以执行这种组合道路和 SiL 测试。

以上这三种方法都基于简化和假设,要么用人工/虚拟替换测试的实部,要么忽略不相关的情况/参数组合。当应用 OUT 评估时,这些简化和假设可能无效。

17.4.2 通过道路试验验证替代方法

为了避免使用不适合 OUT 评估的简化和假设,必须进行实际驾驶,例如道路测试。这次道路驾驶用于测试工具的安全验证和假设的安全验证。似乎可以对确定数量的测试用例进行工具验证。但同样,谁能判断选择是否符合必要的情况呢?因此,我们回到统计思路提出的挑战。我们怎么能表现出来工具和假设对 OUT 安全评估有效呢?

工具和假设验证的一个优点是不需要用 OUT 行驶千米数。另一个优点是可以减少需要的大量可能情况的因素,被覆盖的工具或假设验证可能是不同的独立性情况的参数。例如,流量模型的属性是独立的雷达传感器模型的属性,因此不需要建模和经过组合验证。OUT 的验证不存在这种独立性,因为真实传感器中的错误导致不同的行为,这取决于周围的流量。缺点是需要验证更多的东西。例如,其他道路参与者的行为需要在一定程度上反映出来工具。

到目前为止,我们还没有看到任何证据证明优势超过了导致驾驶所需千米数减少的缺点(无论是谁收集)。一方面,更换的组件越多,忽略的案例越多,必须对工具和假设进行更多的验证工作;另一方面,越多的情况留给道路测试,OUT 验证必须在路上进行。这似乎是 OUT 验证和 OUT 工具验证之间的权衡。此外,还必须考虑长期观点。可能是工具的第一次验证需要更多的努力作为道路测试本身,但是当验证另一个版本,车辆类型是新一代时,整体工作量可以减少几个数量级。在 [11] 中描述了 ESC 测试减少的示例。

在这一点上,可以得出第二个结论:在寻求替代或减少道路测试的方法时,道路测试仍将是有意义的,因为这些方法需要验证。到现在为止,尚不清楚其他方法是否存在减少第一辆车的验证工作量。

当然，如果一个工具或一个假设得到验证，它的优点和潜力可以利用提高效率。到目前为止，基于验证活动真正的驾驶是必要的。

17.5 关于首次引入自动驾驶汽车的遗憾

在 SOP 之前通过简单的道路测试可经济地证明了 OUT 的安全性不可行具有统计学意义。对于替代方法，至少不确定是否减少了所需的验证工作。工具和假设验证可使 OUT 验证减少。

由此得出的结论是，从统计学角度来看，将要引入的第一批车辆将不能满足可比安全性的科学证据。

这似乎成为日常自动驾驶的障碍。但是，如果无法证明安全性，那么要提出的科学问题——"自动驾驶汽车在安全方面达到要求"的假设是否可以被证伪。如果使用保守的方法来测试。则更糟糕且没有结果，此时可以冒险引入车辆。

对于本介绍，仍必须实现本章开头定义的目标：

1）社会风险不得增加。

2）作为乘客的个人应该能够权衡即将面临的风险，并且根据该权重，能够选择是否使用车辆。

在下文中，我们将解释一个论证，该论证有可能基于之前导致出现批准陷阱的相同统计数据引入自动车辆。

17.6 统计推动自动系统引入的论证

以下论证基于事故是泊松分布的假设。这个泊松分布在通用理论布局之前进行了解释，并在此基础上通过实例说明了德国高速公路上自动驾驶的引入。

为了表示事故事件的分布，可使用泊松分布：

$$P_\lambda(k) = \frac{\lambda^k}{k!}e^{-\lambda} \tag{17.2}$$

该分布假设事故的发生是一个独立且非穷举的随机过程 P 在等式中，k 对应于事故事件的数量和该事件发生的预期值。期望值由商定义：

$$\lambda = \frac{d_{\text{test}}}{SP} \tag{17.3}$$

d_{test} 是观察到的测试公里数，SP 是系统性能。性能代表事故之间的预期公里数。具有不同预期值的概率分布函数如图 17.2 所示。对于该示例，假设行驶了一定数量的公里 d_{test} 并且发生了一个事件。我们现在可以从这个测试中定义一个更差或更好的性能水平公式（17.3），并将其与预期值的搜索联系起来。基于误差概率值，这些问题可以用两个方程在数学上表达：

$$P_{\lambda_-}(k>0) \leqslant 1\% \tag{17.4}$$

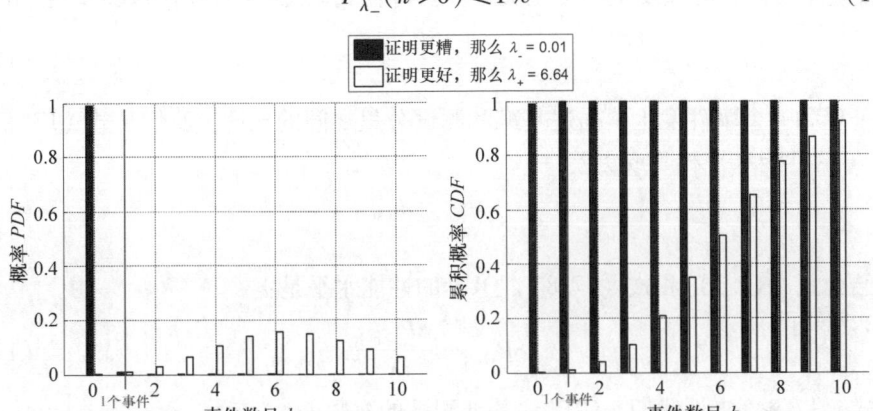

图17.2 两种不同期望值的泊松概率分布函数（左）和累积分布函数（右）：一个用于证明发生一个事件时变得更糟，另一个用于证明在发生一个事件时变得更好

对于哪个预期数是至少有一个事故小于或等于 A 的概率。数值搜索提供该值。这告诉我们，当在 d_{test} 公里之后发生一次事故时，我们在统计上证明了车辆在安全性方面与 SP 的性能水平相比更差的概率。换句话说，式（17.4）告诉我，概率为 99%，假设没有事件发生，

$$P_{\lambda_+}(k\leqslant 1) \leqslant 1\% \tag{17.5}$$

式（17.5）询问一次或几次事故发生的概率最多为 1%。在这种情况下，数字搜索提供了价值 6:64。这告诉我们，当在 d_{test} 公里之后发生一次事故时，我们从 1% 的统计数据证明与 SP 的性能水平相比，车辆在安全性方面更好。概率函数（PDF 和 CDF）都绘制在图 17.2 中。有可能达到 99%，OUT 的预期值：

$$\lambda_- \leqslant \lambda_{\text{OUT}} \leqslant \lambda_+ \tag{17.6}$$

由于期望值越小，OUT 越好，用于定义一种最佳情况的值和用于定义类似于该意义上的最坏情况的值。

基于泊松分布的事故理论，我们在[3]中解释了为什么使用道路测试来证明比今天更好的人类驾驶员在经济上是不可行的。

在下文中，我们将对"另一只手"进行测试，这意味着如何以及何时可以确定并且说明引入交通的车辆违反了上述目标。

17.6.1 自动系统的普遍理论

基于对事故泊松分布的解释，我们现在将介绍一种关于引入自动系统的普遍理论，其中存在某些事件（事故），这些事件必须被认为是在一定时间或行驶距离之后发生的。另外，假设比较级别（基准）是已知的。

让我们假设基准测试的性能水平是 SP_{bench}。因此，在统计平均值上，在 SP_{bench} 公里之后，应该发生一个相关事件。现在我们想在测试后引入 OUT：

$$d_{\text{test}} = \frac{SP_{\text{bench}}}{\tau} \quad (17.7)$$

公里和一个事件发生了描述基准和测试公里之间的比率。我们从式（17.4）知道 OUT 的性能水平相等或更差：

$$SP_{\text{OUT}} \leqslant \frac{d_{\text{test}}}{\lambda_-} \quad (17.8)$$

结合式（17.7）和式（17.8），OUT 的性能水平是：

$$SP_{\text{OUT}} \leqslant \frac{SP_{\text{bench}}}{\tau \lambda_-} \quad (17.9)$$

式（17.9）告诉我们，OUT 比基准测试的次数差：

$$SP_{\text{OUT}} \geqslant \frac{SP_{\text{bench}}}{\tau \lambda_+} \quad (17.10)$$

通过这个测试，我们无法证明我们不如基准时间安全，另一方面，我们只能证明我们比更糟糕的系统更安全。

当我们无法证明它不如基准安全时，为什么不将这个系统引入流量？当我们知道它比一个更糟糕的系统更安全时，我们为什么要冒风险引入系统？下面让我们将测试结果与上面分别针对用户和社会的目标进行比较。

17.6.1.1 用户的观点

从用户的角度来看，系统具有一定的好处。这种好处不是来自安全，而是来自移动性、自由和成本等。用户知道他或她可能需要承担更高的风险来获得福利，但只要计算的事件不会导致入低于如图 17.3 所示的曲线，当安全性较低且无法证实时，这实际上引出了与用户目标相匹配的介绍。

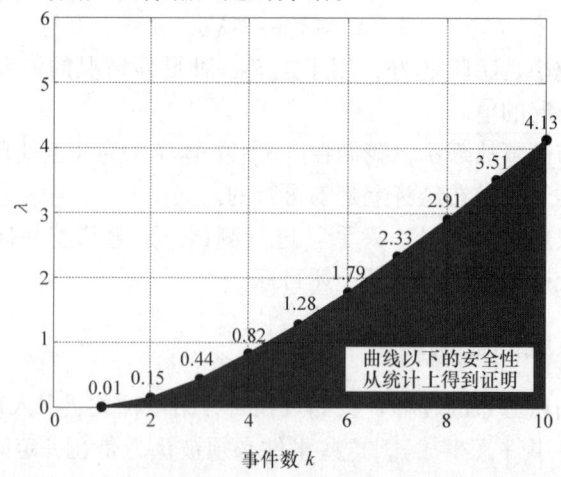

图 17.3 已证明的区域安全性低于基准系统（$e = 1\%$）

对于系统的运营公司，当监控相关事件时，应该有一个停止和阻止自动模式的选项，可以证明不可接受的安全性。由于用户的接受度定义了这个限制，因此在曲线下方的整个区域不需要受此限制。这种监控应该如何看待，以及如何实施停止的选择是故意保持开放的。

17.6.1.2 社会的视角

另一方面，对于社会而言，首先没有使用自动化系统的个人直接受益，有理由询问社会是否面临更高的风险。问题是如何证明社会面临更高的风险。研究这个社会在使用这项技术时面临的风险的一种方法是研究技术引入之前发生的事件的数量。例如，每年记录的这类事件不应受到这种介绍的负面影响。图 17.4 显示了这样一个例子。每年记录一系列不同的事件。在一年中，这一数字在出现某种单调趋势后下降，可以通过例如二次函数 f_{fit} 等合适的数学函数的最小二乘近似来拟合这种趋势。这是通过（红色/实心）线完成的（见图 17.4）。所有点都与趋势线不同。这些偏差仍然与我们想要引入的技术无关。这一事实导致了一个问题：下一个记录事件的数量如何与趋势线拟合的过去的值不同，以确保它受到负面影响？

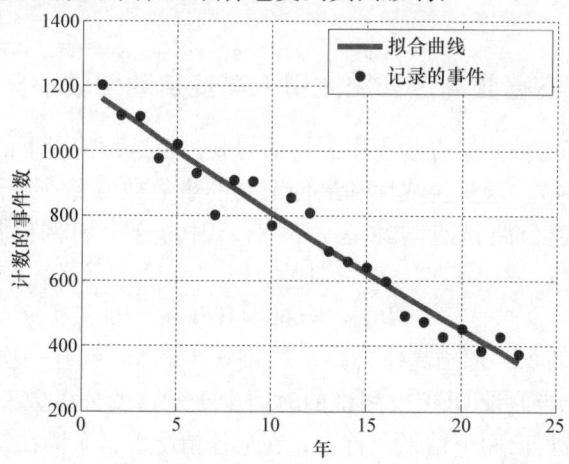

图 17.4　每 23 年记录的事件数。这些数字由二次方程式拟合

为了回答这个问题，我们推导出这些事件与趋势线相比的标准偏差。

$$\sigma = \sqrt{\frac{1}{N}\sum_{i=1}^{N}(k_i - f_{fit}(i))^2} \quad (17.11)$$

在式（17.11）中，N 是年数，k_i 是第 i 年记录的事件数。我们现在定义它：

$$k_{N+1} \leqslant f_{fit}(N+1) + \frac{\alpha}{\beta} \quad (17.12)$$

社会要求难以区分，其中表达了引入新技术引起的事件数量。我们认为这对社会要求来说难以区分，因为事件数 k_i 比标准偏差小，因此每年都会消失在数字的噪音中。实际上没有办法证明或检测到趋势受到负面影响，因为数量太小且低于检测限。

为了符合社会目标，我们现在要证明风险不会超过规定的限制。这可以通过限制在公共道路上行驶的公里数来实现。技术引入越慢，一年内发生的事件就越少。系统的数量或相应的使用时间或公里数将受到这种方法的限制。但是可以引入多少个 IOUT 系统？

如果我们假设一个系统每年通过引入 IOUT 系统覆盖平均 d_N，我们将在 1 年内开始行驶，要求：

$$P_{\lambda_\Sigma}\left(k \leq \frac{\alpha}{\beta}\right) \geq 99\% = 1 - e \tag{17.13}$$

式（17.13）要求 OUT 引起的事件数应小于标准差的 1，误差概率为 1%。可以再次以数字方式导出值。OUT 的性能水平可以通过式（17.10）进行测试。连同式（17.13）的结果：

$$d_\Sigma \leq \lambda_\Sigma SP_{OUT} = \lambda_\Sigma \frac{SP_{bench}}{\tau \lambda_+} \tag{17.14}$$

式（17.14）表明，如果新技术在 1 年内行驶时间小于 d_Σ，则违反社会要求的危险性小于 1%。

17.6.2 示例：在德国高速公路上引入高度自动驾驶

让我们尝试将这种介绍方法应用于自动驾驶。在这种情况下的事件可能是具有不同严重程度的事故。最具挑战性和最佳记录的事故数量是涉及死亡事故的事故。我们可以德国高速公路试点讨论这个例子，因为这个用例给出了数字（见表 17.1）。

$$SP_{bench} = 660 \times 10^6 \text{ km} \tag{17.15}$$

式（17.15）表示，德国高速公路平均每 6.6 亿 km 就有一次死亡事故。这定义了引言的基准。当假设 OUT 被测试的时间少于 τ 倍的公里数并且最多发生一次死亡事故时，测试得出两个结果。首先，在最佳情况下，车辆在安全性方面具有一定的最高性能（从方程式得出的结论）（17.9）。第二，式（17.10）表明性能水平可靠地高于

$$SP_{OUT} \geq \frac{SP_{bench}}{\tau \lambda_+} = \frac{660 \times 10^6 \text{ km}}{\tau \lambda_+} \tag{17.16}$$

此时，选择保守方法，选择最坏的情况去估计。现在我们了解用户对引入高速公路驾驶员的看法。

从社会的角度来看，我们参考［17］报告了 1992—2014 年的事故统计数据。这些数字和拟合曲线如图 17.4 所示，来自式（17.11）。

$$\sigma \approx 48 \tag{17.17}$$

可以结合方程式计算性能水平。式（17.16）与式（17.17）的标准差并定义了一个值 β，数值搜索提供了一个值 λ_Σ（见表 17.2）。与式（17.14）一起，

得到：

$$d_\Sigma \leq \lambda_\Sigma \frac{SP_{\text{bench}}}{\tau\lambda_+} \tag{17.18}$$

所有车辆在一起不应激活高速公路驾驶员超过这个公里数 d_Σ。根据 2013 年的数量，其中登记的车辆为 5240 万辆，在高速公路上驾驶的车辆数量为 2242 亿 km。

$$\overline{d} = \frac{224.2 \times 10^9 \text{km}}{52.4 \times 10^6 \text{km}} \approx 4278 \text{km} \tag{17.19}$$

表 17.2 在德国高速公路上引入自动驾驶的四个追踪（假设用于计算示例）

参数	试验 1	试验 2	试验 3	试验 4
β	1	1	10	1
τ	100	100	100	1000
$e \rightarrow \lambda_+$	1%→6.64	5%→4.75	1%→6.64	1%→6.64
$e \rightarrow \lambda_\Sigma$	1%→34.2	5%→38.08	1%→1.79	1%→34.2
结果				
d_Σ	34×10^6 km	52×10^6 km	1.7×10^6 km	3.4×10^6
I_{OUT}	7947	12384	414	794

假设使用率并没有变化，这个数字可以转换成多个车辆：

$$I_{\text{OUT}} = \frac{d_\Sigma}{\overline{d}} \tag{17.20}$$

根据德国高速公路的这些数字，我们根据理论部分中定义的变量得到不同的引入案例（见表 17.2）。

17.7 结论

除了在测试轨道上花费的努力，目前道路测试是验证新车辆安全性的最重要工具。为管理新功能作出了巨大努力，导致新车的复杂性更高。由于经典道路测试的高度自动化系统（SAE 的 L4 和 L5）的安全性统计证明在经济上是不可行的，因此需要其他方法，主要三种方法：提高路试效率；应用简化和虚拟化来减少测试轨道，测试台或 XiL 等工具的工作量；并结合 VAAFO 概念等工具。不幸的是，到目前为止，这些方法还需要进行验证，因此缺少这些方法可以减少高度自动化系统验证工作的证据。今天，这似乎是批准车辆的陷阱。

但是，当回顾安全要求时，这些可以分离给有益的用户和理想没有额外风险负担的社会。有了这两个目标，统计方法可以用于另一种论证方式：①当我们明确证明新技术不会带来额外的风险而独立于每一个额外的优势时，我们是否只引入新技术；②我们专注于额外的优势，并以保守的估计引入技术，从优势中获益，直到有可靠的方式证明我们真正引入了不合适的优势。从今天的角度来看，两种论证方式都是有效的解释，但它们的后果差别很大。如果能够经受利益相关者的公开辩论，这种论证可以为高度自动化的车辆铺平道路。

我们已经看到道路测试已经与新车的相关引入。但是，道路测试将以不同的方式使用。一种方式是验证替代方法、工具和简化。在获得新方法之前，这也将需要巨大的努力。另一种方式是对谨慎引入策略的部分验证。这些公里是否需要在真实道路上或其他工具上运行仍然是开放的。

致谢

研究工作由戴姆勒和奔驰基金会资助。

参 考 文 献

1. SAE International Standard J3016: Taxonomy and Definitions for Terms related to On-Road Motor Vehicle Automated Driving Systems, SAE International (2014)
2. W. Wachenfeld et al., Use Cases for Autonomous Driving, in *Autonomous Driving: Technical, Legal and Social Aspects*, ed. by M. Maurer, J.C. Gerdes, B. Lenz, H. Winner (Springer, Berlin, 2016)
3. W. Wachenfeld, H. Winner, The Release of Autonomous Vehicles, in *Autonomous Driving: Technical, Legal and Social Aspects*, ed. by M. Maurer, J.C. Gerdes, B. Lenz, H. Winner (Springer, Berlin, 2016), pp. 425–449
4. W. Wachenfeld, H. Winner, Do Autonomous Vehicles Learn? in *Autonomous Driving: Technical, Legal and Social Aspects*, ed. by M. Maurer, J.C. Gerdes, B. Lenz, H. Winner (Springer, Berlin, 2016), pp. 451–471
5. S. Geyer, M. Baltzer, B. Franz, S. Hakuli, M. Kauer, M. Kienle, S. Meier, T. Weißgerber, K. Bengler, R. Bruder, Concept and development of a unified ontology for generating test and use-case catalogues for assisted and automated vehicle guidance. IET Intell. Transp. Syst. **8**(3), 183–189 (2013)
6. German Federal Statistics Agency (DESTATIS): Verkehrsunfälle 2013
7. H.-P. Schöner, Challenges and Approaches for Testing of Highly Automated Vehicles, in *CESA 3.0—Congress on Automotive Electronic Systems*, Paris, 4 Dec 2014
8. A. Nicholson, Y.-D. Wong, Are accidents poisson distributed? A statistical test. Accid. Anal. Prev. **25**(1), 91–97 (1993)
9. M. Gründl, Fehler und Fehlverhalten als Ursache von Verkehrsunfällen und Konsequenzen für das Unfallvermeidungspotenzial und die Gestaltung von Fahrerassistenzsystemen (2005)
10. P. Glauner, A. Blumenstock, M. Haueis, Effiziente Felderprobung von Fahrerassistenzsystemen, in *8. Workshop Fahrerassistenzsysteme*, ed. by UNI DAS e.V., pp. 5–14, Walting (2012)
11. U. Baake, K. Wüst, M. Maurer, A. Lutz, Testing and simulation-based validation of ESP systems for vans. ATZ Worldw. **116**(2), 30–35 (2014). doi:10.1007/s38311-014-0021-6
12. F. Schuldt, T. Menzel, M. Maurer, Eine Methode für die Zuordnung von Testfällen für automatisierte Fahrfunktionen auf X-in-the-Loop Simulationen im modularen virtuellen Testbaukasten, in 10. *Workshop Fahrerassistenzsysteme*, ed. by UNI DAS e.V., Walting (2015)
13. W. Wachenfeld, H. Winner, Virtual Assessment of Automation in Field Operation. A New Runtime Validation Method, in *10. Workshop Fahrerassistenzsysteme*, ed. by UNI DAS e.V., Walting (2015)
14. H. Winner, Einrichtung zum Bereitstellen von Signalen in einem Kraftfahrzeug, Patent DE 101(02), 771 (2001)
15. B. Hoye, D. Lambert, G. Sutton, Autonomous Driving Comparison and Evaluation, US Patent 20,150,175,168 (2015)
16. http://www.heise.de/newsticker/meldung/Autonome-Autos-Danke-dass-Sie-das-Auto-von-mo rgen-testen-2760591.html. Accessed 23 Jul 2015
17. http://www.dvr.de/betriebe_bg/daten/unfallstatistik/de_autobahn.htm. Accessed 21 Aug 2015

第18章 高度自动化安全和安全系统的验证

18.1 简介

高级驾驶辅助系统的重要性在原型设备制造商领域的深入发展和非汽车公司的研究活动中日益凸显。一个众所周知的例子是谷歌公司的自动驾驶汽车项目,它成功地朝着一个完全自动化车辆的方向发展。

目前,高级驾驶辅助系统关于提高车辆安全性以及乘客舒适性的潜力,正在被许多报纸和各种电视节目所讨论和报道。因此,新的乘用车和重型车辆很可能将在未来几年内合法地安装某些高级驾驶辅助系统(ADAS)。作为这个方向的一步,欧盟要求新车从2011年开始配备车身电子稳定系统(ESP)。2016年,欧盟强制性要求新的重型车辆配备紧急制动辅助系统。

原型设备制造商积极顺应这一趋势,并为新的车型装配越来越多的高级驾驶辅助系统。这一发展受到两大社会挑战的推动——人口年龄的增长和地球人口的持续增多。

国外许多家庭在购买房子或公寓后,会把第二大笔钱花在车上。随着人们年龄的增长,他们想要保持他们已经习惯了一生的个人机动性。为了保持减少恶性事故的趋势,有必要在80岁甚至以上的老年人开车时辅助他们。没有高级驾驶辅助系统,老年人必须停止驾驶,否则就会增加致命事故的风险。文献[1]的统计数据显示了这种趋势,这可以通过使用高级驾驶辅助系统来逆转。

在伦敦、北京或纽约等特大城市,交通拥堵是正常的。它不仅困扰着驾驶员,而且增加了二氧化碳和废气排放,促使全球变暖。由于几乎不可能在这些城市建造更多或更宽的街道,对于个人机动性,唯一的选择是公共交通或更好地利用现有街道的可用空间。车对车和基础设施的通信以及地图数据的使用,允许对车辆能量的最优控制方案进行寻找,这可以在(部分)自动化车辆中实现。这可以减少运输部门(特别是重型货车运输货物)中的二氧化碳排放量。

这表明,更新、更先进的高级驾驶辅助系统,乃至全自动驾驶车辆将继续发展下去。

根据ADAS提供的自动化程度，它会在许多不同的情况下，部分或全部接管车辆横向或纵向的运动控制，这可能发生在交通环境中。这需要那些ADAS在所有可能发生的交通情景中，能够有正确的和可重复的反应。因此，ADAS的验证已经非常复杂，并且当车辆的自动化程度继续增加时将变得更加复杂。目前，尚无可供使用的测试系统和验证方法，在所有可能的交通和环境条件下都能保证整个功能的安全。目前的验证方法是用测试场景的目录，定义了在这种情况下的ADAS的交通场景和预期正确反应。具有ADAS功能的OEM测试车辆使用目录的场景，无论是在试验场、真实的交通环境下，还是在虚拟（模拟）的环境中都越来越多。

在试验场或实际交通场景中的测试不需要复杂的仿真环境，因此通常用于新的ADAS或部分/高度自动化车辆的早期功能原型（在本章的其余部分中，ADAS还应包括部分/高度/完全自动化车辆的控制系统）。不幸的是，这些测试方法存在严重缺陷：测试是很难被复制的。因此，如果ADAS函数中的修正确实解决了先前测试的识别问题，则需要较长的测试时间。验证数据库的许多交通场景对于测试驾驶程序来说是重复的，甚至是危险的。这也导致了高的验证成本和长的验证时间。

另一方面，在虚拟交通场景中验证仿真环境的开发也是非常昂贵的。一个开发高级驾驶辅助系统的知名公司预测，开发高度自动化车辆的验证环境要付出的努力，要比开发汽车部分自动化功能的努力高10~20倍。完全自动化汽车的比例则增加到20~50倍。

本章试图总结在验证先进驾驶辅助系统的最先进的未来趋势。

18.2 自动化车辆的复杂性

ADAS控制器为车辆驾驶员提供了前所未有的价值：ADAS最初被引入的目的是改善车辆的安全性（主动安全措施与以前的被动安全措施相比）。但他们也提升了驾驶员从紧张情况下释放的舒适性，如交通堵塞时。此外，它们被用来减少车辆对环境的负面影响（例如，交通灯助手根据车辆行驶路线上的当前和未来的交通信号状态，在优化车速方面最小化能耗和废气排放）。

图18.1描述了ADAS的基本结构。与汽车中的常规控制单元相反，如发动机控制单元（ECU）或蓄电池控制单元（BCU），ADAS控制单元（ACU）使用一种在汽车工业中最新的传感器与更复杂的环境进行通信。

这些传感器在周期性更新的对象列表中提供关于外界的信息（视频传感器、雷达传感器、激光雷达传感器、超声波传感器）。车与车之间的通信以及车与基础设施的通信也发送关于车辆周围环境的信息。ADAS控制器的第三个信息源是与GPS传感器一起的精â地图信息。所有这些信息和车辆中传统的在线数据一起，例如发动机转速、车速、齿轮号等，以获得汽车周围环境的尽可能准确的图像。

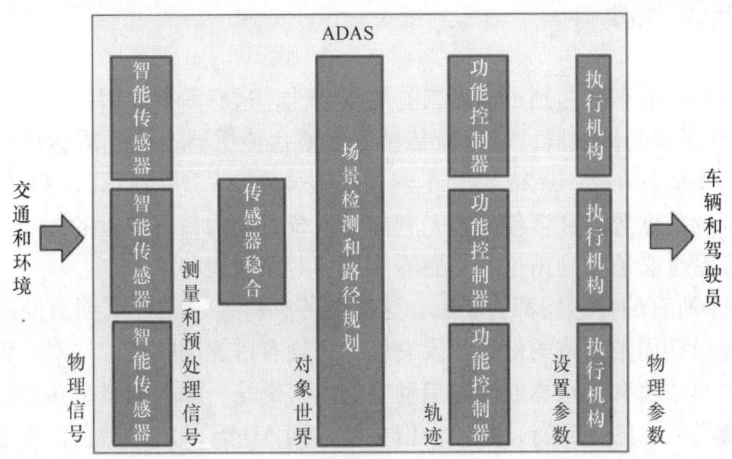

图 18.1　ADAS 的基本结构

不幸的是，所有这些信息来源都有自己的不足。因此，传感器融合用于组合各种来源的信息，改善外界环境的图像。这种传感器融合增加了这些系统的复杂性，因为它需要同步采集来自许多传感器的数据，以测试或再现传感器融合的结果和 ADAS 控制器中的算法。

物理信号在大多数情况下，已经在传感器数据采集子系统中预处理了，并周期性地发送到传感器融合算法。传感器融合的结果用于在当前时间和未来预测中生成外部物体的图像（位置、速度、对象类型等）。下一步是计算车辆的最优轨迹，以满足所要求的任务（例如，从 A 点行驶到 B 点或在停车位停车）。车辆横向和纵向运动的控制器计算车辆各种执行机构的设定值，像转向执行器、节流阀值、制动压力等。

ADAS 控制器的控制策略必须与车辆周围的许多由 ADAS（EGO 车辆）驾驶的常规汽车相互作用，以及与人类、动物和其他物体如交通标志、道路边界、石头或在风中飞行的物体的相互作用。

此外，不同的 ADAS 传感器的精度和可信度在很大程度上取决于环境条件（如雨、雪、雾、夜、耀眼的太阳光等）。这些效果需要在虚拟环境中模拟来验证 ADAS。

ADAS 另外一个困难，是从车到车或车到基础设施通信逐渐增加的安全漏洞的线索。配备 ADAS 的车辆，例如高度自动化的汽车，必须在每一个环境条件下都是安全的。这需要复杂的 ADAS 控制算法和这些系统的广泛验证。

18.3 确认挑战

装有 ADAS 的车辆达到了前所未有的复杂性，这有 5 种原因：

1）有许多新的传感器，如视频传感器、雷达传感器、激光雷达传感器、超声波传感器、车辆到车辆（V2V）和车辆到基础设施（V2I）通信、GPS 传感器、来自数字地图的数据等。许多传感器是智能子系统，它们具有内置的标志数据的处理能力。验证系统必须处理由这些传感器生成的对象列表的流。

2）由于所有的传感器都有弱点，这需要传感器通过融合来创造外部世界的图像。该图像包括周围物体的信息以及它们未来最有可能的轨迹，这对验证有两个影响：有必要模拟所有传感器或同时启动它们。特别是，如果通过直接连接到周围环境的在线仿真数据的刺激器，将物理信号施加到 ADAS 的传感器上，则这些不同执行机构的所有时间延迟都要得到补偿。否则，传感器融合算法可能会导致错误的结果，因为来自不同传感器的数据不完全是时间对准的。

3）装配有 ADAS 的车辆与外部世界交互。其他由驾驶员驾驶的车辆基于 ADAS 自动车辆的反应进而改变其轨迹（例如，在道路交叉处是否快速制动，或平稳地减速和停止）。因此，在验证 ADAS 时，还需要考虑人类行为主体的不同行为。

4）天气条件会严重影响 ADAS 传感器的行为，这需要在许多不同的环境条件下进行测试。

5）车辆安全也必须进行测试，因为安全漏洞可能导致外部世界的错误图像，这会生成不想要的轨迹，甚至可能导致事故。

装备有 ADAS 功能的车辆（例如，全自动汽车）在不计其数的环境条件和情景下必须是安全的。因此，大多数自动化研究车辆的验证目前正在进行。

例如，来自达姆施塔特技术大学的获胜者，估计了需要在德国道路上验证车辆的距离，以证明自动车辆和人类驾驶的汽车一样安全。计算出的距离为 1 亿 km，考虑到了德国的平均事故数超过道路和在这些道路上的平均驾驶表现。考虑到 OEM 开发多达 25 种不同车型的变体以及复杂的软件系统，如 ADAS，通常每几个月有一个新的软件版本更新，这需要非常庞大的测试车队。不是所有的变体都有不同的 ADAS 软件，一些修正也会导致额外的验证工作。测试车每年必须进行 1 亿次以上的测试。

当试图在短时间内进行验证性道路试验时，要确保几乎所有可能的环境条件（热、冷、低/高海拔、雪、雨、雾、冰等）都在这个时间内发生。此外，许多验证序列需要危险的操纵，这对于测试驾驶员驾驶具有新 ADAS 版本的车辆来说是安全的关键。另外，在不同场景中验证 ADAS 所需的附加对象（其他车辆、测试机器人等）的成本是显著的。

如果在模拟环境中执行的测试中，消除了道路上没有安全相关事件的测试时间，则在虚拟环境中通过验证替换纯道路测试可以显著地减少验证时间。目前，一些项目涉及收集安全相关的场景数据库，用于验证基于 ADAS 的车辆，具有许多控制单元，如变速器控制单元（TCU）、车辆控制单元（VCU）、发动机控制单元（ECU）等。

为了应对迄今为止所讨论的道路上所需的不现实测试时间，普遍认可的是，ADAS 的验证需要在模拟环境中进行测试（见图 18.2），它可以执行比时钟时间更快的测试，并提供在验证序列期间激发不同环境条件的可能性。

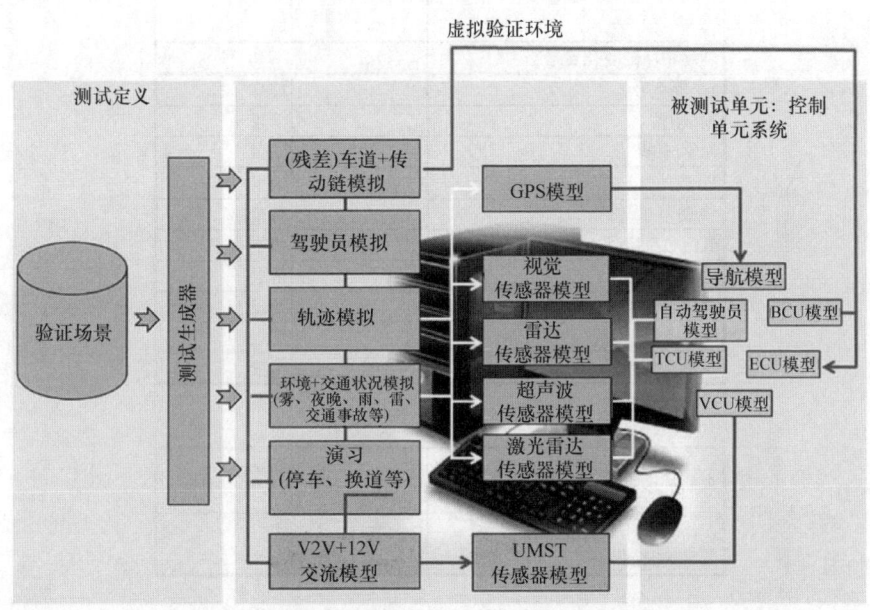

图 18.2　MIL（循环中的模型）或 SIL（软件在环）验证环境

目前，装备有 ADAS 的车辆所需要的可以模拟现实的"所有"安全关键交通和环境场景的复杂的仿真模型，还不是完全存在。

如果在虚拟环境中验证可以解决这个问题，为了更好地理解它，下面进行粗略的计算：

1）路面测试：要用 100 辆测试车进行 100 万 km 的测试，如果每天测试 18h，则试验会持续 8 年。

2）虚拟环境测试：假设在环境条件的所有组合中，对 25 个测试集上的 300 个安全相关场景进行测试，则测试将持续 2 年（见图 18.3）。

这表明，在模拟环境中的验证显然是一种更详细的调查方法；然而，2 年的测试太长，无法对车辆的几种变体和每年的几个新的 ADAS 软件版本进行验证。因此，高度自动化系统的验证仍然是一个尚未解决的问题；"最先进的"验证方法和工具不再是有效的。

每个安全相关场景的测试持续时间	5	min
安全相关验证方案的数量	300	方案
使用的虚拟验证测试台数量	25	测试台
每天测试的小时数	18	h
环境条件的变化数量		
#车辆型号	1	型号
晴/雨/雪	3	情景
无雾/有雾	3	情景
日/夜	3	情景
热/冷	3	情景
低海拔/高海拔	3	情景
驾驶人类型	3	情景
交通繁忙/低流量	3	情景
GPS接收率低	2	情景
车辆负载	3	情景
不同环境条件下的场景数量	3936600	场景
在所有条件下测试所有方案的时间	2.0	年

图 18.3 虚拟环境验证有效期的粗略估计

安全意味着没有不可接受或不合理的风险。验证是确定需求是正确需求并能够完成的活动。验证检查可以确保一个已开发的系统满足所有要求，因此有必要预见新产品需求阶段所有的潜在危险情况。当 ADAS 与外界发生很大程度的交互作用时，可能发生不可计数的安全临界情况。很有可能它们中的许多情况在新系统的特定时间没有预见到。因此，在高度自动化的车辆中，最困难的挑战是功能性的不足。它是由未知的需求产生的，因此它既不执行也没被证实。由于验证应确保所有相关的要求都被预见，所以有必要考虑一些概念来处理功能性需求。

18.4　验证概念

为了进一步缩短验证时间，应将组合测试的概念与虚拟环境中的验证一起应用。所描述的验证工具链如图 18.4 所示。

来自多个来源的验证场景如下：

1)测试车辆记录来自 ADAS 传感器、环境、道路和车辆(例如,发动机转速、车辆速度)的数据。然后分析和检查这些数据是否发生了安全关键事件,以及这些事件是否已经成为安全关键 ADAS 场景数据库的一部分。如果它还不存在,则从记录的数据中生成新的验证场景并添加到数据库中。

2)官方团体(例如,作为 Euro NCAP 的消费组织)的场景也被添加到安全关键的 ADAS 场景的数据库中。

3)ADAS 的安全性分析也会导致额外的验证场景。

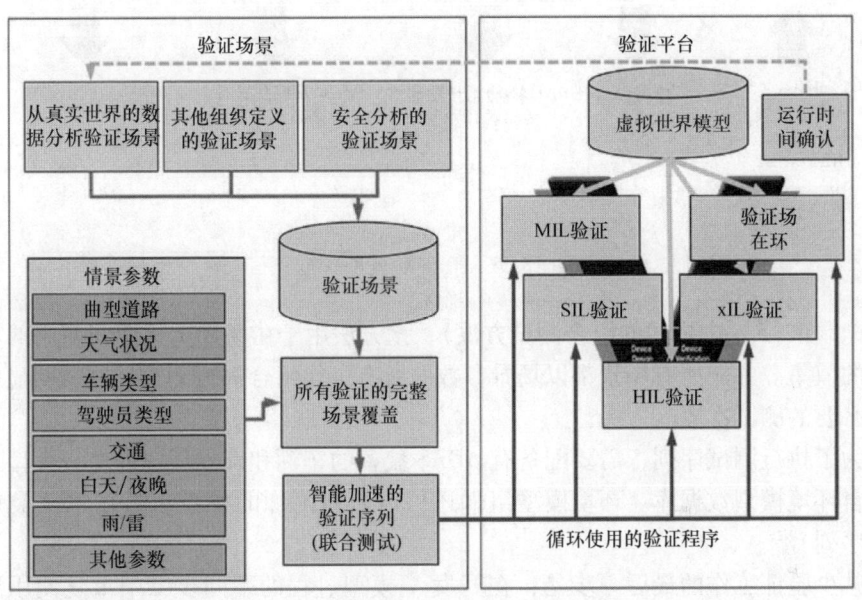

图 18.4 装备 ADAS 车辆的验证工具链

尤其是从道路上记录的数据导出的验证场景的第一资源,可以随着时间的推移创建学习循环,这有助于克服功能缺陷的问题。这是可以想象的,运行中的装备了 ADAS 的车上延长学习周期同时记录数据,只要购买这些车的人同意安装这一程序。

图 18.5 中的测试基础结构组件允许设置 ADAS 验证环境,将验证时间缩短到合理的长度。为了允许使用组合测试概念,所有的 ADAS 场景都需要在环境条件的不同组合中执行它们。它们由不同的场景中的参数来描述,如雨量(0% ~ 100%)、雾(0% ~ 100%)、日光(0% ~ 100%)等。如果执行验证的场景已成功通过,所有的 ADAS 场景都包括一个含有外部输入参数的测试动作序列,为场景参数和一个程序去计算。

当为验证准备测试序列时,那些 ADAS 的验证场景是从 ADAS 数据库提取的,它们和要验证的 ADAS 功能是相关的。一种基于实验设计方法的智能测试生成器

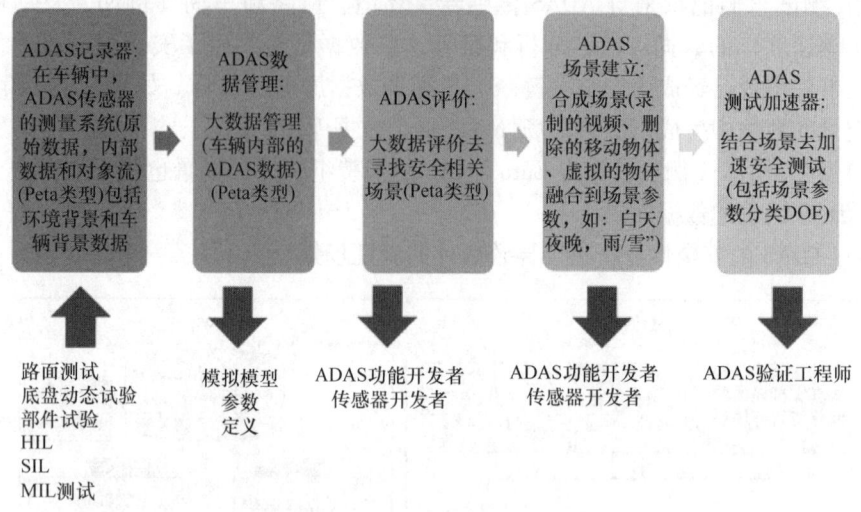

图 18.5　ADAS 验证工具箱

（例如，如 [5] 中描述的组合测试方法），该方法用于在场景执行期间使用的场景参数的值集。并非所有场景都以场景参数的所有可能组合进行测试，这就明显地减少了必要的测试次数。

为了执行测试序列，需要配备有 ADAS 装备的车辆和外界环境的仿真模型。它们取自环境模型数据库。环境模型组件还可以具有附加的场景参数输入（类似于场景序列）。

减少验证工作的最后一步是，在开发 V 模型过程的不同步骤中重复使用测试序列。这一方面需要标准化的场景序列描述。另一方面，需要一个模拟环境，它总是提供与现实中可用的测试部件组合的相同功能。标准化的场景描述语言可以基于已建立的标准 ASAS – ODX 或开放场景，这将需要扩展以覆盖 ADAS 验证的需要。

测试序列在开发过程中被重复使用：

1）在 V 模型的早期阶段功能开发过程中的 MIL（循环模型）环境见图 18.2。

2）在 ADAS 软件开发期间的 SIL（软件在环）环境中的 V 模型的早期阶段见图 18.2 MIL（循环中的模型）或 SIL（软件在环）验证环境。

3）在 V 模型的早期阶段，在 ADAS 开发期间的 HIL（硬件在环）环境中见图 18.6。

4）在 V 模型早期阶段，ADAS 车辆集成和验证中的功率环内（XIL）环境见图 18.7。

5）在使用如 [8] 所述的可遥控平台时，车辆验证过程中的车辆内环路（VIL）环境也可能存在。

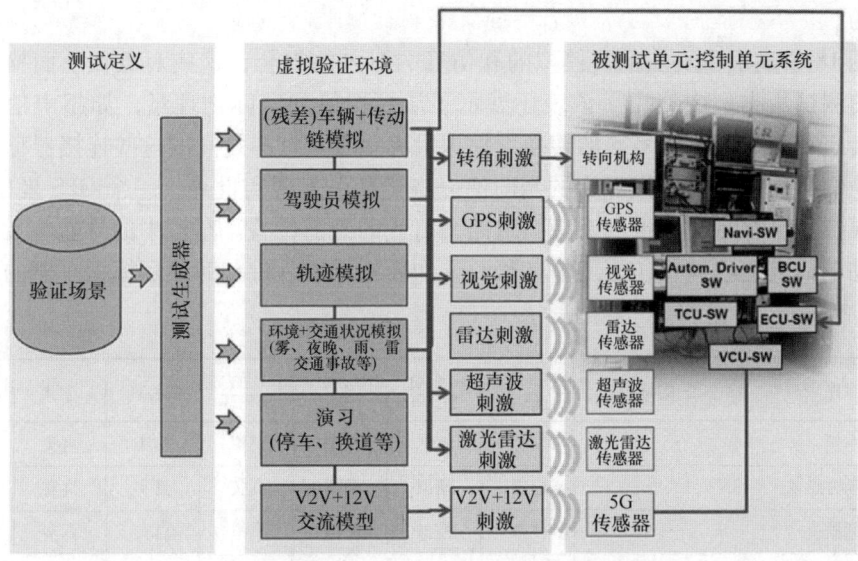

图 18.6　HIL（环路中的 HW）验证环境

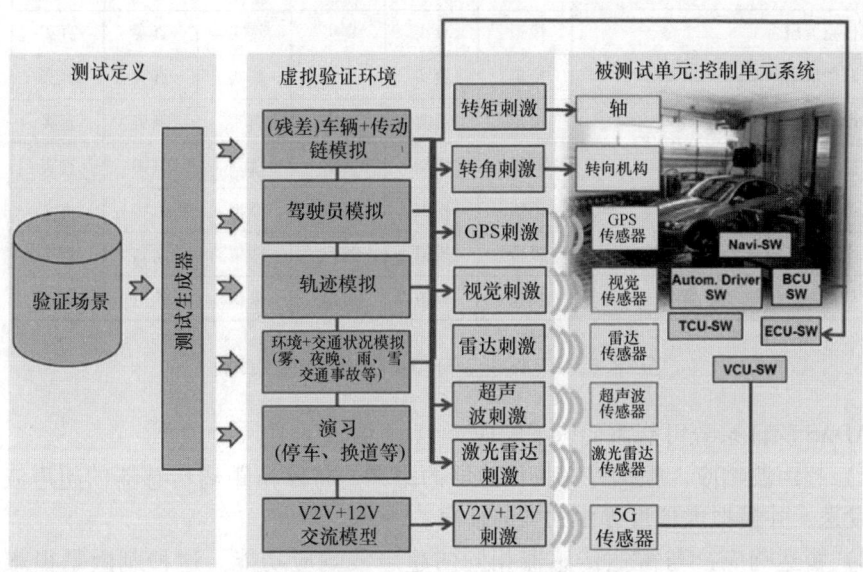

图 18.7　PIL（回路中的功率）验证环境

18.5　虚拟验证环境

第 17 章描述的加速验证过程需要复杂的仿真环境。它将真实的组件和模拟的组件在不同的变化中结合起来。在仿真部件的功能和时序特性中，实际部件应该是等效的。

图 18.8 显示了真实的、模拟的和仿真的对象的组合，这些对象在上面描述的不同的测试集类型中使用。该表还展示了从模拟值到实际物理量，如超声信号重建、转矩、GPS 卫星信号等的转换。模拟世界和真实世界之间的这些连接器称为刺激。他们必须根据模拟世界中的当前价值将能量引入现实世界。一个 GPS 坐标系，通过模拟卫星指示模拟世界在模拟道路上行驶的当前位置。车辆中的导航单元也可在移动电话上接收这些仿真卫星信号，并在使用导航软件包时显示模拟车辆的正确位置。

组件 / 测试台	MIL(模型在环)	SIL(软件在环)	HIL(硬件在环)	xIL(动力总成在环)	试验场	道路
车辆	模拟	模拟	模拟	模拟	真实	真实
动力总成	模拟	模拟	模拟	真实	真实	真实
驾驶员	模拟	模拟	模拟	模拟	真实	真实
需要激励	否	否	是/否	是/否	否	否
传感器	模拟	模拟	真实/模拟	真实/模拟	真实	真实
传感器融合	模拟	真实	真实	真实	真实	真实
路径规划	模拟	真实	真实	真实	真实	真实
控制器	模拟	真实	真实	真实	真实	真实
执行器	模拟	模拟	真实/模拟	真实/模拟	真实	真实
道路	模拟	模拟	模拟	模拟	真实	真实
交通和环境物体(行人等)	模拟	模拟	模拟	模拟	真实/模拟	真实
环境条件(雨、雪、雾、夜、冰等)	模拟	模拟	模拟	模拟	模拟	真实

图 18.8　ADAS 验证环境中的模拟/真实组件

ADAS 验证系统可能需要以下响应：

1）超声波响应，根据停车场传感器的距离，将停车距离传感器的超声波信号重新发送，并模拟虚拟世界中的当前情况。

2）雷达响应：与雷达传感器相同的超声波响应功能。这种刺激是很难建立的，目前还没有得到充分的利用。

3）激光雷达响应。

4）摄像机的响应，显示装备 ADAS 的当前车辆周围环境的图像的摄像机通过视频屏幕上的重放或人为地创建视频序列。

5）GPS 响应，将模拟环境中的模拟 GPS 坐标转换为 HF 信号，该导航系统的天线将从一个或多个 GPS 卫星接收。

6）车辆对基础设施和车辆到车辆的通信响应，模拟自车与基础设施控制中心和周边车辆之间的通信。

7) 动力传动试验台的转矩响应。

8) 转向系统响应,它模拟车轮上的车轮到车辆转向系统传感器的机械反馈,即使车轮没有转动(无论是在底盘试验台还是动力传动系试验台)。

9) 气候响应(气候室)。

响应需要确保组件的模拟输出与物理组件的实际可测量输入匹配。因此,在许多情况下需要大量的能量来最小化响应的控制误差。

不同模拟组件之间的连接需要一个协同仿真框架,不同模拟和真实组件的组合需要一个特殊的协同仿真框架,例如在[9]中描述的框架。为了混合和匹配车辆部件、环境部件和组件以建立ADAS控制器和驱动程序模型,有必要去掉下面2个接口。

1) 真实/仿真组件的输入和输出。它们将模拟组件的输出与其他模拟组件的输入连接起来。在连接到真实组件的情况下,需要在模拟组件的输出与真实组件的物理输入之间进行响应。

2) 场景参数输入。场景参数在测试场景开始时被更改,但在场景的测试序列中保持不变。此外,响应必须对场景参数作出反应(例如,在模拟降雨中测试场景时的视频图像的修正)。

为了允许在MIL系统上开发ADAS功能,ADAS的主要功能块也需要作为仿真组件(例如,传感器融合块)。图18.9显示了模拟环境中的这些主要构件。

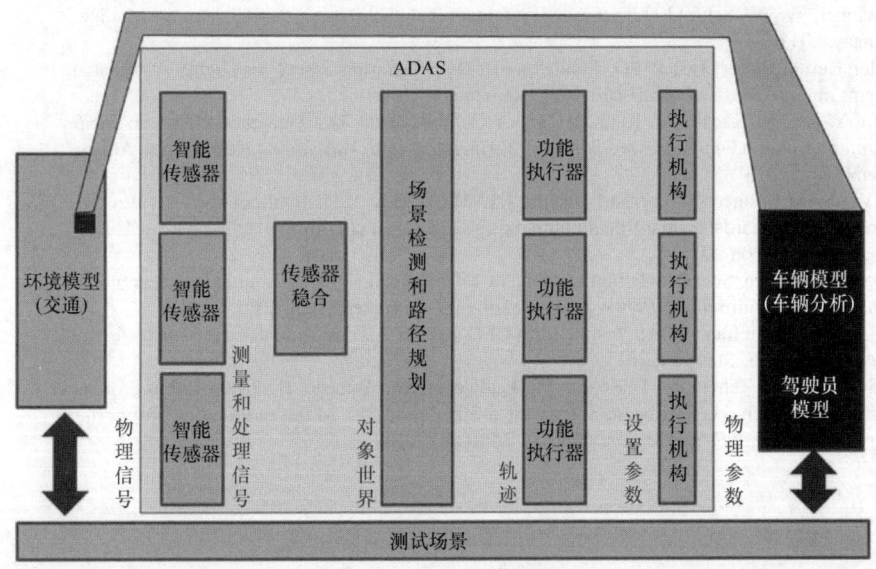

图18.9 验证仿真环境

仿真结果表明，模拟的自车模型与交通和环境模拟（在物体左右两侧的上灰度连接外）相互作用。

最后一个验证构建块是测试序列的执行器。如果测试序列以标准化格式存储，则可以方便地在 ADAS 开发过程的不同阶段重用测试序列。这节省了作为验证环境创建的关键成本，并且测试序列比 ADAS 功能本身的开发成本高出 5~25 倍。

18.6　结论

本章概述了验证功能，特别是安全性的 ADAS 车辆的挑战。它解释了为什么需要新的方法来允许 ADAS 在合理的时间框架内以合理的成本进行验证。只有这样，才有可能实现 ADAS 的全部潜力，从而确保老龄化社会的个人机动性，同时减少人口增长产生的 CO_2 和尾气排放。在运输中，自动化车辆提供了一个很好的解决方案，以满足社会挑战，因为它们能够通过避免人为错误来提高安全性，通过更好地利用道路空间来提高效率，特别是显著减少移动应用中的排放。此外，自动驾驶还可以使残疾人或老年人方便地参与社会生活。

参 考 文 献

1. J. Oxley, B. Fildes, E. Ihsen, J. Charlton, R. Day, Differences in traffic judgements between young and old pedestrians, Accid. Anal. Prev. 26–29(6), 839–847 (1997)
2. H. Winner, S. Hakuli, G. Wolf, *Handbuch Fahrerassistenzsysteme: Grundlagen, Komponenten und Systeme für aktive Sicherheit und Komfort* (Vieweg+Teubner, Wiesbaden, 2011)
3. H. Winner, W. Wachenfeld, Absicherung automatischen Fahrens, in *6.FAS Tagung*, Munich, Germany, 2013
4. Müller, Bernd; Robert Bosch AG, Challenges in Demonstrating Safety for Highly Automated Systems, in *Safetrans Industrial Day 2015*, Renningen, 2015
5. L. Yu, Y. Lei, N. Kacker, R. Kuhn, ACTS: A Combinatorial Test Generation Tool, in *IEEE 6th International Conference on Software Verification and Validation*, Neumunster Abbey, Luxembourg, 2013
6. A. eV, ASAM Connects—Standard Details, ASAM eV, May 2015, [Online] http://www.asam.net/nc/home/standards/standard-detail.html?tx_rbwbmasamstandards_pi1%5BshowUid%5D=525. Accessed 10 08 2015
7. V.S. GmbH, OPen Scenario Bringing Content to the Road, VIRES Simulationstechnologie GmbH (2015), [Online] http://www.openscenario.org/. Accessed 10 08 2015
8. M. Schmidl, H. Steffan, ADAS Testing with UFO Test System, in *Autonomous Vehicle Test & Development 2015*, Stuttgart, 2015
9. G. Stettinger, J. Zehetner, H. Kokal, M. Paulweber, M. Wierse, B. Toye, Control of an Engine Test-Bench via Hardware-Software-Co-Simulation, in *14.Internationales Stuttgarter Symposium Automobil- und Motorentechnik*, Stuttgart, 2014

第 19 章 测试和验证自动驾驶的战术车道变化行为规划

19.1 介绍

19.1.1 动机

在过去的 25 年中，自动驾驶汽车的驾驶能力迅速发展。这伴随着自动车辆的复杂性的大量增加，关于实现自动车辆的功能所需的多种相互作用的部件。

为了保持这种复杂性的可管理性，许多团队使用模块化和分层抽象将整体驾驶任务分解为单独的模块。Matthaei 和 Maurer 描述了一种可能的抽象概念。

对于有效且有针对性的测试，分别测试自动车辆的模块以确保其正确的功能是有用的。在此之上，模块的互操作性需要在不同的集成级别上进行测试，最终对系统进行整体测试（系统测试）。这些系统的开发和测试过程可能是 V 模型，其例如在 ISO 26262 标准开发过程中描述。V 模型描述了系统在单元测试、模块测试、集成测试、系统测试和验收测试的抽象级别上的开发和测试过程。这些级别也用于战术行为计划的测试过程。本章将对此进行描述。

通过不同的基于仿真的测试和现实世界的驾驶测试来实现测试级别。现实世界的驾驶考试经常需要大量的成本和时间。此外，测试需要真实的车辆或原型。通常，这样的原型在研究项目的早期阶段是不可用的。因此，单独的现实世界驾驶测试通常是不够的。

因此，建议使用基于情境的开环测试和基于场景的闭环测试来进行模块和集成测试。在软件在环设置中基于仿真的测试不需要原型，并且可以比实时更快地执行。因此，可以用较少的努力来测试软件中的微小变化的影响。因此，可以在开发过程中使用基于仿真的测试，并允许根据开发人员的需求定制方案。

本章介绍的测试程序已被我们的团队用于开发图 19.1 所示的奥迪 A7 自动驾驶概念车杰克。2015 年的"消费电子展"在美国和德国高速公路媒体上展示了"杰克"。为此，这辆车在从斯坦福到拉斯维加斯和布伦瑞克周围以及因戈尔施塔特周围的高速公路上行驶了 880km。

图 19.1　奥迪 A7 自动驾驶概念车——杰克

19.1.2　大纲

在 19.2 节我们定义术语——情境和场景。19.3 节概述了基于 scenari 和基于情境的测试的用法。19.4 节介绍了对四个建议抽象级别的测试。具有用于车道变换行为测试的示例性实施方式的案例研究在 19.5 节。最后，19.6 节最后确定了本文的结论和研究展望。

19.2　术语——情境和场景

为了区分可分离的测试级别并在不同组件之间建立统一的接口，有必要定义术语——情境和场景。在 Ulbrich 等人中可以找到更广泛的讨论以及文献综述。作者将术语场景定义如下：

场景描述了环境的快照，包括风景和动态元素，以及所有演员和观察者的自我表征，以及这些实体之间的关系。只有模拟世界中的场景表示才能实现（客观场景，地面实况）。在现实世界中，它是不完整、不正确、不确定的，并且来自一个或多个观察者的观点（主观场景）。

与 Geyer 等人相似，术语"风景"包含场景的所有地理空间静止元素。动态元素是移动或具有移动能力的元素。场景表示通过自我表示来完成，其中包含当前技能水平和一般系统技能以及所有参与者和观察者的状态和属性。

反之亦然,我们通过以下方式定义情景:

情景是整个情况,在特定时间点选择适当的行为模式时应考虑这种情况。它包含行为的所有相关条件、选项和决定因素。情景源自现场通过基于瞬态(例如,特定任务)的信息选择和增强过程以及永久目标和价值。因此,通过表示元素的观点,情景总是主观的。

情景包括由情景评估模块解释或理解的若干情景方面。情景可以是这些模块的输入和输出。在这些情景评估模块中,情景通过附加信息得到增强。

根据作者对情景的定义,它可以完全来自场景和系统的目标和值,如图 19.2 所示。在场景和情景之间存在很大的重叠,以包括例如风景的所有相关部分,所有相关的动态元素以及自我表示的所有相关方面。该信息选择有助于简化情况表示并由此简化驾驶功能的开发。

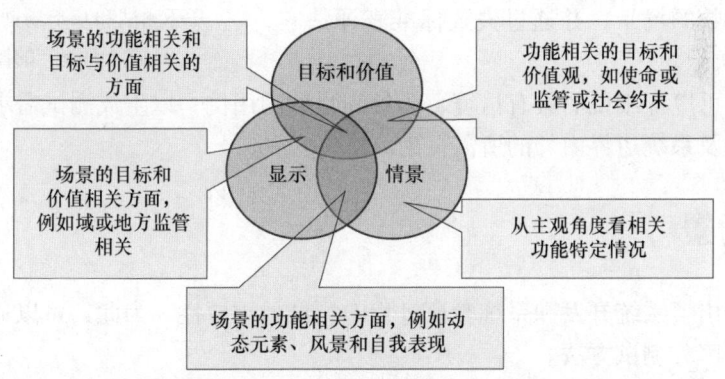

图 19.2　场景、情景和元素的目标和价值的维恩图

此外,例如通过目标和价值隐含地或明确地增加了这种情况。例如,通过明确地标记道路或车道的有用性以达到任务目标,或通过将侧面的游戏儿童描述为比围绕塑料袋飞行更具相关性而隐含的标记。情况的其余部分与场景或目标和价值不重叠,表示情况评估模块评估和填充信息的情况方面。

根据图 19.3,场景包含场景,动作和事件以及目标和值。特提出以下定义:

场景描述了一系列场景中的几个场景之间的时间发展。每个场景都以初始场景开始,可以指定动作和事件以及目标和值来表征场景中的这种时间发展。除了场景之外,场景跨越了一定的

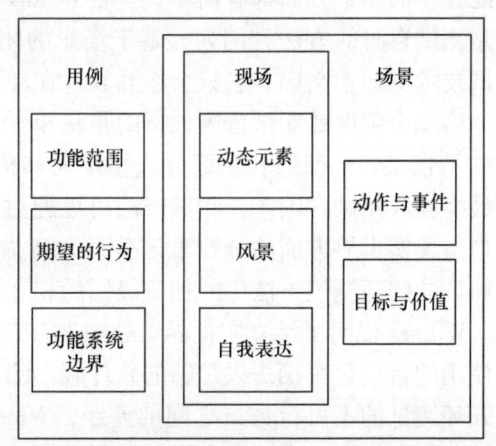

图 19.3　软件验证和测试的四步测试程序

时间。

根据场景的用途，仅指定情境而不是整个场景加上目标和值也可能就足够了。这对于设计用于测试例如情况评估的测试设置可能是正确的，如在19.4节中描述的基于情境的开环测试中那样。

此外，系统的功能描述（用例）需要根据V模型在系统设计的早期阶段中定义，例如在ISO 26262标准开发过程中。用例需要描述功能范围和期望的行为，系统边界的规范以及一个或多个使用场景的定义。

在软件测试中，需要指定方案以生成特定的测试用例。因此，每个测试用例都需要一个具有一组特定参数的场景，并通过失败标准来评估它，如图19.4所示。

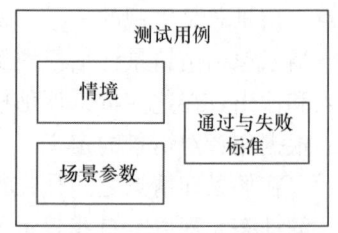

图19.4 单元测试、基于情境的开环测试和基于场景的闭环测试之间差异的图示

因此，可以详细说明具有情境、场景和参数的用例，以生成测试需求的特定测试用例，以及系统边界内外的所需行为。

19.3 背景

介绍指出了系统开发和系统验证过程中测试的重要性。为此，可以通过开环或闭环特性来区分测试方法。

常用的闭环测试技术包括x-in-the-loop技术，如软件在环测试，驱动器在环测试，车载在环测试或硬件在内-循环测试。模拟与非模拟，物理真实方面的比例可能在任何一个方面都有所不同。x-in-the-loop技术的区别在于物理测试设置而不是测试自身的方法：例如，基于场景的闭环测试可以应用于任何x-in-the-loop测试技术。在本文中，它只会在其软件在环测试的应用程序中得到证明。

第二个维度是测试范围，指的是从单元到整个系统的抽象级别，如ISO 26262中的V模型。V型的右半部分包括单元和模型测试，直到更高级别的集成、系统和最终验收测试。因此，测试方法可以通过它们的抽象级别，开环/闭环性质以及模拟与现实世界方面的分数来区分。本节描述了V模型和基于情境的开环以及基于场景的闭环测试方法中抽象级别的相互关系。

Winner说明了纯真实世界驾驶测试（2.4亿km）的不可行性，以便为高速公路使用的自动化车辆提供足够的软件版本测试覆盖率。通过弥补现实世界驾驶测试和开环测试的不可行数量之间的差距，Winner通过将待测试功能集成到销售给客户的现有车辆中，实现了真实世界驾驶开环测试的想法。该功能获得真实世界的输入数据，但输出仅被记录而不能转换成真实的驾驶操纵。通过在大型车辆中运行这样的系统，可以为后来发布的系统实现高测试覆盖率。该概念的范围仅限于例如干预驾驶功能；通过这种方法无法充分测试关注环境与环境的相互作用的驾驶功能。

通过在测试算法的开发过程中使用记录的测量数据，实现了开发平台核心的另一种现实开环测试变体，如机器人操作系统（ROS）或汽车数据和时间触发框架（ADTF）。Ulbrich 和 Maurer 已经证明了测量数据库开环测试和"杰克"车道变化情况评估算法的评估。因此，本文不再探讨。

阿诺德等人调查了不同工业项目中情景的使用情况。它们表明，场景可用于在不同域中生成测试用例，例如，在医疗系统中，用于电信系统、金融系统以及软件开发中。他们分析场景的种类、内容以及表现形式。场景概念的广泛使用表明不同测试级别对其他域的可转移性。

Ryser 和 Glinz 描述了一种基于场景的验证和测试软件的方法。他们通过系统地遍历场景状态图中的路径来建议所谓的基于场景的验证和软件测试。除了本文之外，Ryser 和 Glinz 主要关注场景的结构化生成。

Bai 等人和 Tsai 等人详细阐述了基于场景的概念测试。Tsai 等使用基于场景的测试作为集成测试方法。复杂场景由更简单的子场景编译而成。根据 Bai 等人的说法，基于模板数据结构实例化子场景。Bai 和 Tsai 等建议在多个场景组级别中构建场景。蔡等专注于将基于场景的测试集成到面向对象的测试中框架。他们通过案例研究证明了该方法的可行性。Touseef 和 Qaisar 在 [14] 中展示了一种方法基于场景的整体系统级测试。它在一个案例研究中得到证明。

基于情境的开环测试的参考文献很少。Bai 等人提到所谓的循环场景作为一个特例基于场景的测试，一遍又一遍地重复相同的场景。假设情境基于场景中的场景，则在没有场景的情况下循环场景考虑被测设备的输出将产生类似于 a 的东西基于情境的开环测试。

Tadjine 等人提到使用基于场景的测试目录进行开发行人检测驾驶员辅助系统。鉴于开环性质感知部分，并给予他们的"场景"专门为其量身定制驾驶功能的目标和价值，Tadjine 等人的方法似乎是作者所称的一个例子基于情境的开环测试。

单元测试是软件工程中常用的测试方法。Sommerville 提供有关软件工程中单元测试不同方面的详细信息。

19.4　将单元测试基于情境的开环测试和基于场景的闭环测试集成到 V 模型中

本节概述了测试和模拟工作，以确保测试项目的正确功能。测试和验证工作遵循四步程序，如图 19.5 右侧所示。根据图 19.5 中的选中标记，这个四步程序可以集成到 V 模型的测试中。

在最基本的层面上，执行单元测试以测试并确保正确的功能。作为下一步，可以生成一种情况，作为通过基于情境的测试在开环测试中作为整体测试驱动功能的激励。这种测试的范围仅限于驾驶功能本身；它不测试从场景中提取情况。如果需要测试这种情况提取，作者提出了基于场景的开环测试。无论如何，在"杰克"的测试过程中，没有必要实现基于场景的开环测试的中间步骤。

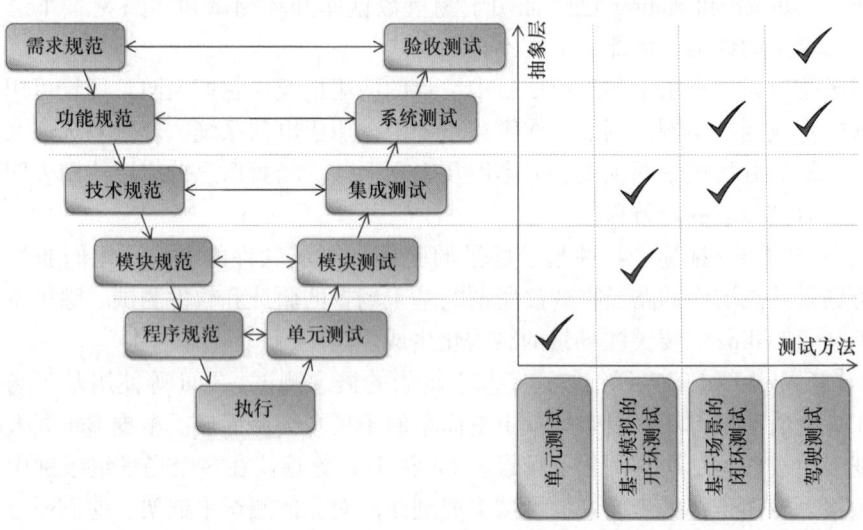

图 19.5　基于情境的开环测试作为基于 [8] 的广义而非项目特定功能系统架构中的单元测试和基于场景的测试之间的中间地带

当所有基于情境的测试用例成功通过时，基于场景的闭环测试用于测试被测项目与战略级别模块和稳定级别模块的整体交互。最后一步，测试由现实世界驾驶测试完成。测试步骤将在以下子章节中详细说明。基于情境的开环测试和基于场景的闭环测试在 19.5 节通过车道变换规划模块的案例研究。

图 19.6 说明了各种测试级别之间的差异。单元测试仅允许测试驱动功能的特定代码部分。这由图 19.6 中的驾驶功能的拼图游戏的单个部分描绘。基于情境的开环测试从测试用例描述中生成一个或多个不同时间段的情况，并评估行为响应，而不会将此行为响应反馈给将来的情况。基于场景的闭环测试指定了测试用例中的整个场景。这包括场景，改变以下场景的事件，情境提取的目标和值以及作为驾驶功能的输入。来自驾驶功能的控制和行为响应用于影响未来的场景以及这种隐含的未来情况。测试系统生成图 19.6 所示的输入。

19.4.1　单元测试

在基本级别上，执行单元测试以测试基本软件功能。这些单元测试对于减少基本功能中的错误量具有特殊价值，例如，计算距离、时间间隔、碰撞时间或遵循清晰计算规则和数字属性的类似物理法则。但是，单元测试不是测试情境评估功能的合格方法，因为它们通常需要了解情况的过去发展。因此，很难评估的单个处理周

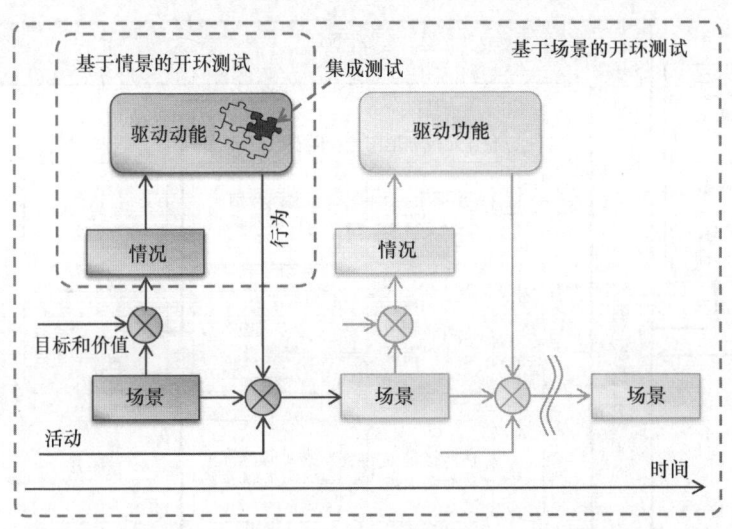

图 19.6 基于情境的车道变换测试的测试案例

期的结果。为了测试这些更抽象的函数，扩展范围并使用基于情境的测试而不是传统的单元测试方案要容易得多。

19.4.2 基于情境的开环测试

基于情境的开环测试使用更广泛的测试范围。虽然单元测试侧重于测试单个函数和代码行，但基于情境的测试的重点更广：根据图 19.7（见彩插），生成情境数据结构作为特定简化实际驾驶情况的模型。情况不变地导入到指导区块中的战术行为计划模块中。

在指导区模块中，战术行为计划模块评估情况并相应地得出战术驾驶决策。将战术行为计划模块的驾驶决策与正确驾驶决策的先验已知基础事实进行比较。评估与预期行为的基本事实的偏差并将其标记为这种特定测试的通过或失败。除了传统的单元测试之外，相同的情况可以反复用作规划模块的激励。因此，可以达到并测试动态的，无模型滤波组件（例如，低通滤波器）的稳态。此外，模块可以作为一个整体进行测试，而不仅仅是单个类。

该测试方法的优点是其适用于快速测试逐渐的软件变化。此外，测试套件可以通过新的测试情况轻松扩展。测试可以比实时更快地执行。因此，基于情境的开环测试是在开发过程中进行测试的通用工具，也是任何版本执行和传递的必要步骤。

该测试程序的局限性在于情境的时间发展目前不是由情况预测模型预测的。这使得它可能不足以测试包含基于模型的过滤器的组件。此外，该方法明显受到其开环性质的限制：根据被测模块的战术行为决策，不会修改和预测情况。

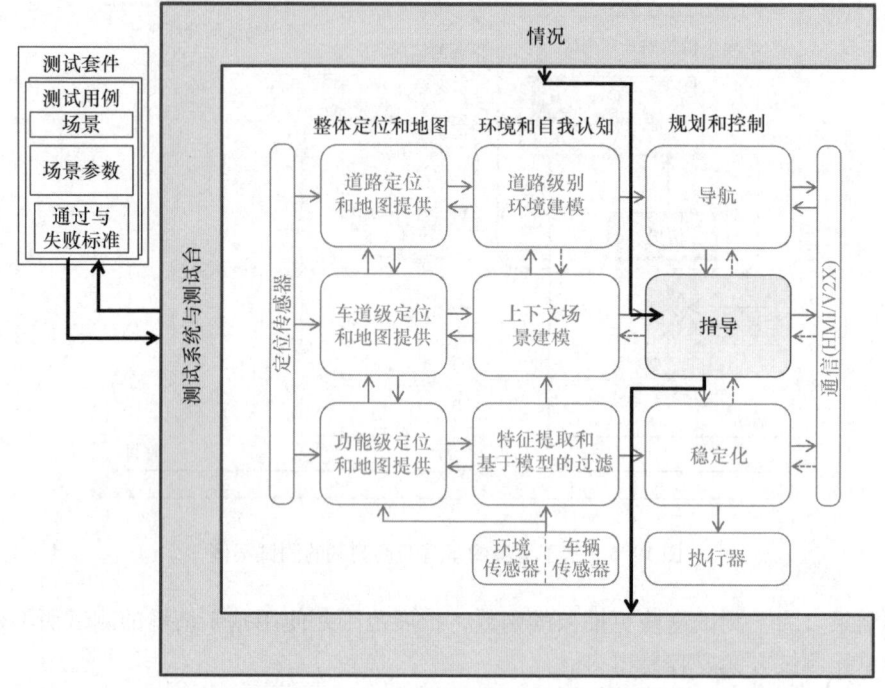

图 19.7 由于动态效益、纵向间隙调整、车道变换权限和从高速公路到出口匝道退出,因此测试车道变换的高速公路模拟情景图示自动驾驶汽车(蓝色)

19.4.3 基于场景的闭环测试

基于场景的闭环测试消除了基于情境的开环测试的一些上述限制。基于场景的闭环测试中的测试用例使用其参数和通过失败标准指定整个场景。这包括场景,改变这些场景的事件,用于情境提取的目标和值以及作为驾驶功能的输入。被测设备不仅是一个模块,如战术行为规划模块,而且是整个自动车辆的任何模块子集。图 19.8 说明了特征提取场景建模和指导稳定的基于场景的闭环测试。

通过基于场景的闭环测试,可以测试理想情况下整个链的交互。来自驾驶功能的控制和行为响应用于影响未来的场景以及这种隐含的未来情况。

如图 19.6 所示,根据测试系统中的预测模型,将在场景的过程中修改场景。因此,这种测试模式允许测试基于模型的过滤方法。除了基于情境的开环测试之外,物体可以向前移动并在模拟时间内开始操纵。这种操纵可以由测试系统中的驾驶员模型触发,或者由场景中的事件在外部定义。

基于场景的闭环测试的优势在于推动功能开发的短暂开发周期。事实上,某些复杂程度的场景只能以资源有限的方式在模拟框架中进行测试。此测试技术允许在几分钟内创建符合开发人员特定需求的方案。闭环测试允许测试多个模块的交互,并有助于识别和分析信号延迟或功能不稳定性。

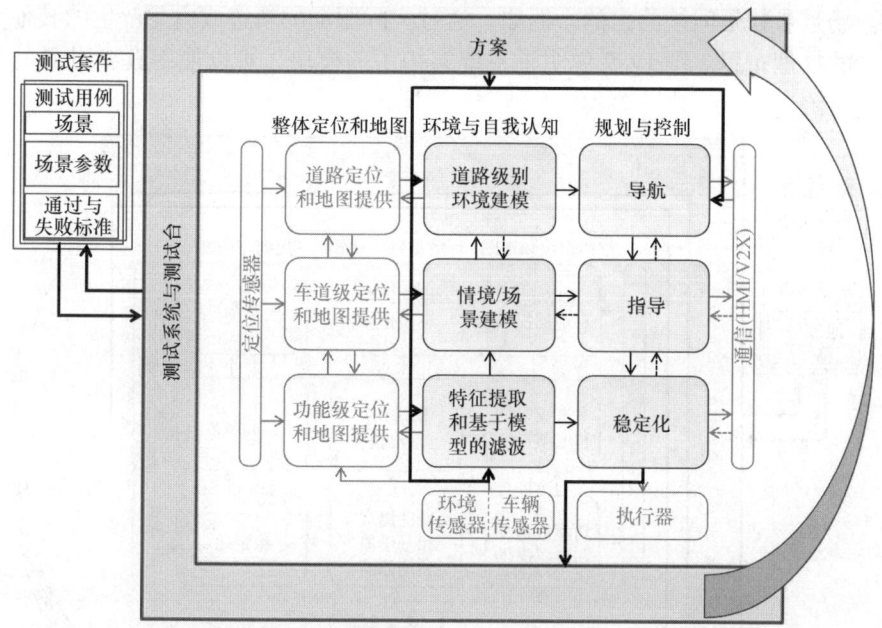

图 19.8　高速公路上基于场景的闭环测试场景的测量数据

作者看到了使用基于场景的闭环测试获得有意义的系统验证测试结果的潜力，但尚未提供证据。

基于场景的闭环测试的局限性在于结果的代表性。实际上，模拟是基于现实世界的几个模型；从行为模型和车辆动态模型开始，通过传感器模型，直到情境的设计模式。这种基于仿真的设计过程的一个重要注意事项是，解决方案可能特别适合仿真环境，但不一定适应现实世界中的挑战。在撰写本文时，感知引起的测量误差和不确定性的建模尚未充分接近实际问题。虽然有某些传感器模型可以模拟某些传感器系统的某些部件，但是当今的错误模型仍然缺乏高级错误的建模，例如错误分类、错误分割、模型不兼容的移动行为或感知实体之间的错误语义关联。

此外，复杂的仿真工具链导致显著的整体复杂性。因此，通常需要花费大量时间来实现预期的结果。在基于来自真实车辆中的驾驶的记录的开发和基于模拟的开发之间来回切换当前通常是特别耗时的问题。

19.4.4　真实世界驾驶考试

真实驾驶测试是测试过程的最后一步。它们用于 V 模型和仿真模型验证中的系统和验收测试。在成功通过所有基于情境的开环和基于场景的闭环测试之后，应该执行真实的车辆或原型。

只有在现实世界的驾驶测试中才能测试具有真实环境条件和产生的不确定性的驾驶功能。真实世界驾驶测试还需要具有场景、场景参数和通过－失败标准的测试用例。场景参数是间接给出的，例如，通过实际驱动的轨迹或由此产生的其他交通参与者的物理布置。图19.9说明了系统架构中的模块，可以使用真实世界的驾驶测试进行测试。

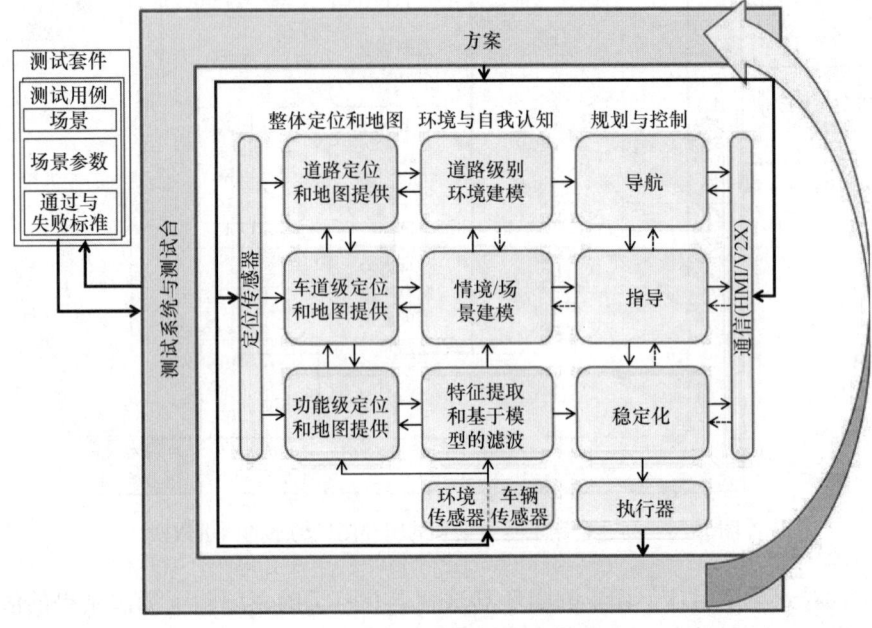

图19.9　系统架构中的模块

现实世界驾驶测试的优势在于它们不需要仿真模型，因此不会因错误的模型而导致错误。现实世界的驾驶考试是一些随机测试。因此，可以测试许多场景，而无需任何特定的测试用例生成。

在某种程度上，随机测试的方面同时对测试方法施加了严格的限制：由于其他交通参与者的随机行为，测试用例不是完全可再现的，测试用例不能比实时更快地执行。因此，执行大量测试用例与高成本和时间消耗直接相关。

19.5　案例研究：测试和验证战术车道变更行为规划

本节介绍了用于测试和验证战术车道变更行为规划模块的案例研究。19.5.1节简要描述了被测模块。在此之后，演示了基于仿真的模块和集成测试测试。19.5.2节介绍了该模块的基于情境的开环测试。19.5.3节说明了车道变换行为计划的基于场景的闭环测试。本文不包括真实驾驶考试。它们可以在Ulbrich和Maurer中找到。

19.5.1　测试项目：车道变更的行为计划

为了演示在先前引入的级别上的测试，用于战术车道变换行为规划的模块被用作被测试的项目。该模块是功能系统架构中的引导块的一部分,如图 19.7、图 19.8 或图 19.9 所示。

在指导模块中,通过信息选择和增强过程将感知模块中与目标和价值无关的场景转换为情境,特别是基于自动车辆的目标和值。这种情况被用作模块的输入,用于车道变换的战术行为规划。它需要进行情况评估,以估计不可衡量的情况。此外,该模块包含行为决策制定本身,它基于情况预测和成本与回报模型。该模型估计未来的行为选择以及由此产生的未来情况如何影响执行车道变换的可能性和好处。基于对未来的这种规划,紧接着的下一行为动作用于命令轨迹目标点,例如,在自我车道中的自动车辆前方,在相邻车道上,或者具有目标速度和位置差异朝着相邻车道的一个空隙进行调整。

19.5.2 基于情境的开环测试

图 19.10 说明了用于基于情境测试的 29 个测试用例的测试套件中的三个示例

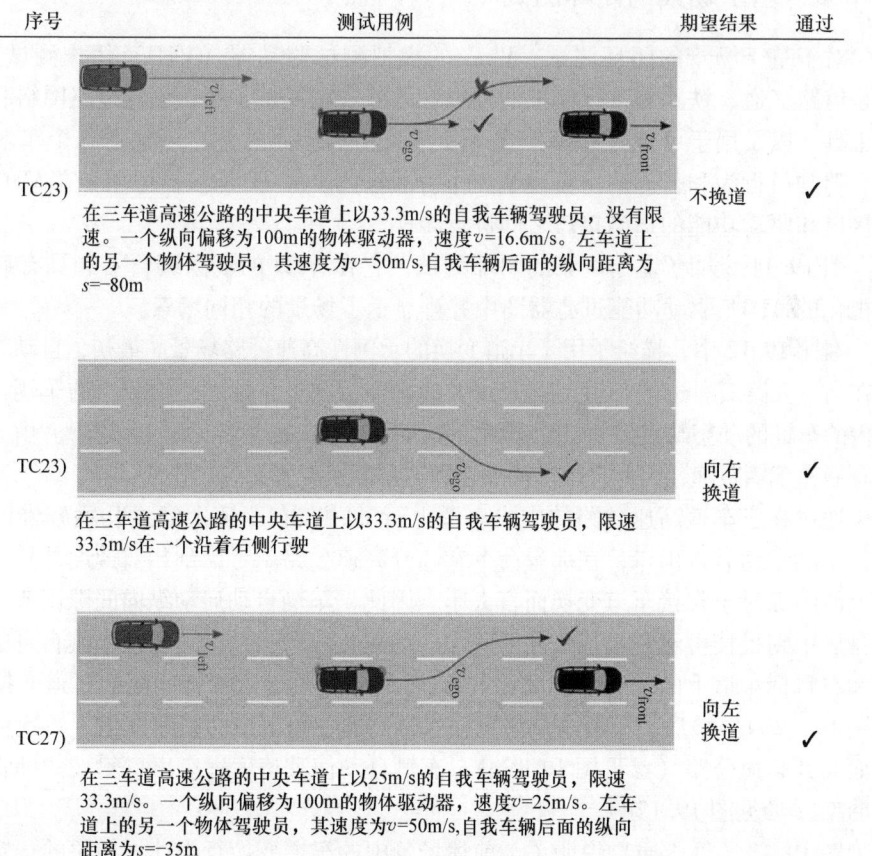

图 19.10

性测试用例。这些情况中的每一种都由一组支持功能生成。每种情况都被输入战术行为计划模块，用于计划几个周期的车道变化，直到可以假定任何低通滤波组件的稳定状态。目前，每种情况重复 400 次，导致评估速度比实时快 5 倍（每个测试案例 3.2s）。在这样的循环之后，将车道变换计划模块的战术行为与在测试案例中记录的预期行为进行比较。如果行为相同，则传递测试用例。在本案例研究中，情境包含值连续和价值离散元素。为了评估车道变更计划模块的行为响应，评估了价值离散行为选择。

可以在不到 2min 的时间内在标准计算机上执行人工设计的 29 个最重要的测试用例。即使在最小的源代码更改之后，这一事实也使得此测试过程对迭代测试非常有效。除了测试用例本身之外，图 19.10 还说明了每个测试用例的预期结果行为，以及它是否与车道变更计划模块中获得的结果行为相匹配。如图 19.10 所示，三个测试用例都已成功通过。

19.5.3　基于场景的闭环测试

对于基于场景的闭环测试，Vires 的虚拟测试驱动器（VTD）用作测试系统。它是道路交通、铁路和飞行模拟的模拟工具链。它提供了用于创建道路网络和场景的工具，以及用于可视化的模拟主干和渲染工具。此外，它还包括几个车辆动力学、驾驶员行为和行人的仿真模型。作为试验台，ADTF 滤波器图用于在 VTD 的仿真接口和驱动功能的适当接口之间进行转换。

图 19.11 说明了基于场景的闭环测试，它在 VTD 的场景编辑器和具有启用的可视化 ADTF 驱动功能过滤器图中并排显示了场景的相同场景。

在图 19.12 中，描绘了用于车道变换的示例性高速公路场景。最初，自动驾驶汽车在高速公路最右边的车道上以 35m/s 的速度行驶。它接近一辆较慢的车辆。跟随较慢的车辆的动态缺点促使自动车辆向左执行车道变换（参见图 19.12a）。由于前方没有慢速车辆跟随，因此自动车辆加速到达目标速度 35m/s。

通过在三车道高速公路的中央车道上行驶，在右车道上经过几辆较慢的车辆后，车辆自动靠近出口，在那里命令它离开高速公路。考虑到相对速度差异，右车道上的间隙对于直接车道变换而言太小。因此，车辆自动启动纵向间隙调节以使自身居中到最佳可达和最佳尺寸的间隙。为此，车辆自动减速以减小其自身的速度差和右目标车道上的交通（间隙调节）。然后在右侧进入所选间隙的车道变换（参见图 19.12b）。最后，车辆自动通过在目标高速公路出口的减速车道上再次向右改变而离开高速公路（参见图 19.12c）。车辆自动使其速度适应出口斜坡的即将到来的曲率（参见图 19.12d）。

图 19.13（见彩插）说明了与前述场景中的车道变换行为计划相关的选定状态变量。前三个图描绘了车辆自动行驶所面临的情况的相关状态变量：自动车辆纵向到车道的速度，到自我车道中心的横向偏移，以及直接到达其他对象的距离。在自

第 19 章 测试和验证自动驾驶的战术车道变化行为规划

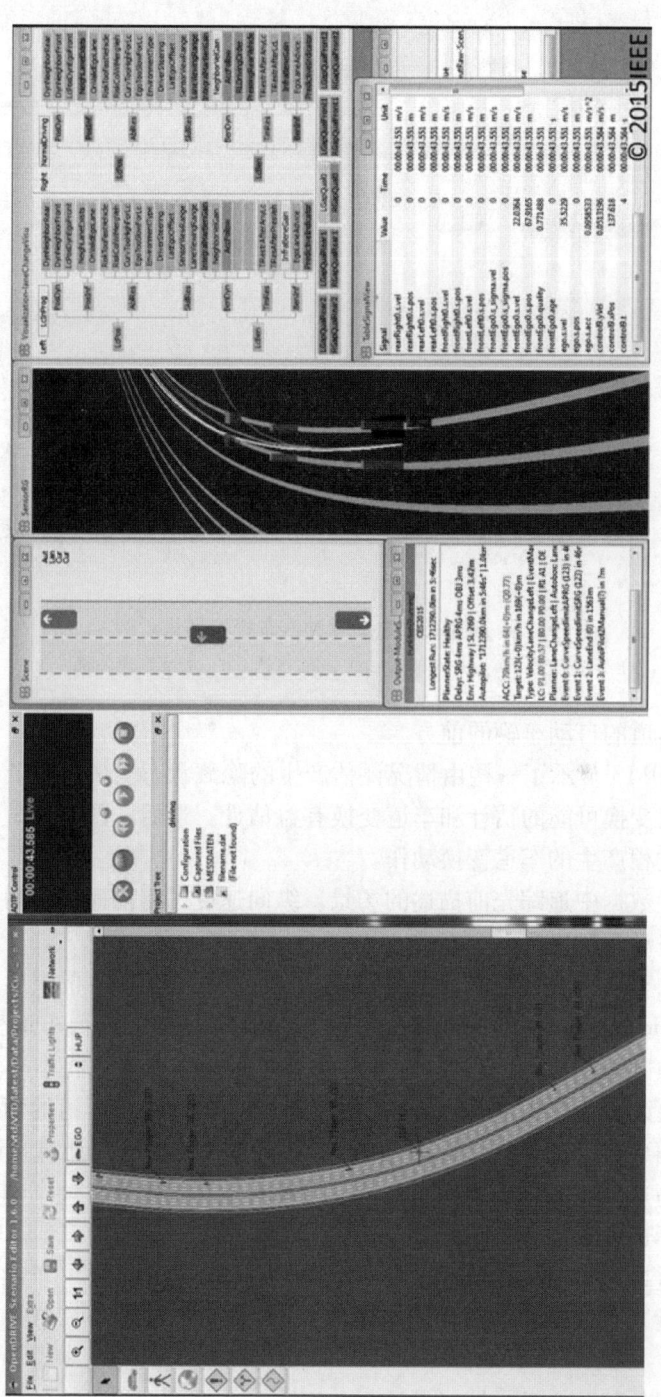

图 19.11 Virtual Test Drive(VTD)和 ADTF 中基于场景的闭环测试

图 19.12　高速公路自动驾驶汽车模拟场景示例
a) 向左变道　b) 并入车流　c) 向右变道　d) 驶离高速公路

我车道和右邻车道的自动车辆的前方。

此外，图 19.13 显示了一些由情况评估产生的隐藏状态变量。两个最相关且在此描述的是车道变换可能的估计和车道变换有益估计。最后，图 19.13 显示了整个车道变更计划过程产生的车道变换动作。

可以在测量数据中追踪先前描述的场景。纵向速度图将前面提到的速度分布可视化。最初，自动车辆以 35m/s 行驶。

通过前面的车辆减速，它激活左侧的指示器（参见图 19.13 的最后一个子图中的 LcState D IndicateLcLeft），并通过在左侧建立横向偏移来执行车道变换（参见 $d_{ego,pos}$ = 1.8m；图 19.12a）。在越过左车道边界之后，车道检测将本车道从高速公路的最右侧车道改变为三车道高速公路的中央车道。随着参考车道的切换，它会导致横向本车道偏离自身的位置：8m。在这次切换之后，车辆自动将自己重新调整到新车道。在高速公路的这条中间车道上，没有其他车辆紧靠自动车辆前方。因此它加速到达目标速度 v_{Target} = 35m/s。

几辆车通过或超车时，这可通过自我车道和右邻车道中的下一车辆的距离来说明。从后面接近几个较慢的车辆（缩短距离），直到它们被超车，总共有十辆车被自动车辆超越。

在一段时间的驾驶之后，该场景需要车辆自动在右侧即将到来的高速公路出口处离开高速公路。因此，车辆需要自动改变回高速公路的最右侧车道。为了实现这

第 19 章 测试和验证自动驾驶的战术车道变化行为规划

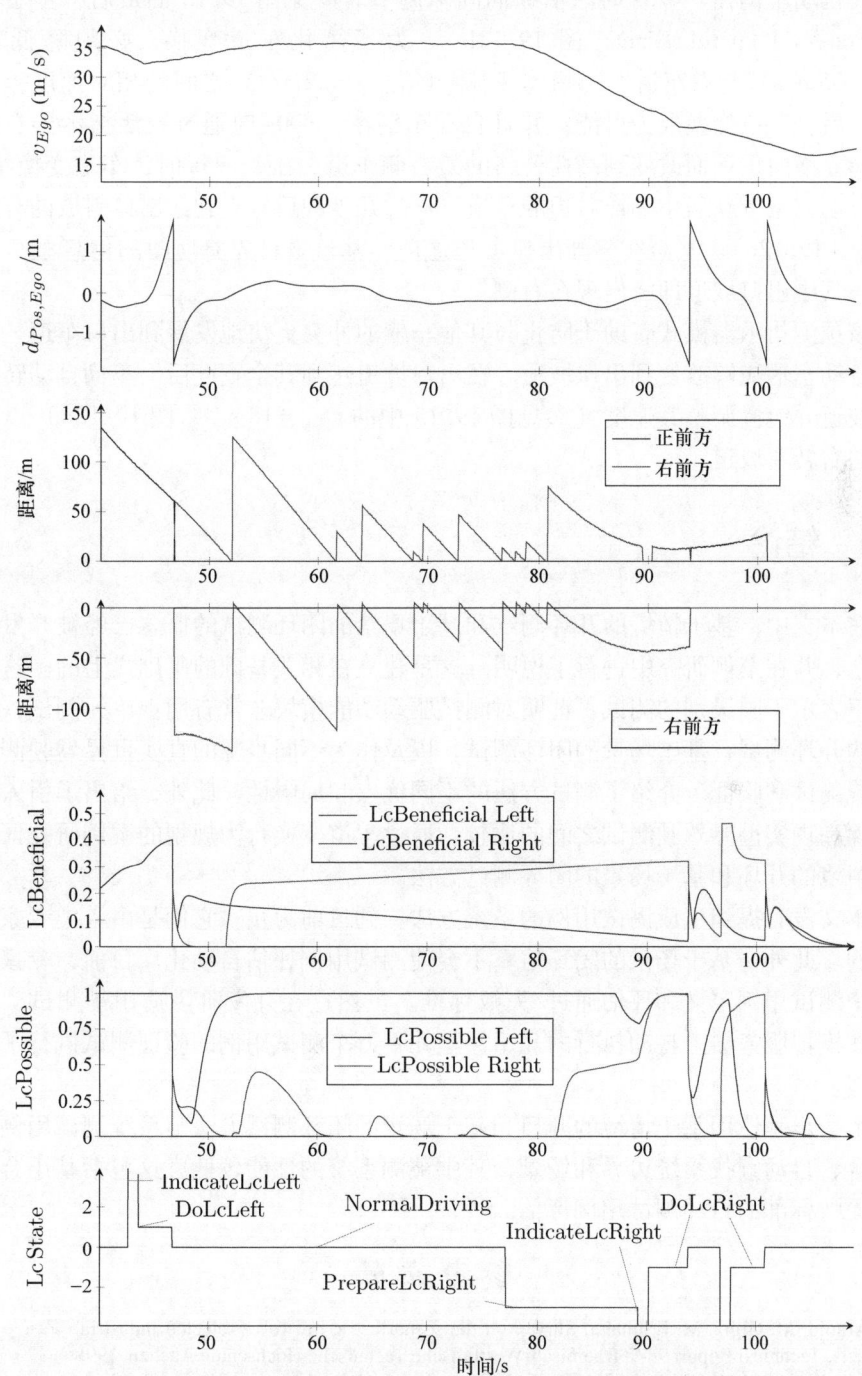

图 19.13 公路上基于场景的闭环测试场景的测量数据

一点，自动车辆在 $t=78\mathrm{s}$ 时激活纵向间隙调节（参见图 19.13 的最后一个子图中的 LcState = PrepareLcRight；图 19.12b）。为了简化车道变换，必须降低车辆（$v_{Ego}=35\mathrm{m/s}$）与右车道上的物体/间隙（$v_{Target}=22\mathrm{m/s}$）之间的相对速度差。几秒钟之后，车道变换成为可能，并且自动车辆在 $t=90\mathrm{s}$ 时通过激活指示器右侧并向右建立横向位移而改变到高速公路的最右侧车道。在 $t=95\mathrm{s}$ 时，车道变换结束，车辆自动完全重新居中到最右边的车道。再过几秒钟后，它到达出口斜坡的开始处（参见图 19.12c）。甚至在离开出口坡道之前，基于来自先验地图的信息激活右指示器，其中出口坡道即将出现在右侧。

该预测指示器模式有助于防止与其他车辆的冲突更快地发展到出口车道，还能阻止自动车辆能够改变到出口坡道。在出口坡道达到其全宽度后，车辆自动转换到出口坡道并缓慢调整其速度（参见图 19.13 中的 $v_{Ego}=18\mathrm{m/s}$；图 19.12d）以跟随出口的右转弯坡道。

19.6 结论

在本文中，基于情境的开环测试和基于场景的闭环测试的概念已经被开发为一个概念，并在案例研究中进行了说明。这是建立在相关基础的基础之上的。这些术语用于表示不同级别的测试，证明对测试驱动功能模块非常有用：单元测试，基于情境的开环测试，基于场景的闭环测试，以及作为不同步骤的真实世界驾驶测试用于系统测试和验证。介绍了测试方法的不同优点和局限性。此外，给出了引入的测试步骤和现实世界驾驶测试之间的比较。通过车道变换行为规划的案例研究证明了基于情境的开环和基于场景的闭环测试方法。

本文没有提到生成测试用例的系统方法。到目前为止，它们是由人类专家手动设计的。此外，基于场景的闭环仿真不会使测试用例评估自动化。目前，专家需要为每个测试用例定义和评估通过/失败标准。虽然这在开发阶段适用于测试，但它对于在模拟服务器上自动执行的几千甚至几百万个测试用例的验证测试进行了不利的扩展。

下一步是使用基于情境的开环和基于场景的闭环测试方法与系统测试用例生成相结合，自动查找系统边界和场景，其中被测系统的性能较低。这包括基于合格的通过失败标准的自动测试用例评估。

参 考 文 献

1. M. Arnold, M. Glinz, M. Erdmann, Survey on the scenario use in twelve selected industrial projects. Technical Report 98-7, Rheinisch-Westfälische Technische Hochschule Aachen, 1998
2. X. Bai, W.T. Tsai, K. Feng, L. Yu, R. Paul, Scenario-based modeling and its applications, in *Proceedings of the Seventh IEEE International Workshop on Object-Oriented Real-Time Dependable Systems (WORDS 2002)* (IEEE Computer Society, New York, 2002), pp. 253–260
3. P. Bergmiller, *Towards Functional Safety in Drive-by-Wire Vehicles* (Springer, Berlin, 2015)

4. Bibliographisches Institut: Situation. No. 21 in Meyers Enzyklopädisches Lexikon (English title: Meyer's Encyclopedia). Bibliographisches Institut AG, Mannheim (1977)
5. S. Geyer, M. Baltzer, B. Franz, S. Hakuli, M. Kauer, M. Kienle, S. Meier, T. Weissgerber, K. Bengler, R. Bruder, F. Flemisch, H. Winner, Concept and development of a unified ontology for generating test and use-case catalogues for assisted and automated vehicle guidance. IET Intell. Transp. Syst. **8**(3), 183–189 (2014)
6. International Organization for Standardization (ISO): ISO 26262:2011 Road vehicles - functional safety (2011)
7. S. Khastgir, S.A. Birrell, G. Dhadyalla, P.A. Jennings, Identifying a gap in existing validation methodologies for intelligent automotive systems: introducing the 3xD simulator. in *IEEE Intelligent Vehicle Symposium (IV)* (2015), pp. 648–653
8. R. Matthaei, M. Maurer, Autonomous driving - a top-down-approach. at - Automatisierungstechnik **63**(3), 155–167 (2015)
9. M. Maurer, EMS-vision: knowledge representation for flexible automation of land vehicles, in *IEEE Intelligent Vehicles Symposium (IV)* (2000), pp. 575–580
10. J. Ryser, M. Glinz, A scenario-based approach to validating and testing software systems using statecharts, in *12th International Conference on Software and Systems Engineering and their Applications (ICSSEA)* (1999). [Without pagination]
11. F. Schuldt, T. Menzel, M. Maurer, Eine Methode für die Zuordnung von Testfällen für automatisierte Fahrfunktionen auf X-in-the-Loop Verfahren im modularen virtuellen Testbaukasten (A method to assign test-cases for automated driving functions towards x-in-the-loop techniques in a modular virtual test framework). Workshop Fahrerassistenzsysteme 2015. Walting (2015), pp. 171–182
12. I. Sommerville, *Software Engineering*, 9th edn. (Addison-Wesley, Harlow, 2010)
13. H. Tadjine, K. Schulze, R. Roellig, H. Daniel, New methods and tools for the development and verification of safety functions during development of pedestrian detection systems, in *8th International Conference on Computing Technology and Information Management (ICCM)*, vol. 1 (2012), pp. 434–438
14. M. Touseef, Z.H. Qaisar, A use case driven approach for system level testing. Int. J. Comput. Sci. Issues (IJCSI) **9**(1) (2012), p. 78
15. W. Tsai, A. Saimi, L. Yu, R. Paul, Scenario-based object-oriented testing framework, in *Third International Conference on Quality Software* (2003), pp. 410–417
16. W.T. Tsai, X. Bai, R. Paul, W. Shao, V. Agarwal, End-to-end integration testing design, in *2001 IEEE Computer Society International Conference on Computers, Software & Applications (COMPSAC)* (IEEE, New York, 2001), pp. 166–171
17. S. Ulbrich, M. Maurer, Situation assessment in tactical lane change behavior planning for automated vehicles, in *18th International IEEE Annual Conference on Intelligent Transportation Systems (ITSC)* (2015), pp. 975–981
18. S. Ulbrich, M. Maurer, Towards tactical lane change behavior planning for automated vehicles. in *18th International IEEE Annual Conference on Intelligent Transportation Systems (ITSC)* (2015), pp. 989–995
19. S. Ulbrich, T. Menzel, A. Reschka, F. Schuldt, M. Maurer, Defining and substantiating the terms scene, situation and scenario for automated driving, in *18th International IEEE Annual Conference on Intelligent Transportation Systems (ITSC)* (2015), pp. 982–988
20. K.P. Wershofen, V. Graefe, Situationserkennung als Grundlage der Verhaltenssteuerung eines mobilen Roboters (Situation perception as basis for behavior control of a mobile robot), in *Fachgespräch AMS*, Munich (1996)
21. H. Winner, Device for providing signals in a motor vehicle WO Patent App. WO2002058975 A1 (2002)
22. H. Winner, Quo vadis, FAS? in *Handbuch Fahrerassistenzsysteme*, ed. by H. Winner, S. Hakuli, F. Lotz, C. Singer, ATZ/MTZ-Fachbuch (Vieweg+Teubner, Wiesbaden, 2015), pp. 1167–1186

第20章 辅助驾驶和自动驾驶的安全性能评价：知识综合模拟

20.1 引言

20.1.1 辅助驾驶和自动驾驶

由于对车辆周围环境基于传感器的全面检测，自动驾驶汽车的愿景已经成为现实。如今，高级驾驶辅助系统（ADAS）或部分自动驾驶中的车辆扮演"副驾驶员"的角色，可以协助驾驶员处理苛刻的情况，在复杂或危险的情况下支持驾驶员，甚至在必要时自动执行操纵。更高水平的自动化至少可以暂时使驾驶员完全从驾驶任务中解放并能够完成其他任务。因此，自动化可以显著提高个人机动性的质量。

除了个人机动性之外，车辆自动化的集体效应和社会经济影响在进一步发展和宣传这些功能方面发挥着核心作用。在高度发达的工业化国家，特别是在大城市地区，满足"移动需求"往往需要额外的基础设施并且会对环境和生活质量产生影响。高比例的自动化车辆可以实现增加街道容量和"移动供应"的技术战略，从而实现更加环保和有效的资源利用。

可靠性和安全标准是高级驾驶辅助系统的认证和操作的关键因素，尤其是自动驾驶功能。只有当技术的总体安全水平达到普遍接受的阈值时，才应该考虑次要标准，例如舒适性或效率。

由于个体消费者在购买汽车时几乎无法独立评估安全功能，因此他必须依靠第三方可靠和客观的评估。除了汽车制造商和供应商，公共决策者、监管机构、保险公司和消费者保护组织都是评估汽车安全性的关键利益相关者。在所有操作场景中证明同等或更高的安全性是引入和认可新技术的重要先决条件，例如自动驾驶功能（ADF）。

理想情况下，有可能对新技术的安全影响进行量化的预测，使所有利益相关者能够就其相关性、客观性、有效性和可重复性达成一致——尽管他们有时会产生不同的利益。前提条件是谨慎定义关于特定背景的恰当安全指标。

因此在行人保护的情况下，通过减轻或避免碰撞来减少行人伤害是主要目标。行人保护系统的质量可以通过与减少伤害相关的指标来客观量化。

交通安全的客观指标还包括可能的副作用。例如，预防性行人保护可能由于潜在的物理原因而偶尔发生不需要的系统行为。因此，可能发生二次风险（例如，在紧急制动操作之后的追尾）。在客观指标的帮助下，可以量化所需要的安全性改进与不需要的副作用的比率。基于该比率，可以在交通安全方面优化功能（图20.1）。

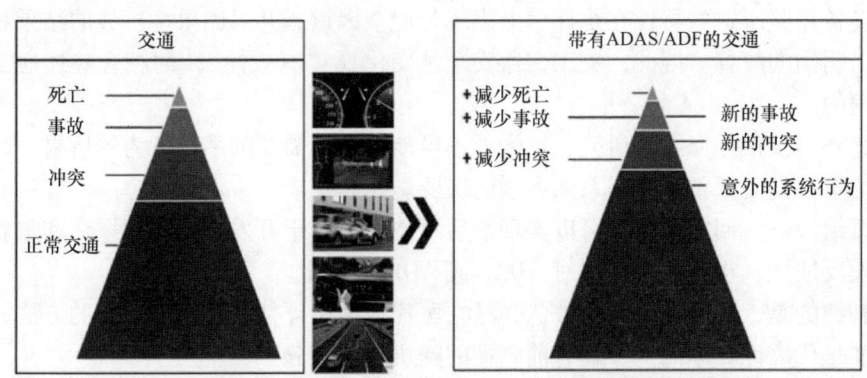

图20.1　由于驾驶员辅助和自动化的进步而导致的交通安全性变化

车辆安全的几个重要方面，如通信完整性、数据保护和技术可靠性，超出了本文的范围。本文的重点是ADAS和当前以及未来全面运行的自动化系统对交通安全的影响。

虽然ADAS通常旨在最大限度地减少众所周知的事故风险或减轻不可避免事故的后果，但ADAS在交通安全方面的优化设计是一项复杂的任务。ADAS通常依赖于基于传感器的决策算法，其通常取决于某些参数设置。然而，任何与驾驶员的交互或干扰驾驶员的任务原则上都会对交通安全产生正面或负面的影响，例如：

1）车道偏离预警：在即将发生车道偏离的情况下警报或干预的典型标准是"横越车道线时间（TLC）"，由传感器数据计算得到。可以假设早期警告（大TLC阈值）"更安全"。然而，太多不必要的警告可能导致负面反馈，例如缺乏接受。

2）紧急制动系统：可以假设早期系统干预避免了更多的追尾事故。然而，即使不再可能通过制动避免事故，一些驾驶员可能仍然执行躲避操作（这是一个众所周知的关于制动和转向的两难问题）。此外，如果系统在这种情况下过早地作出反应并进行相应的强干预，就会出现驾驶员（失去控制）以及后面车辆（追尾）的事故风险。

20.1.2　开发中的关键过程：ADAS和ADF的评价和优化

这些例子说明高级驾驶辅助系统或自动驾驶功能的设计是一项复杂的任务，尤其是在优化交通安全性方面。

对现有ADAS的交通安全性影响进行结构化分析的一种方法是对与车辆设备数据相关的事故数据库进行回顾性分析（如果可行）。然而，由于ADAS导致的事故避免的回顾性统计评估需要来自事故数据库的大样本和长时间观察。由于多因素数据特征，评价特定ADAS的统计挑战出现：样本中的车辆可能在数个方面有所不同，不仅仅涉及配备所讨论系统的设备。来自不同制造商的车辆可能具有不同的功能特征、与驾驶员的交互概念或激活条件。驾驶员人口的差异或交通场景的暴露可能与设备相关。这些特性在统计学上表现为混杂因素，并对因果性挑战的结果和结论作出明确的解释。因此，关于交通安全性变化（"有效性"）的综合陈述通常是有问题的。

此外，仅根据回顾性研究，实际上不可能评估不需要的系统行为的后果，因为相关的事故类型通常涉及一系列可能的次要影响。

总结一下，回顾性研究可以实现事后评估，但由于开发、回顾性评估和重新设计的长反馈环，很难用于任何对ADAS或ADF的优化。

有趣的是，回顾性调查也被认为是在医疗卫生中评估新疗法第二好的方法：质量标准是代表性样本的一个具有前瞻性的随机对照试验。

为了实现对ADAS特别是ADF的设计和优化，迫切需要对交通安全性进行可靠和有效的预测。使用交通安全性预测来评估和优化此类系统应该是开发过程中不可或缺的一部分。

然而，出于伦理和实际考虑，ADAS的真正前瞻性、随机性、对照和代表性研究在公共道路上是不可行的。这种困境可以通过ADAS和ADF虚拟的、基于仿真的交通安全预测来解决。

20.2 总体安全评价

20.2.1 安全性与经济性

目前，被动、主动和整体安全功能有助于提高车辆安全性。在未来，自动化也将对车辆安全性产生决定性影响。越来越有必要评估和比较竞争性的、技术上可行的安全措施，以确定其有效性，从而确定适当的优先事项。因此，需要采用综合方案对新技术概念进行安全性评价。

由于自动化影响整个交通，所以它也会对个人驾驶舒适性和效率产生影响。因此，在评价ADF时，除了安全性，舒适性以及社会和经济方面也会发挥重要作用。

20.2.2 车辆和交通安全性目标的冲突

在评价ADAS和ADF的有效性时，需要包含并考虑正面影响以及风险和副

第 20 章　辅助驾驶和自动驾驶的安全性能评价：知识综合模拟

作用。

考虑到主动安全系统，一些相互冲突的目标是众所周知的，例如，在预碰撞阶段：如果系统很晚才对风险情况进行分类，可能会出现"漏报"或系统动作太晚，从而降低了 ADAS 的有效性。反过来，如果系统很早就对潜在的危险情况作出反应，就会导致"误报"（见表 20.1）。在这些情况下，即使没有系统干预，驾驶员也能避免事故。误报的频率过高会降低接受度甚至导致对交通安全性的负面反馈。

表 20.1　可能的系统动作的分类

		系统动作	
		是	否
客观风险	是	真正	假负
	否	假正	真负

对于未来的自动化系统，可以预料在设计阶段会出现冲突目标之间更复杂的权衡。

有效性和冲突目标的比较是先进 ADAS 综合开发和评价过程的一部分。基于单一测试的现有方法通常不能正确地考虑相互冲突的目标。

为了通过虚拟实验（见下文）量化 ADAS 在目标场景中的有效性，需要一个适当的指标来表征安全效益。理想的指标包括避免的事故和降低的伤害严重程度以及减少的死亡人数。概率模型可根据目标场景中的详细事故特征推断伤害严重程度。为了计算指标，需要两个步骤：首先，计算系统对目标场景中事故特征的影响；其次，应用一个依赖这些特征的伤害严重程度的条件概率模型。

为了根据事故特征模拟伤害严重程度——例如，量化为 MAIS（最大缩写伤害量表），有几种互补的方法。常用的方法是从现有事故数据库中构建统计模型（例如回归模型）。另一种方法是"联合仿真"。这里，使用高分辨率碰撞仿真生成并分析事故仿真的时间序列的代表性样本，该仿真能够快速计算伤害指标。

如上所述，ADAS 的某些干预措施，例如自动制动或躲避动作，可能会对交通造成严重的副作用，例如丧失可控性。

较小的副作用，例如降低用户接受度，也可能由可控制的干预或警告引起，如果它们被认为是多余的（误报）。由于 ADAS 只有在激活后才能实现其目的，因此高警报率、缺乏驾驶员可理解的理由可导致不成比例的非使用率或频繁缺乏对警告的回应。

这种意外的副作用会影响 ADAS 的整体质量，因此应作为评价的一部分。为此，有必要根据其频率和严重程度对误报行为和其他意外的副作用进行分类。

从医学中借鉴的一个关键特征是 NNT（需要治疗的数量）。就 ADAS 而言，NNT 可以定义为所有系统动作与真正类之比，即所需的系统动作。NNT 可以针对每种类型的系统动作（警告、干预）单独计算。

区分由于技术限制而发生的误报和由于情境不确定性（例如可能通过其他交通参与者减轻危险情况）而发生的误报是有用的。例如，如果由于光和阴影而检测到幻象物体，基于摄像头的传感器就会导致误报，从而造成危险。有时可以在不影响有效性的情况下消除技术性误报，例如试驾。

如上所述，由于基本的冲突目标而产生了一部分"不必要"的系统动作，并且在不影响有效性的情况下无法消除。因此，在大多数 ADAS 的设计中，"效益"和"成本"方面的系统平衡是有用的：为每个系统操作分配一个"成本"值，并为每个避免的不良事件（如事故）分配一个"效益"值。然后可以根据此平衡优化 ADAS 的安全效果（例如，使用 NNT）。

实际上，仅基于经验驾驶测试或其他经典测试设置来进行这样的优化是不可行的。由于事故场景的罕见性和可变性，实际上不可能获得统计上可靠的避免事故的比例。因此，可以认为当前的做法是设计高级驾驶辅助功能以使误报率低于给定阈值。有效性对控制参数（例如触发阈值 TTC 值）的依赖性可能显示个别实验的趋势，然而这种方法不允许在有效性和误报方面进行优化。真正的 ADAS 优化需要评价和开发过程之间的反馈。最后，ADF 的评价还需要有意义的方法，允许将优化整合到开发过程中。

20.3 基于虚拟实验的 ADAS 设计与优化

20.3.1 虚拟实验设计范例

虚拟实验的概念在 ADAS 的整体安全性评价中起到核心作用。虚拟实验的典型设计使用了具有前瞻性、随机性、对照性和代表性试验的范例。其与"真实"实验的区别在于用模拟交通流量代替实际交通流量以及用模拟组件表示其他"真实"组件。质量和有效性是此范例的核心要求。

与前瞻性随机试验一样，"治疗"（这里是 ADAS 的一个或多个变体）与参考（对照或"基线"）进行比较——例如没有系统的车辆。在虚拟试验设计中，目标变量在统计上被"捕获"并用于计算交通安全性的相关指标，与经验测试类似。系统对基线的有效性可以通过指标来客观地量化。正如在随机对照试验中一样，使用统计检验来检测有效性的微小差异需要相应的大量案例或虚拟试验中的长期观察。与经验研究或试驾不同，可以通过相对适度的资源产生大量的虚拟样本。

20.3.2 模拟中与安全相关过程的表示

原则上，所有相关的动态和人为过程都表示为模拟中的状态时间序列。这些状态的模拟变化可以具有"确定性"和"随机性"特征。例如，车辆在干燥路面上的横摆角速度主要取决于转向盘转角和转速，但是滑动引入了有效的随机分量。从碰撞预警到驾驶员制动所经过的时间在驾驶员群体中可以有很大差异,因此必须视其为随机量。因此,模拟模型必须不仅能够表示确定性,还能够表示随机性。

因此,使用安全性评价来设计和开发 ADAS 必须考虑所有相关技术和人工过程的随机属性。

20.3.3 知识合成与其他测试领域的整合

所有与安全相关的过程都在模拟中进行了足够详细的建模。其策略是捕捉 ADAS 对这些过程的影响。这些过程与暴露变量、交通流量和驾驶员-车辆单元的动力学(包括人为因素、技术系统等)有关。在驾驶员-车辆单元内以及交通参与者与其周围环境之间存在许多可能的相互作用。对于 ADF,驾驶员和车辆之间的相互作用可能非常有限(图 20.2)。交通安全性是驾驶员-车辆控制回路中所有因素共同的结果,也包括其他因素,例如基础设施或法规。

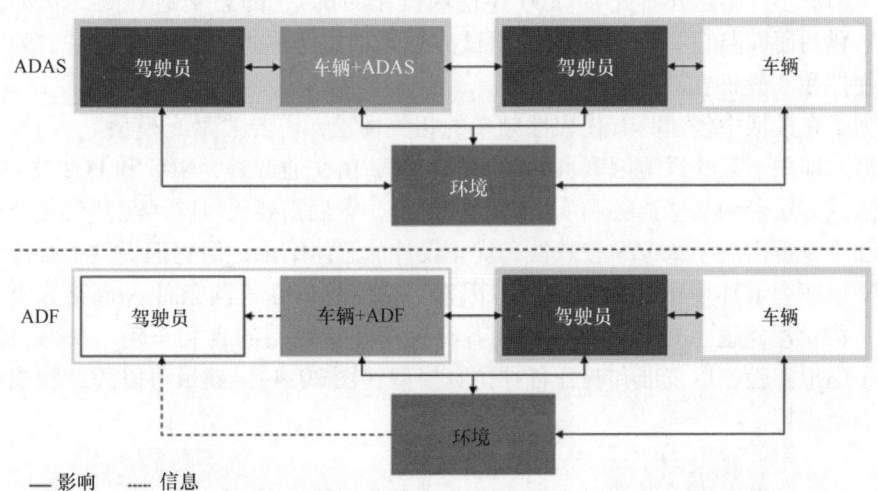

图 20.2 人—车—环境可能的交互,包括 ADAS 或 ADF;每个都包括与驾驶员的可能交互

对于技术系统,必须表示整个过程链。过程链通常包括传感器、交通环境建模、算法(逻辑)以及车辆动力学控制器和执行器(图 20.3)。此外,系统对驾驶员、车辆和交通的影响和反馈回路都进行了建模。

模型必须特别考虑生理、心理和物理现象的随机性质。每次警告或 ADAS 的任何直接干预都可能触发或影响驾驶员的个人反应。

在这个范例中,模拟作为知识合成的一种形式。模型被合成以实现所有过程链,最后获得安全指标。当然,ADAS 虚拟测试的任何结果的有效性取决于基础知识库(即模型)的质量。因此,开发适当的知识库是整体评价方法的核心任务之一。

关于车辆、交通和人为因素的广泛的现有数据被用于建模:事故数据库和交通

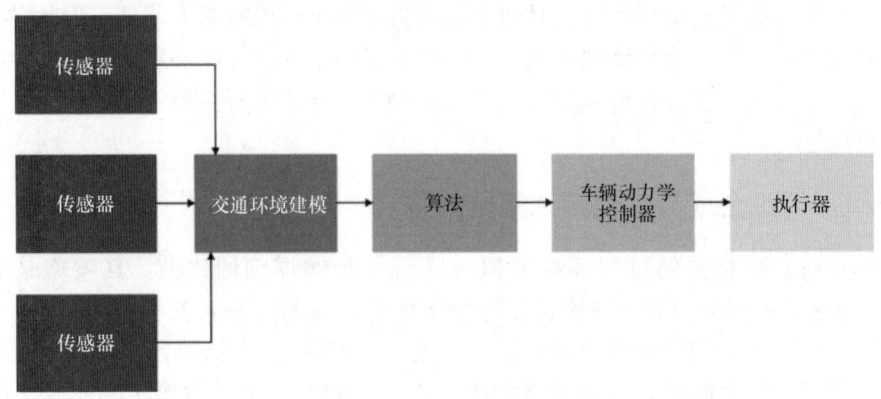

图 20.3　ADAS/ADF 的通用流程链（不与驾驶员交互）

调查、NDS（自然驾驶研究）、FOT（现场操作测试）、静态交通观测（例如，高度仪器化的研究路口）以及经典的测试方法，如试车跑道测试、实验室实验、软件、硬件和"硬件在环"。

为了在模拟中创建具有代表性频率的相关场景，需要"曝光模型"。例如，曝光模型，即关于某些风险因素群的频率的见解，由交通调查、NDS 和 FOT 支持。

测试方法受到某些道德和实际限制，例如，它们需要无风险。虽然仅凭经典测试方法难以得出关于 ADAS 有效性和优化设计的总体结论，但它们提供了有价值的信息来描述有限环境中的人为或技术因素。功能可以在不同条件（道路等级、天气）下的试车跑道上进行测试，使用具有完全实验控制的真实车辆。获得的结果可用于虚拟实验，以校准和验证各种仿真模型（图 20.4）。建模可以凭经验或在理论基础上进行。

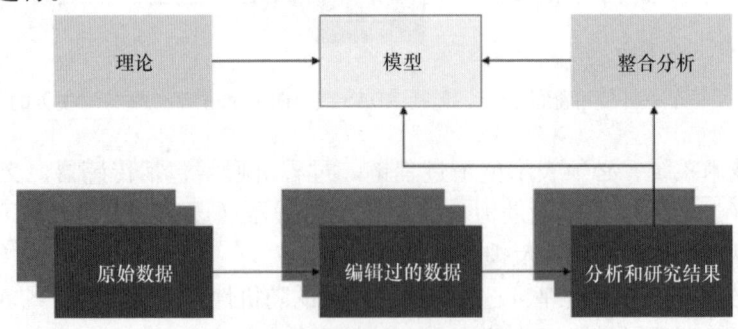

图 20.4　建模和验证的示意过程

对于综合评价，需要具有代表性的场景。从一组相关场景中，对各个情况进行采样，即虚拟创建。所有随机变量的值都从适当的分布中提取。

采样可以重复或独立。在重复采样中，每个随机生成的场景需进行多次仿真（例如，有/无 ADAS），而在独立采样中，每次运行需绘制新样本。

使用基于仿真的知识合成，可以得出关于 ADAS 有效性的全面且有代表性的结论。

20.3.4 评价行人保护的过程描述

一些用于虚拟测试的典型过程模型可以通过基于摄像头的 ADAS 示例来更详细地说明，该示例用于预防性行人保护。在示例场景中，一位行人在两个没有遮挡的路口之间穿过笔直的单行道（单车道）。在这种场景下，交通流量具有典型的（白天相关的）城市速度，并且车辆不可能进行躲避操纵。

如果带有 ADAS 的车辆与行人之间存在冲突，行人保护系统可以发出警告、降低制动辅助阈值或进行自动制动。

除了行人保护系统的模型之外，过程模型还需要交通参与者，特别是行人、直接涉及的车辆以及一般的交通流量。模型描述了曝光（即某些变量群发生的频率）、交通环境和所有道路使用者的动态。

作为行人曝光模型的一部分，初始情况的样本可以从（可能相关的）模型分布中得到，包括：

1）情景变量：根据一天中的时间和一周中某一天的年龄和性别划分的行人过路频率。

2）行人的生理特征：身高和体重，其为年龄和性别的函数；疲劳程度和血液中酒精含量，其取决于年龄、性别、星期几和一天中的时间。

3）认知特征：注意力、视觉表现和反应能力（与年龄、性别、血液中酒精含量和疲劳程度有关）。

在用这些特征绘制和生成"虚拟行人"之后，使用这些特征模拟过路过程，包括决策过程，如间隙接受、步行与跑步、选定的目的地和步行方向、初始速度（当然取决于估计的过路时间）等。

诸如间隙接受之类的过程建模通常需要相当大的复杂性：例如，高交通密度可以增加等待时间以获得更大的时间间隔；因此，一些行人变得"不耐烦"，结果是他们在一定的等待期后也接受较小的间隙。认知估计错误的种种原因可能导致错误判断时间间隔或过路所需的时间，从而引发交通冲突。

仿真的安全性指标表现出可观察变量的影响，例如年龄或损伤。可以将对这些变量的依赖性与已发表研究中的相应依赖性进行比较，以验证详细的建模方面。对于 ADAS 的评价，此类详细建模方面至少是间接相关的，因为它们决定了冲突中风险因素的组成，从而决定了 ADAS 的潜在有效性。

其他随机过程模型描述了对行人的急性冲突、反应和行为的感知（撤退、预期等）。例如，动作的相应概率分布取决于反应时的认知和生理要求以及状态。

驾驶员也有相应的过程模型。例如，认知状态对于驾驶员的安全性能至关重要。感知模型考虑诸如几何关系、环境条件和情况的动态。在最初的感知之后，根据已建立的模型范例对反应过程进行建模,这取决于惊愕和认知状态的因素。

实际仿真运行包括行人和车辆运动的动态模型,而动态模型又取决于其他过程模型。对于行人和驾驶员,可以观察到强烈的个体差异。个体差异,例如驾驶员的反应时间或制动强度,对交通安全性的评价尤为重要。因此,可以根据交通场景创建随机数量的个体,但总体上具有代表性的情况(图20.5)。

最后,可以从每次运行中提取所有虚拟状态变量的时间序列——包括那些在标准实验室实验中难以检测的变量。例如,确定什么刺激导致驾驶员的反应和减速,即他自己对危急情况或系统警告的看法。相应的认知过程可能随之发生。这些发现可以直接纳入警告策略的设计中。

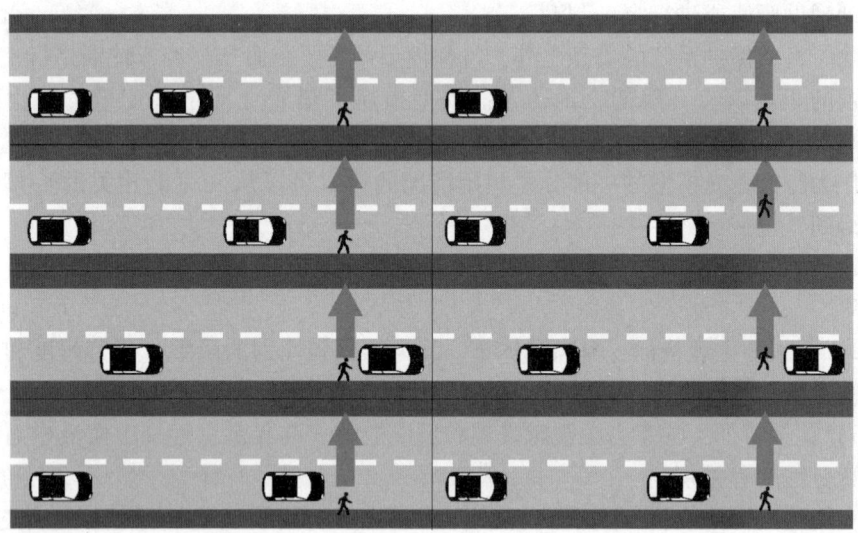

图 20.5 交通场景中随机过程导致的不同个别情况的示意图

20.3.5 ADAS 有效性的仿真

除了模拟交通流量、车辆动力学、其他交通参与者以及人为因素(如感知和反应)之外,虚拟评价过程(图20.6)还需要适当的驾驶员辅助系统模型。

ADAS 的精确技术实现通常间接地起到了有效性评价的作用。例如,通过摄像头检测行人以及检测前方车辆的距离和相对速度是非常复杂的设备专用性技术过程。为了评价 ADAS 的潜在有效性,从抽象模型开始通常是有用的:可以在早期阶段对系统概念进行分析,而不受确切的技术实现的限制。

在许多情况下,性能、检测特性(传感器、对象分类等)、算法逻辑和执行器模型的模型对于 ADAS 的仿真和评价是重要的。

除其他因素外,ADAS 的有效性取决于系统边界。理论上,它们可以取决于交通环境(例如车速或地图给出的道路等级)、环境条件(光照条件、天气)或者自

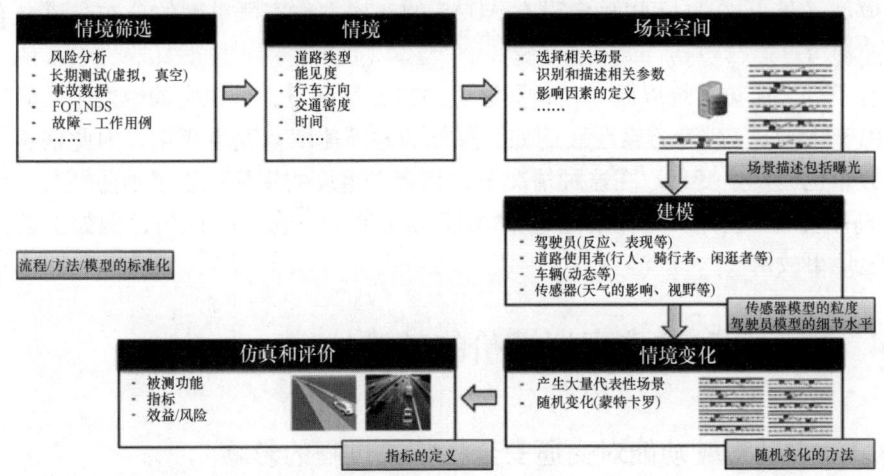

图 20.6 ADAS 虚拟评价过程：以预防性行人保护为例的概述

动系统激活或停用的条件。此外，驾驶员的系统激活行为或其他人为因素也会影响有效性。

交通中的检测系统受系统限制以及各种不确定性和延迟的影响。因此，在实践中，检测系统通常表现出随机特征。例如，用摄像头进行稳定物体识别的时间取决于物体的部分遮挡或交通场景的复杂性。用于情况检测和执行的算法通常依赖于来自检测系统的测量；因此，导出的特征（例如，对于检测到的物体估计的"碰撞时间"）也受到相应的延迟和不确定性的影响，这需要适当的随机建模。此外，系统动作通常通过刺激驾驶员反应（如警告）或与（随机的）驾驶员行为交互（例如，通过降低制动辅助的阈值）间接地起作用。总体而言，随机特征对 ADAS 的整体安全评价有重大影响。

随着系统复杂性的增加，ADAS 功能的抽象表示可能需要相当大的努力。此外，验证抽象系统模型实际上表现得更像真实的技术系统，这对系统复杂性提出了挑战。为了应对这一挑战，可以采用其他方法。

ADAS 的实际组件可以使用适当的测试工具（例如，硬件在环）直接连接到仿真而不是抽象模型。此外，即使没有直接连接，这些测试平台的结果也可用于仿真中相关模型的校准和验证。实际代码可用于仿真而不是系统逻辑的抽象模型。所使用的技术接口给仿真和所使用的模型带来了新的挑战。

20.3.6 对 ADAS 有效性的解释

在"预防性行人保护"的示例场景中，参考场景（没有行人保护系统）中的数百万个虚拟路口导致行人和车辆之间的数千次碰撞。这些碰撞的属性是从仿真中"已知"的，即车速、车辆特性、碰撞群、年龄组、行人的身高和体重等。使用适当的模型（见上文），可以确定没有 ADAS 的碰撞中伤害严重度的分布。该分布用作对照参考。

有了行人保护系统以后，在相同数量路口的情况下，虚拟实验中发生的碰撞更少。由于 ADAS，碰撞的属性（例如，降低的碰撞速度）发生变化，因此伤害严重度的分布也会发生变化。在这种情况下，伤害严重度的指标代表了预防性行人保护系统的有效性。整体安全性能还包括 NNT 和可能的二次风险评估，例如上游交通中的追尾事故。

20.4 自动驾驶功能虚拟评价的新挑战

20.4.1 自动驾驶功能对交通安全性相关过程的影响

主动安全系统的监控功能在连续运行中进行，然而警告和干预是零星的事件。除了理论上可能的反馈，例如通过用户行为的变化，对驾驶任务的感知影响通常非常有限。

相比之下，具有常规控制操作的 ADAS 例如自适应巡航控制（ACC）或 ADF 会持续运行。这些功能的安全性评价需要考虑它们对整个交通流中安全相关过程的影响，而不仅仅是在某些目标场景中。整体交通安全性包括正面影响和潜在风险。此评价需要各种额外的曝光和过程模型。

20.4.2 对现有风险场景中安全性的影响

ADF（类似于 ADAS）有一部分可能的积极贡献来自于相关和潜在危险场景的考虑，其中 ADF 的优势有助于避免潜在事故或减轻其后果。此处的场景是指可能会导致某种类型冲突的所有潜在的危险交通情况。

使用虚拟实验设计（就 ADAS 而言）可以定义和考虑相关场景的适当参考样本。一旦场景及其频率已知，可以使用虚拟实验样本将 ADF 对有效性的贡献进行量化。

例如，高速公路上的追尾场景：没有 ADF（或 ADAS）时，不注意的驾驶员（故障 a）或未调整车速的驾驶员（故障 b）在追尾场景中具有增加的事故风险。追尾场景可能是由于在急转弯或小山后面的非常缓慢或静止的下游交通引起的。驾驶员会经历惊人的速度骤降。

缺乏关注（a）是驾驶员激活不足的典型后果，例如，在走走停停的交通中经过漫长而艰苦的路程后。不合适的车速（b）可能有各种原因，例如，高速公路曲线或山坡的潜在危险（由于内在的视觉限制）可能没有通过交通标志充分说明，或者尽管有警告标志，驾驶员未能识别出此危险。

看起来 ADF 不会出现这两种故障类型，因此可以避免即将发生的追尾事故

——假设 ADF 进行了足够的物体检测。一方面，技术总是"注意的"（a）。另一方面，自动车速调节（b）可以是 ADF 的一部分，因此也降低了这种场景下的事故风险。在虚拟实验中，ADF 在这种场景下的安全效果可以与人类驾驶员在各种参考情况（例如，有和没有紧急制动辅助）的表现相媲美。

20.4.3　扩大与安全性相关的场景的范围

一般而言，自动化不仅从 ADF 车辆的角度看具有选择性事故预防的潜力，而且在充分渗透的情况下，由于集体效应（例如交通流量的协调），可以提高整体交通安全性。例如，参考文献［4］显示不恰当的车速不仅局限于驾驶员个体，还可能是交通流的集体现象。因此，ADF 车辆在交通中的高渗透也可以避免未配备 ADF 的车辆发生事故（由于早期车速调整的集体影响）。

另一方面，由于 ADF 在交通中的持续作用，相关场景的范围远大于多数的 ADAS。因此，ADF 的虚拟安全性评价出现了根本性的新问题和方法挑战。

一般而言，交通具有非常高的复杂性——由于交通参与者之间的众多直接交互以及个人与集体交通流之间的间接交互。然而，交通流具有若干集体或"宏观"特征。例如"基本图"（交通流与高速公路路段平均车速之间的经验关系）或"容量"（特征交通需求高于该需求后，交通流量趋于变得不稳定）。在这种情况下，由于 ADAS 或 ADF 导致的交通流宏观特征的变化，可能会反过来对交通安全性产生影响。

自动驾驶车辆可以影响车辆之间的直接交互、单个车辆和交通流之间的交互以及交通流的集体特征。由于所有这些变化都会影响冲突和事故的概率，因此必须将它们纳入交通安全性评价中。

为此，需要重新评价正常、非辅助和非自动化交通中的许多过程。一方面，特别相关的交通过程包括那些潜在冲突通常通过人类预期、直觉、合作驾驶员行为和战略防御性驾驶等避免的过程，因此不需要紧急行为。此外，人类驾驶员通常具有非常高的环境敏感性，这进一步提高了交通安全性能。这些技能是人类驾驶员的典型优势。

研究和开发中一个开放的问题和主题是自动驾驶汽车在多大程度上具有与人类驾驶员相媲美的能力。ADF 的一些安全性相关特征，如预期驾驶和防御性驾驶，可能比人类驾驶员更加明显。

ADF 可能会对自动驾驶汽车与人类驾驶员之间的合作互动产生影响。人类驾驶员之间的协同行为可以通过"保持正确"的规则在高速公路上进行说明：假设有一辆车行驶在一辆慢速行驶的货车后面的右车道上。在相邻车道上，另一名驾驶员认识到这种情况并且策略性地留出一个间隙让另一辆车"切入"。左侧车道上的驾驶员故意轻微减速；另一名驾驶员识别出他的意图和信号，并在监视车距的同时开始换道。理所当然，他可以在对稳定的交通流量影响最小的情况下完成换道。

左侧车道上的 ADF 车辆必须能够完成两个重要任务，以便实现换道的示例：首先，它必须识别出右侧车道上的车辆状况，其次，它必须具有适当的协同行为策略。虽然人类驾驶员之间的合作可能受到诸如情绪或时间压力等因素的影响，但这些因素几乎与自动化无关。

人类驾驶员之间合作互动的成功率及其对环境的敏感性仍然是交通研究的主题。此外，目前正在探索由自动化引起的任何影响。交通流和道路安全中的合作过程建模是当前的研究课题，为仿真提出了进一步的挑战。

间接交互对合作驾驶的影响也很重要。例如，在密集的高速公路交通中，自动驾驶车辆可能倾向于保持比目前常见的更大的时间间隙，因此甚至可以被识别出是自动驾驶车辆。这些较大的时间间隙相信可以鼓励人类驾驶员更频繁地切入。如果自动驾驶车辆作出相应的制动减速使车辆切入，交通动态将发生变化。自动驾驶车辆的乘客甚至可能会得到行驶时间增加的主观印象，这在理论上会影响接受程度，从而间接影响交通安全性。ADF 的高渗透率也可能导致宏观后果（基本图、容量、排组、交通流中的冲击频率等）。

然而，预计自动驾驶车辆的行程时间会在不知不觉中小幅度客观增加并且可能被接受。此外，在密集的"同步"交通中切入的过程中，无论如何都是无益的。

一般来说，假设关于交通安全性的自动化功能的整体有效性是正面的，这一假设很自然。目标是通过综合评价对这一假设进行量化。

20.4.4 自动化验证和评价的理念和程序方法

虽然 ADAS 的设计通常涉及在交通安全方面的平衡期望和非预期的系统行为，但在 ADF 的开发和设计中可以预期在冲突目标之间进行更复杂的权衡。

可以使用虚拟实验（类似于 ADAS）估算自动化功能安全性记录的一部分积极贡献，在其中研究现有的潜在危险的交通场景。然而，由于 ADF 的连续运行，考虑到小概率事件，整体安全性能可能受到其他场景和集群的强烈影响。这些场景不是先验已知的并且可能在情境空间中"隐藏"。此外，它们的相关性还可以取决于情景或功能设计（例如，部分或高度自动化）。

例如，自动化对其他驾驶员车道保持的反应可能取决于当地的驾驶特性。如果自动化功能是针对具有"非常精确"的车道保持的交通环境而设计的，这在中欧部分地区很常见，那么对车道保持不太精确的地区的应用可能需要适应当地的驾驶策略。否则，诸如响应于"车辆切入"的频繁制动（例如排形成）等不良影响可能会增加。

ADF 的发展带来了相当大的额外挑战：情境空间将远大于当前的 ADAS，并且难以预测所有相关情况。这些问题使关键系统特性的评价和优化变得复杂，例如稳定性、鲁棒性和安全性影响。一个可能的方法是使用综合工具链的集成且灵活的开发和评价过程。

在开发过程中进行持续安全性评价的任何方法都需要全面了解各种现有方法及其在这样复杂的过程中的具体作用和贡献。图20.7提供了在集成过程中不同测试实例的作用的摘要综述。

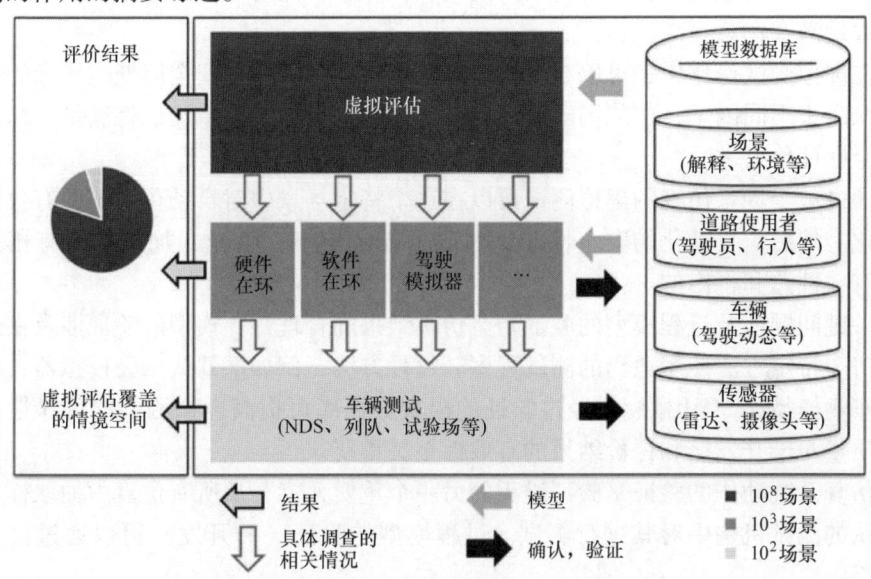

图 20.7 包括示例性测试实例的开发和评价过程

该过程的核心是虚拟仿真，即软件在环。可以在开发阶段针对每个主要功能步骤进行虚拟测试，并针对生成的场景进行测试。这些虚拟测试保持在系统级别，并确定最关键、最相关和最失败的场景，这些场景需要使用专门的测试实例（例如，驾驶模拟器、硬件在环、使用实验等）进行更详细的评估。

来自经验测试方法的数据和结果用于建模，这在 ADAS 的评价中很常见。特别是，来自 NDS、FOR、使用实验等的数据可用于形成数据库，该数据库包括适当的（可能是国别的）曝光、行为和其他关键方面的模型。

参考图 20.7，场景数据库和其他模型对所有开发和测试工具起着关键作用。场景及其频率（根据曝光模型）可以存储在场景数据库中，并重复用于不同的测试实例。除了传统的研究方法（例如，理论风险评估、道路测试等），虚拟连续仿真为相关场景的"发现"提供了新的机会，特别是当涉及很少并且很难从理论中得出的因素组合时。

发现"未知"场景的一种方法是通过长时间连续仿真观察更长的时间或距离：注重安全的场景没有明确地生成（例如，通过某些已知约束），而是从随机的交通流综合模型中自发产生。

这种方法意味着对综合建模的挑战性要求。这包括在交通流中再现所有相关过程（也包括错误过程）及其各自的频率，对所有相关过程和场景的频率进行建模基本上构成了一种先进的曝光模型。

可以使用专业知识、现场操作测试和虚拟测试来指定一组初始场景。基于交通环境、传感器、驾驶员、车辆和交通动态的模型，虚拟测试生成交通中随机过程的许多表示。目的是提供整体情况空间的代表性样本，同时考虑到包括小概率事件在内的大量潜在场景。

在虚拟测试操作中，可以自动检查这些场景，代表一种安全周期。场景的频率可能取决于不同因素，例如国家或环境条件。如上所述，虚拟测试将满足此结构中的安全性评价要求。

通过单个场景仿真的虚拟测试可以在这个特定场景中对自动化系统的有效性进行量化。然后，自动化的安全性能是由通过各自频率（曝光）加权的所有相关场景的有效性总和得出的。

关键问题涉及过程模型的验证乃至仿真结果的合理性。模型的验证涉及在开发链中每个特定方法使用适当的测试程序。每种方法，例如试驾或驾驶模拟器，用于验证车辆模型或 MMI 概念。经过验证的模型数据库可提高虚拟测试的可靠性；模型的质量对于开发链和评价结果的有效性至关重要。

仿真系统动作的验证是验证过程的另一个重要元素，从所有仿真中抽取样本并在公认的测试机构中对其进行测试。过程模型的验证（和开发）可以通过公正的科学组织。

因此，目标是达成国际共识并且在国际背景下所有利益相关者均实施场景、模型和总体评价方法。

20.5　结论和展望

安全性评价和自动化功能优化的任务提出了新的问题。与 ADAS 评价相比，交通安全性的质量测量主要与功能活跃的交通场景相关。由于自动化可能会改变集体交通特征，因此安全性分析必须超越当前发生的交通过程中孤立的人为错误以及自动化对这些错误的影响。必须考虑新出现的与自动化相关的场景，以进行全面的安全性评价。

自动化功能的验证和安全性评价必须被理解为开发过程中的连续和迭代任务，而不是开发阶段结束时的单一活动。由于各种可能的影响，在开发过程中对自动化方法的必要评估将是有问题的，例如，仅基于使用实验，因为罕见效应的检测相应地需要很长的观察期。此外，每次功能改变之后，原则上必须进行重复测试。

基于仿真的虚拟实验方法可以被解释为知识合成。然而，自动化系统评价的一些挑战出现了。自动化的相关场景是先验未知的，并且只能使用现有方法进行部分识别。由于自动化涉及的情况空间通常较大，因此建模会导致 ADAS 评价的复杂性大大增加。

交通仿真的质量要求也相应提高，尤其是在所使用的过程模型方面。交通仿真需要更深入地考虑错误过程及其在正常交通中的解决方案。挑战包括心理过程的改进建模，例如注意力或激activation。ADF 安全性潜力的一个重要方面是避免因缺乏驾驶员激活而导致的错误以及由此导致的注意力衰退。

尽管技术先进，但系统仍将在不久的将来受到系统限制。除了安全性评价以外，虚拟实验还可以为人类驾驶员接管请求的设计和优化作出重要贡献。

关键的交通情况可能需要在几个不利的动作方案中作出决定。同样，虚拟评价可以支持透明决策算法的开发。关于此类替代方案的一般性讨论已经在公众场合开始。也许所有利益相关者都可以达成共识，并在市场引入之前就替代动作的优先顺序达成一致。

许多项目、倡议、组织和研究活动都侧重于 ADAS 对交通安全性的影响。然而，到目前为止，在 ADAS 和 ADF 总体安全性评价的背景下，仍然没有就方法学问题达成国际共识。

考虑到决策和挑战的重要性和复杂性，"道路安全性的前瞻性有效性评价"（PEARS）倡议的目标是为新系统（如 ADAS 或 ADF）的整体有效性评价制定标准化和统一化方法，该方法所有利益相关者都能接受。利益和潜在风险都应作为评价的一部分进行量化。其中，目标包括更高程度的法律可预见性以及对个人和社会利益的充分客观考虑。此开放平台为全球统一化和标准化提供了重要的先决条件。

参 考 文 献

1. M. Aeberhard, S. Rauch, M. Bahram, G. Tanzmeister, J. Thomas, Y. Pilat, F. Homm, W. Huber, N. Kaempchen, Experience, results and lessons learned from automated driving on Germany's highways. IEEE Intell. Transport. Syst. Mag. **7**(1), 42–57 (2015)
2. M. Bahram, Z. Ghandeharioun, P. Zahn, M. Baur, W. Huber, F. Busch, Microscopic Traffic Simulation Based Evaluation of Highly Automated Driving on Highways, in *17th International IEEE Conference on Intelligent Transportation Systems - ITSC 2014*, ed. by IEEE (IEEE, 2014)
3. R. Bernotat, Anthropotechnik in der Fahrzeugführung. Ergonomics **13**(3), 353–377 (1970)
4. T. Connolly, L. Åberg, Some contagion models of speeding. Accident Anal. Prevent. **25**(1), 57–66 (1993)
5. R.J. Cook, D.L. Sackett, The number needed to treat: A clinically useful measure of treatment effect. Br. Med. J. **18**, 452–454 (1995)
6. C. Domsch, W. Huber, *Integrale Sicherheit - ein ganzheitlicher Ansatz für die Fahrzeugsicherheit. 17* (Aachener Kolloquium Fahrzeug- und Motorentechnik, Aachen, 2008)
7. A. Eskandarian (ed.), *Handbook of Intelligent Vehicles* (Springer, Heidelberg, 2012)
8. F. Fahrenkrog, A. Zlocki, L. Eckstein, Bewertung Aktiver Sicherheit: Vom Test zur Wirksamkeitsanalyse. ATZ **1**(116), 34–39 (2014)
9. I. Ferenczi, T. Helmer, P. Wimmer, R. Kates, Effectiveness Analysis and Virtual Design of Integrated Safety Systems Illustrated Using The Example Of Integrated Pedestrian And Occupant Protection, in *12th International Symposium and Exhibition on Sophisticated Car Occupant Safety Systems* (Fraunhofer-Institut für Chemische Technologie ICT, 2014)
10. M. Green, "How long does it take to stop?" Methodological analysis of driver perception-brake times. Transport. Hum. Factors **2**(3), 195–216 (2000)
11. T. Helmer, *Development of a Methodology for the Evaluation of Active Safety using the Example of Preventive Pedestrian Protection*, Thesis (Springer, Heidelberg, 2015), ISBN 978-3-319-12888-7

12. T. Helmer, T. Kühbeck, C. Gruber, R. Kates. Development of an Integrated Test Bed and Virtual Laboratory for Safety Performance Prediction in Active Safety Systems (F2012-F05-005), in *FISITA 2012 World Automotive Congress - Proceedings and Abstracts, 2012* (ISBN 978-7-5640-6987-2)
13. T. Helmer, M. Neubauer, S. Rauscher, C. Gruber, K. Kompass, R. Kates, Requirements and Methods to Ensure a Representative Analysis of Active Safety Systems, in *11th International Symposium and Exhibition on Sophisticated Car Occupant Safety Systems* (Fraunhofer-Institut für Chemische Technologie ICT, Pfinztal, 2012), pp. 6.1–6.18, ISSN 0722-4087
14. T. Helmer, R.R. Samaha, P. Scullion, A. Ebner, R. Kates, Injury risk to specific body regions of pedestrians in frontal car crashes modeled by empirical, in-depth accident data, in *Proceedings of the 54th Stapp Car Crash Conference, 2010*
15. T. Helmer, R.R. Samaha, P. Scullion, A. Ebner, R. Kates. Kinematical, Physiological, and Vehicle-Related Influences on Pedestrian Injury Severity in Frontal Car Crashes: Multivariate Analysis and Cross-validation, in *Proceedings of the International Research Council on Biomechanics of Injury (IRCOBI)* (IRCOBI, Hannover, 2010), pp. 181–198
16. T. Helmer, P. Scullion, R.R. Samaha, A. Ebner, R. Kates, Predicting the injury severity of pedestrians in frontal vehicle crashes based on empirical, in-depth accident data. Int. J. Intell. Transport. Syst. Res. **9**(3), 139–151 (2011)
17. W.E. Hick, On the rate of gain of information. Q. J. Exp. Psychol. **4**, 11–26 (1952)
18. W. Huber, J. Steinle, M. Marquardt, Der Fahrer steht im Mittelpunkt - Fahrerassistenz und Aktive Sicherheit bei der BMW Group, in *24. VDI/VW-Gemeinschaftstagung - Integrierte Sicherheit und Fahrerassistenzsysteme*, vol. 2048 *VDI-Berichte* (VDI Verlag, Düsseldorf, 2008), pp. 123–137
19. C. Hydén, *The Development of a Method for Traffic Safety Evaluation: The Swedish Traffic Conflicts Technique*, Bulletin 70 (Department of Traffic Planning and Engineering, Lund University, Sweden, 1987)
20. R. Kates, O. Jung, T. Helmer, A. Ebner, C. Gruber, K. Kompass, *Stochastic Simulation of Critical Traffic Situations for the Evaluation of Preventive Pedestrian Protection Systems* (VDI-Tagung Erprobung und Simulation in der Fahrzeugentwicklung, Baden-Baden, 2010)
21. D.G. Kleinbaum, M. Klein, *Logistic Regression. A Self Learning Text. Statistics for Biology and Health* (Springer, Heidelberg, 2010)
22. K. Kompass, C. Gruber, C. Domsch, Der Beitrag von Fahrerassistenzsystemen zur Aktiven und Passiven Sicherheit - die Integrale Sicherheit als Antwort auf die wachsenden Anforderungen an die Fahrzeugsicherheit, in *4. Tagung Sicherheit durch Fahrerassistenz, 2010*.
23. K. Kompass, T. Helmer, C. Blaschke, R. Kates, Ganzheitliche und integrale Fahrzeugsicherheit. ATZ - Automobiltechnische Zeitschrift **116**, 10–15 (2014)
24. K. Kompass, T. Helmer, L. Wang, R. Kates, Gesamthafte Bewertung der Sicherheitsveränderung durch FAS/HAF im Verkehrssystem: Der Beitrag von Simulation, in *Fahrerassistenz und Aktive Sicherheit. Wirksamkeit – Beherrschbarkeit – Absicherung* (expert Verlag, Renningen, 2015), pp. 45–66
25. K. Kompass, W. Huber, *Integrale Sicherheit – Effektive Wertsteigerung in der Fahrzeugsicherheit* (VDA, Technischer Kongress, Berlin, 2009)
26. K. Kompass, W. Huber, T. Helmer, Safety and Comfort Systems: Introduction and Overview, in *Handbook of Intelligent Vehicles*, ed. by A. Eskandarian (Springer, Heidelberg, 2012)
27. N. Lerner, Brake Perception–Reaction Times of Older and Younger Drivers, in *Proceedings of the Human Factors and Ergonomics Society Annual Meeting*, vol. 37 (1993), pp. 206–210
28. P.L. Olson, M. Sivak, Perception-response time to unexpected roadway hazards. Hum. Factors **28**, 91–96 (1986)
29. Y. Page, F. Fahrenkrog, A. Fiorentino, J. Gwehenberger, T. Helmer, M. Lindman, O. op den Camp, L. van Rooji, S. Puch, M. Fränzle, U. Sander, P. Wimmer, A Comprehensive and Harmonized Method for Assessing the Effectiveness of Advanced Driver Assistance Systems by Virtual Simulation: The P.E.A.R.S. Initiative, in *24th International Technical Conference on the Enhanced Safety of Vehicles (ESV 2015)*, number 15-0370, 2015
30. H. Prantl, Error. Süddeutsche Zeitung **37**, 13 (2015)
31. E. Schechtman, Odds ratio, relative risk, absolute risk reduction, and the number needed to treat – which of these should we use? Value Health **5**(6), 431–436 (2002)

32. C. Steinhoff, R. Kates, H. Keller, B. Färber, B. Färber, *Problematik präventiver Schaltungen von Streckenbeeinflussungsanlagen* (BMVBW Forschung Straßenbau 853, Bundesanstalt für Straßenwese, 2001)
33. A. Weitzel, H. Winner, C. Peng, S. Geyer, F. Lotz, L. Sefati, *Absicherungsstrategien für Fahrerassistenzsysteme mit Umfeldwahrnehmung* (BASt-Bericht F98, Bundesanstalt für Straßenwesen, 2014)
34. R. Wertheimer et al., *Ko-PER – Fahrerassistenz und präventive Sicherheit mittels kooperativer Perzeption: Partnerübergreifender Schlussbericht*, Schlussbericht (Bundesministerium für Wirtschaft und Technologie (BMWi), 2014)
35. P. Wimmer, A. Rieser, W. Sinz. A Simulation Method for Virtual Design and Evaluation of Integrated Safety Systems, in *NAFEMS World Congress*, 2013
36. H. Winner, S. Hakuli, G. Wolf (eds.), *Handbuch Fahrerassistenzsysteme* (Vieweg+Teubner Verlag/GWV Fachverlage GmbH, Wiesbaden, 2009)
37. R.M. Yerkes, J.D. Dodson, The relation of strength of stimulus to rapidity of habit-formation. J. Comp. Neurol. Psychol. **18**, 459–482 (1908)
38. A. Zlocki, L. Eckstein, F. Fahrenkrog, Evaluation and sign-off methodology for automated vehicle systems based on relevant driving situations, in *Transportation Research Board (TRB), 94th Annual Meeting*, Washington DC, USA, 11–15 Jan 2015

第 21 章 从可控性到安全性：驾驶员辅助系统的安全性评估

21.1 简介

驾驶员辅助系统的可控性是"ADAS 设计与评估实践规范"所讨论的主题，可控性在《维也纳道路公约》中提到过。然而，在自动驾驶汽车发展的背景下，驾驶员必须在任何时候都能够控制他们的车辆的声明可以解释得非常不同。通常情况下，在关键道路场景中控制车辆的想法是存在的。然而，与辅助系统和自动化相关的可控性有一个完全不同的方面。其目的是，驾驶员在系统限制和系统故障的情况下控制车辆在其名义上的功能，这意味着驾驶员能够在不伤害自己或他人的情况下应付各种交通状况。

在自动化的背景下，要避免的方面、系统超调和模式意识的重要性在系统组成中必须被考虑。

在车辆中开发更高自动化功能的基础是建立驾驶员辅助系统可控性的方法和程序。这样的方法在很大程度上考虑了孤立的场景。

由于未来系统的复杂性和网络化，单一场景这种奇特的考虑不太可能是必要的。因此，需要对交通情况进行整体考虑。

最初，驾驶员辅助系统的可控性和相应的参考将得到解决。在此基础上，对使用安全性的分析方法进行了介绍和说明，包括术语及其定义。

21.2 驾驶员辅助系统的可控性

现在，如果在驾驶员辅助系统（DAS）中提到可控性，则它立即与两个文档相关联，最古老的是《维也纳道路公约》。在这本书里，商定了公路运输的国际规则。另一种是用于高级驾驶员辅助系统（ADAS）的设计和评估的实践规程（COP）。COP 出现在一系列欧洲项目的工作中，特别是作为 RESPONSE 3 项目的报告，该项目是 PReVENT 的综合项目的一部分。

第21章　从可控性到安全性：驾驶员辅助系统的安全性评估

RESPONSE 项目的启动是在2000年之前，当主动驾驶巡航控制系统在市场上出现时，汽车行业的其他辅助系统也在进行中。核心问题是如何生成和验证这种安全系统的产品安全性。

首先，为了制定发展标准，必须确定申请的范围。项目 RESPONSE 中的一个问题是 ADAS 的含义。为此目的，使用了可以划分驾驶任务的三个层次——导航、操纵和稳定车辆。

它同意在正常驾驶条件下以遵守规则为基础的系统来代理机动水平，就像换车道助手。此外，系统已经考虑到在机动和稳定之间的过渡，即紧急情况下的辅助系统，例如自动紧急制动系统。

对新兴风险的系统评估最终分为两类：技术安全和人机交互安全。

排除了系统的技术安全性和如何制定适当的安全概念，因为在同一时间，车辆中的功能安全 ISO26262 标准正在制定中，因此出现了一套适当的程序规则，以确保 E/E 错误的安全性。

在研究项目 RESPONSE 3 中的主要焦点是人机交互的安全性，这是由驾驶员的可控性实现的。可控性分为三个步骤：

1）驾驶员感知情境的临界性的能力。
2）驾驶员决定适当的对抗措施的能力。
3）驾驶员执行这种对抗措施的能力。

可控性是项目 RESPONSE 3 中的焦点。

可控性已被作为《维也纳道路公约》中的一项准则。

因此，第8.5条规定：每一个驾驶员都必须能够控制他的车辆或引导他的动物。

在第13.1条中写道：任何车辆驾驶员在任何情况下都使车辆可控。

这里暗示的是，在驾驶员辅助的情况下，驾驶员在使用驾驶辅助系统时还必须能够处理交通状况。这包括在系统支持的情况下，在系统边界和系统错误的情况下处理各种交通状况。

在功能安全标准中考虑了系统误差。标称功能及其系统边界的发展准则，特别是辅助系统的人机交互，在《实践规范》（COP）中被考虑，用于 ADAS 的设计和开发，这篇文章发表在 ACEA 的网站上，并于2009年公开发表。

在 COP 中，安全导向的开发和评价驾驶员辅助系统安全方面的程序被清楚地描述在人机交互上。这是基于风险的识别、风险分析的准备和风险评估。在开发过程中，旨在确保这些辅助系统可控性的措施是从这些行动中导出的。

当观察驾驶员性能和自动化的关系时，很明显，随着自动化程度的提高，不必给出驾驶员必须接替驾驶任务或修正轨迹的情况的可控性。在驱动程序的要求方面，自动化级别的通用分类可以在 [7] 中找到。

这里，部分自动化驾驶和高度自动化驾驶之间的过渡是必不可少的。在部分自动驾驶时,驾驶员需要永久地监视系统,并且必须能够在任何给定的时刻完成驾驶任务。在下一个更高的自动化水平,高度自动化的驾驶中,驾驶员不再需要永久地监视系统,并且在接管请求的情况下,驾驶员被给予足够的时间来作出反应。然而,当驾驶员不再需要监视系统时,感知到情况的临界性不再能够连续地进行,因此已经损害了上述可控性标准的第一点。此外,这些功能将与维也纳公约相抵触,其中需要控制车辆。这引发了一项修改《维也纳 公约》的提案,并在2014被正式表决。这项提议还包括了修正案。如[8]所说,"如果一辆车符合《国际认证条例》(例如,联合国欧洲经委会规则)的要求,那么它符合第8章第5段和第13章第1段。"此外,如果驾驶员有机会关闭或超越辅助系统,则满足第8条和第13条中提到的要求。这一措辞的修订旨在确保高度自动化的驾驶功能符合《维也纳公约》。

越来越明显的是,随着自动化水平的提高,功能的整体安全性评估的可控性标准将不再适用。因此,需要全面考虑交通与所有构成要素的关系。

21.3 安全使用:驾驶员、车辆和环境的整体考虑

在21.2节,我们讨论了可控性因素。当评估可控性时,驾驶员、车辆及其环境的总体情况具有特殊的重要性(图21.1)。因此,可控性不仅通过驾驶员的技术水平和性能而产生,而且会受到交通状况构成要素的严重影响。一方面,每一个驾驶员都不同于长期经验和长期知识、短期意图和状态,以及对环境的不同看法;因此,每个驾驶员有可能以不同的方式反应。环境条件在天气、能见度、道路条件和密度等方面不同。车辆有不同的发动机及其辅助系统。取决于底盘,车辆在某些动态驾驶情况下也会有不同的反应。这不是一个详尽的列表,而是旨在说明所有的组件都可以采用各种形式。驾驶员驾驶车辆,对车辆的反馈作出反应,并在其环境中进行移动。由驾驶员管理的交通状况的整体方法必须包括这三个相互作用的组件。换句话说,根据部件的比例,驾驶员必须执行不同的操纵,以安全地驾驶车辆。

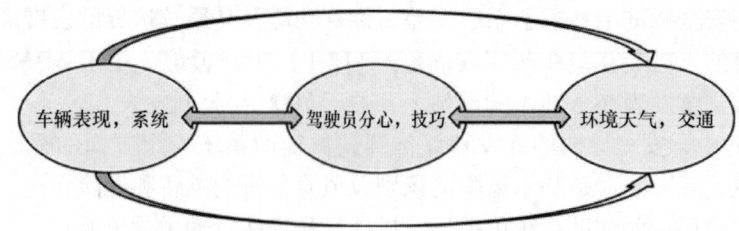

图21.1 一个整体的交通状况集成了驾驶员、车辆和环境的交互作用

例如,在低交通密度的路线上行驶时,注意和保持速度水平的驱动任务在高密度环境(即驾驶员前方的交通堵塞)中迅速改变,其中停止和起动车辆是主要

任务。

对于这些情况,不同的"水平"必须包含在风险中。因此,公路工程风险评估中的各种因素都必须遵守。然而,交通状况的复杂性要求必须系统性地评估这些情况。没有这些,对风险的详尽评估是不可能的。

在文中,介绍了安全使用的方法。为此,系统地分析了在规则用例和系统限制下的"无差错"函数的系统行为。在这里,预期的使用和可能的误用都是相关的。"无差错"一词需要更精确的定义。这将在下一章进行。使用安全性分析的目的是了解总的风险,这在使用不同的情况下可能会发生,可在此基础上进行系统开发中的具体决策。

21.3.1 安全使用的系统分析

安全评估的最初焦点需要首先被澄清,以便对功能是否安全使用进行系统分析。

安全必须始终在风险的背景下看到,风险被描述为负面事件发生的可能性和损害严重程度的产物。

在驾驶员辅助的情况下发生与道路运输有关的不良事件的可能性,取决于各自的交通情况发生的可能性,辅助系统能够适当地处理这些情况,如果有必要,可以由驾驶员来驾驭这种形势。整体考虑并不局限于技术和驾驶员的注意力,仅仅局限于自我交通工具,也可以将参与道路使用者的技能考虑在内。

交通损害由财产损失到人身伤害。根据 ISO 26262,对使用中的安全性进行以下分析是为了避免人身伤害。

众所周知的风险分析和风险评估程序是分析使用安全性的基础。在这期间,名义函数被认为是预期的滥用,不用考虑技术错误(根据 ISO 26262 的 E/E 错误)。然而,传感器的性能极限被很好地考虑。在驾驶员的感知中,这两种情况都表现出相同的效果,并且被称为"错误",例如,当车辆在适当的时候没有检测到危险情况时。然而,原因可以是不同的(例如,由控制单元中的错误导致的技术错误)。通过技术措施,错误发生的可能性可以降到所需的程度。由于系统模糊而没有被传感器检测到的任何对象可被理解为系统边界,因此其功能处于其标称状态(包括系统限制)的一部分。

一组专家进一步结合他们关于系统开发、传感器开发、驾驶员行为和交通情况的知识,并且作为风险分析的一部分,集体给出了可能事件的列表。这些事件是根据他们在交通状况下发生的可能性、它们的技术解决方案的可管理性以及驾驶员控制系统的能力来评估的。如果必要的话,从评估得出的措施,以减少发生的可能性。一方面,作为技术措施(例如,作为对环境的感觉检测的要求);另一方面,作为系统增加驾驶员可控性的本构措施。图 21.2 显示了这种安全使用分析结构的一个例子。

评估方案:特定操作情况下的功能特性	情况分类	意外情况	事故后果评估	避免危险	评估可控制性	采取行动与否的理由
客户在情况B中使用功能A	如特殊情况，滥用系统	场景可能导致事故XY		XY可能避免事故的后果		拟议的行动n (1)提案A (2)提案B
客户在用例中使用活跃的高速公路交通拥堵助手来驾驶。车辆离开车道，人员在侧面车道上	车辆离开车道，人员在侧面车道上→发生的可能性非常罕见	车辆离开车道，与人碰撞	与人碰撞：极高的受伤风险	驾驶员制动或人员离开危险区域	低速下监察驾驶人情况很容易控制	基于对自动化的高度信任，可以预期到更长的响应时间： 1)避免对自动化的高度信任 2)在高速公路交通拥堵辅助系统能识别到行人
客户在用例中使用活跃的高速公路交通拥堵助手来驾驶。先前的车辆更改车道，因为当前的车道由于抛锚的车辆/事故车辆而被阻塞	由于在其附近发生事故，前车改变车道→发生的可能性非常罕见	车辆继续不受约束，与发生故障的车辆外部的人碰撞	与人碰撞：极高的受伤风险	驾驶员制动或人员离开危险区域	低速下监察驾驶人情况很容易控制	基于对自动化的高度信任，可以预期到更长的响应时间： 1)避免对自动化的高度信任 2)在高速公路交通拥堵辅助系统能识别到行人

图21.2 从使用安全性的可能分析中提取的示例性呈现

在某些情况下，可能需要对事件进行更详细的考虑。这是一种情况，如果对发生的全部可能性存在歧义，并且在损害方面的影响对于整体考虑使用的安全性是重要的。一个例子可能是在高速公路上开启自动驾驶时的人身伤害事件。在这种情况下，将事件分解为必须集体发生的部分以使整个事件发生是有意义的。它的方法是事件树。

事件树与错误树相比，简单地说，有趣的情况不是一个错误，而是一个事件，这是系统正常使用的一部分。

在分解中，原因是被鉴定的并且在逻辑上是相互链接的。一方面，这种方法可以用来定性地说明原因机制并使之合理；另一方面，个别事件也可以被量化，从而为整体评价创造更大的透明度。在此基础上也可以进行详细的灵敏度分析。

图 21.3 显示了在高速公路上使用自动驾驶仪时发生人身伤害的事件树的一个例子。

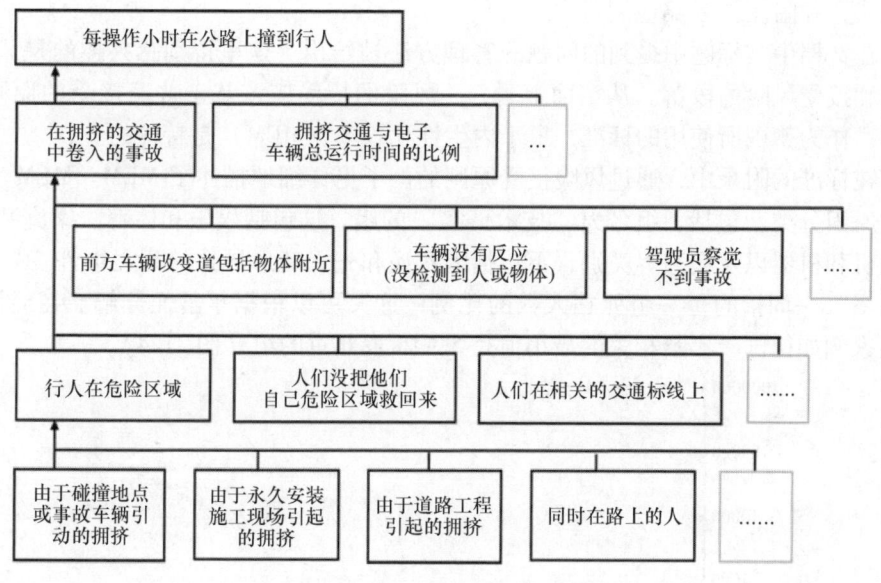

图 21.3　不完整事件树的表示

与公路上的人发生碰撞的事件位于事件树的顶部。下面的水平描述事件发生的交通状况（交通堵塞）。在同一水平上，考虑在车辆的整个运行时间内交通堵塞的比例，下一个层次描述事件是如何发生的。在这里，前面的车辆执行非常接近障碍物的车道变换机制，以避免碰撞，但这是否太晚，驾驶员不能及时作出反应，而车载安全系统没有响应。

与驱动程序相关的方面在下一级显示。在事件树的底层，对于特定的交通状况（如交通堵塞），在高速公路上遇到一个人的可能性因不同的原因而被指定。这个例子并不是完整的，但它只是用来说明这个方法。

通过这个简单而不完整的例子，很明显，需要大量的信息来证明特殊情况的可控性。这是关于交通状况、系统的技术性能及其事件链以及驱动程序性能的信息。一些在交通状况和驾驶员那里获得信息的方法和例子会在第 21.4 中进行阐述。

21.3.2 安全使用参考值

前一节解释了如何在使用驾驶辅助系统时,系统地进行整体风险评估以确定人身伤害的可能性。此外,还介绍了如何利用结果作为安全导向措施的基础。

到目前为止,对汽车的正常使用没有任何参考。然而,在移动性和消费者保护领域可以进行风险评估,这可以作为起点。两个示例性方法考虑了偶然误差和高风险产品特性的安全风险:首先是用于欧洲铁路安全的 DIN EN50126;其次是 RAPX 程序,制定欧洲通用产品安全风险信息快速交换准则。

DIN EN50126 给出了"可靠性、可用性、可维护性和安全性(RAMS)"的详细说明,并附注"铁路应用"。

在文档中,标题中提到的问题的管理方法被给出。这里特别感兴趣的是风险、评估和接受风险的段落。从字面上看,"风险的接受应该基于普遍接受的原则",此外,作为德国所使用的标准,最小内生性死亡率(MEM)是特殊的。

在标准的附录中,通过风险接受原则的例子更详细地描述了 MEM。MEM 基于死亡原因分类,包括一组名为"技术事实"的组。这包括娱乐和体育、家庭装修、发动机和机器以及交通等类别,不包括因疾病和先天畸形导致的死亡事件。"内生死亡率"一词指的是一组死亡人数的比例,这又可以根据年龄而分解。在经济发达国家例如德国,年龄相关的最小值是 5~15 岁儿童的组(图 21.4)。

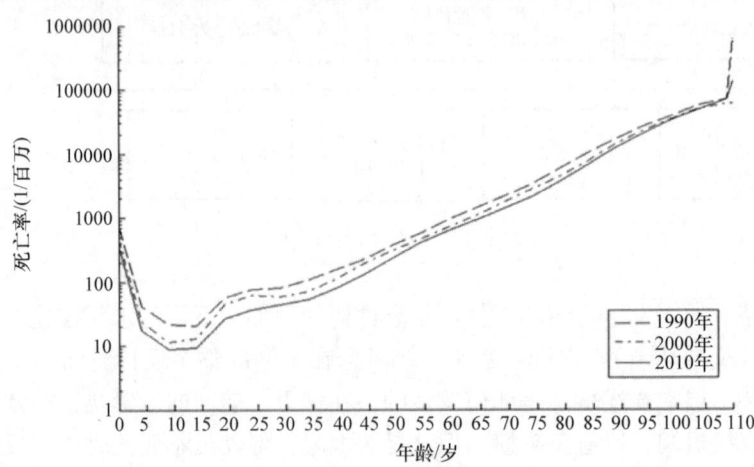

图 21.4 与年龄相关的死亡率的陈述

新技术系统不应该比现有的系统具有更高的风险,并且人类总是同时暴露于多个系统,从而确定了系统归一化的同时性。这个同时性因子为 20,因此最小内生死亡率的参考值再次除以 20。

第 21 章 从可控性到安全性：驾驶员辅助系统的安全性评估

第二种可能的参考值提供了 RAPX 程序，这是在指令 2001/95/EC 中关于一般产品安全性的描述——一种用于欧洲国家之间的产品安全风险信息快速交换的社区系统。欧洲委员会的《社会杂志》也谈到了风险评估。RAPX 的细节在委员会的决定中提出："根据第 12 条和指令 2001/95/EC 的第 11 条关于近期产品安全性的通报程序，建立一个管理信息快速交换系统的指导方针。"

不同程度的风险是可以确定的，并且可以从损伤程度和发生可能性的总和来确定。对消费者造成严重的健康和安全风险的情况，例如最大的风险将会被报道。

在文件的附件中，从伤痕到死亡的损伤场景被细分为四种损伤类型。发生的可能性表示为产品寿命期间的损害的百分比值，并在 50% 和 11^{-7} 之间进一步细分为八个级别。最后，对于所确定的风险的评估和分类，给出了参考表，如图 21.5 所示。

在产品的可预见寿命期间的概率		伤情严重			
		1	2	3	4
高	>50%	H	S	S	S
	>1/10	M	S	S	S
	>1/100	M	S	S	S
	>1/1000	L	H	S	S
	>1/10000	L	M	H	S
	>1/100000	L	L	M	H
	>1/1000000	L	L	L	M
低	<1/10000000	L	L	L	L

S-严重风险
H-高风险
M-中等风险
L-低风险

图 21.5　风险分类。损伤严重程度：(1) 后果完全可逆；(2) 功能影响 <6 个月；(3) 功能受影响 >6 个月或功能永久丧失；(4) 死亡或残疾 >10%

不使用现有的程序来处理从错误或风险产品特征发生的安全风险，风险 - 利益分析的方法似乎也是合理的。这里，通过使用系统来评估安全风险与安全增益的关系。有效性分析可以提供这样一种方法论。驾驶员的表现在重要性上有了很大的提高，并且将提出哪些表现将被认定为基准的问题：这里，参考取决于驾驶员是否平均经历或具有超过平均驾驶技能。此外，事故统计的结果可以给出方向，"驾驶员错误对事件负责多久"这一问题应当被考虑。

很明显，仍然需要开发适当的参考文献和标准。

21.4 创建安全使用分析的信息来源

在 21.3.1 节中，描述了使用安全性分析的系统方法。一方面，收集了所有可能的情景；另一方面，试图对风险进行量化。因此，为了适当地包含损坏的风险而衍生出措施。

基本上，有三种方法可以降低风险：

第一种包括用户和其他道路使用者增加系统的可控性。这可以通过使驱动程序容易地重载系统或通过人机交互的其他措施来实现，例如接管请求以提高所谓的模式感知。

车辆的态势感知和控制技术的扩展是第二种。例如，在相关对象的分类中使用额外的冗余的传感器来进行可靠和准确的目标检测或优化检测算法是可能的措施。

第三种包括功能调整，这限制或排除了系统在潜在风险情景中的使用。因此，在安全风险高的场景中使用系统将受到限制。功能限制的例子限制了自动紧急制动系统中的速度降低到可用于以下交通场景的水平，或者限制车道保持系统的转向辅助到轨道线路可用和检测的场景。

为了确保从使用安全性分析得出的措施是必要的，并能达到预期的结果，必须非常细致地考虑并认真执行。这就需要有对该领域有深入了解的专家。在这一点上，应该指出的是，来自不同学科的研究表明，专家判断不是基于一个庞大而有效的数据库，而是与关于特殊预报预测的不精确性相关。随着观测单位关系复杂性的增加，预报的不准确性也随之增加。驾驶员辅助系统显示出特别高的复杂性，因为涉及许多相互影响的因素（驾驶员、车辆和环境），每一个因素反过来又显示出其自身的高度复杂性。因此，为了可靠和详细地分析使用中的安全性，专家需要数据源，其中可以将统计数据和事实作为事件树的输入变量导出，并且可以回答以下类型的问题。

在系统使用期间可能发生哪些潜在安全隐患的运输方案？相关的交通场景和相关场景参数多久发生一次？不同驾驶员和其他道路使用者如何处理相关的交通情景？为了对可控性进行真实的评估，驾驶员在系统的首次遭遇时的性能和辅助系统的中长期处理都具有显著性。为了对可控性进行真实的评估，驾驶员在系统的首次遭遇时的性能和辅助系统的中长期处理都具有显著性。要解决的另一个问题是"系统如何在考虑中的场景中执行？"

因此，在使用中进行安全性分析的一个关键挑战是提供必要的有质量的数据。

原则上，可以区分两类数据源：基于场景和驱动程序性能相关的数据源。有些方法为这两个类别提供答案，而其他方法只为一个类别提供数据。图 21.6 给出了数据生成的不同方法的概述。很明显，数据的有效性随着每个方法的复杂性增大而增加。

第21章 从可控性到安全性：驾驶员辅助系统的安全性评估

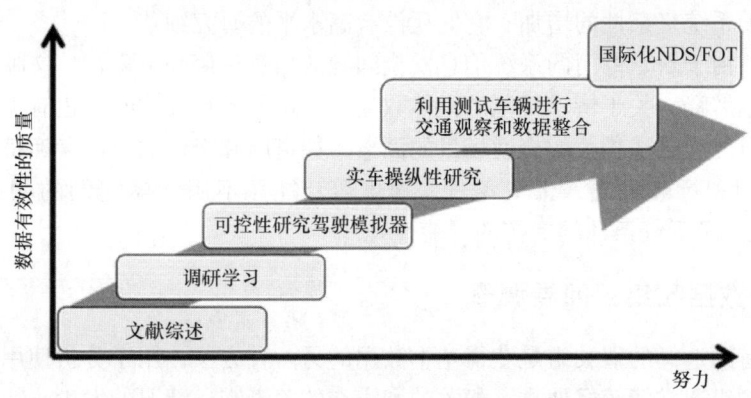

图 21.6 获得交通场景发生的可控性/驾驶员性能可能性的数据的一些方法

这里的复杂性指的是组织、财务和技术要求对每种方法获得的数据的准备、实施和分析的总和。例如，基于对相关文献的有针对性的分析的文献回顾，技术和组织要求与驾驶模拟器研究对象的努力相比要少得多。

另一方面，驾驶模拟器的研究，反过来，远不如所谓的自然主义驾驶研究（NDS）或 ELE 操作测试（FOT）的努力。NDS 和 FOT 都需要经过数月甚至数年的组织和技术准备才能获得成果。然而，由精心准备和广泛基础的 NDS/FOT 研究所获得的知识是有形的、可靠的和翔实的，因为这些方法是基于在自然环境和真实车辆中处理一个或多个系统的驾驶员行为的观察。

通常，上述几种方法必须在使用安全性分析中使用，以便提高数据的可靠性到足够水平。一般来说，单一方法不可能提供所有必要的数据和事实。因此，必须使用不同的方法来并行和互补，以关闭消费者安全行为分析中的知识差距。下面，将上述方法简洁描述，并在半自动驾驶功能中提供示例。值得注意的是，另一种方法是模拟法，而这些方法在本文中没有得到解决。

21.4.1 数据收集：文献综述

文献综述可用于回答相关的交通场景及其频率的问题，以及与驾驶员的系统性能和可控性有关的问题。特别是在驱动性能和可控性方面，相关文献资料是可得的。在驾驶员辅助系统的研究中，一般认知心理学、交通心理学、人机工程学、人机交互学以及这些规范和标准中的科学贡献可以为评估可控性和驾驶员性能提供基础。

从有限的相关来源开始，这种方法的优势，如果使用标准来源，在于有限的努力和普遍接受的事实。该方法的缺点是标准文献常常只提供安全设计系统使用的一般性建议和信息。

此外，评估的驾驶员性能和可控性的事实通常都是系统规范。此外，由于创新的驾驶辅助系统复杂性的增加，它们还没有高水平的研究细节。

因此，由于缺乏专门的系统信息安全问题的信息价值和可靠性，文献综述的结果需要仔细解释。关于情景规范的具体数据，在进行文献综述时，也有类似的优点和缺点。研究和描述相关的交通场景的因素，如道路和交通的特性、拥挤时间、平均行驶时间和行驶距离、天气条件、速度等，往往不用考虑它们的相互依赖性（例如，取决于天气条件的拥挤的可能性）。

21.4.2 数据收集：问卷调查

采访特别选择的驾驶组是获得基本数据的另一种方法，用于分析使用中的安全性。不同的组通常能较好地指示相关的和潜在的关键交通情况的发生。特别是在只有少数出版物存在的情况下，问卷调查可以提供定性和定量的指示。调查的一个优点是，它们可以用来了解相对大量的人的经验。此外，可以在不同的地点和不同的国家进行调查，从而有助于对不同地区的情况进行快速的数据收集。与其他方法相比，这种准备、实施和评价的必要基础设施相对较低。由于问题的不同解释、语言和文化的特殊性以及被调查者的客观性，调查研究往往与不确定的联系有关结果的责任。在评估危急情况的可控性方面，调查是不太可取的，因为一些研究表明，在没有经验的情况下受访者往往高估自己的表现。

作为问题研究的一个例子，将研究中国某些特定情况的可能性（宝马公司内部研究）。这项研究的背景是需要获取关于中国在部分自动化援助功能中使用安全的交通情况的知识。由于机动化道路的历史相对较短，国内的结构也在不断变化，几乎没有任何出版物来源，它提供了中国交通状况的最新和最精确的图片。目的是比较中国高速公路与德国高速公路安全相关的频率，并将其作为评估中国援助系统使用安全性的初步估计。

在研究的准备过程中，对德国员工和中国员工进行了几次访谈，以确定中国和德国之间道路交通的主要差异。很显然，受访者的意见在采访中仍然含糊不清，不允许对所谓的例外情况进行量化。在特殊情况下，由于使用者在道路交通工具上的非法行为而造成潜在的事故风险。例外情况的例子是高速公路上逆向驾驶或犯错误的驾驶员、骑自行车的人和行人。

问卷的编制、研究的实施和评价包括以下几个步骤。首先，问卷调查的重点是在与中国专家访谈的基础上进行的。随后，编制问卷，选择评定量表，并将调查问卷翻译成英语和汉语。在中国进行了一个测试阶段，以优化调查表，直到它被分发给中国和德国的选定参与者。对结果的分析和解释标志着研究的结束。

三个不同样本的参与者参加了这项研究：在慕尼黑工作的德国员工（ND25）、在北京工作的中国员工（ND34）和被派往北京工作的德国员工（ND26）。除了人口统计项目，问卷还包括驾驶员行为和驾驶经验的进一步问题，以及对一些特殊情况的频率的感知。调查结果显示，中国受访者平均每年在高速公路上交通拥挤的时间长达260h。因此，中国的参与者在公路上的拥堵时间平均比德国参与者多出23倍。根据这项研究的结果，在1年内，德国参加者平均在德国高速公路上大约有12h的交通堵塞。

对异常情况的分析表明，调查中所有的例外情况都是中国高速公路上比德国高速公路频繁10倍，有些情况甚至更频繁。引人注目的是，中国受访者的评估结果与德国调查者的评价有部分不同：在中国工作的德国受访者认为发生异常情况的可能性高于中国受访者。

由于文化差异、驾驶员培训或当地居民的习惯化效应，对交通情境的临界性的不同看法只是对这种差异的一些可能解释。对交通情形的频率的不同评估通常会引起调查研究结果的客观化问题，并强调验证结果的必要性。然而，这样的结果为两国的差异提供了一个初步的取向或趋势。

所描述的例子显示了如何通过相对较少的努力和通过使用问卷调查在短时间内获得关于交通情况和异常情况的数据。然而，结果还表明，这种问卷调查必须验证或补充更复杂的方法。

21.4.3 数据采集：驾驶模拟器或实车的研究

除了在真实车辆中进行志愿者研究之外，不同类型的驾驶模拟器研究、驾驶员性能评估、驾驶员辅助系统的可控性以及人机界面的开发也越来越多地被应用。

这两种方法都有优点和缺点，可以应用于辅助系统的开发和验证过程中。真正的研究保持了参与者在被检查的场景中体验真实驾驶动态的优势，这对于观察真实的驾驶员反应非常重要。然而，真正的驾驶研究的设计受到安全问题和周围基础设施的明显的限制。

基本上，为了用真正的车辆进行研究，必须采取安全导向措施，以减少参与者受到伤害的风险。这些包括限制研究的情况下，低或中等车辆动力学，进行安全和封闭的测试路线和领域的研究，排除特别关键的交通情景，以及其他一些情景。此外，由于安全问题，二次和三次驾驶任务对驾驶性能的影响只能观察到非常有限的程度。真正的驾驶研究的另一个基础性限制，如果可以的话，得付出巨大的努力来管理复杂的交通场景，它需要多辆车辆和其他道路使用者。此外，由于外部因素，如天气条件的变化，使得研究交通情景的再现性经常受到阻碍。真正的驾驶研究在公共交通空间之外的行为可能会导致被检查的交通场景过于艺术化，从而导致关于驾驶员性能的收集数据是否对应于受试者的实际表现的问题。

例如，在实际车辆中的一个例子，它可以为使用中的安全性分析提供基本数据，在［15］中。该研究考察了两种错误类型来评估潜在的转向系统紊乱。这里，在不同的速度水平上可以观察到通过关闭主动转向系统的转向角的跳跃的可控性和在不同振幅中操纵误差的可控性。基于驾驶员行为的分析，可以区分两个不同的反应阶段：一方面，初始响应，即直到第一个驱动器结束的时间间隔；另一方面，补偿发生的行驶动态和车道跟踪误差的补偿阶段。主观评价、车辆运行特性和车辆反应都表明，从转向系统中产生的跳跃很容易控制，即使在要求转向操纵的情况下也是如此。对于定位误差，很明显，前轮角的定位误差幅度为 0.3°，没有安全相关的含义。

在［16］中，用主动 ACC 停止和行驶系统研究了低速行驶时接近平稳障碍物的驾驶员性能。研究表明，所有的驾驶员都能够在时间目标期间失去目标物体的情况下停车。此外，在测试场景重复的过程中发现了较强的学习效果。

在驾驶模拟器研究中，根据模拟器的类型，可以克服真实车辆研究中的大多数与安全和基础设施相关的约束。在静态模拟器中缺乏驱动动力学或动态模拟器中的有限动态仍然是模拟器方法的一个显著弱点。近年来，一种新的志愿者研究方法已经展开。这就是所谓的"车内循环法"。这里，模拟器技术的强度（例如，虚拟驾驶环境）和真实车辆（例如，真实动态）结合在一起。然而，由于组合，出现了新的挑战，这需要加以解决。

近年来，模拟器研究越来越多地被用于研究部分和高度自动化的援助系统、可控性，并提供有价值的信息，可用于分析在使用中的安全性。

在［19］中描述了模拟器研究，其中在三个不同的接管请求场景中研究了驾驶员的性能。驱动程序接管的能力是自动化系统中的一个主要课题。根据场景，受试者在接受接管请求后必须处理不同的驾驶动作（例如，稳定、操纵和导航）。在这项研究中，每个场景运行的接管时间为 4、6、8s。在高度自动化驾驶期间的驾驶速度设置为 100km/h，测试对象必须同时执行三项驾驶任务。

已经发现，从 6 到 4s 的接管期的下降导致了主观评价中受试者的特别高的舒适度损失。相反，当接管时间从 6s 增加到 8s 时，没有主观感知的舒适度。

在［20］中，模拟器研究表明，在某些环境参数和不同的非驱动任务的情况下，与严格的视觉接管请求相比，视觉-声学接管请求导致更快的接管时间和改进的车道保持性能。

根据请求的刺激，在［6］中研究了驾驶者需要将手放回到转向盘上的时间，以便在驾驶高度自动化和给予不同复杂的接管请求时接管驾驶任务。

这个例子说明了模拟器研究在研究各种复杂的和可重复的交通场景，非相关驾驶任务，以及危险的接管场景，而不危及驾驶员或其他道路使用者的优势。

21.4.4 数据采集：交通的观测

交通的观测可以从静态或动态观测点进行。在静态交通观测的情况下，在相关的交通节点上建立观测平台，以捕获交通参数和道路使用者的行为。在这种情况下，道路使用者指的是车辆，但也指行人和其他所谓的易受伤害的道路使用者。通过对所观察到的交通节点的数据分析，可以了解道路使用者的行为。这种方法的缺点是很少使用其他传感器而不是照相机。因此，重要的参数，例如车辆之间的间隔、速度和加速度等,都不能充分地确定。

　　另外,对于静态监测站,通过建立一个或多个带有传感器和环境监测设备的车辆,可以从一个人的角度来实现对普通道路交通状况的检测。通过这种方法,根据所使用的监控设备的数量、车辆的数量和路线的总长度要求,进行测量的技术、社会和组织的努力可以有很大的不同。通常,这种方法被用来选择性地寻找交通事件及其发生的可能性。由于从原始数据中提取相关事件的努力是非常耗时和昂贵的,因此建议驾驶员在驾驶时另外编码触发信号。这有助于发现相关的情况。

　　作为一个例子,最近的交通瞭望台研究在中国进行,并将在这里介绍。这项研究使用测试车来了解中国的交通情况。作为试点研究的一部分,已经建立了两个测试车辆,以获取中国拥挤的交通状态的原始数据。每辆车一天行驶大约8h,4个月中大部分行程由拥挤的交通组成。由于内置的测量技术,有四个摄像头和四个雷达,车辆的前、后部和侧部区域情况都有记录。

　　车辆由两名中国驾驶员在两个选定的城市行驶。在旅程中,副驾驶员编码了相关的场景和对象,这些对象在研究之前已经被定义。

　　为此目的,给驾驶员提供了一个控制面板,它带有图形用户界面(图21.7),以标明预先定义的道路特性,例如道路的类型(城市、高速公路)、速度限制、车道数、与对方交通的物理分离以及观察到的物体,例如行人、骑自行车的人和货车。为了更好地理解场景,副驾驶员还记录了附加的细节,如光照条件和道路的特殊路段(隧道、交叉路口和环形路口等)。在对数据进行分析时,触发信号和副驾驶员设置的情况的捕获特性极大地促进了对相关情况的搜索。此外,所有由副驾驶员标记的站点特征都被回顾,并且如果需要的话,会被纠正。在视频分析中,90%的副驾驶员的捕获位点特征被识别并验证。

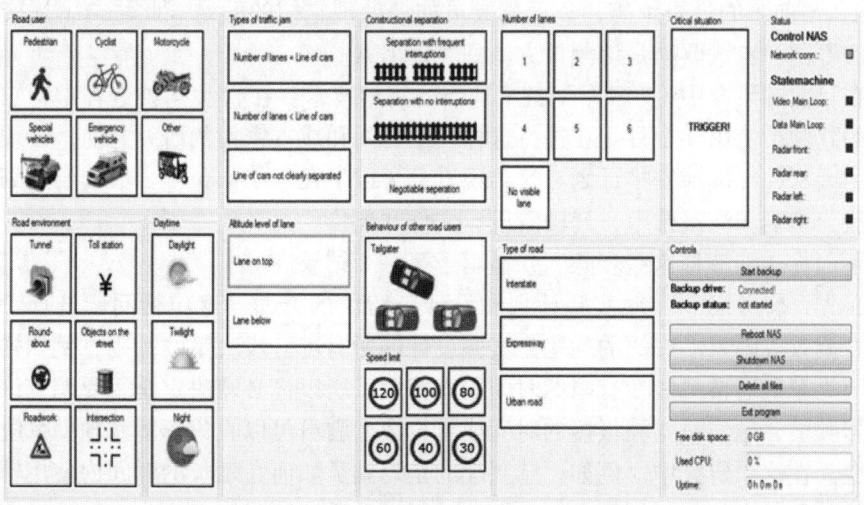

图21.7　在上述研究中使用的图形用户界面

在研究过程中，记录了 8400km 的总旅行距离，其中大约三分之二的行程对应于拥挤的交通。一共有 4610 种情况被副驾驶员记录。1345 例为行人情况，430 例为骑自行车者。如果捕获的行人情况的数量与距离和行驶时间有关，则在中国高速公路每 47min 发生一次行人情况。高速公路（市区环线）行人发生的可能性约为 10 倍。骑自行车的人在城际公路上每 8.5h 出现一次，在高速公路上大约每 15min 就出现一次。

通过对车辆进行横向观测，在使用安全性分析时，必须考虑到发生故障的可能性，这是比较客观的。这种方法的主要缺点是，在测试车辆中使用专业驾驶员，就驾驶员的驾驶风格而言，出现了低的可变性，也不能排除驾驶员在新兴交通情况下的行为可能产生的影响。

21.4.5 现场操作试验

下面的部分旨在介绍一种特殊的方法，特别适用于收集驾驶员、车辆和环境在其特殊场景中的深入知识。现场操作测试（FOT）是一种参与者在正常条件下驾驶特别装备的车辆的方法，以获得洞察力和检测驾驶员的自然驾驶行为。在进行 FOT 时，必须考虑方方面面。这些方面将很快在由宝马展开的研究的基础上进行描述。与 FOT 相比，在自然主义驾驶研究中，受试者使用他们自己的车辆。然而，在这两种方法中，车辆都配备了合适的仪器来测量驾驶员在车内的固有行为。

最近，在德国进行了一次 FOT，以便从日常事务中收集信息。该信息可用于安全使用评估，因此可用于安全开发系统。此外，可以学到很多关于驾驶员如何处理和与辅助系统交互的知识以及如何将这些知识纳入未来系统开发中的客户价值。重点是在交通中发生特定事件（例如，紧急车道、拥堵等）的频率、它们有多重要（例如，与前车的最短距离）以及驾驶员如何处理它们的问题。此法与上述交通监测方法不同：自我驱动是该测量方法的关键因素。

在目前的研究中，7 辆车配备了适当的测量技术。在日常驾驶过程中，它们被选定的驾驶员使用 3 个月。在进行这样一个时间和成本密集的研究之前，必须考虑不同的因素并准确地安排计划。这些因素分为以下几个工作包：一般实验规划和设计阶段，车辆和测量技术，驾驶阶段，文件和评价。

下面将详细解释这些步骤，并显示了第一个结果。

首先，将考虑"一般实验计划和设计"阶段的方面。这包括问题选择、抽样和问卷调查等因素。广泛的问题是实验设计的所有进一步决策的基础，例如样本选择。因为车辆通常只能在有限的时间段内使用，所以你必须决定是否要调查许多不同的驾驶员，他们只驾驶很短的时间或者少数驾驶员可以收集车辆和辅助系统的长期经验。在这项研究中，例如，感兴趣的是驾驶员如何在延长的时间内使用辅助系统。驾驶员适应他们的行为吗？他们能处理援助系统的限制吗？

对于驾驶员的选择，则应用了某些标准。因此，驾驶员应该经常采用交通密度较大且较长路线，不应该在驾驶员辅助系统的开发中工作，并且不应该是新手或专业的测试驾驶员。选择7名驾驶员（平均年龄为32岁；2名女性，5名男性）。除了抽样，问卷调查法同样重要。因此，理解哪些问题不能被客观数据所检测，需要被其他方法覆盖。例如，关键事件的发生尤为重要：哪种情况导致了关键事件？驾驶员是如何评估情况的？这些都是用问卷调查法所能涵盖的问题。

接下来，我们将仔细研究车辆和测量技术。这包括诸如"车辆上有什么样的辅助系统？""哪些测量技术和附加传感器必须被实施？"对这些问题的回答和对测量技术的决定主要取决于有待解决的问题。例如，如果需要额外的传感器，则测量技术必须确保将这些数据集成，并且车辆数据和高级传感器数据的同步记录是可能的。为研究当前的FOT问题，交通环境是特别相关的。这就是为什么除了现有的传感器，四侧雷达和四个摄像头还安装在车辆中，且摄像机分别指向一侧、前方和驾驶员。

如果技术修改完成，样本选择，测试材料和问卷调查，以及参与者的指示，开始研究的驱动阶段是可行的。在传导过程中，应定期检查测量技术。在复杂的技术结构中，必须同步多个组件，建议不仅要考虑这些组件的功能，还要考虑数据的质量以检测任何故障并纠正错误。另一个方面是在他们拥有车辆时参与者的支持。此外，参与者必须完成每周和每月的问卷调查，这与驾驶事件的某些方面或经验丰富的援助系统的评估有关。

与驱动执行并行，可以开始对可用数据的分析。下面将给出一些结果。

驾驶员经常使用的系统是交通堵塞助手。该系统有助于驾驶员进行纵向和横向控制，使车辆在车道内保持一定的系统限制，使车辆在60km/h内行驶。特别感兴趣的是驾驶员在哪种情况下驾驶这些功能？驾驶员的驾驶意愿不同于系统的原因是什么？为了回答这些问题，可以使用许多参数。一方面，驾驶数据显示了驾驶员已经超驰功能的次数（图21.8）。

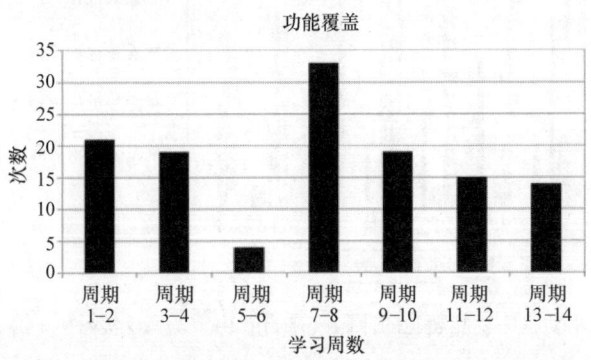

图21.8 由驾驶员测量的功能超驰的绝对数目（来自：宝马AG实习生FOT，2014年）

这种否决频次在第一眼看来是很高的。然而，在研究过程中，交通堵塞助手的功能活跃了 1812 次，因此限定了否定的绝对数目。另一方面，可以使用问卷调查的结果来评估驾驶员经历了功能超驰的频次。在图 21.9 中，我们可以看到驾驶员如何评估整个研究过程中的这些超驰时间。

这个结果可以被支持的原因是超驰的原因。图 21.10 显示了在车道上的车辆被认为是最重要的。有一定的距离，车辆转向后和车道标志太短的距离，是说明了一个超驰原因。

这些结果现在可以与视频数据和汽车的数据同步。因此，可用的信息是，例如，驾驶员是否真的需要反应，或者该情况是否实际上已经被系统处理。使用"功能过度"的例子，可以看到引用各种参数来回答问题是有意义的。随着时间的推移，驾驶员能够检测系统的安全性和系统行为，并决定是否需要重写。因此，在整个实验过程中观察这个参数是特别相关的。

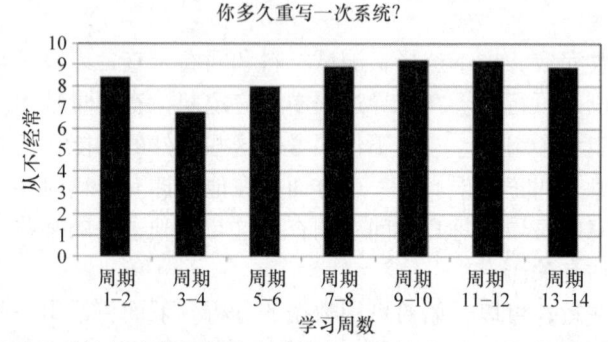

图 21.9 由驾驶员估计的功能超驰的绝对数目（来自：宝马 AG 实习生 FOT，2014 年）

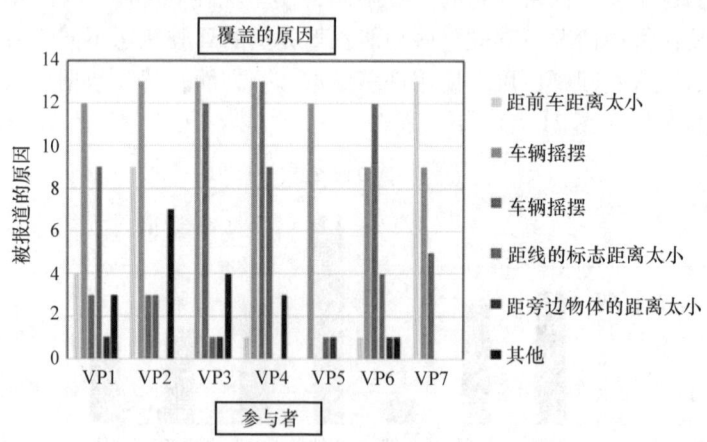

图 21.10 驱动程序功能超驰的原因（来自：由宝马 AG 实习生 FOT，2014 年）

原则上，我们可以总结出，可以从这样广泛的研究中获得各种各样的信息。这些都是关于驾驶员反应和驾驶员行为特别有效的，因为它们是在自然的交通环境中获得的。

21.5 结论

利用安全性分析方法，提出了一种可能存在风险的综合评价系统方法，该方法可应用于公路自动化系统。一个要点是根据功能安全 ISO 26262 的系统误差概念的差异。在 ISO 26262 中，考虑了系统的 E/E 故障，但不是传感器性能的极限。客户通常认为功能函数的失效是在系统开发中每一个已知的函数或传感器的限制，这没有错误。因此，系统的限制也包括在使用安全性分析中。

为了详细评估个人危险事件的可能性，需要对驾驶员行为和驾驶情况有广泛的了解。概率的量化越精确，就必须知道更多的基础知识。出于这个原因，在驾驶模拟器中的驾驶性能研究的著名方法，分别在常规交通或现场操作试验中进行研究，以及自然主义驾驶研究。诸如国家特殊因素和文化差异等方面增加了分析的复杂性，从而可以显著地增加数据收集的成本。

在自动化驾驶的背景下，在风险量化的框架中，所接受的比较价值的问题仍然没有得到回答。在本章中，解释了两种方法，最小内生死亡率和 RAPEX 程序，提供作为可比的结果。另一种方法可以从风险评估中得到指示。这些参考价值的发展和科学和社会的建立是实现高度自动化驾驶的重要任务之一。

参 考 文 献

1. Convention on Road Traffic done at Vienna on 8 November 1968 (1968), http://www.unece.org/fileadmin/DAM/trans/conventn/crt1968e.pdf. Accessed 28 Sept 2015
2. Code of Practice for the Design and Evaluation of ADAS (2009), http://www.acea.be/uploads/publications/20090831_Code_of_Practice_ADAS.pdf. Accessed 28 Sept 2015
3. http://www.transport-research.info/web/projects/project_details.cfm?id=20297. Accessed 28 Sept 2015
4. E. Donges, Aspekte der Aktiven Sicherheit bei der Führung von Personenkraftwagen. Automobil - Industrie **27**, 183–190 (1982)
5. ISO 26262, Road Vehicles – Functional Safety
6. Bengler K, Grundlegende Zusammenhänge von Automatisierung und Fahrerleistung, Beitrag in *Fahrerassistenz und Aktive Sicherheit*, 16./17.4.2015 (Haus der Technik, Essen, 2014)
7. *Rechtsfolgen zunehmender Fahrzeugautomatisierung*, Bericht der Bundesanstalt für Straßenwesen, Fahrzeugtechnik Heft F83, 2012
8. *Report of the sixty-eighth session of the Working Party on Road Traffic Safety, ECE/TRANS/WP.1/145* (2014). http://www.unece.org/fileadmin/DAM/trans/doc/2014/wp1/ECE-TRANS-WP1-145e.pdf
9. *EN DIN 50126, Spezifikation und Nachweis der Zuverlässigkeit, Verfügbarkeit, Instandhaltbarkeit und Sicherheit (RAMS)*
10. *Human Mortality Database* (University of California, Berkeley and Max-Planck-Institut für Demographische Forschung, Rostock, 2015). www.mortality.org or www.humanmortality.de. Accessed 18 Feb 2015
11. Richtlinie *2001/95/EG des Europäischen Parlaments und des Rates vom 3. Dezember 2001 über die allgemeine Produktsicherheit* (2001). http://eur-lex.europa.eu/legal-content/DE/TXT/HTML/?uri=CELEX:32001L0095&from=DE

12. Entscheidung der Kommission, zur Festlegung von Leitlinien für die Verwaltung des gemeinschaftlichen Systems zum raschen Informationsaustausch "RAPEX" gemäß Artikel 12 und des Meldeverfahrens gemäß Artikel 11 der Richtlinie 2001/95/EG über die allgemeine Produktsicherheit (2009)
13. Kompaß K, Helmer T, Wang L, Kates R, Gesamthafte Bewertung der Sicherheitsveränderung durch FAS/HAF im Verkehrssystem: Der Beitrag von Simulation, Beitrag in *Fahrerassistenz und Aktive Sicherheit*, 16./17.4.2015 (Haus der Technik, Essen, 2014)
14. P. Tetlock, *Expert Political Judgment* (Princeton University Press, Princeton, NJ, 2005)
15. Neukum A, Krüger H-P, Fahrerreaktionen bei Lenksystemstörungen - Untersuchungsmethodik und Bewertungskriterien, in *VDI-Gesellschaft Fahrzeug- und Verkehrstechnik* (Hrsg.), Reifen-Fahrwerk-Fahrbahn (VDI-Berichte, Nr. 1791) (VDI-Verlag, Düsseldorf, 2003)
16. Neukum A, Lübbeke T, Krüger H-P, Mayser C, Steinle J, ACC-Stop&Go: Fahrerverhalten an funktionalen Systemgrenzen, in *5. Workshop Fahrerassistenzsysteme - FAS 2008*, ed. by M. Maurer, C. Stiller (FAS, Karlsruhe, 2008), S. 141–150
17. T. Bock, *Vehicle in the Loop – Test- und Simulationsumgebung für Fahrerassistenzsysteme. Audi Dissertationsreihe, Bd 10*, 1st edn. (Cuvillier Verlag, Göttingen, 2008)
18. G. Berg, *Das Vehicle in the Loop – Ein Werkzeug für die Entwicklung und Evaluation von sicherheitskritischen Fahrerassistenzsystemen*, Dissertation, Universität der Bundeswehr München, 2014
19. D. Damböck, M. Farid, L. Tönert, K. Bengler, *Übernahmezeiten beim hochautomatisierten Fahren*. Paper presented at the 5, Tagung Fahrerassistenz, München, 2012
20. Radlmayer J, Gold C, Lorenz L, Bengler K, *How Traffic Situations and Non-Driving-Related-Tasks Affect the Take Over Quality in Highly Automated Driving* (HFES, Chicago, 2014)
21. Naujoks F, Mai Ch, Neukum A. The effect of urgency of take-over requests during highly automated driving under distraction conditions. *Proceedings of the 5th International Conference on Applied Human Factors and Ergonomics AHFE 2014*, Kraków, Poland 19–23 July 2014

第22章 测试自动化和高度可配置系统：挑战与可行的解决方案

22.1 引言

  质量保证一直以来都是汽车行业的一个重要话题，与之相关的标准有如 ISO 26262，这是一个旨在依据危害分析和风险测评来确定汽车安全性完整等级的标准。故障模式与效应分析也经常用于在汽车特定系统元件失效的时候确定可能发生的潜在危险。此外，这些系统还可能会按照莱韦森的系统控制论来分析。为了确保汽车安装启用后不会出现非常危险的状况，汽车出厂前进行测试是很有必要的。尽管汽车行业在质量保证方面投入了大量的精力，过去这些年还是有很多汽车被召回，其中很多都是因为在使用后检测到了软件缺陷。正如阿尔廷格所研究的那样，这样的召回会带来巨大的经济问题。当考虑到即便是当今汽车行业的质保体系仍无法避免召回，那么自动驾驶车辆出现安全性的问题会带来什么样的后果。为了解决这个问题，我们首先讨论一下传统车辆和自动驾驶车辆的不同，再去决定处理这些不同之处的方法。

  自动型系统，像自动驾驶车辆和机器人，都得先为其提供一个确定的任务，像在与周围环境交互的情况下，从一个地方驶向另一个地方。这类交互是建立在对环境监测的基础上的，系统会从环境传感器获取环境信息，并通过内部电流状态作出相应的操作。这些操作又是交给那些附属的执行机构来执行。就自动驾驶车辆来说，车辆所处的位置、速度、其他车辆以及障碍物之类的信息都是通过安装在汽车上的传感器——导航系统、激光测距或视觉系统来获得的。假如给定这些信息和计划路线，这样一辆自动驾驶车辆就会自行确定下一步操作，如在高速公路上变道或初始化紧急制动。所有的这些反应动作都可能会伤及他人，因此这类系统必须经过全面的测试以确保满足所有关键性的安全要求。如果汽车已经在运行中获取信息或者系统有大量的可配置空间，这样的自适应系统只会使安全状况变得更糟。我们注意到一个有趣的现象，就是即便从执行算法和运转状态上来看，所有的系统都表现得很正常，但是对系统作出执行操作有重大影响的输入信号仍然可能会使实际运行出现偏差。因此，从外在表现来看，该类系统可能看起来有很大的不确定性。

在图 22.1 中，我们描述了传统汽车、配备辅助驾驶技术的汽车、自动驾驶汽车和配备自适应技术的自动驾驶汽车之间的主要差别。传统汽车和配备辅助驾驶技术的汽车都有一个外在的监督者，即驾驶员，但是自动驾驶汽车和配备自适应技术的自动驾驶汽车并不具备这样的监督。因此，所有在行驶过程中出现的故障都得通过它们自身来发现。此外，为避免出现危险情况，必须立即采取合理的对策。为达到此目的，自动驾驶车辆还必须有推断出故障原因的必要信息渠道。这就不仅仅包括车辆内部状态，同时还应考虑车辆行驶环境。

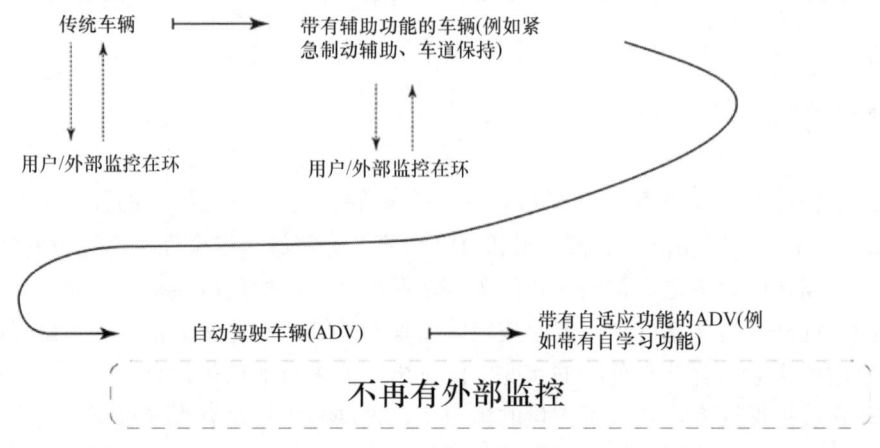

图 22.1 从传统车辆到自动驾驶车辆

当允许系统具备越来越多的自主性，如何确保车辆能在一切情形下都能安全行驶的问题也应运而生。由于传感器输入千变万化，环境也各不相同，像灯光状况的改变，可能出现的错误，或是不同的配置空间，需要占用整个空间的可能性变化特别快，而且在发展过程中还可能有未考虑到的情况，比如在全球有各种各样的交通标志，有些已经被淘汰的标志可能还会出现。因此，自动驾驶车辆负责监测并识别交通信号的可视化系统必须配备多个不同版本的交通信号。更糟糕的是，信号灯可能会损坏，颜色就不再是之前指定的颜色，还有其他很多状况。然而，在任何行驶状况下，自动驾驶车辆都必须作出合理的反应。从停止信号灯的事例中，我们也能够看到不同区域的不同点，这让我们能看到某些环境的特殊性，比如在一个国家已经允许自动驾驶车辆的行驶，那么这个地方也势必有相关的健全的法规、设定和属性。

这一章我们假定整个系统的子组件都经过了全面的测试，而把重点放在整体的系统测试。我们将特别关注全状况下自动驾驶车辆的需求。我们也会讨论牵涉这些系统测试的影响因素。依据不同的自动化程度，我们会发现发展过程中并没有如此充足的测试手段，因此需要引进确保能满足安全要求的运行监测器。之后，我们还

第 22 章 测试自动化和高度可配置系统：挑战与可行的解决方案

将讨论一些潜在的问题，并且提出一个测试方案，该方案能够将所有像可配置空间、参数和行驶状况都考虑进去。最后，我们会作出相关的研究结论。

22.2 相关研究

验证及确认是在我们系统发展过程中很重要的一部分。我们把所有检测目前先进的系统是否已经足够成熟的必要项都归入我们的验证范畴，而检验是检测系统的具体项。检测在原则上应该包括验证和确认的所有部分。但是很显然，检测只是为了检测故障而不是为了确保系统没有故障。不过，检测也确实是作为验证及确认法中最重要的一部分。在图 22.2 中，描绘的这个 V 进程在自动驾驶领域常常被当作是标准化的进程。在这个进程中的不同阶段，比如说需求分析阶段都是和相应的检测相配合的。

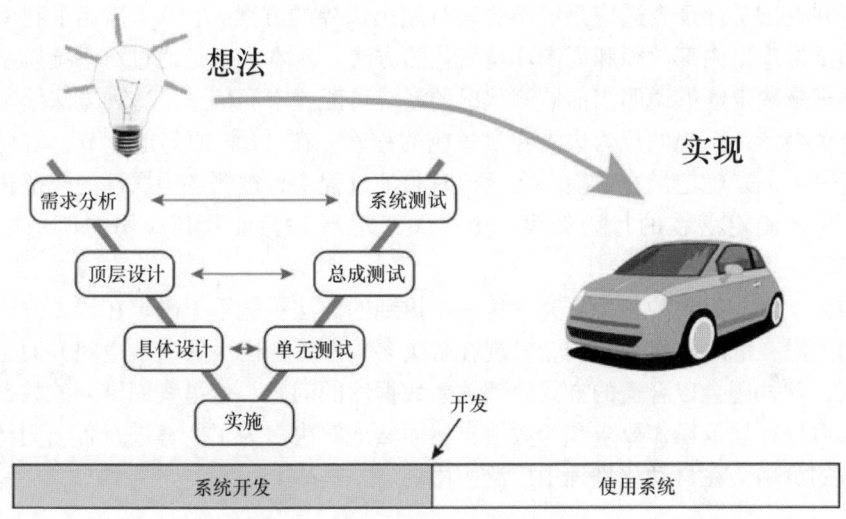

图 22.2　从系统开发到使用系统

为了大致了解测试过程，我们推荐感兴趣的读者去阅读[4][5]。测试这项活动通常来说是用来搜寻被测系统和用户之间的互动，目的是为了发现意外行为。通常来说这二者之间可能存在许多难以实施的潜在交互。因此，满足准则的测试可以确定与被测系统相关性最大的交互。这里的相关性是指涵盖那些确保被测系统像原始约束按照所有序列那样正常工作的交互。

为了降低测试难度，自动化测试近几十年都将重点放在研发阶段。测试自动化有两个侧重点：①自动化执行测试；②自动化交互序列的层次。前者需要装备允许和被测系统直接交互程序的实施框架。后者主要解决交互序列的自动执行。这些可以通过被测系统的输入范围和模型等信息来实现。如果是靠模型，我们会想到基于

403

模型的测试，这种测试方法已经引起了很多研究者的注意。更多关于基于模型测试的信息，可以参考 [6-7]。基于模型测试中的模型通常是指能从被测系统中通过贯穿状态空间获取交互序列，同时又具有代表性状态空间的相关部分。此外，基于模型的测试还能够检验在被执行交互序列激励后被测系统产生的输出能否满足要求。因此，这将不再需要额外提供信息来源，就可以实现测试过程的全自动化。具有这些模型的自动化测试在汽车行业有广泛的应用。为获取更详细的测试方法，我们可以参考 [3]，这篇文章的作者给出了在自动化系统开发过程中进行的问卷调查结果。

提到自动驾驶和自适应系统，质量保证越来越受重视。[8] 整合了几篇关于自适应系统质量保证解决方案的文章，特别是针对自动驾驶汽车。[8] 中描述的主要方法或多或少还需要利用监测和运行（时）期确认来确定，在自适应系统运行后任何时候发生的关键状况都能直接解决。[9] 介绍了允许预期行为偏离值的概念，并提出了保证自适应系统不会运行超出边界的方案。[10] 描述了利用基于模型测试推理出内部故障和周围环境变化的方法。基本理念是通过对系统模型和环境的推理来确定能够说明当前监测状况的系统可配置空间信息。这种方法给定的模型又难免会涉及系统的行为边界和自适应的程度。在 [8] 的其他章节，研究者利用运行时验证来确定潜在危险。在运行时验证过程中，被测各项属性的规范化模型都可以用来确定潜在的行为偏离。更多关于运行时验证及其应用的信息可参考 [11-12]。

相比于之前提到的相关研究，这一章提到的方法更侧重于确定在研发阶段可能会遇到的潜在危险。将来我们会发现在解决多重配置和巨大的参数空间方面有更多的尝试，此外还会以合适的方式处理关系数据库的问题。这里我们讲到的数据管理问题都可以在规范操作要求和参数后自然而然地解决。为了能够进行各项测试，环境模拟的策略会在自动化进程中广泛应用。

22.3 问题定义

自动驾驶车辆和自适应自动驾驶车辆的质量保证必须考虑两个重要问题。一是由于自动驾驶车辆投入使用后所有的操作都是在无人监管下进行的，因此需要车辆自身能够在任何情况下都能够作出安全决策。在测试过程中必须考虑所有可能出现的情况，这也意味着我们必须处理大量的参数。测试的输入都是参数的规范化表达，这些参数都需要保持在考虑范围内，像安全要求、自动驾驶车辆可配置空间、外在环境，也包括内部运行错误，这些都需采用合理方式解决。

在图 22.3 中，我们给出了一些影响因素，并将这些因素归纳成三类：
1）自动驾驶车辆可配置信息。
2）自动驾驶车辆运行状态。

3）影响自动驾驶车辆运行的外在环境。

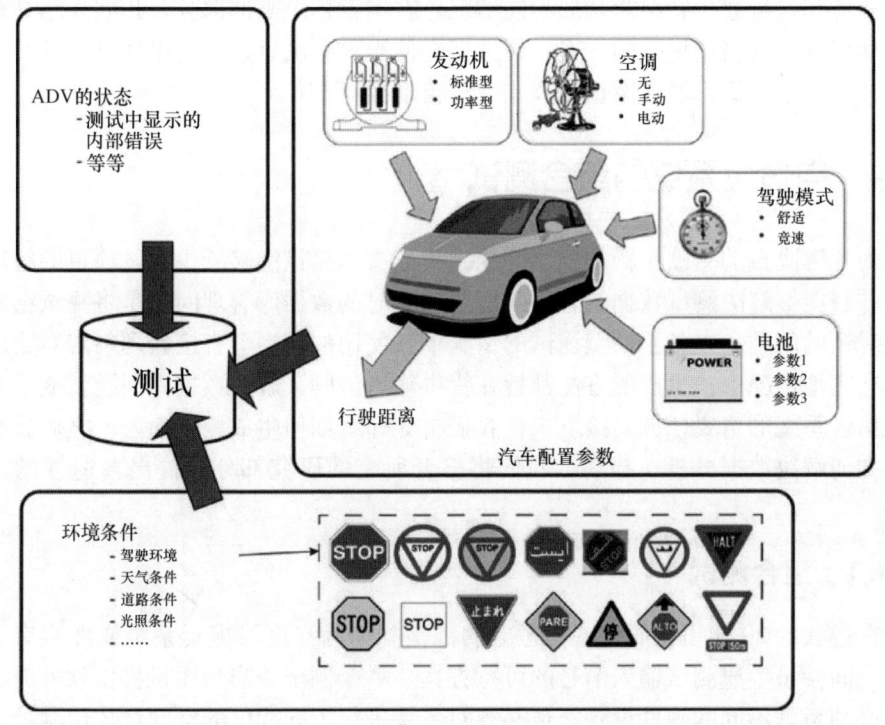

图 22.3　测试 ADV 时需要考虑的参数空间

这三大类影响因素每一类都包含了许多其他的参数。一辆自动驾驶车辆可能包含发动机的可配置参数、空调的可利用度、驾驶模式和使用的电池，所有这些都会影响续驶里程、驾驶行为和功能性。自动驾驶车辆的内部状态包含内部错误信息，如破损的线路，甚或是错误判断外部环境，这些都会影响自动驾驶车辆的反应。外部环境包括当前天气和明暗状况，也包括社会环境，比如 ADV 运行所处的国家。这里我们也必须考虑，像行驶中遇到的形式各异的停止信号这样的问题。

当考虑到 n 个参量，每一个参量可取 k 个值，我们最终会得到 k^n 种不同的测试组合。这在实际操作时显然是不可行的，也不可能在有限的时间内完成。我们假设每个参量都只有两个取值，那分布在三类影响因素中的 100 个参量，我们需要做 $2^{100} = 1.27 \times 10^{30}$ 种不同的测试。假设每项测试的执行时间都只需要 1s，我们需要超过 10^{22} 年去完成所有测试。因此，我们十分有必要采取一项测试方法，不仅可以大幅减少测试次数，还能保证测试的结果可靠。

测试自动驾驶车辆在某种程度上不同于测试传统车辆。就传统车辆而言，即便需要考虑大量潜在的可配置信息和错误，我们仍然可能在进行整车测试前进行分部测试。此外，因为知道在道路上行驶时会有驾驶员驾驶车辆，测试也会更有针对性。但这些并不适用于自动驾驶车辆。因此,我们必须考虑大量的可配置信息与那些受环境和自身通信状况影响的不同情况。在本章接下来的部分,我们介绍一种解决自动驾驶车辆测试挑战的方案,该方案会使得整个测试过程变得尽可能可行。除了复杂性大幅降低,该方案也可以实现全自动执行。

22.4 自适应系统的组合测试

为了解决自动驾驶车辆的测试问题,我们必须提供能够减少测试项目的解决方案,并且能够解决测试数据的管理问题。测试时的数据库管理问题是将测试结果归类为对错的问题。在基于模型测试的情况下,使用的模型会直接处理判定对错的问题。在其他情况下,生成的方法都旨在提供输入激励,解决数据库问题就成了自动测试执行系统的重要任务。接下来,我们首先介绍如何生成测试输入。之后我们将讨论如何解决数据分析,最后,我们将整合所有的研究部分并提出普适性的可行方案。

22.4.1 组合测试

在过去的 20 年里,研究者们考虑的都是如何为高度可配置系统或那些有大量输入空间参量生成测试输入信号的可行方案。举个例子,当为手机提供软件时,研究者必须考虑不同的硬件设备,也必须对系统进行不同程度的空间释放使其处于其他重要参量所需的正常范围内,像手机网络运营商的给定,被测软件可配置信息,或者可能与其他软件的交互信息。任何这些参量和因素的随机组合都可能与揭示错误反应相关。然而,这实际上并不可能实现。因此,有人会考虑到这个问题,就是两三个或者其他数目的参量组合是否能够实现故障检测。

从这个角度考虑,研究者想出了一种组合测试法,这种方法是在测试程序数据的生成时,只考虑固定数量的参量组合。在 [16] 中,介绍了组合测试法。为了便于大家接受,我们简要讨论一下组合测试法的基本原理。基本想法是使得 t 个参量不同取值的组合足以让被测系统的错误方式执行从而实现故障可观测。这样的错误我们称之为测试法交互错误。我们只考虑 t 个参量的所有组合而不是考虑所有参量的所有组合,这样大大减少了生成的测试方案。另一个发现是需要考虑参数 t 的数目,不需要太多就能展现软件中的所有错误。[14] 中揭示了对于许多程序而言,至多六路交互作用就能查明所有故障。对很多方案来说,相对较少的交互作用也就足够查明所有故障。因此,组合测试法是减少测试数的有效方法,与此同时,还能保证较高准确率,这对实际的 ADV 测试十分有必要。

接下来,我们规范一下 $t-$way 组合测试法的概念。我们假设我们有一个包含参数几何 $P = \{p_1, \cdots\cdots p_n\}$ 的输入空间模型,在这个模型中,每个参量 p_i 都有一个范围 D_i,即取值的集合。我们再定义一个测试套件,这是一个数组集合(v_1,

第22章 测试自动化和高度可配置系统：挑战与可行的解决方案

……v_n），负责将 $v_i \in D_i$ 的每个取值赋给参量 p_i。这样一个测试套件 TS 是一个关于 t-way 的组合测试，但前提是选取任意 t 参数，这些参数取值的所有组合都能在 TS 中得到体现。

可能会需要更大的参量集合构成 t-way 组合测试套件，这样才能让所有的组合都能被表示出来。因此，对一些（并不是所有）参量而言，一个双路组合测试套件可能会需要三路交互错误的信息。

假设一个输入空间模型以及一个参量 t，存在一个可以推算出所有输入数组的算法，即所有的测试方案，这些数组中包含 t-way 组合测试的所有状况。由美国国家标准技术研究所和得克萨斯大学阿灵顿分校联合研发的 ACTS 组合测试工具可以用来完成这项工作。值得关注的是，ACTS 还可以指定这些输入参量的限制条件。像我们在车上安装空调，这台车就需要一个更大容量的电池。这些信息又限定了可能的组合。对于有限制的组合测试套件，所有没满足限制的数组都会被移除，与此同时，一些新的数组会被加进来，以保证组合测试套件的状况始终满足条件。

对组合测试来说，参量 t 的选取会影响被测交互故障的数量。在 Kuhn et al. 中，报告显示的累计检测二路交互错误率大概从 75% 到 90%，当 $t=3$ 时，范围会变成 87%~98%。因此，实际操作中，t 的取值必须考虑错误检测率。给定实际要求也是值得注意的，像测试的固定预算、完成测试期限或其他限制，因为要想在系统研发阶段就查明所有故障也是不可能的。因此，在这些要求和需要进行的测试项目之间总有一种权衡，这对错误检测率当然也会有影响。对于某一个降低的错误检测率是否能够被接受，取决于应用范围是否满足标准和法规。

引用一下图 22.3 中描述的参数空间并将这些输入参数空间标准化，这样我们就能够获得一个测试条件。我们用［17］中提到的汽车可配置信息作为部分事例。其中描述的电动机 emot 可以取为标准和强力。空调 ac 可取无、手动和电动。行驶模式 dm 可取空闲和驾驶，还有电池 bat 可取类型 1、2、3。在这个例子中，我们忽略了会发生的故障。对于环境状况，我们假设街道状况 strcond 可取高速道路、城市道路和乡村道路，还有三种不同的停止信号：停 1、2、3。下面这个表格总结了这些参量和它们的取值。

使用 ACTS 去推算双路组合测试套件，我们会得到：

如果要测出所有的组合方式，那将有 324 种测试方案，不同于此，对该例而言，采取双路组合测试套件，只有 11 种测试方案。三路组合测试套件包含 33 种测试方案，而四路需要 83 种。后者还只是所有组合的 1/4，这大大节省了测试所需耗费的精力，并且还可以揭露所有潜在错误。

对于利用 t-way 测试套件的更小的输入模型，且只有很少的参量 t，用可利用工具生成整个测试套件的时间几乎可以忽略。Yulei 等人介绍了一种新的算法，可以在 1min 内计算出 5 路测试 20 种参量，各有 4 项赋值的共计 8606 种元素测试套件组合。我们注意到这个事例中所有可能组合的数目达到 $4^{20} = 1.09951 \times 10^{12}$ 种，所以我们借助算法可以获得非常少的测试套件。不过，考虑到测试执行时间，测试方案的数目可能太多而不能满足时间期限。此外，t的多重取值和参量的大幅变动，在使用当前的组合测试算法时测试方案的生成也极有可能花费很长时间。在这种情况下，组合测试问题不得不划分为若干个子问题，分开解决。在各个子问题中，我们只选取若干个变量，并赋予它们固定的取值。我们就可以用该子问题中剩下的参量生成组合测试套件。参量的选取可以根据它们揭示互动错误的可能性来确定。如果有两个参量不可能会以多余方式交叉，它们的取值就可以确定。这些信息都要从领域专家那获取。

当启动一项使用指定参数组合的测试，我们就能够开展具体的参数化测试。不过，还有一个问题我们没有考虑，那就是测试执行是失败或成功，我们将在下一部分讨论这个问题。

22.4.2 测试数据反馈

进行指定测试方案需要被测系统在指定参数数值下执行。这里提到的被测系统的执行可能更需要考虑具体参数的环境模拟。现在的问题是如何在模拟中将故障行为与正确行为区分开？有个答案是需要用户观察模拟结果并将具体的模拟运行归类为成功或失败。不过，这并不是可行的方案，因为有大量测试要执行。因此我们需要使这个测试的结果判定过程全自动化。自动化的一个方案是改变测试结构（参考 [18-19]）。改变测试结构的想法是利用功能或被测系统的对称性。像我们都知道 $\sin x = \sin (x+2\pi)$，因此我们利用 $\sin x = \sin (x+2\pi)$ 这个约束作为一个判定。无论何时，只要这个约束不被满足，我们都可判定这个测试不成功。一般来说，我们使用所有能代表对称性的约束形成测试判定数据。在自动驾驶车辆领域，我们也可以定义这样的对称性，并利用它们作出测试判定。不过，改变结构的测试可能需要重复的两次测试。像当判定 $\sin x$ 是否等于 $\sin (x+2\pi)$ 时，我们用到了 $\sin$ 函数两次。这也会增加测试量。

还有一种方法可能更适合于自动驾驶车辆，是从运行时检验中获得灵感的，运行时检验中，形式属性在被测系统执行时也会受到检验。这种想法可以很方便地为我们所用，我们可以将其用来规范安全属性和其他要求。例如，我们在任何情况下都不希望 ADV 撞上障碍物。这样的要求不仅在规范过程中有所表现，也会在稍后的环境模拟程序化中体现。环境模拟的功能性也可以用来检验像自动驾驶车辆和障碍物之间的覆盖，并决定碰撞是否违反属性要求的状况。

因此，假设我们能够实施判断功能，能够确定安全属性和违反属性需求。这样的判断功能必须整合成和执行组合测试套件的环境模拟息息相关的情形。如果这样的判断功能并不能始终判断对错，那我们也要格外注意。也就是说，在一些案例中，结果可能无法让人信服。比如，规定必须始终满足的属性，不能在有限的模拟时间保证，那么最终结果也就不具备可靠性。只有在那些属性未被满足的方案中，我们才能明确知道测试是失败的测试。否则，也许在 ADV 与未遇过到的环境之间也有一种交互，可能会违反属性要求。

22.4.3 自动测试法

当我们把组合式测试方法和包含属性要求、改变结构相关属性的信息自动测试相结合，我们就能够想出一种新的全自动的测试方法。为达到此目的，我们必须先定义一个执行环境，像一个模拟器，它可以供任何测试执行，可以供任何测试判断结果并整合。接下来，我们会更详细地描述有目的性的自动化测试方案，在图 22.4 中，我们给出这个测试方法的总览，共包括三个部分：

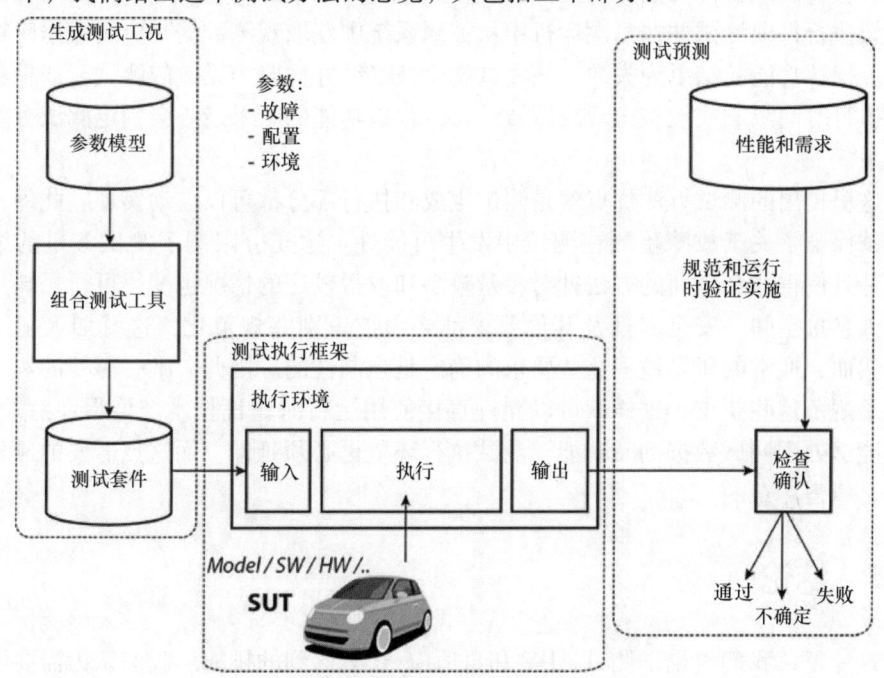

图 22.4 ADV 的自动化测试方法综述

1) 测试方案生成：为生成测试方案，我们假设知道关于 ADV 可配置信息的所有参量和变化范围，像电池的种类、环境状况和运行时可能出现的错误。此外，我们还可能知道一些参数间的限制，那可能会限制参数值的随机组合。从这些参量范围和它们的可选取限制中，我们使用像 ACTS 这样的工具生成一种 $t-way$ 组合测试套件，这里 $t \geqslant 2$。最终得到的测试套件就包括那些作为测试执行输入的所有参量取值的数组。

2) 测试判定：为生成测试判定结果，具备安全因素，以及有其他功能性或非功能性要求的 ADV 的知识是十分必要的。这类知识还必须规范化。规范化的知识和运行时验证相似，都是用来核验 ADV 在测试执行时的状态。这里的基本想法是实施功能检测，即从执行中选取数值并校核是否有错误出现。我们可以依据已经完成的运行时验证等前续工作来完成校核。完成核验后,我们会获得自动完成被测系统测试结果的判断数据。我们注意到,核验工作不仅仅会传达成功或失败信息,还包括没有决定性的情况,这种情况因为受到执行时间的限制,各项属性都不可能得到验证。

3)测试执行框架:ADV 自动化测试系统的第三个框架是执行框架。我们假设来源于测试方案生成要素的输入,即参量取值的数组,配置被测系统的模拟运行,自身便能代表模型软硬件。我们注意到代表被测系统的模型和用来生成组合测试套件的输入模型之间有一点不同。代表被测系统的模型必须时刻符合系统反应,而用来生成组合测试套件的输入模型只包含参量它们的范围和一个任意的限制集合。执行框架执行每项测试并在每次运行中从被测系统中获取观测数据来应用数据库功能检测。校核功能的结果为失败,该测试就会被终结并被归为无效的测试。如果测试因为执行时间限制或校核出现故障被终止,校核功能的结果最终会判定测试有效或无结果。

这里提出的测试方法优点就是测试生成和执行部分都可以自动实现。此外,组合测试保证了关于故障检测在测试中发生可能性。这充分限制了测试参量的组合数,并且使得这个全面的方法针对参量较多和取得较广的情况也变得可行。缺点就是输入参量空间、安全属性及其他要求都必须被识别并规范化,这就加大了工作量。然而,通常的研发进程这些要求的确定是强制性的。因此,唯一需要的额外工作便是规范这些要求,这样就可以允许直接使用运行时验证技术。值得注意的是,为了能够处理测试数据判断功能,测试执行环境也必须延伸。而这点需要的额外努力都是值得注意的。

22.5 结论

这一章,我们讨论了测试 ADV 和自适应 ADV 遇到的挑战。我们认为需要考虑的巨大的参数容量是测试 ADV 复杂性的主要原因之一。我们也认为传统车辆或配备辅助驾驶技术的车辆测试起来都会更简单,因为我们可以定义子系统的范围并分开测试。此外,因为在执行测试时有驾驶员在,我们也能够借助反应监测进一步帮助我们约束测试范围。而对于测试 ADV,我们必须确定这样一种方法:要能够满足测试参数容量的减少,与此同时还要满足高的潜在故障检测率。这一章,我们论证了组合测试法满足这些准则并且引用了一些相关论文来支撑我们的论证过程。

我们在测试案例生成,也就是所谓的作为测试执行模拟环境输入的参量取值的基础上,还讨论全自动化的测试数据判定。测试判定是能够将测试归类为通过、未通过或无法判定,这都是依据在测试执行时各种参量的给定观测获取的。为了使这个测试判定全自动化,我们介绍了运行时检验,这是建立在 ADV 必须满足安全属性和其他要求的基础上的,这类信息在汽车行业的发展进程中也总是可获取的。这

第22章 测试自动化和高度可配置系统：挑战与可行的解决方案

些属性和要求也必须规范化以使整个过程全自动化。

为 ADV 推荐的方法将建立在组合测试法上的测试方案生成和建立在运行时检验上的测试判定相结合。对此方案，我们假设了测试执行框架的可获取性，亦即一种环境模拟，将测试作为输入并整合测试判定。推荐的测试方法显然是可行的，因为它只要求参量取值的一些能捕捉错误信息的重要组合，而这类错误只能在固定的大量参量取值输入同时发生时才能被揭示。

只用一种质量保证的测试方法一般来说不是很合适，主要因为方法论的目的差异。基于模型测试旨在以一种严格和完整的方式生成测试套件，而这种方式需要建立在被测系统的一种模型之上。组合测试法则重点关注在使用合适参量取值组合前提下能揭示的故障交互。随机测试试图找到未被预测到的与被测系统的交互信息和超出规格的交互。手工测试的目的主要是捕捉驾驶员和被测系统的潜在交互。这些在发展中组合使用的测试方法和其他方法像制定准则之类的对于质量保证而言都十分必要。在 ADV 研发周期早期使用推荐的测试方法所进行的模拟中使用的模型和软件并不能保证检测出所有故障。不过，这种方法是可以检测出交互错误的。

参 考 文 献

1. *ISO 26262:2011: Road vehicles functional safety* (International Organization for Standardization, Geneva, 2011)
2. N.G. Leveson, *Engineering a Safer World* (MIT Press, Cambridge, MA, 2011)
3. H. Altinger, F. Wotawa, M. Schurius, *Testing Methods Used in the Automotive Industry: Results from a Survey*. Proceedings JAMAICA'14, San Jose, CA, 21 July 2014
4. P. Ammann, J. Offutt, *Introduction to Software Testing* (Cambridge University Press, Cambridge, MA, 2008)
5. J. Glenford, *Myers, The Art of Software Testing* (Wiley, New York, 1979)
6. I. Schieferdecker, Model-based testing. IEEE Software **29**(1), 14–18 (2012)
7. M. Utting, B. Legeard, *Practical Model-Based Testing – A Tools Approach* (Morgan Kaufmann, Burlington, MA, 2007)
8. J. Cámara, R. de Lemos, C. Ghezzi, A. Lopes (eds.), *Assurances for Self-Adaptive Systems – Principles, Models, and Techniques*. LNCS 7740 (Springer, Berlin, 2013)
9. F. Nafz, J. Steghöfer, H. Seebach, W. Reif, Formal Modeling and Verification of Self-Systems Based on Observer/Controller-Architectures, in LNCS 7740 [8] (Springer, Berlin, 2013), pp. 80–111.
10. G. Steinbauer, F. Wotawa, Model-Based Reasoning for Self-Adaptive Systems – Theory and Practice, in LNCS 7740 [8] (Springer, Berlin, 2013), pp. 187–213
11. M. Leucker, C. Schallhart, A brief account of runtime verification. J. Logic Algebr. Program. **78**(5), 293–303 (2009)
12. C. Artho, H. Barringer, A. Goldberg, K. Havelund, S. Khurshid, M. Lowry, C. Pasareanu, G. Rosu, K. Sen, W. Visser, R. Washington, Combining test case generation and runtime verification. Theor. Comput. Sci. **336**(2–3), 209–234 (2005)
13. D. Kuhn, R. Kacker, Y. Lei, *Introduction to Combinatorial Testing*. Chapman & Hall/CRC Innovations in Software Engineering and Software Development Series (Taylor & Francis, London, 2013)
14. D.R. Kuhn, R.N. Kacker, Y. Lei, J. Hunter, Combinatorial software testing. Computer **August**, 94–96 (2009)
15. L. Yu, Y. Lei, R. Kacker, D. Kuhn, Acts: A combinatorial test generation tool, in *IEEE Sixth International Conference on Software Testing, Verification and Validation (ICST)*, 2013, pp. 370–375

16. L. Yu, K. Raghu, D. Richard Kuhn, V. Okun, J. Lawrence, IPOG/IPOG-D: Efficient test generation for multi-way combinatorial testing. Software Test. Verif. Reliab. **18**, 125–148 (2008)
17. F. Wotawa, I. Pill, Testing Configuration Knowledge-Bases, in *16th International Configuration Workshop*, 2014. http://ceur-ws.org/Vol-1220/06_confws2014_submission_13.pdf, pp. 39–46
18. T.Y. Chen, S.C. Cheung, S.M. Yiu, *Metamorphic Testing: A New Approach for Generating Next Test Cases*, Technical Report HKUST-CS98-01 (Department of Computer Science, Hong Kong University of Science and Technology, Hong Kong, 1998)
19. T.Y. Chen, J. Feng, T.H. Tse, Metamorphic Testing of Programs on Partial Differential Equations: A Case Study, in *Proceedings of the 26th Annual International Computer Software and Applications Conference (COMPSAC '02)*, Los Alamitos, CA (IEEE Computer Society, 2002), pp. 327–333

第七部分　自动驾驶研究项目与倡议节录

第 23 章　AdaptIVe：智能汽车的自动驾驶技术及其应用

23.1　项目概述

拥有来自欧洲的 28 位参与者和 2500 万欧元的预算，AdaptIVe 通过开发和证实新的完整的乘用车和货车应用，大大改善了自动化系统的技术性能。AdaptIVe 的结果提高了自动化等级，还能够让驾驶更加安全舒适，减少堵车和燃油消耗。

该项目从 2014 年 1 月持续到 2017 年 6 月，是由欧盟各国联合提出，并且获得了 610428 号赠款协议的 1430 万欧元。AdaptIVe 测试和研发了为高速公路上典型交通状况设计的应用，还包括在城市环境和近距离状况中运行，几乎涉及所有状况的交通复杂度，时速最高至 130km/h。

该功能能够实现持续助驾，部分、条件性和高度自动驾驶。最终限度风险操控也会落实，这需要通过汽车遭遇紧急情况和故障时自动停止来实现。

AdaptIVe 会结合传感器数据，地图和通信信息来改善对交通环境的认知。该机制会整合建立在 ITSG5 上的协同行驶技术。自动化系统就会和其他车辆进行交互以满足行驶目的，还能够避免障碍。

因此，AdaptIVe 是可以改善驾驶员和车辆之间的交互，进而增加用户对自动化系统的接受程度的科研项目。为了满足协同自动化，指导如何设计和实现人机交互的原则也制定了出来。

该项目同样重视自动驾驶的合法性，尤其是关注产品问责，道路交通和法律规范，数据隐私以及安全性等方面。

此外，该项目定义并证实了具体的评估方法，不仅处理了技术功能性，还解决了自动驾驶广泛应用后的影响。深度结果分析也应用于对不同程度自动化的欧洲道路交通工具的安全性及环境优势分析。

23.2　AdaptIVe 的技术领域

该项目包括六个技术领域：

1）法律层面。
2）人机交互。
3）近距离状况。
4）城市内状况。
5）高速公路状况。
6）评估。

下面详述每个领域的主要概念和目标。

23.2.1 法律层面

如今的自动驾驶法律框架是建立在安全驾驶是驾驶员个体责任的前提上的。在驾驶自动化的进程中，车辆完全由驾驶员操纵控制可能不再是一项基本的设计准则。由法律框架提出的要求都必须为这些发生根本性变化的衍生状况提供足够多的解释。

为了满足术语使用的要求，该项目为自动化系统和自动驾驶系统运行时可能发生的典型状况定义了一个典型的分类体系。法律问题也都是在该命名体系基础上提出的。

AdaptIVe 综合审查了欧盟各成员国现今的法律框架，并评估了它们在自动化系统上的适用性，这项审查同时包括了美国当下的情况。法律框架的考核会使得审核中的相关层面具体化。

23.2.2 人机交互

只要还没有完全自动化的系统出现，系统在不同状况和不同程度上都还必须和人互动。AdaptIVe 调查了在不同情形下最适合驾驶员和自动化系统合作的模式。驾驶员意愿和举动在自动化系统设计时都需要纳入考虑范围。

AdaptIVe 提供了能够指定以何种方式、在何时何地应当实现通信、警告和干涉的指导原则。任何产品类型的接口和信号的指导原则也会在各种功能的开发过程中制定出来。

23.2.3 近距离状况

改善每天的驾驶体验需要从最低车速与和行驶距离范围着手考虑。极具挑战性的问题是近距离的这些状况需要的传感器，以及尚未完全开发出来的算法。传感器敏感度都是建立在交通状况基础上的，并且应当能够允许汽车可靠探测其他物体和近程的可活动空间，在此基础上再选择最合适的方向运行车辆。

我们展望了一个可靠的概念平台，并将嵌入式系统和通信技术中最新的先进信息考虑在内。该平台能够支持为各种复杂情况作出决策的进程。AdaptIVe 还支持先进的户内户外自动停车应用，同时为驾驶员在不同层次汽车停车场提供可停车信息。起步停车功能同样支持近程行驶。

在向全自动停车发展进程中需要能够"自主学习"的车辆，通过车辆自身训练熟悉常见环境。汽车之后便能够自动驾驶，并在配有已经熟悉的地图情况下进行自动操作。

23.2.4 城市内状况

城市内状况突出的挑战是由于环境的复杂性和多变的运转状态。交通情况更密集，道路使用者的多样性和静态障碍物的存在，以及复杂的驾驶任务包括在环路、交叉路和组合操纵时需要协调的交通状况。

AdaptIVe 开发了一种嵌入式解决方案以解决城市内要求较高的驾驶情况：城市监测控制和城市担任受雇驾驶员功能。该举措的核心在于能够将已有的功能和新功能整合进同一个系统。例如，像自动制动，加速器和转向轮反馈，自适应巡航控制系统和全自动化监测控制系统。为驾驶员提供的支持程度可以在对驾驶员操纵的纠正和稳定（在辅助模式）到自动引导（在自动模式）之间转变。这样为了预估其他道路使用者的意向和减少碰撞可能，与基础设施和其他车辆的交互也应当能够实现。

23.2.5 高速公路状况

高速公路状况需要一个对不同自动化等级更为谨慎的考虑，并且需要添加由综合方法提供的评估方式。应用最新的研究，该项目将自动驾驶的限制推向更高程度的自动化并包含了组合的驾驶功能。

自动的 AdaptIVe 车辆能够进出高速公路，进行变道行驶或者空位行驶，还有在危险区域比如交通堵塞的尽头为车辆提供帮助。其他功能还包括对执勤车辆协作回应，这也是依据车辆对车辆通信技术（V2V）达到的，还有在机动车道斜道路口根据车辆传感器实现的速度和时间间隙的自适应功能。此外，具有前瞻性的自动驾驶还可以减少燃油消耗和 CO_2 排放，此外还包括一些基本的驾驶功能，例如车道和车辆跟随，进行超车操作和应对频繁起停的交通状况。

新型的协同技术也在开发进程中，这将实现很多自动驾驶组合功能。关于双向 V2V 交通的新无线电传输协议草案也都明确提出，并且已经成型、进入测试阶段，按程序将逐步实现各车辆间的协同行驶。

23.2.6 评估

现有的对先进的驾驶员辅助系统（ADAS）的评价方式还不包含对自动驾驶功能的评估要求。因此，全新的综合方式和测试方法也是必须要解决的。AdaptIVe 从综合框架方面为自动驾驶功能定义了明确的评估方案体系。该测试和评估框架考虑了技术性，驾驶员相关性和驾驶行为评估，还有以安全和交通效率为重点的影响分析。该框架因此也包含了方法的具体描述、测试步骤、关键指示量和用户可应用的测试工具，并依据这些来进行试验的设计。此项影响分析也从泛欧视角进行了设计。最后，该框架和新的方法都将被应用于选择出的具有代表性的功能中，以检验和证实新开发的评估方法。

23.3 前景

AdaptIVe 建立了 8 种示范性的交通工具——7 种乘用车和 1 种货车——去测试和评估 AdaptIVe 的应用和功能。该项目于 2017 年的终极展示中公开这些系统。如今，自动驾驶的研究离全方位的研究还相距甚远。而 AdaptIVe 算是建立起对自动驾驶课题深入研究的基础。

第24章 道路交通系统更大规模引入自动驾驶车辆进行时：Drive Me 项目

24.1 简介

过去，城市道路交通由小汽车主导，这导致极为严重的交通堵塞和时间浪费。当我们迈进2020年，势必会对改善城市道路交通产生全新的兴趣，以此来应对城市地区的各种挑战。

自动驾驶为解决很多问题提供了可能性，比如，能够改善安全性和燃油经济性，减少城市内交通堵塞问题。在城市规划中能更有效地利用土地，减少排放并降低因驾驶汽车伤亡的可能性。这项全新的技术还能够改善城市基础设施建设，辅以自动驾驶车辆自身技术实现更准确的自动驾驶控制。一般公认的是，在90%~99%的交通事故和碰撞中，驾驶员都要担负部分或全部责任。为达到零伤亡的目标，在驾驶任务自动化中有一点十分明确，就是其能够排除几乎所有事故的根源。

目前，容易引起争议的是合法性问题和车辆部分或全部承担车辆控制权的需求，也可以说，是驾驶员是否参与操作的问题。对于这些相关方面而言，评估实现低伤亡需要满足什么，公认的观点是更先进的辅助系统，能确定自动驾驶为达到这个目标需要作出的努力。在此基础上，更广泛的自动驾驶车辆运行分析也是必须要有的。

24.2 问题定义

Drive Me 项目有一项十分重要的任务便是定义和评估自动驾驶车辆如何对生活质量和城市可持续环境成果产生重大影响。为了解决未来的各种挑战，社会各界必须坚持其一贯的正向发展，交通工具的解决也必须立足于安全和可持续的环保原则。此外，还应满足市民的出行需求。Drive Me 向交通安全方面零伤亡的目标迈出了重要的一步（展望的目标是有朝一日达到任何生命损失都不可接受的程度），还有更长远的未来，无碰撞道路交通系统有待开发。不仅如此，基础设施的高效利用和交通所需空间也是该项目的核心研究领域。以日益增多的自动驾驶车辆和不断改善的基础设施为基础，更符合可持续理念的出行解决方案常用 5 个主要的特征量来评估：准时性、承载容量、可靠性、适用性和交通安全性。

Drive Me 平台是一个由许多作出突出贡献的项目和合作组织共同组成的研究平台。沃尔沃汽车集团协同瑞典交通运输管理局、瑞典运输署、哥德堡政府、林德霍曼科技园、查尔姆斯大学和奥托立夫共同组建了 Drive Me 研究平台。另外，许多其他的研究项目与合作组织对 Drive Me 平台都有很多帮助。

Drive Me 平台注重研究在道路交通系统引入大量自动驾驶车辆后带来的优势。Drive Me 平台在国际上是独一无二关注自动驾驶车辆和基础设施、市民纳入一体化的研究平台。全局性系统方法也因此得以实现，这就使得交通的优化进入到一个全新的高度。因为它提供了一种既满足汽车流动性又能够创建适合居住的城市区域的可构建模型。这项研究最初的目标是综合社会、学术界和工业界各行各业的知识以创建未来的可持续的交通工具流动系统。该研究旨在回答下面几个研究课题：

1）如何改善行车安全？

2）如何改善交通流动状况？哪些因素能够在道路交通系统上对准时性、承载容量、坚固性和适用性产生影响？

3）如何改善能量使用效率？

将一组 100 辆自动驾驶车辆交由现实中的用户使用，并作为在真实道路与基础设施上具有前驱性的测量样本，该项目应该是当今世界上最大型的自动驾驶车辆项目。样本会被用来研究对安全、交通流动和能量效率的影响。预期是，配有自动驾驶的测量装备和测试功能设施的车辆作为测试样本，能够为上述提到的研究课题提供足够多的信息和数据，以评估自动驾驶车辆的优势和影响。

在该项目实施的初级阶段，预计的优势会通过计算机仿真、桌面数据研究和跟踪测试研究确定。之后，测试样本会进入真实的交通环境（在瑞典哥德堡选取一条时速约为 55km/h 的车道）来收集供分析、模拟和量化使用的数据。

24.3 测试样本：自动驾驶车辆

自动驾驶车辆即测试样本，测试的目的是允许普通的沃尔沃用户能够在公共道路上操纵自动驾驶车辆，使得在真实的道路交通系统中运行的这些车辆产生的全面影响都能纳入所研究的范围内。与现在生产的这些车辆相反，这些用户不需要在确定的行驶状况中持续监督车辆操作，因此他们能够在此时做一些其他的事情。这当然对样本设计提出了极高的要求，远远超出普通车辆的标准。为满足用户能够安全使用这些样本车辆，所有工程细节都需要精心处理。

所有的测试样本都配备了数据记录工具，因此它们能够时刻监控驾驶员和车辆的一举一动，并且能够分析这些样本车辆对交通产生的影响。

24.4 安全

安全研究主要解决最普遍的问题——如何改善行车安全？它主要关注测试车辆如何解决安全冲突和预测碰撞情境，执行的解决方案对交通安全产生的影响如何量化。测试样本车辆的与安全相关功能会依据反复评估虚拟状态下的功能，跟踪测试以及实时路况紧密交互进行开发。安全相关影响不仅会引起测试样本在交通冲突产生时的实时规避行为（比如，转向/制动以避开停止车辆），还可以让车辆依据法律法规（比如，在车流中降速），满足功能安全（比如，可靠性与故障处理），处理未被预见的情况。利用安全影响分析方法可以依据避免碰撞能力和降低伤亡可能来评价安全优势。

接下来需要解决 6 个研究课题：

1）Drive Me 测试样本的安全影响如何量化？
2）测试样本的测试应该建立在什么样的安全冲突情况（载重情况）？
3）自动驾驶车辆的驾驶员对安全冲突情况如何作出反应？
4）各种避免和减缓的碰撞类型所占的比例以及减缓的程度？如果可以确定的话，碰撞减少与减缓的主要原因也应当确定（比如，遵守法律法规，驾驶员反应类型）。
5）自动化如何能够对无碰撞道路交通系统作出贡献？
6）自动驾驶车辆遇到的安全挑战主要有哪些？

24.5 交通流动性

交通流动研究将立足于自动驾驶车辆如何使道路交通系统更高效的基本点，分析自动驾驶车辆怎么做到如下 4 点：

1）增加交通系统容量，即允许更多车辆通过给定的道路设施。
2）增加交通系统可靠性，比如通过减速带和重要车道变更来使事故率降到最低。
3）把行驶时间压缩到最少，比如建立更平滑的车流通道。
4）准确预测到达时间，由此能够让乘客优化行程。

该研究会从两个不同方面进行。第一个方面是分析和变更自动驾驶车辆行为以优化交通效率。众所周知，根据加速指令、距离保持和车道变更作出的车辆反应都会影响整体的交通流动性。驾驶员驾驶车辆情景变化十分频繁，因此整个交通系统从未以最佳的方式运行。当很多车辆都以最优方案运行，这就会影响整个交通系统。该研究课题包括：

1）如何定义自动驾驶车辆的最优操作反应？
2）自动驾驶车辆数量如何影响整个交通系统？

第二个方面是改变道路基础设施以实现交通运输效率优化。如果未来的交通道路系统能够识别足够数量的自动驾驶车辆，设计者就不需要像现在这种方式设计道路交通基础设施。我们假设，车道可以修建得更狭窄，因为道路不需要满足由驾驶员反应不同引起的横向运动。这也就意味着固定空间可以修建更多的车道，或者剩下的空间可以供非机动车行驶，以此提高效率。同样地，还可以通过轻量化和低成本立交桥与地下通道的设计来提高效率。

如果说，大量优化后的自动驾驶车辆投入使用能够对交通产生影响，那么该如何设计高效的道路基础设施？

24.6 能量效率

还没有充分的数据能够说明自动驾驶车辆能够对能量消耗和其他的环境方面产生实际的可见的影响。尽管自动驾驶车辆中的电极电位法广为人知，也可能将能量效率提高到30%，现在仍然没有确定的方法能够在现实的交通情境中评价预期的影响。使整个项目更复杂的方面是对周围交通状况预期的依赖性（交通密度和图景显示），还有驾驶员接受车辆反应变化的必要性。

主要的研究课题"自动驾驶车辆如何能够改善能量效率？"也会被细化成下面4项研究课题：

1）对个体车辆而言，自动驾驶车辆的应用能够实现哪种能源效率的提高？
2）在交通控制系统中，哪种功能能够支持高效交通控制？这种效果如何以可计量方式量化？
3）在真实的交通环境中，对不同程度自动化和不同的自动驾驶车辆份额而言，潜在优势有多大？
4）在自动驾驶车辆引入后，像交通噪声和排放等环境方面如何受到影响？

为自动驾驶的环境层面评估设计的科学方法也会在后续过程中开发应用。该方法旨在为官方、消费者以及汽车行业提供准确、坚固、划算、实用的可用信息。

24.7 结论

Drive Me 项目有一个极高的目标，就是定义和评价自动驾驶车辆如何对生活质量和可持续城市环境产生重要的影响。该项目注重研究自动驾驶车辆大规模引入道路交通系统后为安全顺畅的交通以及能源效率带来的改善。

参 考 文 献

1. D.L. Hendricks, J.C. Fell, M. Freedman, *The Relative Frequency of Unsafe Driving Acts in Serious Traffic Crashes: Summary Technical Report* (National Highway Traffic Safety Administration, Washington, DC, 2001)
2. NHTSA, National Motor Vehicle Crash Causation Survey. Report to Congress. DOT HS 811 059 (2008)
3. M. Lindman et al., Benefit Estimation Model for Pedestrian Auto Brake Functionality, ESAR 2010 (2010)
4. International Energy Agency, *CO_2 Emissions from Fuel Combustion 2010* (OECD/IEA, Paris, 2010)
5. F. Faber, E. Jonkers, M. van Noort, M. Benmimoun, A. Pütz, B. Metz, G. Saint Pierre, D. Gustafson, L. Malta, Final Results: Impacts on Traffic Efficiency and Environment, EuroFOT 2012 (2012)

第 25 章 自动化的功能安全性和可进化结构

25.1 简介

自 2013 年 10 月起,一项由国家出资赞助的研究项目在瑞典执行,该项目被称为 FUSE(自动化的功能安全性和可进化结构)。这项研究的动因是未来交通工具应当能够自动驾驶,也是因为在我们能够实现安全和高效自动化之前还有许多问题亟待解决。从某种程度上来说,该项目同样对本书另外一章所说的 Drive Me 项目有贡献。只不过,FUSE 有更长远的目标,同样还在寻求比 Drive Me 描述的自动化更高级的解决方案。

FUSE 项目尤其注意自动化的系统结构和功能安全性。目前自动化系统和功能安全性的标准正在演变,但迄今还未考虑到自主性问题。这意味着目前系统的限制以及 ISO 26262 标准还都属于未知领域,也必然需要关于对功能安全考虑和结构可变动性与成本进行分析。

功能安全性意味着提供的服务可以完全被信任。换句话说,在接受范围以外的频繁严重的故障都应当避免。尽管在处理得当的前提下,自动化都能改善安全性,但它同时也引入了一些像车辆移动自主控制,因而也会产生新的故障模式。基本的嵌入式控制系统复杂度的增加也需要新的方式和结构来促成功能安全性和成本分析自主处理。

当前的科技,比如说自适应巡航控制(ACC)系统还是需要驾驶员监督运行。为了防止一些不可预见的事件发生,例如雷达封锁或者动物横穿马路,那么驾驶员必须控制。还得防止不太可能发生的技术错误,比如制动压力和转向辅助失灵的发生,我们也希望驾驶员能够控制。当车辆自主驾驶时,驾驶员也就不需要做任何事,所以备用方案必须适时实施、核实。

图 25.1 描绘了自动驾驶的三维图以及阐述了 FUSE 项目研究中遇到的挑战。图 25.1 中虚线分隔的左半部分是对功能安全性的普遍理解,从右半部分中可得,这种理解并不存在。需要特别提出的是,有三个方面的问题亟待解决:

第 25 章 自动化的功能安全性和可进化结构

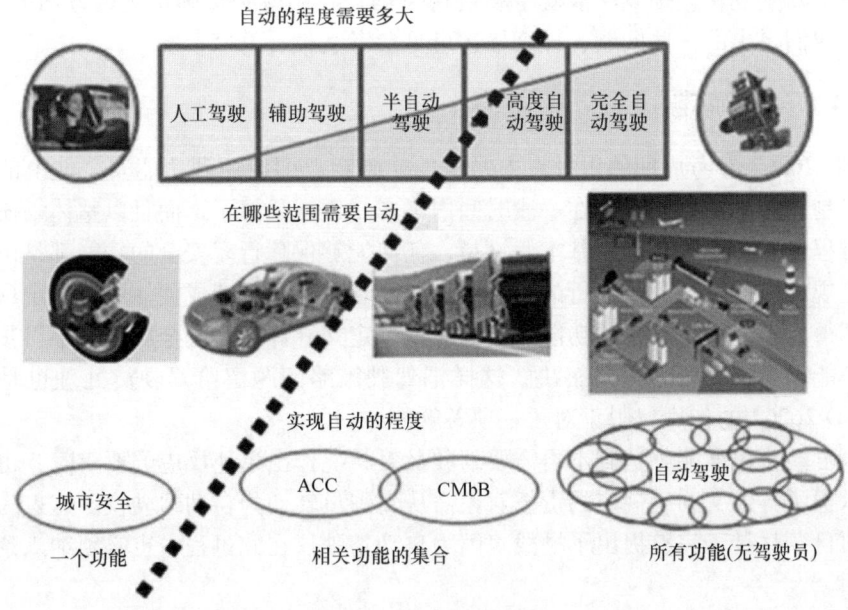

图 25.1 自动的维度

1）如何针对自动驾驶定义功能安全性：未从 ISO 26262 中获取。
2）如何获得功能安全性：这对结构模型和成员责任划分有很高的要求。
3）如何证实功能安全性：这对新型组合安全论证也有要求。

该项目仅限于在一辆汽车的行驶环境中执行自动驾驶。合作驾驶功能，像一队汽车共同驾驶这样的情况不在研究范围内。但是，这三方面仍然有相关性，并且也是该项目必须解决的问题。

安全可靠的自动驾驶车辆系统开发需要多领域研究成果整合，这些领域包括嵌入式系统设计、基于内容和基于模型的系统工程、机器人工程和人工智能（AI）。当前，先进车辆中的很多技术都是借鉴于机器人和人工智能领域。尽管机器人和人工智能领域的系统结构开发范围很广泛，然而类似的迁移对系统结构而言可能无法实现。我们需要从这些领域提取相关原则并将其应用到汽车领域，然后严格遵守标准、法律、法规和规定的具体限制。自动驾驶车辆结构模型和设计原则可以根据特定功能和综合参考车辆结构统一，但根据目前的工艺水平，这样具有参考性的结构还不存在。

25.2 为什么自动驾驶车辆表现出功能安全性更为困难

一般来说，当车辆驾驶权从驾驶员负责转变为车辆本身全自动操作，这会产生两种不同的结果。首先，有些事情会变得更困难、更复杂；其次，这可能会使驾驶性质完全发生变化。提到功能安全和道路车辆，我们就必须确定这两方面的问题。下面是我们提出的一些问题，详细描述可见参考文献［2-5］。

25.2.1 条款确定

ISO 26262 参考周期的出发点主要是条款确定，即应用到功能安全性上的功能范围限制。传统观点来看，在一段时间内考虑一项就够了，而且以整体来研究整车的过程也并不那么有趣。基本假设是，任何能够保障行车安全的功能都是由某一项功能规定或是由驾驶员执行的。驾驶员的隐含责任也就变成促使所有规定项目的功能都得以实现。只要各项功能项目都能逐条定义并评估为安全属性，不可预见的情境都能以足够安全的方式解决，这样把驾驶策略问题留给驾驶员处理也是合理的。ISO 26262 的作用仅限于对每一项条款的评估。

当自动化程度能够达到不再需要驾驶员对状况作出迅速反应的要求时，也就意味着承担所有条文明确规定的责任对象需从驾驶员转变为自动驾驶仪。这也为如何确定项目条款是否完整提出了挑战。因为自动驾驶仪在此过程中也必须纳入条款规定范围。

条款确定实际上也因此变得更复杂，差别也更大，复杂性增加是由于更为复杂的任务需要解决。条款与之前确定起来有较大差异则是因为部分定义的不清晰。隐式定义也就是无论我们如何陈述明确的条款定义，它都需要考虑大量的特殊情景。我们也就不能再将条款确定过程视为已知，而应当保证是否需要在其可控范围内的更多功能以使行车安全。

在下一部分，我们主要解决，在我们无法确定完整而明确的条款定义时，我们将如何进行危险分析和风险测评。

25.2.2 驾驶员的作用

当我们确定 ASIL 的安全目标特征，我们就可以将已经考虑到的危险事件属性当作输入：可以分为严重事件、抛锚事件以及控制失灵。当我们改变驾驶员的角色时，我们或多或少能看到控制因素的明显变化。基本的问题就是谁在操控车辆？如果我们只考虑无法载人的自动驾驶车辆干预驾驶操作，就可以十分容易地得出所有的控制因素都应当归于 C3，即不需要驾驶员为任何行驶行为负责。问题在于如何看待这样的复杂情形：一方面，高度自动化情况下驾驶员无须（迅速）作出反应；另一方面，还要求驾驶员弥补自动驾驶过程中的错误。

在传统的 C-factor 评价中，隐藏的假设是驾驶员活动（或多或少）能够弥补由于电子/电动（E/E）实现功能时引起的问题。在自动化程度更高的情况下，对驾驶员来说，理解什么是控制车辆安全有效的方法可能还比较困难。尽管车辆本身可以做得足够好，驾驶员仍然要考虑其故障，并采取相应的补救措施。驾驶员手动操作的介入还可能导致事故发生而非避免事故的后果。我们的结论是，一旦我们引入高度自动化，我们就不需要任何除了 C3 之外的东西介入，因此，我们也就不需要驾驶员对自动驾驶车辆行为作出补救措施，除非自动驾驶仪判定该补救措施合理且安全。

另一个关于驾驶员角色定位的问题是，就当前谁负责（意外事件）作出反应而言，需要时刻保证驾驶员和车辆视野一致，该问题也可以成为混淆模式。其中又包含两种混淆形式，即应当共同负责或都不用负责。如果二者都以为他们中的一个应当对驾驶过程包括处理意外情景负全责，我们就需要确定谁给出了最后的指令。就像上面讨论的那样，低程度自动化能够给驾驶员手动操作的可能来无视车辆自身操作。那么，C-factor 分析仍然意义重大。但对于更高程度的自动化，我们就会让车辆全权进行自身控制，不管驾驶员尝试进行何种操作。

另一种情形就更为复杂了，即手动操作的驾驶员和车辆都不认为他们是应当负责的一方。这种行为也可用相似解决方案预测。人机界面应该设计成这样，驾驶员应当时刻主管车辆，直到将操纵权明确交付给自动驾驶系统为止。然后，车辆也应当处于责任状态直到驾驶员明确承认驾驶权回归到手上为止。隐含的意思是一旦车辆获取驾驶权，它就需要具备安全处理任何情况的能力，而且还需要在驾驶员不参与任何决策和操作的前提下。

25.3 如何进行危险分析和风险测评

像之前部分总结的那样，在自动化程度较高时，使用明确定义的条款作为 ISO 26262 行为出发点或多或少都有点不切实际。从 FUSE 项目中，我们对 ISO 26262 参考周期早期的情况作出一些修订。我们引入较为宽松的定义"基本特征描述"（PFD）作为重复过程输入的第一步，而不是使用严格的条款定义。这也是图 25.2 所描绘的迭代过程的出发点。接下来，我们简单介绍下过程的步骤。

25.3.1 基本特征描述

基本特征描述，也就是 PFD 与条款确定之间的不同点是前者不再需要包含后者根据 ISO 26262 规定的所需细节。相反，该项目的目的是为了描述提出特征的预期（用户）优势。立足于该出发点，该特征将重复被改良，直到条款定义足以完整。

PFD 的核心是给定提出特征应当首要满足什么的合理描述。材料可以基于市场研究，以往特征或其他任何可获取的和被公认与定义名义上的功能相关的输入。这是一个开发的问题，在某种程度上，该材料的质量与数量都会影响整个进程剩余的部分。一方面，特征范围必须在重复认证进程中变得清晰，不管最初输入为何。另一方面，相关性更高的输入会使进程的其他部分更容易似乎也是合理的。PFD 中一

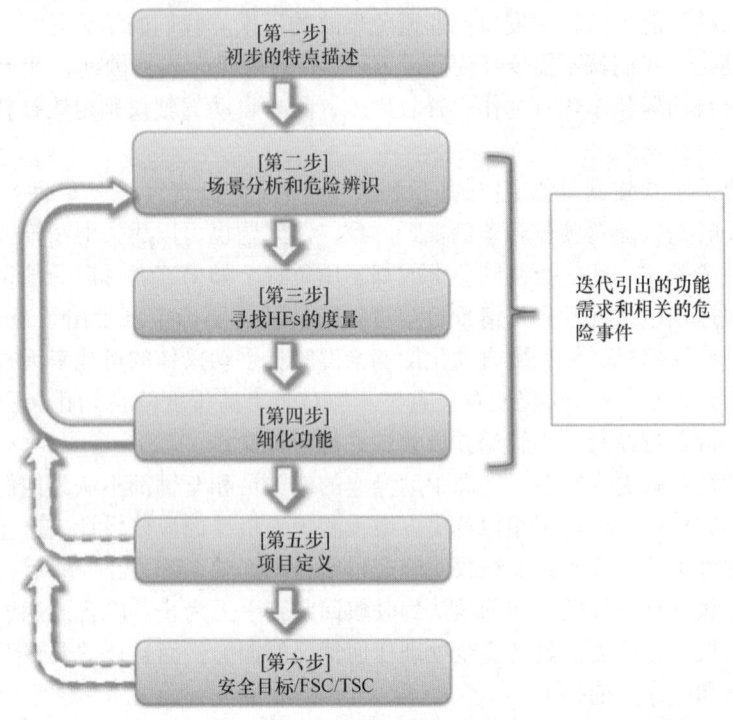

图 25.2　总结概念阶段的迭代过程

些可能需要的信息有：

1）使用案例收集（多细节）。

2）大量用户经历收集（少量细节）。

3）极其简单的特征描述。

一项使用案例可以相对细致地描述产品的使用情况。大量交替情景分支的集合（情景的变化）可以描述为主要情景。这项内容就会使得一项或很多使用案例（取决于提出特征的复杂程度）成为基本特征描述中极为可靠的信息来源。尽管使用案例作为长久备受青睐的工具，它依然具有已在现阶段产品研发进程中应用的传统优势，而这便会让该形式的采用情况更加明确。

在敏捷开发过程中用户经历通常更受欢迎。与单个使用案例相比，用户经历的鲜明特征是其不再需要那么多严格重要的要求，因而可以加快研发过程。不过这仍然需要开发者在后续开发阶段精心设计，从而使整个项目得以执行。

我们假设，有些特征对应的用户经历对基本特征描述而言要比使用案例分析更有用，那么对用户经历的应用形式就会允许开发者在与面对使用案例时更为重视创建大规模用户驾驶情景。在自动驾驶车辆的运行环境中，运行特征的准确范围在当前研发水平下尚且属于未知领域，如此庞大的用户数据弥补了应用案例的不足，即能够帮助涵盖更广泛的研究范围。图 25.3 中描绘的是用户经历尽管可能比较分散

（即细节较少），却能够更好地包含与自动驾驶相关的危险状况。

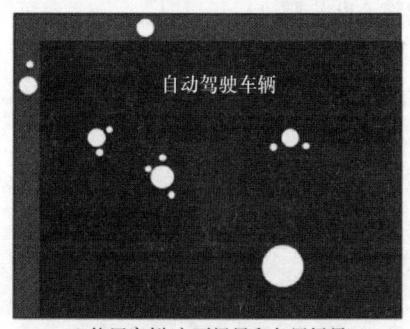
a) 使用案例(主要场景和备用场景)

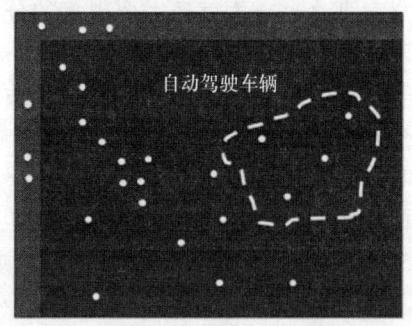
b) 故事(用户故事和一个叙述)

图 25.3　比较用例和用户故事格式来描述一个功能（点的大小对应细节的层次）

我们注意到，用户经历与使用案例都不能以任何方式保证包含所有相关的危险状况，也不能为此提供任何有效工具。因此，利用用户经历功能更可能为危险分析提供有效的研究起点，而这些都能够为后续研究提供帮助，但其本身不会提供任何危险状况全覆盖的证明。

25.3.2　情景分析与危险判定

情景分析与危险判定以基本特征描述为出发点，与传统进程相比，目的稍有不同，因为传统进程中各项条款都已经确定。而情景分析与危险判定是迭代过程的一部分（步骤 2 ~ 4）该过程中目标功能和危险状况由逐步精细的过程共同引出。

与传统分析相比，这里有两项额外的挑战：功能未明确定义，而且对自动驾驶车辆而言，危险分析必须建立在功能能够完全依靠自己实现的假设上，也就是说，不再依据于驾驶员反馈。

为了能够描绘问题容量，解决的主要想法是使用通用运行情况和危险集合为出发点。第一次迭代时，从通用运行情况中选取一个情景子集，再从通用危险中选取一个危险情况子集。对各种因素进行分类，然后使得某些层次中各分层要比以往的情况更具体，这就可以实现选取那些对各种因素而言都是公认为必需的细节分级。最终就能得到所有情形集合。最初的选取是建立在合理确定什么会影响基本特征描述提供的功能基础上。在出现运行情况和危险状况之后会联合组成最初的危险情况集合，之后再转向运行步骤 3。

每一次迭代后，情景、危险都可以变得更详细，这对研究十分有益。也就是说，当功能定义更加清晰时，即意味着我们能够确定需要具体研究哪些情景。

一些为提升改良过程寻求新型、更具体的情景和危险的主导因素如下：

1）如果确定之前定义的危险情况是否在功能处理范围内（见步骤 4）并不那么容易的话，那么就需要详尽的前提描述来排除不确定因素。

2）如果功能的某些方面还没有定义得足够明确，因而无法形成一项完整的条款定义，那么这方面就还需要更多的分析过程（见步骤4）。

3）确认与之前迭代可能有关但未被应用（即没有列为危险状况的一部分）的情景与危险，则可能意味着存在某种被忽略的情况。这样的话，我们还需要明确说明被忽略状况的基本原理。

4）没有应用到的通用集合部分仍然需要重新考虑，目的是为了发现是否有一些新的情景与危险变得相关。

5）使用危险状况主导与非主导原则（见步骤3）来确定新的危险状况的可能情况。

对于每一次代入新的情景，危险及危险情景都是以上述方式创建。需要强调的是，通用情景与危险清单是考虑所有项目与运行环境的出发点，但不可能绝对详尽。当我们考虑到功能描述本质和汽车运行环境的更多细节时，通用清单则需要补充专门用于环境感知的附加装置，这是因为有像目标车辆运行特性的影响。

25.3.3 找出我们需要的危险状况

为了保证危险状况数量在我们能够处理的范围内，那些不会影响指定安全目标清单的危险状况就可以排除在外了。首先，危险状况的分类要按照ISO 26262的3~7实施。在分类过程中，每一项危险状况的各项指标都会有给定的赋值，像发生概率（E）、可控性（C）、严重性（S）以及结果完整性（ASIL）。之后，该清单会继续应用规定来确定该安全因素的主导和非主导性。详细方法见［5］。

25.3.4 功能改良

在我们尝试找出能够描述名义功能的要求时，危险状况清单是能够作为支撑材料使用的。名义功能是用工程上规定的要求定义的。各种危险情景也纳入其中。任何可能落在功能范围外的危险状况（可能因为当前规定的条款项已经解决了）也都从我们所需的危险状况清单中移除，但仍然可以辅助定义功能的界线。某一项危险状况被排除的基本原因也要注明。

第一次迭代后，我们应当对纳入考虑范围的因素有个大致的印象，这也可以看作定义规定过程的第一步。尽管还有很多未知量，但这样的描述就已经能够作为下一次迭代的输入。

图25.4中描绘了该过程的主要内容。第一次迭代后，大量的危险状况已经基本确定了功能的界线，但是准确的功能性尚属未知（由划分考虑范围内外的危险状况的模糊边界阐明）。对于每一种连续迭代而言，我们就可以依据多次迭代获得越来越清晰的功能范围。

应用步骤2识别出危险状况是否有指导性原则的情况时，当所需的危险状况不再满足，我们就要退出迭代过程，然后转至执行步骤5。在这个时候，功能描述基

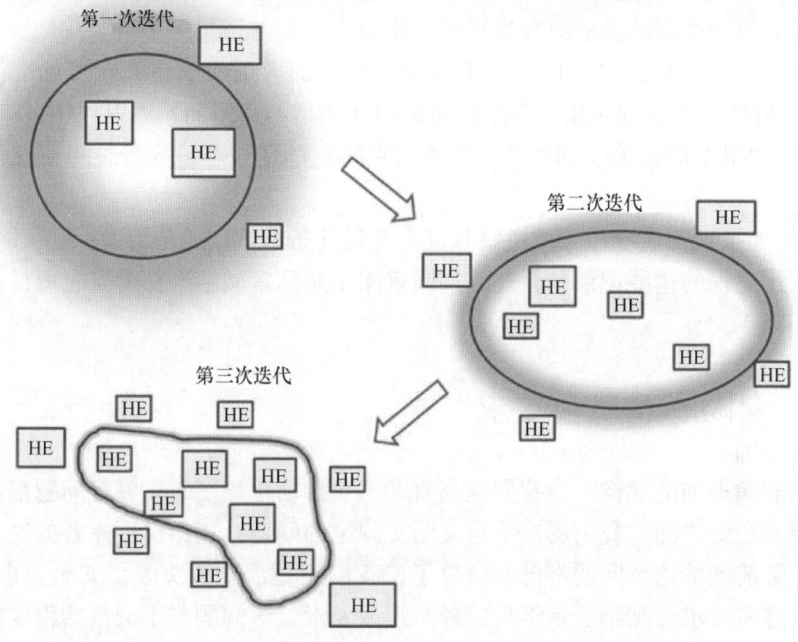

图 25.4 功能细化——危险事件的概况

本上已经足够清晰，能够满足定义条款项的条件。之后，这些迭代后的危险状况组合清单就会自动转化为安全性指标。

25.3.5 条款项确定

条款定义过程需要根据 ISO 26262 确定。如果在这一步发现了有遗漏的危险状况，那么就需要加入到危险分析中并重复进行步骤 2~4，以将其纳入条款规定内。

25.3.6 安全目标、功能安全概念以及技术安全概念

从这里开始，我们就需要采用传统的汽车模型。安全目标、功能安全概念以及技术安全概念都要依据 ISO 26262 创建。在任意一步中，如果改良设计揭示了新的危险状况，整个过程都需要从步骤 2 开始重复以确定是否需要新的修订。

为了进一步加强覆盖所有相关危险状况的把握，我们可以根据参考文献［4］中的想法来测试条款的完备性。也就是说，让一个专门的审阅团队分析危险状况清单，找出没有纳入安全性目标的对象，亦即找到一个我们需要的危险状况。

25.3.7 安全案例及评估结果

迭代过程的记录和结果可以用于作为支持危险分析和风险测评阶段的完备性论据，尤其是对自动驾驶功能很有用。尽管这样的完备性证明方式并不正规，但仍不

失为能够体现分析过程中考虑到因素的系统方法。论据的说服力还可以通过证明整个过程中关键决定的基本原理来提高，比如：

1) 运行状况及危险的选取，以及这些选择的应用细节。
2) 哪些种类的通用情景和危险对某项功能是不适用的？原因是什么？
3) 如果看似相关（即最开始被选出来的）的情景与危险最终不在任何危险状况中。
4) 如果最初选择出来的危险状况不在最终条款规定的范围内。

迭代过程的这些记录和原理，连同审阅团队的审阅结果都为安全项目提供了坚实的基础。

25.4 如何改良安全要求

像前面提到的那样，当我们提高自动驾驶自动化程度时，许多问题都会变得更加复杂。在此之前，我们解决了定义明文规定的问题，还给出了完备的安全目标集合。尽管前面的这些问题都已经解决了，我们还是需要解决改良安全要求的问题，并要将这些要求分配给选定结构的各个组成要素。该问题与不同概括程度的结构紧密相关，我们将在后续的部分中讨论并解决该问题。FUSE 项目为证实安全改良要求完备性的一般问题提供了解决方案。

在 ISO 26262 中，无论如何低级别的安全概念（分配给结构各组成要素的安全要求）都需要证实满足一般性的要求，而且还要具备完整性，对于程度较高的安全概念更是这样。因为有大量的安全概念分布在许多情景中，这项证实任务就显得极具挑战性。尤其是对于自动驾驶车辆而言，其功能性肯定是要比手动驾驶车辆高很多。在自动化相对较低的程度上，安全要求基本上与手动驾驶车辆相似。也就是说，对自动驾驶车辆而言，自动化程度越高，需要解决的安全问题复杂性跨度就越大。安全要求分解链中需要解决的每一步都指代一项"语义鸿沟"。图 25.5 给出了安全目标和基本概念、安全概念之间的"语义鸿沟"。此外，向后指的箭头指代了证实过程的改良。在 ISO 26262 中，对安全要求改良的部分给出了这项语义鸿沟，而且明确要求了证实过程的改善。在改善的过程中，基本原理作为令人满意的论据可以收集起来为结果部分所用，举个例子，就是说为什么这样的改善是有效的。论据可包括专业领域知识和设计模型。这对于不同寻常的改良过程而言是必要的。基本原理则证明了选取的改良途径合理并且能够改善可描绘性。

在 FUSE 项目中，我们提出了两种解决"语义鸿沟"复杂性的主要方法。

第一种，我们为安全要求改善链提出了更多的实施步骤。这在当今情况下是无法避免的，但是我们讨论的是 ISO 26262 应当引入一些明确的子阶段，凭借对子阶段的定义作出相同程度概括下的执行活动起始状况。这意味着我们可以直接参考工作元件给出的改良过程（或者说是改良证实），不管是在一个功能安全概念和另一

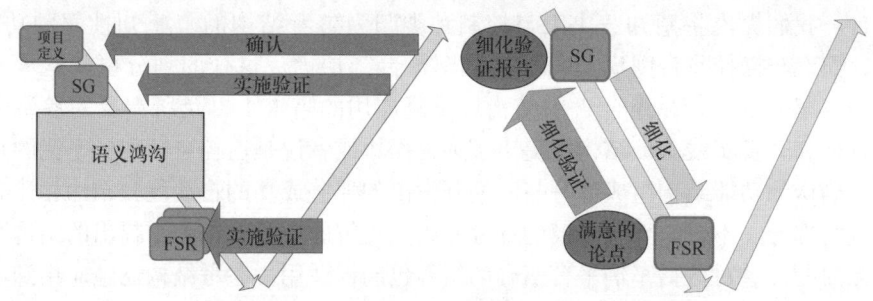

图 25.5 语义鸿沟

个功能安全概念之间，还是在一个技术安全概念和另一个技术安全概念之间，都可以这样做。引入更多执行步骤的规范性也能够降低每一项需要解决的"语义鸿沟"的困难程度。此外，我们已经知道，如今这种低程度自动化、一层一个供应商的典型应用案例就是从原始设备制造商的用户那里获取一项技术安全概念，然后将其分解为一项内置技术安全概念。出于这两个原因，我们就需要在同等概括程度的前提下完成 ISO 26262 各子阶段分段参考周期。

第二种则是针对如何可靠掌握安全性要求的改良过程的，即我们需要使改良的证明过程规范化。强有力的证据对我们的论证过程当然是十分重要的，比如，能够为每一项改良的证明过程提供正确且完备的规范语义的论据显然比较重要。另外，作为有说服力论据的假设及专业知识也应当十分明确，确保能够作为整个规范过程的重要组成部分。巨大的"语义鸿沟"意味着提供具有说服力论据的过程极为复杂，也就意味着很难在证明过程中令人信服。这些问题在［6］中也有详细的叙述。

25.5 什么样的功能结构适用于自动驾驶

在自动化程度不断提高的过程中，我们可以将其看作手动操作驾驶员的地位逐渐由自动驾驶仪取代的过程。在前面的部分，我们解决了一些功能安全性问责机制的问题，即实现了将责任主体从驾驶员转向了自动驾驶仪。如果前面说的是"自动驾驶仪需要做什么？"的问题，那么在这一部分我们将解决"自动驾驶仪覆盖了哪些方面？"的问题。如前所述，功能安全问题与结构紧密相关，因为每一项安全要求的确定都或多或少依赖于结构元素的分配状况。除了保证功能安全的问题，我们仍然需要考虑并解决许多其他附加的问题，其中包括我们需要确认哪些电子/电动结构对自动驾驶车辆而言是起作用的问题。

自动驾驶功能结构的评价与改良也是由 FUSE 项目给出的。参考的结构包括自动驾驶核心功能的分类与描述、整个结构功能分配的原理以及组成所描述部分的三层结构。

我们通过突出相似点与不同点，将参考结构与上述三种自动驾驶的代表结构作了比较。结构核心功能组成部分可以分为三类：①感知；②决策与控制；③汽车操控平台。我们提出将感知、决策与控制种类归为参考结构的"感知性驾驶功能"层面,而汽车操控平台则应当归于"汽车平台"层面。这样的划分也就是承认了在不同汽车平台(产品组合)中结构可重复应用的需求,以及所涉及的各研究领域的特征和开发实践。该结构也提出了远程操作或者说是遥控自动驾驶车辆的具体方案。确认的功能结构组成部分与已经开发出的那些成功的自动驾驶结构相比有很多重叠的部分。不过,环境建模的部分和语义理解的部分对每一个提出的结构都是独一无二的。这对概括车辆平台明确的组件也同样适用。参考结构已经应用到了各种类型的车辆当中,而且还为组件开发人员测试和应用确定必要改变影响的新算法提供了相对自由的氛围。

结构的更多信息在"智能自动化系统的工程结构"这一章可见。这些问题在参考文献 [7] 中也有详细的叙述。

25.6 结论

本节展示了由瑞典政府资金支持的 FUSE 项目现在正在进行的研究过程。该项目解决了许多功能安全和电子/电动结构方面需要解决的问题,目的是为了实现自动驾驶车辆能够正常运行。我们的结论是,为道路车辆功能安全性提供全球性标准的 ISO 26262 标准需要不断更新,从而能够将自动驾驶车辆纳入其中,然后我们就此问题给出了一些改进建议。我们还得出,功能安全和电子/电动结构问题在高抽象层次上紧密相关,给出了为高度自动化车辆提供功能结构模型的一些建议。该项目仍然在进行,但是我们这里提到的结论都是已经发表了的。

参 考 文 献

1. ISO, International Standard 26262 Road Vehicles—Functional Safety, ed, 2011
2. C. Bergenhem, R. Johansson, H. Sivencrona, Challenges in Applying Functional Safety for ADAS. Presented at SAE International Congress, 2014
3. R. Johansson, Automated Functions and Autonomous Vehicles. Presented at IQPC 5th International Conference ISO26262, 2015
4. R. Johansson, The Importance of Active Choices in Hazard Analysis and Risk Assessment. Presented at Third Workshop on Critical Automotive applications Robustness & Safety (CARS), 2015
5. R. Johansson, Efficient Identification of Safety Goals in the Automotive E/E Domain, Presented at ERTS^2, 2016
6. C. Bergenhem, R. Johansson, A. Söderberg, J. Nilsson, J. Tryggvesson, M. Törngren, S. Ursing, How to Reach Complete Safety Requirement Refinement for Autonomous Vehicles. Presented at Third Workshop on Critical Automotive applications Robustness & Safety (CARS), 2015
7. S. Behere, M. Törngren, A Functional Architecture for Autonomous Driving. Presented at the First International Workshop on Automotive Software Architecture (WASA '15), 2015
8. S. Behere, F. Asplund, A. Söderberg, M. Törngren, Architecture Challenges for Intelligent Autonomous Machines: An Industrial Perspective. Presented at The 13th International Conference on Intelligent Autonomous Systems (IAS-13), 2014

第 26 章 合作式自动驾驶的挑战：AutoNet2030 方法

26.1 介绍

自动驾驶能力预计将在未来的机动车中发挥关键作用，因为它可能提供更安全的驾驶条件、更好的舒适性和更高效的交通管理。迄今为止，工业界和学术机构进行的相关研究主要是针对纯基于传感器的自动驾驶的不同方面，如传感能力和 V2X 通信或车辆控制算法。在这些领域上取得的进展有助于部署集成 ADAS（高级驱动程序辅助系统），提高了自动驾驶的级别。然而，高度自动化的车辆尚未进入大众市场部署；后者要求全面研究板载传感器、5.9GHz 无线通信和分布式控制算法之间的互补性。由于目前为止基于传感器的自动化和合作 V2X 通信的有限融合，AutoNet2030 项目旨在研究和验证基于 802.11p 的协作（自动和手动驾驶）车辆交互控制的程序和算法，重点关注：

1）协同分散控制系统，实现全自动驾驶，替代人工驾驶车辆。
2）基于 V2X 消息的通信（提供 ETSI 的标准化）支持自动驾驶规划和交通流优化。
3）基于板载的传感器架构，实现可靠的定位和车道保持自动化。

AutoNet2030 旨在研究这三种主要的汽车研究线程的结合如何使车道保持/更换、行驶协商和自动驾驶/手动驾驶车辆之间的交互更加高效和可靠。原型协作自动驾驶系统将完全集成到测试车辆中，并在测试道路上实际演示。

为了实现这些目标，AutoNet2030 精心挑选并整合了一个具有高互补性并由不同角色组成的跨欧洲联盟。中小企业（BASELABS、BroadBit Energy）、研究机构（ARMINES、ICCS）和大学（EPFL、TUD）等较小的合作伙伴将其在自动驾驶技术原型、操纵控制和传感器数据处理方面的专业能力引入项目中。另一方面，大型工业合作伙伴（CRF、斯堪尼亚、日立欧洲）提供汽车平台，并在很大程度上为 AutoNet2030 系统和汽车整合做出贡献。

26.2 用例

为了展示具有相关客户和社会价值的场景，AutoNet2030 设计了两个不同但典型的驾驶场景。一个场景在高速公路条件下进行，使用两辆重型货车和（至少）一辆手动驾驶客车，重点关注（增强）车队运动的改型；后者是引入高速公路自动驾驶最有前途的方法之一。另一个场景设置在一个更类似于城市内部的场景中，使用完全自动的电动原型车辆（主要）展示用于安全故障分布式决策和交叉口协调的自动化功能。

为了展示合作通信和感知能力的效率，以及以特有的安全方式实现合作行驶，特意选择了一组高速场景。

场景	描述
1. 接合	一辆货车高速行驶，另一辆在同一车道上追上。当第二辆接近第一辆时，它们会加入队列共同行驶。车队创建后，自动驾驶功能协助保持速度、距离和车道位置
2. 合并	场景 1 中的两辆合作货车被一辆手动驾驶汽车接近，它试图与货车合并到同一车道。自动驾驶功能识别合并并增加货车之间的距离。此外，车内的人机界面还建议驾驶员调整速度和转向，以便安全合并
3. 离开	场景 2 中的三辆车在同一车道以合作模式行驶。手动驾驶车辆的驾驶员决定改变车道并离开车队
4. 变换车道	两辆货车以合作模式行驶，一辆手动驾驶的汽车从左边车道的后面驶近。HMI 建议驾驶员保持速度和位置。货车上的雷达传感器和汽车上的激光传感器都确认左边车道没有相互冲突的物体，因此货车可以安全地换道

我们特意选择了一组低速场景来展示合作通信的效率、感知能力，尤其是合作决策的实现。

场景	描述
1. 跟车	两辆车在同一车道上行驶，保持恒定的距离。首先，领先车辆的速度略有变化，它执行紧急制动，然后重新起动。在这两种情况下，我们展示了车辆如何保持永久安全
2. 合并	两辆以合作自动化模式行驶的车辆接近一个合并点，并协调合并到主要道路。没有优先级的车辆减速以提供足够的空间。采用合作行驶，可以安全高效地进行合并
3. 变换车道	两辆车以相同的速度行驶在不同的车道上，其中一辆决定改变车道。目标车道上的车辆应减速，以方便另一车道的车顺利换道。采用合作行驶，可以安全有效地进行变道操作
4. 交叉	两辆车以相同的速度接近一个交叉点。通过 V2V 消息传递和协作决策确定交叉顺序。因此，车辆在交叉路口没有碰撞，演示了信息交换和合作决策

26.3 人机界面

在实现自动驾驶功能时，与驾驶员互动是一项非常重要的挑战。AutoNet2030

项目已经将重点放在了部分自动化车辆的 HMI 设计和开发上，偶尔也可以（高速示例）通过其功能来通知自动化车辆的用户。该项目依赖于工程师和认知 HMI 专家的多学科合作，旨在设计一个用户友好的界面。

在分析了上述 AutoNet2030 示例之后，确定了道路/车辆事件和操作（用户需要的）流。为了满足特定的需求（每个示例），设计了一台创新的双显示 HMI 系统。它包括一台平视显示器和一台二级显示器（即 Android 设备）如图 26.1 所示。驾驶员可以通过 HUD 收到最重要的信息和相关的操作建议。二级显示器仅提供信息消息（例如，某个通知被投影的原因）和交互功能，当安全条件允许时（如按钮在手动模式和自动模式之间切换）。在每种情况下，都定义了一个布局来处理不同的视觉元素、相关的紧急级别以及信息最好地呈现给驾驶员的方式。显示的消息是根据预定义的语法结构确定的，并根据设计的 HMI 逻辑（用于投影）对其重要性进行了优先级排序。

 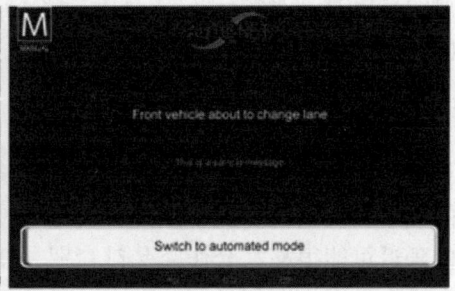

图 26.1　双屏 AutoNet 2030 人机界面系统的指示性截图：HUD（左）和 Android（右）

26.4　合作控制

26.4.1　基于分布式的车队控制

在分布式车队的案例中，我们主要需要解决的问题有以下几个：我们考虑了道路上数量未知的智能车辆，它们能够在局部相互通信，并且将自身纳入到这个局部系统中。问题是，这些车辆如何建立一个动态的多车道车队并保持稳定，同时允许新车加入和当前的汽车离开。

在车辆群控制中，大多数工作都集中在使用活动间距控制方法对连续车辆进行单车道编队问题上。点跟踪和车跟踪、自适应巡航控制（ACC）、协同 ACC（C-ACC）、局部控制器是单车道编队控制的主要方法。在这些策略中，通过基本的控制律来维持所需的车辆间距，使每辆被控制车辆的距离和速度与前面的车辆匹配。

AutoNet 2030 编队控制方法基于 Gowal 等人的工作，该工作提出了多车道编队的无领导图形控制。定义了一个无向图 $G D(V,E)$，其中顶点 V 对应于被控制代理（在本例中为车辆），边 E 对应于车辆间通信和相对定位链路。基于基本的线性代数，二维编队控制问题的稳定解如下：

$$x = (L \otimes I_2)(x - b) + v_G$$

$L = IWI^T$，其中 L（称为 Laplacian 矩阵）由关联矩阵 I 得到，关联矩阵 I 定义了 G 的边，权重矩阵 W 是一个对角矩阵，用于调整分配给边的权值。I_2 就是一个 2×2 矩阵。所有车辆的 (x, y) 绝对位置向量由 x 给出，车辆对地心的期望偏移量由偏置矩阵 b 给出，参数 v_G 表示车辆的期望速度。

为了使基于图形的编队控制具有可伸缩性和动态性，我们提出了一种方法，其中包含车辆之间连接的图形是动态创建、本地维护和自动修改的。系统中动态图形的主要成分是局部邻域和局部标识符。我们使用拓扑距离来定义车辆的局部邻域，也就是用车辆的数量来度量的距离。局部标识符允许每个车辆使用其局部坐标系枚举其附近的其他车辆，方法是在 x 轴和 y 轴（在其局部右手坐标系中）分配包含拓扑距离的有序对（2个元组）。最后，将 Laplacian 控制升级为分散控制，假设图是连通的（但不一定是完整的），只使用相对定位信息。更多细节见文献 [6]。

26.4.2 合作式交叉口管理

目前，在交通路口设置交通灯，以协调交通冲突，确保道路安全。然而，这种系统的效率和安全性受到了质疑：美国 44% 的碰撞发生在交叉口区域内，交通灯引起的延迟可能很高。合作交叉口管理（CIM）在文献 [7] 中首次提出，它允许自主车辆在没有交通灯的情况下协同穿越交叉口，充分利用车辆先进的传感、通信和机动能力。结果表明，与交通灯相比，CIM 带来了显著的效率提升（在吞吐量、平均延迟等方面）。

在 AutoNET 2030 中，CIM 是主要的研究课题之一。我们采用面向安全的方法来解决这个问题。目标是为 CIM 设计一种既高效又可能安全的机制。采用基于优先级的方法将协调问题分解为两个子问题：车辆优先级规划和车辆制动安全控制。车辆优先级决定了车辆通过交叉口的相对顺序。车辆的制动安全控制允许车辆避免与其他优先级更高的车辆（前车）碰撞，即使在前车执行紧急制动时。在温和的假设下，该系统的整体安全性和无死锁特性可以用数学方法证明。更多细节见文献 [8 – 10]。

26.5 协同传感感知层

26.5.1 可配置感知层

建立可靠和准确的环境感知（通常被称为环境模型或感知层）是自动驾驶车辆的一个关键要求，以便于以安全和高效的方式执行自动化。一般来说，环境模型包括静态和动态实体，这些实体需要随着时间的推移进行观察和跟踪。无论是决策制定还是控制算法阶段，都直接依赖于环境模型的鲁棒性和准确性，这被认为是自动驾驶的核心部分。

通常，一些感知传感器，如雷达、激光雷达和摄像机被用来感知主机周围的环境。这些异步传感器信息不断地与数据融合算法相结合，以建立统一的环境模型。这种多传感器数据融合方法背后的直觉通常是双重的：首先，由于单个传感器系统的应用范围常常受到物理约束的限制，将安装在不同位置的多个传感器组合在一起增加了监视区域。其次，更重要的是，通过使用异构传感器，可以结合特定的传感器特性（例如，雷达传感器可以直接观察径向速度分量，而相机系统通常适当地估计一个对象的宽度），以改进环境模型。

在 AutoNet2030 项目中，需要集成板载感知传感器和通信信息的全方位 360°环境模型，以便安全地执行和演示 26.2 节中详细描述的高速和低速场景的预期示例。感知层必须有效地实现，以满足实时条件，并优化利用测试车辆内部嵌入式计算机的计算资源。

此外，由于 AutoNet2030 特意使用了多个异构的车辆平台，360°感知层必须能够很容易地适应不同的车辆配置。例如，这包括能够很容易地将雷达传感器从一个特定的制造商替换为另一个制造商，以及传感器特性的特殊配置，如安装位置或传感器噪声特性。为了应对拥有可配置的 360°环境模型的挑战，AutoNet2030 内部使用了一种新的基于工具的开发方法：

1）原型设计：在这个阶段，通过在具有丰富调试功能的高级编程语言 C#和 C++的多个传感器之间执行概率数据融合来开发环境模型。数据融合是通过使用概率传感器数据融合框架 BASELABS Create 实现的。这个 SDK 利用了增量开发过程，可以逐个添加传感器，直到最终达到 360°配置。通过对每个车辆平台的记录和在线测量数据进行测试和验证，得出的环境模型得到了验证。

2）车辆集成：在此阶段，已验证和测试的环境模型将自动从高级 C#代码转换为静态嵌入式 C 代码，该代码适用于 ECU 级别的预装集成。自动代码转换确保 C 代码在功能上完全等效于原型步骤中已经测试过的 C#版本。

26.5.2　用于自动驾驶的 V2X 通信

最近的研究以及 V2X 通信成功的现场试验，使 V2X 通信在自动驾驶中的应用更接近现实。合作自主驾驶也是欧洲研发项目 i – GAME、AdaptIVe、COMPANION 的目标。

自动驾驶的 V2X 通信是合作车辆通信系统的自然演变结果。初始 V2X 通信系统设计提供驾驶员援助，这对应于 L1 的定义在 SAE 3016.4 J 更高水平的自动化过程中引入新的需求，需要新的或增强的定义信息、通信协议、标准化合作自主驾驶见文献 [14]。

为了实际实现异构车辆之间的 V2X 通信，需要标准化来保证其互操作性。基于这个原因，ETSI 智能运输系统技术委员会（ITS）最近发布了 GeoNetworking Standard，它定义了 VANET 中的分组传输转发算法。此外，定期合作意识信息（CAM）和分散的环境通知信息（DENM）允许车辆使用通用语言交换信息。

CAM 允许参与 V2X 通信网络的每个道路用户定期传输它们的站点类型、时间、位置、速度和许多其他参数。这种对对象状态相当全面的描述，结合在完美条件下高达 1000m 的通信范围，使得 CAM 数据对于改进多传感器数据融合很有吸引力。

然而，与传统的机载感知传感器相比，V2X 通信和 CAM 传输有一些独特的特点。例如，这包括一个全局坐标系统，根据 CAM 触发器规则的动态更新速率以及通信通道的高延迟。在 AutoNet2030 中，还研究了 V2X 对环境模型的补充潜力。

此外，AutoNet2030 计划正在研究新的通信协议和消息类型，专门用于支持自主车辆之间的合作传感和机动。每辆车以 1Hz 的频率向所有相邻车辆广播的新合作传感信息必须在合作车辆之间共享被探测到的对象（如车辆、行人、骑自行车的人等）。为了实现协同机动功能，需要几种新的消息类型，例如车队运输信息协调车辆多车道编队的机动，协同变道服务支持车辆间的机动谈判，旨在实现变道，以及相对空间保留。关于这些合作自主驾驶专用信息的更多细节可以在论文[14]中找到。

26.5.3　道路数据融合模块

道路数据融合模块旨在提高道路几何形状的观测和检测的准确性，这是由单个车辆感知组件和 V2X 传感器信息提供的。道路属性通过道路标记、道路边界和匹配/改进的 GPS 位置从可用的目标跟踪/图像处理和定位单元中提取，并使用地图道路几何形状进行融合。该模块的输出从本质上提高了系统的信息可用性和鲁棒性（例如，在没有可见车道标记的情况下，可以仅使用地图数据人工重建车道信息）。它以路段表的形式精确地表示了道路的几何形状，每个路段都用回旋模型方程来描述。

26.6　结论与展望

我们介绍了 AutoNet2030 工作主体的主要部分，特别介绍了该联盟在系统体系结构、分布式控制算法和协作感知能力方面解决了相关自动驾驶挑战的方式。有待实现的是 5.9GHz V2X 通信的标准化使用，AutoNet2030 软件模块的最终优化，以及它们在现有车辆平台上的集成。随后对合作机动控制算法和整体系统功能进行测试跟踪验证。随着上述 AutoNet2030 目标的成功完成，该项目预计将成为进行成本优化并实现广泛部署的自动驾驶技术的路径。

第 26 章　合作式自动驾驶的挑战：AutoNet2030 方法

该研究工作由欧洲 FP7 计划 AutoNet 2030 资助（赠予协议 No. 610542）。

参 考 文 献

1. A. de La Fortelle, X. Qian, S. Diemer, J. Grégoire, F. Moutarde, S. Bonnabel. A. Marjovi, A. Martinoli, I. Llatser, A. Festag, K. Sjöberg, Network of Automated Vehicles: The AutoNet2030 Vision, in *Proceedings of 21st World Congress on Intelligent Transport Systems*, 2014
2. L. Xiao, F. Gao, Practical string stability of platoon of adaptive cruise control vehicles. IEEE Trans. Intell. Transp. Syst. **12**(4), 1184–1194 (2011)
3. S.Y. Han, Y.H. Chen, L. Wang, A. Abraham, Decentralized Longitudinal Tracking Control for Cooperative Adaptive Cruise Control Systems in a Platoon, in *IEEE International Conference on Systems, Man, and Cybernetics*, pp. 2013–2018, 2013
4. K.Y. Liang, Coordination and Routing for Fuel-Efficient Heavy-Duty Vehicle Platoon Formation, Licentiate Thesis, 2014
5. S. Gowal, R. Falconi, A. Martinoli, Local Graph-Based Distributed Control for Safe Highway Platooning, in *IEEE/RSJ International Conference on Intelligent Robots and Systems*, pp. 6070–6076, 2010
6. A. Marjovi, M. Vasic, J. Lemaitre, A. Martinoli, Distributed Graph-Based Convoy Control for Networked Intelligent Vehicles, in *Proceedings of IEEE Intelligent Vehicles Symposium*, pp. 138–143, 2015
7. K.M. Dresner, P. Stone, A multiagent approach to autonomous intersection management. J. Artif. Intell. Res. (JAIR) **31**, 591–656 (2008)
8. J. Gregoire, S. Bonnabel, A. de La Fortelle, Priority-Based Coordination of Robots, CoRR, vol. abs/1306.0, 2013
9. X. Qian, J. Gregoire, F. Moutarde, A. de La Fortelle, Priority-Based Coordination of Autonomous and Legacy Vehicles at Intersection, in *Proceedings of the IEEE International Conference on Intelligent Transportation Systems (ITSC)*, pp. 1166–1171, 2014
10. X. Qian, J. Gregoire, A. de La Fortelle, F. Moutarde, Decentralized Model Predictive Control for Smooth Coordination of Automated Vehicles at Intersection, in *European Control Conference (ECC2015)*, 2015
11. N. Mattern, R. Schubert, A Hybrid Approach for ADAS Algorithm Development—From High-Level Prototypes to ECUs, in *Proceedings of the 10th ITS European Congress*, Helsinki, Finland
12. S. Kato, S. Tsugawa, K. Tokuda, T. Matsui, H. Fujii, Vehicle control algorithms for cooperative driving with automated vehicles and intervehicle communications. IEEE Trans. Intell. Transp. Syst. **3**(3), 155–161 (2002)
13. H. Stubing, M. Bechler, D. Heussner, T. May, I. Radusch, H. Rechner, P. Vogel, simTD: A car-to-X system architecture for field operational tests. IEEE Commun. Mag. **48**(5), 148–154 (2010)
14. L. Hobert, A. Festag, I. Llatser, L. Altomare, F. Visintainer, A. Kovacs, Enhancements of V2X Communication in Support of Cooperative Autonomous Driving, to appear in *IEEE Communications Magazine*, 2015
15. M. Tsogas, N. Floudas, P. Lytrivis, A. Amditis, A. Polychronopoulos, Combined lane and road attributes extraction by fusing data from digital map, laser scanner and camera. Inf. Fusion **12**(1), 28–36 (2011)

第 27 章　自动重型车辆的结构和安全性：ARCHER

27.1　项目总结

机器正在向自动化靠拢。这种转变是由安全、效率、环境和传统的"自动化机器人"驱动的。类似的趋势也出现在多个领域，包括重型汽车、乘用车和飞机。然而，这种转变面临着多重挑战，包括如何逐步从现有体系结构演变为自动系统、立法和安全标准的局限性、测试和验证方法以及人机交互。

开发完全自动化的重型车辆的主要挑战之一是设计和开发具有可接受的系统安全水平的系统，必须为系统架构、安全分析和系统验证制定新的原则和方法，以达到必要的安全水平。

考虑到车辆的重量、尺寸、使用寿命、操作场景和所产生的变体的数量，这些挑战对于完全自动化的重型车辆来说尤其重要，即车辆中没有可用的驾驶员。商用车的商业案例也与乘用车大不相同，乘用车的主要目的是运输人员。商用车是一种运输工具，驾驶员不是货物的一部分，约占运输成本的三分之一。

该项目的目的是为全自动重型商用汽车的安全分析开发方法和原则，创建参考体系结构，并为全自动重型汽车测试和验证开发方法和原则。此外，还包括用于全面验证参考体系结构和开发方法的概念实现。

这个项目由瑞典政府提供部分资助，如 iQDrive（调查半自动的重型车辆驾驶员）、iQMatic（控制室和至少一个负荷单位组成的原型自动运输系统）、FUSE（调查自动驾驶汽车和功能安全方面）和 ESPRESSO（开发和改进基于模型的技术，以提高货车嵌入式系统的质量并降低开发成本，特别是安全关键系统）。

27.2　背景

瑞典汽车工业的出口占瑞典出口总量的很大一部分。对于瑞典汽车制造商来说，国内市场只占全球销量的一小部分，而大部分研究和技术开发工作都在瑞典进行。

随着车辆从驾驶员控制转向完全自动化控制，预计将出现代际转换。这种转变已经开始了——已经有一些活跃的系统在极端危急的情况下进行干预，以避免事故发生进而提高安全性。半自动化功能例如自适应巡航控制也已经到位；自适应巡航控制是一种自动系统，驾驶员将车辆的纵向控制交给车辆的自动系统。自适应巡航控制在提高能源和交通效率方面提供了相当大的发展潜力。众所周知，许多涉及车辆的单一车辆和工作场所事故的根本原因是疲劳或分心，而这往往是由于单调的驾驶情况引起的。通过自动完成单调的驾驶任务，可以防止此类事故的发生，从而提高交通安全。

由于传感器、执行器和半导体技术的性价比及成熟度的提高，当前的重点和转向自主的转变得以实现。因此，瑞典汽车工业不得不从机电一体化工程行业向成熟的网络物理系统工程行业转变，汽车自动化软件运营和汽车通信成为一个巨大且不断增长的要素，参见文献［1］。

关于自动化领域的技能开发，在瑞典开展自动化车辆概念开发和在其自然环境中进行测试的项目是极为重要的。借助应用于自主研究平台的切实研究项目，瑞典应该能够在保持其在汽车自动化领域的地位的同时，发展必要的技术，以应对最初面向工作车辆、随后面向商业和私人车辆的转换。

很明显，为了在自动车辆技术领域取得更大的广度和深度，需要开展一些活动。这在一定程度上是对社会和运输系统不断发展的反应，部分是由于有远见的客户有明确的愿望。

"传感器融合""功能安全"和"感知"等领域正受到汽车行业和学术研究的高度关注，但明确解决电气系统体系结构、安全和验证问题的努力存在局限性——尤其是在完全自动化的重型商用车领域。如果考虑到重型商用车的重量、尺寸、寿命和管理大量变型的复杂性，缺乏驾驶员会带来特殊的挑战。此外，全自动化重型车辆的发展受到明确的市场需求的强烈推动，因为在大多数应用中，除了安全方面外，重型车辆无需有人在场。该项目名为"自动重型车辆–ARCHER"，是对瑞典和国际上现有自动化项目的补充，其重点是：①重型车辆的结构；②不具备人员的完全自动化；③注重安全的 E/E 系统的验证。

27.3 工艺水平

为了安全和验证，下面简要介绍技术状况（SOTA）。

ISO 26262：2011《道路车辆功能安全》描述了实现道路车辆功能安全的最佳实践。目前，它只适用于乘用车，但它可能会适用于重型车辆（在项目期限内）。遵守安全标准不仅对于它在整个产品安全生命周期（从概念到退役）中提供的全面覆盖很重要，而且还因为证明上述最佳实践是排除系统故障时的一个重要因素。

ISO 26262 要求对系统进行早期危害分析，随后制定安全目标，确定每个安全目标的汽车安全和可靠性水平（ASIL）。然而，该标准是否适用于智能、自动驾驶汽车功能的开发尚存争议。原因之一是它依赖于危险和风险分析技术，在这些技术中，人类的参与通常以车辆驾驶员的形式出现，这是估计风险降低程度以及后续的 ASILs 的安全要求计算的一个重要因素。

对于真正的自动驾驶汽车来说，人类的参与是不能在安全关键的操作情况下作为一个减轻因素。因此，要么必须考虑到高 ASIL 水平（假设没有人为可控性），要么需要升级现有标准，以包含新的可控性概念，即机器智能取代人。

ISO 26262 的功能安全考虑首先从汽车层面的相关安全系统的风险分析和危害识别开始。存在一些低级风险分析工具，如故障树分析（FTA）、事件树分析（ETA）、失效模式和影响分析（FMEA）、概率 FMEA、危险和可操作性研究（HAZOP）等。这些工具和方法通常为低风险或风险分析提供足够的支持。然而，它们通常需要详细的设计规范，并且不考虑系统的动态行为。已知的自动系统的设计的挑战包括更多的工作量转移到关键或工作密集时间段，紧耦合使自动系统反应更快，不足或不适当的反馈系统模式，对特定用户的反馈过多或过少，减少情况意识，加强决策偏差，强制执行仅适用于名义情况的限制，在极端情况下也适用，并鼓励对自动化的依赖，在一定程度上驾驶技能降低了。

文献中提出了一些方法来解决在早期设计阶段缺乏详细设计规范的问题。其中，系统理论过程分析（System Theory Process Analysis，STPA）技术在详细设计前已被证明具有识别系统安全要求和约束的潜力。STPA 还解决了系统的动态行为，一些作者报告了将 STPA 应用于各种系统的积极结果，包括汽车功能，如正向避碰。这使我们相信，STPA 可能对自主系统的安全分析有用。在无人参与的情况下应用危害分析技术仍然是需要在自主重型车辆领域进行进一步探索的领域。

在完成一项危害分析后，ISO 26262 过程将继续进行，以生成安全目标，ASIL 分类继承自已识别的危害，并制定功能安全概念（FSC）。然后，FSC 被提炼成一个技术安全概念（TSC），为随后制定硬件和软件安全要求提供基础。在各个安全概念级别，故障运行特性、冗余、系统监控和监控控制等方面都进入了考虑范围。提供了系统监视和监视概念的概述，特别是自动系统。监督控制和故障运行模式的概念对于自动驾驶车辆特别相关，因为对于操作的自动驾驶道路车辆没有普遍的安全状态。因此，有必要研究监督控制方法、监督人员在系统体系结构中的分布及其对系统安全论证的总体影响。这就是体系结构作为安全设计的一个重要方面出现的地方。

电气系统体系结构的传统方法是使用独立的硬件平台，称为电子控制单元（ECU），它连接在通信网络中。这些 ECU 通过协调信号交换信息，这个被标记为"联合体系结构"的方案可以很好地分离关注点并简化集成的验证。然而，联合体系结构面临着不断增加的功能复杂性、非最优资源消耗、紧急行为和成本等挑战。

第 27 章　自动重型车辆的结构和安全性：ARCHER

为了解决这些问题，航空电子设备和最近的汽车领域都在向所谓的"集成体系结构"过渡，即一个 ECU 可以支持多个功能，一个功能可以分布在多个 ECU 上。功能、子系统甚至库组件都可以由不同的组织或供应商开发，并且可以在一个 ECU 中使用不同的平台服务，并共享一组有限的通信通道。然而，这一方向不会消除车辆控制的分散性质，但可能意味着加强高级管制协调的新办法。

向集成体系结构的过渡需要开发用于设计和分析体系结构的新方法、工具和技术。这包括与混合临界系统、多核和网络芯片技术、ECU 之间系统功能的最佳映射和分配、系统级整体技术属性（如端到端时序和延迟）的保证以及系统安全性、可靠性等功能性属性相关的主题。需要探索从过大的设计空间中评估和确定最佳的体系结构。基于平台的设计等技术为系统设计功能、体系结构、它们的映射以及映射体系结构的实现提供了早期的方法。

自动功能的引入需要对系统体系结构和过程进行批判性的研究。这是因为自主性作为一个系统级别的属性远远超出了"只是另一个需求"。传统上，机器人和人工智能领域引领了自主系统体系结构的发展。然而，将这些体系结构转换到汽车领域并不是一个简单的过程，特别是考虑到汽车领域对安全性的要求、合并遗留设计、不同的开发过程和业务用例以及所涉及的产品变体的数量。在文献 [26] 中对各个领域的自动系统体系结构进行了全面的分析，包括领域特征、共性和差异的比较。

一种很有前途的方法是开发自动驾驶汽车系统的参考体系结构，使用现有的和新的设计模式和原则，以促进系统集成（学术上称为可组合性和构建正确性）。参考体系结构方法已经成功地应用于像合作驾驶这样的独立自主功能，并且应该可以将其推广到车辆级别，特别是当整个车辆 E/E 体系结构由单个组织控制时。特别感兴趣的是为同一车辆模型的自主和非自主变体开发通用参考体系结构。使用新的自主模式和原则有助于减小复杂性，从而减少核查任务的困难。

美国的交通统计数据显示，致命车祸之间的平均时间大约是 200 万车辆小时，受伤事故之间的平均时间超过 5 万车辆小时。要让自动驾驶汽车被社会接受，它需要被证明比这个基线安全得多。这是一个艰巨的挑战，当我们考虑到完全自动化的重型商用车将是一个产品，需要现有客户负担得起，需要考虑重型车辆的使用生命，它的使用寿命远远超过乘用车。广泛的设计冗余和密集的预防性维护制度会使商业航空安全，但在汽车行业不是直接经济可行的。此外，公共街道上的危险情况需要比空中处理得更快，因为其他车辆和行人离得很近。

这些因素都增加了对自动车辆的测试验证要求。同时，自动车辆架构中不断增加的复杂性和巨大的状态空间使得几乎不可能在所有可能的场景中实现车辆架构及其行为的全面测试覆盖。通过使用构建系统或组件原型并在其上运行一系列测试的传统方法，在实际的产品开发时间框架内实现充分的测试覆盖率是不可能的。ISO 26262 从本质上说，风险越大，在设计和验证上就应该花费更多的精力和严谨性，为各种技术提供了提示,但没有关于如何使用和组合不同技术的指南。因此,迫切需要发展一种新的核查方法。

有许多验证和测试的方法,从操作评审到自动化测试。我们在此重点讨论基于模型的方法,这些方法在处理验证方面表现出很大的希望,并且补充了主导的工业测试实践。我们确定了复杂系统验证的三种主要方法:①仿真;②形式验证;③验证问题的制定和形式化。

前两种方法涉及模型的创建,即系统的形式化表示。在模拟方法中,模型通常是建设性的,而在第二种情况下,模型通常是分析性的,例如文献[29]。基于模拟的方法的优点是它们可以作为建设性的设计模型使用(在这些模型中,部件可以被重用,例如用于代码生成和 HIL 测试),而缺点在于无法覆盖大的状态空间。因此,相应的挑战包括找到相关的测试用例和理解什么构成了相关的覆盖。在第二种方法中,首先创建形式表示(或从构造模型生成),然后进行分析,以确保特定的系统属性或没有不需要的属性。分析方法包括模型检验、定理证明等基于离散数学、形式逻辑或混合形式的方法。形式验证的优点是能够覆盖状态空间的完整部分,并且明确地捕获了需求和约束。

正式验证的挑战包括对实际大小问题的可伸缩性,以及它们对形式化模型和处理它们所需的工具的依赖。这种方法需要经过专门培训的用户,尽管现在存在促进模型创建的工具。为复杂系统构建模型所付出的巨大努力意味着,这种方法在安全关键系统的开发之外并不常见(目前在汽车行业的实际应用不多)。仿真与形式化验证相结合是当前研究的热点,例如 MBAT。

第三种方法是关于验证问题是如何表述和形式化的,涉及诸如需求捕获的形式化级别和类型的选择,以及约束和假设是如何捕获的等问题。众所周知,安全事故常常源于对假设的不完全理解和模型之间的不匹配。需求、约束和假设的制定与通过模拟、形式化分析和测试的验证密切相关,因为它将驱动验证,验证的整体方法与测试用例密切相关。契约的使用已经成为系统及其组件规范的一种很有前途的方法,以保证系统的增量组装具有所需的特性。契约允许显式地描述组件的使用环境以及如何组合组件。

三种方法的共同挑战是处理模型管理和集成,一个单独的研究领域本身,ARCHER 项目包括处理多个模型一致性管理的挑战。

对于自动系统的验证没有什么灵丹妙药。ARCHER 假说认为,架构设计(减少复杂性)、验证技术(自动化可行的东西,并将努力放在关键的和难以形式化的方面)的组合,是实现目标验证的正确方法。

27.4 项目内容

作为一项长期计划的一部分,ARCHER 被认为是第一步。计划继续进行拟议的项目，重点是验证 ARCHER 在示范货车上的结果，并向更高的 TRL 迈进，并与 KTH ITRL 实验室密切合作，努力建立一个自主能力中心。

ARCHER 包含了全自动重型商用车的三个主要重点领域：①安全性分析的方法和原则；②系统架构的方法和原则；③验证的方法和原则。

第一个领域集中在安全方面。正如本章 SOTA 部分所述，目前的安全分析方法主要基于一个实际存在的驾驶员，他可以作为功能退化链中的最后一招。对于没有驾驶员的自动化级别，必须开发新的降解原理以及新的安全分析方法和原理。为了举例说明，下面列出了这方面的一些相关问题。

1）当适用于全自动重型车辆时，安全分析的现有标准和方法在哪些方面存在不足？

2）如何改进现有的安全分析标准和方法，为开发全自动重型车辆提供可靠和有效的方法？

3）如何制定安全要求来处理安全性和可用性之间的利弊权衡？

4）根据车辆的计划运行环境，安全要求将如何变化？

5）如何定义人类独立诊断和诊断程序的原则？

第二个领域是系统架构视角。将开发一个参考体系结构（或一组体系结构，覆盖了从根本上不同的应用程序场景或子系统），满足已识别的安全性、测试和操作需求，并解决体系结构瓶颈，同时考虑基础设施可用性、遗留系统集成和成本效率等现实约束。为了举例说明，下面列出了这方面的一些相关问题。

1）应该使用哪些体系结构原则和模式来提供一个可接受的系统安全性和成本（假设根本没有人驾驶）？

2）在实际生产商用车时，使用哪些架构原则和模式是可行的？

3）在考虑自动化水平的情况下，使用哪些体系结构原则和模式可以使系统能够进行测试和验证？

第三个领域是测试和验证。在设计时甚至在架构设计中都需要包含验证方面，因为完全自动化的重型车辆无法通过当前的测试方法进行验证。为了达到可接受的安全水平，将制定有效测试的原则。将制定一种方法，结合最新的测试、模拟和正式的验证方法。该方法将从故障及其模式、行为和结构方面（包括体系结构模式）、验证技术的类型和形式化（包括验证自动化的能力）以及故障/风险的临界性等方面考虑和挖掘特征。

27.5 项目目标

ARCHER 项目的主要预期结果是：

1）全自动重型车辆安全分析的方法和原则。

2）方法、原则以及一个参考系统体系结构支持安全和经济高效的全自动重型车辆。

3）全自动重型车辆测试和验证的方法和原则。

4）3 篇许可论文（瑞典博士教育半程博士论文，后续项目博士阶段完成）。

5）9 篇硕士论文。

6）加强产业界和学术界之间的合作。

该项目的目标是为全自动重型车辆开发一套需求、设计原则、方法和参考体系结构。由于大多数工业项目的 TRL 水平相对较低，因此需要考虑体系结构，以处理复杂性、安全性、可用性和业务问题。架构、测试、验证和安全是紧密相关的，因此同时进行是有好处的。通过提议的焦点，ARCHER 为向更高 TRL 前进铺平了道路。

参 考 文 献

1. CyPhERS deliverable D3.2. Market and Innovation Potential of CPS. Technical Report by the CyPhERS FP7 project, Aug 2014, http://www.cyphers.eu/sites/default/files/D3.2.pdf
2. ISO 26262:2011 Road vehicles—Functional safety (2011)
3. S. Behere et al., Architecture Challenges for Intelligent Autonomous Machines: An Industrial Perspective, in *Proceedings of the 13th International Conference on Intelligent Autonomous Systems (IAS-13)*, Padova, Italy, 2014
4. C.A. Ericson, Fault Tree Analysis–A History, in *Proceedings of 17th International System Safety Conference*, 1999
5. T. Tobioka, R.C. Bertucio, Use of event tree analysis in development of a LOCA test program. Trans. Am. Nucl. Soc. **39**, 590–591 (1981)
6. R. McDermott et al., *The Basics of FMEA*, 2nd edn. (Taylor & Francis, Boca Raton, FL, 1996)
7. H. Aljazzar et al., Safety Analysis of an Airbag System Using Probabilistic FMEA and Probabilistic Counterexamples, in *6th International Conference on the Quantitative Evaluation of Systems*, Hungary, 2009
8. J. McDermid et al., Experience with the Application of HAZOP to Computer-Based Systems, in *Proceedings of 10th Annual Conference on System Integrity, Software Safety and Process Security*, COMPASS, 1995
9. D.D. Woods, Decomposing automation: Apparent simplicity, real complexity, in *Automation and Human Performance: Theory and Applications*, ed. by R. Parasuraman, M. Mouloua (Erlbaum, Mahwah, NJ, 1996), pp. 3–17
10. B.N. Sarter, D.D. Woods, Pilot interaction with cockpit automation: Operational experiences with the flight management system. Int. J. Aviat. Psychol. **2**(4), 303–321 (1992)
11. R.D. Sorkin, Why are people turning off our alarms? J. Acoust. Soc. Am. **84**(3), 1107–1108 (1988). doi:10.1121/1.397232
12. R. Parasuraman, V. Riley, Humans and automation: Use, misuse, disuse, abuse. Hum. Factors: J. Hum. Factors Ergon. Soc. **39**(2), 230–253 (1997). doi:10.1518/001872097778543886. http://hfs.sagepub.com/content/39/2/230.abstract
13. D.A. Norman, The problem of automation: Inappropriate feedback and interaction, not over-automation, in *Human Factors in Hazardous Situations*, ed. by D.E. Broadbent, J. Reason, A. Baddeley (New York, Oxford University Press, 1990), pp. 585–593
14. N.G. Leveson, *Engineering a Safer World: Systems Thinking Applied to Safety* (MIT Press, Cambridge, MA, 2012)

15. T. Ishimatsu et al., Modeling and Hazard Analysis Using STPA, in *Proceedings of the 4th IAASS Conference Making Safety Matter*, p. 10, 2010
16. H. Nakao, M. Katahira, Y. Miyamoto, N. Leveson, Safety Guided Design of Crew Return Vehicle in Concept Design Phase Using STAMP/STPA, in *Proceedings of the 5th IAASS Conference,* pp. 497–501, 2011
17. S.J. Pereira, G. Lee, J. Howard, A System-Theoretic Hazard Analysis Methodology for a Non-advocate Safety Assessment of the Ballistic Missile Defense System, in *Proceedings of the AIAA Missile Sciences Conference*, Monterey, California, 2006
18. J. Thomas, N.G. Leveson, Performing Hazard Analysis on Complex, Software- and Human-Intensive Systems, in *Proceedings of the 29th ISSC Conference About System Safety*, 2011
19. S. Sulman et al., Hazard Analysis of Collision Avoidance System Using STPA, in *Proceedings of the 11th International ISCRAM Conference,* University Park, Pennsylvania, USA, May 2014
20. E. Baudin, J. Blanquart, J. Guiochet, D. Powell, Independent Safety Systems for Autonomy: State of the Art and Future Directions, Technical Report LAAS-CNRS No. 07710
21. C.B. Watkins, R. Walter, Transitioning from Federated Avionics Architectures to Integrated Modular Avionics, in *2007 IEEE/AIAA 26th Digital Avionics Systems Conference, IEEE*, Oct 2007
22. M. Di Natale, A. Sangiovanni-Vincentelli, Moving from federated to integrated architectures in automotive: The role of standards, methods and tools. IEEE Proc. **98**(4), 603–620 (2010)
23. A. Sangiovanni-Vincentelli, G. Martin, Platform-based design and software design methodology for embedded systems. IEEE Des. Test Comput. **18**(6), 23–33 (2001)
24. A. Sangiovanni-Vincentelli, A. Ferrari, System Design—Traditional Concepts and New Paradigms, in *Proceedings of ICCD*, 1999
25. A. Sangiovanni-Vincentelli et al., Alberto Benefits and Challenges for Platform-Based Design, in *Proceedings of the 41st Annual Conference on Design Automation—DAC '04,* pp. 409–414, 2004
26. S. Behere, Architecting Autonomous Automotive Systems: With an Emphasis on Cooperative Driving, Licentiate Thesis, KTH, Stockholm, 2005
27. S. Behere, M. Törngren, D. Chen, A reference architecture for cooperative driving. J. Syst. Archit. **59**(10), 1095–1112 (2013). doi:10.1016/j.sysarc.2013.05.014. Part C
28. S. Shladover, An Automated Highway System as the Platform for Defining Fault-Tolerant Automotive Architectures and Design Methods. NSF CPS Workshop Position Paper, 2011

第 28 章 价格合理、安全可靠的移动进化

28.1 移动系统进化

当今许多社会挑战，如全球变暖、能源供应紧张、社会老龄化和安全问题，都会对交通运输产生影响，无论是汽车、铁路还是航空。欧洲道路交通研究咨询委员会（European Road Transport Research Advisory Council）的目标是到 2030 年将交通系统的效率提高 50%。在死亡和严重伤害方面，汽车工业的目标是到 2030 年减少 60%。

在高端市场领域，创新功能是影响购买决策的最重要因素。未来的移动解决方案将越来越依赖于智能组件，这些组件将持续监控环境并承担越来越多的责任，以提供方便、安全、可靠的运行，同时进一步促进能源消耗优化和减排。自主系统进化的一个重要步骤是从辅助系统向自动系统的转变。公众对高度自动系统的安全性的期望越来越高。在不干涉系统中，失败率明显低于人类参与者的预期。对于汽车行业来说，自动驾驶汽车是下一次重大革命，这些新型复杂自动化功能的功能性和非功能性很难保证没有任何缺陷。因此，需要为这种高度自动化的系统提供新的设计和验证方法，以满足未来与安全相关的系统需求。

在复杂分布式系统的设计过程中，系统级需求被分解为更小的技术硬件和软件需求，并映射到子系统部分。在需求分解期间，将创建各种模型来表示已开发系统的不同方面。因此，必须建立不同抽象级别的需求和系统部件之间的可追溯性。设计模型以及因此而产生的设计决策必须根据相关的功能和安全需求进行验证，并且必须确保不违反需求。

目前的一个主要限制是无法获得针对这些特定模型的合成和验证工具。虽然研究原型表明了正式证明模型或代码正确性的可行性，但这些工具并没有被业界广泛采用。

在源代码或实现级别上工作的工具可以检查特定的错误或设计缺陷，这些工具

在今天得到了很好的应用。然而，更高层次的需求和设计决策的正确性是不可能轻易而完全自信地检查出来的。

除此之外，随着向更高自动的转变而产生的进一步挑战是自动系统日益增加的复杂性和性能要求。在实现这一设想的过程中，对计算能力的需求将大大增加，远远超过传统的顺序单核硬件所能提供的能力。虽然所需的效率和可伸缩性迫使未来的嵌入式微控制器依赖于多核和多核体系结构，但硬件体系结构的变化也要求软件开发方法的根本进步。用相互连接的核心和无所不在的通信来取代当今本质上的信息技术，给软件开发带来了巨大的挑战，即如何识别和利用并发的方法，从而仍然保证可靠和可预测的行为。这里的一个问题是，分析技术和流必须得到扩展，以在多个设计和实现级别上支持并行性和系统复杂性。

目前的分析技术受到需要分析的嵌入式系统的大小和复杂性的严重限制。根据所使用的编程特性和代码复杂性，对于超过 20 万行的代码，使用抽象解释来证明运行时缺陷的工具通常很难使用。模型检查技术目前仅限于更小的程序状态空间，因为它们没有枚举抽象的所有可能的程序状态。此外，目前用于分析并发和多核软件的工具给用户带来了大量的误报。因此，对工业环境中并发系统的分析结果进行有效评估目前是不可行的。

针对并发系统的不同分析方法和工具的组合大多处于早期研究阶段，尚不能用于工业应用。造成这种情况的原因之一是缺乏支持验证任务的验证和建模工具之间的标准化接口。正式的验证工具通常只应用一种技术并支持一种实现语言。需要这些工具的密切协作，允许跨建模语言和工具边界交换分析结果和给定的假设。

28.2 目标

ASSUME 项目的主要目标是对高度自动化的、安全相关的、性能良好的移动性系统进行可负担得起的、符合标准的开发和验证。一个重点是并发系统和静态验证技术的开发方法。ASSUME 算法组合是将创新解决方案引入消费者日常生活的关键技术。ASSUME 提供了一个无缝的工程方法来克服这个障碍。这个问题是在建设性和分析方面解决的。为了高效地构建和集成嵌入式系统，该项目提供了新的工具、标准和方法，以涵盖设计中的大多数挑战。此外，ASSUME 提供了一个集成良好的声音静态分析解决方案，允许证明即使在多核环境中也没有问题。新的算法将集成到可开发的工具中。新的互操作性标准和需求形式化标准将促进不同市场主体之间的合作。

ASSUME 的工业合作伙伴（终端用户）的主要创新领域在于多核和多核处理器的基于模型的并行软件工程。该项目使正式的验证和综合技术沿着设计流程的有效使用成为可能。开发了支持将顺序程序安全迁移到并行范例的方法和工具。通过扩展形式化方法来支持多核和多核处理器的并发性，这将进一步确保并行执行环境中的安全性。

这种工程方法将得到代码生成器和静态分析程序的支持，它使系统/软件开发人员能够从当前的顺序函数工程转向并发，以便从使用现代并行处理器所带来的性能提高和硬件集成中获益。

健全的静态分析能保证在完全控制和数据覆盖的情况下，对重要的错误类（如运行时错误）进行完全自动化和彻底的检测。尽管过去取得了重要的进展，但相关工具在许多情况下仍受到精度和应用领域的限制。ASSUME 交付的分析方法和工具，提高了精度和效率。目前用于验证非功能性属性（没有运行时错误）的可用技术被扩展到更大、更复杂的系统。此外，通过改进和结合分析技术，将通过静态分析验证功能属性（如需求）。通过将形式化的需求完全跟踪到它们的实现，这是可能的。可以找到可能违反需求的示例场景，这些示例是识别模型和实现中的缺陷和错误原因的非常有价值的信息。针对多核和多核平台并发软件的工业应用，对静态分析技术进行了扩展和改进。这个 ASSUME 项目建议将现有的静态分析工具和原型扩展到并发软件的 4 个方面：

1) 在多核硬件上调度提供的对真正并发性的良好支持。
2) 内存一致性相关模型的精确处理。
3) 将顺序软件高效地迁移到并行应用程序。
4) 支持现代嵌入式操作系统。

技术创新由工业伙伴提供的工业用例驱动，通过专业化实现高精度。

28.3 预期成果

ASSUME 的预期结果是设计了一个静态分析平台（SAP），它是此类平台中的第一个，能够在大型嵌入式工业多核软件上检查经典的和并发相关的运行时错误，并且具有高效率和低误报率等特点。

ASSUME 提倡一种观点，即软件的静态分析可以被扩展，以提供可负担得起的方法来证明没有缺陷。新开发的静态分析平台将在以下 4 个方面扩展该技术的现状：

1) SAP 的可伸缩性得到了改进。
2) SAP 支持在多核处理器上运行的完全并行软件。
3) SAP 整合了一个新的框架，使安全和安全需求形式化。
4) SAP 允许在模型驱动和常规开发中对功能和功能外特性的分析无缝跟踪和

影响。

　　ASSUME 分析平台的关键进展是改进了跨语言和工具边界的验证工具集成。ASSUME 平台将促进沿嵌入式开发链的各种可用模型，以改进不同级别、解决方案、验证和验证活动的可追溯性和关联需求。这种集成的主要好处是更高的分析精度和验证更大的并发系统、检查功能属性以及同时减少验证工作的能力。平台的通用性将通过交换格式的规定来实现，但不限于此。SAP 将允许将元算法实现为一种智能（重新）算法组合，以获得全面改进的分析结果。另一个有价值的特性是，通过开发方法和工具来改进可用硬件资源的利用，这些方法和工具可以通过更精确地估计并行系统中最坏情况执行时间（WCET）和其他属性来实现高效的并行化。

　　最后但最重要的一点是，多处理器系统芯片架构（包括多核）的广泛使用对用于执行嵌入式平台的调度和代码生成的模型和方法进行了重大更改。多核体系结构的采用是由可伸缩的性能参数（涉及速度、功率等）驱动的，但是这种可伸缩性是以增加软件和软件映射过程（包括调度和代码生成）的复杂性为代价的。部分复杂性可以归因于由单个系统运行的软件规模的稳步增长。但在软件和硬件方面也有显著的质的变化。在软件中，越来越多的应用程序，包括信号处理、模拟和控制算法的并行版本，它们最好使用数据流模型（而不是独立任务）建模。为并行代码提供功能性和实时的正确性保证需要对通信资源的并发使用造成的干扰进行精确控制。根据硬件和软件体系结构的不同，这会非常困难。这有两个主要原因。第一个原因与通信有关：随着任务的紧密耦合和系统中的资源数量的增加，片上网络和共享内存库成为关键资源，需要在调度过程中显式地考虑和管理。第二个原因与自动化有关：大型多核和映射在其上的并行应用程序的复杂性使得代码生成、分配和调度必须在很大程度上是自动化的。这些自动化工具的正式验证技术非常需要。

　　ASSUME 提供了一组方法和工具，它们能够在并行软件的设计流程中有效地使用合成技术。这些技术的共同特点是形式化和完全自动化。技术重点放在正式的编译器验证和对并行应用程序的正确实时实现上。在这两种情况下，硬件建模是一个主要问题，并受到特别关注。

　　图 28.1 显示了 ASSUME 项目沿嵌入式系统开发链的技术创新领域。

　　圆形箭头表示系统开发或更精确地表示设计流程。ASSUME 技术贡献被安排在这个圆的周围和中心。开发链在市场价值链中包含的开发角色的分布上与传统的软件开发不同，但在技术上也由于与物理过程的紧密集成而不同。由于这些系统出现故障的严重后果，开发过程在几个移动领域的特定标准中受到严格的规范。

　　这项工作在拨款号 01IS15031 下得到了 BMBF 的部分支持。

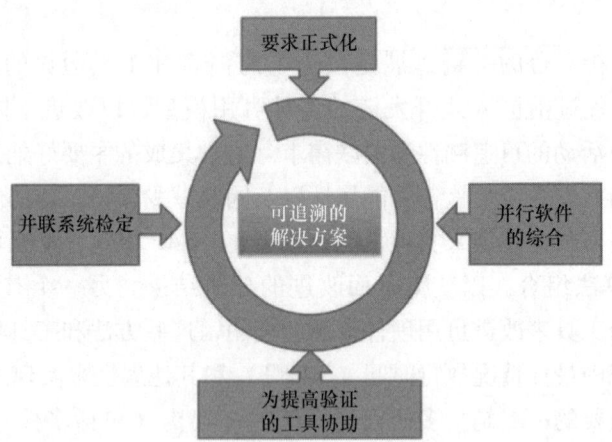

图 28.1 ASSUME 技术创新领域

参 考 文 献

ERTRAC Strategic Research Agenda 2010, Towards a 50% More Efficient Road Transport System by 2030, May 2010, www.ertrac.org

第29章 UFO：Ultraflat Overrunable 机器人，用于 ADAS 的实验测试

29.1 介绍

我们的方法在过去的几年里得到了越来越多的重视，我们的方法是应用自主驾驶平台 UFO（图 29.1），它是由 GPS 控制的。它们构成了针对不同目标的高端运动平台，因为它们允许完全 2D 运动，独立于基础设施，不需要对基础设施进行调整。目前最高速度限制在 80km/h。

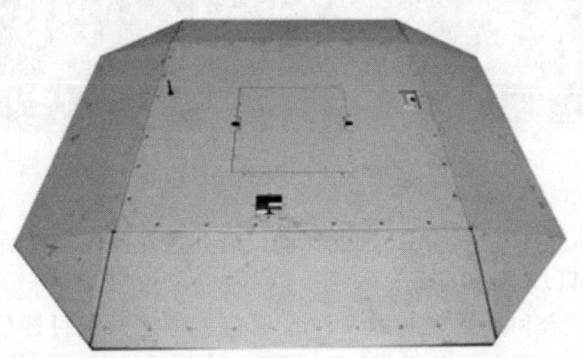

图 29.1　不明飞行物（UFO）平台（无假人）

这些 UFO 的设计方式是平台的高度低于被测车辆的底板高度（VUT）。即使发生碰撞，也不会对 VUT 或平台本身造成损害。此外，它们被坡道包围着，即使在高速情况下，坡道也能让 VUT 顺利越过平台。

29.2　UFO 平台结构

UFO 的内部结构如图 29.2 所示。它由几个子系统组成，这些子系统将在下一节中描述。

平台的推进系统通常由一台或两台电动机组成。它们的动力取决于平台所需的

性能。整个传动系统的典型功率是 5~15kW。电动机主要用于制动。尽管如此，由于需要高达 0.7g 的减速度，该平台还包括一个液压制动系统。

平台所需的能量由锂离子电池提供。

导航系统采用高性能差分 GPS（DGPS）。它使用卡尔曼滤波器将经 DGPS 修正的卫星信号与惯性系统结合起来。为了控制该平台，只有提供这种惯性系统和 DGPS 的实时同步的系统才能用于记录复杂测试场景所需的精度。

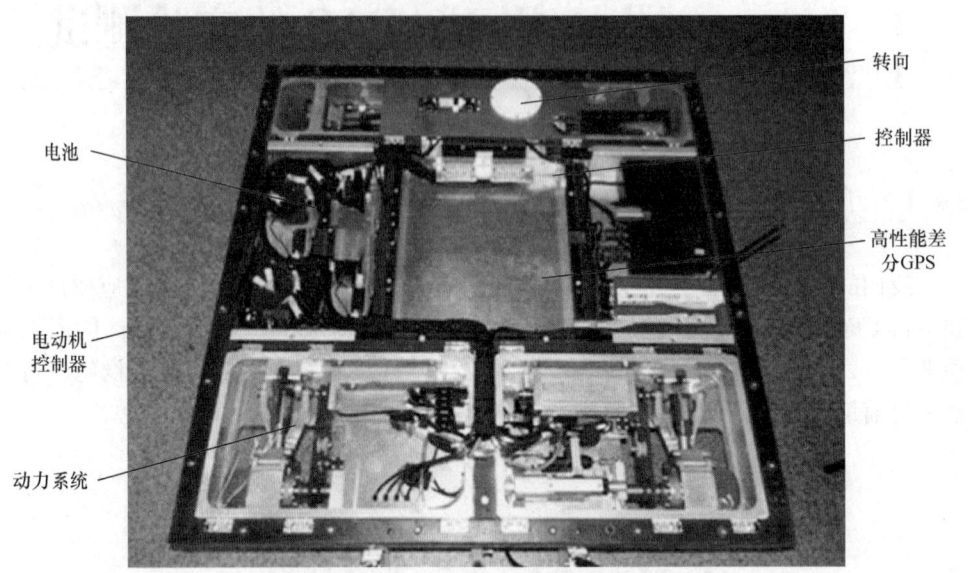

图 29.2　不明飞行物平台内部

由于 DGPS 不能在室内使用，因此目前只能在室外使用。目前，在评估中还有其他的导航系统可以在室内使用。

利用车载、平台和基站之间的 WLAN 通信，将定时和目标信息传输到平台。这样，平台还可以使用主从关系附加到 VUT。控制系统的转向算法将根据目标路径计算必要的参数。

在此基础上，平台内部的控制系统通过对目标位置和实际位置的比较，获得转向和发动机控制/制动的信号。当导航信号暂时缺失时，惯性平台可以推断缺失位置。惯性系统还降低了 DGPS 信号相对于航向信息的噪声。

操纵平台有两种方式：一种是有一两个轮子，通过一个舵机伺服器来驱动平台沿着目标路径。

例如，为了模拟行人的移动，也允许现场旋转，转向控制也可以采用规定不同速度的左右轮/链条。平台也可以在现场旋转。

29.3 通信基础设施

图 29.3 显示了一个典型的通信设置，允许各种必要的信息传输。

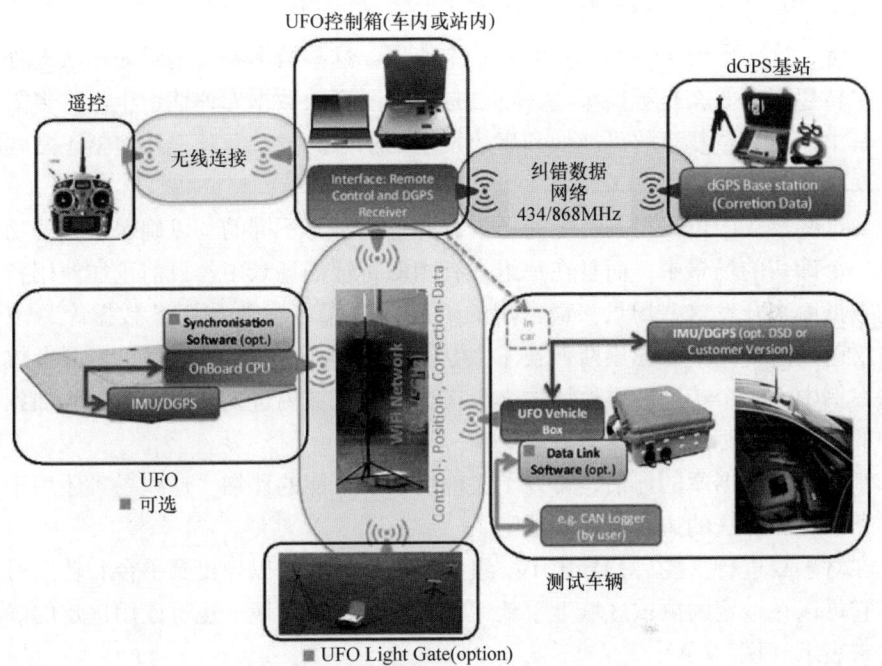

图 29.3　UFO 测试设备通信主干网

作为通信的基础，使用无线模块（Wi-Fi），运行于 2.4GHz 和 5GHz。dGPS 校正信号采用 434/868MHz 频率。由于 Wi-Fi 并不打算运行实时应用程序，因此每条消息都必须包含通用时间代码，由每个单元中包含的时间即同步时钟生成。通过在每个单元中使用 GPS 时间来保证同步。中央控制单元（CCU）用于控制所有参与测试的设备。由于在一个场景中可能涉及单个车辆或平台，因此 CCU 必须提供此功能。在该 CCU 中，控制车辆和平台的个别路径被生成。它们可以在 GPS 坐标内生成，也可以相对于 VUT 生成。通过这种方式，VUT 也可以控制平台。作为一种替代方案，所有涉及的合作伙伴也可以按照固定的时间以固定的路径运行。

当 VUT 作为主控时，有不同的方法来控制平台：

简单的方法是使用一个光门触发平台。通过这种方式，平台遵循预定义的路径，但是它们的启动是由光门触发的。通常，VUT 的时间和速度是同时测量的，以获得最佳性能，以便在手动驱动 VUT 时进行更精确的测试。

作为一种替代方案，VUT 也可以由 dGPS 来装备，dGPS 会向基站报告 VUT 的位置、速度和方向。基于这些信息，平台的速度和路径可以实时调整。这种方法的优点是具有很高的准确性和灵活性。缺点是 VUT 必须配备 DGPS 和通信模块。将该设备集成到 VUT 通常需要 20min 时间来安装。

29.4 测试场景的定义

通常，这些平台可以在无数的场景中使用。这些情况要么是优先违法驾驶，要么是左转超车，要么是更换车道，要么是停车。事故数据库评估衍生出许多附加场景，其中以具有重复事故可能性和事故发生的场景为主。此外，还包括正常驾驶的关键驾驶场景重复。

从这些事故中可以得到特定的场景，并且通常是不同的，以确保系统的功能不仅在一个确切的场景中，而且在一组具有相似特征的场景中。目前正在使用各种不同的数据库来开发这些场景。最常用的事故数据库之一是 GIDAS 数据库，该数据库由汉诺威医科大学和德累斯顿技术大学管理。他们每年收集 2000 多例事故，在这些案例中，一个特别的事故评估小组在选定的区域内进入事故现场。添加到数据库中的事故选择标准是至少有一人受伤。

基于这些数据库的评估，得到了关键场景和可能的评估。这些场景还用于定义传感器系统和算法的边界条件和准则。

在对事故进行重构后，导出了一组参考场景，并可以导出到平台和转向机器人上。它可以在选定的测试区域上重新运行，可以忽略环境，也可以用选定的静止障碍物来表示（图 29.4）。

图 29.4　行人事故场景重建

29.5 总结

本章介绍了 UFO 测试平台的概况。目前主要用于灾后重建。此外，它还可以用来评估 ADAS 功能。在未来，它还可以用于测试自动驾驶功能。

参 考 文 献

1. German accident database, www.vufo.de/forschung-und-entwicklung/gidas/. Accessed 14 Jan 2016
2. J.M. Wille, M. Zatloukal, Volkswagen Group Research rateEFFECT—Effectiveness Evaluation of Active Safety Systems
3. Schmidl, ADAS Testing with the UFO Testing System, in *Autonomous Vehicle Test & Development Symposium*, Stuttgart, 2015

第30章 智能交通系统：让智能交通成为现实的试验

随着城市人口的增加，交通堵塞、污染和道路交通事故死亡等问题将会同时增加。目前世界上超过一半的人口居住在城市地区（54%），预计未来几年增长速度将会加快。交通拥堵对全球经济的影响成本也在增长，欧洲和美国预计将在2013~2030年花费4.4万亿美元更好地连接车辆和基础设施（智能交通系统——ITS）以便建立一个更安全、更环保、更有效的智能公路网络，这为上述问题提供了一个可行的解决方案。

V2X——车辆对车辆（V2V）和车辆对基础设施（V2I），这是支撑其发展的关键技术之一。V2X的工作原理是通过无线互联网实现车辆与环境之间的临时数据交换。换句话说，允许车辆在2000m范围内与周围的交通信号灯和路标等基础设施进行交互。然后，车辆就可以提醒驾驶员注意潜在的交通问题，甚至超出视线范围，这样他们就可以相应地调整自己的驾驶行为，以避免发生事故或出现拥堵。警报可能包括盲目交叉碰撞、道路状况危险、道路工程、紧急车辆、静止或缓慢行驶的车辆、交通堵塞、事故警告以及交通信号或指示牌。

这听起来似乎是一个非常超前的场景，但V2X芯片组去年开始批量生产（从NXP半导体），并已被汽车制造商部署，通常与先进的驾驶辅助系统（ADAS）一起使用。因此，配备V2X的车辆于2016年投入市场。这项技术的潜力已经受到世界各国政府的重视，许多引人注目的V2X试验正在实施中。

30.1 ITS走廊：奥地利、德国和荷兰

2013年，奥地利、德国和荷兰政府签署了一份谅解备忘录，创建了欧洲第一条走廊。该项目于2016年交付，届时鹿特丹、法兰克福和维也纳之间1300km的高速公路将配备智能运输系统。

该跨境项目的重点是使用相关技术，通过车载设备警告驾驶员，他们正在接近道路工程。然后驾驶员可以选择另一条路线或降低车速，以提高道路安全性和交通流量。走廊里安装了新的车内设备的汽车也可以将道路交通实时信息传递给交通控

制中心。有了全球定位系统的准确位置，各中心将能准确和最新地了解特定地区的交通情况，并能更有效地管理各种程序。

2014年，该项目的技术合作伙伴——包括西门子、NXP半导体公司、Cohda无线和本田——与这三个国家的政界人士和高速公路机构联手，在这条走廊上开展了一项"连通汽车"试验，展示了该项目的好处。测试领域在慕尼黑、维也纳和赫尔蒙德市，展示新技术如何提醒驾驶员如路面打滑、行人、车辆行驶缓慢等，以及即将进行的道路工程、迎面而来的紧急车辆、前方有等待限速和制动的车辆，所有这些要求驾驶员采取必要的预防措施，以避免不必要的事故。

作为ITS-corridor的一部分，荷兰政府正在与各种合作伙伴如NXP半导体来证明其技术在解决一个许多密集的公路交通上遇到的核心问题：驾驶员行为和制动造成的"幻影"交通堵塞而不是事故或事件。

在荷兰，"幽灵文件"（Spookfiles）占据了荷兰所有交通堵塞的20%。预防或至少减轻这种拥堵可以极大地支持荷兰的交通政策目标，以更好地利用现有的基础设施，而不是修建新的道路。

30.2 赫尔蒙德市

同样在城市地区，优化现有基础设施的使用是利用ITS的主要目标之一。赫尔蒙德市参与了为期3年的欧洲项目Compass4D，该项目旨在展示智能交通系统对市民、城市管理部门和公司的具体好处。此次试验涉及600多辆汽车的试点车队，包括公交车、出租车、应急服务车辆和私家车，横跨赫尔蒙德市和其他6个欧洲城市，所有车辆都配备了可互操作的车载单元，可以与路边的单元进行实时通信。这些车辆的驾驶员会收到单元发出的警告，以提高能源效率和道路安全。这些服务分为三大类：

• 闯红灯——如果另一辆汽车已经或即将闯红灯（包括紧急救援车辆），或者有闯红灯的可能性，驾驶员会被警告附近有其他车辆和易受伤害的道路使用者（行人和自行车）正在违反交通灯规定。

• 道路危险预警——或者是道路工程等静态危险，或者是"动态"（可能包括前面的汽车突然制动）。

• 节能交叉口——提供交通灯序列的信息，如"到绿灯的时间"或"到红灯的时间"。

有了这些信息，驾驶员就可以更加了解周围的环境，有更多的时间来应对潜在的危险情况，避免碰撞。这样可以改善交通灯的反应时间，知道在长时间等待的情况下关掉发动机，也可以减少拥堵和污染。试点于2015年12月结束，但赫尔蒙德市和其他大部分Compass4D项目合作伙伴已经决定在项目阶段结束后继续提供服务。

赫尔蒙德市还参与了一项欧洲试验,以提高内燃机效率,并将货车的二氧化碳排放量减少25%。使用V2X允许14个交通灯沿着赫尔蒙德市的主要道路(Europaweg Kasteel – Traverse和Deurneseweg)与货车和消防队的机载设备进行通信。车辆在红绿灯处优先通行,并根据周围交通情况发出速度通知,以确保最佳效率。该系统还允许货车驾驶员在交通拥挤的城市预订装载空间,以节省宝贵的时间。从2010年开始他们取得了巨大的成功,这些城市决定继续运营下去。里昂、毕尔巴鄂和克拉科夫也参与了这个项目。

V2X系统是安全高效的平台化的核心,在这里货车可以靠得很近,优化气流,为车辆行驶创造一个滑流,以节省能源和燃料消耗。这项技术使车辆能够相互交流,因此如果第一个车辆制动,其他车辆也会自动制动,而不需要驾驶员的干预。然后,这些车辆可以以最佳间距行驶以提高效率(12~15m),即使在高速公路上行驶,也不会牺牲安全性。

当然,在整个旅途中,车辆需要保持在一起,这在通过红绿灯时尤为困难。此外,为了形成车队,一辆车需要带头,车队使得交通流量增大。在汉堡港的一项试验证明了这一点是如何实现的。五辆货车组成的车队配备了来自NXP的车载V2X单元,可以与汉堡港口周围的交通灯通信,也可以彼此通信。这意味着交通灯"知道"一组车辆什么时候在一起,并能确保整个车队在红灯变亮之前通过。货车驾驶员通过一个小型显示器可以了解到他们附近有其他货车(图30.1)。

图30.1 汉堡港的试验

该试验还展示了智能交通系统如何保护像学生一样的道路使用者。通过将

RFID 标签集成到校服中，路边的单元能够监测到孩子们什么时候过马路并相应地更换信号灯，同时向车辆发出警报。

这次试验只进行了 1 天，汉堡港正计划在不久的将来永久实施该系统。这将从一个十字路口的路边车辆和 30 辆装有机载设备的货车开始，在未来几年扩大到 10 多个十字路口和 200 多辆货车。此外，NXP 正在与汉堡的一家校服制造商进行谈判，将 RFID 标签整合到校服中。这将是一个全市范围的项目，可以大大提高学校儿童的道路安全。我们感谢汉堡港务局（HPA）及汉堡经济运输和创新部在这些试验中持续的支持。

互联网的融合和智能交通系统的诞生对汽车行业和整个社会的影响至关重要。毫无疑问，智能交通将通过减少人为失误（目前 90% 的交通事故都是由人为失误造成的），减少交通拥堵，提高能源效率，从而提高道路安全。

将汽车系统与互联网整合当然也有风险。如果系统被黑客入侵并输入了错误的信息，或者为了执行某些任务而被操纵，那么可能会产生致命的后果。因此，行业需要共同努力，以确保数据的质量和完整性。隐私也需要得到保护，这样个人的驾驶行为就无法被追踪。这些都是关键问题，将决定消费者的信任，以及广泛采用联网的自动驾驶汽车，这些汽车需要更安全、更环保、更高效的道路网络。NXP 的安全性和识别技术非常适合于规避攻击，并在保护用户的同时使流量更安全。

正如正在进行的试验所证明的那样，它带来了太多的好处，不容忽视。该行业现在需要朝着标准化的方向努力，确保制造商和消费者的信任，从而实现充分的利益。Car2Car 财团、ETSI 以及欧盟委员会（European Commission）高级顾问小组等集团将在这一过程中发挥推动作用，并将在全球试验中取得成功。

第31章 自动驾驶研究项目和举措的采样

31.1 简介

ARTEMIS 行业协会是在欧洲范围内的嵌入式智能设备协会。作为私人合作伙伴，该协会代表的成员包括产业、中小企业、大学和科研院所——在 ECSEL 联合企业的持续推动下，不断提升其成员对欧盟委员会和参与国的公共利益。

ARTEMIS 行业协会的主要任务是：

1）在整个欧洲建立合作研究和创新项目，以造福于其成员和欧洲经济。

2）以最好的方式代表行业，向政策制定者解释在嵌入式智能领域的研究和资金需求。

3）促进欧洲、国家、区域公共和私人在嵌入式智能领域研发活动的协调工作，从而为在关键领域的研发"欧洲化"铺平道路。

4）贯彻落实由 ARTEMIS 行业协会/ETP 工作小组科学研究协会创建的雄心勃勃的欧洲工业战略。

5）为欧洲在嵌入式智能领域领导建立一个自我维持的创新环境。

6）充分发挥中小企业在嵌入式智能领域的创新潜力。

7）除了涵盖公司和国家上下游的利益之外，还要处理欧洲的战略重点。

8）加强欧洲工业，应对社会挑战，例如通过发布 ARTEMIS – IA 和 ITEA 撰写的"高层视觉 2030"。

9）为嵌入式智能设备调整研究议程。

31.2 ARTEMIS 行业协会的使命

ARTEMIS 行业协会认为，对嵌入式智能领域的创新投资，对支持欧洲的雄心，并确保我们在生产这类先进复杂的和安全相关的产品处于领先地位来说，是至关重要的。

ARTEMIS 行业协会加强了欧洲在嵌入式智能领域的雄心,并在这个领域获得世界级的领导地位,以支持欧洲工业。ARTEMIS 的创新战略是在利用欧洲优势和机会的基础上,挑战以下应用环境:

1)在特定的技术和各种应用领域中,特别是在安全的、关键的、高可靠性的、实时应用的领域,如汽车、航空、航天和卫生等领域。

2)通过创新为欧洲创造新的机会,使其处于新兴市场的前沿并具有较高的潜在增长率,从而成为这些领域的世界领导者,并把制造工业、智能城市和节能建筑、环境、食品和农业作为主要目标。

31.3 ARTEMIS 行业协会的结构

ARTEMIS 行业协会是一个会员组织,拥有来自欧洲的 180 名成员和合伙人。成员的多学科性质为交流技术思想、跨领域的传授以及大型创新活动提供了一个极好的关系网。会员可在大会投票,选举代表加入指导委员会。ARTEMIS 行业协会是 ECSEL 联合企业(欧洲领导的电子组件和系统)的三个高级成员之一,ECSEL 联合企业目前正在通过定期的"R&I 项目建议书"来实施共同战略(图 31.1)。

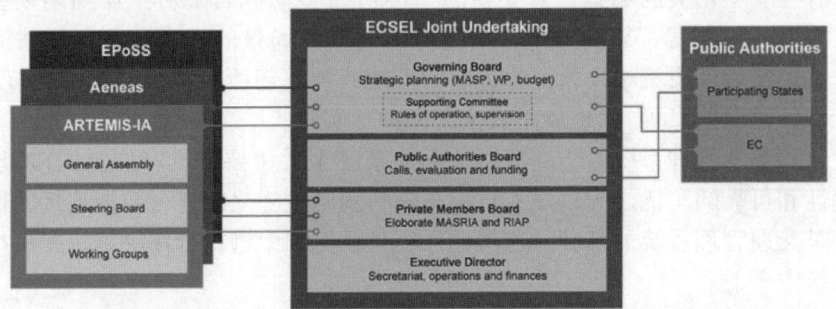

图 31.1 ARTEMIS 行业协会作为 ECSEL 联合企业的高级成员

31.4 自动驾驶和 ARTEMIS 行业协会

自动驾驶很快就遍布在各个研究议程。ARTEMIS 行业协会在 2016 年的 MAS-RIA 上为自动驾驶这一主题专门提供了一个单独的部分。

欧洲汽车制造商和供应商最近在先进的驾驶员辅助系统中有了重大突破。为了快速实现高度自动化的驾驶和飞行,系统会使驾驶员减少转向、加速和监视车辆环境这三个在汽车领域需要预见的步骤。首先,到 2020 年,有条件约束的自动驾驶(SAE 中的 L3)预计将在低速和不复杂的驾驶环境中使用,例如在停车场和在单行道上的交通堵塞情况下;其次,到 2025 年,有条件约束的自动驾驶将在具有有限复杂性的环境中以更高的速度应用,例如在高速公路上;第三,到 2030 年,有条件约束的自动驾驶在大多数复杂的交通情况下都是可以应用的,例如在城市工况下。

首先提出的是在封闭和安全的环境中（例如，工厂车间、精密农业、商业和休闲公园等）。虽然嵌入式系统也可能会被关闭，但对开放环境的支持将会随之而来，并带来更多的关键需求：嵌入式硬件和软件将会在一个规则的基础上进行更新，例如：法律要求，遵循最新的标准，引入新的安全方面，服务和特性，并最终保持与最新的汽车技术兼容。

最终，具有不同自动化水平的车辆将建立在先进的驾驶员辅助系统和与它协同操作的部件以及复杂的驾驶员状态监测和环境感知系统之上。这些系统必须在虚拟、半虚拟和真实的条件下进行验证。这需要可靠的解决方案来解决先进的传感器和执行器、数据和本体融合、高效的计算和连接、安全、精确的位置、时间和速度检测、详细的可伸缩的低成本和动态更新地图、精确的车辆横向控制系统、新颖的人机接口和人机交互技术、网络物理系统集成、近事故数据黑匣子记录器，以及（实时）仿真的概念。

为了将传感器和执行器的发展从控制策略和轨迹规划中分离出来，对对象处理、对象描述、场景解释、情景分类和管理的标准化是至关重要的。因此，建议创建工业框架，并鼓励原始设备制造商和供应商之间交换测试过程。由于不可能预先定义所有与安全相关的场景，需要新的"学习"概念和自适应生命周期模型，该模型需要以一种高度可靠的方式，不断分析近事件场景的真实数据，评估潜在影响，修改控制软件或策略，验证改进后的系统，并更新所有相关车辆部件（地图、控制软件、路况信息等），也就是安全、保护、实时。

交通和车队管理系统对于高度自动化的系统至关重要。具有广泛的覆盖范围、高可用性和可靠的车辆之间以及人员、车辆和基础设施之间进行数据连接的通信网络，将是交通管理系统的基础。这将允许在车辆控制中进行合作决策，并从高性能计算系统中获益。

车内和车辆间的标准化必须与技术发展齐头并进。类似地，开发先进的交通基础设施是强制性的，以便为自动化的运输系统提供框架集。

嵌入式系统的创新使自动驾驶成为可能，70%~90%的汽车开发创新都是基于嵌入式系统。越来越多的社会经济、生态和个人附加值将建立在汽车和货车的嵌入式系统上，这些系统与数据、软件在本地和全球环境中相互连接。

这种增强的驱动服务的自动化、可靠性、安全性和可负担性依赖于高度创新的硬件和软件解决方案、快速的市场渗透和未来的模块化、开放架构和标准接口。

为了实现汽车工业的目标，几乎所有的新概念和功能都依赖于嵌入式系统中实现的高级功能，并应用于未来车辆的几乎所有主要部件（图31.2）。

ARTEMIS 的成员已经参与了欧洲的项目，这些项目专注于在汽车应用中创造嵌入式智能，正如 ARTEMIS SRA 矩阵所描述的那样（图31.3）。行业中的合作伙伴紧密合作，实现支持（未来）市场需求的智能解决方案。在自动驾驶路线图中，两个核心的贡献项目是 DESERVE 和 CRYSTAL。

第31章　自动驾驶研究项目和举措的采样

#	主题/时间(程序调用年)	2016	2017—2018	2019—2020	2021—2030
	2.ECU支持高度自动化和自动化的交通(陆路、空中、水上)功能				
航空航天、里程碑	M1.1.待定				
	M1.2.待定				
	M1.3.待定				
	M2.4低速、少竞争环境下的有条件自动驾驶，在停车场和单向交通堵塞的情况下	◆	◆	◆	◆
	M2.5有条件的自动驾驶在高速公路等设施有限的环境中以较高的速度行驶			◆◆	◆
	M2.6在最复杂的交通情况下自动驾驶				◆ ◆
	车辆(飞机、轮船、火车、汽车)环境与数据公布				
2.1	在车辆、传感器和驱动器环境中进行感知、驱动和数据融合				
2.2	定位(绝对位置和速度测量使用传感器融合)和导航(例如作为V2V通信的输入)				
2.3	感知和形象化识别				
2.4	交通场景预测；场景分解；安全场景目录；场景描述语言				
2.5	老化寿命、可靠性、鲁棒性；环境传感器质量的影响；处理软件的质量，属性的传感器；车载诊断自动化交通体系				
2.6	基于OARR(开放联盟广域通信)的汽车以太网，为汽车目标提供更高的数据速率以太网，为实现1Gbit/s的汽车专用以太网铺平道路				
	控制策略				
2.7	科学解释框架，环境对象处理单独的传感与控制策略；对象标准化；标准化的测试程序				
2.8	面向服务的分布式动态可重构HW/SW；(使用汽车以太网)				
2.9	面向任务的自动化系统软件映射与路由控制策略与实时数据处理				
2.10	面向目标的协同自动化软件；映射与路由、控制策略与实时数据处理				
2.11	面向价值的自动化系统软件；映射与路由控制策略实时重量(认知建模)				
2.12	人机交互				
	云主干网				
2.13	安全可靠的通信；内置的数据安全和隐私				
2.14	CAX、雷达、DAB、5G、aicense plate NFC蓝牙、802.11p等多个通信平台的无缝集成以及合作				
2.15	支持自动运输的基础设施				
2.16	智能车载网络				
2.17	交通安全、在复杂的交通场景中测试				
	测试和可靠性				
2.18	环境、传感器、轨迹、物体等的验证、仿真与分解，为提高复苏能力，减少采空力，试验采用现实构件与模拟构件的不同组合进行实时情景实验				
2.19	未知环境下的故障操作概念；安全可靠的故障操作				
2.20	功能安全性和可扩展性				
2.21	认证和测试				
2.22	极端情况下的服务质量				
	生命周期				
2.23	可靠且无温度的燃烧数据(包括可靠的通信和近事故场景评估，最小数据集定义)黑盒子				
2.24	自动化车辆的学习过程(包括必要的在线软件更新，基础设施)				
	开发工具				
2.25	开发系统的工具，以及使用基于OARR开放联盟广域通信的自动以太网的系统；自动驾驶用ADAS传感器和驱动器；多媒体元件				

图31.2　自动驾驶的研究课题

先进驾驶辅助系统市场预计在未来10年快速增长，DESERVE项目的目标应该是在嵌入式系统中建立一个创新生态系统，用以与汽车研发部门合作实现辅助驾驶和自动驾驶或在可能的其他工业领域中应用。

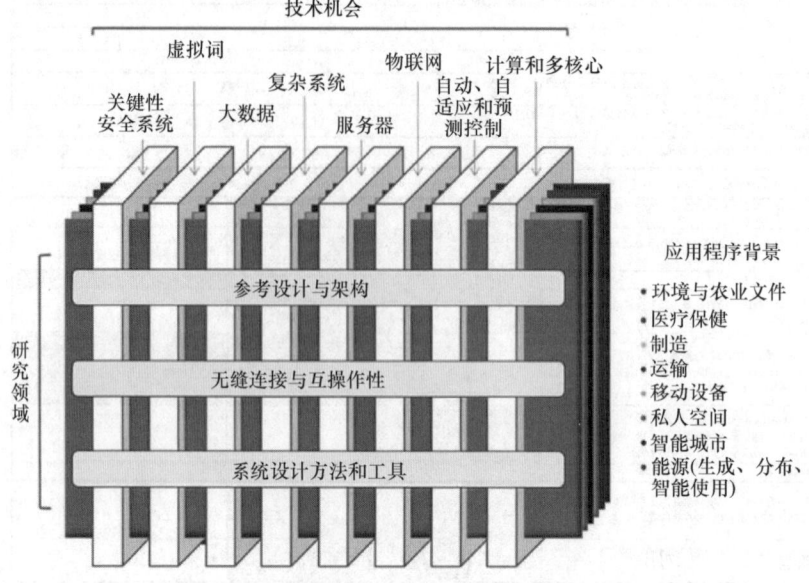

图 31.3　ARTEMIS SRA 矩阵

CRYSTAL 项目基于当前和新兴技术建立工作流，并应用在工程环境中，包括汽车工业领域，通过对系统分析、安全分析、系统勘探工具的改进和智能集成，以及开发可重复使用的技术来缩短设计周期，从而降低系统设计成本。

参 考 文 献

1. ESCEL-JU MASRIA2016-chapter-smart-mobility
2. Embedded/Cyber-Physical Systems ARTEMIS Major Challenges: 2014-2020. 2013 DRAFT addendum to the ARTEMIS SRA 2011
3. ARTEMIS SRA 2016
4. High Level Vision 2030

第32章 欧洲道路交通研究咨询委员会

32.1 简介

欧洲道路交通研究咨询委员会是欧洲运输的技术平台。欧洲道路交通研究咨询委员会的成员来自公路运输部门的所有利益相关方,包括参与研究的私人和公共机构,以及来自公共机构的管理机构。欧洲道路交通研究咨询委员会的主要任务是:

1) 为欧洲的道路运输研究和创新提供战略愿景。
2) 通过战略研究议程(SRA)的定义和更新以及研究路线图的实施,制定战略和路线图以实现这一愿景。
3) 刺激公共和私人在道路交通研究和创新方面的有效投资。
4) 促进欧洲、国家、地区、公共和私人道路交通研发活动之间的协调工作。
5) 加强欧洲研究和创新能力的网络和集群。
6) 促进欧洲对研究和技术开发的承诺,确保欧洲仍然是对研究人员具有吸引力的地区,并提高运输行业的全球竞争力。
7) 支持欧洲研究和创新框架计划"地平线2020"的实施。

欧洲道路交通研究咨询委员会已经建立了几个工作组,由来自欧洲道路交通研究咨询委员会成员公认的专家组成。这些工作组编制的欧洲道路交通研究咨询委员会文件包括脚本、科学研究文摘和其他研究路线图。

工作组定期组织学习班,并有可能邀请外部专家。目前,有6个工作组:

1) 城市流动。
2) 长途货运。
3) 能源与环境。
4) 道路运输安全。
5) 全球竞争力。
6) 网联和自动驾驶。

基于这一主题对汽车行业的重要性,2016年成立了互联互通和自动化驾驶工作组。

欧洲道路交通研究咨询委员会由 FOSTER-Road 支持，这是一个由欧盟委员会以及被称为欧洲道路交通研究咨询委员会 SIG（支持机构集团）共同资助的协调支持行动（CSA）。通过协调相关的利益相关者，欧洲道路交通研究咨询委员会通过支持建立以共识为基础的计划和路线图，在欧洲道路交通研究咨询委员会工作组覆盖的区域，解决关键的社会、环境、经济和技术挑战。CSA 活动还包括项目监测、战略研究议程、商业案例模型、创新计划以及欧洲和国家层面研究的协调。它们包括多种形式全面的传播活动。欧洲道路交通研究咨询委员会 SIG 为办事处、传播活动、重大活动以及宣传材料的出版提供资金。

32.2 欧洲道路交通研究咨询委员会的使命

公路运输在欧洲经济和社会中起着至关重要的作用。道路运输部门涉及广泛的行业和服务，从汽车制造商和供应商到基础设施供应商、移动管理、通信技术、能源公司和许多其他行业。道路运输与其他运输方式相结合，使人员和货物能够在欧洲各地流动。

1）总体而言，道路运输相关行业为欧洲 1400 多万人提供了就业机会，直接贡献了欧洲国民生产总值的 11%。

2）道路交通对人们的日常生活有重大影响，因为它是获得就业、服务和社会活动的主要途径之一。

3）道路交通创造了纽带，而这些纽带是欧盟发展社会、区域和经济凝聚力的关键因素。

4）道路交通有助于提高每一个欧洲公民的生活质量。由于道路运输在欧洲的重要作用，加速可持续综合运输解决方案的发展是必要的。欧洲道路交通研究咨询委员会的任务是提供一个框架，协调公共和私人资源，使之集中在必要的研究活动上。

32.3 欧洲道路交通研究咨询委员会的结构

欧洲道路交通研究咨询委员会成员代表了道路交通系统的所有参与者，如图 32.1 所示。欧洲道路交通研究咨询委员会由 5 个机构组成，即欧洲道路交通研究咨询委员会全体会议、执行小组、工作组、欧洲道路交通研究咨询委员会办公室和支持机构集团（SIG）。ERTRAC SIG 是一个在比利时成立的非营利组织。

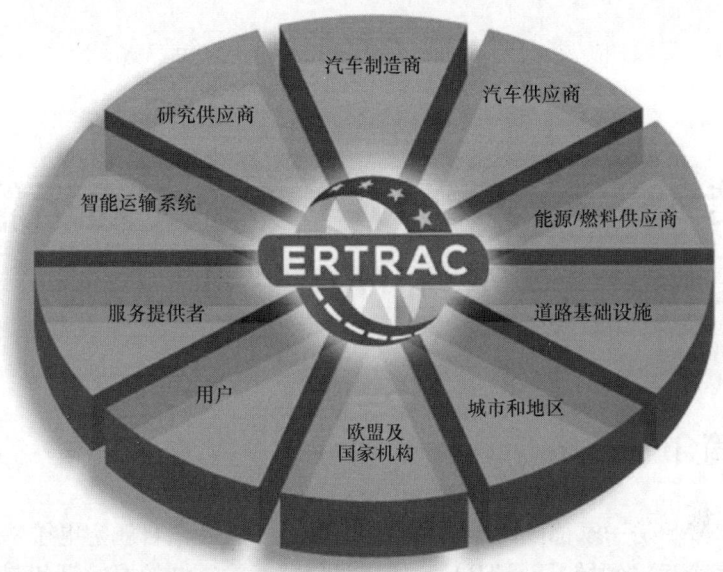

图 32.1 欧洲道路交通研究咨询委员会成员代表了道路交通系统中的所有角色

32.4 ERTRAC 自动驾驶路线图

自动驾驶被视为影响和塑造未来的机动性和生活质量的关键技术和重大技术进步之一。欧洲道路交通研究咨询委员会充分意识到这一新兴技术,其任务团队"网联和自动驾驶"最近发布了一份技术路线图,提供了欧洲的自动驾驶现状。ERTRAC 路线图是基于自动驾驶的可用文档。

总体目标是识别实现更高水平的自动驾驶功能的挑战。许多利益相关者和多方利益相关者平台(如 iMobility Forum2、EUCAR3、CLEPA4、ERTICO5、EPoSS6)以及欧洲研究项目就这个话题做了大量工作。因此,必须避免任何重复活动,并将重点放在缺少的项目、焦点和主题上,以便将来实现。

参 考 文 献

Automated Driving Roadmap, European Road Transport Research Advisory Council (ERTRAC) (2015)

第 33 章　SafeTRANS：交通运输系统的安全性

33.1　简介

SafeTRANS 是一家德国的非营利组织，利益相关者来自航空电子、汽车、铁路和海运等多个运输领域。SafeTRANS 的成员包括运输领域的原始设备制造商、供应商和系统运营商，如戴姆勒、空中客车、德国联邦铁路、西门子、阿凡龙、博世、海拉和赛峰等工程公司、工具供应商和软件公司。这些公司支持运输领域电子元件和系统的开发过程，如 AbsInt、BTC 嵌入式系统、Esterel、Symtavision 和 TTTech，以及在该领域有技术转让记录的研究机构和大学，如德国宇航中心、弗劳恩霍夫协会和奥菲斯计算科学研究所。

SafeTRANS 提供了一个知识交流的平台，为会员的前期竞争研究和开发活动提供帮助。SafeTRANS 发起和开展的主要活动有：

1）发起面向主题的圆桌会议和工作组，在竞争激烈的研发领域识别跨领域的需求和目标，协调共同的研发战略和跨领域组织之间的路线图。

2）协调研发战略和路线，从而为公共部门、国家、欧洲的资助项目和社区提供研发重点。

3）项目孵化：通过发起由成员组织开展的一批研发项目，以支持研发战略的实施。

4）支持项目成果的可持续性，为后续项目铺平道路，并推动标准化活动。

5）将这些活动运用到欧洲层面，与欧洲合作群体共同组织协调路线，在欧洲层面上传播研发战略，并启动大规模的欧洲研发项目。

6）提供知识分享设施，如学习班、会议和时事新闻等，让每个交通领域的成员互相学习。

此外，SafeTRANS 参与了公共资助项目，主要是在支持行动的层面上，例如路线图开发和类似的项目。

33.2 研发战略和路线

2009 年，SafeTRANS 协调创建了"国家路线图嵌入式系统"，这是一份战略文件，详细介绍了嵌入式系统技术如何解决欧洲面临的巨大社会挑战。

这份文件仍然是联邦教育和研究部网络物理系统资助计划的主要参考文件之一。构思的路线图已经在欧洲的资助项目中找到了出路，例如阿特尔斯联合项目等。

基于该路线图，SafeTRANS 为综合研究议程的网络物理系统作出了重要贡献。该文件是德国国家科学与工程学院的一份战略文件，且是 BMBF"工业 4.0"计划的主要输入。

2015 年，SafeTRANS 与汽车信息技术公司 Verbandder 一起发布了汽车的嵌入式系统。在场景驱动方法中，这些场景来自于分析汽车行业未来的挑战和机遇以及市场趋势和社会变化，以确定当前嵌入式系统技术的能力与克服这些挑战所需的能力之间的差距，并确定相应的研发需求。这一分析是通过对汽车嵌入式系统设计过程中的相应的调查来补充的。

道路测绘和相应的项目孵化也是 SafeTRANS"欧洲活动"的重要组成部分。作为欧洲复杂安全关键系统工程研究所的一名成员，SafeTRANS 与欧洲各地的主要群体合作，尤其是在法国巴黎、航空航天谷和奥地利的 ARTEMIS 嵌入群体极具竞争力。这些群体为联合企业的战略研究议程、"地平线 2020"信息通信技术计划和"发现"计划提供了重要的投入。

33.3 高度自动化系统工作组：安全、测试和开发过程

SafeTRANS 在今年年初已经为高度自动化的系统安排了一个工作组，负责安全、测试和开发过程（AK HAS）。在这个工作组中，成员和非成员组织的专家——飞机、汽车和海事原始设备制造商、系统集成商、供应商、研究机构等交流关于如何开发、分析、测试和认证高度自动化系统，并特别关注安全方面、测试活动和开发过程及其工具支持。在选定的方面，工作组将制定通用解决方案的概念，并启动适当的研发项目。这些方面包括对自动化系统的情境认知和情况解释，高度自动化系统的用户/操作人员建模，一般的系统架构和执行平台/中间设备，用于设计此类系统的方法、过程和工具，跨越从需求阶段到测试和部署的整个范围。特别考虑到以下挑战：

1）需要在何种保密程度上检测哪些环境工作条件？系统如何能够以足够高的机密性来预测未来的交通状况？如何确保这些"内部世界模型"的完整性？哪种建模技术是合适的？

2）如何应对由传感器限制以及分配给来自其他流量参与者或来自云计算的信息的不同信任级别引起的不确定性？即使内部世界模型包含不确定性，如何确保安全？

3）哪些核对、验证和测试方法可用于应对系统环境的巨大复杂性和演变，确保高度自动化系统的功能安全？

作为跨领域的挑战，系统环境的建模被认为是一项高优先级的研究需求。这些模型必须处理四种类型的协同操作和交互——系统到环境、系统到系统、系统到人和系统到信息网络（云），并考虑随时间变化的环境和不确定的认识。

作为一个 SafeTRANS 的工作小组，AK HAS 对成员和非成员组织都是开放的。

33.4 可持续性和标准化

SafeTRANS 致力于确保研发项目的可持续性，这些项目被认为对安全关键系统工程有重大影响。其中一个结果就是建立了所谓的互操作性规范（IOS），这是确保开发过程中使用工具互操作性的标准。

一个参考技术平台（RTP）是一个"工具盒"，用于在不同的应用领域中开发、分析和测试嵌入式和网络物理系统。它包含过程、方法、元模型和可互操作（基于 IOS）的软件工具，它们描述和支持关键嵌入式系统的完整开发过程。根据特定领域和特定应用程序的需要，这些组件可以按照特定的方法和标准，组合成由软件工具支持的领域和特定应用程序的开发过程。关键系统工程的 RTP 是在一个长期的战略公共或私人伙伴关系中建立的，在国家/欧洲层面上，结合了超过 25 家航空航天、汽车和铁路系统领域的全球公司，以及各种工具厂商和研究机构，融资超过 100 万欧元。

为了进一步推动 IOS 格式的标准化，SafeTRANS 与主要的 IOS 利益相关者一起启动并协调了一个名为 CP-SETIS（面向网络物理系统工程工具互操作性标准化）的项目，该项目将支持现有和未来的 IOS/RTP 项目，将 IOS 作为正式标准。CP-SETIS 的主要目标是：

1）欧洲内部所有与 IOS 有关力量的整合，以支持一项共同的 IOS 标准化战略，目标是实现 IOS 的正式标准化过程。

2）对可持续的 IOS 标准化活动的定义和实施，既支持稳定的 IOS 版本的正式标准化，也支持 IOS 的扩展，如果有可能，使现有的结构在单个项目的生命周期中存活下来。

因此，CP-SETIS 将推动 IOS 的正式标准化，更重要的是，将所有 IOS 的利益相关者都整合在一起，以独立于项目的方式处理 IOS 标准化和扩展的过程，并在现有结构中实现这些过程（例如非营利组织，比如 ARTEMIS 工作小组、EICOSE 和 SafeTRANS）。

33.5 结论

SafeTRANS是德国交通安全关键系统工程信息和知识的主要交流平台。它的主要任务是启动圆桌会议和面向主题的工作组、路线开发和项目孵化，以及支持项目成果的可持续性发展，并提供与欧洲类似群体、欧洲资助项目和国家公共部门之间的联系。

参 考 文 献

1. W. Damm, R. Achatz, K. Beetz, M. Broy, H. Daembkes, K. Grimm, P. Liggesmeyer, Nationale roadmap embedded systems, in *Cyber-Physical Systems*, ed. by M. Broy (Springer, Berlin, 2010), pp. 67–136
2. http://www.softwaresysteme.pt-dlr.de/de/embedded-cyberphysical-systems.php. Accessed 28 Sept 2015
3. ARTEMIS-IA (eds.), Embedded/Cyber-Physical Systems ARTEMIS Major Challenges: 2014-2020. 2013 Draft Addendum to the ARTEMIS-SRA 2011, ARTEMIS-IA, 2013
4. Eva Geisberger and Manfred Broy (Hrsg.), *agendaCPS: Integrierte Forschungsagenda Cyber-Physical Systems* (Springer, Berlin, 2012)
5. https://www.bmbf.de/de/zukunftsprojekt-industrie-4-0-848.html. Accessed 28 Sept 2015
6. Gesellschaft für Informatik, SafeTRANS, Verband der Automobilindustrie (Hrsg.), Eingebettete Systeme in der Automobilindustrie: Roadmap 2015-2030, 2015

第34章　A3PS：奥地利先进推进系统协会

34.1　A3PS的目标和任务

奥地利的汽车工业，更准确地说是汽车供应行业，对奥地利来说拥有巨大的价值。奥地利出口汽车部件和零配件的价值高于进口全新整车的价值。此外，汽车行业的研究人员比例最高，约为14%。奥地利的大学和研究机构在这一领域享有很高的国际声誉。

为了保持这一有利地位，并确保奥地利在这一领域的竞争力，该行业、研究机构和奥地利政府之间需要密切合作。其共同目标是支持创新、先进的汽车技术，包括新的能源载体。因此，奥地利联邦交通创新技术部在2006年建立了A3PS，以支持该部的积极技术政策，并加强奥地利的研究和开发活动。

自成立以来，A3PS已发展成为一个成熟的战略公共-私人合伙企业（PPP），作为政府、公司和科研机构的可靠合作伙伴。

道路运输领域的关键优先事项是支持清洁、可持续、安全和负担得起的机动性。A3PS帮助行政人员了解当前的技术趋势和奥地利的利益相关者在这一专业领域的研发需求。这一信息流通为奥地利的技术和资金政策提供了宝贵的意见。另一方面，对于A3PS团体，对奥地利政策的理解是他们长期研究计划的重要基础，这样一来，即使在技术危险的领域，也为他们规划了安全保障。

A3PS涵盖了所有先进的动力传动系统和车辆技术（例如内燃机先进技术，混合动力-电池电力，燃料电池汽车以及先进的燃料技术，包括生物燃料，像ADAS这样的主动安全措施），并支持整个创新周期（研究、开发、部署）。

目标和任务如下：

1）合作：为成员机构开展合作和共同项目定期举办联合活动。

2）网络：鼓励研发合作，将奥地利的产业和研究机构纳入新的国家和国际价值链中，并担任领导职务。

3）信息：通过收集、汇编和传播先进动力系统和新能源载体的信息，增强奥地利企业和研究机构的能力,为公众提供关于先进动力系统的潜力和状态发展的信息。

4)能力展示:向国家和国际会议介绍奥地利的技术能力。

5)利益代表:支持奥地利在国际委员会、欧盟及国际能源机构的倡议中代表的利益。

6)定位:通过制定共同的战略、路线图和加强技术发展的立场文件,在行业、研究机构和技术政策之间建立一个共同的观点。

7)顾问职能:为政策制定者提供基于事实的咨询和建议,以支持其政策工具的优化(资助计划、规章、标准、公共采购等),并向公众通报这些新技术的机遇和前景。

34.2 ADAS 在 A3PS 的技术路线图

对未来汽车的要求将比以往任何时候都更加苛刻。一方面,需要在更大的挑战条件下(WLTP、RDE)遵守未来严格的排放规定(例如 EU6c);另一方面,似乎可以肯定的是,欧洲议会将在 2025 年实现二氧化碳排放量在 68~75g 之间的目标。此外,难以预测的消费者行为或新的移动概念的社会因素也必须考虑在内。从目前 A3PS 成员的观点来看,未来车辆的开发和生产将由以下 5 个方面来驱动:

1)环境影响。
2)效率。
3)安全(零死亡)。
4)人口变化。
5)化石燃料有限和原材料短缺。

在短期和中期,这些驱动因素将导致各种替代车辆技术和燃料的发展,最终与各自的应用目的和车辆类别相对应。

除了能源效率和排放,零死亡率也是必须实现的目标。从今天的角度来看,只有采用被动安全措施和先进的车辆控制系统才能实现这一设想。

先进的车辆控制系统主要是为了提高能源效率、安全性和舒适度,促进车辆和基础设施之间的通信。人为因素导致了大部分的事故,而先进的车辆控制系统有可能避免这些事故,从而拯救人类生命。如图 34.1 所示,在 ABS、ESC、车道保持辅助(LKA)、预测制动辅助(PBA)、自动紧急制动(AEB)、驾驶员警戒监视(DVM)、限速系统(SLS)和酒精联锁(AI)的组合中,避免 50% 以上的事故是可能的。

全球的自动驾驶专家预计,一旦这些功能投入到 90% 的道路车辆上使用,车辆碰撞、事故和死亡人数将会大大减少 90%,假设最坏的碰撞情况发生在最高时速 10km/h,与如今的 N-CAP5 规定(等于 50km/h)相比,所有车辆必须重新拟

排名前十			占所有情况的百分比(%)
59.5		14.3	25.0
ABS + ESC + LKA + PBA A a + DVM + SLS + AI			
49.2		14.9	34.3
ABS + ESC + LKA + PBA A a			
42.0		20.1	37.0
ABS + ESC + LKA			
26.6	14.4	58.7	
ABS + ESC + PBA B b			
20.2	17.6	61.0	
ABS + ESC			
11.3	4.9	83.1	

■ 避免 A_s ■ 潜力 P_s ■ 没有潜力 N_s ■ 没有评价 E_s

资料来源：2011年ATZ Eichberger等

图 34.1　组合系统的潜在有效性

定安全理念，采用轻量化结构，减少碰撞缓冲区，最后实现更低的能源消耗和更好的动力性能（图 34.2）。

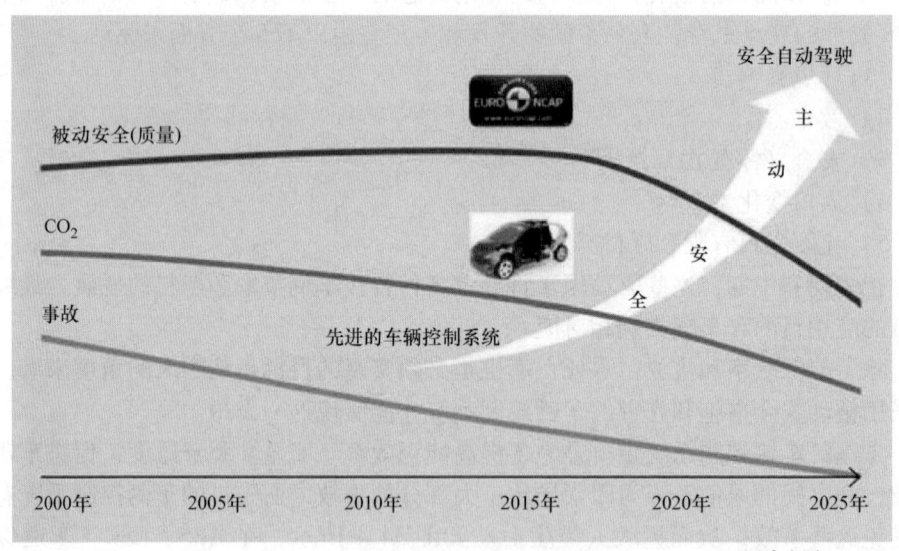

图片来源：A3PS

图 34.2　通过先进的车辆控制系统减轻重量并提高安全性

尽管如此，对单个道路车辆的需求在全球范围内不断增长，而道路基础设施的能力既不能平衡当前的需求，也不能随车辆的数量增加而扩展，因此自动化车辆是未来高效道路运输系统的关键要素。

从长远来看，A3PS 路线图为从传统的车辆概念（SAE 的 L0）到完全自动驾驶车辆（SAE 的 L5）的彻底改变制定了路径。实际上，在学术和工业研发方面投入了巨大的努力，启动了大量的研究项目和产业开发项目。一个关键的问题是系统可靠性。当系统具有可靠性时，这些技术可以实现汽车内部的"电子革命"。

A3PS 成员通过监控先进车辆控制系统的发展来注意技术动向。这不仅是因为它与能源效率、排放行为有关，还因为它推动了汽车技术创新，并增加了奥地利工业发展的机会。这也适用于汽车电子和软件开发领域的许多公司和机构。

Translation from the English language edition:
Automated Driving:Safer and More Efficient Future Driving
By Daniel Watzenig, Martin Horn
Copyright © Springer International Publishing Switzerland 2017
This Springer imprint is Published by Springer Nature
The registered company is Springer International Publishing AG
All Rights Reserved

This title is published in China by China Machine Press with license from Springer. This edition is authorized for sale in China only, excluding Hong Kong SAR, Macao SAR and Taiwan. Unauthorized export of this edition is a violation of the Copyright Act. Violation of this Law is subject to Civil and Criminal Penalties.

本书中文简体版由 Springer 授权机械工业出版社在中国境内（不包括香港、澳门特别行政区及台湾地区）出版与发行。未经许可之出口，视为违反著作权法，将受法律之制裁。

北京市版权局著作权合同登记　图字：01-2018-1373。

图书在版编目（CIP）数据

自动驾驶：未来更安全、更高效的汽车技术解决方案/（奥）丹尼尔·瓦茨尼克（Daniel Watzenig），（奥）马丁·霍恩（Martin Horn）主编；高振海等译. —北京：机械工业出版社，2020.9
（汽车先进技术译丛. 智能网联汽车系列）
书名原文：Automated Driving：Safer and More Efficient Future Driving
ISBN 978-7-111-66615-8

Ⅰ.①自… Ⅱ.①丹…②马…③高… Ⅲ.①汽车驾驶-自动驾驶系统-研究 Ⅳ.①U463.61

中国版本图书馆 CIP 数据核字（2020）第 182723 号

机械工业出版社（北京市百万庄大街22号　邮政编码100037）
策划编辑：孙　鹏　责任编辑：孙　鹏　徐　霆　谢　元
责任校对：王　延　封面设计：鞠　杨
责任印制：郜　敏
盛通（廊坊）出版物印刷有限公司印刷
2021年2月第1版第1次印刷
169mm×239mm·31印张·4插页·632千字
0 001—1 900 册
标准书号：ISBN 978-7-111-66615-8
定价：199.00 元

电话服务　　　　　　　　　网络服务
客服电话：010-88361066　　机　工　官　网：www.cmpbook.com
　　　　　010-88379833　　机　工　官　博：weibo.com/cmp1952
　　　　　010-68326294　　金　书　网：www.golden-book.com
封底无防伪标均为盗版　　　机工教育服务网：www.cmpedu.com